U0901259

2010
YEARBOOK
BAOSTEEL

# 宝钢年鉴

上海社会科学院出版社

中国2010年上海世博会全球合作伙伴
Global Partner of Expo 2010 Shanghai China

## 宝钢史志编纂委员会



## 《宝钢年鉴》



## 《宝钢年鉴（2010）》栏目审稿人名单

1 8月23日，中共中央总书记、国家主席、中央军委主席胡锦涛视察宝钢集团新疆八一钢铁有限公司

2 胡锦涛总书记与宝钢副总经理、新疆八一钢铁有限公司董事长亲切交谈

3 1月1日，中共中央政治局委员、新疆维吾尔自治区党委书记王乐泉等到宝钢集团新疆八一钢铁有限公司向各族职工致以新年的问候和祝福

1 7月17日，宝钢召开首届供应商大会，表彰了46家优秀供应商

2 1月19日，宝钢召开第二届董事会成立会议暨二届一次会议

3 10月27日，宝钢举行第四届技术创新大会

1 9月18日，宝钢与斯凯孚（SKF）签订战略合作伙伴协议

2 宝钢收购澳大利亚Aquila资源有限公司15%的股份，成为其第二大股东。11月23日，股权交接仪式在北京举行

3 12月29日，宝钢与中国商用飞机有限责任公司签署钢材供货框架协议

4 3月1日，宝钢集团、杭钢集团重组宁波钢铁协议签署仪式

1 12月24日，宝钢首次自主集成建设的梅钢冷轧工程投产

2 2月28日，八一钢铁中厚板工程热负荷试车成功

3 5月12日，梅钢公司四号高炉点火

4 12月15日，宝钢首条自主集成建设的连退机组投产

1 高炉炉前作业

2 罗泾COREX炼铁炉雄姿

3 10月18日，不锈钢事业部2500立方米高炉“10岁生日”

1 精炼轴承钢

2 运行中的钢包

3 转炉炼钢作业

## ·轧钢生产·

1 热轧操控室作业　　2 热轧卷轧制过程

3 钢卷吊运　　4 轧机运行

1 碳钢渣场出口设置的冲洗台正在清洗车辆

2 宝钢十大景点之一的狮子林

3 位于不锈钢厂区的劳模林

1 宁波钢铁厂区

2 八一钢铁广场

3 梅山钢铁厂区

4 广东钢铁湛江物流原料场

1 世博会演艺中心施工现场，该工程全部钢结构件都由宝钢生产制作

2 中国馆钢结构封顶，该工程两万多吨钢材全部由宝钢提供

3 五钢公司举行“迎世博做文明上海人”签名承诺仪式

4 国庆前夕，职工代表回到昔日浦钢厂区参观建设中的世博工程

5 由上海世博会专为宝钢制作、印有宝钢标志的 1.8万余张上海世博会门票

1 培训讲座

2 “员工创新活动基地”互动交流

3 职工技能培训活动

4 外国专家在现场与宝钢职工交流

1 宝钢技能专家孔利明被授予“当代发明家”称号

2 为离休干部送上“中华人民共和国成立60周年”纪念章

3 宝钢领导荣获“全国推行全面质量管理30周年杰出管理者”称号

4 宝钢建设者在南极昆仑站登顶

1 职工开展娱乐活动

2 宝钢职工参加上海市第八届老年人运动会

3 新中国成立60周年前夕，老干部大学举办主题歌会

4 宝钢淞涛艺术团开展迎世博巡演宣传活动

5 宝钢发展公司举行“庆国庆、迎世博、唱发展——我们的 嘉年华”主题活动

6 宝钢隆重举行庆祝新中国成立60周年歌唱会

# 编 辑 说 明

2010 版《宝钢年鉴》是宝钢集团有限公司第十部年鉴，经宝钢史志编纂委员会批准，由《宝钢年鉴》编辑部编纂。本年鉴内容由宝钢集团有限公司总部各部门和子公司供稿，并经各部门、子公司领导审定。记载的时间跨度，除特别说明外均为 2009 年 1 月 1 日—12 月 31 日。

因情况变化，2010 版《宝钢年鉴》部分栏目有所调整。原“战略发展”栏目改为“规划发展”，原“海外事业”栏目改为“海外公司”，“循环经济”栏目改称为“环境经营”，“其他子公司”改“多元产业”；增加“宁波钢铁”栏目。另外，因“特载”内容不多，并入“专记”。调整后的年鉴设专记，专文，大事记，概述，规划发展，管理创新，科研，基建与技改，环境经营，人力资源管理，财务、资产与审计，宝钢股份，八一钢铁，广东钢铁，宁波钢铁，多元产业，海外公司，综合管理，党群工作，企业文化，人物与表彰，附录，索引等 23 个栏目，部分栏目下设置分栏目。主体内容以条目为记述的基本形式，条目标题用黑体字显示。卷后设主题词（专用名、人名）索引，方便读者检索。

2010 版《宝钢年鉴》系统记述宝钢集团有限公司各部门和子公司 2009 年改革、发展的基本情况和重大事项，配有照片、图表，全书力求全面反映宝钢集团有限公司及所属单位的新变化、新特点、新成就，为读者了解、认识、研究宝钢提供真实可靠、可鉴、可用的翔实资料。

宝钢集团有限公司在本年鉴中简称“宝钢”、“宝钢集团”、“宝钢集团公司”或“集团公司”；宝钢主体企业宝山钢铁股份有限公司简称“宝钢股份”；其他子公司也同样在首次出现时用全称并注明简称。每个条目、每项资料后均在括号内注明撰稿人或供稿单位。

质量是年鉴的生命。本编辑部十分重视编校质量，2005 版《宝钢年鉴》获“第二届全国年鉴编校质量检查评比”特等奖；2006 版《宝钢年鉴》获“第三届全国年鉴编校质量检查评比”特等奖；2007 版《宝钢年鉴》获“第四届全国年鉴编校质量检查评比”特等奖；2008 版《宝钢年鉴》被评为“第四届全国年鉴编纂出版质量评比”综合特等奖，以及框架设计、条目编写和装帧设计三个单项优秀。为进一步提高编纂质量，诚盼读者指教。

联系电话：021－56114901

地址：上海市宝林一村 117 号 1803 室（邮编 201900）

《宝钢年鉴》编辑部

2010 年 10 月

# 目 录

## 专 记


胡锦涛视察宝钢集团新疆八一钢铁有限公司 …… 2
中共中央政治局委员王乐泉多次到八一钢铁视察 …… 2
中共中央政治局委员汪洋出席龙穴造船有限公司揭牌仪式 …… 3
宝钢在湛江的首个建设项目起步 …… 3
宝钢成功实施对宁波钢铁的战略重组 …… 4
宝钢首次收购海外上市公司股权 …… 4
投资13亿元的浦钢搬迁环保项目通过验收 …… 4
宝钢自主建设的三烧结脱硫装置通过验收 …… 5
宝钢梅钢冷轧工程实现自主集成 …… 5
宝钢已具备超高强汽车板制造能力 …… 5
高钢级大规格镍基合金油管研发成功 …… 6
宝钢试制出世界顶级牌号的取向硅钢 …… 6
宝钢成为世界第四家生产核电用管企业 …… 6
宝钢总部进行管理变革 …… 7
宝钢提出“环境经营”新理念 …… 7
宝钢实施“金苹果”计划 …… 8
宝钢最佳实践者活动全面展开 …… 8
宝钢人的南极缘 …… 9
宝钢为世博供料9.3万吨 …… 10
宝钢职工连续3年获“工人发明”国家二等奖 …… 10
技能专家孔利明获“当代发明家”称号 …… 11
宝钢在“全球最受尊敬企业”名列行业第二 …… 11
宝钢粗钢产量跃升至全球钢企第三位 …… 11
宝钢在“世界级钢铁公司”中位列第三 …… 11
宝钢入选CCTV60年60杰出品牌 …… 12
宝钢获企业社会责任特别大奖 …… 12
宝钢工程入选“百项经典暨精品工程” …… 12


## 专 文


推进产业重组 转变发展模式 …… 14
宝钢：改革开放的成功实践 …… 15
论国有控股上市公司治理之重点（摘要） …… 17
中韩钢铁企业间的合作现状与展望 …… 21
适应完善公司治理结构的要求 充分发挥党组织政治核心作用 …… 23
支教奖学：薪火相传的崇高事业——宝钢教育基金设立20周年回顾与展望 …… 26
阳光 伙伴 责任 …… 29
致“金苹果”团队的一封信 …… 32


## 大 事 记


…… 34


## 概 述


企业历史沿革 …… 42
企业现状与规模 …… 43
宝钢集团有限公司组织机构图（2009年12月） …… 44
宝钢集团有限公司党群机构图（2009年12月） …… 45
宝钢集团主要子公司及控股公司一览表 …… 45
生产经营 …… 45
主要生产经营指标 …… 50
党委工作 …… 59


## 规 划 发 展


规划管理 …… 65
编制新一轮规划纲要 …… 65

完善规划管理模式 …… 65
搭建规划管理体系共享服务平台 …… 65
提出子公司年度战略绩效考评指标体系 …… 65
开展各钢铁单元竞争力分析 …… 65
建立钢铁公司竞争力评估体系 …… 65
管理制度修订 …… 65
提出钢铁主业优化产品结构方案 …… 65
完成“战略设计与决策风险”项目 …… 65
制定宝钢股份“年度经营纲要” …… 65
组织“固废资源产业化”评审 …… 65
编制宝钢国际化经营5年规划 …… 66
海外项目前期策划 …… 66
召开年度海外工作会议 …… 66
宝钢与海外机构的高层交流 …… 66
向海外派出战略规划人员 …… 66
**投资审查** …… 66
构建投资管理控制体系 …… 66
编制建设技改6年规划 …… 66
相关投资计划的编制和审核 …… 66
竣工投产项目清理和评价 …… 66
固定资产投资项目评估 …… 66

## 管理创新

**董事会试点工作** …… 68
完善董事会制度体系 …… 68
健全董事会组织结构 …… 68
明确宝钢董事会主要职权 …… 69
开展对试点企业董事会和董事评价工作 …… 69
推进战略规划实施 …… 69
应对危机推行管理变革 …… 69
国资委向宝钢派出第四届监事会 …… 69
**一体化运作** …… 69
科研资源共享平台有效提高资源利用率 …… 69
一体化销售系统覆盖特钢事业部 …… 70
发挥汽车板营销与服务一体化优势 …… 70
一体化营销管理系统覆盖黄石公司 …… 70
宝钢国际推行区域一体化管理 …… 70
能源一体化通廊产生协同效益逾亿元 …… 70
协力管理一体化推进 …… 70
**管理创新实例** …… 71
以精细化管理降低现货发生率 …… 71
实行作业长虚拟团队管理 …… 71
表面质量缺陷图谱技术推广 …… 71
开展查找缺陷专题活动 …… 71
推行设备故障闭环管理 …… 71
建立跨部门产供研创新合作团队 …… 71
**运营改善管理** …… 72
总部管理变革 …… 72
审计体系优化 …… 72
组建产品事业部 …… 72
纵向整合管理机构职能 …… 72
实施营销体系管理扁平化 …… 72
推进综合管理体系建设 …… 72
推进绩效评价工作 …… 72
一批质量管理项目获奖 …… 72
**生产服务业改革** …… 72
炉窑维修业务专业化重组 …… 72
梅山矿工贸改制 …… 73
浦钢相关业务整合到宝钢发展 …… 73
二钢公司结构调整 …… 73
子公司清理工作 …… 73
宝钢发展平台建设 …… 73
**风险控制** …… 73
编制风险管理规划和工作计划 …… 73
探索全面风险管理工作机制 …… 73
加快风险信号有效传递 …… 73
风险导向内部控制 …… 73
**信息化推进** …… 74
信息化水平保持A级 …… 74
推进集团管控系统建设 …… 74
网络培训系统整体上线 …… 74
推进共享信息系统建设 …… 74
专线运营费用下降 …… 75
强化信息安全管理 …… 75
软件专利技术名列前茅 …… 75
电子商务覆盖三大采购系统 …… 75
宝钢国际实现财务系统一体化 …… 75
新版一体化监控指挥平台问世 …… 75
一炼钢与2050热轧L3系统改造成功 …… 75
工程设备电子采购平台运行顺畅 …… 75
“采购数据仓库”上线 …… 76
销售及物流管控系统二期建成 …… 76
罗泾点检信息化实现全覆盖 …… 76

精密钢管厂 MES 系统成功上线 …… 76
梅山矿业生产管控一体化系统通过鉴定 …… 76
招投标领域网络化建设效果明显 …… 76
宝信软件入选国家软件业 AAA 级信用企业 …… 76
宝信软件入选市名牌信息服务企业 …… 76
进入申通地铁核心业务 …… 77
承建华西财务公司管理信息系统 …… 77
签下广州 JFE 第二单 …… 77
成都工商信息系统通过验收 …… 77
宝信软件居年度软件生产力风云榜榜首 …… 77
**经济管理研究院** …… 77
发挥企业智库作用 …… 77
环境经营研究 …… 78
全面启动产业策划研究 …… 78
宝钢全球性发展研究 …… 78
全面提升内部管理 …… 78
开展学术交流 …… 78

## 科　研

**科技管理** …… 80
召开宝钢第四届技术创新大会 …… 80
举办“产学研用”合作高层论坛 …… 80
编制新一轮技术创新规划 …… 80
推进海外高层次创新创业基地建设 …… 80
编制科技年度计划及预算 …… 80
实施“钢铁联合研究基金”新一轮合作 …… 80
技术创新重大成果奖申报 …… 80
**科技发展** …… 80
实施“金苹果”计划 …… 81
修订“宝钢技术创新体系发展纲要” …… 82
完成 2010—2015 年技术创新规划编制 …… 82
自主集成创新取得突破 …… 82
重点新产品研发取得成果 …… 82
核安全一级钢板首次批量供货 …… 82
核心技术链取得一批成果 …… 82
环保和资源再利用技术研发 …… 82
冶金前沿技术取得阶段性成果 …… 82
开展无形资产价值评估 …… 83
知识产权风险防范 …… 83
加强与“宝钢教授”的合作 …… 83
对外技术出口 …… 83
技术共享平台技术答疑模块上线试运行 …… 83
召开电炉流程专家研讨会 …… 83
成立铁区专家委员会 …… 83
带钢表面检测技术研发 …… 84
为集团公司钢铁主业提供技术支撑 …… 84
支撑梅钢新建冷轧投产 …… 84
**科研机构** …… 84
**宝钢股份研究院(技术中心)** …… 84
科研成果 …… 85
新产品开发 …… 85
开展成本改善活动 …… 85
成立 19 个重大项目研发团队 …… 85
技术质量攻关 …… 85
为重大工程、重点技改工程提供技术支撑 …… 85
节能减排研发向综合集成方向发展 …… 86
科研成果用于都江堰灾后重建 …… 86
开展 10 周年院庆活动 …… 86
研究院获“国家认定企业技术中心成就奖” …… 86
科研成果获“国家科学技术发明二等奖” …… 86
9 位首席研究员成为首批“金苹果”成员 …… 86
杨健被列为国家“千人计划”人才 …… 87
“前沿技术研究”项目及进展 …… 87
“汽车板研究”项目及进展 …… 87
“不锈钢技术研究”项目及进展 …… 87
“特钢研究”项目及进展 …… 88
“结构钢研究”项目及进展 …… 88
“钢管条钢研究”项目及进展 …… 88
“焊接与表面技术研究”项目及进展 …… 89
“冶金工艺研究”项目及进展 …… 89
“炼铁新技术研究”项目及进展 …… 89
“设备研究”项目及进展 …… 89
“自动化研究”项目及进展 …… 90
“环境与资源研究”项目及进展 …… 91
“分析测试研究”项目及进展 …… 91
情报研究工作 …… 91
**梅钢公司技术中心** …… 92
耐硫酸露点用钢 BNS440 的开发 …… 92
冷拔管用钢 BLB280 的开发 …… 92
非调质石油套管用钢 N80－1 的开发 …… 93
汽车结构钢 ZQS500L 的试制 …… 93
黑皮钢 B510LF 的试制 …… 93
耐候花纹板 H－Q195 的开发 …… 93

焦炉荒煤气余热回收技术可行性应用研究 …… 93
焦炉破损机理研究 …… 93
高炉风口双枪喷煤技术研究 …… 93
利用外场控制连铸坯凝固组织的研究 …… 93
150 吨转炉的力学行为与悬挂系统的研究 …… 93
水动风机在梅钢公司的应用研究 …… 93
薄规格拓展及工艺优化 …… 94
热连轧机组辊形与板形研究 …… 94
**宝信软件技术中心** …… 94
一体化监控指挥平台关键技术研究 …… 94
数控系统在数控相贯线切割机上的研发 …… 94
BM2 冷轧作业计划优化研究 …… 94
采购供应链系统研发 …… 94
支持多语言的软件开发 …… 94
公共服务信息系统平台开发 …… 95
智能交通系统研发 …… 95
轨道交通监控平台 …… 95
炼钢 L2 产品化项目 …… 95
烧结专家系统和过程控制系统 …… 95
**化工公司技术中心** …… 95
煤系针状焦工业化示范装置研究 …… 95
制备锂离子电池负极材料 …… 95
溶剂静置沉降法净化宝钢软沥青的研究 …… 96
二氨基间苯二酚的合成研究 …… 96
煤精脱苯塔效率评估 …… 96

## 基建与技改

**投资管理** …… 98
固定资产投资 …… 98
建成投运项目 …… 98
主要续建项目 …… 98
完善建设技改管理制度 …… 99
严控投资规模和资金使用 …… 99
合理制订投资目标优化方案 …… 99
推进 BPMS 系统应用和完善 …… 99
**工程管理** …… 99
工程计划管理 …… 99
综合协调管理 …… 99
安全标准化管理 …… 100
细化区域管理责任制 …… 100
安全培训教育 …… 100
文明施工管理 …… 100
专项管理 …… 100
项目分类管控 …… 100
项目技术管理 …… 101
指导解决工程技术难题 …… 101
质量过程控制 …… 101
交竣工管理 …… 101
消防专项验收 …… 102
施工资源管理 …… 102
**工程技术管理** …… 102
加大重大项目投资控制力度 …… 102
A 类项目设计工作有序开展 …… 102
“工程设计统一技术规定”改版 …… 103
推进 BPSM 系统建设 …… 103
完善重大项目自主集成支撑体系 …… 103
历史数据整理 …… 103
**工程设备管理** …… 103
梳理修订合同 …… 103
工程设备电子商务平台运行 …… 104
实施设备集中采购 …… 104
推进供应商管理 …… 104
开展 3D 培训 …… 104
**主要项目进展** …… 104
梅钢二号脱硫站投入使用 …… 104
五冷轧连续退火机组达产 …… 104
梅钢冷轧酸轧机组试轧成功 …… 104
新增焊管防腐涂层项目热试成功 …… 104
马迹山港二期工程通过国家验收 …… 104
梅钢四号高炉点火 …… 105
无缝 140 机组改造实现预期目标 …… 105
特钢首块热轧合金板带下线 …… 105
2050 热轧精整厚板机组综合改造启动 …… 105
不锈钢事业部 CPL 机组月达标 …… 105
宝日钢丝三期工程投产 …… 105
梅钢热镀铝锌机组热负荷试车 …… 105
湛江龙腾球团项目热试成功 …… 105
梅钢冷轧酸轧机组月达产 …… 105
首条自主集成连退机组投产 …… 106
宁波钢铁 1780 热轧提前月达产 …… 106
**工程质量安全监督** …… 106

工程安全监督管理 …… 106
安全施工事先控制 …… 106
安全施工过程控制 …… 106
安全事故事后控制 …… 106
编制工程质量监督方案 …… 106
贯彻冶金设备验收规范新国标 …… 106
钢结构安装质量专项检查 …… 107
主体结构工程质量检查 …… 107
监督检测单位严格检测质量 …… 107
电气设备安装质量检查 …… 107
治理电气安装质量通病 …… 107
工程质量控制资料监督抽查 …… 107
在建工程“质量月”活动 …… 108
在建工程质量大检查 …… 108

## 环 境 经 营

**环保与治理** …… 110
副产煤气利用与减排技术获奖 …… 110
国际钢协技术环境部部长访问宝钢 …… 110
罗泾工程环保项目通过国家验收 …… 110
可持续发展课程开发取得成果 …… 111
环境检测业务上新台阶 …… 111
编制可持续发展报告 …… 111
电厂燃煤机组全部实现绿色发电 …… 111
冷轧治理环保指标连续5年100%合格 …… 111
三烧结脱硫装置通过验收 …… 111
独创“三次除尘”技术 …… 112
研制出抗菌不锈钢产品 …… 112
特殊钢环境指标持续改善 …… 112
梅钢公司被评为主要污染物减排先进单位 …… 112
梅钢公司清洁生产通过审核验收 …… 112
梅钢公司二号脱硫站投入使用 …… 112
烧结烟气脱硫项目通过江苏省环保评估 …… 113
梅山矿业化工废水实现“零排放” …… 113
梅钢公司四号高炉干法除尘系统投运 …… 113
梅钢公司煤气放散率比计划下降38% …… 113
精密钢管内表面除尘装置投用 …… 113
**节能降耗** …… 113
宝钢股份获市节能先进单位称号 …… 113
何文波发表节能宣传周讲话 …… 113
举办能源管理员岗位资质培训 …… 113
宝钢股份多工序能耗创单月最高水平 …… 113
高炉工序能耗创历史新低 …… 114
不锈钢天然气消耗持续降低 …… 114
不锈钢事业部节能减排成效凸显 …… 114
不锈钢吨钢耗新水创新低 …… 114
不锈钢事业部转炉煤气回收创新高 …… 114
炼铁厂改进热水器使用方式 …… 115
冷轧厂精打细算节约能源 …… 115
硅钢部强化常化机组工艺节能 …… 115
罗泾炼钢厂主要能耗指标降低 …… 115
梅钢公司转炉蒸汽全部回收利用 …… 115
开展中低温余热利用技术交流 …… 115
空调系统节能方案通过专家论证 …… 115
吨焦水消耗下降12% …… 116
不锈钢事业部连续6个月实现负能炼钢 …… 116
炼铁厂首台煤调湿装置显成效 …… 116
冷轧厂“跑冒滴漏”大幅减少 …… 116
烧结分厂用最佳燃料消耗组织生产 …… 116
首次更新高耗能变压器 …… 117
梅山资源分公司推进能源降耗 …… 117
八一钢铁全部实现干熄焦余热发电 …… 117
节能照明方案用于长江隧道 …… 117
研制出2 000千伏安节能变压器 …… 117
**绿化** …… 118
宝钢股份厂容绿化 …… 118
宝钢中厚板绿化面积104.33万平方米 …… 118
宝通公司新增绿化面积3.93万平方米 …… 118
绿化养护 …… 118
绿化搬迁和恢复 …… 118
制订绿化整治方案 …… 118
一钢公司草坪改麦冬 …… 119
组织培训班学员植树 …… 119
八一钢铁被评为自治区绿化先进集体 …… 119
**综合利用** …… 119
资源综合利用达到154.2万吨 …… 119
固废返生产利用创历史最高水平 …… 119
掌握COREX炉渣再生利用技术 …… 119
出口印度BSSF渣处理装置投运 …… 120
滚筒渣处理装置输出韩国浦项 …… 120
RO反渗透废水回用装置建成 …… 120

宝田矿粉成功抢滩沪杭高铁 …… 120
完成世博岩棉夹心板供货 …… 120
“氧化铁红水洗提纯技术”结题 …… 120
炼铁厂实现除尘灰全利用 …… 120
硅钢部废水处理生物菌种循环再利用 …… 120
不锈钢废弃渣钢循环利用见成效 …… 121
特殊钢固废返生产利用率大幅增长 …… 121
特钢事业部推出提高固废利用新举措 …… 121
梅钢公司回用水利用率创出新高 …… 121
梅钢酸再生焙烧炉成功点火 …… 121
宁波宝新从40吨废油中捞回60多万元 …… 121
一批专利用于生产 …… 121
废硫酸再生利用 …… 122
首创快速检测废弃物的方法 …… 122
完成改造报废轧辊100多支 …… 122
矿渣微粉用于亚洲“第一高楼”建设 …… 122
八一钢铁矿渣微粉项目主体工程完工 …… 122
八一钢铁第二座滚筒渣设备投入运行 …… 122


## 人力资源管理


**人力资源管理工作** …… 124
优化领导人员管理体系 …… 124
配强选优各级领导班子 …… 124
完善领导人员绩效评价机制 …… 124
推进市场化选聘 …… 124
完善领导人员后备工作 …… 124
精简总部管理岗位 …… 124
编制2010—2015年度人力资源发展规划 …… 125
开展专业族群人力资本分析 …… 125
宝钢员工入选首批“千人计划”名单 …… 125
宝钢被命名为海外高层次人才创新创业基地 …… 125
命名首批“金苹果”计划核心小组成员 …… 125
实施第一批“青苹果”计划 …… 125
504人参加首批中央企业班组长培训 …… 125
制订非钢产业技能人才培养规划 …… 125
推进国际化人才培养 …… 125
推进重点培训项目 …… 125
建立经济危机形势下的工资总额分配机制 …… 125
统一集团公司综合意外险 …… 126
全面启动宝钢年金计划 …… 126
宝钢人力资源服务中心起步运作 …… 126
**宝钢集团有限公司负责人** …… 126
**宝钢集团有限公司总部各部室领导人员** …… 126
**宝钢集团有限公司各子公司领导人员** …… 127
**教育培训工作** …… 128
开展各类培训13万人次 …… 128
开展管理研究课题19项 …… 129
举办员工创新活动49次 …… 129
组织两期公司决策人研修 …… 129
领导人员年度培训 …… 129
党群工作者研修、课程开发和案例建设 …… 130
开展党员培训和创新与发展培训 …… 130
开展管理培训 …… 130
专业技术培训 …… 131
新进大学生培训 …… 131
操作技能培训 …… 131
推进作业长安全伙伴计划培训 …… 131
职业技能鉴定与特种作业考核 …… 132
网络培训 …… 132
成人学历教育 …… 132
职前学历教育 …… 132
开发82门课程 …… 133
《宝钢数模知识大全》完成 …… 133
《宝钢冶金特有工种(炼铁)职业技能》结题 …… 133
教职员工队伍建设 …… 133
兼职师资队伍参与培训工作 …… 133
改善培训管理 …… 133
开展培训后评估 …… 133
职业资格梳理 …… 134
外部培训资源梳理 …… 134
培训设施建设 …… 134
第二届“宝钢培训奖”评选 …… 134
对外交流与接待 …… 134
成果与荣誉 …… 134


## 财务、资产与审计


**财务** …… 136
实行月度预算制度 …… 136
优化经营分析和绩效对话会制度 …… 136
统一会计系统 …… 136

搭建成本对标平台 …… 136
管理费用同比下降 17% …… 136
推进跨境贸易人民币结算业务 …… 136
优化子公司融资结构 …… 136
协助财务公司取得人民币结售汇业务资格 …… 137
财务决算工作获得国资委表彰 …… 137
成立财务服务中心 …… 137
成立财务服务与数据共享中心 …… 137
吸纳整合共享业务 …… 137
优化共享服务 …… 137
财务信息系统建设 …… 137
**资本运营** …… 137
宁波钢铁重组项目 …… 138
退出邯宝公司 …… 138
资产评估业务 …… 138
产权经纪业务 …… 138
资金运作业务 …… 138
作为烟台港第二大股东参与股份制改制 …… 138
设计金属包装业上市方案 …… 138
首次将债权资产证券化 …… 138
成功收购澳大利亚 Aquila 公司股权 …… 138
**审计** …… 139
强化经营审计职能 …… 139
完善投资审计职能 …… 139
增设管理审计职能 …… 139
建立集团公司内部审计体系管控模式 …… 139
建立三大共享服务机制 …… 140
探索数字化审计 …… 140
建立审计“结果导向”机制 …… 140
建立审计体系支撑服务机制 …… 140
建立审计项目后评价制度 …… 140
建立审计信息来源及项目甄别机制 …… 140
实施管理者审计实务培训 …… 140
提升审计人员素质 …… 140

## 宝钢股份

**概述** …… 142
**股东大会　董事会　监事会** …… 143
2008 年年度股东大会 …… 143
2009 年第一次临时股东大会 …… 143
第三届董事会第十六次会议(临时董事会) …… 143
第三届董事会第十七次会议 …… 143
第三届董事会第十八次会议 …… 143
第四届董事会第一次会议 …… 146
第四届董事会第二次会议 …… 147
第四届董事会第三次会议 …… 147
第三届监事会第十四次会议 …… 147
第三届监事会第十五次会议 …… 147
第四届监事会第一次会议 …… 147
第四届监事会第二次会议 …… 147
第四届监事会第三次会议 …… 147
**规划与发展** …… 148
规模与产品发展 …… 148
一批重大项目相继建成 …… 149
供应链规划主要绩效指标完成情况 …… 149
加强供应链一体化管理 …… 150
加强战略资源的控制 …… 150
完善海内外营销网络 …… 150
技术创新指标完成情况 …… 150
取得一批技术创新成果 …… 150
初步形成技术创新体系 …… 151
循环经济规划指标完成情况 …… 151
发展财务核算信息系统 …… 151
建立内部控制体系 …… 151
健全法人治理结构 …… 152
全面开展管理变革 …… 152
优化人力资源配置 …… 152
**战略管理** …… 152
推进战略规划与年度预算的衔接 …… 152
编制新一轮发展规划 …… 152
提出战略纲要的核心战略思想 …… 153
组织编制新一轮钢铁产品规划 …… 153
开展多层次竞争力分析 …… 153
产品发展的策划分析 …… 153
推进战略管理制度建设 …… 153
**采购管理** …… 153
原料采购 …… 153
成本改善 …… 153
策略采购 …… 153
做好远洋运力平衡 …… 154
优化原料结构 …… 154

马迹山港实现吞吐量 5 080 万吨 …… 154
提高梅钢中转矿江海直达运量 …… 154
铁合金无库存管理 …… 154
采购与销售协同 …… 154
利用网络平台采购 …… 154
优化废钢供应链 …… 154
资材备件采购成本下降 10% …… 154
库存周转速度提高 2.8 天 …… 154
备件采购国产化 …… 155
推出分类采购实施方案 …… 155
产供研协同攻关 …… 155
完善采购体系 …… 155
营造良好经营环境 …… 155
采购一体化 …… 155
**营销管理** …… 155
产品结构优化 …… 155
进口替代 …… 156
OA 行业用钢开发 …… 156
热轧产品重点围绕“高强减薄” …… 156
拓展冰箱面侧板规格 …… 156
DI 材减薄 …… 156
家电用彩涂和镀铝锌产品开发 …… 156
系列冷轧搪瓷钢开发 …… 156
油桶、防盗门用钢开发 …… 156
梅钢公司冷轧产线正常试生产 …… 156
提高高钢级生产能力 …… 157
品种钢销量达 5.5 万吨 …… 157
经营动态管理 …… 157
一体化协同管理 …… 157
重大工程供料 …… 157
推广产业链一体化运作模式 …… 157
物流动态管理 …… 157
行业用钢策划 …… 158
国内市场需求调研 …… 158
组建海外技术服务快速响应团队 …… 158
开展用户感知度调查 …… 158
组建呼叫中心 …… 158
编制绿色产品系列手册 …… 158
信息化服务 …… 158
海外营销管理 …… 158
**厚板品种管理** …… 158
C－Mn 钢替代含 Nb 钢 …… 158
低温控轧工艺替代正火工艺 …… 159
降低高强调质钢的合金成本 …… 159
高层建筑用钢 …… 159
高强度结构用钢 …… 159
SM570 钢板 …… 159
消化调质船板 …… 159
海洋平台用齿条钢实现批量生产 …… 159
TMCP 船板 …… 159
国内独家供应高强度钢 …… 160
球罐用钢 …… 160
耐候钢板 …… 160
管线钢 …… 160
厚板营销 …… 160
船板认证 …… 160
**人力资源管理** …… 160
编制 2010—2015 年人力资源规划 …… 161
人力资源管控 …… 161
提高劳动效率 …… 161
整合机构调整人员 …… 161
调控薪酬分配机制 …… 161
建立员工岗位工作累积制 …… 161
后备人才队伍建设 …… 161
首席师任期绩效评价 …… 161
管理人员主题实战演练 …… 161
全流程工程师培养 …… 162
开展主题研修活动 …… 162
跨单位轮岗锻炼 …… 162
新进员工培养 …… 162
操作维护人员培养 …… 162
海外后备人才库建设 …… 162
改善协力成本 …… 162
协力业务回归 …… 162
完善协力业务风险防范体系 …… 163
**宝山钢铁股份有限公司负责人** …… 163
**宝山钢铁股份有限公司总部各部室领导人员** …… 163
**中共宝山钢铁股份有限公司本部党委** …… 164
**宝山钢铁股份有限公司直属厂部领导人员** …… 164
**宝山钢铁股份有限公司下属单位领导人员** …… 165
**财务管理** …… 166
应对危机强化管理 …… 166

成本改善 …… 166
降低营销管理费用 …… 166
生产协力费管控 …… 166
成本管理 …… 167
实施成本对标管理 …… 167
发行100亿元中期票据 …… 167
跨境贸易人民币结算 …… 167
资金风险管控 …… 167
对外投资管理 …… 167
会计核算规范化 …… 167
编制2009年度财务报告 …… 167
一体化财务系统扩大覆盖面 …… 167
工程项目资金管控 …… 167
完成统计年报和经济普查 …… 168
申报对外经济技术合作专项资金 …… 168
申请上海市高新技术成果转化 …… 168
税务管理 …… 168
控制税收风险 …… 168
**审计管理** …… 168
编制修改和完善审计管理文件 …… 168
审计监督 …… 168
能源环保专项审计 …… 168
内部控制审计 …… 168
信息系统审计 …… 168
制品管理专项审计 …… 168
经济责任审计 …… 169
审计成果的闭环管理 …… 169
提升内部审计和稽核体系能力 …… 169
配合上级单位对审计工作的检查 …… 169
**综合管理** …… 169
**办公室** …… 169
文秘管理 …… 169
信息调研 …… 169
行政管理 …… 170
保密和国家安全工作 …… 170
维稳信访 …… 170
外事与接待管理 …… 170
**董事会秘书室** …… 170
股东大会、董事会、监事会事务 …… 170
董事会、监事会换届 …… 171
董事会专门委员会事务 …… 171
董监事交流、培训 …… 171
信息产品提供 …… 171
信息披露 …… 171
“上市公司公司治理及董事会运作”项目 …… 172
投资者关系 …… 172
定期参与投资者活动 …… 172
与投资者交流 …… 172
信息共享 …… 172
宝钢股份2009年获奖(荣誉称号)一览表 …… 173
**宝钢股份直属各厂、部** …… 173
**炼铁厂** …… 173
一号高炉顺利投产 …… 173
三号烧结机脱硫装置通过验收 …… 173
三号高炉更换S-4段冷却壁 …… 173
**炼钢厂** …… 174
降本增效12.29亿元 …… 174
众多指标创历史最高水平 …… 174
科技创新工作取得历史性突破 …… 174
节能环保工作取得新业绩 …… 175
员工队伍建设 …… 175
人力资源优化 …… 175
设备状态管理 …… 175
技改建设 …… 175
对外支持工作 …… 175
**热轧厂** …… 176
年产量超过1 100万吨 …… 176
实施组织机构优化工作 …… 176
基本实现取向硅钢热轧工序目标 …… 176
1580产线限产停机 …… 176
降本增效2.6亿元 …… 176
超额完成年度降本增效目标 …… 176
取得一批创新成果 …… 176
**厚板厂** …… 177
生产技术和设备管理指标不断刷新 …… 177
以倒逼机制推进成本大幅降低 …… 177
首次生产第四代核电最核心部件用钢 …… 177
生产船板填补国内空白 …… 177
品种钢实现稳定生产与拓展 …… 178
“快乐创新”工作法 …… 178
提前实现厚板二期“月达标” …… 178
世界首套特厚板离线超声波探伤设备开工生产 …… 178

完成厚板设备大定修 …… 178
**冷轧厂** …… 178
商品材交库量 …… 178
提高产品质量管控能力 …… 178
能源环保管理 …… 179
降本增效3.5亿元 …… 179
核心产品生产创佳绩 …… 179
降低设备故障次数 …… 179
科技创新成果 …… 179
打造冷轧人才高地 …… 179
新建项目工程建设 …… 179
现场基础管理 …… 180
**冷轧薄板厂** …… 180
降本增效突破1.5亿元 …… 180
节约能源总成本1 104万元 …… 180
第一条自主集成平整机组热负荷试车 …… 180
科技创新成果 …… 180
探索可视化绩效管理新模式 …… 180
**电厂** …… 180
通过质量体系认证 …… 181
三号机组脱硫脱硝项目投入运行 …… 181
宝钢产T91钢管在电厂应用科研成果通过鉴定 …… 181
电厂通过并网安全性评价 …… 181
**制造管理部** …… 181
实施炼铁基准方案 …… 182
开展资源计划策划 …… 182
低库存经济生产 …… 182
大规模定制生产 …… 182
二次资源利用 …… 182
一批新建机组投产 …… 182
信息系统建设 …… 182
汽车板认证 …… 182
工艺合金优化 …… 183
品种结构优化 …… 183
原辅料管理 …… 183
标准化管理 …… 183
各类产品认证 …… 183
控制计划应用 …… 183
产品移植和技术支持工作 …… 183
深化质量一贯制管理 …… 184
质量和安全年活动 …… 184
质量振兴攻关项目获奖 …… 184
**设备部** …… 184
调整优化设备管理体系 …… 185
设备管理 …… 185
维修成本管理 …… 185
检修管理 …… 185
备件管理 …… 185
合同管理 …… 186
设备前期管理 …… 186
固定资产管理 …… 186
技术创新管理 …… 186
计量管理 …… 187
检化验及测量检校 …… 187
网络通信管理 …… 187
设备管理技术支持 …… 187
过程机运维管理 …… 187
**能源环保部** …… 188
节能减排指标实绩 …… 188
能源成本改善 …… 188
环保管理实绩 …… 188
节能降耗管理 …… 188
强化设备基础管理 …… 188
技术创新与推广 …… 189
强化现场标准化管理 …… 189
宝钢生活污水处理站建成 …… 189
中央变电所改造完成 …… 189
**运输部** …… 189
生产经营情况 …… 189
提高码头卸载效率 …… 190
降低成本1.4亿元 …… 190
梳理码头装卸作业流程 …… 190
出口货物报关管理 …… 190
优化设备年定修模型 …… 190
优化协力管理 …… 190
"宝钢拖3号"获海上搜救先进集体称号 …… 190
140吨下置式双向框架车下线 …… 190
宝钢滩涂区域部分路段建成通车 …… 190
原料码头新建10号泊位投入使用 …… 190
马迹山港一期堆取料机无人化改造工程进行实物交接 …… 190
宽厚板热板驳运 …… 191
超大型散货轮首靠马迹山港 …… 191
运输部获上海港口行业协会"诚信创建企业"称号 …… 191

原料 10 泊位对外开放 …… 191
马迹山港二期工程通过国家验收 …… 191
运输部被评为“三星级交通安全资信企业” …… 191
马迹山港创亚洲沿海港口吃水量最深纪录 …… 191
原料码头月产量首次突破 400 万吨 …… 191
成品综合码头宽厚板单班作业创新高 …… 191
宝钢股份厂内机动车启用新车牌 …… 191
马迹山港创 17 万吨级同类船型全卸作业新纪录 …… 191
首次用超大型车检修超大型高杆灯 …… 191
厂内 UOE 涂层钢管首次铁路装车 …… 191
国内最大连续式卸船机滚装上岸 …… 191
原料码头连续式卸船机热负荷试车 …… 192
首次实现夜间内行道外轮交汇作业 …… 192
**硅钢部** …… 192
取向硅钢工序实现全线月“四达” …… 192
无取向硅钢机组提前实现年达产 …… 192
取向硅钢通过全球最大变压器制造商认证 …… 192
完成硅钢后续工程技术谈判 …… 192
高磁感取向硅钢通过专家技术评审 …… 192
宝钢取向硅钢用户突破百家 …… 192
无取向硅钢实现牌号全覆盖 …… 192
突破传统工艺 …… 193
能耗、环保指标全面达标 …… 193
降本增效成绩显著 …… 193
科技创新获得成果 …… 193
**宝钢股份不锈钢事业部** …… 193
实施事业部管理变革百日计划 …… 194
完善经营管理思路 …… 194
制定人才发展 3 年规划 …… 194
推进成本改善 …… 194
完善体系管理 …… 194
提高劳动效率 …… 194
产品质量攻关 …… 194
提高库存管理水平 …… 194
实施策略采购 …… 194
拓展独有、领先产品市场 …… 194
提高用户满意度 …… 194
产品研发 …… 195
开展群众性技术创新活动 …… 195
一批建设项目投产 …… 195
吨钢综合能耗 717.94 千克标煤 …… 195
实现员工与企业共同发展 …… 195
**宁波宝新不锈钢有限公司** …… 195
创立 BPS 生产经营理念 …… 195
推行 5J 生产管理模式 …… 195
提出“勤商”营销理念 …… 196
实行 4 项体制变革 …… 196
推行现场成本可视化 …… 196
提升设备体系能力 …… 196
个性化新品开发 …… 196
一批创新成果获奖 …… 196
启动“光亮平整项目” …… 197
**宝钢股份特钢事业部** …… 197
特钢事业部成立 …… 197
加快存货周转速度 …… 197
重点产品通过认证 …… 197
大方坯互供 …… 197
SPC 工作取得突破 …… 198
建立重大质量攻关项目 …… 198
一批重大新项目建成投产 …… 198
完善质量管理体系 …… 198
完成一体化系统配套改造 …… 198
完善职业健康体系 …… 198
治理安全隐患 …… 199
节能减排成效显著 …… 199
提高环保管理能力 …… 199
主要科技指标完成情况 …… 199
特种金属及合金板带一贯技术研究 …… 199
超高合金油套管关键技术研究及产品开发 …… 199
能源新产品领域开发 …… 199
汽车、交通、机械制造新产品领域开发 …… 199
特种金属及合金板带新产品开发 …… 200
推进设备信息管理 …… 200
订货周期从 15 天缩短至 6 天 …… 200
全方位降本增效 …… 200
制定岗位资格管理办法 …… 200
定岗定编减岗 379 个 …… 200
提出新特钢队伍建设目标 …… 201
制订后勤服务规划 …… 201
员工职业安全代表管理 …… 201
开展群众性技术创新活动 …… 201
**宝钢股份钢管条钢事业部** …… 201
完善内部营销体系建设 …… 201
产品质量管理 …… 201

六西格玛精益运营 …… 202
梳理管理体系 …… 202
人力资源管理 …… 202
强化能源管理力度 …… 202
对外技术支撑 …… 202
**烟台鲁宝钢管有限责任公司** …… 202
一体化协同效益 …… 203
强化成本管理 …… 203
创建资源节约和环境友好企业 …… 203
指标到岗、责任到人 …… 203
烟宝钢管项目建设 …… 203
烟宝钢管项目生产准备 …… 203
一套机构管理两个公司 …… 203
**南通宝钢钢铁有限公司** …… 203
机构变革 …… 204
降本增效 1.35 亿元 …… 204
完善薪酬机制 …… 204
加强质量基础管理 …… 204
**宝钢股份中厚板分公司** …… 204
完成一步项目竣工验收 …… 204
二步工程建设项目按计划推进 …… 205
拓展新品种 …… 205
完善综合管理体系建设 …… 205
推进五制配套基础管理 …… 205
节能减排效果明显 …… 205
推行标准化作业 …… 205
后备队伍建设 …… 205
组织员工培训 …… 206
开展成本改善专项劳动竞赛 …… 206
**上海梅山钢铁股份有限公司** …… 206
自主集成的冷轧产线在梅钢公司投产 …… 207
合理安排产能计划和生产组织 …… 207
提升设备保障能力 …… 207
建立成本"倒逼"机制 …… 207
开发 22 个新品种 …… 207
培育自主知识产权 …… 208
一期改造项目全面建成投运 …… 208
二期工程项目恢复启动 …… 208
推进清洁生产 …… 208
夯实现场基础管理 …… 208
提高队伍素质 …… 208
**宝钢股份黄石涂镀板有限公司** …… 208
新产线运行 …… 209
调整生产组织模式 …… 209
拓展市场 …… 209
改进人力资源管理 …… 209
节能 80 万元 …… 209
提高员工技能 …… 209
**宝钢新日铁汽车板有限公司** …… 210
董事会会议 …… 210
董事会换届改选 …… 210
开展企业文化建设月活动 …… 210
开展技术创新活动 …… 210
降本增效近 2 亿元 …… 210
实施培训 210 项 …… 210
建立 PQT 分析模型 …… 211
**上海宝钢国际经济贸易有限公司** …… 211
编制新一轮规划 …… 211
营销业务调整 …… 211
推进配送体系建设 …… 211
实现电子商务交易额 1 286 亿元 …… 211
构建综合管理营销服务体系 …… 212
开展信息化建设 …… 212
提升工厂基础管理水平 …… 212
人才队伍培养 …… 212
自主创新 …… 212
降本增效近 5 000 万元 …… 212
宝钢国际全资、控股子公司一览表 …… 212
**宝钢股份大事记** …… 214


## 八一钢铁


**概述** …… 218
企业负责人简介 …… 218
**股东大会　董事会** …… 218
2008 年度股东大会 …… 218
2009 年第一次临时股东会 …… 218
2009 年第二次临时股东会 …… 218
八一钢铁组织机构图(2009 年 12 月) …… 219
二届十一次董事会 …… 220
三届一次董事会 …… 220
三届二次董事会决议 …… 220
三届三次董事会决议 …… 220
三届四次董事会决议 …… 220

三届五次董事会决议 …………………………… 220
**生产经营管理** …………………………… 220
基本建设投资 …………………………… 220
降本增效6.9亿元 …………………………… 220
原燃料管理 …………………………… 220
提高生产组织水平 …………………………… 221
产品研发取得进展 …………………………… 221
扩大市场营销 …………………………… 221
节能减排 …………………………… 221
保持职工队伍稳定 …………………………… 222
八一钢铁大事纪要 …………………………… 222
**八一钢铁各分公司** …………………………… 223
**炼铁分公司** …………………………… 223
工程建设 …………………………… 224
降本增效3.32亿元 …………………………… 224
推进基层管理模式和作业长制 …………………………… 224
推进设备专业化集中管理 …………………………… 224
工程项目管理 …………………………… 224
**能源中心** …………………………… 224
工程建设 …………………………… 224
推进标准化作业 …………………………… 225
技术攻关和自主管理 …………………………… 225
开展形势教育 …………………………… 225
获奖情况 …………………………… 225
**物流分公司** …………………………… 225
降本增效1亿元 …………………………… 225
获奖情况 …………………………… 225
**制造管理部** …………………………… 225
吨铁焦炭成本下降498元 …………………………… 225
提高生产管控水平 …………………………… 226
产品研发 …………………………… 226
科技管理 …………………………… 226
**冶金信息分公司** …………………………… 226
实施降本增效项目12个 …………………………… 226
完成一批设计研发项目 …………………………… 226
完成一批工程项目 …………………………… 227
**检修中心** …………………………… 227
降本增效4 000多万元 …………………………… 227
**八一钢铁股份有限公司** …………………………… 227
**炼钢厂** …………………………… 227
新产品开发 …………………………… 227
节能减排 …………………………… 227
技术攻关 …………………………… 227
降本增效 …………………………… 228
质量管理 …………………………… 228
设备管理 …………………………… 228
**轧钢厂** …………………………… 228
过程控制 …………………………… 228
体系审核 …………………………… 228
新产品开发 …………………………… 228
全年累计节约成本1.34亿元 …………………………… 228
科技项目管理 …………………………… 228
**销售部** …………………………… 229
协同销售 …………………………… 229
疆内板材直销 …………………………… 229
提高疆内市场占有率 …………………………… 229
**八一钢铁其他子公司** …………………………… 229
**新疆钢铁设计院有限责任公司** …………………………… 229
**富蕴蒙库铁矿有限责任公司** …………………………… 229
生产经营 …………………………… 229
矿山建设投资 …………………………… 229
**新疆焦煤(集团)有限责任公司** …………………………… 229
工程建设 …………………………… 229
获奖情况 …………………………… 230
**新疆八钢国际贸易股份有限公司** …………………………… 230
进出口贸易 …………………………… 230
境外子公司运作模式有所改善 …………………………… 230
境内子公司外贸经营业务逐步开展 …………………………… 230
中钢冶金进出口公司 …………………………… 230
**新疆金业报废汽车回收(拆解)有限责任公司** …………………………… 230
加强废钢经营和流程控制 …………………………… 230
报废汽车业务经营 …………………………… 230
**新疆八钢金属制品有限公司** …………………………… 231
技术成果 …………………………… 231
工程建设 …………………………… 231
**新疆钢铁雅满苏矿业有限责任公司** …………………………… 231
降本增效3 000万元 …………………………… 232
技术攻关 …………………………… 232
工程建设 …………………………… 232
资源管理 …………………………… 232
资产监管 …………………………… 232


## 广东钢铁


**概述** …………………………… 234

企业负责人简介 …… 234
推进广东省钢铁产业重组 …… 234
协助韶钢、广钢走出困境 …… 234
推进宝钢集团内部协同 …… 235
编制 2010—2015 年发展规划 …… 235
球团项目热负荷联动试车成功 …… 235
东海岛村民安置房全部完工 …… 235
湛江工程可行性研究收口 …… 235
推进广钢环保迁建湛江项目 …… 235
广东钢铁大事纪要 …… 235
**湛江龙腾物流有限公司** …… 237
球团工程建设 …… 237
物流管理实现有序高效低损目标 …… 238
建立设备管理体系 …… 238
安全管理事故为零 …… 238
人力资源管理和培训 …… 238
湛江物流大事纪要 …… 238

## 宁 波 钢 铁

**概述** …… 240
企业负责人简介 …… 240
**经营管理** …… 240
稳定干部员工队伍 …… 240
深入基层调研 …… 241
整合组织机构 …… 241
干部人事调整 …… 241
梳理流程制度 …… 241
改善员工待遇 …… 241
减少利息支出 2.1 亿元 …… 241
组织单线生产 …… 241
推进热装直装 …… 241
调整配煤配矿 …… 241
开展固废回收配用 …… 242
降低协力费用 …… 242
降低维修费用 …… 242
设备功能考核 …… 242
控制备件库存资金 …… 242
高度重视环保工作 …… 242
开展清欠工作 …… 242
开展技能培训 …… 242
稳步提升产品质量 …… 242
获得授权专利 2 项 …… 242
提高直销比率 …… 242
推进敏捷交货 …… 242
调整采购策略 …… 243
五丰塘焦化项目投产 …… 243
宁波钢铁大事纪要 …… 243
宁波钢铁及子公司、分公司一览表 …… 244

## 多 元 产 业

**资源开发及物流业** …… 246
**宝钢资源有限公司** …… 246
企业负责人简介 …… 246
完善战略规划 …… 246
开拓新的资源市场 …… 246
构建以客户为中心的经营体系 …… 246
加强资源基础性研究 …… 246
上海宝钢航运公司成立 …… 246
重组资源开发业务 …… 247
建立市场快速响应机制 …… 247
优化工作方式 …… 247
推进阳光采购 …… 247
推进基础管理信息化建设 …… 247
制定重大风险管控计划 …… 247
人力资源建设 …… 247
降本增效 4 000 万元 …… 247
首次编制可持续发展报告 …… 247
宝钢资源大事纪要 …… 248
宝钢资源下属子公司(含托管)一览表 …… 248
**钢材延伸加工业** …… 249
**宝钢金属有限公司** …… 249
企业负责人简介 …… 249
金属包装经营业绩 …… 249
钢结构经营业绩 …… 249
工业气体经营业绩 …… 249
汽车零部件经营业绩 …… 250
汽车贸易经营业绩 …… 250
金属贸易经营业绩 …… 250
加强现场和设备管理 …… 250
全面推进集中采购 …… 250
重视科技发展 …… 250
强化项目管控 …… 250

施工项目进展顺利 …… 251
完善管理体系 …… 251
推进价值管理 …… 251
深化内部审计监督 …… 251
加强资产经营与管理 …… 251
提升信息化水平 …… 251
都江堰幸福家园开工建设 …… 252
宝钢印铁(北京)分公司开业 …… 252
安全管理和节能环保工作 …… 252
人才队伍建设 …… 252
开展形势任务教育 …… 252
稳定工作 …… 252
推进最佳实践者活动 …… 252
职工参与民主管理 …… 252
宝钢金属大事纪要 …… 252
宝钢金属下属子公司(含参股公司)一览表 …… 253
**南京宝日钢丝制品有限公司** …… 255
企业负责人简介 …… 255
调整营销策略 …… 255
加强生产计划管理 …… 256
三期工程竣工 …… 256
优化企业标准 …… 256
推进质量三级点检 …… 256
加强队伍建设 …… 256
降本增效 …… 256
推进清洁生产 …… 256
宝日钢丝大事纪要 …… 256
**工程技术服务业** …… 257
**宝钢工程技术集团有限公司** …… 257
企业负责人简介 …… 257
市场拓展取得新突破 …… 257
重点工程取得新进展 …… 257
提升自主集成创新能力 …… 258
技术创新成果显著 …… 258
加强员工业务建设 …… 258
营造技术创新氛围 …… 259
子公司稳步发展 …… 259
提高员工素质 …… 259
推进环境经营战略 …… 260
优化管理体系 …… 260
16名直管干部退出领导岗位 …… 260
开展人文关怀活动 …… 260
宝钢工程大事纪要 …… 260
宝钢工程下属子公司一览表 …… 262
**上海宝钢工业检测公司** …… 262
企业负责人简介 …… 262
经营业绩 …… 262
降本增效取得积极成果 …… 262
检化验支撑和服务钢铁主业成效明显 …… 263
轧辊技术支撑和服务钢铁主业 …… 263
电气技术支撑和服务钢铁主业 …… 263
诊断技术支撑和服务钢铁主业 …… 263
支撑和服务土炉设备管理 …… 263
检测专业支撑和服务钢铁主业 …… 263
为钢铁主业提供环境监测 …… 264
宝山分公司支撑钢铁主业降本增效 …… 264
检测业务拓展到南京 …… 264
专业化整合优势显著 …… 264
以项目化管理提升技术能力 …… 264
风机专业化管理提升专业价值 …… 264
对工业炉窑进行优化 …… 264
能源审计专业化管理取得成效 …… 264
合同能源管理取得成效 …… 264
完善以价值为导向的评价激励体系 …… 264
检测公司大事纪要 …… 265
**上海宝钢设备检修有限公司** …… 265
企业负责人简介 …… 265
企业负责人变更 …… 265
编制新一轮发展规划 …… 265
服务满意度达99.73分 …… 265
完善服务营销体系 …… 265
推出一系列的变革措施 …… 266
推进成本管理改善工作 …… 266
获得一批专项技术推进成果 …… 266
知识创新平台上线 …… 266
优化管理岗位 …… 267
推进技能队伍建设 …… 267
开展人力资源盘点工作 …… 267
宝检公司大事纪要 …… 267
**上海宝信软件股份有限公司** …… 268
企业负责人简介 …… 268
完成信息化规划咨询类业务 …… 268
服务钢铁主业综合能力持续攀升 …… 268
宝钢信息系统项目建设 …… 269

宝钢自动化工程建设 …… 269
宝钢系统运行维护服务 …… 269
开发钢铁行业软件市场 …… 269
拓展有色金属软件市场 …… 269
大交通行业市场份额稳步提升 …… 270
为制造行业用户提供服务 …… 270
拓展采掘行业市场 …… 270
拓展金融行业市场 …… 270
拓展公共服务行业市场 …… 270
软件外包市场稳步增长 …… 270
行业地位及资质提升 …… 271
自主研发与技术创新 …… 271
政府资源协作机制更加成熟 …… 271
取得一批知识资产成果 …… 271
宝信软件大事纪要 …… 271
宝信软件下属分(子)公司一览表 …… 273
**上海宝华国际招标有限公司** …… 274
企业负责人简介 …… 274
拓展新型招标业务 …… 274
开拓集团外招标市场 …… 274
推进数字化招标 …… 274
强化知识管理和共享体系 …… 274
完善宝钢评标专家库 …… 274
宝华招标大事纪要 …… 274
**生产服务业** …… 275
**宝钢发展有限公司** …… 275
企业负责人简介 …… 275
企业负责人变更 …… 275
完成整合重组体制改革 …… 275
提出三项工作要求 …… 276
最佳实践者活动 …… 276
浦钢整合工作初步完成 …… 276
举办“我们的嘉年华”文体活动 …… 276
编制再生资源综合利用产业化商业计划书 …… 276
清理子公司 15 家 …… 276
编制 5 年发展规划 …… 276
投入科技研发 2 000 万元 …… 277
全面实施新的薪酬制度 …… 277
精简人员提升效率 …… 277
实施培训项目 768 个 …… 277
降本增效 2 580 万元 …… 277
由核算型财务向管理型财务转变 …… 277
开展固定资产盘点 …… 278
完成内部审计 26 项 …… 278
完善基础管理 …… 278
构建客户服务工作绩效评价体系 …… 278
安全环保管理 …… 278
编制《宝钢发展党建工作体系》 …… 278
领导人员后备队伍建设 …… 278
编制企业文化建设规划 …… 279
效能监察推进“阳光行动” …… 279
信访工作 …… 279
安全稳定工作 …… 279
完善综合治理工作五级责任网络体系 …… 279
宝钢发展大事纪要 …… 279
宝钢发展下属一级业务单元一览表 …… 280
**宝山宾馆** …… 281
企业负责人简介 …… 281
调整经营策略应对危机 …… 281
成为世博会餐饮服务供应商 …… 282
人力资源控制 …… 282
清理归并子公司 …… 282
**宝钢集团上海第一钢铁有限公司** …… 282
企业负责人简介 …… 282
稳步推进改革 …… 282
加强风险内控建设 …… 283
推进宝钢现代化管理体系 …… 283
推进阳光采购 …… 283
提高劳动效率 …… 283
提高技能素质 …… 283
落实安全责任 …… 283
做好维稳工作 …… 283
开展最佳实践者活动 …… 284
保障员工利益 …… 284
深入开展“两项活动” …… 284
加强领导人员队伍建设 …… 284
加强党风建设和反腐倡廉工作 …… 284
一钢公司大事纪要 …… 284
一钢公司下属子公司一览表 …… 285
**宝钢集团上海浦东钢铁有限公司** …… 285
企业负责人简介 …… 285
完成钢铁服务业板块相关业务整合 …… 285
形势任务教育 …… 285
降本增效 …… 286

“最佳实践者”活动 …… 286
标化作业和素质养成 …… 286
教育培训 …… 286
风险控制 …… 286
维护稳定工作 …… 286
清理整顿子公司 …… 286
浦钢公司大事纪要 …… 287
浦钢公司下属子公司一览表 …… 287
**宝钢集团上海五钢有限公司** …… 287
企业负责人简介 …… 288
《五钢报》复名出版 …… 288
申办期货商品交割库 …… 288
入选首批文化产业园区 …… 288
吴淞职工体育中心建成投运 …… 288
十钢地块储备签约 …… 288
五钢公司大事纪要 …… 288
五钢公司下属子公司(含托管单位)一览表 …… 289
**宝钢集团上海二钢有限公司** …… 290
企业负责人简介 …… 290
平稳实施企业转型 …… 290
推进项目建设 …… 290
确保产销衔接 …… 290
实现有效销售 …… 291
开展降本增效 …… 291
推进新品开发 …… 291
开展人文关怀活动 …… 291
处置存量资产 …… 291
**宝钢集团上海梅山有限公司** …… 292
企业负责人简介 …… 292
编制5年发展规划 …… 292
推进12个重点工作项目 …… 292
完善生产组织 …… 293
注册成立矿业分公司 …… 293
委托梅钢公司管理冷轧板公司 …… 293
修订123个内部管理文件 …… 293
推荐创新成果 …… 293
一批科研成果获奖 …… 293
完成投资2.17亿元 …… 293
实施7个信息系统项目 …… 293
矿山二期延伸工程 …… 294
山景尾矿库工程 …… 294
“宝盛51”轮投入营运 …… 294
完成降本增效3.6亿元 …… 294
压缩外委费用3 153万元 …… 294
减少维修费用5 933.7万元 …… 294
节能降耗工作 …… 294
节省项目投资226.7万元 …… 295
群众性经济技术创新活动 …… 295
获首批南京市平安企业称号 …… 295
梅山公司大事纪要 …… 295
梅山公司及子公司、分公司一览表 …… 296
**煤化工业** …… 297
**上海宝钢化工有限公司** …… 297
企业负责人简介 …… 297
安全管理 …… 297
环保工作 …… 298
市场营销 …… 298
实现生产稳定顺行 …… 298
推进管理变革 …… 298
优化人力资源 …… 299
实施建设规划项目 …… 299
实现降本增效1.15亿元 …… 299
技术创新 …… 299
投资管理 …… 299
化工公司大事纪要 …… 299
化工公司下属子公司一览表 …… 300
**金融投资业** …… 300
**华宝投资有限公司** …… 300
企业负责人简介 …… 301
华宝投资大事纪要 …… 301
**华宝信托有限责任公司** …… 301
企业负责人简介 …… 301
拓展项目融资业务 …… 301
拓展银信合作领域 …… 301
搭建持续营销环境 …… 301
拓展大型企业理财业务 …… 301
受托管理员工福利业务达15亿元 …… 302
荣获“诚信托——TOP大奖” …… 302
华宝兴业基金管理有限公司 …… 302
华宝证券有限责任公司 …… 302
华宝信托大事纪要 …… 303
**宝钢集团财务有限责任公司** …… 303
企业负责人简介 …… 303
克服信贷业务波动 …… 303

加强流动性管理 …… 303
自营投资业务稳健发展 …… 304
完善结算网络建设 …… 304
开展结售汇业务 …… 304
推进业务创新 …… 304
提高客户服务意识 …… 304
财务公司大事纪要 …… 304

## 海外公司

**宝和通商株式会社** …… 306
企业负责人简介 …… 306
**宝钢新加坡贸易有限公司** …… 306
企业负责人简介 …… 307
获5%优惠税率GTP资格 …… 307
赢得印度国家石油公司ONGC的钻杆竞标 …… 307
获新加坡松下压缩机最有价值供应商称号 …… 307
获得宝钢在海外第一单人民币结算业务 …… 307
宝新公司大事纪要 …… 307
**宝金企业有限公司** …… 308
企业负责人简介 …… 308
“宝业”、“宝致”和“宝航”轮完成坞修 …… 308
董事变更 …… 308
**宝运企业有限公司** …… 308
企业负责人简介 …… 308
董事变更 …… 308
注重风险控制 …… 308
**宝岛贸易有限公司** …… 309
企业负责人简介 …… 309
宝岛公司大事纪要 …… 309
**宝钢澳大利亚矿业有限公司** …… 309
企业负责人简介 …… 310
宝瑞吉合资项目培训 …… 310
宝澳矿业大事纪要 …… 310
**宝钢欧洲有限公司** …… 310
企业负责人简介 …… 311
明确新一轮发展思路及规划 …… 311
开发非敏感、非发达市场 …… 311
拓展海外工程项目 …… 311
成立东欧代表处 …… 311
中标肯尼亚管线管2/3订单 …… 311
宝欧公司大事纪要 …… 311
**宝钢美洲贸易有限公司** …… 311
企业负责人简介 …… 312
制订2010—2015年发展规划 …… 312
出口北美油井管产品基本停滞 …… 312
加拿大办事处休眠 …… 312
中国驻纽约总领事视察宝美公司 …… 312
启用宝钢股份电话系统 …… 312
集团公司派出美洲区域总代表助理 …… 312
**宝华瑞矿山股份有限公司** …… 312
企业负责人简介 …… 312

## 综合管理

**董事会办公室** …… 314
全年举行21次会议 …… 314
派出监事会工作 …… 314
**办公室(党委办公室)** …… 314
文秘管理 …… 314
信息调研 …… 314
信访工作 …… 315
维稳工作 …… 315
内事接待 …… 315
保密、国家安全 …… 315
出境管理与派遣团组384个 …… 315
外事联络和接待 …… 316
外国专家管理 …… 316
对外签证邀请 …… 316
外事机构变革 …… 316
配合外交部完成调研任务 …… 316
编纂《宝钢外事月报》 …… 316
对甲型H1N1的防控 …… 316
编写外事工作信息 …… 317
**法律事务** …… 317
重组宁波钢铁 …… 318
投资澳大利亚Aquila资源公司 …… 318
退出邯宝公司 …… 318
依法避免1 000多万元原料损失 …… 318
妥善处理科弘系破产案 …… 318
妥善应对国外贸易救济案件 …… 318
取向电工钢双反案 …… 318
**安全生产管理** …… 318
工伤事故 …… 318

落实安全管理责任 …… 319
完善制度 …… 319
完善安全生产评价体系 …… 319
建立安全管理者研修会 …… 319
完善特种设备信息系统 …… 319
经验推广 …… 319
转变消防管理模式 …… 319
建立治安保卫区域责任制 …… 319
**人民武装** …… 319
民兵预备役组织整顿 …… 319
民兵预备役人员点验 …… 319
完成各项军事训练任务 …… 320
高炮实弹演练取得好成绩 …… 320
武器装备管理 …… 320
做好部队暂存军用装备管理 …… 320
落实世博会有关安保准备 …… 320
修订重要经济目标应急防护预案 …… 320
人防设施维护保养 …… 320
国防潜力调查 …… 320
11名适龄青年入伍 …… 320
开展国防教育 …… 320
拥军优属活动 …… 320
军民共建活动 …… 321
**离退休职工管理** …… 321
政治上关心老干部 …… 321
离退休干部党工委 …… 321
落实老干部生活待遇 …… 322
关心、帮助离退休职工 …… 322
退休职工管理 …… 322
推进“四个就近” …… 322
指导与服务基层工作 …… 322
加强老干部工作者队伍建设 …… 323
宝钢淞涛艺术团 …… 323
老干部(老年)大学 …… 323
淞涛诗社 …… 324
关心下一代协会 …… 324
宝钢长寿工业服务公司 …… 324

## 党 群 工 作

**共产党组织** …… 326
**组织工作** …… 326
完成学习实践活动整改工作 …… 326
召开党政领导班子专题民主生活会 …… 326
基层党组织“两委”换届工作 …… 326
加强和改进党支部建设 …… 326
党建创新成果评比与表彰 …… 327
“七一”党内先进评选、表彰 …… 327
党群工作者队伍建设 …… 327
开展“党员登高”创优活动 …… 327
发展党员工作 …… 327
举办“党建创新论坛” …… 327
电子党务建设 …… 327
慰问补助困难党员 …… 328
信访接待工作 …… 328
**宣传思想工作** …… 328
党委中心组学习 …… 328
开展形势与任务教育 …… 328
编发《宝钢形势任务教育》 …… 328
政研会工作 …… 328
《宝钢基层党支部工作调研报告》获奖 …… 329
宝钢历史陈列馆接待参观 …… 329
**纪检、监察工作** …… 329
推进惩防体系建设 …… 329
廉洁从业工作 …… 329
反腐倡廉制度建设 …… 329
开展监督检查工作 …… 330
效能监察工作 …… 330
电子采购平台和网上招标平台建设 …… 330
继续执行禁入制度 …… 330
推进工程“双优”工作 …… 330
信访举报和案件查处 …… 330
纪检监察队伍建设 …… 331
**机关党委** …… 331
推进总部管理变革 …… 331
推进党支部建设 …… 331
推进年末民主生活会 …… 331
开展降本增效活动 …… 331
**统一战线工作** …… 332
贯彻全国、上海市统战部长会议精神 …… 332
加强与党外人士沟通交流 …… 332
开展“爱、献、作”主题活动 …… 332
民族宗教工作 …… 332
侨务工作 …… 332

民主党派工作 …… 333
对台工作 …… 333
统战信访工作 …… 333
有关人大、政协工作 …… 333
落实党外人士工作 …… 333
接待工作 …… 334
留学归国人员工作 …… 334
**民主党派组织** …… 334
**中国国民党革命委员会组织** …… 334
民革宝钢支部 …… 334
**中国民主同盟组织** …… 334
民盟宝钢总支 …… 334
民盟五钢特钢支部 …… 335
**中国民主建国会组织** …… 335
民建宝钢工作委员会 …… 335
**中国民主促进会组织** …… 335
民进宝钢委员会 …… 335
**中国农工民主党组织** …… 336
农工宝钢支部 …… 336
**九三学社组织** …… 336
九三宝钢支社 …… 336
九三一钢支社 …… 336
九三特钢支社 …… 337
九三梅山支社 …… 337
九三冶金支社 …… 337
**工会组织** …… 337
《宝钢职工民主管理基本制度》 …… 338
最佳实践者活动 …… 338
建立群众性安全体系 …… 338
落实解决职工切身利益问题 …… 338
开展全员、全面、全过程成本改善劳动竞赛 …… 338
指导沪外子公司工会工作 …… 339
举办2009年度工会主席研修班 …… 339
宝钢业余合唱团参加上海市歌会 …… 339
建立职工健康计划文体资源共享平台系统 …… 339
开展文体活动培训 …… 339
宝钢拔河队勇夺冠军 …… 339
职工经济技术创新 …… 339
帮困送温暖工作 …… 340
开展女职工最佳实践者活动 …… 340
**共青团组织** …… 340
青年思想引导和形势任务教育 …… 340
建设宝钢员工网络论坛 …… 341
召开宝钢第四次团代会 …… 341
开展引导青年试点工作 …… 341
参加社会公益服务 …… 341
开展青年职业生涯导航活动 …… 342
探索推进“推优”工作 …… 342
搭建青年成才的平台 …… 342
青年安全工作 …… 342
落实联系青年工作 …… 342
创新青年交流渠道 …… 343
团工作评价体系研究 …… 343
为社会青年就业创业服务 …… 343
团组织自身建设 …… 343
公开选聘集团公司团委副书记 …… 343
建立“钢铁流通创新团队” …… 343
改进基层团组织工作评价办法 …… 344
**科学技术协会** …… 344
参加国际钢协和国际不锈钢论坛工作 …… 344
徐乐江参加国际钢协执行理事会第33次会议 …… 344
派员参加国际钢协经济委员会春季会议 …… 344
派员参加国际钢协包装委员会会议 …… 344
参加国际钢协技术委员会第41届会议 …… 344
徐乐江参加国际钢协43届年会 …… 344
参加国际钢协经济委员会2009年秋季会议 …… 344
国际不锈钢论坛召开2009年度理事会 …… 345
组团赴美参加2009年钢铁技术会议及展览会 …… 345
派员参加2009年亚洲钢铁大会 …… 345
派员参加第五届欧洲轧钢大会 …… 345
参加德国第六届先进材料加工制造国际会议 …… 345
2009年中国不锈钢行业年会在宝钢召开 …… 345
参加2009年全国炉外精炼生产技术交流研讨会 …… 345
参加2009年全国冷轧板带生产技术交流会 …… 345
第五届国际炼铁科技大会在宝钢召开 …… 345
第六届中国国际不锈钢大会在上海召开 …… 346
参加中国金属学会烧结工序节能减排技术研讨会 …… 346
参加全国第五届腐蚀大会 …… 346
组团参加2009年中国钢铁年会 …… 346
宝钢—中钢第11次科技交流 …… 346
第四届宝钢学术年会准备工作启动 …… 347
全国转炉炼钢厂协调组会议在沪举行 …… 347
宝钢自动化学会参与英国女王大学对口交流 …… 347
组织参加第八届MES专题研讨会 …… 347

优秀论文评选 …… 347
召开各专项应用技术交流会 …… 347
举办宝钢科技节 …… 347
开展各类科普活动 …… 347
联手推广国际先进理念及技术 …… 348
2 项成果入选上海科技成果评选 …… 348
为上海科技 60 年提供相关资料 …… 348
举办创新方法—TRIZ 理论培训班 …… 348
持续开展“讲理想、比贡献”竞赛 …… 348
推荐科研成果获奖 …… 348
宝钢老专家、老科技工作者联谊会成立 …… 348
科协基层组织联络站建立 …… 348
完成科技工作者心理状况问卷调查 …… 349
参加中国科协问卷调查 …… 349
科协信息化建设 …… 349
**企业管理协会** …… 349
《宝钢经济与管理》获特等奖 …… 349
4 家电炉分厂进行横向对标 …… 349
推进基础管理 …… 349
自主管理成果发布 …… 349
创新成果评优 …… 350
管理专题论坛 …… 350
组织机构建设 …… 350
成本改善清理 …… 350
作业长研修会活动 …… 350
分厂厂长联谊会活动 …… 350
质量学会活动 …… 350
技师协会活动 …… 351
中青年学者联谊会活动 …… 351
设备学会活动 …… 351
能源学会活动 …… 351
安全管理者研修会活动 …… 351
**文学艺术团体联合会** …… 351
举办庆祝新中国成立 60 周年活动 …… 351
“文学艺术专版”联展 …… 351
参与上海职工文学创作基地的组建 …… 352
一批作品获奖 …… 352
“星海”奖评选工作 …… 352
举办采风活动 …… 352
收藏宝钢作者作品 …… 352
**红十字会** …… 352
捐赠救助 …… 352
无偿献血 …… 352

## 企业文化

**企业文化建设** …… 354
评选“感动员工、感动用户”故事 …… 354
“保护环境节约资源”行为养成活动 …… 354
年度人物颁奖典礼 …… 355
文明单位受表彰 …… 355
**对社会新闻宣传** …… 355
宝钢媒体宣传工作的规范管理 …… 355
配合媒体做好新中国成立 60 周年宣传 …… 355
重大新闻发布 …… 355
围绕世博会相关报道 …… 355
集团公司领导发表署名文章 …… 356
媒体歪曲报道危机事件处理 …… 356
接待境外媒体采访 …… 356
**社会责任管理** …… 356
形成宝钢社会责任指标体系 …… 356
首次发布《宝钢集团社会责任报告》 …… 356
社会捐赠管理 …… 357
2009 年对外捐赠 8 730 万元 …… 357
**品牌管理** …… 358
形成多元化产业品牌工作要点 …… 358
《宝钢汽车板的故事》入选最佳品牌建设案例 …… 358
搞“活”宝钢展台 …… 358
宝钢网站测评整改 …… 358
推广不锈钢品牌 …… 358
制作统一的宝钢简介 PPT 版 …… 358
建立宝钢品牌共享平台 …… 358
建立品牌建设执行网络 …… 358
调研采访宁波钢铁 …… 358
建立品牌建设项目竞技合作团队网络 …… 358
宝钢入选 CCTV 60 年 60 品牌 …… 358
建立品牌职能管理制度 …… 359
利用论坛展示宝钢注重环境经营的品牌形象 …… 359
参展 2009 年中国国际工业博览会 …… 359
**史志工作** …… 359
《2008 宝钢年鉴》荣获全国特等奖 …… 359
召开第 12 次史志专家咨询会 …… 359
《宝钢志》、《宝钢年鉴》在上海获奖 …… 359

《宝钢年鉴》改版 …… 359
完成《2009 宝钢年鉴》编纂工作 …… 360
宝钢为全市大会提供发言交流材料 …… 360
在市方志经验交流大会上发言 …… 360
史志办参加全国企业年鉴研讨活动 …… 360
参与《中国抗震救灾志》编纂工作 …… 360
参与黄帝陵基金会《年度主祭人》编纂 …… 360
为宝钢网站提供材料 …… 360
为《中国科学技术专家传略》撰稿 …… 360
参与编修《宝山区志》 …… 360
**新闻工作** …… 360
宝钢日报社 …… 360
重点报道 …… 361
《宝钢日报》改版创新 …… 361
提高通讯员撰稿能力 …… 361
电视新闻报道 …… 361
宝钢电视台获奖 …… 362
**媒体与出版物** …… 362
《宝钢日报》 …… 362
《宝钢日报》电子版 …… 362
宝钢电视新闻 …… 362
宝钢网站 …… 362
《社会责任报告》 …… 362
《宝钢年鉴》 …… 362
《宝钢》月刊 …… 363
《宝钢技术》 …… 363
《世界钢铁》 …… 363
《宝钢技术研究》(英文) …… 363
《宝钢经济与管理》 …… 363
《学习与创新》 …… 363
《宝钢培训》 …… 363
《宝钢文艺》 …… 363
**宝钢教育基金会** …… 363
第一届理事会第八次会议 …… 363
第一届理事会第九次会议 …… 364
宝钢教育奖评审工作会议 …… 364
宝钢教育奖颁奖大会 …… 364

## 人物与表彰

**宝钢领导简介** …… 366
**人物传略** …… 367
**荣誉与表彰** …… 368
1. **全国级荣誉** …… 368
2. **省市级荣誉** …… 369
3. **宝钢集团有限公司奖项** …… 372
**科技奖项** …… 375

## 附　　录

宝钢集团有限公司章程 …… 378
宝钢集团有限公司部分行政文件目录 …… 385
中共宝钢集团有限公司委员会部分文件目录 …… 393
2009 年部分社会媒体对宝钢的报道 …… 395

## 索　　引

…… 402

宝钢年鉴(2010)工作人员 …… 411

# 2010
# YEARBOOK
# BAOSTEEL

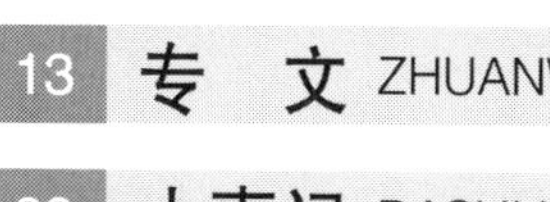

# 专　记


1 专　记 ZHUANJI

13 专　文 ZHUANWEN

33 大事记 DASHIJI

41 概　述 GAISHU

63 规划发展 GUIHUAFAZHAN

67 管理创新 GUANLICHUANGXIN

79 科　研 KEYAN

97 基建与技改 JIJIANYUJIGAI

109 环境经营 HUANJINGJINGYING

123 人力资源管理 RENLIZIYUANGUANLI

135 财务、资产与审计 CAIWUZICHANYUSHENJI

141 宝钢股份 BAOGANGGUFEN

217 八一钢铁 BAYIGANGTIE

233 广东钢铁 GUANGDONGGANGTIE

239 宁波钢铁 NINGBOGANGTIE

245 多元产业 DUOYUANCHANYE

305 海外公司 HAIWAIGONGSI

313 综合管理 ZONGHEGUANLI

325 党群工作 DANGQUNGONGZUO

353 企业文化 QIYEWENHUA

365 人物与表彰 RENWUYUBIAOZHANG

377 附　录 FULU

401 索　引 SUOYIN

# 专　　记

## 胡锦涛视察宝钢集团新疆八一钢铁有限公司

8月23日上午，正在新疆考察的中共中央总书记、国家主席、中央军委主席胡锦涛来到宝钢集团新疆八一钢铁有限公司视察，亲切慰问生产一线的各族职工。

中共中央政治局委员、中央军委副主席郭伯雄，中央书记处书记、中央办公厅主任令计划，中央书记处书记、中央政策研究室主任王沪宁一同视察。中共中央政治局委员、新疆维吾尔自治区党委书记王乐泉，自治区党委副书记、自治区主席努尔·白克力等有关领导陪同视察。

胡锦涛总书记首先来到八一钢铁厂史陈列馆参观，了解八一钢铁58年的发展历史，随后来到2 500立方米B高炉和1 750热轧生产现场，与八一钢铁领导班子成员和生产一线职工亲切握手交谈。宝钢集团公司副总经理、八一钢铁董事长、党委书记赵峡，八一钢铁总经理陈忠宽汇报了八一钢铁生产经营和企业发展等情况。

总书记与高玉萍总会计师握手——胡锦涛亲切慰问八一钢铁有限公司职工

在炉火熊熊的炉台上，在轧机轰鸣的车间里，胡锦涛总书记同企业干部职工就结构调整、降本增效等问题进行了深入探讨。胡锦涛总书记说，八一钢铁是一个有着艰苦奋斗光荣传统的企业，多年来为新疆的经济社会发展作出了重要贡献。2007年进行重组加入宝钢集团以后，企业又增添了新的信心和发展后劲。当前，我们国家的钢铁行业正面临着加快结构调整、推动产业升级的紧迫任务，希望八一钢铁继续发扬当年艰苦创业的优良传统，不断提高自主创新能力，在调整产品结构、节能降耗上下工夫，增强市场竞争力，使老企业焕发出新活力，为新疆又好又快发展作出新的贡献。　（季　者）

## 中共中央政治局委员王乐泉多次到八一钢铁视察

元旦佳节，中共中央政治局委员、新疆维吾尔自治区党委书记王乐泉，自治区党委副书记、自治区主席努尔·白克力等到宝钢集团新疆八一钢铁有限公司向各族干部职工致以新年的问候和祝福，并实地了解八一钢铁生产、建设情况。王乐泉对八一钢铁各族干部职工一年来的辛勤劳动，对自治区经济社会发展作出的积极贡献表示感谢。王乐泉说，新疆在水利、交通、民生等领域有一大批项目要陆续开工，这些建设项目既符合国家扩大内需的要求，也着眼于新疆未来的发展，对八一钢铁来说，是不容错过的大好发展机遇。王乐泉还就八一钢铁积极开拓中亚市场提出了要求。王乐泉在充分肯定八一钢铁生产经营业绩的同时，鼓励八一钢铁各族职工沉着应对市场挑战，坚定战胜困难的信心，抓住大好发展机遇，加快做大做强的步伐。

8月7日，中共中央政治局委员、新疆维吾尔自治区党委书记王乐泉，以及自治区政协常务副主席黄吕元、自治区国资委主任张继勋等领导到八一钢铁检查工作。王乐泉要求八一钢铁各族干部职工继续努力，尽快使新建工程顺利达产，为企业创造效益。

宝钢集团公司副总经理、八一钢铁董事长、党委书记赵峡，八一钢铁总经理陈忠宽先后向王乐泉汇报了八一钢铁生产经营情况以及企业在发展中存在的问题和遇到的困难。面对国际金融危机带来的不利影响，八一钢铁积极应对，并取得了良好成绩。1—7月，铁、钢、材同比都有不同程度的增长；销售钢材280.26万吨，同比增长2.59%。八一钢铁领导表示，在自治区政府的关心和支持下，八一钢铁将加快落实各项工作，做好维稳工作，全力搞好八一钢铁的发展建设。

王乐泉指出，搞好生产经营是企业的关键问题。自治区在坚持科学发展的前提下，将大力支持八一钢铁扩大生产规模，调整产品结构。他希望八一钢铁加快资源开发步伐，抓好生产建设，继续保持良好的经营态势，实现企业又好又快发展。

（赵　颖　徐　琳）

## 中共中央政治局委员汪洋出席龙穴造船有限公司揭牌仪式

6月19日，由中船集团、宝钢集团和中海运集团共同出资组建的龙穴造船有限公司揭牌及由该公司首制的30.8万载重吨大型原油船“新埔洋”号出坞仪式在龙穴造船有限公司隆重举行。中共中央政治局委员、广东省委书记汪洋，国务院国资委主任李荣融，广东省委副书记、省长黄华华，广东省委常委、广州市委书记、市人大常委会主任朱小丹，广州市委副书记、市长张广宁，宝钢集团总经理何文波、副总经理赵昆，中船集团总经理谭作钧，中海运集团总裁李绍德，国家有关部委，广东省、广州市领导及嘉宾300多人出席庆典仪式。

龙穴造船公司由中船、宝钢、中海运分别出资60%、30%和10%组建，旨在携手打造华南地区最大的造船基地。该公司的组建对完善我国船舶工业产业布局，促进广州地区船舶工业结构升级，做大做强我国船舶工业具有重要意义。

30.8万载重吨超大型原油船“新埔洋”号长333米、宽60米，是华南地区建造的最大船只。该船双底双壳，适合载运闪点低于60摄氏度的原油，船上设有直升飞机起降平台等设施。该船填补了我国在超大型油轮自主研发建造方面的空白，结束了我国华南地区不能建造10万吨以上大型船舶的历史。

（罗耀华）

## 宝钢在湛江的首个建设项目起步

9月27日上午，湛江龙腾物流球团项目热负荷联动试车仪式在广东省东海岛举行。中共中央政治局委员、广东省委书记汪洋，广东省委副书记、省长黄华华，广东省委常委、常务副省长黄龙云和宝钢集团公司董事长徐乐江，宝钢集团公司副总经理、广东钢铁集团公司总经理赵昆共同启动热负荷联动试车按钮。

球团项目是湛江钢铁项目的起步工程，也是宝钢在湛江的首个建设项目，总投资约32亿元，主要建设一条年产量为500万吨的链篦机——回转窑氧化球团生产线及其配套工程。该产线是我国拥有完全自主知识产权、单线生产能力最大的球团生产线，它的建成打破了国外企业长期以来对大型球团技术的垄断。在项目建设中，龙腾物流公司投入资金逾2亿元，采用大面积盖顶加罩技术改造原料场，有效控制料场扬尘，环保除尘效果达到世界最高水平。同时，又投资近亿元，采用国际最先进的电除尘和水处理等环保技术，实现了球团项目固体废弃物和废水的零排放，烟气排放指标达到世界先进水平。球团项目自2007年12月正式开工建设以来，龙腾物流公司和设计、施工单位精心组织、科学管理、紧密协作、努力拼搏，经过22个月的紧张施工和调试，具备了热负荷试车条件。

徐乐江在致辞中感谢广东省委、省政府对球团项目的关注、关怀和大力支持，感谢建设者的不懈努力。他说，宝钢建设发展30年积累的工程建设和生产经验，以及在关键工艺技术、新产品自主研发方面形成的能力，是湛江项目建设强有力的支撑，必将在项目建设中得以传承。2008年3月17日，国家发改委批复同意湛江钢铁项目开展前期工作，宝钢积极配合湛江市委、市政府做好钢铁项目用地的动拆迁和场地平整工作。龙腾物流球团项目的热负荷联动试车，离我们的目标又近了一步。相信通过各方的共同努力，一定能把湛江钢铁项目建成世界一流的现

代化钢铁企业。 （王　磊）

## 宝钢成功实施对宁波钢铁的战略重组

3月1日，宝钢集团有限公司与杭州钢铁集团公司签署协议，重组宁波钢铁有限公司。

宁波钢铁公司位于宁波市经济技术开发区，紧靠全球十大深水港之一的北仑港，具有资源和港口区位优势。2006年7月，宁波钢铁公司正式成立；2007年5月，第一座高炉投产，规模为年产钢400万吨，规划主要产品为热轧板、冷轧板、镀锌板。根据协议，宁波钢铁公司注册资本为36亿元，宝钢持有56.15%的股权，杭钢持有43.85%的股权。

宝钢承诺，充分发挥双方的优势，尤其是发挥宁波港口岸线资源优势，对宁波钢铁公司在管理、技术、原材料采购、销售等方面给予强有力的支撑。把宁波钢铁公司建设成为一个配套齐全、装备一流、技术先进，产品技术含量、资源集约利用、环境保护达到国内领先的现代化钢铁企业，成为浙江省产业转型升级、突出内涵式集约式发展的示范基地。

浙江省领导指出，宝钢是国内钢铁龙头企业，实力强、技术好、效益高，宁波具有港口和市场的区位优势。宝钢、杭钢重组宁波钢铁公司，是一项互利双赢的战略举措，为宁波钢铁公司的发展注入了强大后劲。浙江省、宁波市将进一步做好服务工作，为宁波钢铁公司的发展创造良好条件。相信宁波钢铁公司将出现新的飞跃，取得出色的业绩。 （蒋文雯）

## 宝钢首次收购海外上市公司股权

8月27日，宝钢集团有限公司与澳大利亚 Aquila Resources Ltd.（简称 Aquila 资源有限公司）签署股权合作协议，宝钢将以现金2.9亿澳元收购 Aquila 15%的股份，成为其第二大股东。这标志着宝钢在国际化的进程中又迈出了重要而坚实的一步。

Aquila 是澳大利亚一家矿业资源性勘探和开发上市公司，主要矿山资产包括澳大利亚昆士兰州 Bowen 盆地煤炭、西澳州皮尔巴拉地区铁矿和南非锰矿及铁矿资源项目资产。该公司总部位于西澳大利亚，经营业务有铁矿石、煤炭和锰矿。根据协议约定，宝钢同意认购 Aquila 新发行的不超过4 395万股股票。交易完成后，宝钢持有相当于 Aquila 全面摊薄后15%的股份。宝钢将为上述两项交易支付2.9亿澳元的现金。宝钢集团将通过自有资金为其购买 Aquila 的股权提供资金。

11月23日，宝钢集团公司与澳大利亚 Aquila 资源有限公司股权交接仪式在北京举行。宝钢与 Aquila 的合作是在遵循国际商业规则的前提下，通过国际资本市场认可的方式进行的规范运作。此前，宝钢关于收购 Aquila 股权的申请，分别获得了国家发改委和澳大利亚外国投资审查委员会（FIRB）的批准。按照合作双方协议，宝钢集团公司副总经理戴志浩进入 Aquila 董事会。此次合作将有助于 Aquila 众多资源项目的开发，进而增加资源供应。同时，此次合作为宝钢钢铁主业的原料供应提供了一定的资源保障，建立了稳定的海外供应渠道，是宝钢实施海外发展战略以及迈向国际化进程的重要举措，对宝钢稳定原燃料资源、实现可持续发展具有积极意义。

（李　洁　孙延军）

## 投资13亿元的浦钢搬迁环保项目通过验收

4月，总投资达13亿元，贯穿炼铁、炼钢和厚板全流程的浦钢搬迁一步工程环保项目，正式通过国家环境保护部验收。宝钢严格按照环境保护建设项目与主体工程同时设计、同时建设、同时投运的原则，为浦钢搬迁一步工程建设了完善的废水、废气、噪声、固废、生态和绿化等环境保护处理系统，保证了浦钢搬迁一步工程各项环保工作的及时到位。如：系统排水全部集中处置，废水大部分得到循环利用；固体废弃物全部得到综合利用，危险废弃物也委托具有相关资质的单位进行合理处置;COREX 炉南出铁场除尘系统采用先进的布袋除尘系统,其烟、粉尘由处置前的每标准立方米 109.9 毫克下降到处置后的 28.1 毫克。国家环境保护部对浦钢搬迁一步工程环境保护项目检测、验收结果显示:一步工程所有废气、废水、噪声、污染物排放总量均符合上海市相关标准要求;周围被调查居民中,99% 对工程环境保护工作表示满意或基本满意;工程符合竣工要求,环境保护验收合格。(徐仁本　宫　婷)

## 宝钢自主建设的三烧结脱硫装置通过验收

8 月,采用宝钢自主技术、国内规模最大、年处理二氧化硫达 4 000 吨的宝钢股份三烧结脱硫装置通过验收。各项性能考核表明,该装置技术独特、性能可靠,脱硫效果明显。

烧结烟气二氧化硫治理难度较大,目前主要依托脱硫装置来完成。宝钢于 2007 年投资 9 000 万元,在三号烧结机增设烟气脱硫装置,以进一步削减二氧化硫排放总量,改善厂区环境。该项目于 2008 年 10 月投入试运行。

新装置由宝钢研究院、工程技术公司和宝钢股份炼铁厂联合开发,研发人员充分考虑宝钢烧结烟气的特点及现场实际情况,采用了具有宝钢自主知识产权的烧结烟气脱硫技术——气喷旋冲塔湿式石灰石—石膏法。为减少运行成本,宝钢项目团队大胆将宝钢炼钢焙烧产生的废弃物石灰石泥饼作为脱硫剂,并攻克了石灰石泥饼形成絮凝剂,及水雾冷却和浆液冷却造成管道堵塞等一系列技术难关,同时自主开发了电气控制系统。

三烧结脱硫装置投运后效果良好。处理烟气量每小时达到 115—145 立方米,二氧化硫脱除率大于 90%,各项主要技术指标均达到设计水平。据了解,宝钢还将在一、二期烧结机上增设脱硫装置,进一步降低二氧化硫及粉尘排放。

(罗耀华)

## 宝钢梅钢冷轧工程实现自主集成

12 月 24 日,梅钢冷轧工程投产仪式在梅钢公司冷轧生产现场举行。国家发改委副主任刘铁男、江苏省常务副省长赵克志、宝钢集团公司董事长徐乐江、上海市发改委副主任王建平、宝钢股份总经理马国强等共同为工程投产剪彩。梅钢冷轧工程的投产和自主集成的成功突破,开创了宝钢开放式自主集成创新的新局面。

梅钢 1420 冷轧项目包括酸轧、连退、电镀锡、热镀锌、热镀铝、热镀铝锌等八大机组,其中酸轧机组是自主集成创新的核心,该机组主要利用梅钢 1422 热轧生产的热轧板卷,经酸洗、冷轧后,生产出冷轧卷,供镀锡、镀锌等机组,使梅钢的最终产品由普通热轧板卷延伸至附加值更高的镀锡、镀锌、镀铝锌板等,设计年产能 85 万吨,设计最薄厚度为 0.18 毫米,最高轧速 1 700 米/分钟,厚度公差 ±3 微米,板形精度达 61。轧机精度高、传动功率大、响应速度快,在许多方面代表了当今冶金装备技术的最新成果。

梅钢冷轧工程于 2007 年 3 月开工建设,2009 年 6 月热负荷试车,10 月 1 日主要机组全面投产,12 月实现月达产。该轧机生产工艺由宝钢设计,酸洗机械设备由宝钢工程技术公司承担,轧机主体机械设备由中国第一重型机械集团公司承担,机组三电系统集成、设计和调试由宝信软件总体负责,实现了完全意义上的自主集成。从研发、设计、制造,到调试、运行等机组建设的各个环节,从工艺、机械到电气、仪表、计算机等机组的各个部分,全都实现了自主化,国内自主化的价值比达到 70% 以上。短短两年时间,宝钢不仅在大型设备自主化方面迈出实质性步伐,还在项目机制、运行组织模式、风险控制、队伍锻炼等方面取得可喜的成绩。

梅钢冷轧工程是宝钢首次采用开放式自主集成创新模式建设的大型薄板连轧项目,也是我国冶金装备自主化的依托工程。该项目的建设,是贯彻落实国家加快推进大型冶金装备自主化实施方案、践行国家钢铁产业政策的重要举措。

(蒋文雯　许晓云　卫功兵)

## 宝钢已具备超高强汽车板制造能力

7 月,宝钢 780 兆帕超高强钢板通过日产总部认证,标志着宝钢已获得为东风日产提供该产品的资格,并有望实现向广州丰田、广州本田供货,打破日系汽车用超高强钢依赖进口的局面。高强度、轻量化钢材已成为汽车制造商的首选,国际获奖车型高强度钢板使用比例普遍在70%左右,国内欧、美、日系及自主品牌新车型高强度钢板采用率也逐年增加。宝钢是国内最早研发高强度汽车板的钢铁企业,宝钢新一代780兆帕超高强钢板研发成功后,已用于上海通用、上海大众等新开发的车型。由日产和雷诺两家世界级汽车制造商共同制定的超高强度用钢产品标准对质量审核十分严格,以往,国内东风日产等日系汽车在超高强度用钢方面一直采用进口产品。为进入日系汽车用超高强钢市场,宝钢股份相关厂部、宝钢国际南方公司等成立工作团队,2008年二季度开始与日产专家开展技术交流,组织多方论证,经过半年的全面审核,结果显示:宝钢780兆帕超高强钢板达到国际一流水平,具备为东风日产供货的能力。 (何心向)

## 高钢级大规格镍基合金油管研发成功

7月,由宝钢自主研发制造的高钢级大规格高镍基合金油管成功应用于国内开采环境最恶劣的中石化普光气田,由此改变了高酸性腐蚀气田必须使用进口合金管的局面。

普光气田位于四川达州,是国内已发现5个储量在2 000亿立方米以上的大气田之一,该气田含有大量的硫化氢和二氧化碳气体,酸度大、腐蚀性强。3年前,中石化决定开采普光气田,但当时国内无法生产具有特殊性能的高钢级大规格高镍基合金油管,该产品只能全部进口。为改写这一历史,2006年9月宝钢组建了由研究院和特钢事业部共同牵头,钢管品种部、钢管厂和宝钢国际商贸公司等参与的高镍基合金油管产销研一体化攻关团队。攻关团队发挥协同效应,克服了冶炼、锻造、挤压、冷轧、探伤、螺纹加工等诸多技术难题,在较短时间内取得了重大突破,110钢级小规格产品在其他气田试用获得了成功。2009年元月,中石化希望宝钢在4个月内生产出可供普光气田的125钢级大规格高镍基合金油管,确保国内油气开采的战略安全。面对全新的挑战,宝钢攻关团队全力以赴,终于在4月初保质保量按时完成了中石化首次订购的250吨产品。据专家介绍,宝钢研制的高钢级、高镍基大规格合金油管与国外同类产品相比完全满足开采需求,而且性价比优势明显。 (施 平)

## 宝钢试制出世界顶级牌号的取向硅钢

8月,宝钢试制成功包括B23R080在内的5个顶级牌号激光刻痕取向硅钢,发往国内一家变压器制造商,用于制造高效能变压器。这标志着宝钢在国内率先掌握了取向硅钢顶尖制造技术,制造出取向硅钢顶级牌号中的最高等级产品,成为世界上少数能生产此级别产品的企业之一。11月,从上海ABB公司传来佳音:采用宝钢取向硅钢制作的6台配电变压器经检验,各项性能指标全部满足要求,这标志着宝钢取向硅钢产品通过了全球最大变压器制造商ABB的全面认证,为拓展取向硅钢市场迈出了重要一步。

B23R080牌号取向硅钢是最高等级的取向硅钢产品,由于其铁损最低、磁性能最高,通常用来制造先进的高效能变压器,以减少电力传输的损失。使用节约能源的高效能变压器是全球电力行业的发展趋势,但以前由于国内无法生产顶级牌号取向硅钢,只能采用进口产品。宝钢在取向硅钢研制和生产上起步较晚,但起点高、发展迅速。早在2008年4月机组尚未投产前,宝钢就以批量、稳定、合理成本向市场提供合格取向硅钢为总体目标,瞄准国内外高端市场和用户开展广泛调研,以用户为导向,不断推进成本改善和质量登高,加快提升可制造能力。在ABB公司认证过程中,产销研团队发挥协同作用紧密配合,集中优势力量和资源为认证提供保障。针对用户的特殊要求,上海宝井公司还专门配置了剪切服务,提升服务能力。经过一年多的努力,宝钢取向硅钢产品以良好的品质赢得了ABB公司总部的认可。 (孙延军)

## 宝钢成为世界第四家生产核电用管企业

12月26日,由宝钢控股组建的宝银特种钢管有限公司兴建的国内第一条核电蒸汽发生器用690U型管专业生产线在江苏宜兴经济开发区投产，宝钢也由此成为国内首家、世界上第四家能够生产核电用管的企业。

核电蒸汽发生器用690U型管是百万千瓦级核电机组使用的关键特殊材料，世界上只有少数发达国家能够生产。按照国家大力发展核电的总体战略规划以及对清洁能源的需求，该项目一期工程从2006年8月启动可行性研究，2008年8月正式开工建设，产线的主体工艺设备和检测设备处于国际先进水平。工程一期设计年产能为750吨。为适应国家核电发展规划，项目二期工程建设前期工作已展开。二期工程建设完成后，宝银公司690U型管的产能将可满足国家核电建设的发展需要。　　（李忠宝）

12月26日，举行第三代核电站蒸汽发生器用690U型管国产化供货协议及合作开发协议签约仪式

## 宝钢总部进行管理变革

5月20日下午，宝钢集团公司召开总部干部大会，明确总部管理变革方向，通报总部职能部门组织机构调整情况。

集团公司决定采取战略控制型的管控模式，发挥总部在战略制定与贯彻、协同运作、重大风险防范等方面的作用。总部从原先的14个职能部门45项职能变革为10个职能部门38项职能，部门负责人、部门副职和职能负责人从54个岗位变革为33个岗位。变革进一步强化了集团公司的规划发展职能，充实了审计和监察力量，建立了专门从事资产交易的业务部门，并将决策体系扁平化，增加离线研究，分离事务性工作。

总经理何文波指出，这次变革是经过很长时间反复酝酿的，吸收了各方面的有益意见。变革的目的有两个：一是强化和完善集团公司的战略管控职能，战略管控是集团公司最核心的任务；二是提高决策效率。通过精简机构和人员，使决策体系扁平化。董事长徐乐江指出，管理变革在宝钢势在必行。此次国际金融危机冲击，使宝钢变革的决心更大，愿望更迫切。对于因变革而引起的一系列调整，各级管理干部要充分理解、积极支持，并尽快适应，要抓紧梳理工作流程，落实后续工作。徐乐江强调，宝钢正处于发展的关键时期，希望通过这场变革，把宝钢的竞争实力真正激发出来，把宝钢建设得比这场国际金融危机前更强！　　（何小璇）

## 宝钢提出“环境经营”新理念

为建设世界一流的钢铁企业，为“二次创业”注入绿色新动力，9月15日召开的宝钢环境经营研讨会明确提出宝钢环境经营战略：通过绿色采购、清洁生产研发环境友好产品、拓展产品新用途新市场、壮大绿色产业、加强国际合作等路径来达到环境经营的战略目标，实现钢铁企业的生态化、低碳化。

环境经营是把环境保护融入企业经营管理的全过程，使环境保护和企业发展融为一体的企业经营活动。环境经营贯穿企业经营的各个方面，包括从原材料购买到产品设计、生产、营销、消费、废弃物回收利用等全过程。

2010—2015年宝钢环境经营的战略定位是：以提升成本竞争力为中心，走规模、技术、质量和成本相结合的四位一体的有宝钢特色的“精品＋规模”之路；以环境经营的差异化战略为抓手，拓展有宝钢特色的新型工业化道路，建设创新型宝钢和绿色宝钢；以跨地区的战略管控为主导，共享协同服务为平台，把“精品＋规模”发展和环境经营建立在体系能力的建设和软实力提升的基础上。

宝钢环境经营基本思路是：正确理解、牢固树立环境经营的理念；创建绿色宝钢的环境经营体系；走绿色生产、低碳经济的差异化道路，生产绿色、环保产品；以节能减排、低碳经济和资源综合利用等促进宝钢节能减排装备技术、资源综合利用技术的产业化工作；勇于承担社会责任，积极回报社会，树立良好的社会形象，建立和谐社区和社会。

集团公司总经理何文波在会上指出，宝钢尽管在环境保护方面有一定基础，但面对钢铁行业发展的新时代、新要求，各部门应该以环境经营的理念，重新思考未来：宝钢要进一步做强，走真正可持续发展的道路，该如何拉开与国内同行之间的新一轮差距？这是涉及宝钢未来发展，顺应国际钢铁行业发展潮流的关键问题。为此，宝钢要走在同行前面，率先研究高碳企业的低碳路线。经过30年的快速发展，宝钢要顺应社会发展方向，建立新的优势，必须寻找不断创新的驱动力，节能减排就是不二选择。当务之急是做好三方面的工作：降低能耗、减少排放；技术创新与产品开发；顺应钢铁企业业务模式和产业结构改革的变化，承担社会责任，建立从上游到下游的绿色供应链。

（冯茂芬　徐笑然）

## 宝钢实施“金苹果”计划

在10月27日召开的宝钢第四届技术创新大会上，集团公司命名了杨健等21位首批“金苹果”计划核心小组成员。由他们组成的炼钢技术、热轧板技术、冷轧轧制技术、冷轧后处理技术、汽车板产品及使用技术等五个领域的核心团队，将负责各自领域的技术创新和技术进步。这既是宝钢加速领军人才培养的新举措，也是技术创新工作向研发方向聚焦以及研发投入决策机制上的重大突破。

为进一步加快高层次技术人才队伍建设，培养一批具有国际影响力的技术领军人才，提升宝钢技术创新能力与核心竞争力，宝钢推出了“金苹果”计划，即：陆续在宝钢各重点专业领域甄选一批具有较强综合发展潜力的高层次技术人才，分别建立各领域核心小组和专职研发团队，使之成为宝钢技术创新的基本细胞，在技术研发、相应产线的持续改进和新建、技改项目自主集成创新等方面发挥引领作用，经过8—10年时间，培养出一批具有国际影响力的技术领军人才。

该项工作4月启动，经过单位提名、资格初审、候选人答辩与专家评审、集团公司总经理办公会审定等程序，最终确定了五个试点领域，各领域的核心团队已确立了团队愿景、目标和发展方向。其中，由王利、郑建平、朱晓东等6人组成的汽车板产品及使用技术团队的目标是要使高强钢产品和技术成为国际领先者，在国际合作中崭露头角；支撑宝钢汽车板“规模＋精品＋产业链”战略的实现，成为汽车用户信赖的技术合作伙伴。炼钢技术团队的愿景是在炼钢技术领域，留下宝钢自主创新的印记，使宝钢的炼钢技术赶超世界先进水平，同时造就炼钢领域具有国际影响力的技术领军人才。

（李　洁）

## 宝钢最佳实践者活动全面展开

始于2008年的“最佳实践者”活动在宝钢应对危机的严峻的考验面前发挥了重要作用。短短一年多时间，宝钢共涌现最佳实践者个人3 977名、团队250余个。人人争当最佳实践者，在宝钢已蔚然成风。

突如其来的全球金融危机，使宝钢的生产经营面临前所未有的严峻考验。企业的信心、力量、活力何在？宝钢领导将目光聚焦在现场和市场。全心全意依靠员工，调动广大员工的主动性、积极性和创造性，才是企业战胜困难的最大资源。集团公司董事长徐乐江指出，企业活力的源泉在员工。企业要有活力，需要员工在岗位上都能成为最佳实践者。集团公司副董事长、党委书记刘国胜指出，广大员工与企业是命运共同体和利益共同体，发现、培养、宣传最佳实践者是动员和鼓励员工在应对危机和推进宝钢二次创业中有所作为的重要载体之一。集团公司总经理何文波深有感触地表示，宝钢要迎接挑战，根本的力量来自基层。作为活动的具体组织者、推动者，集团公司工会2月下发了《关于开展发现、培养、宣传最佳实践者活动的指导意见》，各基层单位纷纷制定开展活动的管理办法。最佳实践者活动得到了员工的积极响应，在宝钢掀起热潮。

集团公司层面先后召开了6次最佳实践者座谈会，在半年的时间里，共计65位最佳实践者代表走上台，给集团公司领导"上课"。各单位积极探索开展多种形式的活动，发出倡议、故事宣讲、事迹巡展、案例评选、专题研讨、交流表彰，有的还建立了《最佳实践者案例信息库》、《最佳实践者成果固化跟踪机制》，以最佳实践者名字命名先进操作法、创新工作室……逐步形成了一整套发现、培养和宣传最佳实践者的运行机制。宝钢的报、刊、台、网及时开设栏目，先后宣传了600多位最佳实践者争创最优业绩、为企业分忧解难的事迹，发布了400多个来自一线的最佳实践典型案例，使最佳实践者活动覆盖到了宝钢的每一个角落。

最佳实践者活动调动了职工的积极性和主动性，使全心全意依靠职工办企业的方针落到实处，促进了生产经营业绩的提高。不锈钢事业部以"人人争当项目管理、降本增效最佳实践者"活动为载体，设立了近4 000个自立项目。1—5月实现降本增效逾5亿元，提前完成全年降本增效目标。在"人人都做减亏扭亏的最佳实践者"的目标凝聚下，不锈钢事业部炼钢、热轧、冷轧生产线分别打破工序瓶颈，三上台阶三破纪录，至10月，实现了不锈钢产品整体赢利。

最佳实践者活动聚焦职工的岗位实践和创新。在短短一年时间内，职工自主立题，确定经济技术创新课题5 576个，提出合理化建议16万条，采纳14万条，实现经济效益10多亿元。业余钻研技术搞创新已成为宝钢员工的一种常态，其中个人发明累计在30项以上者多达几十人，并涌现出一大批工人发明家。

最佳实践者活动促进了企业与员工的共同发展。各单位累计设立公司级成本改善劳动竞赛项目102项，分厂车间级项目839项，班组级项目7 351项，涉及职工岗位指标数万项。员工在为公司降本增效、实现最优目标作出贡献的同时，也提升了素质，实现了人生的价值。

最佳实践者活动使管理变得更生动、更人性、更有效。管理的意义在于创造最佳实践；管理的有效性在于取得最佳实践；管理者的责任在于发现最佳实践、达到最佳实践。梅钢公司员工说，过去领导到现场首先找问题、批评人，现在是讲亮点、给掌声。在梅钢等许多单位，最佳实践者活动不仅使管理短板不断消除，管理思维、管理方法、管理作风发生深刻变化，而且干群关系更加和谐，尊重劳动、尊重知识、尊重人才、尊重创造更加深入人心。

（蒋文雯　李　洁）

## 宝钢人的南极缘

宝钢与中国南极科考事业有缘。1985年2月，中国南极长城站落成，同年9月，宝钢建成投产。1993年，宝钢自主研发出第一代彩钢产品——聚酯彩涂板，当年就被用在长城站"食品栋"、"考察栋"的建筑上。1996年，用宝钢彩涂板建成了南极第一幢完全用于生活服务的彩钢楼"生活栋"。经过十多年极端恶劣气候的考验，彩钢板建筑依然鲜艳如初，被国外专家誉为菲尔德斯半岛的"一枝花"。2001年，宝钢无偿为长城站设计、建造了一座发电楼"宝钢楼"。8位宝钢职工仅用72天就出色完成了建设任务，比计划提前18天。2007年11月12日，宝钢人随第24次南极科考队在长城站新建了一幢两层共1 000平方米的科研综合楼，此次改造大幅度改善了中国极地科考的基础设施和生活保障水平。

宝钢突击队员在南极登顶

2008年初，鉴于宝钢在南极工

程建设中表现出的强大实力，国家海洋局决定将建设中国第一个南极内陆科学考察站——昆仑站的艰难任务委托给宝钢，宝钢决定捐赠价值450万元的建筑材料。负责建设任务的宝钢金属公司派出精心挑选的13名员工组成突击队，宝钢人克服了难以逾越的三道“坎”：在“白色大沙漠”上千里大运输、挑战零下30摄氏度以下的恶劣气候和在南极冰穹A地区4 000米厚冰层状态下的施工。

2009年1月9日，南极考察内陆队隆重举行了昆仑站奠基仪式，1月27日，宝钢突击队比原计划提前3天完成了昆仑站建设。中共中央总书记、国家主席胡锦涛致电南极考察队，对昆仑站的建成表示热烈祝贺，向在恶劣环境中迎难而上、团结协作、顽强拼搏，为昆仑站建设作出突出贡献的全体考察队员表示诚挚问候！胡锦涛在贺电中指出，中国南极昆仑站的建成，是我国为探索南极奥秘作出的又一重大贡献，将为人类揭开南极奥秘、和平利用南极作出新的更大贡献！

人类到达过南极冰穹A地区的只有区区几十人，其中就有13名宝钢人！2009年10月，又一批15名宝钢突击队员，随中国第26次南极考察队踏上了征程。（史　志）

## 宝钢为世博供料9.3万吨

1月11日，由上海世博局主办的“2008年度世博明星企业”评选揭晓，宝钢荣获“世博服务明星奖”。宝钢作为上海世博会工程唯一钢材供应商，共提供各类钢材9.3万吨。上海世博会事务协调局专门为宝钢赠送奖牌，感谢宝钢作出的杰出贡献。

2007年12月25日，宝钢与上海世博局签署VIK（现金或现金等价物）钢材供货框架协议，宝钢赞助世博局4亿元人民币，宝钢国际钢贸公司被指定为世博供料唯一贸易服务平台。宝钢随即成立了世博工程领导小组和工作小组，组建世博服务团队，发挥宝钢集团协同及资源综合优势，创新重大工程供应模式，实施全部钢材需求一揽子集成总包运作和生产、配料、加工、承运等一条龙服务。2008年3月，首批1 500多吨无缝钢管运达世博会工程现场，拉开了宝钢供料的序幕。

世博场馆建设工程用钢量大、品种规格多、交货期短。宝钢各生产组织、销售贸易等相关单元统一协调，全力以赴保障世博会场馆工程用钢质量和供货周期。对于合同需求清单中宝钢没有的产品，钢贸公司借助贸易服务平台，选择国内有声誉的生产厂或经销商，货比三家，对外采购。2008年7—11月，宝钢月平均供货量达到1.4万吨，钢材品种覆盖中厚板、热轧板、热镀锌板、彩涂板、无缝钢管、高频焊接H型钢、方管、热轧H型钢、直缝焊管等，满足了世博工程建设高峰期的钢材需求。对于因工程设计变更而引起的紧急需求，宝钢开辟绿色通道，制定周密生产计划，确保了产品按节点供应。2008年，宝钢已完成向上海世博场馆建设供料合同。根据工程具体施工情况，世博局又向宝钢零星追加了几宗小批量订单，至2009年2月底供料全部落实到位。（何心向）

## 宝钢职工连续3年获“工人发明”国家二等奖

2009年度国家科技奖励大会于2010年1月11日在北京召开，党和国家领导人胡锦涛、温家宝等出席了大会并为获奖者颁奖。宝钢轧钢技能专家王康健和首席研究员张忠铧登台领奖。特别引人注目的是，王康健所获的工人发明国家二等奖，是国家设立这个奖项四次颁奖中宝钢工人的第三次获奖（2007年宝钢工人韩明明，2008年宝钢工人王军），这充分显示了宝钢工人的创新能力。王康健代表全国该奖项的获奖者在会上发言，温家宝总理亲自为王康健颁奖。

宝钢2009年度获国家技术发明奖1项，国家科技进步奖2项。其中，张忠铧领衔的《抗$CO_2$、$H_2S$腐蚀用3Cr系列油套管研制》获国家技术发明奖二等奖；王康健负责的《高速冷轧带钢多功能在线检测技术》获国家科技进步奖二等奖（工人农民）；宝钢《产学研用紧密结合的钢铁精品研发基地建设》获国家科技进步奖二等奖（企业创新奖），这3个奖项涵盖了企业的科研机制、新产品研发及工人发明3个层面，引起了社会的广泛关注。新华社等媒体刊发了《宝钢科研机制、新产品、工人发明获科技奖的启示》等报道。（史　志）

## 技能专家孔利明获“当代发明家”称号

4月21日，第四届“发明创业奖”颁奖典礼在人民大会堂举行。宝钢技能专家孔利明荣获“发明创业奖”特等奖，并被授予“当代发明家”荣誉称号。全国人大常委会副委员长桑国卫，全国政协副主席、科技部部长万钢，中国科协党组书记、常务副主席邓楠为获奖者颁奖。“发明创业奖”由国家科技部批准，中国发明协会设立，是我国为发明家设立的最高奖项。经两院院士和相关领域的专家评选、网上公示，以及中国发明协会常务理事会核准，此次共有47人荣获第四届“发明创业奖”，其中孔利明等8人因在发明创造方面的突出贡献而荣获“发明创业奖”特等奖，同时被授予“当代发明家”荣誉称号。该评选活动自2005年举办以来，已有150人荣获“发明创业奖”，29人被授予“当代发明家”荣誉称号。

孔利明长期以来在宝钢基层立足岗位开展技术创新活动，累计取得专利100件，其中发明专利13件，职务发明数在上海市排名第一，创造经济效益4 500多万元。在宝钢各级组织的关心支持下，孔利明发挥“领军人”作用，指导宝钢基层员工开展技术创新活动，孔利明式创新小组已发展到358个，参与者多达3 600人，创效达数亿元。孔利明先后被授予“冶金系统技术能手”、“上海市十大工人发明家”、“宝钢十大工人发明家”等荣誉称号。

（罗耀华）

## 宝钢在“全球最受尊敬企业”名列行业第二

3月，美国《财富》杂志公布2009年度“全球最受尊敬企业”排行榜，宝钢榜上有名。据了解，中国内地此次仅宝钢一家企业荣获称号。《财富》杂志同时推出了64个行业榜单，宝钢在全球金属行业排名第二。

此次共有1 400多家全球知名大型企业参加评选，活动主办方将候选企业划分为64个行业，每个行业选取销售额前15位的国际企业和前10位的美国企业，对其按照创新能力、人力资源管理、资产利用效率、社会责任、管理质量、财务状况、长期投资价值、产品和服务质量、国际竞争力等关键指标进行分项评估。最终，共有363家公司入选排行榜。宝钢是继2005年后第四次荣获该项称号。

在全球金属行业排行榜中，美国铝业公司以7.05分位居榜首，宝钢以6.94分位居第二位，安赛乐米塔尔、新日铁、浦项、蒂森·克虏伯、JFE控股、纽科等国际知名金属公司分列第三至第八位。与上年排名第十四位相比，宝钢为排名上升幅度最大的一家。宝钢的人力资源管理、财务状况和长期投资价值等三项指标均为行业最优，其他几项也得到高分。

（何小璇）

## 宝钢粗钢产量跃升至全球钢企第三位

7月，世界钢铁协会公布了全球钢企2008年排名，宝钢2008年粗钢产量同比增加680万吨，达到3 540万吨，一举跃升至全球钢企第三位。安赛乐米塔尔公司以10 160万吨粗钢产量继续稳居榜首，新日铁以3 750万吨位居第二。宝钢以3 540万吨、河北钢铁集团以3 330万吨分别位列第三和第四。武钢集团排名上升明显，以2 770万吨的年粗钢产量，从2007年的第十一位冲至第七位；山东钢铁集团位列第九，年粗钢产量为2 380万吨。据统计，2008年前10名钢企的粗钢总产量占全球总产量的28%，比重略高于2007年的27.3%；前20名钢企的粗钢总产量占全球总产量的69.1%，而2007年为67.5%。

（李　洁）

## 宝钢在“世界级钢铁公司”中位列第三

8月5日，世界钢铁动态公司（WSD）公布了2009年“世界级钢铁公司”名单，共有32家公司入选，宝钢集团有限公司位列第三。

WSD“世界级钢铁公司”排名看重企业的前瞻性管理、规模以及从原材料到下游业务的整合程度。根据钢铁企业发货量、规模、扩能、位于高成长市场及成熟市场上的主导地位、技术革新、环境与安全、定价能力、退休福利负担、盈利能力、资产负债表等指标进行评分。加权平均得分排前5名的企业依次为：谢韦尔钢铁公司、浦项、宝钢、安赛乐米塔尔、俄罗斯新利佩茨克钢铁公司。此次是谢韦尔钢铁公司连续第三年蝉联第一。在各项评级中，浦项获得满分最多。宝钢此次共获得3个10分。

此外，鞍本集团列第19位、马钢列第26位、武钢列第29位、沙钢列第31位，入选的中国钢铁企业占中国钢铁企业总发货量的25%左右。（李 洁）

## 宝钢入选CCTV60年60杰出品牌

8月，“新中国成立60周年——推动中国经济·影响民众生活的60个杰出品牌”评选结果揭晓仪式暨发布盛典在北京大学百年大讲堂举行，宝钢入选CCTV60年60杰出品牌。

该评选活动由中央电视台央视网主办，央视网《品牌·国际》频道承办，中央电视台经济频道等媒体支持。2009年4月启动，评选标准是品牌的影响力、创新力和成长力。央视网直播品牌揭晓仪式，中央电视台经济频道也播出品牌揭晓实况。

宝钢集团有限公司党委副书记欧阳英鹏出席颁奖盛典，并代表宝钢发表获奖感言。他说，宝钢在获得荣誉感到高兴的同时，也感受到沉甸甸的社会责任。宝钢在建设发展的30年中，始终以追求世界一流目标为己任。目前，宝钢已进入二次创业的发展阶段，虽然受到了国际金融危机的冲击和严峻的市场挑战，但全体宝钢人坚信，一定可以走出困境，创造更大的辉煌，实现位列世界钢铁前三强的目标。（龚 关）

## 宝钢获企业社会责任特别大奖

9月，中国企业CSR研究中心和《中国企业报》社发布了“2009中国企业社会责任榜”100强榜单，宝钢集团有限公司入选榜单前10名，并获得“2009中国企业社会责任特别大奖”。

为对企业履行社会责任的效果、成绩与不足进行客观公正的评价，2009年3月，《中国企业报》社在中国企业联合会雇主工作部、全球契约推进办公室的指导下，发起成立了“中国企业CSR研究中心”。该中心致力于加强对国内外企业履行社会责任的系统研究，并策划组织公益及社会责任项目，着力建立权威评价体系，促进中国企业更好地履行社会责任并实现可持续发展。本次评选活动组织专家对300家企业进行了综合评分，涵盖公司治理和道德价值、就业与员工权益保护、环境保护与节能减排、产品质量管理、消费者权益保护等十方面，最终形成“2009中国企业社会责任榜”100强榜单，其中入榜的前20家企业还获得“2009中国企业社会责任特别大奖”。（李 洁）

## 宝钢工程入选“百项经典暨精品工程”

10月，由中国建筑业协会主办的新中国成立60周年“百项经典暨精品工程”活动评选结果在北京揭晓，“上海宝钢工程(经典)”榜上有名。这百项工程中包括经典工程80项、精品工程20项。为充分展示新中国建设的辉煌成就，弘扬建设者艰苦奋斗、无私奉献、勇于创新的时代精神，中国建筑业协会牵头组织了这项评选活动。入围工程必须对我国经济社会发展有重大影响，能反映时代特征和民族风貌，在设计、施工技术和质量上要具有国内领先水平。除宝钢工程外，百项工程还包括天安门广场建筑群、武汉长江大桥、长江三峡水利枢纽工程、青藏铁路、国家体育场(鸟巢)、国家大剧院等。（何小璇 李大伟）

# 2010
# YEARBOOK
# BAOSTEEL

# 专 文

1 专 记 ZHUANJI
13 专 文 ZHUANWEN
33 大事记 DASHIJI
41 概 述 GAISHU
63 规划发展 GUIHUAFAZHAN
67 管理创新 GUANLICHUANGXIN
79 科 研 KEYAN
97 基建与技改 JIJIANYUJIGAI
109 环境经营 HUANJINGJINGYING
123 人力资源管理 RENLIZIYUANGUANLI
135 财务、资产与审计 CAIWUZICHANYUSHENJI
141 宝钢股份 BAOGANGGUFEN
217 八一钢铁 BAYIGANGTIE
233 广东钢铁 GUANGDONGGANGTIE
239 宁波钢铁 NINGBOGANGTIE
245 多元产业 DUOYUANCHANYE
305 海外公司 HAIWAIGONGSI
313 综合管理 ZONGHEGUANLI
325 党群工作 DANGQUNGONGZUO
353 企业文化 QIYEWENHUA
365 人物与表彰 RENWUYUBIAOZHANG
377 附 录 FULU
401 索 引 SUOYIN

# 专　文

## 推进产业重组　转变发展模式

徐乐江

很高兴有机会与各位一起探讨全球初级产品价格剧烈波动的影响及对策。作为来自钢铁行业的一名企业管理者，我对全球基础原材料价格剧烈波动对钢铁行业和企业带来的影响有切身的感受。谈几点看法与大家分享。

**一、全球初级产品价格波动已经脱离了基本供求关系**

伴随全球经济由高速成长—资产泡沫—次贷危机—金融海啸—全球经济危机的演变过程，全球初级产品的价格也经历了暴涨到暴跌的过程。国际油价大起大落，国际原油价格从2008年7月最高达到147美元/桶到12月最低时近35美元/桶。世界市场铁矿价格从2008年7月的183美元/吨的高位降至11月的71美元/吨。LME镍期货价格从最高的5万美元/吨降到最低不到1万美元/吨。但全球原油、铁矿石、金属镍的供需对比数据显示，并没有出现严重的供求失衡。显然，全球初级产品价格的剧烈波动已经远远脱离了基本的供求关系。不稳定的国际汇率、某些领域供应商的垄断地位、国际投机资本的恶意炒作和资本市场的从众行为极大地放大了供求缺口，导致了价格的剧烈波动。

初级产品价格的剧烈波动增加了全球经济的风险。正是2006年以来，在美元贬值和金融投机资本推动下全球石油、粮食及其他大宗商品价格持续上涨，导致全球高通胀率和资产泡沫。在全球为应对通胀采取紧缩政策之后，美国、欧盟和日本等主要经济体经济增速放缓，出现“滞涨”，经济预期恶化，全球初级产品价格急剧下跌，最后引致金融危机爆发。资产泡沫通过金融危机的极端形式得到了消肿。

**二、金融危机将加快中国经济转变发展模式的进程**

新型经济体的一个共同特点是，在其工业化进程中对资源和外部市场依赖严重。中国尚处在工业化中期阶段，由于资源禀赋和发展阶段的限制，外部资源和外部市场依存度都很高。作为全球最大的新兴经济体，初级产品价格的剧烈波动无疑对中国经济和工业化进程造成了极大的负面影响。在当前国际金融体系中，加强对国际投资资本的监管，使初级产品价格形成机制更好地反映基本供求关系，需要全球各国政府的共同努力，协调多方利益，难以一蹴而就。理性的选择是从自身入手，改变经济增长模式，调整产业结构，减少资源依赖。只有将经济增长由主要依靠不可再生的物质要素投入转向更多地依赖可再生的物质要素，由物质要素投入驱动向效率驱动转变，才能有效地化解初级产品剧烈波动风险，转危为机。

中国政府已经将科学发展观作为未来发展的指导方略。将粗放型增长转变为依靠科技进步的集约型增长，将过于依赖出口的外向型经济转变为主要依靠内需拉动，走可持续发展之路是中国经济内在发展的要求。中国经济内在结构调整和全球金融危机的影响交织在一起将促进中国政府加快经济发展模式转变的进程。

当前，尽管自身周期调整、结构升级、外部环境恶化的三重叠加加大了中国经济下行的风险，但加快结构调整步伐，清除产业结构优化升级的体制和政策障碍，为企业创造良好的制度和政策环境已经成为中国政府应对危机的政策重点。2008年10月以来，中国政府陆续公布的钢铁、汽车、造船、轻工、电子信息、装备制造等十大产业振兴计划以及其他一系列减税、扩大内需政策。这些政策措施从短期看，可以稳定市场、提振信心，从长期看，目的在于产业升级和经济增长模式转换。十大产业调整和振兴规划都将重点放在了产业结构升级和技术进步上。3月20公布的《钢铁产业调整和振兴规划》更是提出了钢铁产品结构升级、产业组织和布局优化、产品质量和自主技术创新能力提升的明确目标、重点任务和配套政策。

**三、以产业重组为抓手，推进产业升级和发展模式转变**

产业升级和发展模式转变既取决于企业技术创新能力和管理效率的提升，也取决于行业组织结构和空间布局的优化。但在当前条件下,从钢铁产业来看,推进产业内优势企业实施产业重组,提高产业集中度是中国制造行业实现产业升级的重点。

经过多年的高速发展,中国钢铁工业已经取得了长足的进步,2008 年,粗钢产量达到 5 亿吨,占全球产量的 38%。但中国钢铁产业长期粗放发展积累的矛盾也日益突出。一是盲目投资严重,产能总量过剩。截至 2008 年底,我国粗钢产能达到 6.6 亿吨,超出实际需求约 1 亿吨。二是创新能力不强,先进生产技术、高端产品研发和应用还主要依靠引进和模仿,一些高档关键品种钢材仍需大量进口,消费结构处于中低档水平。三是产业布局不合理,大部分钢铁企业分布在内陆地区的大中型城市,受到环境容量、水资源、运输条件、能源供应等因素的严重制约。四是产业集中度低,粗钢生产企业平均规模不足 100 万吨,排名前 5 位的企业钢产量仅占全国总量的 28.5%。五是资源控制力弱,国内铁矿资源禀赋低,自给率不足 50%。六是流通秩序混乱,钢铁产品经销商超过 15 万家,投机经营倾向较重。中国钢铁工业已经走过了产能增长阶段,进入了结构调整优化的新阶段。

当前推进实施钢铁产业调整和振兴规划,破解上述六大矛盾的抓手在于优化行业组织结构。中国钢铁产业集中度明显偏低,与世界钢铁业的发展新趋势不相符。由于企业规模偏小,规模效应不明显,难以支撑重大基础、前沿技术创新,也影响了先进技术和管理经验在行业内的推广和移植,导致行业整体资源利用效率低下和技术水平提升缓慢。行业的分散性还影响到行业的协调成本,导致淘汰落后的迟缓和市场波动时的非理性反应。因此,推进以优势企业为龙头的产业重组,并将兼并重组与淘汰落后、空间布局优化结合起来,不仅可以有效地促进钢铁行业产品结构和资源利用效率的提升,还有利于整个钢铁产业链的整合与价值提升,应对市场波动和原料价格波动的挑战。

过去几年宝钢积极参与钢铁业重组,1998 年,实现了与上海冶金、梅山三钢联合,完成了上海地区的钢铁产业重组。21 世纪以来,宝钢适应钢铁产业发展要求,先后重组了新疆八一钢厂,整合了广东省钢铁工业成立广东钢铁公司,重组宁波钢铁。宝钢将继续按照钢铁产业调整、振兴规划的要求积极参与中国钢铁产业的重组进程,推进中国钢铁工业结构优化。

**四、构建产业链利益均衡谈判机制,追求产业链共赢**

全球资源分布与市场分布的不均衡,客观上为国际投资资本放大供求关系失衡提供了便利。从政府层面看,加强对全球投机资本监管的合作是应对危机,化解初级产品剧烈波动风险的必要措施。从企业的角度看,构建产业链之间的合作机制,不仅是企业自身的战略要求,也是保证全球经济稳定与发展的重要一环。

产业链共荣是企业持续之路的唯一选择,没有上游产业的发展就没有本企业的发展,同样没有下游产业的健康发展,也没有本企业的健康发展。对钢铁产业而言,与上游资源领域的供应商和下游厂商建立良好的合作关系是产业稳定发展的前提。当前,世界三大铁矿石供应商垄断着 70% 以上的高品位矿石资源,供应商的垄断地位和对供求关系的人为调节也是影响原材料价格的重要因素。但是利用垄断地位获得的利润是以伤害产业链利益为前提的,不具备可持续性。因此,改变追求单方面利益最大化的商业伦理,建立以产业链利益均衡为核心的长协谈判定价机制,才能实现全球铁矿石—钢铁—下游产业的共赢发展,推进全球经济可持续增长。

经济一体化将不同国家拉到了同一个舞台,应对全球金融危机,化解初级产品价格波动的风险需要各国共同的努力。最后用英国 16 世纪的诗人约翰·邓恩(John Donne)的话与大家共享:在这个世界上,谁也不是自足而孤立的岛屿,每个人都是广袤大陆的一部分。大海把一个土块冲走,欧洲就变小了,一片岬角也是这样,你朋友或者你自己的一栋房子也是这样。

(宝钢集团有限公司董事长徐乐江 2009 年 4 月在海南博鳌论坛上的发言)

## 宝钢:改革开放的成功实践

徐乐江

学习胡锦涛总书记在纪念党的十一届三中全会召开 30 周年大会上的重要讲话,宝钢人倍感亲切,深受鼓舞。宝钢是我国改革开放后第一个大规模引进国外技术装备的特大型钢铁企业。它同改革开放一起成长,共同走向成熟,闯出了一条我国制造业国有大型企业做大做强的成功之路。

宝钢是改革开放决策的标志性产物。建设宝钢是党和国家的重大决策。宝钢建设于改革开放起始之日,1978年12月23日,在党的十一届三中全会公报发表的同一天,举行了宝钢工程奠基典礼。在我国改革开放之初并不富裕的情况下,拿出300亿元建设宝钢这个开国以来最大的项目,充分体现了党和国家对钢铁业在国民经济中地位的高度重视。把宝钢建于上海是中央走出的一着好棋,它充分蕴含着改革开放的深意。上海是我国向世界开放的前沿,宝钢在这里既可以通过海路利用国外资源,沟通海外市场,又可发挥上海地区得天独厚的多方面优势。

宝钢借改革开放的良机获得了跨越式发展。宝钢成长于改革开放深入发展之时,通过引进先进技术,艰苦创业,一期工程于1985年9月顺利投产。继而,宝钢人高质量完成了二期工程和三期工程建设,使宝钢由投产时的300万吨生产规模一跃而成为我国第一家千万吨级规模的企业。1998年,经中央批准,实现了宝钢与上钢联合,宝钢以此为契机健步走上了做大做强的道路,跨入了世界一流冶金企业行列。宝钢能以令世人称羡的惊人速度快速成长,得益于改革开放之后解放思想的大好政治局面,归功于党和国家领导人的英明决策。在宝钢建设30年中,中央领导同志曾多次亲临宝钢视察、指导工作,给宝钢的改革发展以有力支持。

宝钢为改革开放作出了历史性贡献。宝钢人把国家投入的300亿元变成了一笔神奇的资产。到1994年,宝钢资本增长了一倍以上,到1995年6月,宝钢一、二期工程向银行的外汇贷款全部提前还清。投产以来至2007年底,宝钢累计产钢2.72亿吨,实现销售收入1.33万亿元,利润1 545亿元。宝钢的发展使我国对进口钢材特别是高端产品的依赖逐年减少,同时还带动了我国冶金机械、电子、能源、运输等相关工业技术水平的提高,迅速增强了自力更生能力。宝钢经营效益连年名列全国制造业第一,从2003年起,宝钢连续五年进入《财富》全球500强。宝钢的建设成就令人信服地证实了邓小平同志在1979年所作的著名预言:“历史将证明,建设宝钢是正确的”。

在改革开放30年中,宝钢人解放思想、勇于创新、大胆实践,与世界同行顶级水平全面对标、全面突破、快速成长,留下了多方面的宝贵经验。

积极探索、大破大立,矢志不渝地把建成世界一流水平的宝钢作为贯彻落实党的方针政策的根本任务。宝钢的成功之路,充分印证了宝钢从机制改革入手不断解放思想、全面搞活的策略是正确的。在钢铁报国、振兴中华的使命感驱使下,宝钢人以前所未有的气魄和胆识,敢于冲破思想禁区,大刀阔斧进行了一系列改革。如投资约8 900万美元,引进了日本新日铁的现代化管理和专利、诀窍等软件;摒弃“大而全”、“企业办社会”的传统模式,实行了“主辅分离,集中一贯”的新型钢铁企业管理模式,等等。宝钢的改革是一个不断深化的过程,前20年的改革使宝钢在适应市场经济运行规律方面抢先了一大步,抓住了历史机遇,从而使我们的实力大大增强;后10年的改革通过探索和把握我国央企超级化发展的规律,尤其是资本运作的规模化和国际化,使宝钢已初具跨国公司之相。

肩负使命、好钢报国,矢志不渝地把打造钢铁精品基地、实施精品战略作为宝钢的立企之本。宝钢定位于精品战略,聚焦于发展以“汽车板、电工钢、不锈钢、石油天然气用钢、特殊高温合金钢”为代表的钢铁精品,形成了有竞争力的战略产品群和精品基地。宝钢在质量技术上瞄准国际最先进技术,通过工艺、装备和产品的进一步开发,发展高品质、高附加值的钢铁产品。在管理上,通过系统创新和对精品战略始终不懈的追求,实现了质量效益型集约式发展,增强了宝钢的核心竞争力。

善于学习、善于创新,矢志不渝地把大规模引进、消化、跟踪、创新作为提升宝钢核心竞争力的主要途径。宝钢秉承邓小平同志“掌握新技术,要善于学习,更要善于创新”的题词精神,在高起点引进的基础上,通过消化、吸收和二次创新,逐步形成了具有自身特色的技术创新路径和自主创新体系。宝钢通过引进世界先进技术提高技术起点,通过消化掌握引进技术缩短和世界冶金先进水平的差距。宝钢通过二次创新以及研究开发、工程集成和持续改进三位一体的开放式自主集成创新体系的成功运作,形成了敢于站在巨人肩膀上自主创新的能力,使宝钢在激烈的竞争中立于不败之地。

建并同举、以大促强,矢志不渝地把规模化发展作为宝钢提升市场与行业地位的重大砝码。宝钢人认识到,“微”则不足道,没有规模,就没有“话语权 ”。在新建与重组的规模化发展中,宝钢不断提升自身的市场竞争力。宝钢的规模扩张走的是以国内为主的联合兼并重组之路。同时,宝钢还把主业、辅业的有机发展作为做大做强的科学选择,围绕钢铁主业构建健康协同的产业生态体系。并通过股权投资,把握金融投资业务的市场机遇,为宝钢发展提供了资产运作的新途径,形成了初具雏形的适度相关多元化战略框架。

以人为本、人才再造,矢志不渝地把打造职业素质一流的员工队伍作为宝钢基业长青的永恒主题。坚持用优秀的企业文化和企业精神鼓励激励员工,促进员工和企业共同发展。宝钢视人才为最重要的战略资源,积极为员工提升自身价值和实现职业生涯目标创造条件。推进"职工素质工程"和"员工职业生涯计划",构筑员工终身学习培训体系,提升员工的学习能力、实践能力和创新能力,形成了一支优秀的、富有激情的员工队伍,保证了企业发展改革各项工作的顺利推进。

绿色制造、协调发展,矢志不渝地把实现可持续发展作为宝钢的社会责任。多年来,宝钢始终将社会责任放在企业战略的高度,将履行社会责任作为企业应尽的义务和发展的重要机遇。特别是近几年,宝钢不断淘汰落后工艺和装备,积极研发、应用新技术,引导用户使用绿色环保产品。宝钢从建厂开始,就瞄准世界一流环保目标,建立了严格科学的环境管理体系,逐步形成整条供应链共同履行社会责任的新局面。

宝钢作为中国钢铁工业的领头羊,承载着振兴中国钢铁工业的历史使命和政治责任。从党的十一届三中全会到今天,宝钢向党和人民交出了满意的答卷。在改革开放新形势下,面对党和国家对宝钢的新期待,面对竞争对手的挑战,宝钢人确定了新一轮发展的蓝图。我们将以前所未有的力度实现规模的跨越式扩张,快速形成与强手的抗衡能力;围绕"规模扩张"这一主线,打好二次创业的硬仗,实现从"精品战略"到"精品 + 规模"战略的转变,从"新建为主"到"兼并重组与新建相结合"扩张方式的转变,提升宝钢综合竞争力,使宝钢早日从优秀走向卓越。

(宝钢集团有限公司董事长徐乐江2009 年 6 月在《求是》杂志发表的署名文章)

## 论国有控股上市公司治理之重点(摘要)

徐乐江

公司治理,尤其是上市公司治理历来是国内外理论和实务界研究和讨论的热门问题,公司治理越来越受到监管层、投资者和上市公司自身的重视。国内外大量实证研究表明,公司治理水平与公司经营业绩之间有着很强的正相关性,投资者也愿意为治理良好的公司的股票支付更高溢价。

在中国新兴加转轨的特定市场环境中,国有控股上市公司在所有上市公司群体中占据着十分重要的地位。国有控股上市公司治理成为中国上市公司治理的重要环节,国有控股上市公司的治理水平很大程度决定了 A 股市场的公司治理水平。

**一、国有控股上市公司治理的背景**

**(一)国有控股上市公司的历史特殊性**

**(二)国有控股上市公司治理的作用、目标**

面对各种复杂以及不断变化的内外部环境,企业的生存、发展以及永续经营需要优秀的公司治理,公司治理是现代企业长期存在下去、做大做强、实现基业常青的必由之路。在我国上市公司中占相当大比重的国有控股上市公司更需要以良好的治理来彰显蓝筹形象,引领上市公司群体健康成长,从而促进整个资本市场良性发展。

公司治理的目标是通过建立一套既分权又相互制衡的制度来降低代理成本和风险,但最终落脚点应该是保证公司有效运作,而公司有效运作的前提是决策的科学性。所以,国有控股上市公司治理的最终目标不应局限于权力制衡,而是保证公司决策的科学性与有效性。在充分肯定国有控股上市公司治理取得成绩的同时,我们必须清醒地认识到,由于脱胎于传统国有企业,受到体制性和机制性因素的制约,我国国有控股上市公司在公司治理、规范发展方面还存在不少薄弱环节。在从 1986 年底全面开始的我国国有大、中型企业的"股份制改造"过程中,非完整改造模式是国有企业上市融资的基本模式,即上市前政府对国有企业采取"分拆包装"的改制模式,将优质资产改造成股份公司发行上市,国有企业集团往往对上市公司拥有绝对的控股权,也就是常说的"一股独大"。这种分拆上市、一股独大模式适应了当时国有企业的实际情况,为其赢得了宝贵的发展资金,但也为日后国有控股上市公司独立性不足等问题的出现埋下了历史隐患。因此,在我国特殊的历史背景下,要保证国有控股上市公司科学决策、提高绩效,实现公司治理目标,国有控股上市公司是否能够处理好与控股股东的关系成为其公司治理中特有的、较为核心的问题。

**二、关于国有控股上市公司与控股股东关系问题的认识误区**

在中国长期以来的国有企业经营实践中,很多人对国有控股上市公司与其控股股东的关系问题一直存在着困惑、讨论,甚至是一些认识上的误区。

**(一) 认识误区之一:国有控股上市公司与其控股股东之间是行政命令式的上下级关系**

针对这种可能存在的误区,2002 年证监会、国家经贸委发布的《上市公司治理准则》明确指出:"控股股东及其职能部门与上市公司及其职能部门之间没有上下级关系。控股股东及其下属机构不得向上市公司及其下属机构下达任何有关上市公司经营的计划和指令,也不得以其他任何形式影响其经营管理的独立性。"

**(二) 认识误区之二:国有控股上市公司控股股东有权对控股上市公司进行全方位管理,以管理代替治理**

顺着控股股东与上市公司之间行政上下级关系的错误思路,自然就会得出控股股东理所当然就应按照过去总厂对分厂的方式对上市子公司进行管理这一错误结论。

这一认识误区集中体现在控股股东对上市公司日常生产经营的干预上。这种错误的认识和行为究其根本原因是没有区分公司管理和公司治理。

**(三) 认识误区之三:国有控股上市公司控股股东"派出"到上市公司的董事理所当然应该维护派出者的利益**

《上市公司治理准则》规定,董事的义务是应根据公司和全体股东的最大利益,忠实、诚信、勤勉地履行职责。因此,一方面我们承认大股东派出董事的目的应该是在董事会决策讨论中拥有话语权,能够把大股东关心和认为需要讨论的问题提出来,但在具体决策制定时,派出董事应该脱离自己的代表身份,站在公司和所有股东的角度进行考虑,作出对公司和全体股东最为有利的决定。

**三、正确处理国有控股上市公司与控股股东的关系**

**(一) 保障上市公司独立性**

上市公司独立性通常指的是上市公司与控股股东"三分开、两独立",即《上市公司治理准则》规定的控股股东与上市公司实行人员、资产、财务分开,机构、业务独立,各自独立核算、独立承担责任和风险。

从上市公司的制度设计来看,上市公司是资本市场发展的基石,是增强资本市场吸引力和活力,充分发挥资本市场优化资源配置功能的关键。"问渠哪得清如许,为有源头活水来",上市公司资源配置功能的充分发挥有赖于广大投资者的信赖和支持,为了保障这个源头活水,就必须保持上市公司的独立性,保证其切实承担对全体股东的信托责任。上市公司必须公平对待所有股东并对公司信息进行真实、准确、完整、及时和公平的披露。唯有这样,上市公司这一融资机制才能健康、长久地发展下去,否则就会因失去投资者的信任而日渐萎缩。

从监管层的初衷来看,强化上市公司独立性可以从两个层面加以考虑:第一层面,上市公司是独立的法人实体,其区别于非上市公司的一个很大特点是其股东结构的多样化、股东的分散化。证券监管部门把营造公开、公平、公正的市场环境和保护投资者利益作为主要任务。各国监管机构都要求上市公司应当对股东一视同仁,公平对待。第二层面,投资者,尤其是中小投资者,由于信息不对称、持股比例小,相对于控股股东处于弱势地位等原因,需要对中小投资者的利益进行重点保护。因此,保持上市公司独立性,独立于大股东、独立于实际控制人,使其免受不正当的侵害,成为监管者维护证券市场"三公"原则——公开、公平、公正的首要任务。

**(二) 基于股权链协同优化与控股股东的关系**

国有控股上市公司的股权链分为两个环节:第一环节的第一层级是各级国有资产监督管理机构与国有企业集团之间的股权链。第一环节的第二层级则是国有企业集团与控股上市公司的股权链。第二环节则是中小股东与国有控股上市公司之间的股权链。在股权高度集中的国有控股上市公司,处理与控股股东关系的难点在于要避免控股股东的行为影响上市公司的独立性。

基于股权链的视角,我们认为,国有控股上市公司与控股股东关系优化的主导思想是:健全规范控股股东行为的治理机制,避免股权链出现控股股东控制现象,同时创新公司治理机制、促进股权链协同效应的更好发挥。

出于上述考虑,基于股权链的控股股东关系优化措施可分为四个层面:一是要构建控股股东自身规范的公司治理机制，规范控股股东治理行为；二是提升上市公司的治理水平、维护上市公司及小股东权益；三是优化控股股东与上市公司的沟通机制；四是健全上市公司关联交易内部控制和信息披露制度。

1. 构建控股股东自身规范的公司治理机制

以宝钢为例，截至2009年第三季度末，宝钢集团持有宝钢股份73.97%的股份，是宝钢股份的控股股东。宝钢集团作为大型国有独资公司，在外部资本市场和钢铁行业蓬勃发展的背景下，具有较强的公司治理革新意识和追求可持续发展的需求，率先进行公司治理改革，2005年10月，宝钢集团建立首家规范董事会，成为国资委首批进行建立和完善董事会试点的中央企业之一。

按照国资委推进中央企业董事会试点工作的统一部署，宝钢集团董事会采取了外部董事占多数的董事会结构，是中央企业中“第一家外部董事占多数、且全部到位的董事会试点企业”。宝钢集团董事会由11名董事组成，其中外部董事7名、非外部董事4名（包括1名由职工代表大会民主选举产生的职工代表）。外部董事由非本公司员工的外部人员担任，不在公司担任除董事和董事会专门委员会有关职务外的其他职务，不负责执行层的事务。国资委选聘宝钢的外部董事注重董事人员具备大型企业的实务管理经历和经验。宝钢集团的外部董事中既有原大型国有企业的主要领导者，又有境外优秀公司的资深管理者，以及钢铁行业、财务会计领域的专家学者。

宝钢集团董事会建设借鉴了跨国企业和上市公司的成功经验，除设立提名委员会、薪酬与考核委员会、审计委员会、风险管理委员会外，根据宝钢的实际情况和工作需要，还设立了常务委员会。常务委员会和风险管理委员会构成相同，均由7名董事组成，由董事长担任主任，委员会成员中外部董事占5席；提名委员会由5名董事组成，由副董事长担任主任，委员会成员中外部董事占3席；薪酬与考核委员会、审计委员会的5名成员全部由外部董事组成并由外部董事担任主任。

专门委员会的设立是董事会试点的创新实践，各专门委员会会议制度的有效运行，细化了董事会集体议决的工作流程，发挥了全体董事尤其是外部董事丰富的专业知识和实践经验的特长，对提交董事会议决的提案进行初审并提出建设性的专项意见，有效提高了董事会的议决质量和效率，通过专门委员会会议的检查督促功能保障董事会议决事项的贯彻和落实。

为确保董事会作用的发挥和董事职责的切实履行，宝钢集团通过《董事会议事规则》和各专门委员会议事规则等一系列文件明确了董事会会议制度和相应的议决机制。规范的会议制度及议决机制使得董事会全体成员各自发挥专业和技能所长，驱动责任意识，积极参与决策，从不同的视角和维度对公司重大议决事项提出质询，独立、客观地发表意见，将董事个人的智慧凝聚成董事会的集体决策成果，使董事会决策更趋科学、合理。

在处理与控股上市子公司宝钢股份的关系问题上，宝钢集团明确提出董事会主要任务之一是通过宝钢集团董事会规范行使对宝钢股份等宝钢控股企业的国有股东权利，确保宝钢股份规范运作，促进宝钢股份做强做大。控股股东宝钢集团自身规范的公司治理对宝钢股份的公司治理有着重要影响，为宝钢股份的发展提供了支持和保障。

2. 提升上市公司的治理水平

再以宝钢为例，宝钢股份是宝钢集团的核心子公司，承载着钢铁主业，截至2008年年末，宝钢股份总资产和营业收入分别占宝钢集团的57%和81%。

宝钢股份董事会有较大的独立性，对公司治理的进一步优化发挥着重要作用。在第一届、第二届、第三届董事会治理实践的基础上，宝钢股份于2009年4月28日召开2008年年度股东大会，选举产生了第四届董事会。第四届董事会共10名董事，其中独立董事4名，占董事会成员比例为40%，此外，吴耀文先生为国资委委派的宝钢集团外部董事，同时担任宝钢股份董事，相对于宝钢股份也具有较大的独立性。

第四届董事会下设战略及风险管理委员会、审计委员会、薪酬与考核委员会。审计委员会由4名董事组成，独立董事占3/4，由独立董事会计学教授贝克伟博士担任审计委员主席。薪酬与考核委员会全部由外部董事担任（其中独立董事占3/4），由独立董事曾璟璇女士担任主任。审计委员会和薪酬与考核委员会均由独立董事担任主任，有效地保证了审计及考核的独立、公正，有利于宝钢股份相对于宝钢集团保持独立性。

宝钢股份是国内最早建立独立董事制度的公司之一，独立董事制度无论是制度上还是实践上都相对比较成熟。独立董事独立履行职责，不受控股股东、实际控制人或者与公司及其主要股东、实际控制人存在利害关系的单位或个人的影响。独立董事根据法律、行政法规和章程的规定行使特别职权，对关联交易、对外担保、股权激励等事项发表独立意见。需经董事会或股东大会审议的关联交易均应得到独立董事事前认可该交易的书面文件和发表的独立意见。

4 位独立董事为来自境内外的证券、金融财会、管理等方面的资深专家，在公司战略、企业管理、金融、财务、人力资源等方面具有较高的专业素养，在业界均享有盛誉。独立董事积极参与董事会专门委员会的建设，他们以独立的立场、专业的视角、丰富的经验为公司管理、重大决策出谋划策，对规范公司治理、科学决策发挥了重要作用。

在独立董事贝克伟先生的建议下，宝钢股份形成了在董事会前召开由独立董事及国资委委派的宝钢集团外部董事吴耀文先生组成的外部董事沟通会的机制，由各位外部董事轮流担任召集人。这种会议机制有助于外部董事们更加无拘无束地交流，更好地理解彼此的观点和共同的感受，大大促进了外部董事之间信息的交流互动。

为了加深外部董事对宝钢股份的了解，除了定期给董事寄送公司的经营情况分析、财务月报等资料外，董事会还在董事会召开期间组织召开董事高管交流会，交流会不设主题，由董事与高管自由交流，对外部董事关注的问题进行充分交流。董事高管交流会大大促进了董事尤其是外部董事与高管之间的沟通互动，增进了外部董事对公司经营管理问题的了解，增进了董事会对管理层成员的了解，为董事会对管理层的考核提供了参考。

3. 优化控股股东与上市公司的沟通机制，实现双向互动的沟通

股权链上下游沟通机制的畅通关系着战略决策风险的规避、股权链收益的获取和协同效应的发挥。首先应该完善控股股东与上市公司董事会之间的战略信息传导机制，适当地增强与上市公司董事会与控股股东董事会的交流沟通。

其次，上市公司可以通过一定渠道让大股东知会监管部门对上市公司的监管要求和中小股东的利益需求。控股股东也应当充分认识到保障上市公司独立性的重要性，在日常运作中避免以管理代替治理。

4. 健全上市公司关联交易内部控制和信息披露制度

关联交易内部控制是上市公司内控体系中的重要一环。正是由于关联交易使关联者之间在定价过程中具有一定程度的灵活性，公司的控股股东、实际控制人或影响者可能利用关联交易转移利益。因此，全面规范关联交易及其信息披露便成为保障关联交易公平与公正的关键。

上市公司关联交易内部控制容易失控的环节主要集中在关联方与关联交易的界定、关联交易的授权审批、关联交易的定价和信息披露控制等环节。因此，上市公司应积极完善内部控制建设，加强对关联交易的内部约束机制，制定关联交易的控制政策和程序。

**四、在股权链协同基础上构建宝钢股份战略主导型公司治理模式**

如上所述，要实现国有资产的保值增值，国有控股上市公司治理已不能停留于消极的“合规”阶段，而应该进一步寻求“自主治理”。宝钢股份按照“股权链协同”的理念在处理与控股股东关系、优化公司治理方面作了一些探索。

面对钢铁行业国际国内环境剧烈变化，在技术、管理等方面不断革新的同时，如何在环境巨变中保持公司战略的科学化显得格外重要。公司战略的制定、执行和实施需要一套完善的制度来保证，公司治理通过一套包括正式与非正式、内部与外部的制度或机制来协调公司和利益相关者之间的利益关系，保证公司战略决策的科学化。宝钢股份的公司治理正在从合规型公司治理逐步提升为战略主导型公司治理，即一切以战略为导向，以价值创造为基点，以持续发展为目的，在股权链协同的基础上建立具有宝钢特色，兼具行业特色和中国特色的战略主导型公司治理模式。

**（一）宝钢股份建立战略主导型公司治理的现实基础**

宝钢股份在股权链协同基础上建立战略主导型公司治理是由我国钢铁行业特征、国家政策导向和公司战略等现实因素决定的。

（1）钢铁行业特征

（2）国家政策导向

（3）公司战略

宝钢股份以“成为全球重要的钢铁制造商，致力于向社会提供超值的产品和服务”为使命，以“成为全球最具竞争力的钢铁企业”为战略目标，致力于建成钢铁精品基地，重点发展汽车板、电工钢、不锈钢、高等级合金钢等战略产品群，加快发展国内独有领先产品，优化碳钢、不锈钢、特钢三大精品系列，大力提升制造能力。宝钢股份是宝钢集团“精品＋规模”战略的重要实施主体，这既符合宝钢股份在集团中的地位，又有利于宝钢股份在行业中竞争

力的提升，满足全体股东价值最大化的要求。

**(二)战略主导型公司治理的关注重点**

战略主导型的公司治理，以战略为导向，调整相关公司治理结构，保障公司能够从公司及全体股东价值最大化的角度出发，制定并监督战略目标的实现，防止公司战略出现重大错误或保证所发生的错误迅速得到纠正，并顺应公司经营环境的变化，及时调整目标。宝钢股份战略主导型公司治理不是以权力监督为核心，而是以改善决策为核心，其核心是如何将战略科学化与公司治理的三个关键因素(股东、董事会成员、经理层)联系在一起。

中国钢铁行业是资源依赖、技术密集以及资金密集型的行业，宝钢股份建立战略主导型公司治理应当重点考虑的内容：(1)原材料资源掌控；(2)并购后的整合和协同；(3)继续强化技术研发能力和人才激励机制；(4)资本运作。

今后宝钢股份与宝钢集团也将对上述问题持续关注，在股权链协同的基础上共同努力，从而使宝钢股份在战略资源获取、战略人才拥有和战略资金支持等方面获得进一步的提升。战略主导型董事会的工作重心是根据公司所需战略资源、资金支持和关键人才等要素与管理层进行不断对话，及时调整各自的工作计划，制定符合公司长远利益的战略目标。

**(三)并购重组中股权链协同的体现**

钢铁行业是规模效益最为显著的产业之一，在《钢铁产业发展政策》等相关政策的引导下，宝钢进行了一系列跨地域的并购重组。在并购重组过程中，较好地体现了宝钢股份与宝钢集团股权链的协同。

在中国钢铁行业的背景之下，国有钢铁企业之间的并购不仅仅是资金问题，有相当一部分属于资产划拨。目前宝钢的兼并，大都是由宝钢集团先出面收购。宝钢集团拥有雄厚的资金实力，由宝钢集团作为孵化器将资产整合、人员剥离，完成主辅分离后再将优质钢铁资产注入宝钢股份。这大大减轻了宝钢股份的资金和精力压力，形成了具有宝钢特色的并购之路。

从长远角度来看，宝钢集团将其旗下的经整合培育的优质钢铁资产陆续注入宝钢股份。截至2005年，原宝钢集团钢铁资产已全部进入了宝钢股份。今后宝钢集团仍将按这一原则有效整合集团内钢铁资产，以减少同业竞争和提高运营效率。正是在这一大原则之下，宝钢通过控股股东事先征询、出具不竞争承诺、上市公司保留择机收购权的方式，较好地处理了与宝钢股份之间暂时性的非实质性同业竞争问题。

**结语**

中国国有企业股份制改革带来的国有控股上市公司与控股股东的关系处理问题是具有中国特色的公司治理问题，是国际公司治理准则所没有涉及的。这一问题在国有控股上市公司建立现代企业制度、完善法人治理结构的进程中显得尤为突出。

在与控股股东关系优化的基础上，国有控股上市公司要实现包括国有资产在内的全体股东资产的保值增值，应当寻求基于股权链协同的“自主治理”，构建创新型公司治理模式，宝钢在这方面已经开始作有益的探索，但这仅仅是一个开始。

“路漫漫其修远兮，吾将上下而求索”，唯有解决好了国有控股上市公司与控股股东的关系这一首要问题，厘清两者各自的定位，并在此基础上不断进行公司治理机制的创新，才能保证在中国上市公司群体中占据重要地位的国有控股上市公司有效运作、科学决策、绩效改善，为其做大做强、健康发展保驾护航。

(宝钢集团有限公司董事长徐乐江在《改革 CHINA REFORM》2009年第2期发表的署名文章，本文为摘要)

## 中韩钢铁企业间的合作现状与展望

徐乐江

今天，很高兴与大家相聚美丽的首尔，参加第五届中韩财经界对话会，十分感谢韩国全国经济人联合会和中国企业联合会、中国企业家协会搭建了这个“平台”，使我有机会与两国企业界的朋友、同仁们进行广泛交流。我十分赞同刚才两国政府部门和财经界人士对中韩两国在政治、经济、贸易和企业方面合作发展成就的评价。下面，我结合钢铁产业的具体情况就如何推进两国钢铁企业的合作简要谈谈自己的看法。

**一、中韩两国钢铁企业共同面临的发展问题**

1. 中国是世界钢铁大国，韩国是世界钢铁强国。说中国是世界钢铁大国是因为中国是世界最大的钢铁生产国，拥有众多的钢铁企业和产能规模，2008 年钢产量超过全球 1/3。说韩国是世界钢铁强国是因为韩国的钢铁企业是世界上竞争力最强的钢铁企业，无论是产能集中度，还是技术创新、盈利能力都是在全球钢铁界首屈一指的。2008 年韩国产钢 5 349 万吨，与印度的钢产量相当。韩国人均钢铁表观消费量接近 1 000 公斤，是全球人均钢消费量最高的国家。

2. 中韩两国的钢铁产业有着相同的历史发展背景，承担着相似的历史责任。韩国钢铁产业发端于 1968 年的 POSCO 建设，比中国的宝钢建设整整早了 10 年。韩国经济从 20 世纪 70 年代迅速崛起与韩国钢铁产业振兴发展的脉络是基本一致的，可以这么说，韩国经济发展史就是一部钢铁强国史。这与中国钢铁产业自 21 世纪以来随中国经济的高速发展而迅速壮大也是一致的。

3. 两国的钢铁企业面临着共同的发展问题：一是两国钢铁企业均面临着节能减排的环境压力；二是两国的钢铁企业均面临产能过剩内需不足的困境；三是两国的钢铁企业均受制于上游供应商日趋强大和下游用户日趋集中的垄断压力。

**二、中韩两国企业在钢铁领域的合作现状**

尽管中韩两国的钢铁产业具有相同的历史发展背景，面临着共同的发展问题，但是两国的钢铁产业还是具有较大的差异性，这种差异主要表现在韩国的钢铁企业技术发展水平较高、产品结构合理、高附加产品比例较高，国际化能力较强、与下游行业的紧密度较高，企业管理理念和手段先进，因而与中国钢铁企业间存在着较大的互补性和合作的基础。

1. 中韩两国企业间存在着巨大的钢铁互补贸易

中国目前是韩国最大的钢材进口来源地，同时也是韩国最大的钢材出口目的地。2008 年，韩国 37% 的钢铁产品进口量来自中国，16.97% 的钢铁出口量去往中国。韩国也是中国最大的钢铁产品出口目的地和第二大钢材进口来源地。2008 年中国钢铁产品进口量的 17.52% 来自韩国，出口量的 27.4% 去往韩国。中国钢铁企业与韩国钢铁企业间的钢铁产品贸易在结构上具有很强的互补性，中国主要出口韩国附加值较低的热轧产品，韩国向中国主要出口附加值较高的冷轧产品，形成了两国钢铁企业间的自然分工。2008 年韩国 60.6% 的热轧进口量来自中国，31.1% 的冷轧出口量去往中国。

2. 韩国钢铁企业与中国企业联合在中国境内进行钢铁生产和加工投资

韩国最大的钢铁企业 POSCO 从 20 世纪 90 年代起以中国大陆和东南亚为重点进行海外投资布点，在中国的大连、张家港和广东顺德等地与当地企业合资建设钢铁高附加值产品（如不锈钢、彩涂板、镀锌板）企业，同时与中国的钢铁下游用户合资建设钢材加工中心。截至 2008 年年底，POSCO 在中国与中国企业合资建立了 8 家钢材生产厂、12 家钢材加工中心，是在中国投资最大的国外钢铁企业。与之形成鲜明对比的是目前尚无一家中国钢铁企业在韩直接投资。

3. 中韩两国钢铁企业间形成了比较稳定的对口合作与交流机制

中国最大的钢铁企业宝钢 2008 年的产量规模已经超越韩国的 POSCO 成为全球第三大钢铁企业，目前 POSCO 与宝钢产量规模相当，两大钢铁企业虽然在市场上是竞争关系，但这并不妨碍两大钢铁企业间的合作交流。长期以来，宝钢将 POSCO 作为自己赶超的标杆企业，宝钢建立了专门的研究团队分析宝钢与 POSCO 的差距。宝钢高管层与 POSCO 高管层形成了定期互访的交流机制，两大钢铁企业下属的相关专业机构，如软科学研究、原料采购、战略管理等部门间均建立了密切的交流机制，有的还签有合作协议。

4. 宝钢在钢铁生产方面的部分优势装备向韩国钢铁企业扩散

宝钢经过一、二、三期建设和持续不断地技改和二次创新，在炼铁、炼钢和轧钢等工序的局部领域已经取得了丰硕的创新成果，在生产、技术、工艺和装备领域具备了部分对外转移和扩散能力。宝钢工程技术公司总承包了韩国现代钢铁 300 吨 RH、LF 炉等项目。

**三、中韩钢铁企业合作展望**

钢铁产业是本轮经济危机中遭受重创的一个产业，钢铁也是一个竞争较充分的成熟产业。东亚地区的中国、日本、韩国是全球最大的钢铁生产地区，2008年3国的产量超过全球产量的50%，中韩日钢铁企业“一荣俱荣、一损俱损”，东亚钢铁企业只有加强合作，同舟共济才能走出危机的困局。展望未来，我觉得中韩钢铁企业应该在以下领域加强合作：

1. *钢铁及相关市场信息：加强共享*。中国钢铁企业贴近全球最大钢材消费市场，对中国的宏观经济走势和政府的宏观调控政策具有较强的把握和判断能力。韩国钢铁企业国际化经营能力强、触角广，对全球经济变化趋势和钢铁市场走势的预估能力强。两国大型钢铁企业在钢铁及相关市场信息方面加强共享合作、互通有无不仅能够有效降低双方企业的信息情报工作成本，而且还能有效提高信息准确性，为两国钢铁企业采取协同的市场策略提供基础保障。

2. *钢铁生产技术：共同研发和试用，有偿转让*。韩国POSCO具有极强的钢铁生产技术的研发创新能力，POSCO研发的FINEX清洁炼铁新工艺在全球钢铁企业中率先实现了商业化生产，宝钢引进奥钢联的COREX清洁炼铁新工艺也是全球最大的商业化炼铁生产新工艺。未来钢铁生产技术将着重在清洁、环保、节能等方面进行创新，中韩两国钢铁企业应加强在这方面的合作开发，通过优势互补不断完善钢铁生产技术和工艺，使其更快具备商业推广价值。

3. *原料采购领域：共同携手，一致对外*。中日韩3国钢产量超过全球50%，全球铁矿石海运贸易量的七成以上需求集中在这一地区。近年来由于东亚钢铁企业之间缺乏团结，连年被三大铁矿山公司各个击破，在矿石年度价格谈判中总是处于被动局面。我们期望中韩钢铁企业率先联合起来，结成战略共同体，加强沟通和协调，争取更多的话语权，实现共赢。

4. *海外钢铁投资：联合对外投资*。随着中国国内钢铁市场的饱和，中国钢铁企业都将面临走出去的压力，韩国钢铁企业已积累了近30年的海外投资经验，中国钢铁企业希望能够与韩国钢铁企业联合进行海外项目的投资，通过联合海外投资积累经验，增强国际化经营的能力。可考虑通过先在中国境内合资建设钢铁项目起步，逐步向第三国转移。

竞争与合作是企业面临的永恒主题，做强与做大是两国企业的共同心愿。宝钢愿意在互信、互利、合作、共赢的基础上，努力推动中韩两国企业携手共进、共同繁荣，热忱期待与两国财经界深化务实合作，推进共同发展！

（宝钢集团有限公司董事长徐乐江2009年6月25日在第五届中韩高层财经界对话会上的发言）

## 适应完善公司治理结构的要求<br>充分发挥党组织政治核心作用

刘国胜

宝钢是我国改革开放的产物。经过30年的发展，已建成我国生产规模最大、现代化程度最高、工艺技术最先进的精品钢材生产基地和钢铁工业新工艺、新技术、新材料研发基地，是我国制造业和竞争性行业第一个进入世界500强的企业。2005年10月以来，宝钢在国务院国资委领导下，抓住建立现代企业制度的关键，在中央企业率先进行规范的董事会试点，完善具有中国特色的公司治理结构。宝钢党委把有效发挥政治核心作用与支持董事会、经理班子和监事会分别发挥决策、执行、监督职能有机结合起来，围绕中心做工作，进入管理起作用，把国有企业独特的政治优势转化为企业的核心竞争力，促进宝钢按照科学发展观的要求更好更快地发展。

**一、健全领导体制机制，保证党组织有效参与企业重大决策**

参与企业重大问题决策是党章赋予国有企业党组织的重要职责。宝钢党委通过健全领导体制机制，既维护董事会决策权，又保证党组织有效参与重大问题决策。

健全“双向进入、交叉任职”的领导体制。宝钢是国有独资公司，国务院国资委行使股东会的职权，董事会是决策机构，实行了外部董事占多数的董事会制度（11名董事中，外部董事有7名），总经理依照董事会的授权行使部分决策权。宝钢党委成员与董事会和经理班子成员“双向进入、交叉任职”,公司党委书记和党委其他成员通过法定程序进入董事会和经理班子,党委书记兼任副董事长;董事会的4名非外部董事,有3名是党委常委;总经理和2名副总经理是党委常委。公司改革发展稳定等重大议题,党委常委会先讨论,达成统一意见后,通过党委成员在董事会或总经理办公会上提出,使党组织的主张得到体现。

完善党委参与决策的运行机制。宝钢党委参与重大问题决策主要通过党委会及其常委会会议、党委中心组学习、董事会及其专门委员会会议、总经理办公会、领导班子务虚会、专题性工作研究会议和职工民主管理(通过工会和职工代表大会)等7项制度性安排来实施,同时注重党委书记、副书记与董事会成员(特别是董事长)和经理班子成员(特别是总经理)之间的沟通协调,实现党委工作与董事会和经理班子工作的有效衔接。在宝钢,领导人员管理、人才工作、维护稳定工作等重大事项均经过党委常委会讨论。党委中心组学习和领导班子务虚会定位于“学理论、议大事、谋全局、出思路”,起到了酝酿决策思路的重要作用。今年初,中心组针对宝钢在应对国际金融危机中暴露出来的问题深入研讨,领导班子务虚会认真总结历史经验,达成了以市场、用户为导向推进管理变革的共识。在此基础上,总经理提出了公司总部机构改革的方案,董事会采纳了方案。总部管理部门和管理岗位精简了1/3,强化了战略管控职能,提高了管理效率。

提高党委参与决策的针对性和实效性。按照政治核心的定位,宝钢党委参与决策主要从四个角度提出意见和建议:看决策是否符合党的路线方针政策和国家的法律法规,是否符合广大职工群众的利益,是否符合科学、民主的决策程序,是否符合企业发展的规律。党委成员平时注重理论和业务知识学习,增强参与决策本领;决策前,经常深入到现场和市场,深入党员和群众中,调查研究,集思广益,提高参与决策的效率。董事会试点3年多来,在复杂多变的市场环境中,宝钢没有发生大的决策失误,党委参与决策发挥了重要作用。

**二、把握领导人员管理工作的着力点,保证党管干部原则落到实处**

企业重大问题决策的核心内容是用人决策。宝钢把坚持党管干部原则与董事会依法选聘经营管理者以及经营管理者依法行使用人权有机结合,突出工作着力点,规范工作流程,保证党管干部原则落到实处。

完善程序,抓好选拔。宝钢按照“党委会严格把握人选资质,董事会或总经理依法聘任”的原则,对党管干部的内容和流程作出明确规定。重要人事安排,必须经过党委常委会讨论、提出建议,再由董事会或总经理按法定程序聘任。酝酿人选时,充分听取董事会和经理班子成员特别是董事长和总经理的意见,董事长或总经理不赞成的人选不上党委常委会讨论。

注重能力,抓好培养。公司党委适应企业市场竞争和科学发展需要,进行领导力研究和开发,建立了宝钢领导力核心要素模型,揭示了社会主义国有企业的要素优势,提出了7个核心要素,即争创一流、钢铁报国的使命感,追求品德高尚、能力高超的自我管理,持续提升企业核心竞争力的文化创新能力,富有远见的决策能力,基于系统优化协同高效的执行能力,以人为本的人力资源发展能力,着眼于解决问题的领导方法应用能力。在此基础上开发了具有特色的宝钢领导力课程,对各级领导人员进行系统培训。同时,宝钢十分注重领导人员的经历开发,合理安排领导人员进行岗位交流和挂职锻炼,逐步建立起课堂培训与实践培养相结合的领导力发展体系。

坚持标准,抓好评价。宝钢党委既尊重董事会和经营管理者的用人权,又严格把好资质关,实行“双优化”。在优化领导人员个体素质方面,坚持德才兼备、以德为先标准,看人既重业绩,更重价值观。党委从工作业绩和综合素质两个方面对领导人员进行年度评价,评价结果与薪酬、职位调整挂钩。每年评价为优秀的掌握在20%以内,评价为不称职的果断调整岗位、降职安排。在优化领导班子群体结构方面,着眼班子整体功能,分类制定二级单位领导班子结构配置标准。2007年以来,对所属20家二级领导班子和11个专业板块的经理人进行了系统分析,按照标准改善和优化了二级单位领导班子结构。

**三、以党员的先进性带动职工群众的积极性、主动性和创造性,提升企业执行力**

党的基层组织是党的全部工作和战斗力的基础,也是国有企业执行力的基础。党员队伍是企业有坚定信念和严密组织的先进人力资源。宝钢党委积极适应形势变化,既防“淡化”,又防“僵化”,推进党建工作创新,发挥党组织的引领和党员的带头、带动作用,激发广大职工的内在活力,实施好董事会和总经理的决策,促进企业的改革发展稳定。

坚持“组织全覆盖、活动正常化、工作有实效”要求。宝钢坚持“三同时”原则，做到新建经济组织同时建立党组织、调整经营管理组织同时调整党组织设置、配备经营管理人员同时配备党务工作人员。近几年，宝钢先后并购新疆八一钢铁、广东钢铁和宁波钢铁，都做到了同时建立党组织和调整党组织、同时配备党务工作人员并有效地开展活动。公司党委着力加强和改进党支部建设，紧紧围绕成本改善和产品经营，充分发挥党支部在加强基层、基础管理中的战斗堡垒作用，今年上半年宝钢实现在经营业务环节降本增效36亿元。

深入开展党员“登高计划”活动。宝钢1995年就开始实施“三高一流”（党员要做到思想觉悟、业务技能和工作业绩高于群众，培养一流的党员队伍）活动。先进性教育活动以后，宝钢总结“三高一流”活动经验，全面开展了“党员登高”计划活动，引导党员不断实现自我超越，发挥广大党员在生产经营中的模范带头作用和对职工群众的带动作用。越来越多的基层组织做到了“党内三先”，即有关重要工作党员先知道、先讨论、先行动。党组织拓宽党员服务群众的渠道，深入开展“党员责任区”活动，动员党员做员工的第一知情人、第一关心帮助人和第一带动责任人，尽心尽力做好群众工作。

建立健全服务职工的工作机制。公司党委主导，党政工团形成合力，坚持以人为本，建立健全“尊重人、了解人、关心人、提高人、规范人、激励人、依靠人、凝聚人”的工作机制，激发广大职工的创造活力。宝钢深化职工民主管理和自主管理，深入开展群众性的技术创新活动，钢铁主业一线职工的高技能人才比例从2000年的8.9%提高到2008年的37.7%，2008年宝钢股份获得授权的专利中有36.2%是一线职工创造的。为应对国际金融危机，全面开展了“最佳实践”活动，发现、培养、宣传各个岗位上的最佳实践者，进一步调动广大职工的积极性、主动性和创造性，保证了宝钢在应对危机中保持全国同行的业绩最优。

**四、强化监督管理，以从严治党带动从严治企**

加强对企业各级领导班子成员和管理人员的监督管理，是国有企业党组织的重要职责。宝钢党委注重综合协调内外部监督资源，强化纪律、法律和民主监督，确保各级领导人员廉洁从业，促进企业健康发展。

健全监督机制，形成监督合力。积极构建以“一个基础和三道防线”为主要内容的风险管控体系。“一个基础”是指健全公司治理结构，“三道防线”是指业务单元防线、纪检监察防线和内部审计防线。宝钢监事会由国务院国资委派驻，履行出资人监督职责。公司党委积极支持监事会独立负责地开展工作。同时，发挥纪委的组织协调功能，支持监察、审计等部门的工作，并选派优秀的纪检监察和审计干部担任子公司监事，加强对子公司的管理监控。积极营造讲法律、讲制度、讲程序氛围，支持经营管理者规范经营行为，防范风险，确保国有资产保值增值。近年来，钢铁主业和资源开发、钢材延伸加工、工程技术、煤化工、金融、生产服务等相关业务板块整合优化，没有发现违法违规问题。

坚持“三严”，实施“五阳光”工作机制。“三严”，一是教育严，对不廉洁的倾向性问题，进行不留情面的批评；二是制度严，对违反制度的行为，坚决予以纠正并作为不诚信行为记载，不搞“下不为例”；三是查办严，对违纪违法行为，及早发现、主动查办、严肃查处。宝钢党委立足于让权力在阳光下运作，初步探索了“五阳光”工作机制：一是阳光用人，建立并实施组织人事、纪检监察、审计部门互相配合、共同把关的领导人员任用考核办法；二是阳光管理薪酬，做到全部收入“进卡”；三是阳光使用公款，定期开展专项检查和整改；四是阳光采购销售，建立健全采购销售管理信息系统，努力实现“权力在系统中体现，交易在系统中运行，资源在系统中受控，信息在系统中留下痕迹”；五是阳光推进工程项目，形成了争创工程优质、干部优秀的“创双优”工作机制。近几年，宝钢每年有300亿元以上工程建设投资，直管以上领导人员中没有发生违纪违法案件，公司连续3年荣获了全国“最佳诚信企业”称号。

发挥党组织政治核心作用，是国有企业完善公司治理结构的中国特色。宝钢的实践证明，这一特色是中国国有企业的独特优势。

（宝钢集团有限公司副董事长、党委书记刘国胜8月17日在全国国有企业党的建设工作会议上的交流发言，发表在9月2日《解放日报》）

# 支教奖学：薪火相传的崇高事业

## ——宝钢教育基金设立20周年回顾与展望

刘国胜

宝钢教育基金设立20年来，以“奖掖优秀人才，力行尊师重教，推动产学合作，支持教育发展”为宗旨，规范运作，在教育界及社会上树立了良好的形象，已发展成为面向全国，具有广泛影响和较高知名度的教育基金。

宝钢是我国改革开放的产物。经过30年的发展，已建成我国生产规模最大、现代化程度最高、工艺技术最先进的精品钢材生产基地和钢铁工业新工艺、新技术、新材料研发基地，是我国制造业和竞争性行业率先进入世界500强的企业。宝钢建成投产以来，以争创一流、钢铁报国为使命，在为国家创造巨大经济效益的同时，时刻不忘回报社会，探索出了一条多种方式并举、追求效果最佳的回报社会之路。坚持办好宝钢教育基金、支持我国教育事业发展，就是其中最重要的举措之一。

**廿载春秋发展壮大**

宝钢是中国改革开放第一个特大型现代化建设项目。在当时国力相当薄弱的情况下，国家毅然决定投资300亿元，从日本等国全套引进代表当时世界钢铁工业先进水平的装备、技术和管理，建设宝钢。1978年12月23日，党的十一届三中全会公报发布之时，就是宝钢破土动工之日。宝钢30年发展的成功之道，从宏观看，在于十一届三中全会后党的正确路线的确立，在于党中央、国务院的正确领导，在于全国人民、上海人民和各方的大力支持。有这样一个动人的故事：1984年3月，在全体建设者奋战拼搏、迎接宝钢“85·9”投产的关键时刻，江苏省泰县寺巷中心小学三(1)班的同学们将拾旧卖废积攒下来的19.87元邮寄给宝钢，支援宝钢建设。他们在信中表达了美好的心愿：“我们多么希望自己快快长大，去担负起建设祖国的重任。现在我们人虽小，但也要为振兴中华添砖加瓦。同学们决定拾废旧支援国家重点工程建设，为祖国献上一颗火热的心。”这19.87元，蕴含着人民支持宝钢建设的深情厚谊，成为宝钢实现钢铁强国梦的一笔宝贵的精神财富，也是宝钢人回报社会的动力源泉。

宝钢人时刻铭记“宝钢是全国人民的宝钢”，理应以优异的成绩报效祖国，为我国的经济繁荣和社会发展承担起应尽的社会责任。邓小平同志指出：实现现代化，科学技术是关键，基础在教育。1990年，正当二期工程即将完成、企业整体效益日益凸显之时，宝钢把支持社会教育事业发展放在优先考虑的特殊位置，由黎明、朱尔沛等宝钢领导倡议，公司决定，设立了面向全国高等院校的“宝钢奖学金”，初始基金为200万元。首批奖学金奖励范围为清华、复旦、交大、北科大、东北工学院、浙大等全国14所高等院校，用以奖励德、智、体全面发展，在专业学习、社会实践或科学研究上成绩优异的研究生、本科生。其中一等奖奖学金为1 000元，是当时国内最高的奖学金之一。目的在于鼓励大学生们努力学习，早日成为我国现代化建设的栋梁，同时也是加强企校合作，密切教育、科研、生产之间的联系，推动高校、企业共同发展的一项重要措施。企业设立面向全国，跨行业、不定向的专项奖学金在国内尚属首次，在我国教育界和社会上引起了良好的反响。之后，宝钢在自身实现跨越式发展的同时，加大力度支持教育事业，宝钢教育基金的发展不断迈上新的台阶：

1992年，“宝钢奖学金”基金增加到500万元；

1994年，为贯彻党中央、国务院“科教兴国”和“人才强国”的战略，宝钢决定扩大设立“宝钢教育基金”，基金额增至3 500万元，用于奖励高校优秀教师和学生，成为一个由社会主义国有企业出资设立、政府支持指导、高校参与实施、奖励英才为目标的最大规模的公益性教育基金；

1999年，在宝钢教育基金设立10周年之际，宝钢决定将基金总额增加到5 000万元；

2005年5月，民政部批准设立宝钢教育基金会。同年9月，在投产20周年之际，宝钢又对教育基金增资5 000万元，使基金总额达到1亿元，成为由教育部主管、宝钢独家出资设立的非公募基金会。

截至2008年，全国100余所高等院校和中国科学院18个直属研究所的14 198名师生荣获宝钢教育奖，其中：1人被授予宝钢优秀教师特别奖，171人获宝钢优秀教师特等奖，8人获宝钢优秀教师特等奖提名奖，3 029人获宝钢优秀教师奖，110人获宝钢优秀学生特等奖，10 879人获宝钢优秀学生奖。基金用于教育奖励和资助的金额累计已超过1亿元。

宝钢教育基金在重点奖教奖学的同时，还根据需要，拓展了专项奖励与资助：

1994年起，与中国教育报社合作设立了“全国十杰中小学中青年教师”奖，迄今已进行了6届，共评出“十杰”教师67名，在全国中小学树立了一批有影响力的标兵形象。1998年，李岚清副总理亲切接见了全国十杰中小学中青年教师。

1995年至1998年，基金与企业共同出资以及员工捐款，在红军长征经过的7省10县(市)建设起11所希望小学，并在建成后继续给以支持和奖励，努力实现把宝钢希望小学办成当地的示范性学校的目标。

为繁荣我国人文社会科学，1995年设立专项基金，支持国家教委社会科学司组织编委会及专家评审组，评选出版全国高校文科优秀博士论文文库。1997和1998两年评审并出版了14部优秀博士论文专著。

1996年基金参与设立“中华扫盲奖”，以奖励为扫盲事业作出突出贡献的先进教师。

1997年，出资设立了全国性的“宏观教育研究奖”。由国家教育发展研究中心主持，专家评审，第一次由非政府基金对国家宏观教育的决策发挥重要咨询作用的优秀研究成果给予表彰和奖励。

此外，基金还对一些高校提供了专项资助。

宝钢教育基金始终坚持“奖掖优秀人才，力行尊师重教，推动产学合作，支持教育发展”的宗旨。这24个字高度概括了宝钢教育基金公益事业的性质、所追求的目标，反映了宝钢尊重知识、尊重人才，繁荣教育事业、促进产学研合作的强烈愿望。与此相应，宝钢教育基金的标志是两枚生机盎然的“绿叶”，喻示着宝钢这片“ 绿叶”对祖国“根”的深沉、深情的爱，也象征着我国教育事业的蓬勃发展。在宝钢厂区，有一片特殊的纪念林，一棵棵由当年荣获宝钢奖学金的莘莘学子栽下的小树苗，历经20个春夏秋冬，已经茁壮成长为枝繁叶茂的大树，见证着一批批获奖师生的成长，也见证了宝钢教育基金20年的发展历程。

**科学运作树立品牌**

十年树木，百年树人。教育是面向未来的事业，是播种希望的事业，也是全民的事业。宝钢的历任领导，几代薪火相传，把宝钢教育基金当作一项重要的事业来规划并悉心经营。基金会的运作得到了政府的大力支持、专家的悉心指导、有关学校和单位的积极支持，得到师生的高度赞誉。

1. 公正、权威的评审树立了良好形象

为了管好用好基金，从最初领导运筹开始，就以高起点、高规格、高水平的标准，组建了宝钢教育基金理事会。名誉会长由国家教委(教育部)分管领导和上海市分管科技文教卫生的副市长以及宝钢集团董事长担任，理事长由公司党委书记担任，名誉理事长是公司总经理。理事会顾问成员皆为我国教育界、科技界德高望重、学贯中西的名宿贤达，有国学大师、有科坛泰斗、有工程巨匠：曲钦岳、苏步青、李国豪、张光斗、罗国杰、季羡林、柯俊、钱令希、张钟俊、翁史烈、陶大镛、路甬祥、谢希德，后来又有吴祖强、杨叔子、谷超豪、厉以宁、程耿东等专家、大师加入。顾问们怀着积极推进教育事业、关心下一代成长的高度热情，指导和参与理事会的工作。让人感动的是，他们在参加评审时，坚持宝钢教育奖评选的特色和评审的质量，对每个人、每份材料都一丝不苟、严肃认真地审核，为树立宝钢教育奖的公平、公正和良好的声望及其权威性发挥了重要作用。如今，他们中苏步青、谢希德、张钟俊、李国豪、钱令希、季羡林等已经故去，但他们的品格、作风、精神将永存宝钢人心中，永载史册。

宝钢教育基金会成立后，进一步依法规范运作，设立了由23名理事组成的理事会和监事会，并设立了宝钢教育奖评审工作委员会，负责宝钢教育基金会在全国71所高校和上海市教育委员会、中国冶金教育学会及中国科学院所辖学校的评审工作。

通过20年的实践，宝钢教育奖具有了奖励导向的鲜明性、奖励标准的高水平和评奖过程的严肃、公正性。如优秀教师奖，针对大学教育的特点和我国当前高等教育工作中亟待加强的环节，在全面考核师德、教学和科研实绩的基础上，着重鼓励那些在基础课教学中有突出贡献的教师，并适当向中青年教师倾斜。这个导向，深受各高校领导和师生的赞赏。优秀教师奖的获得者，都是高校教师中的优秀骨干，他们的获奖，并不仅仅是由于学术水平高或从事管理工作贡献大，主要是由于他们在承担繁重的科研和管理工作、社会活动的同时，难能可贵地一直坚持在教书育人的岗位上，并作出创造性的贡献。获奖的教师遍及理、工、文、史、经、法、医、农、林、体、艺等各个学科，都是在教书育人的事业上作出特别贡献，多数是从事基础教学取得优异成绩又在科研、管理上有突出成就，赢得学生崇敬、同事称赞、领导褒扬的优秀人才。如曾获奖的华中科技大学原校长周济院士、杨叔子院士、东南大学原校长顾冠群院士、清华大学校长顾秉林院士、北京林业大学校长尹伟伦院士等都是科研、教学、管理工作一肩挑，教学业绩又极为突出才获奖的。获奖的教师中有一大批国家级教学名师，有众多的中国科学院和中国工程院院士，如申泮文、邓景发、钟掘（女）、何继善、柴天佑、吕志涛、陈国良、刘应明、胡英、冯纯伯、陈先霖、赫吉明等；还有声乐教育家郭淑珍（女）教授、钢琴家周广文（女）教授、作曲家叶小刚教授等蜚声国内外的艺术家。在奖励优秀学生方面，强调思想政治素质和综合能力，突出创新精神。

宝钢教育基金的工作得到了教育部的高度评价。1999年，在宝钢教育基金设立10周年之际，教育部向宝钢赠送了贺匾，赞扬宝钢教育基金为“支教奖学榜样”。

2. 特殊的荣誉促进高层次人才的培养和发展

一个奖项的影响，关键是获奖者的水平和贡献。宝钢教育奖每年评颁一次，开展一系列富有纪念意义和教育意义的活动。一批批师生因优秀而荣获宝钢教育奖，又以获奖为动力，从优秀走向卓越，在各个领域成长成才，成就非凡人生，为中华民族的复兴作出更大的贡献。

担任宝钢教育基金理事会名誉会长的原国家教委副主任、清华大学老校长张孝文，充分肯定了宝钢对教育事业一如既往的扶持：“宝钢教育基金薪火相传，与时俱进，有力地促进了学生发奋学习和教师教学水平的提高，促进了教育事业的发展。”

有很多教师获奖后感到荣誉与责任同在，要加倍努力，回报祖国，贡献社会。清华大学校长、宝钢教育奖获得者顾秉林教授感慨地说：“这是我们教育工作者追求的目标。”在物理研究方面作出突出成就的北京大学教授、博士生导师龚旗煌，1999年获得优秀教师特等奖时表示：“自己获得过海内外各种奖项，但此次获奖，与全国最优秀的国有大型企业连接在一起，其意义非同一般。今后我唯有记住宝钢人的真情和期望，为国家培养出更多的优秀人才，完成民族的重托。”2008年北京交通大学王玉凤教授在获得优秀教师特等奖后，当即决定，捐出获得的10万元奖金，在学校设立“理学院学生创新基金”。2008年宝钢优秀教师特等奖获得者、东南大学戴先中教授，将10万元奖金捐赠东南大学教育基金会，设立了“自动化工程师奖学金”。

宝钢教育奖获得者在追求事业的道路上继续奋发努力，有的成为学科带头人，有的教书育人成名师，有的管理创新出成果，在各个领域作出了杰出的贡献。北京师范大学教授、博士生导师于丹，活跃在教学、科研、传媒各个领域，成为文化名人。东北大学刘积仁教授，领导东软集团发展成为国内外知名的软件产业集团。北京大学教授、经济学家林毅夫，担任了世界银行副行长。中央民族大学丹珠昂奔教授，担任了国家民委副主任。

宝钢教育奖是对大学生综合素质的肯定和褒奖，获得宝钢教育奖在学生心目中有着特殊的分量和特别的荣耀。国际象棋世界冠军谢军，1999年获得宝钢教育奖时，是北京师范大学的一名学生。她说：“当我获知自己被授予宝钢奖的时候，心中那份激动不亚于获取世界冠军，这是对一名‘特殊’学生学习的肯定。我知道自己只要努力，就能同时扮演好棋手和学生的角色。”南京大学硕士研究生戚兆军获得1995年优秀学生奖时说：“宝钢奖学金已超出了一般意义的奖金，它是一个民族精神的结晶，体现了宝钢践行科教兴国和以天下为己任的崇高精神。”2000年获得宝钢优秀学生奖的中央民族大学本科生宛景森说：“宝钢奖学金不仅为我减轻了学业方面的经济负担，更重要的是给我提供了精神动力，我将以此为契机更加努力学习，更好地回报宝钢人、回报社会、建设祖国。”

我们欣喜地看到，宝钢在支持教育的同时，也以其自身的形象吸引着优秀人才，已有数百名获奖者毕业后自愿到宝钢来工作，充分发挥才智，为把宝钢建成世界一流企业贡献力量。

3. 推进产学研合作结出了硕果

宝钢在创业兴业过程中，深刻体会到现代企业的发展与人才、与科研的密切关系，积极与高等院校、科研院所开展合作。宝钢教育基金架起了产学研合作的桥梁。师生们将宝钢教育奖形象地比作“催钢的烈焰”，他们把科研、管理课题瞄准企业，开展校企合作，推进产学研一体化，为科技创新助推。

宝钢与东北大学、北京科技大学、上海交大等诸多高校和科研院所建立了良好的合作关系。在产学研合作中，宝钢与高校、科研院所发挥各自优势，实现资源共享，进行了深层次的合作和高层次的研发。例如，宝钢与东北大学开展科技合作项目250余项，这些科研项目绝大部分都取得成果并在生产中得到应用。其中，“宝钢生产系统的优化技术"获国家科技进步特等奖,"宝钢高等级汽车板品种、生产及使用技术的研究"获国家科技进步一等奖,"冷连轧机轧制过程动态仿真及控制优化"项目年创经济效益6 000多万元。宝钢优秀教师奖获得者、北京科技大学教授邹家祥带领课题组,完成了"宝钢2030冷连轧机振动问题的研究"等10多项科研工作,不但解决了生产中的技术难题,而且培养了一批优秀技术人才。

在产学研合作中,宝钢还聘请了中国科学院、中国工程院院士为教育顾问,聘请了全国40多所高校和研究机构的70多位教授为兼职教授,共同培育创新人才。

站在当前和今后经济发展的大背景下,已成为世界级钢铁企业集团的宝钢,提出了新一轮发展、二次创业的战略目标:成为拥有自主知识产权和强大综合竞争力,备受社会尊重的世界一流的国际公众化公司,成为世界500强中的优秀企业,为中国从钢铁大国发展成为钢铁强国作贡献。积极履行社会责任,回报社会,努力实现企业、员工、社会和谐发展,是宝钢发展战略的重要组成部分。在新的历史时期,宝钢助推教育事业发展的信念不会改变,而且会历久弥坚。随着宝钢的大发展,随着企业发展战略目标的实现,宝钢将继续加大力度,对宝钢教育基金会投注资金,强力支持我国教育事业的发展。

宝钢教育基金的发展又处在一个新的历史起点上。基金会的成立,为宝钢教育基金的发展提供了新的机遇和运行机制。宝钢教育基金会将以坚持特色、突出重点、务实创新为原则,进一步规范基金运作,按国家法规及基金会的章程办事,依靠顾问、理事会和各有关学校、单位,共同把工作做好,保障宝钢教育基金事业健康有序地发展。

在宝钢教育基金设立20周年之际,宝钢教育基金会决定,将宝钢奖学金扩展到来内地普通高校、科研院所就读的台湾、港澳及华侨学生。开展两岸文化教育交流合作,对推动两岸关系发展具有基础性、全局性、长远性的重要作用。为了给拓展两岸文化教育交流提供更好的环境和条件,同时鼓励台湾、港澳及华侨学生来内地高校、科研院所学习,增强他们对祖国的认同感和祖国观念,激励他们勤奋学习、积极进取,宝钢教育基金会拓展奖学领域,推出了这一积极举措。

我们将继续以宝钢教育基金会为纽带,进一步加强与高校、科研院所的合作,力求在产学研结合上取得新突破,在吸引和培养创新人才上取得新突破。坚持走开放式自主集成创新之路,充分发挥企业作为创新主体的作用和高校、科研院所的人才、技术优势,促进科技成果的产业化,为建设创新型国家作出应有贡献。

胡锦涛总书记在党的十七大报告中指出:"优先发展教育,建设人力资源强国。"温家宝总理指出:"国运兴衰系于教育,只有一流的教育,才有一流的人才,才能建设一流的国家。"宝钢将继续从全局的高度、政治的高度做好支持教育事业这项影响深远的工作,努力把宝钢教育基金会办成国内一流,并具有国际影响的教育基金,为我国教育事业的发展,为中华民族的伟大复兴作出新的贡献!

(宝钢集团有限公司副董事长、党委书记、宝钢教育基金会理事长刘国胜2009年11月10日在《文汇报》发表的署名文章)

## 阳光　伙伴　责任

何文波

宝钢已经走过了30个年头,我本人从宝钢投产之日起,就在宝钢工作,见证了宝钢全部的发展历程。而且幸运的是,我在宝钢从事了10多年的市场工作,与国内外的客户、供应商有过广泛的接触,在座各位中有不少我都十分熟悉。我感到,宝钢迈出的每一步,都是在广大供应商的陪伴下走过的,宝钢能有今天,离不开在座各位。

我的主题演讲从三个方面展开:在宝钢与供应商之间建立起真正的伙伴关系;我们正在实施的阳光采购行动计划;宝钢与供应商共同履行社会责任,为增进社会福利作出应有的贡献。

首先,我想说明一下真正的伙伴关系意味着什么。我认为,伙伴意味着双方存在共同的目标和共同的利益,建立在共同价值观基础之上,双方共同去维护、珍惜并不断发展已建立的合作关系。换句话说,在各自的目标和利益之中找到我们共同点。我们要珍惜已经建成的这种真诚的合作关系并且共同去发展。这才是真正的伙伴,不是简单的买卖关系。

宝钢和供应商的关系是多方面的。通过我们的采购系统与大家交往,不断推进建设新型的采购系统,目的是使宝钢和供应商之间的关系能够更好、更健康、更深入地发展。我们要建立一个什么样的采购系统，我认为最为核心的要求是我们的采购系统应该是一群优秀供应商所围绕的系统，我希望围绕着我们的供应商都是优秀的、杰出的企业。有一句话说得好“蜜蜂围绕的地方一定会有鲜花盛开”。今天在座的各位优秀供应商就是我们强大的依靠。

我们和供应商的关系主要特征有三个。

首先，应该是供应商展示实力的竞技场，为此宝钢应该营造一个公开、公正、公平的竞争环境。其次，应该是上下游供需协同的一个创新园。我们共同创造并发展了源头管理、功能采购、区域承包、即时供货(JIT)等管理方式，我们需要共同创建这样的合作关系。第三，应该是供应商知名品牌的诞生地。供应商对宝钢也是有期望的，在宝钢设备国产化的过程中，在联合试制的过程中，我们希望看到广大供应商的产品在这里成为知名产品，走向全国，走向全世界，宝钢也为你而高兴，因为宝钢也是受益者。为此，我们希望能够建立一个干净的系统、开放的系统、双赢的系统。为了达到这个目的就要不断净化采购环境，创新协同方式，支持供方发展。这是我们对采购系统的一个基本的要求和期望。

下面，请允许我用一点时间谈一下对公开、公正、公平的认识。

因为有许多优秀供应商围绕着我们，我们一直在思考怎样让供应商能更好地发挥自己的特长，为此需要创造一个什么样的环境？在宝钢的词典里，我们说的公开，是指购买程序的透明化，我们称之为“阳光采购”行动计划。我们说的公正，是指对所有的供应商无歧视，这样优秀的供应商才愿意来，否则各位是不愿意来的。公平，就是说买卖双方的合理对价，首先它服从于供需关系，但不仅如此，还应该体现上下游产业利益的平衡，这一点对长期合作至关重要，否则也不是真正的公平。

应该说，不存在绝对的公正和公平，所以，我们设计并且推出了我们的救助系统，当现实和我们的目标不一致的时候，供应商应该有正常的渠道来解决出现的问题，我们应该有办法处理，采取纠正措施，我们称之为三级救助系统。

第一级就是我们的采购业务部门。第二级，在宝钢采购业务的最高管理者。第三级在公司的行政监察机构。

从总体来看宝钢与供应商的合作是很成功的。当然，合作中也遇到过问题，存在过失败案例，甚至我们自己的员工也有因为职业道德缺乏而受到法律制裁的。我们为自己的员工感到惋惜，为没有管理好这个系统感到内疚，为因此给供应商带来的麻烦而感到抱歉。所以，我说这个系统是互动的，我们要共同建设。我们欢迎各位提出改进意见，帮助宝钢把这个系统建设得更好。我们也希望各位在和宝钢的交往过程中，相互配合，不要采取一些没有必要的、非正常的方法来争取业务。当然，首先是要管好宝钢自己。我说有句话是有道理的，“猫走不走直线关键看老鼠”，首先是宝钢要管好自己。我们大力推进“阳光采购”行动计划，正所谓阳光大道通宝钢，通行证就是你的产品和服务。我们可能做不到完美无缺，但我们会采取一切可能的措施，向着理想状态接近。

接下来我谈一下社会责任。

宝钢与供应商共同履行社会责任为增进社会福利作贡献，这是我们共同的期待。作为一个企业，怎样履行社会责任，怎样才能叫真正履行社会责任？我认为社会责任不仅体现在扶贫、救灾、赞助，以及一些慈善活动，应该对企业的基本责任有清楚的认识，因为企业不是慈善机构。

首先，企业社会责任有三个优先选项：员工、社区和供应链。履行好社会责任，首先要对员工负责，每位员工都是社会成员，企业要为员工创造良好的工作环境，为员工的事业发展创造条件和机会。在宝钢我曾经说过，我们至少要尽到万分之一的责任，因为中国人口13亿，宝钢职工有13万，首先我们要把自己的职工照顾好。第二，我们是制造型企业，所在社区提供了生产环境，为企业发展作出了贡献，所以我们坚持社区优先的原则。让企业受益，社区受益，然后才是其他的选择。第三，要对客户负责，要支持供方发展，与合作伙伴分享发展成果。如果企业能做到这几点，那么我们就是对社会负责任的企业，然后再作其他的贡献，这是我们对社会责任的理解。我们需要供应商和宝钢共同履行社会责任。

其次，企业社会责任有三个基础：价值创造，诚信经营和环境改善。我认为，不创造价值的企业就没有资格谈论社会责任。企业作为经济组织在运营过程中使用大量自然资源和社会资源，如果企业只消耗这些资源而不能创造价值，那么这个企业是没有资格谈论社会责任的。第二，企业要基于诚信创造价值。就是说，创造价值不以损害他人利益为代价，要做到社会总福利的增值，这才是真正创造价值。第三，保护并改善环境。企业除了自身可持续发展外，还要保证社会可持续发展。这是我们对社会责任三个基础的理解。我希望这些能够成为我们共同的承诺和约束。我也希望,宝钢的所有供应商经营状况良好,而且越来越好,是个经营状况良好、可长期依靠的供应商。同时,我们要共守诚信,要做到可靠、可信,宝钢对我们的客户也是这样的。可靠是要靠能力来保证的,包括质量、交货期,等等。可信,就是说没有百分之百的可靠,产品一旦出了问题,要讲诚信,及时告知,及时处理,甚至召回,宝钢也是这样做的。我们也希望我们的供应商能提供环保型产品,使我们的生产过程不损害环境。说到这里,我想为钢铁业作点宣传,为什么呢?因为在座各位都在支持钢铁业的发展,我们要知道我们是在支持一个什么样的事业。

提到钢铁业对环境的影响,往往有一种误解。提到相关产业的时候,总是把钢铁业和二氧化碳的排放连在一起,所以在此我想和大家作一些交流。在这个方面,我们也和很多国际组织作过多次交流,围绕钢铁材料全生命周期的碳评价,我们做了大量的工作,结论是,钢铁材料本身是具有环保特性的材料。所以简单地认为钢铁业是非环保的产业是不正确的,是一种误解。仅凭两点就可以说明。第一,钢铁材料可以提供最佳的强度重量比。人类生活需要各种材料以满足人类居住、出行、公共活动、能量的传输转移等方面的需求,这些需求都要求材料能提供有一定强度的构架,提供强度保证。钢铁材料能以最低的重量满足人类生活各种要求,到目前为止,还没有别的材料能够替代,在很多场合,如果不使用钢铁材料而又要实现同样的功能,就意味着比使用钢铁有更多的碳排放,这就是钢铁材料环保特性之一。还有一点也十分重要,钢铁材料可以反复、循环利用,这是它非常大的优点。所以,宝钢所从事的钢铁事业实际上是一个环境友好的事业。

为此,宝钢制定了环境经营策略,我们努力在产品的制造过程中,不对环境造成危害或使影响最小化,并采用各种技术手段使我们的产品在其他行业在使用过程中不对环境构成不良影响并努力优化现有的材料的功效。我们在资源循环利用和资源再生方面努力做到最大化,宝钢和社会各个机构一起努力。举个例子,全球的汽车,它的外表是钢材的,宝钢的汽车板供应在全国占一半,也就是说,全国的小轿车,有一半是用宝钢钢板制造的。我们现在和世界钢铁协会一起在研究汽车轻量化的问题,研制和开发高强钢系列产品,这同时也是世界性的问题。目的之一是为了更好地保护环境。全球2007年产销汽车7 100万辆,如果都能够用上高强超轻钢材,那么,可以减排二氧化碳6%,大约是1.56亿吨二氧化碳。所以说,我们从事的是一项造福人类的事业,作为伙伴,我们有共同的责任,共同的使命。所以我再次提议,对此我们要有共识,有共同的行动。

宝钢要持续发展,离不开供应商的大力支持。宝钢持续发展的环境和条件是国民经济各领域对钢铁产品的持续需求,对此我们很有信心。中国还在工业化的进程中,钢材是不可缺少的基础材料,而且我们不仅仅看重数量上的需求,我们更看重品种、质量和材料功能提升上的需求,这也正是宝钢取得成功的关键,也是我们未来的发展方向。宝钢将以自己的经济实力、科技实力、管理实力迎接包括本次金融危机在内的各种挑战。为国民经济发展提供基础材料支持,这是我们的责任,也是我们的机会。

随着中国钢铁业的日趋成熟,成本竞争时代已经来临,从世界范围来看,其实早已进入这个时代,世界钢铁界很多重大技术革新都是围绕这个主题来展开,努力做到成本最低。说到这里我也想起了一句话,被称为"经营之神"的日本松下的创始人松下幸之助,在解释企业的使命的时候说过,"我要把家用电器生产得像自来水一样便宜"。这是几十年前讲过的话,那时我们基本上没用过什么家用电器,他这样讲的意思是说,生产东西好要让消费者用得起,只有经济性不断改善,才能最终使公众受益,这也是企业的使命。现在看来,他的想法已经实现了,家用电器越来越便宜,当然,同时水也越来越贵了,如果再不保护水源的话,可能有一天要用一台微波炉去换一瓶矿泉水了。

现在也有人说,现在钢材太便宜了,在我看来,钢铁材料不是太便宜,而是成本太高,对于钢铁产业来说,应该通过整个供应链的努力,进一步降低成本,让更多的人更愿意、更便利地使用钢材。例如,很多建筑,完全可以用钢结构来替代,钢结构抗震、美观、工期短、易装配,为什么不用呢?如果材料的经济性进一步改善,这是可以完全实现的。我想起世界不锈钢的从业者总有一个话题:有什么办法能使世界上更多的人更愿意使用不锈钢呢?大家知道不锈钢是好东西,不锈钢不是没有需求,是很多领域用不起,太贵了。假设它和碳钢价格一样的话,那会是个什么结果?宝钢作为钢铁业的从业者有这个责任,提供更为经济的产品,并努力在降低成本上下工夫。

我们非常希望与合作伙伴一起改善材料的经济性。为此,我们不仅仅关注你所供应的产品的销售价格,而更关注实际的使用成本。我们不仅仅关注供应商当期的供应能力,而更关心长期的产品改善和革新能力。我们不仅仅需要供应商提供产品,更需要提供专家式的服务,因为宝钢只有一种产品,就是钢材,但是我们使用的产品成千上万,我们需要这样的专家,这些专家都在各位的企业里。

我们也愿意与供应商共担风险,在宝钢开展一些供方产品的研发和技术改进活动。在一些重要的特殊的领域,我们甚至愿意与供应商共同出资,组建实体,以表明宝钢与大家共担风险、利益共享的意愿。我们已经在这样做了,而且已经取得了双赢的成果。

总之,我们愿意与大家成为伙伴,共同担负起发展国民经济、改善国民生活、保护人类生存环境的光荣使命。我相信,越来越多的伙伴会和宝钢走到一起,携手共进,共同迎接美好的未来。

听了我上述的演讲,如果大家能够认同"阳光、伙伴、责任"这6个字,我将会感到无限欣慰。谢谢大家。

(宝钢集团有限公司总经理何文波2009年7月17日在首届宝钢供应商大会上的讲话)

## 致"金苹果"团队的一封信

何文波

"金苹果"团队的各位同事:你们好!

本次大会,是宝钢技术创新历程的一个新起点。"金苹果"研发团队的组建也必将成为宝钢创新研发机制的一个里程碑,我对此深信不疑。你们承担着历史重任,你们承载着宝钢人的希望,要有决心,要有准备,为宝钢尽早登上世界钢铁技术顶峰而不懈努力。

应该相信,我们有能力、我们有条件实现我们的追求,我们可以比暂时走在我们前面的为数不多的人走得更快一些,30年来中国经济的腾飞,中华民族的伟大复兴历程已经证明了这一点。作为世界钢铁业界的一员,欧洲人曾经可以、日本人曾经可以领跑世界钢铁技术进步,中国人为什么就不可以?21世纪的世界钢铁,中国人还要永远跟在别人后面吗?现在有差距,我们承认,我们在追赶,但不能说在任何一个方面我们都无法走在前面。领跑世界钢铁技术进步,可能确实要几十年、几代人的时间,但是,如果我们能够把我们的力量集聚在有可能取得突破的一些特定领域,下一个10年,我们一定会有所作为,"在世界冶金技术发展史上留下宝钢人的印记"的愿望一定会在你们这一代人的身上得到验证。

路要一步一步地走,但是要快一些。技术创新之路没有捷径,但是可以有选择。"目标集聚"的策略在经营上有效,在科研上也必定有效。资源有限,在于怎样调动,"金苹果"计划的关键意义就在于目标集聚和力量集聚。

要知道,你们不是一个人在奋斗,也不是几个人在奋斗,你们是宝钢技术创新大团队中的一员,不同之处是要求你们走在这支队伍的前面。进入"金苹果"计划,被授予领军人才的称号,有人认为是待遇,有人认为是权力,有人认为是荣誉,而我要对你们说的是,更多的是意味着责任,甚至意味着风险。但是,我们必须清楚,创新从来都是与风险同行的。我认为,人类的伟大之处就在于敢于面对风险去挑战未知领域,否则,不会有技术进步,更不会有技术革命。

创新激情来自宏伟的愿景,也来自清醒的危机感。我感到,当前最可怕的现实是,在钢铁业内外,几乎人人都在谈论钢铁业在未来可能面临的历史困境,而对出路何在,则更多地表现出犹豫和迷茫。我们暂且不去评价这种思潮是否过于悲观,但如果钢铁发展的进程真的走到了这样的历史阶段,历史经验可以告诉我们,这可能预示着这个产业的一场变革甚至是一场革命的即将到来,换句话说,这也许是新的一天的黎明时刻。变革也好,革命也好,技术进步必将在这个过程中发挥主导作用。

宝钢的技术领先,来自30年的积累,我们现在的行动,决定着宝钢的未来。面对钢铁市场的严酷现实,我们不得不回答一个问题:宝钢人是要为生存而战,还是要从优秀走向卓越?回答这个问题,需要的是行动,而不是语言。二次创业要有科技的高度,让我们努力吧。

一句话,宝钢需要你们,时代需要你们。领军就要打仗,战斗的唯一目的就是胜利!胜利可能要付出代价,付出代价的目的还是胜利!胜利属于你们,胜利属于我们,胜利属于勇于创新的宝钢人!

(2009年10月27日,宝钢举行第四届技术创新大会,命名首批"金苹果"计划核心小组成员。宝钢集团有限公司总经理何文波11月2日发表《致"金苹果"团队的一封信》)

# 大事记

1 专 记 ZHUANJI
13 专 文 ZHUANWEN
33 大事记 DASHIJI
41 概 述 GAISHU
63 规划发展 GUIHUAFAZHAN
67 管理创新 GUANLICHUANGXIN
79 科 研 KEYAN
97 基建与技改 JIJIANYUJIGAI
109 环境经营 HUANJINGJINGYING
123 人力资源管理 RENLIZIYUANGUANLI
135 财务、资产与审计 CAIWUZICHANYUSHENJI
141 宝钢股份 BAOGANGGUFEN
217 八一钢铁 BAYIGANGTIE
233 广东钢铁 GUANGDONGGANGTIE
239 宁波钢铁 NINGBOGANGTIE
245 多元产业 DUOYUANCHANYE
305 海外公司 HAIWAIGONGSI
313 综合管理 ZONGHEGUANLI
325 党群工作 DANGQUNGONGZUO
353 企业文化 QIYEWENHUA
365 人物与表彰 RENWUYUBIAOZHANG
377 附 录 FULU
401 索 引 SUOYIN

# 大 事 记

## 1月

1日　中共中央政治局委员、新疆维吾尔自治区党委书记王乐泉和自治区其他领导，到宝钢集团八一钢铁有限公司了解生产、建设情况，并向各族干部职工致以新年的问候和祝福。

5日　宝钢集团有限公司与中国船舶工业集团公司签署战略合作协议。

9日　在2008年度国家科技奖励大会上，宝钢分公司《钢铁企业副产煤气利用与减排综合技术》获国家科技进步奖二等奖，成为冶金行业首个获此奖项的节能减排项目。

10日　宝钢与中国商用飞机有限责任公司在上海签署战略合作协议，双方将建立长期稳定的战略合作伙伴关系，进一步加快大飞机项目的钢材研发与应用，实现共同发展。

11日　由上海世博局主办的“2008年度世博明星企业”评选揭晓。宝钢集团有限公司荣获“世博服务明星奖”。

16日　宝钢集团公司召开2009年工作会议，提出应对与战胜危机，建立“倒逼机制”，继续保持宝钢在国内领先地位的年度目标。

19日　宝钢集团有限公司第二届董事会成立。第二届董事会由11人组成：董事长徐乐江、副董事长刘国胜、董事何文波、职工董事汪金德，外部董事干勇、冯国经、李庆言、吴耀文、杨贤足、经天亮、夏大慰。

20日　宝钢集团有限公司与中国国际海运集装箱(集团)股份有限公司签署战略合作协议。该公司授予宝钢“战略伙伴核心供应商”称号。

20日　中央文明委召开全国精神文明建设工作表彰大会，宝钢股份继2005年荣获首批“全国文明单位”荣誉称号后，再次获此荣誉称号。

24日　宝钢举行年度人物颁奖典礼。

1月　宝钢自主研发的国内首台煤调湿设备上线，各项技术指标均达到国际同类设备先进水平。

1月　国内最厚建筑结构板在宝钢问世。宝钢将向深圳京基金融中心大厦项目提供高强度建筑结构用板，其中120毫米厚度在国内属首次应用。

1月20日，宝钢与中集集团签署战略合作协议

1月24日，宝钢举行年度人物颁奖典礼

## 2月

15日　宝钢股份一号高炉第三代炉役点火开炉。投产后的一号高炉炉容为4 966立方米，年设计产能405万吨，设计一代炉龄18—20年。

27日　宝钢《抗$CO_2$、$H_2S$腐蚀用3Cr系列油套管研制》获2008年度上海市科学技术发明奖一等奖，其系列产品累计创造效益近4亿元。

2月　宝钢调整中口径直缝焊管(HFW)产品结构，赢得东南亚一HFWX70管线管合同，填补了宝钢中口径直缝焊管X70以上高钢级管线管出口海外的空白。

2月　宝钢环境监测站通过由国家环境保护部组织的环境污染治理设施自动连续监测运营资质评审，成为国内钢铁行业首个获得环境在线监测运营资质的企业环境监测站。

## 3月

1日　宝钢集团有限公司与杭州钢铁集团公司签署协议，重组宁波钢铁有限公司。

4日　浦钢搬迁一步工程环保项目通过国家验收。国家环境保护部的验收结果显示，所有排放总量均符合标准要求，周围居民对工程环保工作基本满意。

12日　宝钢股份与上海电气(集团)总公司签订战略合作协议，双方将通过密切合作和交流，加快产品研发，扩大竞争优势，携手应对市场变化。

29日　2008年度中国企业信息化500强评选揭晓，宝钢股份荣获“2008年度信息化企业大奖”、“重大企业信息化建设成就奖”、“最佳IT总体架构奖”、“最佳供应链管理应用奖”、“最佳电子商务应用奖”、“最佳决策支持应用奖”6项大奖。宝钢集团公司董事长、宝钢股份董事长徐乐江获“中国企业信息化功勋奖”。

31日　世界最大的COREX-C3000喷煤系统在宝钢一次投产成功，宝钢由此成为世界上第二家拥有非高炉冶炼喷煤技术的企业。

3月　2009年定点扶贫云南项目正式启动，宝钢将继续向云南投入扶贫资金1 000万元，重点实施26个扶贫项目。

3月　美国《财富》杂志公布

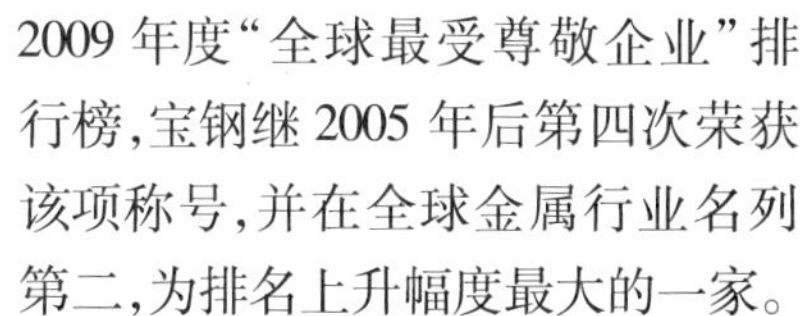

2009年度“全球最受尊敬企业”排行榜，宝钢继2005年后第四次荣获该项称号，并在全球金属行业名列第二，为排名上升幅度最大的一家。

3月　宝钢圆满完成向上海世博场馆建设供料的任务。作为上海世博会工程唯一钢材供应商，共提供各类钢材9.3万吨。上海世博会事务协调局专门给宝钢颁发奖牌。

## 4月

10日　承担中国首个南极内陆冰穹A地区科考站——昆仑站建设重任的宝钢13名员工圆满完成任务，随“雪龙号”凯旋。

21日　宝钢技能专家孔利明在人民大会堂出席第四届“发明创业奖”颁奖典礼。孔利明荣获“发明创业奖”特等奖，并被授予“当代发明家”荣誉称号。

23日　2009年中国不锈钢行业年会在宝钢举行，会议提出：携手应对挑战，实现共同发展。

4月　中国软件行业协会公布16家首批荣获中国软件服务业信用评价A级以上等级的企业名单，宝信软件入选信用等级最高的AAA级企业。

4月　宝钢为COREX炉冶炼产生的废渣找到再生之道——新型混凝土掺和料。该研究成果已通过上海市新产品鉴定，并申请国家专利。

4月　宝钢全流程网上招标平台二期——工程招标系统上线试运行，开创了国内工程类招标项目全流程网上招投标的先河。该平台已覆盖货物、工程和服务等各大类的招标业务。

4月　宝钢股份销售中心首席价格管理师陈祖东、宝钢分公司冷轧厂技能专家王康健获全国五一劳

2月27日，宝钢3Cr系列油套管研究成果获上海市科学技术发明奖一等奖

4 月 10 日，完成昆仑站建设重任的宝钢突击队员随“雪龙号”凯旋

动奖章。

4 月　宝钢股份换届选举第四届董事会、监事会。徐乐江当选董事长，何文波当选副董事长，马国强受聘为总经理。李黎（女）为监事会主席。

## 5 月

5 日　为压缩管理层次，提高整体管理效率，宝钢股份撤销宝钢分公司建制，由宝钢股份对宝钢分公司各项业务实行直接管理，同时对宝钢股份相关组织机构作相应调整。

12 日　梅钢公司四号高炉点火投产，标志着梅钢公司 350 万吨钢生产能力全面形成，为梅钢打造宝钢重要的碳钢精品基地奠定基础。

19 日　宝钢推出首个“员工创新活动日”，同时设立宝钢工人发明家创新工作室，组建员工创新活动指导志愿者团队。

20 日　宝钢集团总部管理变革举措出台。通过变革，集团公司采取战略控制型的管控模式，总部职能部门减至 10 个。

23 日　宝钢在国内投资建设的第四家钢制两片罐制造企业——佛山宝钢制罐有限公司正式投产。宝钢形成 27 亿罐钢制两片罐年生产能力，并完成钢制两片罐制造和服务体系覆盖华东、华南、华北以及西部地区的布局。

28 日　全国政协原副主席、中国工程院院长徐匡迪视察宝钢承建的都江堰安居房幸福家园 · 逸苑钢

5 月 23 日，佛山宝钢制罐有限公司全线投产

结构小区工程。

29日　塞拉利昂共和国总统欧内斯特·巴伊·科罗马访问宝钢。

5月　《宝钢技术创新体系发展纲要》修订版颁布。该《纲要》自2006年颁布实施,2008年10月起重新修订。

5月　宝钢两片罐DI材首获海外"签证",欧洲一家全球最大的两片罐制造商认定其可完全替代国外同类产品。

5月　宝钢与美的集团、格兰仕集团分别签订战略合作协议,完善和发展钢铁、家电上下游供应链。

6月9日,"宝钢大舞台"在世博园亮相

## 6月

9日　"宝钢大舞台"冠名揭幕仪式在世博园区内举行。取址原浦钢特钢车间的"宝钢大舞台"为上海世博会7个室内演出场地之一,也是上海世博会首个以企业名字命名的场馆。

9日　作为履行社会责任、与利益相关方加强沟通的重要举措,宝钢首次对外发布《2008年社会责任报告》,并决定每年发布一次。

9日　宝钢研制出抗菌不锈钢产品——"抗菌宝",并向世博局捐赠2010件不锈钢抗菌宝餐具。

12日　由工业与信息化部主办的2009年中国自主品牌软件产品十强企业评选揭晓,宝信软件位居第四。

19日　由中船集团、宝钢集团和中海运集团共同出资组建的龙穴造船有限公司揭牌及由该公司首制的30.8万载重吨大型原油船"新埔洋"号出坞仪式在龙穴造船有限公司举行。中共中央政治局委员、广东省委书记汪洋,国资委主任李荣融等出席仪式。

24日　2006—2008年度上海市实施"走出去"战略先进企业排行榜揭晓,宝钢集团有限公司位列对外投资企业榜首。

25日　宝钢集团南通线材制品有限公司奠基仪式在南通市港闸区举行。该公司以二钢公司为基础,致力于发展高等级、高品质、市场前景好的预应力钢丝、钢绞线和油回火弹簧钢丝等产品。

30日　世界钢铁协会公布全球钢企2008年粗钢产量排名。宝钢集团2008年同比增加687万吨,达到3 544万吨,跃升至全球钢企第三位。

6月　广泛应用于计算机机箱和服务器的宝钢热镀锌耐指纹板通过全球最大的信息工业公司——IBM公司总部的认证,由此宝钢成为国内首家通过IBM认证的钢铁企业。

## 7月

6日　宝钢集团公司和宝钢股份分别与中国银行上海分行签订《跨境贸易人民币结算企业服务方案》,宝钢成为上海市跨境贸易人民币结算首批试点企业。

8日　宝钢集团与中国农业银行股份有限公司签署《银企全面合作协议》。

8日　美国《财富》杂志公布世界500强企业最新排名,宝钢集团公司以2008年355亿美元的营业总收入和23.14亿美元的总利润,名列第220位,比上年上升39位。这是宝钢连续第六年进入世界500强。

17日　首届宝钢供应商大会在上海国际会议中心举行,国内外近200家供应商代表出席。大会表彰了46家优秀供应商。

21日　八一钢铁举行新高速线材和中厚板工程投产仪式。

29日　宝钢集团有限公司与沈阳市人民政府签订合作框架协议。双方将加快有关项目建设步伐,为宝钢延伸钢铁产业链、发展钢材深加工提供良好的市场空间和扩展平台。

7月　日本日产汽车总部首次举办为期两天的"宝钢日"活动。海外用户举行"宝钢日"活动全方位推介宝钢产品,这在宝钢历史上尚属首次。

7月　宝钢工程技术公司《厂房气楼(三次)除尘装置》在上海市

7 月 29 日，宝钢与沈阳市人民政府签订合作框架协议

第22届发明选拔赛上获得金奖。该技术成功解决了转炉区域生产冒烟现象，且设备的国产化率达到100%。

7月　由宝钢自主研发制造的高钢级大规格高镍基合金管，成功应用于开采环境十分恶劣的中石化普光气田，打破了国内高酸性腐蚀气田合金管长期依赖进口的局面。

7月　宝钢试制成功0.225毫米厚、1 050毫米宽的超薄、超宽规格DI材，在DI材的厚度和宽度控制上宝钢已达到国际领先水平。

7月　宝钢集团向新疆乌鲁木齐"7·5"事件无辜受害者捐赠1 000万元援助资金，并向新疆维吾尔自治区党委和自治区人民政府发去慰问电。

## 8月

5日　WSD（世界钢铁动态公司）公布2009年"世界级钢铁公司"名单，32家钢企榜上有名。中国的宝钢集团位列第三。

7日　中共中央政治局委员、新疆维吾尔自治区党委书记王乐泉到八一钢铁检查指导工作。

17日　宝钢集团党委书记刘国胜在由中共中央组织部和国务院国资委共同举办的全国国有企业党的建设工作会议上作题为《适应完善公司治理结构的要求，充分发挥党组织政治核心作用》的交流发言。

18日　宝钢入选由中央电视台、央视网主办的"新中国成立60周年——推动中国经济·影响民众生活的60个杰出品牌"。

20日　宝钢果园公寓正式投入使用。果园公寓包括3幢公寓楼，总计540套房间，可容纳近1 500名员工。

23日　正在新疆考察的中共中央总书记、国家主席、中央军委主席胡锦涛视察宝钢集团八一钢铁有限公司，亲切慰问生产一线的各族职工。中共中央政治局委员、中央军委副主席郭伯雄，中共中央政治局委员、新疆维吾尔自治区党委书记王乐泉等领导陪同视察。

27日　宝钢集团有限公司与澳大利亚综合矿业公司Aquila签署股权合作协议，宝钢将以2.9亿澳元收购Aquila 15%的股份，成为其第二大股东（股权交接仪式11月23日在北京举行）。

28日　由宝钢自主集成的国内首套COREX炉煤压块工程热负荷试车，该工程将有效化解COREX炉炼铁成本高的难题。

8月　宝钢第一批500吨高强度水电用钢发往四川毛尔盖水电站。该工程是四川汶川特大地震后启动的首个重大水电站建设项目。

8月　采用宝钢自主技术、国内规模最大、年处理二氧化硫达4 000吨的宝钢股份三烧结脱硫装置通过验收。该装置采用炼钢焙烧产生的废弃物石灰石泥饼作为脱硫剂，二氧化硫脱除率大于90%。

8月　宝钢海洋平台结构用厚板通过美国石油协会（API）会标认证现场审核，为此类产品进入发展前景广阔的海洋工程装备市场创造了条件。

8月　2009年度全国冶金科学技术奖评选揭晓。宝钢选送的9项技术创新成果全部获奖，其中一等奖3项，二等奖1项，三等奖5项，为参评企业中获奖最多的一家。

8月　宝钢向韩国浦项输出2套自主研发的滚筒渣处理装置，用于浦项二炼钢渣处理装置的技术改造。这是继印度JSW钢厂之后，宝钢又一次向国外钢铁联合企业输出技术。

8月　宝钢高强钢专用生产线投产半年即实现产量、机组改判率、成材率、工序能耗等4项指标全部达到设计值，这意味着中国首项具有自主知识产权的冷轧超高强钢生产技术在实际应用上获得成功。

8月 宝钢试制成功包括B23R080在内的5个顶级牌号激光刻痕取向硅钢，发往国内一家变压器制造商，用于制造高效能变压器。宝钢成为世界上少数能生产此级别产品的企业之一。

8月 宝钢试制成功1 000吨X80抗大应变焊管，成为国内首家具备此类抗大应变焊管批量生产能力的钢铁企业。

8月 宝钢出口印度热轧产品反倾销案以原告撤诉而告终。自2008年起，美国、欧盟、俄罗斯、东南亚等国家和地区先后就宝钢油井管、不锈钢板材、彩涂板、热轧板等产品提起反倾销调查，宝钢应诉获胜惠及国内多家钢铁企业。

## 9月

2日 中共中央政治局委员、新疆维吾尔自治区党委书记王乐泉会见赴新疆考察的宝钢集团公司董事长徐乐江一行，希望宝钢充分利用好新疆的矿产资源和能源优势。

5日 2009年中国企业500强排行榜公布。宝钢集团以营业收入2 468.388亿元名列第十二位，同时，名列制造业企业500强第二位。

15日 宝钢召开环境经营研讨会，正式提出宝钢环境经营战略。

15日 邯宝公司完成股东变更的工商手续。因合资双方当初确定的战略合作意向和基础发生变化，宝钢在与邯钢签署协议并足额收回资金后退出邯宝公司。

18日 宝钢与斯凯孚(SKF)签订战略合作伙伴协议。

19日 中国社会科学院CSR研究中心公布“2009中国企业社会责任榜”100强榜单，宝钢集团有限公司入选前10名，获得“2009中国企业社会责任特别大奖”。

27日 湛江龙腾物流球团项目热负荷联动试车仪式在东海岛举行。该项目是湛江钢铁项目的起步工程，也是宝钢在湛江的首个建设项目。中共中央政治局委员、广东省委书记汪洋，广东省省长黄华华等领导和宝钢领导共同启动热负荷联动试车按钮。

9月 宝钢建成由国内自主集成的世界耐压最高的煤气柜，该煤气柜容量为30万立方米，最高耐压达15千帕，每年可回收价值逾2 000万元的COREX煤气。

9月 以宝钢为召集人制定的《ISO/FDIS 24173电子背散射衍射取向分析方法》标准首版正式颁布实施，这是宝钢首次主导制定高新技术分析领域的国际标准。

9月27日，湛江龙腾物流有限公司球团项目热试成功

9月 宝钢生产的700余吨高温气冷堆堆内构件用钢发往用户，用于制造中国建造的世界首座第四代核电站的最核心部件，这在国内企业尚属首次。

## 10月

14日 宝钢一次冶炼成功150吨中厚板低温高合金容器钢，打破了这一高难度、高附加值产品长期依赖进口的局面。

20日 第五届国际炼铁科技大会在宝钢开幕，300余位国内专家、130余位国外专家参加了会议。

22日 中共中央组织部宣布，宝钢成为第二批国家海外高层次人才创新创业基地单位。

27日 宝钢举行第四届技术创新大会，命名首批“金苹果”计划核心小组成员。宝钢拟用8—10年时间，培养一批具有国际影响力的技术领军人才。

28日 “宝钢工程”入围由中国建筑业协会等12个协会共同组织评选的新中国成立60周年“百项经典暨精品工程”。

30日 上海市政府举行首届上海市市长质量奖颁奖仪式，宝钢股份原宝钢分公司荣获组织奖。市长韩正在讲话中指出，宝钢以质量取胜，是所有企业学习的榜样。

10月 宝钢1 000 MPa级热镀锌板进入上海通用汽车有限公司，实现了宝钢冷轧超高强钢产品在轿车行业的首次批量应用，为该产品在轿车制造行业的规模化应用奠定基础。

## 11月

11日 注册资金5 000万元人

民币、由华宝投资有限公司和法兴国际融资租赁有限公司各持股50%组建的合资公司——法兴华宝汽车租赁(上海)有限公司在沪成立。

16日　庆祝宝钢教育基金设立20周年暨2009年度宝钢教育奖颁奖典礼在人才开发院隆重举行。104所国内高校及中科院18个研究所的740名学生和257名教师,获得2009年度宝钢教育奖。

16日　宝钢集团公司浦钢搬迁罗泾一步工程COREX－C3000项目荣获2009年中国建筑工程质量最高奖——“鲁班奖”。

18日　上海市总工会在宝钢大厦召开最佳实践者活动现场交流会,总结推广宝钢最佳实践者活动的成功经验。中宣部和全国总工会组织《人民日报》等媒体对宝钢进行联合采访。

20日　第八届中国系统与软件过程改进年会宣布,宝信软件在2009中国软件生产力风云榜上名列榜首。

11月　宝钢股份与中国海洋石油总公司签署长期战略合作协议,双方由钢材供需关系升格为战略合作伙伴关系。

11月　宝钢首次生产出10.3毫米、11.1毫米两种规格的超薄、抗氢质裂纹、抗硫化氢管线钢。

## 12月

8日　在中国推行全面质量管理暨中国质量协会成立30周年纪念大会上,宝钢集团公司前董事长谢企华获“全国推行全面质量管理30周年杰出管理者”称号,宝钢股份荣获“全国推行全面质量管理30周年优秀企业”称号。

10日　宝钢第四次团代会召开,会议号召全体青年为宝钢二次创业不懈努力。

15日　宝钢首条自主集成建设的连退机组——2030新增连退机组投产,该项目创下国内外冷轧连退机组建设的最短纪录。

16日　宝钢集团与上海铁路局签署战略合作意向书。

18日　在由上海证券交易所主办,国务院国资委、经济合作与发展组织(OECD)共同支持的第八届中国公司治理论坛上,宝钢股份荣获“2009年度董事会奖”。

20日　宝钢入选由人民日报社、人民网、《中国经济周刊》等主办评选的“中国经济百强榜共和国60年最具影响力品牌60强”。

24日　宝钢首次采用开放式自主集成创新模式建设的大型薄板连轧项目——宝钢集团梅钢冷轧工程投产仪式在梅钢公司举行。该工程开创了宝钢开放式自主集成创新的新局面。

26日　宝钢核电蒸汽发生器用690U型管国产化项目投产仪式在江苏宝银特种钢管有限公司举行。宝钢成为国内首家、世界上第四家能够生产核电用管的企业。

29日　宝钢与中国商用飞机有限责任公司签署钢材供货框架协议。

29日　宁波钢铁1780热轧带钢生产线提前实现月达产,标志着该公司提出的年内“责任年度扭亏,400万吨产能形成,600万吨规划编制”三大目标全面实现。

# 概　述

1 专　记 ZHUANJI
13 专　文 ZHUANWEN
33 大事记 DASHIJI
41 概　述 GAISHU
63 规划发展 GUIHUAFAZHAN
67 管理创新 GUANLICHUANGXIN
79 科　研 KEYAN
97 基建与技改 JIJIANYUJIGAI
109 环境经营 HUANJINGJINGYING
123 人力资源管理 RENLIZIYUANGUANLI
135 财务、资产与审计 CAIWUZICHANYUSHENJI
141 宝钢股份 BAOGANGGUFEN
217 八一钢铁 BAYIGANGTIE
233 广东钢铁 GUANGDONGGANGTIE
239 宁波钢铁 NINGBOGANGTIE
245 多元产业 DUOYUANCHANYE
305 海外公司 HAIWAIGONGSI
313 综合管理 ZONGHEGUANLI
325 党群工作 DANGQUNGONGZUO
353 企业文化 QIYEWENHUA
365 人物与表彰 RENWUYUBIAOZHANG
377 附　录 FULU
401 索　引 SUOYIN

# 概　述

宝钢集团有限公司(简称"宝钢"、"宝钢集团"或"集团公司";英文名称 BAOSTEEL GROUP CORPORATION)是全球现代化程度最高、钢材品种规格最齐全的特大型钢铁联合企业之一,是国有独资公司(国务院国有资产监督管理委员会代表国务院履行出资人职责),注册资本为510.83亿元人民币。经营范围:经营国务院授权范围内的国有资产,开展有关投资业务;钢铁、冶金矿产、煤炭、化工(除危险品外)、电力、码头、仓储、运输,与钢铁相关的业务,以及技术开发、技术转让、技术服务和技术管理咨询业务,商品及技术进出口贸易。宝钢集团总部设在上海浦东新区浦电路370号。

## 企业历史沿革

宝钢(1993年前称上海宝山钢铁总厂)始建于1978年12月23日,是由国家投资建设的特大型现代化钢铁联合企业。主厂区位于上海市北翼长江沿岸,占地面积18.98平方公里,距市中心人民广场约26公里。

宝钢工程建设规模大、投资多、技术新(为当时国内规模最大、投资最多、现代化程度最高的工程)。一期工程1985年9月投产;一、二期工程1991年6月全部完成。一、二期工程设计年产铁650万吨,钢(水)671万吨,商品钢坯122万吨,钢材422万吨(其中无缝钢管50万吨、冷轧板卷210万吨、商品热轧板卷162万吨)。投产不到10年,宝钢不仅提前还清了75亿元贷款及全部利息(扣除75亿元贷款,由国家直接投在宝钢的原始资本205亿元),而且自筹资金建设三期工程(525.28亿元),并通过上缴利税,回报了国家投资。宝钢一期工程的技术装备成套引进,国内制造设备仅占12%,三期工程国内制造设备提高到80.05%。2000年,设计总规模为年产1 100万吨钢、975万吨铁、713.6万吨钢材的一、二、三期工程全面建成,宝钢跻身世界千万吨级特大型现代化钢铁企业行列。

1998年11月17日,经国务院批准,以"宝山钢铁(集团)公司"(即原宝钢,1993年更名)为主,吸收"上海冶金控股(集团)公司"(简称"上海冶金")、"上海梅山(集团)有限公司"(简称"上海梅山")联合组建成上海宝钢集团公司(2005年10月,上海宝钢集团公司依照《公司法》改建为规范的国有独资公司,更名为宝钢集团有限公司)。

整齐的钢卷

宝钢集团成立后,按照建设钢铁精品基地和钢铁工业新技术、新工艺、新材料研究开发基地的要求,制定统一的钢铁发展规划,并投入巨资加快建设。一方面,继续进行马迹山港工程、四号高炉工程、宽厚板轧机及其配套连铸工程、1800冷轧带钢工程、中口径直缝焊管工程、大口径直缝焊管工程、三热轧工程、五冷轧工程、四号发电机组工程等一大批建设项目和三号彩涂机组等一批三期后工程,使宝钢继续处于世界先进水平;另一方面,对老企业进行技术改造,完成一钢不锈钢工程、五钢合金模块工程、特钢银亮材工程、不锈钢长型材工程、合金棒材改造工程、梅山热轧技改工程、梅钢冷轧工程、益昌冷轧技改工程、浦钢搬迁罗泾工程等一大批新建或改造项目,使老企业完成脱胎换骨的巨变。

法国二手机组经改造后，成为具有世界先进水平的冷轧机组

宝钢集团成立后，针对老企业普遍存在资金短缺、污染严重、淘汰设备多、产品缺乏竞争力、冗员多分流难、亏损面广的困难局面，发挥宝钢集团资信优势、资源和销售网络优势以及技术、人才、管理和企业文化等优势，仅用3年时间，严重亏损的老企业全部实现扭亏为盈。宝钢集团在大力推行主辅分离、辅业改制等一系列企业改革的同时，先后全部淘汰了老企业能耗高、污染严重、技术落后的装备。

2000年2月3日，宝钢集团以原宝钢资产为基础，独家发起组建宝山钢铁股份有限公司（简称"宝钢股份"），宝钢股票于同年12月12日在上海证券交易所挂牌交易。2005年，宝钢股份通过增发收购，使上海地区钢铁主业及相关优质资产整体上市（2008年宝钢股份又收购宝钢集团上海浦东钢铁有限公司罗泾资产），形成比较完整、合理的产品结构，实现钢铁主业一体化经营。

2007年4月28日，通过成功实施跨区域资产重组，宝钢集团新疆八一钢铁有限公司（简称"八一钢铁"）在新疆揭牌，有着56年历史的新疆八钢正式成为宝钢集团控股的子公司。

2008年6月28日，由宝钢控股的广东钢铁集团有限公司（简称"广东钢铁"）成立，标志着宝钢与广东地区钢铁企业的资产重组取得阶段性成果。

2009年3月1日，宝钢集团公司与杭州钢铁集团公司签署协议，重组宁波钢铁有限公司（简称"宁波钢铁"）。

## 企业现状与规模

宝钢集团生产高技术含量、高附加值的钢铁产品，其产品包括碳钢、不锈钢和特殊钢三大系列，用途覆盖汽车、家电、石油化工、机械制造、能源交通、建筑装潢、金属制品、航空航天、核电、电子仪表等领域。

围绕钢铁供应链、技术链、资源利用链，宝钢还发展了资源开发及物流业、钢材延伸加工业、工程技术服务业、生产服务业、煤化工业、金融投资业等多元产业。

2005年，宝钢在国际权威钢铁咨询机构WSD（世界钢铁动态公司）"世界级钢铁公司"综合竞争力排名中名列第三，并被认为是未来最具发展潜力的钢铁企业。2009年，宝钢集团钢产量达3 886万吨，在全球钢铁企业中排名第三。

2009年全球钢铁企业粗钢产量排名（前10位）

| 2008年排位 | 钢铁企业名称 | 2008年产量（百万吨） | 2009年排位 | 钢铁企业名称 | 2009年产量（百万吨） | 增长% |
|---|---|---|---|---|---|---|
| 1 | 安赛乐米塔尔 | 101.6 | 1 | 安赛乐米塔尔 | 73.2 | -29.1 |
| 2 | 新日铁 | 37.5 | 2 | 河北钢铁集团 | 40.2 | 20.7 |
| 3 | 宝钢集团 | 35.4 | 3 | 宝钢集团 | 38.9 | 9.9 |
| 4 | 河北钢铁集团 | 33.3 | 4 | 浦项钢铁 | 31.1 | -6.0 |
| 5 | JFE钢铁 | 32.4 | 5 | 武汉钢铁集团 | 30.3 | 9.4 |
| 6 | 浦项钢铁 | 31.7 | 6 | 鞍本集团 | 29.3 | 25.2 |
| 7 | 武汉钢铁集团 | 27.7 | 7 | 江苏沙钢集团 | 26.4 | 13.3 |
| 8 | 塔塔钢铁集团 | 24.4 | 8 | 新日铁 | 24.3 | -31.7 |
| 9 | 山东钢铁集团 | 23.8 | 9 | JFE钢铁 | 23.5 | -28.8 |
| 10 | 美国钢铁公司 | 23.3 | 10 | 塔塔钢铁集团 | 21.9 | -13.5 |

2009 年，宝钢集团以 2008 年营业收入 2 468.388 1 亿元在中国企业 500 强中排名第 12 位。以 2008 年销售收入 355.166 亿美元在世界 500 强企业中排名第 220 位。自 2003 年起，宝钢已连续 6 年跻身世界 500 强。

**宝钢在世界 500 强企业中排名**

| 年度 | 销售收入(亿美元) | 世界排名(名次) |
|---|---|---|
| 2003 | 145.48 | 372 |
| 2004 | 195.433 | 309 |
| 2005 | 215.014 | 296 |
| 2006 | 226.634 | 307 |
| 2007 | 299.39 | 259 |
| 2008 | 355.166 | 220 |

2009 年，宝钢集团提出公司经营宗旨为：实施钢铁精品加规模战略、适度相关多元化战略、资本经营战略、国际化经营战略，立足世界 500 强，坚持科学发展观，成为世界一流的钢铁产品、技术和服务供应商，成为拥有自主知识产权和强大综合竞争力、备受社会尊重的、"一业特强、适度相关多元化"发展的世界一流跨国公司，实现出资人和公司价值最大化。

宝钢员工在检查汽车板的质量

宝钢注重环境保护，追求可持续发展。1998 年在钢铁行业中首家通过ISO 14001环境管理体系认证，2005 年被评为"国家环境友好企业"，2007 年获中国生态学学会颁发的"企业生态园区示范基地"称号，2008 年被评为"中国绿色公司年度标杆企业"。

宝钢累计为社会公益事业捐款 9 亿多元，先后荣获"企业社会责任贡献奖"、"中国最佳诚信企业"等荣誉称号。宝钢连续 4 年被美国《财富》杂志评选为"全球最受尊敬企业"，2009 年在全球最受尊敬企业金属行业中名列第二。

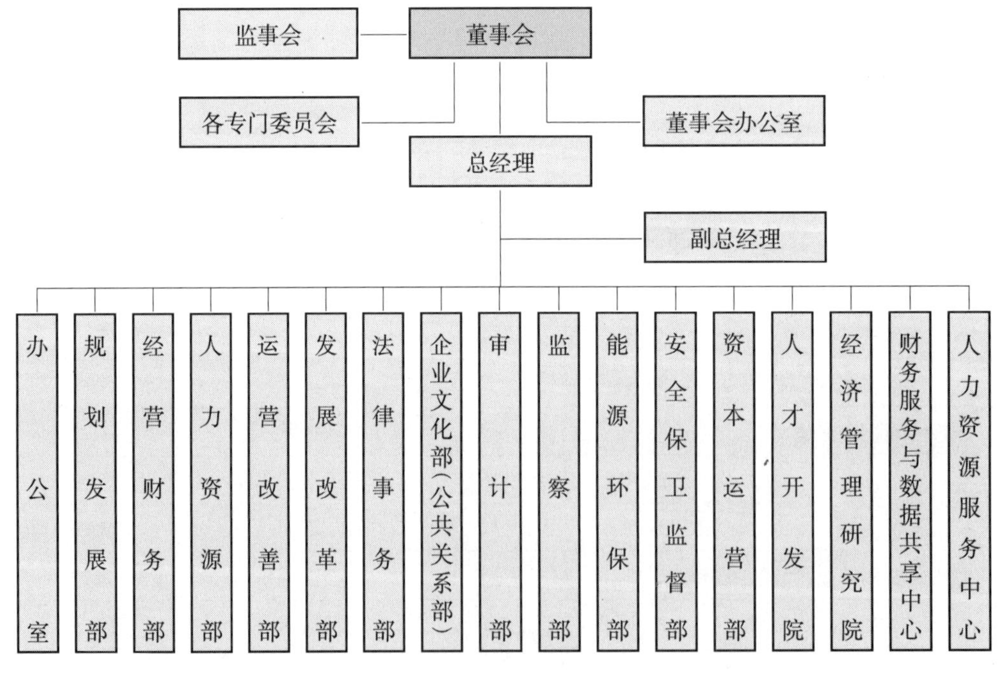


注：外事办公室、驻京联络处、信访办公室挂靠办公室；工程质量监督站挂靠规划发展部；新闻中心、史志办公室挂靠企业文化部

**宝钢集团有限公司组织机构图(2009 年 12 月)**

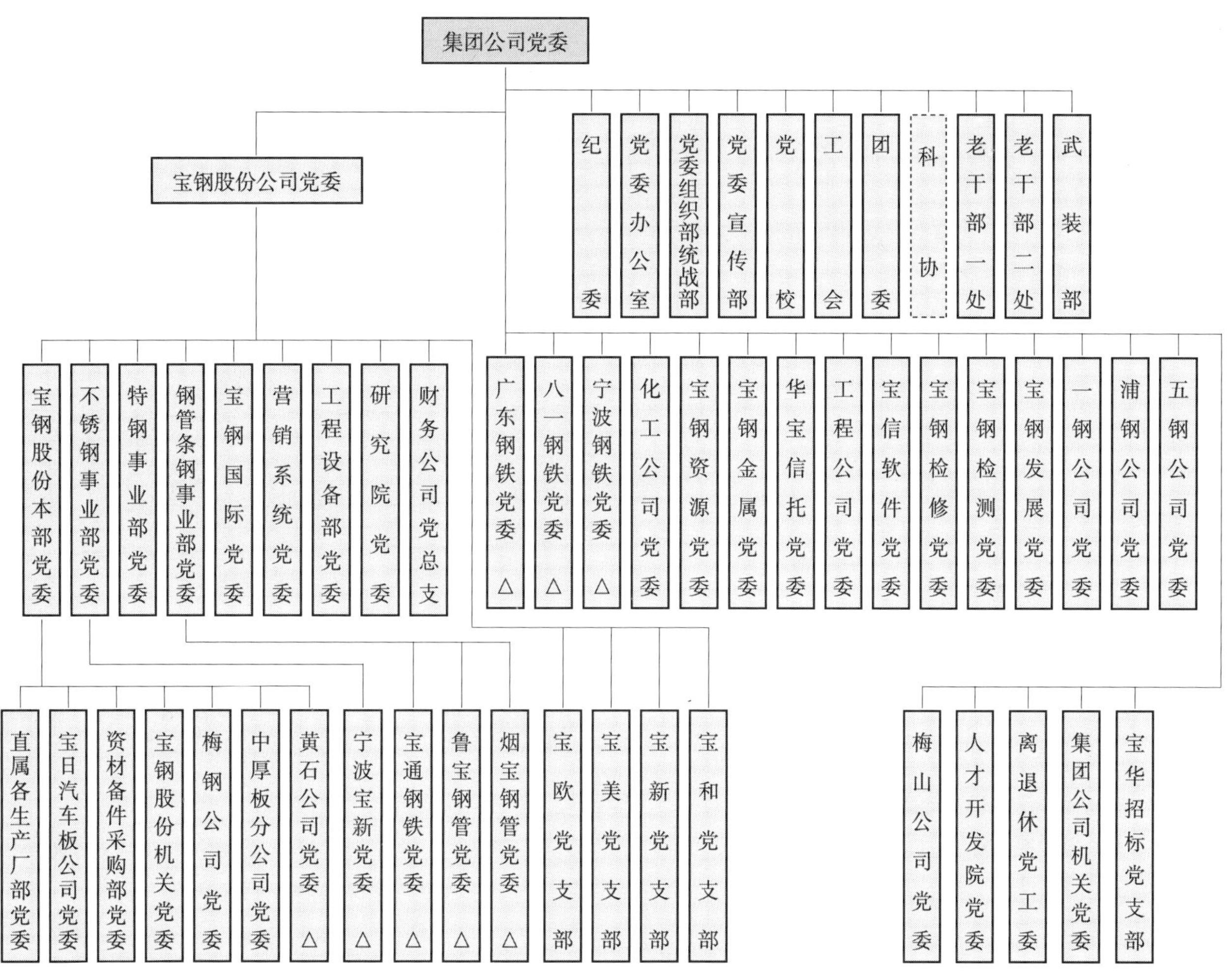


注1：△为属地化管理

注2：集团公司文体中心挂靠集团公司工会；集团公司信访办挂靠集团公司党委办公室；集团公司精神文明办挂靠集团公司党委宣传部；集团公司科协挂靠宝钢股份公司知识资产部；集团公司企管协会挂靠宝钢股份公司系统创新部

宝钢集团有限公司党群机构图(2009年12月)

宝钢集团主要子公司及控股公司一览表

| 公司名称 | 成立年月 | 资产总额(亿元) | 控股比例(%) | 2009年销售收入(亿元) |
|---|---|---|---|---|
| 宝钢股份 | 2000.2 | 2 011.43 | 73.97 | 1 485.25 |
| 广东钢铁 | 2008.6 | 153.92 | 80 | — |
| 八一钢铁 | 1951.9 | 329.27 | 69.56 | 181.47 |
| 宁波钢铁 | 2003.1 | 177 | 56.15 | 87 |
| 宝钢资源 | 2006.7 | 133.92 | 100 | 189.23 |
| 宝钢金属 | 2007.12 | 62.30 | 100 | 71.1 |
| 华宝投资 | 2007.3 | 80.90 | 100 | 6.53 |
| 宝钢工程 | 1999.8 | 61.14 | 100 | 51 |
| 宝钢发展 | 2007.10 | 88.53 | 100 | 92.68 |
| 一钢公司 | 1957 | 16.37 | 100 | 10.46 |
| 五钢公司 | 1958 | 12.67 | 100 | 3.24 |
| 梅山公司 | 1969.4 | 42.23 | 100 | 43.25 |

## 生产经营

2009年，是宝钢投产后面临任务最艰巨、形势最复杂、最具挑战性的一年。面对全球性金融危机的强烈冲击，宝钢集团领导提出争取“业界最优”的挑战性奋斗目标，全体员工同心同德，坚决贯彻“信心、理性、快速、坚决”的危机应对方针，瞄准奋斗目标，聚焦“产品经营、成本改善、管理变革”三大主题，统一意志，激发了创造力。上半年特别是第一季度，生产经营形势异常严峻，广大管理者和员工在最艰苦的时段，主动放弃节假日和休息时间，全身心投入工作。随着国家刺激经济各项政策实施，国内钢铁需求开始回升，宝钢抓住有利时机，适时调整生产经营策略，满足了用户需求，营业收入和盈利水平逐渐改善，最终圆满地完成了生产经营任务，并创造了领先全国钢铁行业的经营业绩。

值得一提的是，在上半年全国钢铁行业全面亏损，宝钢钢铁主业业绩急剧下降的阶段，相关产业表现出较好的业绩稳定性，使集团公司一直保持相对稳定的整体盈利水平，全面完成了董事会批准的年度预算目标。

2009 年，宝钢集团钢铁产量创历史新高，但受危机影响销售收入和利润明显下降。全年实现主营业务收入 1 953.07 亿元，比上年降低 20.88%，实现利润总额 149.13 亿元，比上年降低 37.37%。资产总额 4 019.96 亿元，比上年增长 14.4%；净资产 2 429.70 亿元，资产负债率 39.56%，比上年增长 1.81 个百分点。国有资产保值增值率 104.18%。

全年铁产量 3 485.4 万吨，比上年增加 560 万吨，增长 19.16%；粗钢产量 3 886.5 万吨，比上年增加 299 万吨，增长 9.66%；商品钢材产量 3 715.6 万吨，比上年增加 209 万吨，增长 5.96%；钢材实物产销率 99.43%。出口钢材（钢坯）182 万吨，比上年减少 124 万吨，降低 40.63%；出口创汇 15.56 亿美元，比上年减少 16.66 亿美元。完成固定资产投资 218.59 亿元。R&D（研究与开发）投入金额 23.4 亿元，投入率达 1.57%；新产品销售率 18.6%；审定技术秘密 2 699 件，专利申请 1 545 项（其中发明专利 528 项），专利授权 914 项。

**一、钢铁主业在应对市场危机中创造了业内最佳经营成果**

年初，受市场危机影响，钢铁主业经营能否实现利润目标存在着很大的不确定性。宝钢领导层在困难考验面前坚定信心，明确提出：在同样的市场状况下，宝钢的业绩要优于同行业的水平。

宝钢股份在产品经营和成本改善方面都取得了长足的进步。在产品经营方面，按照市场导向的原则扎实推进营销体系和生产组织体系的运营方式转变，优化产品结构、扩大独有或领先产品的销售比例；按照经济运行方式优化产销平衡流程，建立适应市场需求的铁钢动态产能调整机制；及时优化集团内部互供坯资源，确保产销平衡；通过“加强产品策划”、“强化技术服务”等措施，提高用户服务质量。汽车板销售以“市场份额和效益优先”指导合同承接，提高深冲及高强钢产品销售比例，拓展了产品盈利空间。抗拉强度 60 公斤级的汽车用钢实现批量供货，80 公斤级产品实现期货生产。在成本改善方面，宝钢股份以目标管理和项目化的方式将降本增效任务具体落实到基层。通过提高高炉喷煤比等措施降低铁水成本；通过优化生产组织方式，加快库存周转速度（将实际周转期控制在 30 天以内），降低产品库存，减少了资金占用；通过优化维修模式等措施降低维修成本；通过开展内部缺陷攻关改善各类质量指标，降低质量成本；通过节能技术推广等措施降低能源使用成本。

宝钢炼钢现场

宝钢股份全年实现营业总收入 1 485 亿元，利润 72.6 亿元，有力支撑了钢铁主业的经营绩效，成为全球一贯制钢厂综合竞争力的领先者。各直属厂、部经受住了危机的考验。例如，不锈钢事业部组建后绩效水平和队伍状态都发生了显著的变化，自第二季度后亏损逐月下降，全年同比大幅减亏 24.3 亿元，不锈钢业务走出亏损、整体盈利，实现利润 2 371 万元。在全球不锈钢市场供大于求、几乎所有不锈钢企业都经营困难的环境下，取得这样的业绩是难能可贵的。

八一钢铁采取一系列措施应对市场挑战，通过加强产品盈利能力分析、适时调整产能规模和产品结构、加快产品移植等措施增强产品竞争力，通过强化内部协同等手段提高市场响应速度。5 月开始单月扭亏为盈，下半年效益持续好转，管线钢、汽车用钢等新产品形成批量生产能力，中厚板产品迅速填补新疆地区空白。全年实现营业收入 181 亿元，利润总额 4.2 亿元。

钢铁主业在争取最佳经营成果的同时，技术创新方面也取得了一批重要成果。宝钢股份全年R&D(研究与开发)投入率达1.75%，新产品销售率占19.78%。

在新产品开发方面，硅钢领域试制出包括B23R080在内的5个当今世界顶级牌号的取向硅钢并批量供货，这标志着宝钢在国内率先掌握了取向硅钢顶尖制造技术。取向硅钢机组全线实现"四达"(达到产量、质量、效益、能耗4项控制目标)，产量突破8万吨挑战目标，高端取向硅钢比例由最初的15%提高到50%以上，并实现向国内外300多家用户稳定供货。无取向硅钢全年交库量超100万吨，产量位列全国第一。汽车板领域，宝钢已具备150公斤级超高强汽车板制造能力，强度等级达到世界顶级水平。同时，高钢级大规格镍基合金油管研发成功并首次应用于国内开采环境最恶劣的中石化普光气田，打破国内长期依赖进口的局面。核电用690U型管国产化项目正式投产，这标志着宝钢成为国内首家、世界第四家生产核电用管的企业。

自主集成创新方面，各相关单位通力合作，采用开放式自主集成创新模式实现了梅钢冷轧工程的自主集成，并顺利投产。该项目集成了冷连轧生产领域的主要先进技术，技术装备、产品质量和规格、轧制速度、设备性能均达到世界一流水平，成为国家自主集成创新的示范工程。这标志着宝钢人不仅能够全面掌握世界一流的轧制技术和工艺，而且能够依靠自己核心技术制造出具有世界先进水平的装备和产线，这是宝钢自主集成技术创新的一个里程碑。

在2010年初召开的国家科学技术奖励大会上，宝钢荣获3个奖项，这3个奖项涵盖了科研机制、新产品研发及工人发明3个层次。特别引人注目的是，王康健所获的工人发明国家二等奖，是国家设立这个奖项4次颁奖中宝钢工人的第三次获奖(2007年宝钢工人韩明明，2008年宝钢工人王军)，这充分显示了宝钢工人的创新能力。

**二、把握战略机遇，继续推进宝钢发展战略的实施**

2009年3月，在经济形势仍然十分严峻的情况下，宝钢勇于承担决策风险，经过全方位的评估，坚决而果断地实施了对宁波钢铁的战略重组，取得了预期效果。在合资方的理解和支持下，宝钢派出精干而强有力的管理团队，在这个团队的带领下，宁波钢铁全体员工同舟共济、背水一战，短短的几个月便迅速扭转了被动局面。3—12月，不仅制止了严重经营亏损，而且实现利润4亿元。宁波钢铁的成功重组，增强了宝钢进一步实施钢铁发展战略的信心，在宝钢发展史册上增添了精彩的一笔。

广东钢铁的重组计划在广东省党政领导的推动下取得新进展。年底，广东省决定立即启动以广东钢铁为主体的实质性资产重组计划，广东钢铁将按计划开始负责所属韶钢集团、广钢集团的经营管理和规划发展工作，并以此推动广东省淘汰落后钢铁产能、建设湛江钢铁的计划。湛江钢铁工程的各项准备工作有序进行，项目各单元工程的可行性研究编制工作全面收口，湛江东海岛工地场坪已完成70%，9月27日，湛江龙腾物流有限公司球团项目热负荷联动试车。

**三、相关产业开拓进取，发挥优势**

宝钢资源有限公司(简称"宝钢资源")创新经营模式，构建面向市场的高效管理架构，抓住契机，在铁矿石、煤炭等核心资源开拓方面获得重要突破，独立经营能力得到明显提升。全年营业收入189.23亿元，利润总额8.73亿元。

宝钢金属有限公司(简称"宝钢金属")实施战略聚焦，金属包装、钢结构、工业气体三大核心业务在产业化经营能力、市场拓展、技术创新等方面进步显著。汽车零部件在车轮、热冲压和液压成形方面也有重大突破。《实施VC(创业投资)绩效银行，创建长效激励机制》获2009年度上海市企业管理现代化创新成果一等奖。全年营业收入为71亿元，利润1亿元。

工程技术板块(包括上海宝钢工程技术有限公司、上海宝信软件股份有限公司、上海宝钢设备检修有限公司、上海宝钢工业检测公司、上海宝华国际招标有限公司等)提升自身核心技术能力和服务能力，培育新产品、新业务，在支撑钢铁主业的同时加大集团外市场的拓展力度，加速产业化进程，在海外工程、非钢铁领域都有新的进展。全年工程技术板块实现汇总营业收入94亿元，利润5亿元。

上海宝钢化工有限公司(简称"宝钢化工")面对行业需求不旺、开工不足的困难，对外积极开拓市场，对内苦练内功，狠抓技术创新工作，加快针状焦工业化生产进程。全年实现营业收入69亿元，利润总额3.71亿元。

金融板块取得良好效益。华宝投资有限公司(简称"华宝投资")稳健经营，实现利润15.9亿元。华宝信托有限责任公司(简称"华宝信托")资产管理规模又创新高，承接铁道部贷款等项目；宝钢集团财务有限责任公司(简称"财务公司")结售汇业务取得突破性进展；华宝兴业基金管理有限公司(简称“华宝兴业”)在天相评级中连续三年进入行业前八;华宝证券经纪有限责任公司(简称“华宝证券”)成为综合类券商。

生产服务业板块(包括宝钢发展有限公司简称“宝钢发展”、上海第一钢铁有限公司简称“一钢”、上海浦东钢铁有限公司简称“浦钢”、上海五钢有限公司简称“五钢”、上海梅山有限公司简称“梅山公司”等)合并实现销售收入92.68亿元,利润总额2.44亿元。在专业化协同、提高执行效率等方面成效显著。宝钢发展在巩固前期改革成果的基础上,转变工作重心,生产安全顺行、职工队伍稳定,在完成年度经营指标的同时,为钢铁主业“提高效率、降低成本”提供有力支撑。一钢、浦钢、五钢、梅山公司生产经营平稳,改革稳步推进。以宝钢发展为平台,通过相关单位的精心组织、协同配合,基本完成对浦钢的业务整合工作。

**四、海外三大体系建设取得佳绩**

海外营销服务、海外资源保障、海外钢铁生产三大业务体系面对海外市场需求萎缩、贸易保护主义盛行的不利形势迎难而上,取得佳绩。

海外营销服务全年销售钢材出口钢材(钢坯)182万吨,名列国内同行第一,领先优势较2008年更加突出(是第二名的两倍),而且高附加值、盈利能力较强的产品出口同比有所增加。

在海外资源保障体系建设方面,集团公司收购了澳大利亚 Aquila 公司15%的股权。这是宝钢首次收购海外上市公司股权,其意义不仅在于保障原料供应,更重要的是通过海外收购实践,熟悉和掌握了国际公众化公司的运作规则,为宝钢海外发展战略的实施和国际化进程奠定基础。

**五、推进管理变革,强化人力资源保障体系**

根据学习实践科学发展观活动的整改计划并针对2008年市场逆转后集团公司在管控体系上暴露出来的问题,集团公司董事会和管理层从战略上进一步明确了集团公司总体管控模式,遵循“简单、速度、成本”的变革理念,全面发动并实施了管理变革计划。

集团公司总部通过“强化公司管控职能、精简机构设置、精干管理人员队伍、简化和压缩汇报链、增加离线研究能力、推进财务和人力资源业务的共享服务”等措施,明显改进了集团总部战略管控和资源整体配置能力,提高了运作效率。

宝钢股份通过组建产品事业部进一步明确了经营责任;宝钢股份总部和原宝钢分公司的机构合并,职能部门大幅精简,效率明显提高;实施营销体系扁平化管理,对市场的反应速度和掌控能力显著增强。

各子公司响应集团公司号召,结合自身情况推进管理变革。上海宝钢国际经济贸易有限公司(简称“宝钢国际”)以36项管理要素为主线,构建综合管理体系。建立和完善“员工中心型”的人力资源管理体系,推进“优化能力素质评估模型”、建立“员工职业发展导航机制”,为该公司快速发展奠定了基础。宝钢金属深化营运中心管控模式,全面实施集中采购,推进“可视化”工厂管理,运用“系统优化小组”实施管理输出,借助审计传播最佳实践,通过管理变革增强了盈利能力,奠定了长远发展的基础。宝钢资源将规范、高效、透明的管理体系作为核心竞争力的重要组成部分,按照“管理扁平化、快速响应市场、提高运作效率”要求推进管理变革,取得良好成效。

在信息化建设方面,基本完成了统一会计系统、e-HR(人力资源管理电子信息化)系统、协同办公系统的推广覆盖工作;为实现信息共享,集团公司还启动了信息共享平台的建设工作。在国资委组织的中央企业信息化水平测评中,宝钢连续第二年被评为A级,钢铁供应链多方业务协同平台、人力资源系统、设备综合管理信息系统3个项目入选首批中央企业信息化示范工程。

为加速培养领军人才,促进高潜质青年员工快速成长,宝钢实施了第一批“青苹果”计划,根据每位进入该计划的青年员工所适合的发展方向量身订制专门培养计划。大力推进海外高层次人才引进工作,已成功引进海外高层次人才59名。

为最大程度地发挥薪酬的激励效果,集团公司加强了对各单位二次分配的指导和督察,强化各子公司层面及其内部的二次分配效能,提高薪酬的激励性,促进责任传导。各单位还充分关注基层员工收入变化,面对金融危机冲击、市场困难的不利形势,在完成生产任务的前提下,努力使基层员工收入基本不受影响或少受影响。因企业实现利润有较大幅度下降,根据董事会确定的薪酬分配原则,全年工资总额的投入略有降低,各级管理者的平均薪酬水平有较大幅度的下降,但基本保证了对基层员工收入水平影响最小,总投入水平超过上年度的96%,绩效优秀的单位基层员工收入水平还略有增加。对经营业绩突出的管理团队和技术团队,还给予特别奖励。

2009年继续加强了对各层、各类人员的培训工作。在管理人员培训方面,增加了审计技能训练、案例剖析和现场管理诊断，培训内容更加务实。全年培训共计完成13万人次。

2009年在员工行为的培养和引导方面最成功的活动是“最佳实践者”活动的全面展开。该活动从发动基层员工节约费用降成本，与企业共度难关开始，在实践中发展到产品经营、成本改善和管理变革等各个领域，参与的人员从工人、技术人员扩展到管理者，形成人人都创造佳绩、人人争作贡献的良好局面。这项活动对企业生产经营绩效的提升，对员工主人翁意识的激发，都产生了重要作用，不仅在宝钢，在全国也形成影响。

### 六、费用清理与改善工作取得成效

针对宝钢年年大幅升高的管理费用支出，2008年集团公司决定成立专项调查小组，并设立专门项目组，计划用一年的时间完成管理费用清理与改善任务，因当年的管理费用预算为125亿元，就称之为“125项目”。进入金融危机的严重影响期后，“125项目”要解决的不仅是管理费用问题，而且是企业的经营思想、各级管理者的作风问题。在各级党政领导的推动下，2009年“125项目”得以全面展开。集团公司党委常委会专门就此进行过研究，集团公司纪委和监察部、审计部牵头对全体系管理费用使用情况进行了严格的专项检查，对发现的典型问题，集团公司领导在干部大会上公开批评，违规收入予以追回，一系列动真格的整改措施初见成效。各单位管理者系统评估管理费用现状，深入查找失控的原因，制定改善计划，严格执行并补充完善有关制度，管理费用使用得到有效控制。全年计划控制在100亿元以内，实际执行情况是91.9亿元，与2008年相比下降了22.8亿元。

2009年初，集团公司领导提出要采用“倒逼机制”严控成本支出，并在宝钢股份制定了倒逼机制“3·18”计划，各单位按照“3·18”计划作了层层分解落实，该计划在危机状态下发挥了关键作用。

在采购领域，集团公司的纪检、监察部门配合采购部门持续推进阳光采购计划，促进各项采购工作公开、公正、公平地进行，通过扩大招标领域、网上竞价销售、竞价采购等方式规范了购销行为，降低了采购成本，提高了销售收入。2009年，通过“东方钢铁”电子交易平台实施的网上采购、网上竞价、网上钢材现货销售总金额达193亿元。

### 七、完善全面风险管理体系建设

为应对宏观市场风险，集团公司以经济管理研究院为平台，加强对宏观经济形势和钢铁行业运行规律的研判，为各子公司提前做好市场应对措施提供支撑。

宝钢股份以十大重点风险管理项目为载体，着力推进供应链重点环节的风险预警和应急机制，落实责任体系。针对原、燃料市场风险，宝钢股份强化风险预警，全方位跟踪市场变化，及时制订和落实策略采购方案，动态调整采购策略和优化库存，适应了2009年从低负荷生产到满负荷生产、市场从低迷到紧张的不同要求。针对钢铁产品库存风险，宝钢股份成立项目组，深入分析、查找风险点，通过“构建统一的库存管理数据平台”、“建立库存风险预警机制”等措施，完善了库存风险管理体系。

在内控体系建设方面，重点推进完善信用、委托加工、存货、担保等环节的审核监督机制，并以人才开发院为平台，总结最佳实践，完善内控标准，提高内控工作的有效性和实用性。

2009年，集团公司重点加强了审计体系建设，通过“规范审计机构设置”、“强化审计计划管理”、“完善审计机构负责人任免与绩效考核流程”、“制定审计人员

宝钢员工在工作现场

任职标准”、“统一开展审计人员专业培训”等措施增强审计体系力量，提高了集团公司整体的风险控制能力。

**八、积极履行社会责任并提出“环境经营”的新理念**

2009 年，宝钢发布了第一份《社会责任报告》，获得广泛好评。年内，宝钢还适应资源日趋紧张和环境约束进一步增强等外部条件的变化，提出了“环境经营”的新理念，并着手全面构建覆盖全部经营过程的环境经营新体系，以环境经营培育宝钢在钢铁新时代的战略优势。

在环保节能方面，采用自主技术、国内规模最大、年处理二氧化硫达 4 000 吨的宝钢股份三烧结脱硫装置年内顺利通过验收。高炉渣直接矿棉化技术、烧结节能减排综合技术等环保新技术的研究也已经展开。《钢铁企业副产煤气利用与减排综合技术》项目荣获 2008 年度国家科技进步奖二等奖，成为国内冶金行业首个获此殊荣的节能减排项目。宝钢股份 2009 年烟粉尘、废水、COD（化学需氧量）排放量同比分别下降 8.77%、25.54%、28.65%，创近 10 年最好成绩。

2009 年，宝钢面临金融危机冲击和市场的严峻挑战，但援藏援滇的帮扶力度不减，为国家的扶贫工作投入资金不减。在国家启动的“爱心永恒，启明行动”中，宝钢资助的 1 500 例贫困白内障患者重见了光明。

**九、大安全体系管理工作取得明显进步**

2009 年，集团公司坚持“安全发展、以人为本”的原则，贯彻“安全第一、违章为零、事故为零”的理念，逐级落实安全责任，安全生产形势总体平稳。大安全体系（安全生产、消防安全、交通安全、治安防范等都纳入安全体系）管理工作取得明显进步：一是加强安全管理体系建设，提升了过程运行的规范性和有效性；二是推广最佳实践，强化了安全管理工作的实效性；三是实施安全伙伴计划，提高了安全培训的针对性；四是梳理职业健康管理，初步建立职业健康评价体系架构；五是借助科技手段，有效提升治安防范能力。

**十、存在的主要问题**

1. 钢铁主业的部分经营单元经营状况较差。宝钢股份内除直属厂、部和宝钢国际等单位外，多个单元出现年度亏损，严重影响整体业绩水平。

2. 技术创新机制有待完善。技术创新的市场导向机制还不完善；技术创新的激励方式对鼓励团队合作和鼓励从事中长期研究尚存在缺陷；聚焦于重大技术创新课题的工作机制还未全面形成。

3. 高成本、高费用的问题尚未根本解决。宝钢面临同质化竞争的严峻挑战，成本竞争力依然不足。在提高劳动生产率、降低外协费用、降低质量成本、控制管理费用等方面有待进一步加强。

4. 安全管理虽有进步，但问题依然存在。有可能造成重大伤害的事故还时有发生，重、轻伤安全事故有所上升，火灾事故多发，交通事故增多，治安形势依然严峻。

## 主要生产经营指标

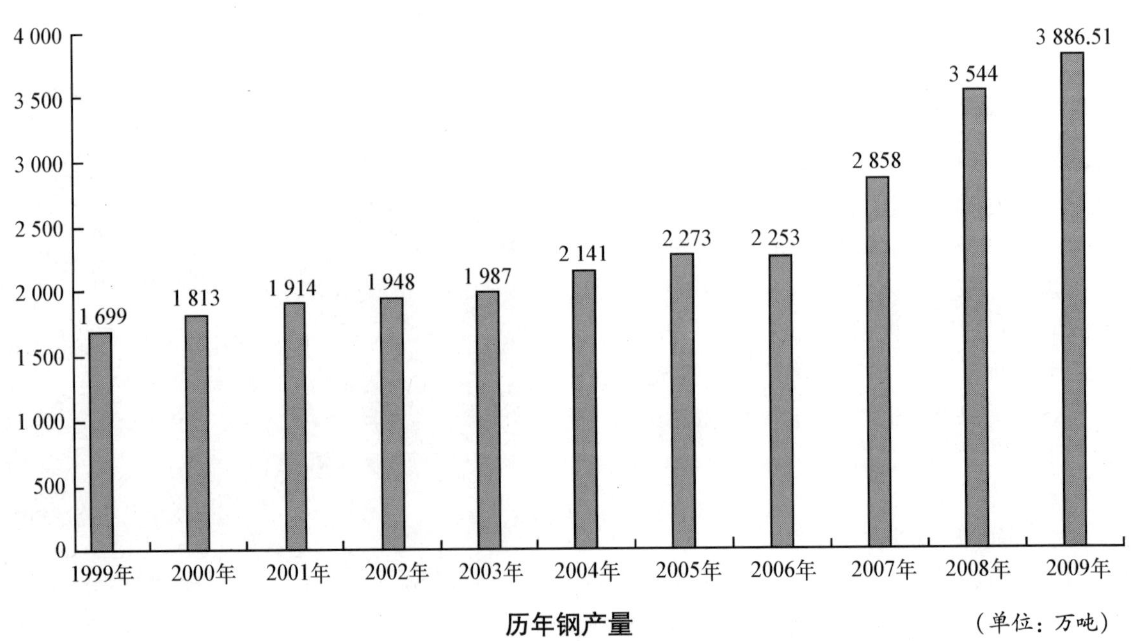


**历年钢产量** （单位：万吨）

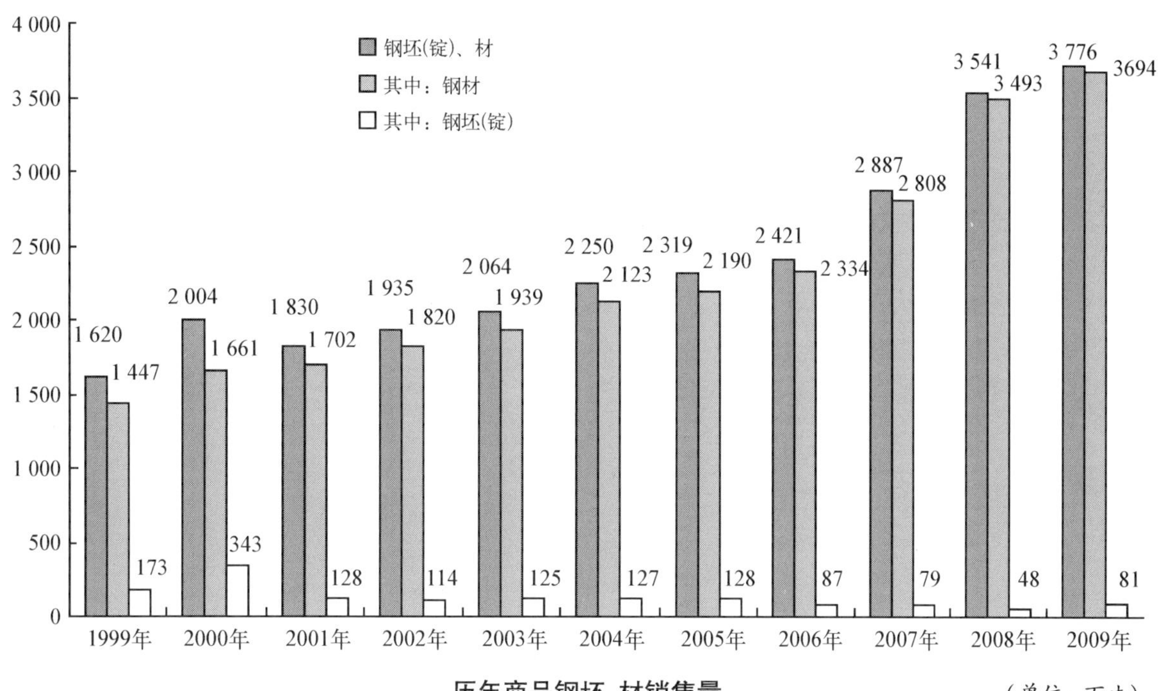


历年商品钢坯、材销售量 （单位：万吨）

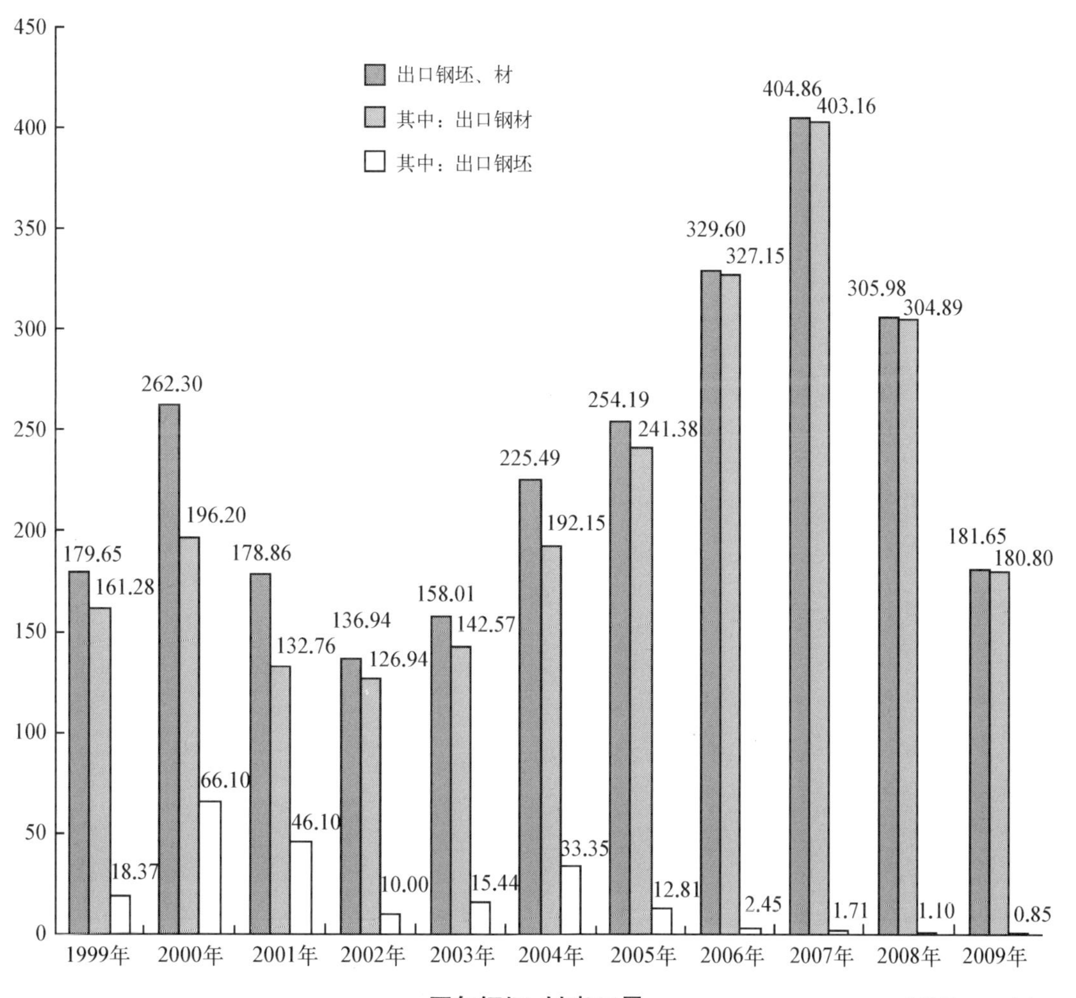


历年钢坯、材出口量 （单位：万吨）

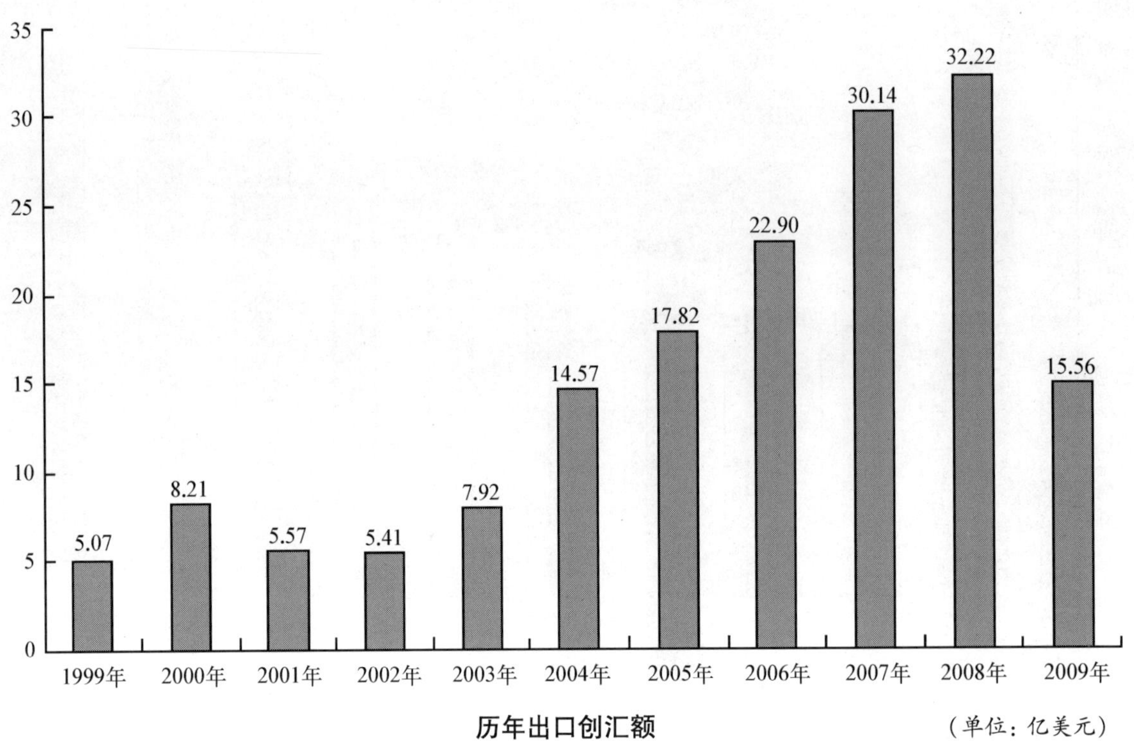


**历年出口创汇额** （单位：亿美元）

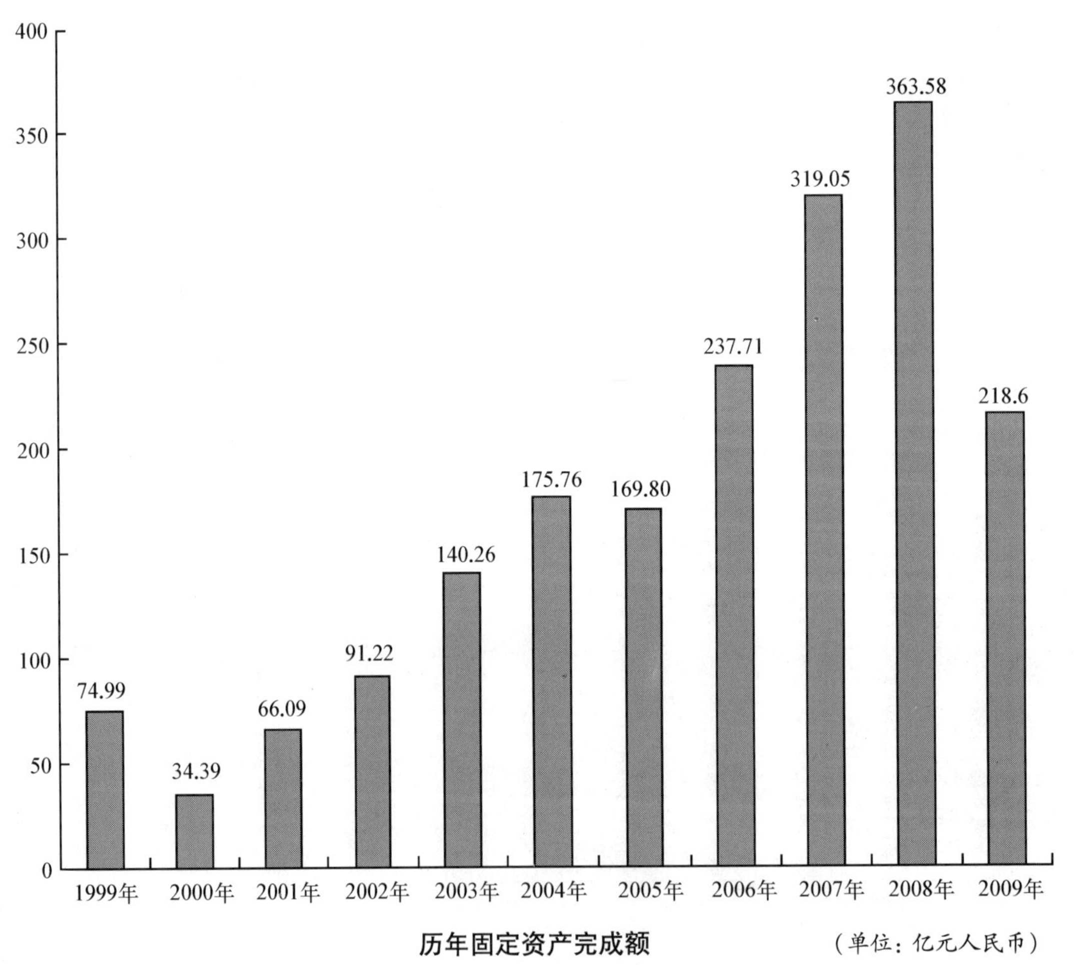


**历年固定资产完成额** （单位：亿元人民币）

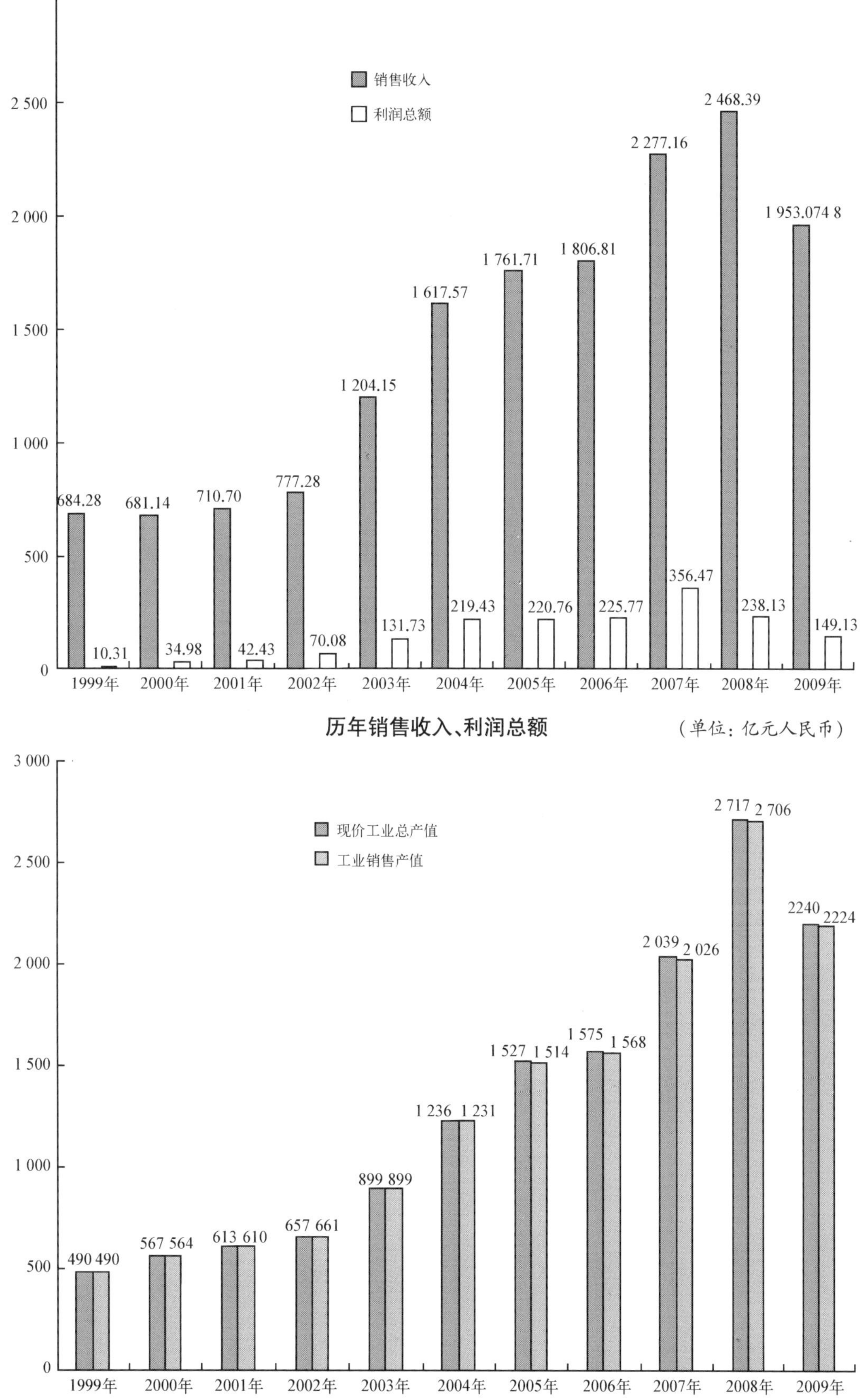


**历年销售收入、利润总额**　　（单位：亿元人民币）



**历年现价工业总产值、工业销售产值**　　（单位：亿元人民币）

## 商品钢坯(锭)、钢材产量表

单位:吨

| 企业名称 | 钢坯(锭)、材合计 | | 钢坯(锭) | | 钢材 | |
|---|---|---|---|---|---|---|
| | 2009年 | 2008年 | 2009年 | 2008年 | 2009年 | 2008年 |
| 集团公司 | 38 125 430 | 35 562 686 | 968 962 | 496 153 | 37 156 468 | 35 066 533 |
| 宝钢股份 | 22 865 181 | 23 579 908 | 483 069 | 610 331 | 22 382 112 | 22 969 577 |
| 八一钢铁 | 5 190 057 | 4 684 133 | 105 043 | 72 313 | 5 085 014 | 4 611 820 |
| 一钢公司 | 1 092 | 11 215 | | | 1 092 | 11 215 |
| 梅山公司 | 132 275 | 169 560 | | | 132 275 | 169 560 |
| 建筑设计院 | 137 910 | 134 889 | | | 137 910 | 134 889 |
| 广东钢铁 | 7 058 639 | 7 358 998 | 158 107 | 10 145 | 6 900 532 | 7 348 853 |
| 宁波钢铁 | 2 883 639 | | 222 743 | | 2 660 896 | |
| 减:集团内互供 | 143 363 | 376 017 | | 196 636 | 143 363 | 179 381 |

## 商品钢坯(锭)产量

单位:吨

| 企业名称 | 钢坯(锭)合计 | | 连铸坯 | | 其他 | |
|---|---|---|---|---|---|---|
| | 2009年 | 2008年 | 2009年 | 2008年 | 2009年 | 2008年 |
| 集团公司 | 968 962 | 496 153 | 747 624 | 451 815 | 221 338 | 240 974 |
| 宝钢股份 | 483 069 | 610 331 | 261 731 | 369 357 | 221 338 | 240 974 |
| 八一钢铁 | 105 043 | 72 313 | 105 043 | 72 313 | | |
| 广东钢铁 | 158 107 | 10 145 | 158 107 | 10 145 | | |
| 宁波钢铁 | 222 743 | | 222 743 | | | |
| 减:集团内互供 | | 196 636 | | | | |

## 商品钢材产量

单位:吨

| 单位名称 | 热轧板卷带 | | | | | |
|---|---|---|---|---|---|---|
| | 合计 | | 其中:不锈钢 | | 其他 | |
| | 2009年 | 2008年 | 2009年 | 2008年 | 2009年 | 2008年 |
| 集团公司 | 16 247 912 | 16 510 476 | 687 377 | 505 037 | 15 847 261 | 16 364 201 |
| 宝钢股份 | 9 494 919 | 11 355 067 | 687 377 | 505 037 | 8 807 542 | 10 850 030 |
| 八一钢铁 | 1 894 551 | 1 663 132 | | | 1 894 551 | 1 663 132 |
| 梅山公司 | 10 901 | 32 917 | | | 10 901 | 32 917 |
| 广东钢铁 | 2 330 009 | 3 638 741 | | | 2 330 009 | 3 638 741 |
| 宁波钢铁 | 2 660 896 | | | | 2 660 896 | |
| 减:集团内互供 | 143 363 | 179 381 | | | 143 363 | 179 381 |

（续表）

| 单位名称 | 冷轧板卷带 | | | | | |
|---|---|---|---|---|---|---|
| | 合计 | | 其中：不锈钢 | | 其他 | |
| | 2009年 | 2008年 | 2009年 | 2008年 | 2009年 | 2008年 |
| 集团公司 | 5 002 897 | 4 399 719 | 602 000 | 436 822 | 4 400 897 | 3 962 897 |
| 宝钢股份 | 4 677 052 | 4 107 038 | 602 000 | 436 822 | 4 075 052 | 3 670 216 |
| 八一钢铁 | 137 097 | 81 165 | | | 137 097 | 81 165 |
| 梅山公司 | 121 374 | 136 643 | | | 121 374 | 136 643 |
| 广东钢铁 | 67 375 | 74 872 | | | 67 375 | 74 872 |

| 单位名称 | 不锈钢钢材 | | | | | |
|---|---|---|---|---|---|---|
| | 合计 | | 其中：不锈钢 | | 其他 | |
| | 2009年 | 2008年 | 2009年 | 2008年 | 2009年 | 2008年 |
| 集团公司 | 1 427 479 | 1 046 606 | 1 289 377 | 941 859 | 138 102 | 104 747 |
| 宝钢股份 | 1 427 479 | 1 046 606 | 1 289 377 | 941 859 | 138 102 | 104 747 |

### 商品钢材产量

单位：吨

| 单位名称 | 镀锌板卷 | | 镀锡板卷 | | 镀铬板卷 | |
|---|---|---|---|---|---|---|
| | 2009年 | 2008年 | 2009年 | 2008年 | 2009年 | 2008年 |
| 集团公司 | 2 657 103 | 2 177 507 | 554 011 | 654 657 | 111 093 | 69 557 |
| 宝钢股份 | 2 404 418 | 1 951 226 | 554 011 | 654 657 | 111 093 | 69 557 |
| 八一钢铁 | 46 084 | 27 030 | | | | |
| 广东钢铁 | 206 601 | 199 251 | | | | |

| 单位名称 | 彩涂板卷 | | 电工钢 | | 棒材 | |
|---|---|---|---|---|---|---|
| | 2009年 | 2008年 | 2009年 | 2008年 | 2009年 | 2008年 |
| 集团公司 | 624 870 | 612 259 | 1 165 250 | 986 717 | 710 086 | 837 323 |
| 宝钢股份 | 570 590 | 605 729 | 1 165 250 | 986 717 | 531 604 | 591 115 |
| 八一钢铁 | 54 280 | 6 530 | | | 178 288 | 244 713 |
| 广东钢铁 | | | | | 194 | 1 495 |

| 单位名称 | 钢管（含焊管） | | 盘条（线材） | | 钢筋 | |
|---|---|---|---|---|---|---|
| | 2009年 | 2008年 | 2009年 | 2008年 | 2009年 | 2008年 |
| 集团公司 | 1 735 442 | 1 521 279 | 3 468 231.131 | 3 261 304.895 | 4 720 333 | 3 866 565 |
| 宝钢股份 | 1 682 861 | 1 446 703 | 654 846 | 710 688 | 516 536 | 465 587 |
| 八一钢铁 | | | 1 266 411 | 1 111 180 | 1 508 303 | 1 477 981 |
| 一钢公司 | | | | | | 3 855 |
| 广东钢铁 | 52 581 | 74 576 | 1 546 974 | 1 439 437 | 2 695 494 | 1 919 142 |

## 金属制品产量

单位:吨

| 单位名称 | 合计 | | 钢丝 | | 钢丝绳 | | 钢绞线 | |
|---|---|---|---|---|---|---|---|---|
| | 2009 年 | 2008 年 | 2009 年 | 2008 年 | 2009 年 | 2008 年 | 2009 年 | 2008 年 |
| 集团公司 | 551 687 | 480 039 | 343 223 | 256 751 | 4 988 | 10 012 | 203 476 | 213 276 |
| 宝钢股份 | 2 193 | 5 170 | 2 193 | 5 170 | | | | |
| 八一钢铁 | 268 262 | 167 150 | 268 262 | 167 150 | | | | |
| 二钢公司 | 233 743 | 267 130 | 25 279 | 43 842 | 4 988 | 10 012 | 203 476 | 213 276 |
| 宝日钢丝 | 47 489 | 40 589 | 47 489 | 40 589 | | | | |

## 宝钢集团有限公司合并资产负债表
(2009 年 12 月 31 日)

单位:人民币元

| 资产 | 2009 年 12 月 31 日 | 2008 年 12 月 31 日 |
|---|---|---|
| 流动资产 | | |
| 货币资金 | 43 403 172 458.33 | 44 882 609 927.84 |
| 结算备付金 | 385 946 913.84 | 520 214 869.30 |
| 交易性金融资产 | 2 793 464 470.94 | 3 431 118 917.97 |
| 应收票据 | 8 294 998 390.01 | 7 121 935 717.48 |
| 应收账款 | 7 146 126 483.39 | 7 750 123 004.96 |
| 预付款项 | 6 886 584 503.81 | 6 951 592 335.27 |
| 应收利息 | 10 146 642.96 | 30 567 109.32 |
| 应收股利 | 11 777 055.68 | 21 388 018.88 |
| 其他应收款 | 1 970 598 882.41 | 2 266 771 251.24 |
| 存货 | 46 596 774 771.70 | 50 564 252 350.59 |
| 其他流动资产 | 673 650 592.49 | 393 661 623.67 |
| 流动资产合计 | 118 173 241 165.56 | 123 934 235 126.52 |
| 非流动资产 | | |
| 发放贷款及垫款 | 696 430 690.18 | 338 091 869.52 |
| 可供出售金融资产 | 40 030 004 591.89 | 22 524 106 116.24 |
| 持有至到期投资 | 15 261 375 000.41 | 5 368 432 697.32 |
| 长期应收款 | 564 228 737.34 | 567 332 858.90 |
| 长期股权投资 | 34 263 053 043.70 | 32 091 883 644.63 |
| 投资性房地产 | 1 931 618 310.60 | 1 598 108 467.63 |
| 固定资产 | 148 560 155 795.31 | 126 436 767 519.03 |
| 在建工程 | 21 291 761 612.01 | 23 081 499 658.55 |
| 工程物资 | 959 483 028.65 | 1 137 275 107.17 |
| 无形资产 | 14 925 277 414.31 | 11 874 300 409.55 |
| 商誉 | 1 317 161 650.08 | 26 834 045.70 |
| 长期待摊费用 | 231 120 427.97 | 248 186 750.73 |
| 递延所得税资产 | 2 935 739 710.08 | 2 665 428 910.60 |
| 其他非流动资产 | 855 498 381.73 | 605 134 681.23 |
| 非流动资产合计 | 283 822 908 394.26 | 228 563 382 736.80 |
| 资产总计 | 401 996 149 559.82 | 352 497 617 863.32 |

（续表）

| 负债及所有者权益 | 2009 年 12 月 31 日 | 2008 年 12 月 31 日 |
|---|---|---|
| 流动负债 | | |
| 短期借款 | 42 720 934 459.46 | 34 711 700 841.26 |
| 吸收存款及同业存放 | 35 591 447.12 | 190 875 453.78 |
| 拆入资金 | 34 141 000.00 | — |
| 交易性金融负债 | 70 617 028.69 | 124 400 444.73 |
| 应付票据 | 9 185 085 424.92 | 5 590 701 875.77 |
| 应付账款 | 27 741 820 769.02 | 27 083 823 390.37 |
| 预收款项 | 16 683 384 608.98 | 12 328 545 938.26 |
| 卖出回购金融资产款 | — | 294 000 000.00 |
| 应付职工薪酬 | 8 800 131 261.33 | 9 415 333 041.47 |
| 应交税费 | (1 159 407 868.70) | (80 029 537.60) |
| 应付利息 | 261 015 087.33 | 377 178 436.36 |
| 应付股利 | 496 411 201.88 | 785 816 613.81 |
| 其他应付款 | 4 522 427 828.28 | 3 829 748 744.67 |
| 代理买卖证券款 | 1 865 889 136.44 | 919 084 533.27 |
| 一年内到期的非流动负债 | 2 119 073 740.66 | 2 734 731 698.20 |
| 其他流动负债 | 51 260 365.06 | 91 078 000.40 |
| 流动负债合计 | 113 428 375 490.47 | 98 396 989 474.75 |
| 非流动负债 | | |
| 长期借款 | 14 237 475 464.44 | 17 102 441 323.80 |
| 应付债券 | 18 067 156 259.62 | 7 785 029 718.21 |
| 长期应付款 | 1 755 948 831.55 | 1 489 789 929.15 |
| 专项应付款 | 4 929 389 778.48 | 4 258 738 109.21 |
| 预计负债 | 378 810 301.26 | 406 824 887.90 |
| 递延所得税负债 | 5 546 345 750.33 | 3 011 980 446.52 |
| 其他非流动负债 | 682 051 095.55 | 348 220 424.67 |
| 非流动负债合计 | 45 597 177 481.23 | 34 403 024 839.46 |
| 负债合计 | 159 025 552 971.70 | 132 800 014 314.21 |
| 所有者权益 | | |
| 实收资本 | 51 082 620 998.89 | 51 082 620 998.89 |
| 资本公积 | 49 855 695 030.68 | 38 754 324 853.65 |
| 专项储备 | 179 724 906.62 | 358 218 969.50 |
| 盈余公积 | 78 169 550 535.06 | 73 479 671 230.84 |
| 未分配利润 | 26 302 864 872.72 | 21 838 988 405.37 |
| 外币报表折算差额 | (31 617 308.44) | (341 096 322.71) |
| 归属于母公司所有者权益合计 | 205 558 839 035.53 | 185 172 728 135.54 |
| 少数股东权益 | 37 411 757 552.59 | 34 524 875 413.57 |
| 所有者权益合计 | 242 970 596 588.12 | 219 697 603 549.11 |
| 负债及所有者权益总计 | 401 996 149 559.82 | 352 497 617 863.32 |

## 宝钢集团有限公司合并利润表
## （2009 年度）

单位：人民币元

| | 2009 年度 | 2008 年度 |
|---|---|---|
| 一、营业总收入 | 195 307 484 501.70 | 246 838 813 878.46 |
| 其中：营业收入 | 193 886 472 703.24 | 245 105 740 295.22 |
| 利息收入 | 178 343 041.37 | 371 099 733.79 |
| 手续费及佣金收入 | 1 242 668 757.09 | 1 361 973 849.45 |
| 二、营业总成本 | 186 705 036 166.26 | 237 243 535 905.67 |
| 其中：营业成本 | 171 548 140 034.39 | 209 939 468 077.11 |
| 利息支出 | 40 717 231.52 | 76 676 252.71 |
| 手续费及佣金支出 | 33 535 937.66 | 14 613 133.20 |
| 营业税金及附加 | 1 138 546 346.72 | 2 108 825 938.83 |
| 销售费用 | 3 215 178 308.45 | 3 689 167 402.38 |
| 管理费用 | 9 551 984 321.28 | 11 467 521 756.95 |
| 财务费用 | 1 553 398 589.10 | 2 560 336 791.01 |
| 资产减值损失 | （376 464 602.86） | 7 386 926 553.48 |
| 加：公允价值变动收益 /（损失） | 88 096 355.17 | （815 213 092.21） |
| 投资收益 | 5 697 724 401.79 | 14 405 301 300.81 |
| 其中：对联营企业和合营企业的投资收益 | 1 378 229 039.30 | 236 722 546.90 |
| 三、营业利润 | 14 388 269 092.40 | 23 185 366 181.39 |
| 加：营业外收入 | 1 113 810 903.81 | 1 560 265 859.10 |
| 减：营业外支出 | 588 741 416.07 | 914 740 924.87 |
| 四、利润总额 | 14 913 338 580.14 | 23 830 891 115.62 |
| 减：所得税费用 | 2 737 268 978.57 | 5 558 757 540.72 |
| 五、净利润 | 12 176 069 601.57 | 18 272 133 574.90 |
| 少数股东损益 | 2 281 372 782.29 | 2 155 421 116.61 |
| 归属于母公司所有者的净利润 | 9 894 696 819.28 | 16 116 712 458.29 |
| 其他综合收益 | 9 199 056 071.28 | （23 830 248 227.51） |
| 综合收益总额 | 21 375 125 672.85 | （5 558 114 652.61） |
| 其中： | | |
| 归属于母公司股东的综合收益总额 | 19 016 038 483.92 | （7 508 418 440.68） |
| 归属于少数股东的综合收益总额 | 2 359 087 188.93 | 1 950 303 788.07 |

## 党委工作

2009年，宝钢党委依靠各级党组织、全体党员和广大员工，围绕生产经营中心，以抓好学习实践活动、整改落实项目为工作主线，努力发挥政治核心作用，促进宝钢的改革、发展和稳定。各级党组织带领群众积极应对市场危机，企业经受了严峻考验，实现了“国内同行业绩最佳”的目标。

**一、结合应对危机、管理变革的实际，深入开展形势任务教育**

各级党组织把紧紧围绕生产经营这个中心，深入开展形势任务教育贯穿全年，不断向纵深推进。集团公司党委宣传部编发了55期《宝钢形势任务教育》，在宝钢上下统一思想认识、增强危机意识和坚定信心等方面发挥了重要作用。为推进管理变革方案的实施，通过召开形势任务通报会、员工座谈会、面对面谈心沟通等多种形式，有针对性地做好思想政治工作，营造了有利于管理变革的氛围环境。各级党组织采取管理者逐级授课等各种形式开展形势任务教育，激励广大职工克难奋进，努力实现全年生产经营目标。党委中心组组织了12次学习，围绕宝钢应对危机和二次创业中需要提高认识的重大问题，“学理论、议大事、谋全局、出思路”。内容包括全国“两会”精神和党的十七届四中全会精神的传达学习；围绕“宝钢领导力研究开发与优化领导人员工作方式”、“员工需求与关注问题调查情况及分析”、“国内外钢铁企业应对危机的对策与举措”、“应对危机与最佳实践”、“加强反腐倡廉建设、规范廉洁从业行为”、“反腐倡廉与推进‘阳光采购’”、“从销售一线看‘面向用户面向市场的企业管理体系’”、“积极改进薪酬分配制度，为二次创业提供有力支撑”等开展专题研讨；对《紧迫感——在危机中变革》一书进行自学读书心得交流。理论结合实际，对领导人员增强危机意识、统一思想起到了积极的作用。

在弘扬宝钢文化方面，按照“内容上力求经典、形式上力求精品”的要求，开展“感动员工、感动用户”故事评选和主题实践活动。从各单位推荐的229个故事中评选出30个优秀故事。开展保护环境、节约资源行为养成活动，努力形成长效机制。通过开设人文知识讲座、心理知识讲座和谈心活动等方式，做好人文关怀和心理疏导工作。《宝钢日报》、宝钢电视台、宝钢网站报道各单位和员工应对危机中的典型事例、最佳实践，挖掘经验，正视问题，形成了良好的舆论氛围。

**二、全力做好维护稳定工作，为应对危机和挑战提供保证**

按照“政策要对头、工作要到位”的要求，及时掌握信息，精心制定应对危机状态下的维护稳定工作预案，把握敏感时点，有针对性地采取措施，妥善化解矛盾，保证了维稳（维护稳定）工作总体处于受控状态。乌鲁木齐“7·5”事件发生后，八一钢铁迅速行动，有序应对，全力做好维护稳定和民族团结工作。集团公司领导及时赶赴八一钢铁，慰问各族干部职工并进行座谈交流，有针对性地提出了八点要求，维护了八一钢铁稳定、安全的发展环境。

树立大维稳和源头维稳观念，前移工作关口。健全和强化上下信息传报系统、突出矛盾趋势的预测系统、涉及员工利益矛盾的处置协调系统，努力把维护稳定工作落实到生产经营的全过程，深入到改革改制的每一环节，细化到不同层次不同诉求的各类人群。集团公司设立了应对危机维稳工作组，各子公司、事业部和直属单位与集团公司做好对接工作。在做生产经营预案的同时配套做好维稳工作预案，以维稳为前提把握改革节奏。认真履行职工民主管理程序，平稳推进浦钢、二钢等企业调整转型工作，平稳实现了一钢炉窑业务划转。加强内部保卫工作，有效遏制了刑事犯罪，提高了破案率。

**三、加强领导班子、领导人员队伍和人才队伍建设，推进管理变革**

按照中央学习实践活动领导小组的要求，通过召开党委三届四次全会，对开展深入学习实践科学发展观活动一年的整改落实情况进行了回顾总结。深化认识，着力解决危机状态下的突出问题、深层次问题，学习实践活动102个整改项目基本按节点完成。

党的十七届四中全会和全国国企党建工作会议召开后，及时组织了传达学习，并集中两天举办了由二级单位党政负责人，总部党群部门、职能部门负责人参加的领导人员专题培训班，研究如何结合宝钢实际，贯彻落实党中央对党的建设，尤其是对国有企业党建工作提出的新要求，为宝钢应对危机和二次创业打下坚实的思想基础。

把加强宝钢领导力研究与开发作为应对危机、二次创业的重要举措，在系统总结宝钢30年历史经验的基础上，面对现实，面向未来，建立了宝钢领导力核心要素模型,形成了《宝钢领导力研究报告》以及配套案例。该《报告》以及配套案例上报中央组织部、国务院国资委和上海市委后,中共中央政治局委员、书记处书记、中组部部长李源潮批示:"《宝钢领导力研究报告》写得很好。对揭示社会主义国有企业的要素优势作了很有说服力的阐述。宝钢是我国基础产业走向现代化的重要标本之一。分析这个标本蕴含的中国特色工业现代化之路对我们理解科学发展观是很有意义的。"

适应宝钢改革发展的需求,结合班子优化和集团公司体制改革,对集团公司和宝钢股份的170余名领导人员集中进行了岗位调整,进一步配强选优各级领导班子。集团公司总部管理者和技术类人员职数总体精简了30%。成立了卓越人才发展小组,专门研究、推进领导人员后备工作。基本完成了管理人才快速响应系统的开发。

优化领导班子群体结构,对各二级单位领导班子的动态优化进行了评估分析,按照宝钢二次创业需要和精干原则修订了二级单位班子结构优化标准。优化子公司董事、监事队伍,确保集团公司战略在子公司、事业部和直属单位的有效执行。

制定《关于优化集团公司领导人员工作方式的意见》,改进会议、文件、接待管理,解决"文山会海"问题取得明显成效。充分发挥4D(虚拟会议、议案预审、议案清单、重点工作)系统等信息网络技术平台的支撑作用,推进协同办公、移动办公。全年集团公司总部会议减少了40%,文件处理周期从平均10天变为4天,集团公司高管(高级管理人员)两天内批示完的文件从43%提高到82%。管理变革从集团公司高管开始,从领导开始,由高管直接管理职能单元,落实管理责任,减少管理层级,缩短汇报链,着力从根本上转变领导工作方式,转变工作作风。

落实国家"千人计划"要求,实施海外高层次人才引进。对聚焦在特殊钢、不锈钢、节能环保、表面处理、新能源新材料等5个领域的13名目标人才制订了"一对一"引进方案。推进技术领军人才和高潜质人才队伍建设。启动了"金苹果"计划,在炼钢技术、热轧板技术、冷轧轧制技术、冷轧后处理技术、汽车板产品及使用技术等5个试点领域命名了首批21名"金苹果"计划核心小组成员。加强基础人才队伍建设,推进实施"青苹果"计划,为首批76名"青苹果"人才制订了两年期培养计划。

推进专业管理人才培养基础工作,系统盘点各专业条线人力资源状况,完成对营销、审计、安保、人力资源、规划发展、法律事务、运营改善、经营财务、采购系统、办公行政、纪检监察、工会、文化宣传等13个专业族群人力资本分析工作,基本理清了各族群的薄弱环节和能力提升重点,明确其知识技能要求和相应的理想职业成长路径。

加强一线技能人才队伍建设。根据国资委统一部署和具体要求,选送504名优秀班组长参加首批中央企业班组长岗位管理能力远程培训。针对相关多元产业高技能人才不足的现状,制定实施相关多元产业技能人才3年培养规划。

加强国际化人才培养。在中组部支持下,建立了国家级海外高层次人才创新创业基地。向海外三大区派遣3名总代表助理,推动宝钢国际化经营战略的实施。制定《国(境)外子公司薪酬管理办法》,形成内外价值协同的海外公司激励体系;完成海外人员选派模型课题研究,进一步优化海外员工选派流程及标准;新建金融专业海外培训基地,选派了优秀人才进行短期研修。

坚持政治上尊重、思想上关心、生活上关爱老干部、老同志。隆重召开庆祝新中国成立60周年老同志大型座谈会,开展了全面走访慰问老干部等系列活动。宝钢老干部大学被评为"全国先进老年大学"和"上海市示范性老年大学",老干部活动中心被评为"上海市老干部示范活动中心"。

**四、加强党组织自身建设,发挥党组织在应对危机中的政治核心作用**

着力把"完善党组织工作机制、充分发挥政治核心作用"党建课题研究成果转化为工作成果,在实践中取得了较好效果。在全国国有企业党建工作会议上,宝钢作了"适应完善公司治理结构的要求,充分发挥党组织政治核心作用"的交流发言。

发扬党内民主,实行集团公司党代会代表任期制,发挥党代会代表的作用。落实集团公司党委全委会制度、党委常委会制度和基层党委会制度。推进党务公开,落实保障党员民主权利制度。

从健全基本制度入手,加强和改进二级单位党委绩效评价工作。举办了首期二级单位党委书记研修班,通过培训和经验交流,提高党委书记的素质和履职能力。

着力加强和改进党支部建设,发挥党支部在加强基层、基础工作和“应对危机、共克时艰”中的战斗堡垒作用。制定《关于加强和改进党支部工作的意见（试行）》，《意见》明确了党支部工作的定位、原则等总体要求，提出党支部要集中精力推进基层领导班子和基层管理者队伍建设、深入开展“党员登高计划”活动、实行员工需求与关注点信息管理、加强党组织生活设计等4项重点工作。成立了党支部书记研修会，举办了党支部书记研修班。

制定《关于适应宝钢二次创业、转变党群系统工作方式的若干意见》，提出以人为本、转变党群工作方式的基本要求和工作方式。举办了以“加强党建带团建，进一步做好新形势下宝钢青年工作”为主题的党建创新论坛。在党群工作者中开展了提高“三个素养”（政治、人文、管理素养）读书活动。组织党团读书会，开展了“鲁迅精神对宝钢人发展的启示”读书交流活动。

**五、在应对危机和挑战中加强群众工作和员工队伍建设，发挥员工的积极性、主动性和创造性**

在应对危机中，由工会牵头，全面开展了最佳实践者活动。该项活动着眼于每位员工在岗位上的每件事，发现、培养、宣传和推广最佳实践者，对改善经营、提升竞争力、实现业界最优目标发挥了重要作用。集团公司多次召开最佳实践者座谈会，党政工团发挥优势，形成合力，营造最佳实践者层出不穷的环境氛围。这一活动得到了全国总工会、上海市总工会的充分肯定。

探索现代企业制度下的职工民主管理实现途径，激发广大员工的内在活力。圆满完成了国务院国资委下达的职工民主管理课题，获国资委高度评价，并把课题成果转化为宝钢职工民主管理基本制度。

高度关注员工最关心、最直接、最现实的利益问题的整改，建立上下结合的员工需求和关注点信息管理体系，形成员工“三最”问题调查、解决、反馈常态化管理机制。各子公司、事业部和直属单位在调查的基础上分析、整理本单位员工“三最”问题。经集团公司工会汇总，各单位自行解决了241个问题。需集团公司协调解决的问题有“员工健康计划管理”、“收入分配”、“单宿管理”、“住房补贴、补充公积金”等12项36个，由各职能部门落实解决。“三最”问题落实情况向职代会作了报告。

围绕集团公司的年度预算目标，开展了“全员、全面、全过程”成本改善、产品经营劳动竞赛活动。全年各单位确定公司级竞赛项目411项，分厂车间级项目2 100项，作业区、班组项目4 028项，涉及职工岗位指标达数万项，为降本增效作出了积极贡献。深化职工素质工程，深入开展群众性经济技术创新活动。建立“宝钢工人发明家创新工作室”，举办“首届宝钢工人发明展”，组建34人的“员工创新活动指导志愿者”队伍，宣传推广创新成果。建立职工经济技术创新小组2 694个，受理专利1 300多项。

建立了宝钢员工网络论坛——“桥”论坛，使之成为员工关心宝钢发展、真实反映问题、充分发表意见的重要平台，成为集团公司领导与普通员工保持信息沟通的重要渠道。开展了集团公司领导与网友线上、线下相结合的交流。各级组织高度重视“员工热线”栏目所反映的问题，对员工提出的问题在7个工作日内认真给予答复，相关部门及时、妥善处理员工所反映的问题，对于不具备条件解决的问题，耐心作出合理的解释，做好疏导工作。

年内召开了宝钢第四次团代会，促进团的组织建设。按照团中央要求，做好引导青年的试点工作，了解宝钢青年思想状况，分析研究青年思想困惑的原因，探索引导青年思想的有效方法，系统梳理了宝钢各级团组织在青年思想引导工作方面的活动载体。开展“在应对危机中砥砺，在二次创业中成长”团组织主题活动。完善宝钢共青团组织密切联系青年的工作体系，加强基层团组织联系青年的组织能力。深化青年职业生涯导航活动，探索基于e-HR（人力资源管理电子信息化）的“推优”（推荐优秀团员青年作为党的发展对象、推荐优秀青年作为各单位骨干人才后备）工作运作模式。

以“爱宝钢、献良策、作贡献”同舟共济主题活动为载体，以促进党外人士意见、建议转化为目标，引导统战人士应对危机，积极为宝钢攻坚克难建言献策并作出贡献。

做好人民武装工作，发挥国防后备力量的作用，开展民兵、预备役各项工作，圆满完成了各项任务。

**六、加强反腐倡廉工作，促进应对危机和挑战各项措施的落实**

贯彻第十七届中央纪委第三次、四次全会精神，以落实责任制为抓手，细化落实惩防体系建设5年工作规划，将其分解成86项工作任务，以项目制方式重点推进。

按照“抓根本、抓倾向、抓典型”的教育思路，突出对领导人员“遵守规则、忠实勤勉、廉洁从业”的职业经理人基本素质教育。落实《国有企业领导人员廉洁从业若干规定》,以各级领导人员和有业务处置权的经营管理人员为重点,有针对性地加强反腐倡廉教育,发现并运用正反两方面的具体事例,点评倾向性问题,解剖典型案例。

抓住“让权力在‘阳光’下运作”这个关键,初步形成了五个“阳光”(“阳光”选人用人,“阳光”管理薪酬,“阳光”使用公款,“阳光”采购,“阳光”推进工程项目)工作机制。“阳光”选人用人方面,细化了敏感岗位管理与交流制度,加大岗位交流的力度。建立了组织人事、纪检监察、审计结果相结合的领导人员任用管理办法。对新任领导人员进行了廉洁从业集体谈话。“阳光”管理薪酬方面,认真落实《宝钢薪酬管理八条纪律》、《薪酬发放财务管理办法》和《宝钢集团有限公司领导人员兼职管理规定》等制度,进一步规范了薪酬管理、兼职取酬等行为。“阳光”使用公款方面,修订了宝钢职务消费管理制度,规范职务消费行为。针对管理费用使用开展专项检查,发现并梳理出八个方面的突出问题,抓好专项检查的整改,对相关单位费用使用不规范的行为进行了通报批评,对15家在管理费用使用中存在问题的单位发出82条针对性的监察建议,对管理不善、监督不力的7名管理者分别给予处分。“阳光”采购方面,围绕电子商务平台建设,通过完善公开竞价、核价竞价、综合竞价等网上交易形式,电子采购和销售取得较大突破,1—12月,网上采购93.25亿元,网上竞价销售24.1亿元,共有8 800多家供应商在宝钢东方钢铁网上注册。进一步规范供应商管理,公布了第五批禁入名单,累计有131个单位、545人被禁止与宝钢进行经济业务往来。“阳光”推进工程项目方面,推进新建项目规范运作,协调烟宝、宝通、湛江项目等工程“双优”(工程优质、干部优秀)工作。开展建设工程安全管理和监理工作专项检查。对参建单位的廉洁管理、制度规范、监管力度等进行综合评价和信用等级评定,发布《合格分包商资源信息库名录》,确保了工程建设投资的廉洁安全高效。

完善与公司治理结构相适应的内控制度。加强对“三重一大”(重大决策、重大投资、重大人事任免,大额资金使用)、党风建设和反腐倡廉责任制、《国有企业领导人员廉洁从业若干规定》、“八条禁令”(集团公司关于进一步规范廉洁从业的“八条禁令”)和“三个不得”(不得将公款用于个人消费,不得违反规定兼职取酬,不得个人擅自决定“三重一大”事项)等制度落实情况的监督检查,提高制度的执行力。突出降本增效,深化效能监察和专项检查。集团公司效能监察立项26个,各单位自管项目366个。

查处违法违纪案件。年内宝钢纪检监察系统立案28件,查处违纪违法人员28人。在已查结的12件案件中,受党纪处分5人,受政纪处分10人,受党政纪双重处分3人,追究领导人员失职渎职行为3人。

在集团公司组织体系变革中进一步加强了纪检监察队伍的力量。举办了基层纪委书记、监察部门负责人研修班和纪检监察业务实务培训班,增强纪检监察组织的履职能力。

**2009年党委工作存在的主要问题和不足:**

1. 有些单位和部门领导人员职数偏多,年轻领导人员偏少;受“官本位”观念影响,人才发展“双通道”的思路在实际工作中还没有落实到位。

2. 部分领导人员工作作风漂浮,不重视基层、基础工作,不注重员工需求,脱离员工,脱离现场和市场。

3. 对二级单位党组织绩效评价还没有与领导人员任职和薪酬等有效挂钩。

4. 有的基层单位党风建设和反腐倡廉工作责任制落实不到位,致使违法违纪案件时有发生。

(史志办)

2010

YEARBOOK

BAOSTEEL

# 规划发展

1 专 记 ZHUANJI

13 专 文 ZHUANWEN

33 大事记 DASHIJI

41 概 述 GAISHU

63 规划发展 GUIHUAFAZHAN

67 管理创新 GUANLICHUANGXIN

79 科 研 KEYAN

97 基建与技改 JIJIANYUJIGAI

109 环境经营 HUANJINGJINGYING

123 人力资源管理 RENLIZIYUANGUANLI

135 财务、资产与审计 CAIWUZICHANYUSHENJI

141 宝钢股份 BAOGANGGUFEN

217 八一钢铁 BAYIGANGTIE

233 广东钢铁 GUANGDONGGANGTIE

239 宁波钢铁 NINGBOGANGTIE

245 多元产业 DUOYUANCHANYE

305 海外公司 HAIWAIGONGSI

313 综合管理 ZONGHEGUANLI

325 党群工作 DANGQUNGONGZUO

353 企业文化 QIYEWENHUA

365 人物与表彰 RENWUYUBIAOZHANG

377 附 录 FULU

401 索 引 SUOYIN

# 规 划 发 展

集团公司规划管理由规划发展部负责。2009年5月20日,宝钢总部机构变革,由原集团战略部、重大工程部和宝钢股份战略管理部、工程投资部、知识资产部相关人员组成规划发展部,下设"钢铁规划"、"产业规划"、"投资审查"、"科技发展"4块职能。具体业务范围:(1)总体战略规划的综合管理:制定战略规划纲要,拟定总体战略目标和发展战略,组织编制总体战略规划并跟踪、评估规划执行情况。(2)钢铁发展规划的整体策划:拟定各钢铁单元发展定位,组织编制、论证钢铁子公司发展规划,跟踪评估规划执行情况。(3)钢铁投资项目合规性审核的专业管理:对钢铁投资项目是否符合战略规划进行审核。(4)钢铁单元竞争力对标分析的专业管理。(5)新建、兼并重组钢铁基地产线规划的整体策划:策划编制新建、兼并重组钢铁基地的产品定位和产线规划方案。(6)钢铁产业政策建议的专业管理:对口政府相关部门,制定宝钢钢铁产业发展的相关政策建议。(7)多元产业战略规划的综合管理:组织拟定多元产业单元发展定位,组织编制多元产业发展规划,跟踪评估规划执行情况。(8)多元产业聚焦业务商业计划书的综合管理:组织编制多元产业聚焦业务的商业计划书。(9)多元产业投资项目合规性审核的专业管理:对多元产业投资项目是否符合战略规划进行审核。(10)推进海外三大体系建设的综合管理。(11)国外相关公司高层交流活动的日常管理:组织与国外相关公司的高层定期交流活动。(12)投资计划的综合管理:组织编制长期投资计划、固定资产投资规划和计划,跟踪、统计、评估执行情况。(13)直管新建类长期投资项目前期策划的综合管理:组织开展集团公司直管新建类长期投资项目的前期策划工作。(14)重大长期投资项目审查的综合管理:子公司限额以上长期投资项目的立项审核、后评价管理等。(15)重大固定资产投资项目审查的综合管理:子公司限额以上固定资产投资项目的立项审核、重大变更、后评价管理等。(16)国家政策贯彻执行的综合管理:对口国家有关部门,协调并协助办理项目核准、备案、减免税等事项。(17)总部固定资产投资项目的日常管理。(18)总部非生产性大修项目的日常管理。(19)技术创新体系建设和发展规划的综合管理:完善技术创新体系,编制技术创新体系发展纲要和技术创新规划,跟踪评估执行情况。(20)技术创新年度预算计划的综合管理:组织编制年度技术创新预算计划,统计、分析执行情况。(21)重大科研项目策划协调的综合管理:重大科研项目策划、跟踪及协调。(22)技术创新重点支持项目的综合管理:研究制定配套支持政策,负责项目策划、预算计划编制及推进评估等管理。(23)知识产权和技术创新重大成果奖的综合管理:知识产权成果转让的审查;技术创新重大成果奖的评审、申报等。(24)技术推广和技术贸易项目的综合管理:编制集团技术推广计划并跟踪执行情况;审查技术贸易竞争性项目。(25)科技合作的综合管理:产学研战略合作管理;"钢铁联合基

宝钢与格兰仕签订战略合作协议

金”等集团公司社会科技合作专项业务管理。(26) 对口政府部门的科技综合管理,政府计划项目申报、科技奖励申报及高新技术企业、高新技术成果认定等管理。

年内,规划发展部围绕宝钢规划发展工作完成阅知类文件约180件,外来文约210件,各类呈批文、代拟文、联络单和会议纪要约300件,为集团公司决策提供了“在线”支撑。年末规划发展部在册员工39人。 (李 明)

## 规 划 管 理

**编制新一轮规划纲要** 8月,宝钢集团公司启动了《2010—2015年公司发展规划》的编制工作,在对上一轮发展规划进行评估总结、对集团公司各单元竞争力评估分析,以及对未来外部环境研判的基础上,开展了新一轮规划编制工作。新一轮规划分为战略纲要、业务规划、职能规划三个层面,年内,编制完成集团公司2010—2015年规划纲要(钢铁及多元产业)。 (李 明)

**完善规划管理模式** 年内,通过规划编制,积极探索新的战略管控模式下的规划管理,根据集团公司战略管控的要求,谋划、提出了组织、策划、协调、集成的管理功能,完善了规划管理模式。 (李 明)

**搭建规划管理体系共享服务平台** 年内,在集团层面首次开展职能管理和共享平台规划,将技术创新、循环经济、营销服务、资源保障、建设技改、管理创新、物流管理、国际化经营、人力资源等都纳入了规划管理体系。通过搭建共享服务平台,发挥协同效应,有效促进集团钢铁主业和多元产业竞争力的整体提升。(李 明)

**提出子公司年度战略绩效考评指标体系** 年内,从市场地位、发展能力、战略项目三个方面,策划了集团子公司的战略绩效评价方案和评价指标,并提出了集团子公司年度战略绩效考评框架和指标体系。 (李 明)

**开展各钢铁单元竞争力分析** 年内,围绕竞争力提升课题,有效开展集团各钢铁单元竞争力分析工作,为集团公司规划资源配置、各钢铁单元未来发展方向提供分析依据和决策支持。 (李 明)

**建立钢铁公司竞争力评估体系** 为加强钢铁业的规划管理,年内,通过建立钢铁公司竞争力评估模型、竞争力评价方法和指标体系,促进了集团公司钢铁业竞争力的提升。 (李 明)

**管理制度修订** 年内,在梳理原有管理制度基础上,根据有关职能,新增了10项管理制度。具体见下表:

新增的10项管理制度

| | |
|---|---|
| 战略规划 | 战略规划管理制度 |
| | 宝钢海外原料资源开发保障管理办法 |
| 投资管理 | 固定资产投资管理制度 |
| | 固定资产投资项目后评价管理办法(新增) |
| | 总部固定资产投资及大修管理办法(新增) |
| | 计划、统计管理办法(新增) |
| | 固定资产投资政策利用管理办法(新增) |
| | 固定资产投资竣工验收、后评价管理办法(新增) |
| 科技发展 | 技术创新管理办法 |
| | 技术创新重点支持项目管理办法(新增) |
| | 宝钢技术创新重大成果奖管理办法(新增) |
| | 科技统计管理办法(新增) |
| | 技术创新绩效评价管理办法(新增) |

(李 明)

**提出钢铁主业优化产品结构方案** 年内,为提升钢铁主业产品的竞争力,规划部以新一轮产品规划为载体,以市场需求为起点,开展了品种、产线分析工作,并在此基础上提出钢铁主业优化产品结构方案,供集团公司领导决策。 (李 明)

**完成“战略设计与决策风险”项目** 年内,规划部组织策划、有序推进并按时完成了集团公司“战略设计与决策风险”项目。 (李 明)

**制定宝钢股份“年度经营纲要”** 年内,规划部策划、组织制定股份公司2009年和2010年“年度经营纲要”,该纲要以年度战略图、重点工作、重点指标为载体,促进规划与计划的衔接。 (李 明)

**组织“固废资源产业化”评审** 年内,规划部组织制定上海地区冶金固废资源产业化商业计划书。编制水渣、磁性材料、用后耐材、废旧油4项业务计划,明确发展目标和发展

路径，明晰固废资源产业化业务与钢铁主业的业务界面和结算模式。（李 明）

**编制宝钢国际化经营5年规划** 年内，编制完成宝钢集团2010—2015年国际化经营规划。规划期内，宝钢的国际化经营将从区域性钢铁公司向区域领导者＋适度国际化方向发展。（李 明）

**海外项目前期策划** 年内，规划部完成欧洲某国厚板及剪切项目、中东某国钢管项目的前期交流工作；参与宝钢资源东南亚某国镍项目的前期工作；推进东亚某国碳钢剪切中心项目前期工作，并上报《项目调研汇报》。（李 明）

**召开年度海外工作会议** 12月24—25日，集团公司在苏州召开了“2009年度宝钢集团公司海外发展研讨会”，会议就如何完善各海外区域体系建设，提升海外营销能力、海外技术服务与产品拓展能力，以及如何加快钢铁主业及多元产业国际化进程等议题进行了深入探讨。（李 明）

**宝钢与海外机构的高层交流** 4月，宝钢与三井物产在日本东京举行了两年一度的2009年双方高层干部交流会，双方就全球金融危机、中国宏观及产业经济发展，以及节能环保等议题交换了意见。（李 明）

**向海外派出战略规划人员** 规划部与人力资源部一起完成总部向海外派出战略规划人员策划方案，并报集团公司领导批准后有序推进。年内基本完成宝钢海外四大区域相关战略规划人员的筛选和派遣工作。（李 明）

## 投 资 审 查

**构建投资管理控制体系** 年内，规划部系统梳理和构建投资审查管理体系，完成集团公司固定资产投资和长期投资管理状况分析，提出了管控模式及授权方案；完成建立集团公司投资回报约束机制的建议报告。年内还对重点子公司投资（项目）管理体系进行调研，重点分析各子公司投资管控的薄弱点，并有针对性地提出提升建议。推进投资管理关键控制点的研究，完成以目标任务书为管控基点的项目管理设计。（李 明）

宝钢2009年度海外发展研讨会

**编制建设技改6年规划** 年内，组织编制集团公司2010—2015年建设技改职能规划，重点梳理并统筹安排规划期内建设技改项目，平衡投资节奏和资金筹措。按照规划，落实各地块规划实施的保障措施，落实自主集成创新能力的培养及自主集成载体项目的实施，落实节能环保和环境经营专项投入。（李 明）

**相关投资计划的编制和审核** 年内，完成集团公司华东地区焦炭生产平衡的分析报告；完成宝钢股份公司未来3年投资平衡预测分析；完成八一钢铁公司成本竞争力分析、新区三号高炉及配套项目的系统性论证，推进北疆和南疆基地布局的初步研究；完成宁波钢铁年产400万吨钢相关问题分析及建议；组织完成宝钢在南通建立产业园区调研，提出与地方合作模式及方案。（李 明）

**竣工投产项目清理和评价** 年内完成集团各子公司2007—2009年竣工投产项目清理，专项梳理后评价工作的完成情况、推进计划及制度建设。开展典型项目和专题的后评价工作。（李 明）

**固定资产投资项目评估** 年内，完成集团公司2009年度固定资产投资项目和长期投资项目的中期评估和年度投资计划的中期调整工作报告。完成2010年度投资计划的组织编制和审核工作。（李 明）

# 2010

YEARBOOK

BAOSTEEL

# 管理创新


1 专　记 ZHUANJI

13 专　文 ZHUANWEN

33 大事记 DASHIJI

41 概　述 GAISHU

63 规划发展 GUIHUAFAZHAN

67 管理创新 GUANLICHUANGXIN

79 科　研 KEYAN

97 基建与技改 JIJIANYUJIGAI

109 环境经营 HUANJINGJINGYING

123 人力资源管理 RENLIZIYUANGUANLI

135 财务、资产与审计 CAIWUZICHANYUSHENJI

141 宝钢股份 BAOGANGGUFEN

217 八一钢铁 BAYIGANGTIE

233 广东钢铁 GUANGDONGGANGTIE

239 宁波钢铁 NINGBOGANGTIE

245 多元产业 DUOYUANCHANYE

305 海外公司 HAIWAIGONGSI

313 综合管理 ZONGHEGUANLI

325 党群工作 DANGQUNGONGZUO

353 企业文化 QIYEWENHUA

365 人物与表彰 RENWUYUBIAOZHANG

377 附　录 FULU

401 索　引 SUOYIN

# 管理创新

2009年,为强化战略管控,提高运作效率,集团公司重点推进实施了总部管理变革。继续推进董事会试点工作、一体化运作,改善运营管理、提升风险管理能力,以及生产服务业改革。通过管理创新实践,集团公司法人治理结构进一步完善,管理效率进一步提高,钢铁主业一体化运作得到深化,系统运营进一步改善。 (乐 平)

## 董事会试点工作

国务院国资委作为出资人代表,对公司行使出资人职责。通过委派董事和监事的方式,在公司决策和监管过程中体现出资人意志。董事会作为公司决策机构,依法享有"宝钢集团有限公司章程"规定的各项职权和国资委授予的部分出资人职权。全体董事对出资人和公司利益承担勤勉尽职的信托责任。国务院派出监事会作为监督机构,通过对公司决策程序以及重大决策事项执行的监督,履行监督责任。公司经营层负责执行董事会各项决议,组织生产经营工作,保持公司快速响应市场的能力和参与市场竞争的充沛活力。

2005年10月,作为第一批董事会试点中央企业之一,宝钢集团有限公司成立了外部董事占多数的第一届董事会,董事会由9名董事组成,其中外部董事5名。2009年1月19日,董事会顺利完成换届工作,第二届董事会成员人数由9人增至11人,其中外部董事人数由5人增至7人:冯国经、李庆言、吴耀文、杨贤足(2009年8月董事任职期满)、夏大慰、干勇、经天亮。外部董事比例的提高,使宝钢法人治理结构进一步完善。

年内,董事会召开会议8次,讨论审议事项37项;常务委员会召开会议3次,讨论审议事项10项;提名委员会召开会议3次,讨论审查事项4项;薪酬与考核委员会召开会议3次,讨论审查事项5项;审计委员会召开会议2次,讨论审查事项6项;风险管理委员会召开会议1次,审查年度风险管理报告。(梁 峰)

**完善董事会制度体系** 在总结第一届董事会运作经验的基础上,年内第二届董事会对"宝钢集团有限公司章程"、"董事会议事规则"及各专门委员会议事规则进行了修改和完善。修订了公司注册资本(注册资本5 108 262.1万元)、经营宗旨(实施钢铁精品加规模战略、适度相关多元化战略、资本经营战略、国际化经营战略,立足世界500强,坚持科学发展观,成为世界一流的钢铁产品、技术和服务供应商,成为拥有自主知识产权和强大综合竞争力、备受社会尊重的、"一业特强、适度相关多元化"发展的世界一流跨国公司,实现出资人和公司价值最大化)、董事会规模及职责、专门委员会构成及职责、董事权利和义务等方面的内容,细化了出资人、董事会、常务委员会、董事长和总经理的职权。 (梁 峰)

**健全董事会组织结构** 2009年,为加强董事会在全面风险管理方面的职能,第二届董事会新设风险管理委员会,制定了"风险管理委员会议事规则"。结合各位董事的知识和背景结构,董事会选举产生了第二届董事会常务委员会、提名委员会、薪酬与考核委员会、审计委员会、风险管理委员会等5个专门委员会的成员和主任。董事会及各专门委员会名单如下表:

| 董事会成员 | 姓 名 | 常务委员会 | 提名委员会 | 薪酬与考核委员会 | 审计委员会 | 风险管理委员会 |
|---|---|---|---|---|---|---|
| 董事长 | 徐乐江 | 委员(主任) | | | | 委员(主任) |
| 副董事长(党委书记) | 刘国胜 | | 委员(主任) | | | |
| 董事(总经理) | 何文波 | 委员 | 委员 | | | 委员 |
| 外部董事 | 冯国经 | | | 委员 | 委员 | 委员 |
| 外部董事 | 李庆言 | | 委员 | 委员(主任) | | |

（续表）

| 董事会成员 | 姓　名 | 常务委员会 | 提名委员会 | 薪酬与考核委员会 | 审计委员会 | 风险管理委员会 |
|---|---|---|---|---|---|---|
| 外部董事 | 吴耀文 | 委员 | | 委员 | 委员 | 委员 |
| 外部董事 | 夏大慰 | 委员 | 委员 | | 委员(主任) | 委员 |
| 外部董事 | 干　勇 | 委员 | | 委员 | 委员 | 委员 |
| 外部董事 | 经天亮 | 委员 | 委员 | 委员 | 委员 | |
| 职工董事 | 汪金德 | | | | | |

（梁　峰）

**明确宝钢董事会主要职权**　董事会按照“宝钢集团有限公司章程”、“宝钢集团有限公司董事会议事规则”行使职权，包括：决定公司的发展战略和中长期发展规划；决定公司的经营计划、投融资计划和方案，批准公司的交易性金融资产投资和非主业投资项目；决定公司的年度经营目标；批准公司的年度财务预算方案；制订公司的年度财务决算方案；制订公司的利润分配方案和弥补亏损方案；决定公司内部管理机构的设置；聘任或解聘公司总经理；负责对总经理的考核，决定其报酬；根据总经理的提名，聘任或解聘公司副总经理、财务负责人，并根据总经理的建议决定副总经理、财务负责人的报酬；履行对全资、控股企业和参股企业的资产受益、重大决策和选择董事、监事等股东职权；决定公司风险管理体系。（梁　峰）

**开展对试点企业董事会和董事评价工作**　年内，根据“董事会试点中央企业董事会、董事评价办法（试行）”，国务院国资委首次开展了对试点企业董事会和董事的年度评价工作，重点推进董事会、董事评价工作的科学化、制度化和规范化。经国资委评定，宝钢董事会2008年度运作结果为运行良好，勉励宝钢继续为董事会试点工作创造经验。

（梁　峰）

**推进战略规划实施**　3月，在经济形势十分严峻的情况下，董事会按照战略规划果断决定对严重亏损的宁波钢铁实施战略重组。经过百日整合，宁波钢铁6月实现当月扭亏，3—12月实现利润3.9亿元。8月，董事会专题研讨宝钢2010—2015年战略规划，就“精品＋规模”战略实施路径、多元化发展、成本竞争、环境经营、原燃料体系保障、科技进步等问题进行研究，决定正式启动宝钢2010—2015年规划制定工作。

（梁　峰）

**应对危机推行管理变革**　2009年，为有效抵御国际金融危机对钢铁行业带来的冲击和影响，董事会指导和支持经理层果断推行管理变革，提升决策速度和管理效率。管理变革覆盖了集团公司总部、宝钢股份及下属分（子）公司三个层面，压缩管理层级，明确经营主体，精简管理机构和人员。（梁　峰）

**国资委向宝钢派出第四届监事会**　9月，国务院国资委向宝钢派出第四届监事会。第四届监事会主席：罗汉；监事会主任：陈琦良；监事会副主任：吕品。宝钢监事会根据“公司法”、“国有企业监事会暂行条例”等法规，依法对企业开展监督检查，将董事会运作、董事履职、经理层执行董事会决议等情况作为监督检查的重要内容，对决策过程、决策执行和重要经营活动实施当期监督，维护国有资产安全，促进企业改善经营管理，规范企业领导人员经营行为。（梁　峰）

## 一体化运作

**科研资源共享平台有效提高资源利用率**　4月，宝钢股份梅钢公司热轧产品黑线缺陷困扰生产。通过科研资源共享平台交流，梅钢公司得知研究院前沿所拥有一台高温成像仪能动态显示试样在高温条件下的金相组织变化，随即通过共享平台发出了求助需求。研究院前沿所闻讯后积极配合，通过高温金相实验帮助梅钢公司找到了缺陷产生的原因。一体化运作使宝钢科研资源在各单位间“流动”起来，各成员单位知己知彼，一旦需要某种科研资源就可借助共享平台互通有无，实现各类资源的充分有效利用。

（乐　平）

检查供电设备

**一体化销售系统覆盖特钢事业部** 上海汽车工业物资有限公司是上汽集团的集中采购平台，是宝钢的战略用户。在此之前，上汽物资一直通过特钢事业部直接采购。3月，宝钢国际钢贸公司针对特钢事业部战略用户需求和采购操作模式进行了专题调研，并在“宝时达”营销平台上增加了特钢事业部期货销售项目，4月，完成对特钢事业部销售系统的切换。5月，上海汽车工业物资有限公司首次向宝钢国际钢贸公司订购宝钢特钢事业部期货产品近万吨，产品覆盖轴承钢、齿轮钢、弹簧钢等全部种类，标志着宝钢一体化销售系统实现了对特钢事业部的全覆盖。

（乐　平）

**发挥汽车板营销与服务一体化优势** 4月，宝钢股份销售中心汽车板部召开汽车板营销与服务专题推进会，提出以区域为单位开展汽车板营销服务一体化工作的管理创新思路，即发挥销售中心、地区公司、加工中心一体化协同优势，强化合作与信息共享，稳步提高市场占有率。具体专项工作包括深入推广汽车零部件管理、提高用户期货合同重复订货率、降低合同现货比、强化汽车超高强钢市场营销、发挥高强钢专用生产线投产的优势等。（乐　平）

**一体化营销管理系统覆盖黄石公司** 4月，宝钢一体化销售和物流管控系统全面覆盖地处湖北的黄石公司。黄石公司经过多年发展，已建立比较独立的销售信息化系统，但管理功能相对单一。随着新建产线投用，黄石公司迫切需要改变原有模式，提升营销管理水平。宝钢股份销售中心、系统创新部、技术质量部、宝信软件以及宝钢国际组成系统开发团队，深入分析、梳理其业务流程，并对相关人员进行了现场培训和指导，不仅使黄石公司产品实现在一体化平台上的统一销售，而且促进了该公司营销管理的规范，为企业产销平衡创造了有利条件。（乐　平）

**宝钢国际推行区域一体化管理** 宝钢国际国内营销服务网点遍布全国各地，为从体制、机制上改变以往各自为政、散兵作战的现象，年内依托华东、南方、北方、西部、华中五大地区公司，宝钢国际发挥已有区域营销平台在规模、产品结构、技术服务和管理等方面的综合优势，按照满足用户需求、流程驱动、资源配置最优化、销售服务绩效和管理效率最大化五大运行原则，推出区域一体化管理模式。通过实施市场开发、资源调配、价格协调、服务模式设计等创新举措，在区域内加快形成了统一的市场营销主体和管理体系，有效提升了宝钢产品的综合竞争力。

（乐　平）

**能源一体化通廊产生协同效益逾亿元** 罗泾工程地处宝钢（本部）北面，罗泾各制造单元相继建成投产后宝钢股份加快了直属生产厂至罗泾的能源一体化通廊系统建设，2008年建成能源大动脉。能源一体化北部通廊系统开通一年多发挥了重要作用：不仅实现了煤气、氧气等主要生产用能源介质的平衡互供和安全运行，而且还创协同效益1亿多元。（乐　平）

**协力管理一体化推进** 2月，不锈钢事业部炼铁厂与一钢协力部签订“协力管理一体化推进项目”。项目开展前期，双方针对协力作业运作和管理中存在的问题，结合作业、设备管理、人员绩效评价等工作，制定了具体的项目实施计划。在项目推进过程中，还建立了项目组推进例会及作业区日常沟通机制，并在各协力单位中推广员工绩效评价模式，推进协力管理一体化工作。（乐　平）

## 管理创新实例

**以精细化管理降低现货发生率** 年内,宝钢营销系统为降低现货发生率,推出"钢材订货便利店",把产品规格所对应的卷重量标准摆上"货架",让用户自由选择。碳钢产品合同订货卷重匹配率达90%以上,小合同订货比例同比下降近一成。销售中心为避免发生合同需求与现场生产能力不匹配现象,从订货源头入手,分不同品种进行细化,形成合理的卷重选择标准,并开发一体化销售系统的卷重选择功能,使用户在订货时就能根据实际所需随意选择。电镀锡合同订货的卷重匹配率由上年的97.31%提高至99.74%。对于已经产生的现货,销售中心千方百计疏通渠道,提升现货"身价"。如对热镀锌现货产品实行"现货推介期货"的精细化管理,将营销策略按日调整和发布,指导各地区公司及时向用户传递信息,争取订单。这既让用户及时补充了性价比优良的货源,又使宝钢现货增加了盈利空间。全年热镀锌现货产品为企业增效1 000多万元。 (乐 平)

**实行作业长虚拟团队管理** 8月,宝钢股份热轧厂创新作业长工作机制,组成1580产线虚拟团队,使轧钢、设备、能介、质检等不同区域的作业长打破管理界面协调行动,提升了产线快速响应能力。通过虚拟团队,各部门作业长可及时交流经验,反映现场问题,组织现场沟通交流,及时高效地解决问题,实现成果共享。 (乐 平)

**表面质量缺陷图谱技术推广** 8月,宝钢股份在梅钢公司开始实施冷轧碳钢产品表面质量缺陷图谱技术。该项目旨在依托宝钢股份本部丰富的冷轧产品质量缺陷控制技术、生产经验以及较为完整的冷轧碳钢产品表面缺陷图谱手册等,促使梅钢尽快适应冷轧生产需要,快速提高冷轧产品表面质量控制水平和实物质量。该项目由梅钢制造部牵头,年底结束。 (乐 平)

**开展查找缺陷专题活动** 2009年,特殊钢事业部冷轧厂组织各部门利用现场典型质量事故案例开展了查找缺陷、"解剖麻雀"专题活动。精密合金分厂各作业区以典型质量事故为例,重点查找岗位生产中的设备、操作、工艺等方面的缺陷问题,发动员工建言献策、提合理化建议,并制定有效的改进措施。生产技术室利用双金属产品方面的质量异议案例,以"解剖麻雀"方式,层层分析存在的问题,在全面梳理的基础上,完善作业区质量制度建设。设备管理室开展设备功能精度的消缺工作,排摸影响产品质量的设备问题,落实改进推进计划和责任人。冷轧厂以评选"质量明星"为抓手,开展了"学、查、议、评"活动。 (乐 平)

员工观看产品质量图片展

**推行设备故障闭环管理** 4月,不锈钢事业部热轧厂推出"设备故障(事故)管理闭环情况跟踪表"。热轧厂从停机时间、原因分析、系统登陆等11个方面加强对设备故障过程跟踪,并由设备状态管理员每天督查,每周以邮件方式下发至各作业长,重点对时间超过30分钟的故障及时跟踪、处理,组织相关责任作业区和点检员认真分析并督促提交故障原因报告,设备故障闭环管理促进了设备稳定顺行。 (乐 平)

**建立跨部门产供研创新合作团队** 年内,宝钢资材备件采购部与宝检公司建立跨部门协同团队,发挥产供研体系协同效应,巩固供需关系。产供研创新团队以"真诚合作,提升保障能力,实现系统价值最大化;推进协同,提高采购效率,实现供需双赢市场"为主旨,从保障供应、降本增效、技术创新、团队成长四个方面细化合作,打造具有竞争力的备件生产供应链。在市场快速变化的情况下,全年保持了备件生产供应稳定高效,并在COREX炉核心设备国产化等创新项目中取得阶段性成果。 (乐 平)

## 运营改善管理

**总部管理变革** 2009 年，为强化战略管控，提高运作效率，降低运营成本，集团公司实施了总部管理变革。重点采取七个方面措施：(1) 强化集团公司在战略规划、投资管理、技术创新、审计、监察等领域的管控，确保战略意图的贯彻执行；(2) 精简部门、职能设置；(3) 优化部门、职能间的职责分工，提高运作效率；(4) 实施管理扁平化，将总部职能汇报链压缩在三级；(5) 强化横向跨职能协同；(6) 分离事务工作，组建财务服务中心和人力资源服务中心；(7) 强化战略、管理的离线研究，完善离线研究的工作流程。

（黄立毅）

**审计体系优化** 年内，为进一步发挥审计体系的风险防范作用，集团公司对审计体系的管理方式进行了优化，采取"审计机构两级设置，审计业务统一管理"的管理方式。

（黄立毅）

**组建产品事业部** 3 月，宝钢股份成立不锈钢事业部和特钢事业部，7 月初组建钢管条钢事业部。通过组建大类产品的经营管理团队，加快市场响应速度，传递产品经营责任，提升各大类产品竞争力。（王萌华）

**纵向整合管理机构职能** 4 月，宝钢股份撤销宝钢分公司建制，由宝钢股份公司直接管理原宝钢分公司各项业务，对宝钢股份、原宝钢分公司的同类部门进行纵向整合；将原宝钢分公司各生产厂(部)调整为直属生产厂(部)。与整合前的宝钢股份、原宝钢分公司两个层次的机构设置情况相比，共精简 10 个部门。

（王萌华）

**实施营销体系管理扁平化** 6 月，宝钢股份撤销销售中心，将原下属营销管理部、薄板销售部、汽车板销售部改由宝钢股份直接管理。同时设立产品发展部，以加强薄板产品的规划、用户服务及新产品开发策划等工作。（吕　坚）

**推进综合管理体系建设** 2009 年，宝钢股份公司明确了管理运作模式：将宝钢股份公司作为整体系统，进行统一策划，通过编制《综合管理手册》明确宝钢股份总体运行准则；以完善宝钢股份公司组织体制为前提，适度集中管理，分别建立宝钢股份总部、各事业部和各分(子)公司子系统。年内，宝钢股份总部和各管理子系统按照统一模式分别编制《运营管理手册》。该手册是管理体系认证必备的纲领性文件。10 月 30 日，宝钢股份公司总部质量管理体系 ISO/TS 16949:2009 和 ISO 9001:2008 完成换证审核。

（徐　臻）

**推进绩效评价工作** 2009 年，宝钢股份绩效管理采用评价与激励相结合的模式，在对关键绩效内容实施季度分析、评价的基础上，针对年内需取得突破性进展的市场开拓、成本改善专项领域实施正向激励，有效推动了商品坯材毛利、独有领先产品销量等主要经营绩效的提升，促进了维修费用、协力费用、销管费用、能源成本、质量成本的下降，并有效控制了年内工程建设投资额。年内，修订"组织绩效管理程序"，绩效管理支持系统将于 2010 年 1 月上旬投运。（卢红霞）

**一批质量管理项目获奖** 2 月，宝钢选送的"降低二烧结内部返矿率"、"缩短厚板连铸机规格切换时间"、"减少 2050 热轧带钢边部缺陷"、"优化塑料模具钢合金成分，减少贵合金用量"、"提高马迹山港区清舱效率、缓解原料进厂瓶颈"、"减少 304 钢种板坯夹渣缺陷报废量"、"降低压缩空气吨钢电耗"、"提高沥青焦真比重"等 8 个项目，被评为"2008 年度中国质量协会质量技术奖优秀六西格玛项目"。年内，有 13 个小组获得全国"优秀质量管理小组"及"质量信得过班组"称号；20 个小组获得冶金行业"优秀质量管理小组"及"先进质量小组"称号；36 个小组获得"上海市优秀质量管理小组"、"上海市质量信得过班组"称号；崔健获"上海市质量管理小组活动卓越领导者"称号；孙勇获"上海市质量管理小组活动优秀推进者"称号。（卢敏芝）

## 生产服务业改革

2009 年是宝钢集团公司生产服务业改革实施"辅业三年改革规划"的第二年，生产服务业面对内部调整和外部经营双重压力，坚持改革、发展、稳定。经过努力，生产服务业全面实现了年初制定的"四个确保"的目标任务。生产经营指标超预算完成，降本增效成果显著；改革项目有效推进，目标基本实现；职工队伍稳定受控；宝钢发展平台功能初步形成、管理顺行。

（陈　晖　艾　青）

**炉窑维修业务专业化重组** 一钢公司炉窑维修业务重组项目是宝钢生产服务业相关检修业务整合至中冶宝钢平台的收口项目。该项目自 7

月进入实质性操作,10月一钢公司与中冶宝钢签订一钢炉窑维修部资产转让协议。项目涉及在岗员工203人,其中138人改签劳动合同,26人协解,39人由一钢公司内部转岗安置;协议转让资产评估价175.49万元。一钢炉窑专业化重组工作的完成,标志着宝钢上海地区检修业务专业化重组工作圆满结束。 (艾 青)

**梅山矿工贸改制** 梅山矿工贸公司改制是2008年的结转项目,共涉及评估后总资产1 721万元,净资产1 058万元,在册人员656人,在岗人员543人。2008年9月改制方案获集团公司批准(宝钢字(2008)277号文),经过意向受让方选择、资产评估、职代会表决通过职工分流安置方案、上海联交所产权挂牌交易、职工劳动合同改签等规范程序,2009年3月实现平稳改制。改制公司注册资本919万元,其中外部投资者持股41%,矿工贸公司经营团队持股39%,梅山矿业持股20%。有389人与改制企业重新签订劳动合同。随着矿工贸公司改制完成,梅山区域基本完成了生活后勤业务的退出任务。 (王永林)

**浦钢相关业务整合到宝钢发展** 浦钢相关业务整合到宝钢发展是宝钢上海区域生产服务业平台整合的第一步。8月20日,浦钢公司整合方案获集团公司批准。整合工作启动后,浦钢公司、宝钢发展协同集团公司相关职能部门对业务整合、人员和薪酬的对接、维稳工作等制订了周密的实施方案,民主程序到位,整合过程平稳有序(整合工作至2010年1月底结束)。有691位员工与宝钢发展重新签订劳动合同,协议转让经审计后的净资产1 173.56万元。浦钢公司相关业务成功整合为下一步上海地区生产服务业专业化整合提供了范例。 (张 艳)

**二钢公司结构调整** 二钢公司结构调整企业转型项目是上海市2009年产业结构调整市级重点项目,获上海市产业结构调整政府扶持资金1 160万元。年内根据工作计划先后完成"二钢公司结构调整企业转型实施方案"的审批和申佳股权收购;职代会通过职工安置分流方案;与二钢结构调整相配套的宝通制品项目建设10月破土动工;按照宝通项目建设进程,二钢产线逐步实施关停和搬迁,9月高绳厂产线全部关停;职工安置分流和新项目员工招聘工作平稳推进,员工队伍稳定。同时,二钢黄兴路地块开发利用各项前期工作全面开展。 (王永林)

**子公司清理工作** 2009年,子公司清理工作面临诸多困难,需要妥善解决税收优惠退回、资产损失、土地权属转移、人员分流安置以及觅求合适受让方等问题。经过各方努力,共清理关闭21家子公司,其中关闭13家,转让6家,合并2家,涉及总资产12.03亿元,净资产8亿元。 (陈 炯)

**宝钢发展平台建设** 年内,宝钢发展平台功能初步形成、管理顺行。宝钢发展推出的内部系列改革举措,为上海地区业务整合打好基础。平台具备整合功能和条件,运作规范高效,形成以工厂作业、资源再生和工厂物业三大业务板块为主的运作体系。 (陈 炯)

## 风险控制

**编制风险管理规划和工作计划** 2009年,集团公司确定年度11项重大风险和11项重要风险,经董事会二届二次会议审议通过后上报国务院国资委。以新一轮6年规划工作为契机,年内,编制全面风险管理职能规划,明确工作目标,统一思想。对纯粹风险和机会风险采取不同的控制策略,聚焦并购风险、供应链重大风险的防范,推进动态评估,培育对重大风险的早发现、早判断、早决策的能力。 (张国栋)

**探索全面风险管理工作机制** 年内,集团公司以钢铁主业供应链为切入点,推进全面风险管理工作。重点推进营销信用、产品战略、原料采购等供应链上重点环节的风险控制;采用项目化的管理方法,明确重大风险的控制目标、预警机制、风险预案和责任体系;建立相应的指标体系(先行风险指标、关键风险指标)和动态评估机制;将成熟的风险控制模式作为最佳实践,向集团内同类业务领域推广。 (张国栋)

**加快风险信号有效传递** 7月起,利用集团内各单位市场信息和行业研究资源,在集团层面组织召开宏观经济分析会。在此基础上,运营改善部组织经济管理研究院、华宝信托,会同相关的采购、销售等部门,在建筑、有色金属、煤炭、汽车、家电、石油、化工、造船等细分的专业市场,进行深入交流和探索。

(张国栋)

**风险导向内部控制** 年内,为适应集团总部体制变革,结合现有管理制度，更新完善了集团公司《内部控制手册》。同时以风险为导向，进一步完善《内控体系自我评估标准CSA2.0》，新增信用、加工、仓储等专项评审要求，并据此开展培训宣贯和年度内控评审。（陶　涛）

## 信息化推进

2009年，宝钢初步形成面向市场的SRM（供应商关系管理）、CRM（客户关系管理）系统框架。

为支撑管理变革，推广应用一体化系统，实施并完成3个事业部信息化支撑方案：一体化财务系统覆盖钢管事业部本部和宝银钢管，钢管成本系统改造完成；协同办公系统（包括4D工作平台）先后覆盖研究院、特钢事业部、财务公司、实业公司、黄石涂镀板、梅钢、宝日汽车板、宝钢检修、宁波宝新、宝通钢铁、鲁宝钢管、宝钢股份直属厂部、钢管事业部；一体化系统覆盖特钢事业部、烟宝钢管。10月，宝钢股份在2008年度中国企业信息化500强调查评选中荣获“2008年度信息化企业大奖”、“重大企业信息化建设成就奖”、“最佳IT总体架构奖”、“最佳供应链管理应用奖”、“最佳电子商务应用奖”和“最佳决策支持应用奖”。（朱维奇）

**信息化水平保持A级**　2009年，国资委组织的中央企业信息化水平测评中，宝钢集团连续第二年被评为A级。12月，钢铁供应链多方业务协同平台、人力资源系统、设备综合管理信息系统3个项目入选首批中央企业信息化示范工程。（谢立群）

**推进集团管控系统建设**　年内，完成协同办公平台对集团公司下属198家公司的覆盖。同时，完成与组织机构变革有关的适应性调整，提升了横向和纵向的协同效率。全年集团公司总部会议减少40%，文件处理周期从平均10天变为4天，集团公司高管2天内批示完的文件从43%提高到82%。完成e-HR（人力资源管理电子信息化）对集团公司下属267家公司的覆盖实施，规范了人力资源业务流程和基础信息，使集团公司能及时、准确、便捷地了解和掌握下属公司人力资源发展动态，为人力资源现状分析和决策提供支撑。年内还完成统一会计系统对工程公司、宝钢金属、梅山公司、宝钢检测、八一钢铁、华宝投资的部署及接口；完成覆盖方式部署108个账套、凭证接口138个账套、报表接口4个账套。（谢立群）

调试设备

**网络培训系统整体上线**　4月，宝钢网络培训系统实现整体功能上线。宝钢员工只要登录人才开发院网站的e-Learning栏目，即可参加系统的课程学习。宝钢网络培训系统采用了国际先进的网络平台技术，支持多种语言，实行分布式管理，是集在线自主培训、实时远程培训、离线自主培训和混合式培训等多种模式于一体的自主培训平台。系统包括学习交流、跟踪评价、培训管理、数据报表处理、知识资源管理、安全管理等模块。借助该系统，员工可以不受时间、场地限制，直接从网上学到所需课程。该系统同时还支持在线学习、离线学习、虚拟课堂等多种学习方式，为员工的学习提供了方便。此外，该系统还支持知识资源管理，有助于知识积累及资料检索。（乐　平）

**推进共享信息系统建设**　9月，宝钢员工网络论坛（“桥”论坛）项目通过验收，标志着员工关心宝钢发展、真实反映问题、充分发表意见的重要平台已经建成。11月，集团总部总监以上领导的信息共享工作完成，提升了阅知类文件、“宝钢内参”等信息共享平台的价值。年内，集团以“阳光经营”为抓手，推进电子商务在采购、闲废物资处置方面的应用，发挥电子商务平台在支持宝钢与外部合作伙伴双赢合作模式，提高市场敏感度和透明度，加快市场响应速度等方面的作用。电子商

务的应用，首次从宝钢股份扩展到化工公司、工程技术公司等多元产业公司。 （谢立群）

**专线运营费用下降** 12月，集团公司与中国电信公司签订"数据专线合作框架协议"。按照该框架协议，集团公司原有全部专线运营费用同比下降769万元/年，线路改造一次性投入在5个月内收回。 （胡 奇）

**强化信息安全管理** 3月，集团公司范围内完成防病毒软件部署工作。在降低宝钢集团防病毒软件总采购成本的基础上，提高了个人终端病毒防治能力。8月，发布"宝钢集团网络与信息安全事件专项应急预案"，并在子公司完成二次应急预案演练，初步建立起网络与信息安全应急体系，提高网络与安全应急水平。年内，先后实施集团总部、宝钢股份总部、宝钢金属总部、梅钢公司、东方钢铁等公司的上网行为监控项目，有效提高了网络的稳定性和带宽的利用率。 （谢立群）

**软件专利技术名列前茅** 2009年度"上海市十大优秀专利产品"评选结果在第三届中国上海专利技术展示交易周上揭晓。宝信软件MES专利和宝康电子道口机动车驾驶人查控装置双双跻身十大行列，前者高居榜首，后者居第三。宝信软件的MES产品不仅在面向冶金行业全流程MES的可配置技术等方面具有创新之处，而且在具体软件产品的设计上也独具特色，它的应用有效推动了制造型企业管理流程的优化与变革。宝康电子的道口机动车驾驶人查控装置属于实用新型专利产品，与常规卡口产品相比，该产品最大的优势在于，在一张图像文件上，除了可以获得经过机动车辆的主要信息，还能获得机动车前排司乘人员的人像信息。该产品问世后，为公安部门提供新颖的更健全的侦缉手段，提高了交通治理水平。 （乐 平）

**电子商务覆盖三大采购系统** 5月，宝钢电子商务平台对采购业务实施集中管控，具备网上寻源、询比价、竞标、竞价等功能，改变了传统的采购模式，使采购过程自动化、透明化，并降低了交易成本。推广应用采购电子商务平台后，三大采购系统改变了过去人工采购时供应商数量的局限性，业务部门和供应商之间信息传递更快捷方便。原来与供应商大部分面对面的接触被信息传输所代替，降低了采购的管理成本；通过网上寻源，从中选择报价和服务最优秀的供应商，降低了采购交易成本。业务人员把工作重心从采购执行转向采购寻源和策略管理，优化了采购供应全过程，提高了对采购业务的集中管控能力。 （乐 平）

**宝钢国际实现财务系统一体化** 2月，宝钢国际通过开发应用的计算机管理集成平台（BMI系统），使50家子公司成功实现财务报表的统一生成，并在宝钢股份合并报表系统上完成数据检核及提交，实现了财务系统一体化。BMI系统的成功上线，结束了宝钢国际长期以来没有中枢管理系统的历史，有力地支撑了宝钢股份财务一体化管理。 （乐 平）

**新版一体化监控指挥平台问世** 9月，宝信软件自主研发的一体化监控指挥平台最新版本iCentroView5问世。iCentroView是一个集实时过程监控、海量数据处理和存储、报警联动、智能协同指挥等功能于一体的大型综合指挥平台，具有"集中管理、分散控制、全面监控、安全联动"等特点，在国家智能监控领域发挥着重要作用。该平台广泛应用于国内50多个大、中型工程中，为国家市政工程、工业控制、轨道交通、智能楼宇、智能交通、矿业采掘、石化应急、水利工程等行业用户提供了完整、全面的综合监控管理方案。iCentroView5平台的用户界面更加生动直观，项目周期更短，维护成本更低，各项性能达到国际先进水平。 （乐 平）

**一炼钢与2050热轧L3系统改造成功** 6月，宝钢股份一炼钢及2050热轧L3系统同步切换，上线后运行良好，标志着历时14个月的二合一改造项目完成。L3系统是计算机控制系统的组成部分，具备信息传递、计划下达等功能。此次改造的难度很大，除一炼钢和2050热轧两个重要生产单元外，还涉及厚板、条钢、冷轧等产线；外围接口达30多个，测试难度非常大。为此相关单位组成项目团队，在改造过程中密切配合，攻坚克难。在系统切换期间，各部门项目人员通力合作，不仅提前完成切换，还创造了宝钢历史上同类改造切换时间最短的纪录。 （乐 平）

**工程设备电子采购平台运行顺畅** 4月，宝钢工程设备电子采购平台上线运行，实现网上招标、竞价、审价等功能。共有1 538个设备类合格供应商完成注册，参与询报价协同流程的供应商已达231家，通过电子招标中标的供应商有159家。工程设备电子采购平台上线运行以来,采购人员询价、供应商报价、招投标、管理监控等环节的效率大大提升:以往需要1—2个工作日的手工发询流程,只需1—2小时即可完成;原来供应商制作报价单加上邮递最快也需2—3天,现可在2小时内完成。同时,管理费用也大大降低,供应商无需再支付信函、快递等费用。 (乐 平)

**“采购数据仓库”上线** 5月,宝钢“采购数据仓库”全面上线。“采购数据仓库”是依托宝钢股份商务智能平台搭建的计算机分析系统,主要包括库存分析、供应商分析、成本分析、效率管理和质量管理等模块,上线后可有效提高采购管理效率。“采购数据仓库”的搭建工作从上年开始,由资材备件采购部牵头,相关用户部门与宝信软件共同参与建设,所有数据均来自采购供应链系统(PSCS)、物流管控系统(PLMS)和一体化财务系统。“采购数据仓库”注重成本分析功能,该系统中的多维报表可同时对采购信息进行多维度查询、多层次挖掘,让采购人员全面把握采购业务情况,及时锁定成本改善切入点。此外,“采购数据仓库”还能按业务区域分析员工绩效和供应商服务情况,在提高数据分析效率的同时,为采购业务管理提供有效支撑。 (乐 平)

**销售及物流管控系统二期建成** 5月,宝钢销售及物流管控系统覆盖特钢事业部,至此,该系统二期建设全面完成。宝钢碳钢、不锈钢、特殊钢三大精品的销售将以统一、规范的运作流程面向广大用户。过去,不同的制造单元在品种销售上均有各自独立的信息系统,运行水平参差不齐,管理界面纷繁复杂,给营销管理带来诸多不便。从2006年6月起,宝钢抽调精兵强将组成项目组,2007年完成一期建设,实现对部分碳钢产品的覆盖。在随后展开的二期建设中,项目组将碳钢、不锈钢、特殊钢等制造单元的销售及物流管理都纳入统一平台,统一了客户与供应商代码及开户流程、销售合同管理流程、产品质量异议管理流程、产品外设计规范体系等主要业务流程,实现了管理过程受控和规范。 (乐 平)

**罗泾点检信息化实现全覆盖** 8月,罗泾工程建成覆盖全工程的点检业务信息系统。该系统建成后,点检员每天只要查询一下点检计划,就能明确自己当天的任务。点检结束后,直接在信息系统中录入当天的检查数据。 (乐 平)

**精密钢管厂MES系统成功上线** 1月,宝钢股份特钢精密钢管厂制造管理系统(MES)成功上线,进入试运行阶段。该系统涉及合同管理、计划管理、仓库管理、质量管理、物流跟踪与实绩管理、工器具管理、出厂管理与成本管理等八大模块。MES项目正式启动后,由于精密钢管厂生产工艺流程较长,产品复杂,信息化基础薄弱,给项目实施带来了前所未有的挑战。在宝信软件技术人员支持下,精密钢管厂相关员工刻苦学习新技术,在较短的时间内掌握了MES操作技术。 (乐 平)

**梅山矿业生产管控一体化系统通过鉴定** 6月,梅山矿业公司“数字梅山矿业生产管控一体化系统开发与应用”科技成果通过专家鉴定。梅山数字化矿山建设从1999年开始,按照“总体规划,分步实施”原则,共分三个阶段推进。该公司已建成两个企业中心机房和较为完善的内外部网络,包括独立运行的局部工控网和视频监控网,实现了多系统数字化整合与创新。数字梅山矿业的建成,突破了传统的矿山生产管理方式,决策层可利用系统提供的数据优化生产组织模式,解决地下矿山大部分生产安全、现场管理的难题,对生产实绩的自动数据采集也实现了历史性突破。 (乐 平)

**招投标领域网络化建设效果明显** 宝钢成为国内招投标行业电子信息化建设的领先者。宝华招标和宝信软件联合开发的全国首个全流程网上招标平台上线后,在规范操作、提高效率、降低成本等方面的作用日趋明显。在线运行项目有151个,已完成124个,平均每个招标项目可节约招标交易成本2.73万元和58个人工工时。 (乐 平)

**宝信软件入选国家软件业AAA级信用企业** 4月,中国软件行业协会公布16家首批荣获中国软件服务业信用评价A级以上等级的企业名单,宝信软件跻身信用等级最高的AAA级企业名单。在此次信用评价活动中,宝信软件凭借较为完善的信用风险管理体系和良好的经营状况,得到了中国软件行业协会的认可。 (乐 平)

**宝信软件入选市名牌信息服务企业** 4月,宝信软件被评为2008年度信息服务行业(信息技术服务外包领域)上海名牌服务企业。经过30年宝钢信息化建设的磨砺和考验,宝信软件具备了信息技术与现代管理技术相结合、项目规划咨询和工程实施相结合、软件构件化和定制化设计相结合的综合能力。信息技术服务外包业务是宝信软件近年来着重拓展的领域,凭借在该领域取得的优良资质、领先地位以及良好的发展前景,宝信软件最终入选上海名牌服务企业。（乐　平）

**进入申通地铁核心业务**　5月,宝信软件作为唯一IT服务供应商,为上海申通地铁集团公司建设的网络物资供应系统项目正式启动。随着申通地铁新线建设的不断展开和运营管理规模的成倍扩大,迫切需要建成一套用于网络物资供应的一体化管理平台,为网络化运营提供后勤保障。该项目可行性研究报告通过后,申通地铁随即启动了立项工作,宝信软件于3月成功中标这一项目,并初步形成了技术方案。该项目一期工程于年底上线运营,二期工程将重点完成业务提升和管理优化,计划于2012年底完成。

（乐　平）

**承建华西财务公司管理信息系统**　6月,宝信软件与江苏华西集团签约,成为华西集团财务公司信息系统建设的合作伙伴。通过激烈的竞争,宝信软件的"企业集团财务公司管理信息系统"解决方案最终获得了华西集团的青睐。这是该系统成功推广到申能集团、无锡国联之后的又一次市场拓展。（乐　平）

**签下广州JFE第二单**　8月,宝信软件签下广州JFE钢板有限公司冷轧全厂行车定位系统项目。该项目是继冷轧制造执行管理系统后,宝信软件在与国外供应商竞标中赢得的广州JFE的第二份合同。在该项目中,宝信软件拥有自主知识产权的行车无线数传及定位整体解决方案将被首次应用到冷轧全厂区域。行车无线数传及定位整体解决方案是宝信软件针对钢铁制造企业生产现场大量使用的行车设备,为提升生产组织水平和企业信息精细化管理能级而研发设计的一套智能化控制系统。该系统可实时监测行车的吊钩位置和工作动态,在线跟踪、记录现场库区的物流状态,并形成作业指令,从而实现对行车的自动调度,完成库区管理和行车工作信息的实时管理。宝信软件承接的冷轧全厂行车定位系统是广州JFE冷轧制造执行管理系统的延伸和配套部分。系统建成后,生产现场全部工作将由计算机统一管理与控制,大大降低人为因素导致的差错,提升现场的精细化管理水平。（乐　平）

**成都工商信息系统通过验收**　9月,宝信软件历时2年多建设成的"金信工程"成都工商信息系统通过专家组验收。"金信工程"是国家工商行政管理信息化建设的总称,是国家电子政务的重要组成部分。工程涉及机房建设、硬件设备和第三方软件系统基础支撑平台建设,以及13个业务应用子系统的建设工作。在试运行期间,该系统已经为成都市税务、质监等部门提供企业、个体工商户的相关信息逾百万条。专家组认为,该系统设计理念先进、方法科学、路线正确,探索出了一条将信息化技术应用于工商管理的全新道路,在全国工商行政管理系统中属于首创。（乐　平）

**宝信软件居年度软件生产力风云榜榜首**　12月,第八届中国系统与软件过程改进年会上,2009中国软件生产力风云榜名单揭晓。宝信软件以过程能力、研发能力等综合优势,获得业界广泛认可名列榜首。

（乐　平）

## 经济管理研究院

经济管理研究院(简称"经研院")是集团公司2007年成立的管理智囊机构。2009年,随着宝钢集团总部职能变革,战略研究职能划归经研院,海外信息管理的职能由宝钢集团原战略发展部划归经研院。

年内,经研院立项完成软科研项目17个;完成研究报告85篇(其中《经管新视点》24期);提交特供稿件35篇;完成专业资讯86篇、《相关产业每周动态》47期,对外发表文章28篇。（王　猛）

**发挥企业智库作用**　2009年,围绕集团公司外部风险揭示和经营决策重点问题展开课题研究,抓住机遇利用智库身份优势争取政策资源。经研院在形成宏观形势报告活动机制、提供具体经营决策支撑策略建议以及用好政府政策形成机会和政策机遇方面,开展了一系列新的工作实践。(1)推出"宏观经济与钢铁产业发展趋势"月度报告,在揭示外部经营环境的机会判断和风险方面(宏观经济政策判断、钢铁产业走势、大宗原料价格变化等)为集团公司高层审时度势科学决策提供支撑。(2)抓住宝钢经营活动的矛盾焦点开展研究,适时提供策略报告,如:"铁矿石谈判中国定价机制探索"、"美元注水,镍价走向何方"、"宝特不锈钢下游用户调研报告"、"基于客户需求的宝特模具钢发展模式"等。(3)深入研究与把握金融危机发生后的政策性机会,通过

“经管新视点”，明确提出国家4万亿投资可以拉动1.25亿吨钢材需求，“钢铁产业调整和振兴规划”有利于兼并重组的观点；通过对二季度中国钢铁市场形势分析，明确指出2009年钢材市场将在低位锯齿形震荡的观点，此外还回答了美联储大印钞票，铁矿石会不会开始上涨趋势的疑问。(4) 下游产业研究全面开花。通过“重点下游产业发展趋势、用钢特征研究及跟踪体系建立”课题项目研究，陆续推出11期报告，给出了制造业(汽车、家电、机械、造船、集装箱、能源)用钢情况及用钢强度调研分析。（王 猛）

**环境经营研究** 年内，在集团公司提出的环境经营差异化竞争战略设想之后，经研院集中力量对“环境经营”从理念导入到系统构建进行了深入的研究。(1) 新能源行业的崛起对宝钢的影响及对策研究，二氧化碳减排对宝钢可持续发展的影响及对策研究，宝钢兼并收购活动中的环境、安全、健康和社会(EHSS)风险识别及对策研究等，探究了新能源产业带给宝钢的产品机会、产业机会和能源结构优化策略、高碳企业的低碳发展策略及企业扩张过程中的环境经营风险识别及控制策略。(2) 瞄准钢铁业未来发展方向，围绕影响未来钢厂可持续发展的资源、能源和环境问题，提出将湛江钢铁基地的循环经济规划定位于“建设成为资源化、低碳化、生态化的钢铁基地”，从“三化”入手支撑湛江钢铁循环经济策划。（王 猛）

**全面启动产业策划研究** 年内，经研院配合工程技术板块整合，形成工程技术板块研究支撑的初步工作方案。配合生产服务业相关业务聚焦，针对固废回收业务和协力业务开展两项专题研究，对相关业务的功能化和产业化定位及其发展路径提出研究结论。配合金属延伸加工产业相关业务，在上年金属包装业务研究的基础上，对工业气体产业进行聚焦研究。为了有序发展多元产业，经研院形成了“集团产业策划主体工作设想”，有效解决了多元产业策划工作的章法问题。对已经进入产业化经营的产业，持续跟踪其市场格局、竞争动态和技术发展，为该产业持续经营提供运营改善、竞争力提升策略和发展模式修正等方面的支撑。（王 猛）

**宝钢全球性发展研究** 年内，经研院通过对世界主流钢厂国际化发展模式的研究及国内钢铁下游国际化调研，捕捉宝钢全球性发展机会。完成了“世界主流钢铁企业国际化发展模式及其对宝钢的借鉴研究”、“宝钢追随下游产业国际化机会研究”、“宝钢在中东钢管市场产业机会、风险与策略研究”和“宝钢在中亚地区产业机会、风险与对策研究”等4个研究项目。（王 猛）

**全面提升内部管理** 年内，经研院以项目管理为重点，以信息系统为工具，制定软科研激励机制，营造创新性文化氛围，全面优化经研院的管理方式。(1) 经过自主开发、持续改进，信息系统建设取得重要突破，成果资料收集与共享获得理想效果，并通过信息平台为知识共享提供了一个友好的渠道。此外，全面拓展了对内和对外的宣传推广渠道。(2) 配合集团公司人力资源部，对软科研人员的激励机制进行了全面的输理，初步形成“宝钢经研院员工绩效评价与薪酬激励方案”。(3) 对软课题项目管理实行全过程最简化管理和研究课题的高度精干化处理，变业务单元瓜分式分工为具有现代理念的业务流程式分工。(4) 院内推出“四季风会”，以“无话不可说，有事大家谈”为活动宗旨，关心员工思想动态，促进院内和谐。推广“健康工作”理念，10月举办经研院第一届运动会。（王 猛）

**开展学术交流** 2月，经研院召开第一届学术报告会，集团公司近50个职能部门与有关公司300余人参加会议。3月，派员访问韩国浦项经营研究所(POSRI)，与POSRI签署合作交流备忘录，进行第一次业务和学术交流。4月，和首钢发展研究院共同发起，冶金经济研究中心牵头组织部分大型钢铁企业决策咨询机构在首钢召开第一届大型钢铁企业战略与管理研究沙龙。7月，举办“气候变化与企业应对”专题研讨会，来自上海市科研院所的权威专家齐聚宝钢，就钢铁企业应对全球气候变化带来的减排压力进行了深入的研讨和交流。10月，经研院举办“碳税与低碳企业”专题研讨会，来自上海国际问题研究院、复旦大学、上海交通大学和华东政法大学等科研院所以及宝钢股份的专家学者，共同为宝钢探索低碳发展之路出谋划策。10月，承办第二届大型钢铁企业战略与管理研究沙龙。同月，韩国浦项经营研究所(POSRI)一行7人到宝钢经研院进行年度第二次交流，双方就全球经济和钢铁产业发展态势、全球铁矿石供求关系及价格走势、人员的培养与考核、产业策划方法和体系等进行了交流。（王 猛）

2010 YEARBOOK BAOSTEEL

# 科　研


1 专　记 ZHUANJI

13 专　文 ZHUANWEN

33 大事记 DASHIJI

41 概　述 GAISHU

63 规划发展 GUIHUAFAZHAN

67 管理创新 GUANLICHUANGXIN

79 科　研 KEYAN

97 基建与技改 JIJIANYUJIGAI

109 环境经营 HUANJINGJINGYING

123 人力资源管理 RENLIZIYUANGUANLI

135 财务、资产与审计 CAIWUZICHANYUSHENJI

141 宝钢股份 BAOGANGGUFEN

217 八一钢铁 BAYIGANGTIE

233 广东钢铁 GUANGDONGGANGTIE

239 宁波钢铁 NINGBOGANGTIE

245 多元产业 DUOYUANCHANYE

305 海外公司 HAIWAIGONGSI

313 综合管理 ZONGHEGUANLI

325 党群工作 DANGQUNGONGZUO

353 企业文化 QIYEWENHUA

365 人物与表彰 RENWUYUBIAOZHANG

377 附　录 FULU

401 索　引 SUOYIN

# 科　研

宝钢集团主要科研机构设在宝钢股份公司，包括宝钢股份研究院（技术中心）、梅钢公司技术中心、宝信软件技术中心、化工公司技术中心等。2009 年，宝钢集团围绕公司生产经营目标和发展战略，广泛开展技术创新活动。年内，研究与开发投入率 1.57%；新产品销售率 18.55%；专利申请 1 545 项（其中发明专利 528 项），专利授权 914 项；企业审定技术秘密 2 699 件；享受政府政策优惠 5.03 亿元。取向硅钢、高强钢等专有技术取得重大成果，一批重大创新成果获国家、省市和行业表彰，研究院获国家认定企业技术中心成就奖。（史　志）

## 科 技 管 理

**召开宝钢第四届技术创新大会**　年内，规划发展部会同办公室、人力资源部等制订并完善技术创新大会方案，策划、组织召开了宝钢第四届技术创新大会。会议全面部署了宝钢新一轮技术创新任务，提出宝钢要坚定不移地推进技术创新，坚定不移地践行技术领先战略，坚定不移地走自主集成创新道路，提升集团整体技术能力和市场竞争力。

（规划发展部）

**举办"产学研用"合作高层论坛**　年内，规划发展部策划、组织召开"宝钢与领先者握手——宝钢产学研用"合作高层论坛。全国 9 家战略用户和 8 家产学研战略合作伙伴应邀出席，合作高层论坛围绕"产学研用"合作机制和模式进行研讨交流。

（规划发展部）

**编制新一轮技术创新规划**　年内，规划发展部组织新一轮技术创新规划编制，先后走访并辅导宁波钢铁公司、工程技术公司、化工公司等单位技术创新规划的编制工作，并参与宝钢股份公司技术创新规划的集成工作。通过新一轮技术创新规划编制，明确技术发展方向和重点突破领域。（规划发展部）

**推进海外高层次创新创业基地建设**　根据中央提出的人才强国战略，结合中组部、国资委有关高层次人才引进及"千人计划"的明确要求，年内规划发展部会同人力资源部起草"加大创新创业基地建设的若干意见"，制订基地筹建方案，起草创新创业基地授牌会议交流材料等，聚焦重点突破领域，推进创新创业基地建设。6 月 9 日，经中组部批准，宝钢正式成为"海外高层次人才创新创业基地"。（规划发展部）

**编制科技年度计划及预算**　年内，规划发展部组织完成了 2010 年科技年度计划及预算编制。通过科技年度计划及预算编制，突出科技研发重点，加强政策导向。

（规划发展部）

**实施"钢铁联合研究基金"新一轮合作**　2000 年，宝钢与国家自然科学基金委员会联合成立了面向全国的"钢铁联合研究基金"，2009 年第三期（2007—2009 年）合作完成。为了推动中国钢铁工业科学技术的繁荣与发展，促进知识创新和技术创新的结合，进一步发挥国家自然科学基金的导向和协调作用，规划发展部结合国家战略需求，年内完成第四期（2010—2014 年）"钢铁联合研究基金"方案编制。（规划发展部）

**技术创新重大成果奖申报**　年内，规划发展部组织宝钢集团内技术创新重大成果奖申报。2009 年度，宝钢共有 12 项成果获得国家、上海市和行业科技奖。其中，"抗 $CO_2$、$H_2S$ 腐蚀用 3Cr 系列油套管研制"项目获国家科学技术发明二等奖；"钢铁企业系统节水与梯级利用技术的开发应用"等 5 个项目获上海市科学技术奖；"无取向电工钢退火涂层机组工艺装备技术自主集成与创新"等 5 个项目获冶金科学技术奖。（2009 年度获奖科研成果，见下页）（规划发展部）

## 科 技 发 展

宝钢股份公司下设科技发展部。5 月，宝钢股份公司对技术质量、科技管理相关组织机构进行调整，原知识资产部（科技发展部）更名为科技发展部，下设科技管理室、知识产权室、推广移植室和特种用钢管理室。

年内，宝钢股份公司申请专利 939 件，完成全年预定指标的 104.3%，同比增长 9.3%。其中发明专利申请 384 件，占总申请量的 40.9%，完成全年指标的 116.4%，

2009 年度获奖科研成果

| 项 目 名 称 | 主要完成人 | 主要完成单位 | 获奖等级 | 颁 奖 单 位 |
| --- | --- | --- | --- | --- |
| 抗二氧化碳、硫化氢腐蚀用 3Cr 系列油套管及制造工艺技术 | 张忠铧 | 研究院 | 发明二等奖 | 中华人民共和国国务院 |
| 高速冷轧带钢多功能在线检测技术 | 王康健 | 宝钢股份 | 科技进步二等奖(工人农民组) | 中华人民共和国国务院 |
| 产学研用紧密结合的钢铁精品研发基地建设 | | 规划发展部 | 科技奖创新企业二等奖 | 中华人民共和国国务院 |
| 两片易拉罐用镀锡钢板的开发与应用 | 李海平、张世云 | 宝钢金属、研究院、宝钢股份 | 冶金科学技术奖一等奖 | 中国钢铁工业协会中国金属学会 |
| 宝钢质量一贯过程控制(BPC)技术研究与应用 | 周建峰、王国清 | 宝钢股份制造部 | 冶金科学技术奖一等奖 | 中国钢铁工业协会中国金属学会 |
| 无取向电工钢退火涂层机组工艺装备技术自主集成与创新 | 陈晓、陈卓雷 | 宝钢股份硅钢部 | 冶金科学技术奖一等奖 | 中国钢铁工业协会中国金属学会 |
| 镀锌板形控制与全硬钢生产技术 | 姜正连 | 宝钢股份冷轧厂 | 冶金科学技术奖二等奖 | 中国钢铁工业协会中国金属学会 |
| 梅钢转炉高效复吹技术集成 | 夏晓明 | 梅钢公司 | 冶金科学技术奖三等奖 | 中国钢铁工业协会中国金属学会 |
| 产学研用紧密结合的钢铁精品研发基地建设 | | 规划发展部 | 上海市科技奖自主创新企业一等奖 | 上海市人民政府 |
| 钢铁企业系统节水与梯级利用技术的开发应用 | 王　鼎 | 宝钢股份能源部 | 上海市科技进步二等奖 | 上海市人民政府 |
| 桥梁缆索用盘条及镀锌钢丝的研制 | 周金芳 | 宝钢股份制造部 | 上海市科技进步二等奖 | 上海市人民政府 |
| 浅槽紊流硅钢酸洗技术和系统研发 | 邢启宏 | 宝钢股份硅钢部 | 上海市科技进步三等奖 | 上海市人民政府 |

同比增长 16.4%。国际专利申请 5 件，国外专利授权 3 件。审定技术秘密 2 375 项，同比增长 14.8%。完成软件著作权登记 38 件，商标注册申请 5 件，商标核准注册 5 件。对 794 篇论文进行了保密审查。研究与开发投入率达 1.75%，新产品销售率达 19.78%。（付　江）

**实施“金苹果”计划**　在 10 月 27 日召开的第四届宝钢技术创新大会上，宝钢集团公司推出了“金苹果”计划，公布了首批“金苹果”计划 5 个团队及核心小组成员名单。“金苹果”计划的目标是建立有共同技术领域、共同志向、共同利益、相互协同的稳定团队，确保宝钢股份公司核心产品及关键技术持续领先，培育出能够在世界钢铁发展史上留下印记的宝钢自主创新技术，以及能够漫步国际舞台的技术领军人才。为了从流程上使创新机制落到实处，宝钢股份还根据管理决策高效、目标任务聚焦、科研费用保证、充分授权和充分激励等原则，制定“‘金苹果’计划团队试点运作管理办法”。（付　江）

**修订“宝钢技术创新体系发展纲要”** 围绕外部经营环境和内部管理变革，年内对“宝钢技术创新体系发展纲要”进行修改。修改后的纲要强调成本竞争力提升、核心人才激励、多元产业协同、重大项目聚焦、知识产权和标准战略实施，并更加注重创新文化氛围的营造和体现创新体系时代特征。（孙中渠）

**完成2010—2015年技术创新规划编制** 组织策划宝钢股份2010—2015年技术创新规划的编制。根据专业分工，成立了14个专业编写组。规划编制从2009年7月底正式启动，12月完成并正式下发。规划的指导思想是：注重产品研发，实施以技术领先为特征的精品战略，努力创造差异化竞争优势；深化科技降本，推行全过程极限成本制造技术，提升成本竞争能力；加大环保技术开发力度，加速绿色制造进程，不断增强企业环境经营能力；加强前瞻性技术研究，培育和孵化宝钢重大技术，引领钢铁行业技术发展。（孙中渠）

**自主集成创新取得突破** 首次采用开放式自主集成创新模式建设的大型薄板连轧项目——梅钢公司冷轧工程于2009年顺利投产。梅钢公司冷轧项目集成冷连轧生产领域的主要先进技术，技术装备、产品质量和规格、轧制速度、设备性能均达到世界一流水平。梅钢冷轧工程的顺利投产标志着宝钢工程自主集成创新取得突破，该工程也成为科研与工程相结合的典范。（孙中渠）

**重点新产品研发取得成果** 年内，重点围绕硅钢、高强冷轧用钢、管线钢、工程机械用钢、焊接结构用钢、超高合金石油用管和超纯中铬铁素体不锈钢等12大类新产品进行开发，新产品的设计输出完成了37个，22个牌号实现大生产转化，新产品转产87个。试制出包括B23R080在内的5个世界最高等级牌号的取向硅钢并批量供货，填补了国内空白。高端取向硅钢比例由最初的15%提高到50%以上，并实现向国内外300多家用户的稳定供货。宝钢生产的高磁感取向硅钢产品具备500千伏及以上电压等级大型变压器用取向硅钢的批量、稳定供货能力，为宝钢高磁感取向硅钢应用于三峡工程铺平了道路。在汽车板方面，已具备150千克级超高强汽车板制造能力，强度等级达到世界顶级水平。高钢级大规格镍基合金油管研发成功并首次应用于国内开采环境最恶劣的中石化普光气田，打破国内长期依赖进口的局面。核电用690U管国产化项目正式投产，标志着宝钢成为国内首家生产核电用管的企业。（孙中渠）

**核安全一级钢板首次批量供货** 6月，宝钢首次实现核安全一级板材供货。宝钢研发的高温气冷堆堆内构件用12Cr2Mo1R钢板成功应用于华能石岛湾核电工程，实现批量稳定供货600吨，钢板的力学性能、冲击韧性和焊接性能等都能满足核安全一级材料的要求，标志着宝钢核电用钢跨入核安全一级板材供货领域。（李朝峰）

**核心技术链取得一批成果** 配煤技术通过开发5个配煤新煤种，优化整体配煤结构，有效降低配煤成本。烧结技术通过研究厚料层（750毫米）和强化添加剂，生产效率提高5%。热送技术通过高拉速保护渣、电磁冶金技术及动态轻压下模型的开发研究，转炉6台连铸机平均热送比达到67.1%，其中1450的热送比达到80.40%。氧化物冶金技术取得进步，所开发的钢板常规力学性能满足要求，经大线能量焊接后，接头焊冲性能稳定且相对船标有较大性能富余。高纯净中铬铁素体不锈钢冶炼工艺技术研究进展明显，VOD冶炼中铬超低碳氮铁素体不锈钢的技术指标已得到明显提升。围绕优化CQ料工艺、降低质量损失，提出了有针对性工艺改进措施，热轧翘皮发生率稳定控制在0.2%以下，效果显著。首次成功试制出细晶低夹杂的优质GH4169合金锻轧棒材。（孙中渠）

**环保和资源再利用技术研发** 针对烧结烟气中的有害气体，开展脱硫、脱硝及二噁英减排技术的研究，形成了一种适用于烧结工艺的非垂直烟道二噁英数据采集方法，并完成产线上的二噁英样品采集工作。结合工程项目开展烟气脱硫关键技术研究，梅钢公司、不锈钢事业部和宝钢股份厂（部）建立的3套烟气脱硫装备已运行一年以上，各项指标满足设定要求，国家环保部对此给予高度评价，认为“宝钢烧结机烟气脱硫技术的开发、建设、运营为国内钢铁企业提供了很好的实践经验”。滚筒法熔渣处理技术研究成功，实现了对转炉熔渣、电炉熔渣和钢包渣的循环利用，并带动了相关产业的形成。完成废气余热循环利用的烧结锅探索试验，申报“烧结低温余热循环及排放废气减量的方法及其装置”发明专利。（孙中渠）

**冶金前沿技术取得阶段性成果** 薄带连铸共试验74炉，成功实现连续

8炉次连铸连轧和卷取试验，浇铸成功率达到90%，整炉浇铸并成卷成功率达到70%；实现了整条机组线连铸连轧的全线贯通。围绕COREX新工艺，开展了低成本配煤配矿技术研究，形成新煤种工业应用的配煤方案；开展多种块矿和球团矿在冷态和热态的性能研究，形成了适合宝钢COREX－3000的块矿评价新体系和技术指标。通过研究纳米晶的微观组织与力学性能，开发了表面纳米强化拉矫辊，在2030机组进行生产性应用表明，应用纳米技术的拉矫辊寿命提高到原来的3倍。开发第三代氧化物冶金工艺，完成了50千克级高温实验，冲击韧性明显提高，明确了满足大线能量焊接性能的炼钢、轧钢等工艺条件。启动了真空镀膜实验平台建设，完成技改立项及主要设备的技术谈判。Zn-Mg合金镀产品的研究取得突破，已经获得结构理想的实验室样品。（孙中渠）

**开展无形资产价值评估**　2009年选取较有代表性的“宝钢钢渣处理技术”，进行了无形资产价值评估。评估结果，收益法评估值为人民币51 700万元，成本法评估值为人民币10 294万元。无形资产评估出的结果，是在各种条件相对确定或假设的情况下，做出的该项技术在生命周期内的价值，但这并非是自然产生的，必须要根据宝钢股份公司相应的规划、国际大环境、国家相应的政策、市场需求等内、外部条件，对该项无形资产进行推广运作等，才有可能实现其价值。（付　江）

**知识产权风险防范**　随着宝钢股份公司开放式自主集成创新的不断深入，“产学研”合作项目和技术贸易活动广泛开展，在这些活动中可能带来科技成果的归属和知识产权风险问题，为此着重从签订协议、事先包装、权利界定等多个方面进行防范。在技术推广过程中，宝钢股份注重在双方权利义务方面同样模拟市场运作，用合同条款方式约定参与推广项目的人员的知识产权法律责任，保留法律追溯的权利，以便引起相关人员足够重视。（付　江）

**加强与“宝钢教授”的合作**　近几年，宝钢聘请了一批国内外技术专家为“宝钢教授”。2009年，结合每位“宝钢教授”的特点，围绕技术交流、项目合作及人才培养等积极与对方协商合作内容。策划或运行中的合作项目有8项，与陈国良院士合作的“6.5%高硅产业化研究”项目有新的进展；发挥Speidle教授在不锈钢技术领域的权威和桥梁作用，为“高氮不锈钢”相关技术的研究提供支撑；与王国栋院士合作开展的国家科技支撑计划项目“节约型钢材减量化轧制技术”年内重点做好宝钢厚板已有大生产钢种的快速冷却和快速加热的试验研究。（瞿雪元）

**对外技术出口**　8月，韩国浦项钢铁公司引进宝钢2套渣处理装置的商务合同正式签订。该技术具有短流程、清洁化生产、占地面积小、对环境友好等特点，是应用于印度JSW钢厂之后，又一次输向国外钢铁联合企业，这将进一步扩大宝钢在国际上的影响力，提升宝钢的国际形象。（金静波）

**技术共享平台技术答疑模块上线试运行**　在科技部、制造部、宝信软件等单位共同努力下，宝钢股份公司技术共享平台技术答疑模块（地址：bkm. baosteel. info）于12月1日投入试运行。该模块支持宝钢股份范围内员工与技术专家的互动问答，为技术人员搭建了网上在线沟通渠道，进一步满足了宝钢股份各制造单元间远程技术支撑服务的需求。（金静波）

**召开电炉流程专家研讨会**　1月7日，宝钢股份技术质量管理部、规划委员会办公室、钢管品种管理部共同策划和组织召开宝钢股份公司电炉流程专家研讨会。会议决定组建电炉流程专家团队，明确团队职责和任务，以提升电炉技术水平为主要目的，同时围绕宝钢电炉流程技术现状进行了研讨，明确了电炉流程技术发展方向及团队要重点关注与深入研究的问题。5月22日，开通电炉流程技术专家团队交流平台。该平台是宝钢股份电炉冶炼、连铸技术交流、共享和传承的一个很有价值的平台，为宝钢股份电炉技术人员提供技术交流的场所，同时也是宝钢股份技术共享平台建设的前期尝试。（金静波）

**成立铁区专家委员会**　为充分发挥宝钢集团内的有效协同，提高整体竞争力，7月26日决定成立宝钢股份铁区专家委员会（以下简称：委员会）。委员会由郭可中任主任、朱仁良任副主任，组员为规划部、研究院、科技部、设备部、工程技术公司相关专家及集团公司各铁区主要负责人。年内，委员会分别对宁波钢铁、不锈钢事业部、八一钢铁及梅钢公司铁区的技术与经济现状进行调

研分析，提出了现存问题及改进建议，对高炉稳定性、煤比、铁水成本等重要技术经济指标的提升起到了较大的促进作用。（金静波）

**带钢表面检测技术研发** 由宝钢股份自主开发的宝钢股份冷轧厂1550电镀锌带钢表面质量在线检测系统，合作开发的1550热镀锌入口/出口带钢表面质量在线检测系统年内研发成功，并在线稳定投用。自主开发的带钢针孔/边孔在线检测系统在梅钢公司连退机组通过设备验收。宝钢股份已形成具有自主知识产权的BAOVISION系列装备核心技术。（金静波）

**为集团公司钢铁主业提供技术支撑** 宝钢股份先后对八一钢铁2 500立方米高炉、宁钢公司2 500立方米一号高炉、韶钢公司3 200立方米八号高炉的开炉进行技术支撑，从方案设计到开炉准备进行全程检查指导，确保高炉顺利开炉。年内，接待韶钢公司12批次113人日的对口交流与参观。多次聚焦八一钢铁制造体能力提升工作，成功轧制出X60管线钢，形成了板坯角部切割清理方法的自主知识产权，焦炭灰分、硫分逐步降低，吨铁焦炭成本较2008年下降约500元。7月启动对宁波钢铁的技术支撑任务，共派遣支撑人员63批次、投入885人日数，完成62项支撑需求，确保炼钢三号新建转炉顺利开炉，五丰塘二号焦炉顺利出焦。（金静波）

**支撑梅钢新建冷轧投产** 由梅钢冷轧项目部总体牵头，通过专家派遣与生产准备项目相结合，支撑产线规划、设备采购谈判、工程施工及生产准备全过程。自8月梅钢冷轧各机组相继投产后，为确保梅钢冷轧自主集成工程项目早日达产、达标与盈利，在宝钢股份公司层面建立了梅钢冷轧生产月例会制度，以协调和推进试生产过程中各项事宜。系统考虑市场定位、销售计划等并作动态调整，通过质量一贯制、产品移植、设备削缺、质量提升等一系列项目组合支撑，各项技术指标快速提升，实现了试生产阶段效益最大化。（金静波）

## 科研机构

### 宝钢股份研究院（技术中心）

宝山钢铁股份有限公司研究院（技术中心）（简称“研究院”）有职工645人，其中科研人员387人，占职工总数60%。博士学位154人，占职工总数23.9%；硕士学位224人，占职工总数34.7%；本科153人，占职工总数23.7%。高级工程师165人，其中教授级高工60人。宝钢首席研究员67人，宝钢技术业务专家12人。

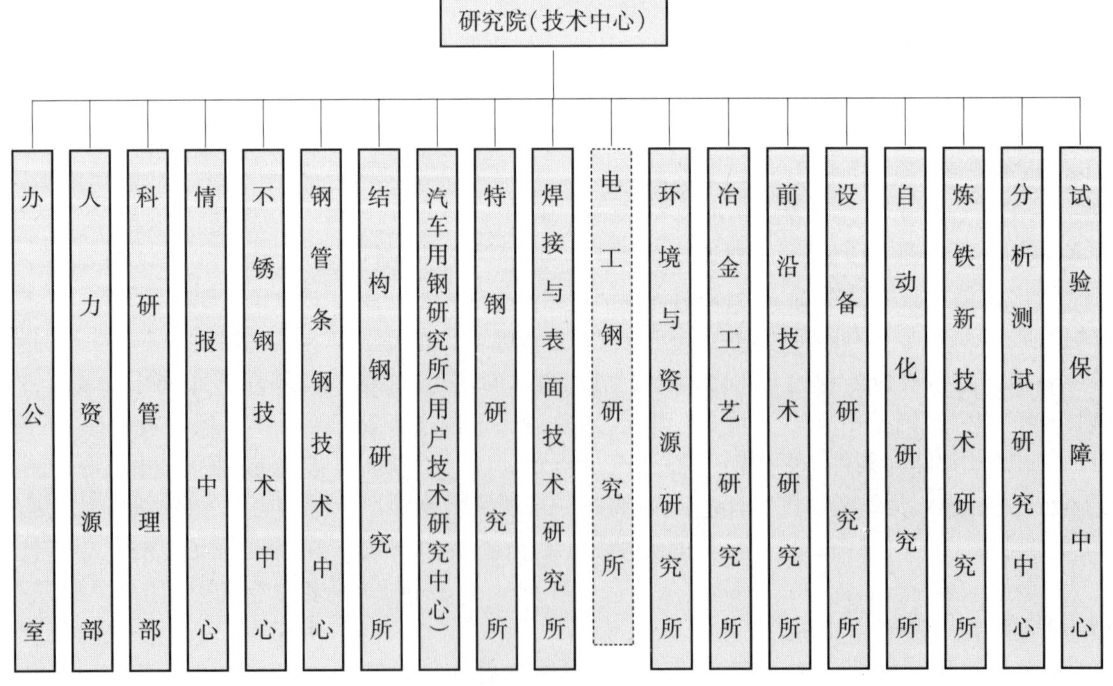


研究院机构设置图

年内，研究院张汉谦被评为中央企业“劳动模范”、王利获“魏寿昆青年冶金奖”。　　（张跃进）

**科研成果**　2009年研究院科研项目创直接经济效益13 738.63万元，为年度预算目标的153%；开展自主集成创新，新产品中独有新产品比例达到32.17%（年度目标为20%）；完成44个新产品设计输出；专利受理225.27件（年度目标为195件）；钢铁主业发明专利完成133.75件（年度目标为130件）。新产品转产25个（年度目标为16个）；新产品开发周期8个月（年度目标为9个月）；重大实验室项目建设准点率达到92.65%（年度目标为90%）；发表科技论文139篇（年度目标为100篇）；完成专题科技信息研究24项（年度目标为20项）。　　（张跃进）

**新产品开发**　组建跨专业研发工作团队，从组织上保证市场开拓、产品研发、制造技术和配套用户使用技术研究的协调推进，提高了新产品开发的效率。2009年，重点围绕高强钢、海洋工程、核电用钢、超高合金管、不锈钢等14个产品大类，完成116个新产品牌号开发。全年43个新产品首轮试制获得成功，25个新产品实现大生产转化，新产品试制量达到68万吨。超高强度冷轧板、OA（办公自动化）用钢研发取得突破；抗腐蚀3Cr油套管、高等级UOE产品、高等级TRIP钢、BS系列高强钢、汽车排气系统不锈钢等新产品投产后的盈利水平明显高于常规产品。　　（张跃进）

**开展成本改善活动**　年内，研究院发挥技术优势，把住产品设计降本源头，开展全员、全方位、全过程的成本改善活动。每季召开一次技术降本交流会，总结出6大类技术降本的典型做法，即：突破传统认识，降低配煤成本；改变成分设计，降低合金成本；采用先进工艺，降低制造成本；揭示缺陷机理，降低质量损失；研究使用技术，降低用户成本；细化基础管理，降低运行成本。全年开展技术降本项目58项，取得协同技术降本效益10多亿元。　　（张跃进）

**成立19个重大项目研发团队**　针对金融危机的严峻形势，研究院提出围绕“产品增效、制造降本、节能减排”三大主题，发挥研究院多学科、多专业、人才密集等优势，重点围绕高强冷轧用钢、管线钢、工程机械、超高合金石油用管和中铬铁素体不锈钢等12大类新产品，组织多专业团队合作，积极做好新产品市场开拓、现场稳定制造的技术难点解决和相关配套使用技术的协同工作。坚持跨部门、跨专业、多学科协同集中攻关的科研工作原则，成立的19个重大项目研发团队包括产品研发、技术降本增效、重大工程支撑、节能减排、前沿技术研发等。　　（张跃进）

**技术质量攻关**　全年共开展技术攻关43项，一批长期困扰生产现场的技术难题被突破。通过机理研究，解决了投产后一直困扰连铸工序的CQ料边角裂问题；对“IF钢拉伸条纹”、“电镀锌丝状斑迹”等缺陷进行解析和模拟，做到了在实验室条件下再现缺陷形貌，确保了电镀锌板合同正常完成；通过T91连铸大方坯芯部裂纹攻关，管坯收得率从82.5%提高到95.5%；不锈钢430BA砂金缺陷率从30%降至8%；特钢SW718H模块探伤合格率从65%提高到87.5%；通过热轧机组板型控制、不锈钢电炉配料、生产物流等仿真模型技术开发，优化了生产组织与管理。　　（张跃进）

**为重大工程、重点技改工程提供技术支撑**　以研究院为主导开展的“梅钢冷轧工程自主集成相关核心技术研究与开发”项目取得全面成功。项目与梅钢冷轧工程同步完成了自主板形控制系统的开发，圆满

给新试产品打包

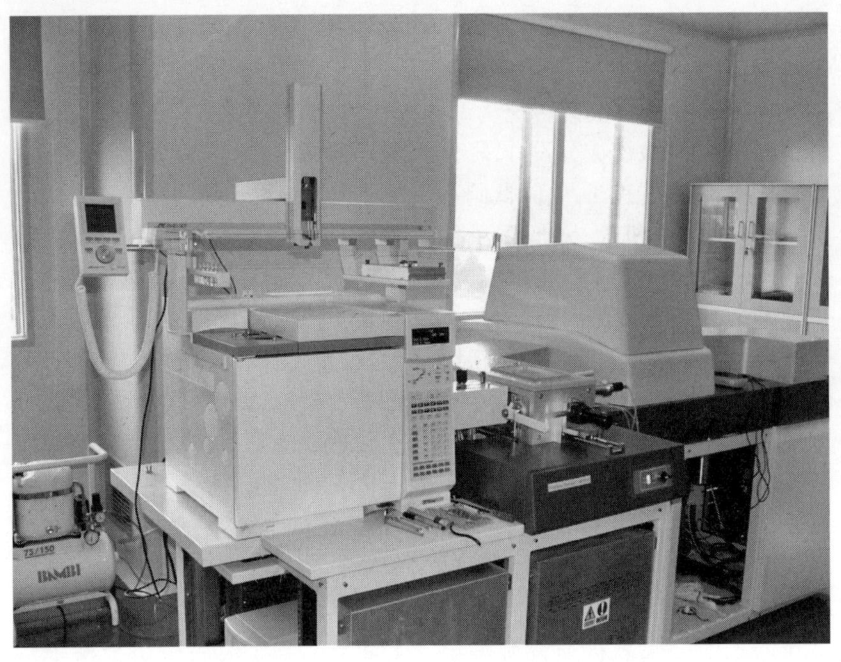
环境分析仪器

完成研发攻关及对梅钢冷轧工程的支撑工作，各项指标达到世界一流水平。在工程中应用冷轧板型技术、新一代 MSA 环保镀锡工艺技术等科研成果，创造了科研支持工程的一系列成功做法，为以后研究院支持工程建设提供了宝贵的经验。2009 年，研究院科研人员积极介入，以自主集成创新为主导，开发了带钢表面检测系统全套技术；高效辊式电磁搅拌器的开发，有力支撑了高牌号无取向硅钢生产。根据特殊钢需求组成跨部门支撑团队，为板带和热挤压工程的开工与调试提供了技术支撑。 （张跃进）

**节能减排研发向综合集成方向发展** 年内，研究院注重节能减排科研课题研发，努力实现从单一的技术点向综合集成技术发展。滚筒渣处理解决了钢渣分离问题，正在开发的直接矿棉化技术将进一步利用渣余热，拓展渣产品利用途径，提升附加值；烧结废气余热循环利用与 NOx、二噁英控制等技术的耦合，可形成烧结污染控制综合技术。对钢铁产品全生命周期评价方法进行了探索，为高碳产业低碳发展模式和绿色宝钢的内涵进行了技术诠释。 （张跃进）

**科研成果用于都江堰灾后重建** 年初，Living Steel 项目以新型钢结构住宅的抗震、环保、可持续发展的理念，把 Living Steel 技术成果运用到都江堰钢结构小区的灾后重建。该工程 2 月份正式动工，建筑以 6 层楼房为主，部分为 11 层小高层和 18 层高层楼房，总面积 12 万平方米。建筑主体采用钢框架结构，在国内首次应用了带缝钢板剪力墙新型抗侧力体系技术，具有优异的抗震性能。 （张跃进）

**开展 10 周年院庆活动** 8 月 5 日，是研究院建院 10 周年纪念日，为传承和发扬前辈的好的经验，激励广大科研人员的创新激情，研究院组织开展了院庆系列活动，对研究院 10 年发展建设进行了系统的回顾、总结和反思。院庆活动包括：举办一场院庆音乐会；召开院庆座谈会；出版 1 期《宝钢技术》增刊（庆祝研究院成立 10 周年论文专辑）；开展一系列宣传报道；拍摄一部电视短片；制作一组 10 年科研成果展览画板；举行一次学术报告会。 （张跃进）

**研究院获“国家认定企业技术中心成就奖”** 11 月 16 日，国家发展和改革委员会在深圳召开“创新能力建设、信息化试点表彰大会”，授予宝钢等 8 家钢企“国家认定企业技术中心成就奖”，宝钢位列综合排名第二位。大会还对在国家创新能力建设工作中作出突出贡献的先进个人进行了表彰，研究院张丕军获“先进个人”称号。 （张跃进）

**科研成果获“国家科学技术发明二等奖”** 由张忠铧首席研究员领衔的科研团队研发的“抗 $CO_2$、$H_2S$ 腐蚀用 3Cr 系列油套管研制”荣获 2009 年度国家科学技术发明二等奖。该项目系统研究了中低合金钢中 Cr、Mo 等合金元素对钢的耐 $CO_2$ 腐蚀性能的影响，并在国际上率先发明出以 Cr 含量为 3% 左右的钢种和 8 个不同钢级的油套管产品及评价装备技术，形成 3 项专利，其技术达到了国际先进水平。产品广泛用于塔里木、大庆、吉林、江汉等油气田，并出口东南亚海上油田。 （张跃进）

**9 位首席研究员成为首批“金苹果”成员** 11 月 27 日，在宝钢第四届技术创新大会上，集团公司任命首批“金苹果”计划核心小组成员。由他们组成的炼钢、热轧板、冷轧轧制、冷轧后处理、汽车板产品及使用等 5

个技术领域的核心团队，负责各自领域的技术创新和技术进步。研究院的杨健、张立、黄宗泽、焦四海、李山青、王利、朱晓东、蒋浩民、徐伟力等9位首席研究员榜上有名。

（张跃进）

**杨健被列为国家“千人计划”人才** 年内，冶金工艺研究所的博士杨健成为宝钢第一名入选国家“千人计划”的人才。（张跃进）

**“前沿技术研究”项目及进展** (1) 薄带连铸项目取得实质性进展。在项目团队的不懈努力下，取得了在线轧机投运、铸带尺寸精度和板形明显提高、铸带表面质量达到无肉眼可见裂纹、自动断带成套技术开发成功、开浇成功率提高到90%、实现了整炉浇铸、连轧和卷取，以及试验成本明显下降等一系列成果。(2) 表面纳米化技术研究。拉矫辊应用表面纳米强化技术，其报废标准由68毫秒减小到65毫秒，且使用寿命提高3倍，辊耗成本显著降低；形成的拉矫辊表面纳米强化操作规范（初稿）已纳入现场操作规程。（沈文珍）

**“汽车板研究”项目及进展** (1) 管件液压成形产品、工艺和模具技术研究。在国内首次成功开发了具有自主知识产权的液压成形大批量生产模具，对某车型副车架实现稳定供货7万件。(2) 自主开发了具有较高生产效率的1模2腔3件液压成形样模。完成液压成形样模的设计、制造和调试，12月10日已正式获得上海大众供应商定点书面通知书，研究成果已整体移植到后续生产模具制造。项目产生的“液压成形整体式副车架”研究成果，已形成专利5项、技术秘密4项，并被认定为上海市高新技术成果转化A级项目。(3) 热冲压技术研究。攻克传统热冲压样模设计和样件制作核心技术，成功完成2款车型10个零件热冲压样模设计和样件制作，零件力学性能和尺寸精度达到业内先进水平。在此基础上成功开发了新型热冲压样模设计技术，申报了发明专利，并在上海大众某车型的前保零件上得到应用。热冲压量产模核心设计技术得以攻克，设计能力得到提升，共完成7套热冲压模具的自主设计。(4) 汽车用高强度钢板成形特性研究。对800 MPa以下强度级别的高强度钢板的冲压成形特性和工艺进行了系统研究。开展了11个牌号超高强钢品种的成形性研究试验，填补了国内空白，为高强钢认证提供必要的数据，保障了认证进程。开展超高强钢复杂零件成形及回弹仿真分析，为零件试制、缺陷解决提供技术支撑。(5) 柱类激光焊管生产工艺技术研究。进行59毫米直径(2.5毫米)、79毫米直径(2.7毫米)激光焊管卷管模具的设计工作，并进行了该激光焊管的研制开发工作；完成了激光焊管多步成形法有限元仿真分析平台的搭建，进行了59毫米直径激光焊管多步成形法CAE分析；完成了60毫米直径激光焊管(4毫米)多步成形及激光焊接工艺优化研究，并就此件进行了大生产试制；进行了1.7毫米B340/590DP卷管回弹性及激光焊接工艺研究，并进行了激光焊管大生产试制，激光焊管各项指标满足用户要求。(6) 冷轧超高强钢点焊工艺及性能研究。开展780MP、980MP级冷轧、镀锌系列DP钢产品点焊性能研究，掌握在不同焊接工艺参数下上述钢种的可焊性能，并通过优化焊接工艺，明晰避免焊接缺陷的工艺途径。(7) 环境友好型宝钢家电用钢电阻焊接研究。完成环保预磷化板优化性能补充实验，获得环保预磷化板凸焊性能及改善措施；优选不同热膨胀系数环保热镀铝锌钢板，进一步扩展该环保材料的运用领域；完成项目结题报告撰写，通过专家组评审；完成发明专利“一种热镀铝锌钢板点焊方法”申请；初步建立宝钢环保家电用钢焊接性能数据库。

（汽车用钢研究所）

**“不锈钢技术研究”项目及进展** (1) 不锈钢实验基地建设。10月30日，实验基地在不锈钢事业部型钢东路冷轧试验工场旁空地开始打桩施工。整个基地建设项目计划在2010年9月正式投入使用。(2) “抗菌宝”品牌打入上海世博会。不锈钢技术中心研发的具有安全、卫生、抗菌的不锈钢产品用钢“抗菌宝”，在产销研小组的推进下，已成功打入上海世博会，并和天津石泰、上海宜家、苏州美利龙等餐具企业建立了良好的合作关系。(3) 双相不锈钢研发获突破。双相不锈钢课题组有效支持了合金板带工程中双相不锈钢系列产品的开发，2205完成了冶炼、轧制、固溶、酸洗的全流程运行；解决了卷板轧制的表裂问题，有效控制了卷板的边裂程度；新增B2304、B2101两牌号，并已经开展了B2304和B2101的大生产试制。(4) 宝钢中高铬不锈钢冶炼成功。铬含量高达21%—23%的太阳能用钢B445J1M和建筑屋顶用钢 B445R 相继冶炼成功，为同期不锈钢事业部工业性试制的最高铬含量超纯铁素体钢种；用于2010 年广州亚运会场馆建筑屋顶的毛面 B445R 试制成功，表面毛化质量获得业主和设计单位认可，获取国内第一单合同。(5) 汽车排气系统用不锈钢认证取得突破。汽车排气系统用不锈钢 5 个钢种完成5 080 吨，完成了 B409M 在通用汽车和 B439M 在一汽轿车的全面认证并完成供货技术条件文件。(6) 宝钢家电用不锈钢获洗衣机行业认证，开始供货。B430LNT、B430L 完成 1 125 吨试制。B430LNT 的 BA 表面板通过松下洗衣机滚筒(焊接)、日立洗衣机滚筒(铆接)的认证。B430L 得到了三洋洗衣机的认可，用于冲制洗衣机桶底，并首次正式订货。

(不锈钢技术中心)

**“特钢研究”项目及进展** 11 月 26 日，宝钢股份批复“研究院特钢技术中心(研究院特钢研究所)研发基地项目(一期)初步设计”，该项目将主要新建科研实验室(分析测试)，增设物理检测、力学试验和热处理三大类科研设备。新建中试实验平台(冶炼)，增设实验室规模冶炼用小型特冶炉和三台中试规模级特冶炉。 (郑 芳)

**“结构钢研究”项目及进展** (1) 成功开发低成本 Q690CFD 高强钢。在国内首次采用直接淬火工艺设计，开发了低成本 Q690CFD 高强钢，厚度为 40 毫米，生产成本降低 15%，产品已走向市场。(2) 合金型低温高韧性耐磨钢厚板实现新突破。工业试制了 B－HARD360E、B－HARD400E 和 B－HARD450E 等不同硬度级别的耐磨钢，可满足－40℃低温冲击韧性要求，产品质量达到国外同类先进水平，并向用户批量供货。(3) EH40 高强度船板实现市场批量供货。高强度船板钢具有强度高、综合性能好的特点，可减轻船体自重、提高轮船载荷，常用于建造远洋万吨级以上的船舶壳体。宝钢 EH40 高等级船板通过九大船级社认证，厚度规格 20—68 毫米，并首次实现 TMCP 高等级船板的批量生产，建造国内最大的集装箱船——长兴二号线 8500 标准箱大型集装箱船。产品已有两项专利被受理。(4) 海洋平台用齿条钢。为满足市场需求，宝钢研制出厚度规格为 127.0 毫米、152.4 毫米的海洋平台升降用齿条钢，供中国海洋油田服务有限公司制造 200 英尺海洋平台，产品性能满足 ASTM A517Q 的要求。首次实现海洋平台用特厚齿条钢的国产化，受到用户好评。(5) 水电金属构件用 600—800 MPa 高强度调质钢的开发。开发的低焊接裂纹敏感性高强度钢板 B610CF，成功地用于三峡地下电站工程的压力钢管、蜗壳和水轮机上，产品性能稳定，受到市场的广泛认同。(6) 高等级管线钢和 UOE 产品开发。开发和批量生产了壁厚分别为 18.4 毫米、26.4 毫米和 27.5 毫米的 X80 大口径 UOE 焊管，供给生产近 20 万吨。同时。还开发出为工程配套的 44 毫米和 47 毫米厚的 X80 管件用厚钢板和 X80－W 热煨弯管用钢板 1 万多吨。(7) 彩板房改建农村永久性住房示范工程。随着地震灾后临时板房的拆迁，如何处理大量废弃材料成为灾区各级政府面临的一大棘手难题。Living Steel 项目组提出了彩板房改建永久性住宅方案。采用冷弯方矩形钢管柱和热轧 H 型钢梁的二层全钢框架结构体系，8 度抗震设防。利用外墙围护体系，把临时安置板房拆卸后的彩钢夹芯板用于外墙和屋面的外保温体系，以提高住宅的保温隔热性能，变废为宝。 (陈佳美)

**“钢管条钢研究”项目及进展** (1) 超高合金油套管关键工艺技术及产品开发。在国内首次成功进行了 114.3×7.37 BG2250 (G3)－125 BGT1 大规格、高钢级油管的批量试制，产品质量完全满足用户要求并已顺利在普光气田下井使用。该产品的供货标志着宝钢镍基合金油管国产化取得初步成功。宝钢独有的 BG13Cr110 产品首次在中石油西南分公司、东北分公司成功应用，为该产品在上述区域的批量应用奠定了基础。该专利产品同时获得第 18 届全国发明展览会金奖。(2) 大规格套管及特殊扣产品开发。在国内首次生产 M65 HFW 技术套管，产品性能稳定，已在西北油田分公司成功下井，并成为宝钢 HFW 生产线盈利能力最强的产品之一。N80－1 套管经过前期研发与中试，试制首批 N80－1 HFW 套管，并已供货中海油，这一产品是宝钢 HFW 在线焊接的热轧板卷强度最高的套管产品。在国内首次试制 BG110ETT，该品种是宝钢 HFW 产线唯一的 BG 系列产品。K55 HFW 套管首次实现海外供货。(3) 超超临界电站锅炉系列新产品的研制。完成了超超临界锅炉过热面用 T92 高压锅炉管结题及转产，填补了国内空白，替代了进口产品。(4) “限动芯棒开发”项目通过了常州市科委组织的专家鉴定。专家鉴定结论为：“宝钢大规格芯棒制造技术填补国内空白，实物质量、技术指标、使用寿命属国内领先，主要技术指标达到国际先进水平”。

（钢管条钢技术中心）

**“焊接与表面技术研究”项目及进展**

（1）环保表面处理产品开发。OA（办公自动化）用良导电型无铬耐指纹钢板完成实验室和机组试验，批量试制1 100多吨，进入高端打印机市场。自清洁建筑用聚酯彩板年试生产量约5 000吨，成功应用于四川地震灾区东方汽轮厂重建等重大工程中。（2）自主开发新一代MSA环保镀锡工艺技术。围绕梅钢公司冷轧MSA镀锡生产线输出了全套镀锡工艺文件，指导现场热负荷调试，使梅钢公司成为国内第一个镀锡工艺实现环保生产的工厂。（3）开展镀锡板使用技术研究。两片易拉罐DI材已由0.230毫米全面替代0.235毫米，累计使用替代DI材5.7万吨；开展两次冷轧镀锡板应用于三片罐的研究，为用户提供材料选择及缩颈模具、工艺优化的一揽子方案，145毫升罐型用材厚度从0.19毫米减薄到0.17毫米（两次冷轧材）取得了初步成功；实现钢制易拉罐在力波啤酒的推广使用。（4）开展腐蚀行业标准的编写工作。完成“酸性盐雾干燥和湿润条件下的循环加速腐蚀试验”、“电化学试验方法恒电位和动电位极化测量导则”两项国家标准的制定工作，两项标准已由全国钢标准化技术委员会金属和合金腐蚀分技术委员会批准实施。

（焊接与表面技术研究所）

**“冶金工艺研究”项目及进展**

（1）开发氧化物冶金工艺，提升船板大线能量焊接性能。继续开展利用强脱氧剂的氧化物冶金工艺研究，为更进一步提升大线能量焊接性能奠定基础。（2）开展夹杂物控制、成分命中率和相关缺陷的研究，提高了产品试制能力和产品的实物质量。在高纯净中铬铁素体不锈钢冶炼工艺技术研究中，通过优化工艺，中铬超低碳氮铁素体不锈钢的技术指标已得到明显提升。开发成功的VOD铝硅复合脱氧剂加入量计算模型，投入使用后可稳定控制目标硅、铝含量及渣碱度。（3）围绕炼钢、热轧、厚板等单元生产技术难点和产品重大质量缺陷，开展技术攻关11项，进行关键技术研究，支撑现场制造能力提升，降低内部质量损失。（4）特厚及大单重钢板用坯料工艺技术路线的研究。完成BV35钢锭浇注，共浇注2炉钢水，共计4根BV35扁锭，2根35吨八角锭；完成特钢35吨八角锭锻造坯轧制200毫米厚板试验，通过国标一级探伤检测，并完成低倍试验分析，正在进行热处理。完成BV35扁锭直接轧制200毫米厚板试验，通过国标一级探伤检测。（5）高纯净中铬铁素体不锈钢冶炼工艺技术研究。通过优化VOD脱氧、真空度、造渣、顶吹氧、底吹等工艺措施，VOD冶炼BX439、B443NT、B430LNT、B436L、B439M、B442M、444等中铬超低碳氮铁素体不锈钢的技术指标已得到明显提升。（6）优化CQ料工艺，降低质量损失。通过实验室研究，对钢种脆性机理进行了详细阐述，并提出了改善钢种高温晶间脆性系统方案。自3月8日起针对宝钢一、二炼钢厂全部对象钢种实施工艺改进措施，至9月15日，累计生产1 934炉钢，其中仅2炉钢部分板坯出现角裂，热轧翘皮发生率稳定控制在0.2%以下，效果显著。（7）T91连铸大方坯芯部裂纹攻关。对现场T91生产进行跟踪分析，进行了不同工艺的轻压下工艺的实验，从铸坯低倍检验结果看铸坯内部质量改善明显。进行了DSC热焓和液相线及固相线温度的测试。在对T91生产情况进行分析小结的基础上，进行工艺修改。T91由模铸全面转入连铸生产，第三季度对T91生产进行跟踪分析，检验铸坯结果表明内部质量良好。通过对轻压下工艺和温度制度控制，T91连铸大方坯芯部裂纹得到很好控制。

（冶金工艺所）

**“炼铁新技术研究”项目及进展**

（1）COREX煤压块一步工程建成投产。COREX煤压块工程是为COREX配套的宝钢自主集成创新项目。2007年3月宝钢研究院完成了500千克/小时规模的中试开发，取得了工艺设计的基本参数。2008年9月28日COREX煤压块一期工程正式打桩开工建设。2009年6月30日原料和成型区域开始带料试车。2009年7月获得了符合设计要求的型煤样品。（2）支撑八一钢铁高炉炼焦配煤中疆内煤比例研究取得成果。年内，通过试验室系统研究和理论分析，确定了适合新疆煤特性的焦炭质量评价方法，在此基础上建立了新的配煤理念，以此为理论指导进行现场生产攻关，打破了对疆内煤的传统认识，也突破了大高炉对焦炭质量的限制，使八一钢铁配煤结构中疆外远程的山西煤比例大幅降低，疆内煤比例大幅提高，铁水成本大幅下降。

（钱　晖　胡德生）

**“设备研究”项目及进展**　（1）薄带连铸新增试验轧机自主集成。开展薄带连铸新增试验轧机冷、热负荷试车，顺利完成工程尾项消缺、设备

高炉控制室

功能完善、考核和专项验收等工作，并于4月29日第一次成功实现整卷铸轧，达到设备精度要求，满足设备预定功能，实现了薄带连铸试验轧机和配套系统的自主集成和开发。(2) 带钢表面质量检测系统研发与应用。完全自主开发的首套带钢表面检测系统投入运行，形成全套核心技术，性能达到国际专业公司设备水平，扣除开发成本后实现年经济效益256万元。同时，与国外合作研发的检测系统均已实现上线运行，证明了科研大项目中"以我为主"的研发模式取得了成功。此外，完全自主研发的带钢针孔和边孔检测系统在梅钢公司连退机组上线运行，技术指标达到国外设备水平，形成全套设备设计、制造和使用技术。(3) 广义板形控制系统投入大生产应用。10月22日，国内首套自主研发的冷连轧机组广义板形控制系统在梅钢1420酸轧机组投入大生产应用，该系统以带钢平直度与横向厚差为综合控制目标，与常规的仅以带钢平直度为控制目标的冷连轧板形控制系统相比，可以降低热轧来料断面形状变化对冷轧带钢平直度的影响，在进一步提高冷轧带钢平直度质量的同时适度减小横向厚差。至2009年年底，广义板形系统运行稳定，累计生产极薄镀锡基板和普通冷轧板超过6万吨，板形偏差控制精度和板形实物质量达到了国内外同类机组先进水平，大部分指标达到或超过同类机组先进水平。广义板形控制系统的成功应用，标志着宝钢已完全掌握冷连轧机板形控制系统核心技术，打破了成套引进冷连轧机板形控制系统的历史。(4) 电磁带钢稳定系统开发及应用。针对梅钢公司二号热镀铝锌生产线，自主开发了"电磁带钢稳定系统"，并于12月上线试运行。试验结果表明，采用电磁力抑制带钢抖动，带钢抖动幅值减小了50%以上，既能提高镀层均匀性、减少锌的消耗，又避免了对带钢表面的划伤。(5) 热镀锌镀后气雾冷却技术开发成功。自主开发的热镀锌镀后气雾冷却技术在梅钢公司二号热镀铝锌生产线上得到应用，使该机组具备生产2.0毫米以上厚规格热镀铝锌产品的能力。2009年，该技术推广应用到宝钢超高强钢热镀锌生产线，并获得上海市重大装备研发专项资金资助。(6) 通过失效分析、数值模拟等手段，快速响应现场需求，并完成《2009年度失效分析汇编》、《2009年度数值模拟典型案例汇编》。

(孙大乐　周月明　向顺华　顾廷权　陈培林　何永辉　吴瑞珉)

**"自动化研究"项目及进展**　(1) 热轧低、微合金钢产品的力学性能预报模型研究。该项目成功开发了包括300多个出钢记号的全局力学性能模型，为精简出钢记号、大限度地实现板坯互用奠定了基础，对大幅度降低生产制造成本、释放产能起到重要的支撑作用。该项目本年度完成结题。(2) 厚板加速冷却新型过程控制系统开发及应用。该项目本年度完成结题。项目组针对从西马克引进的5米厚板过程控制计算机的程序存在的系列问题，在不到5年的时间里全面完成该系统从引进、消化、完善到自主集成的过程。新系统采用许多先进的控制技术解决了冷却过程的冷速和终冷温度的控制难点问题，配合各类产品实现工艺目标要求。(3) 特殊钢炉卷轧机模型开发与应用。项目成功开发了材料模型建模工具，并开发了数据前处理软件，利用该软件处理INCOLOY 800H高温合金等材料的实验数据，并在线应用。开发了BSSB变形抗力模型，并在线应用，满足特殊钢产品生产的要求。开发了针对特殊钢的温度模型、轧制力模型、板型模型等，形成轧制负荷计算软件，并完成双相不锈钢、纯钛TA2、NI36等钢种的模拟分析。完成特殊钢炉群加热模型分析工具开发，还完成特殊钢加热炉模型参数的设置。(4) 转炉出钢夹带钢渣红外探测及控制方法研究。该项目本年度完成结题。转炉红外钢渣探测系统于3月在宝钢股份本部二炼钢四号炉投入运行，系统运行稳定、可靠。采用了组态式硬件结构和红外窗口免清扫装置，提高了测量精度。运用图像处理和模式识别技术建立钢渣测量模型，钢渣检出率达到99%。各项技术指标达到了德国AMEPA公司的技术标准。在国际上首次提出"气流阀挡渣装置"设计思想，完成了"气流阀挡渣装置"设计工作。申请了4项发明专利，在中国第十八届发明专利展览会上获银奖。(5) 酸浓度在线测量系统研究及优化。该项目本年度完成结题。自主研发的酸浓度实时测量系统于2月在宝钢新日铁汽车板有限公司投入运行，经过半年多跟踪和对比分析，该系统运行稳定，测量精度准确，研制的设备能够满足现场工艺测量、控制要求。项目实施后有效节约原酸用量，减少了废水排放和酸再生处理量。(6) 不锈钢热轧生产混合排程模型优化技术研究与应用。该项目年内完成结题。自主研发的混合轧制优化模型系统投入应用后，迅速取代原有计划编制平台，在提升工作效率、提升产能、降低炉耗方面有卓越成效，经济效益可观。研究成果将可直接推广至类似计划编制领域。　　(郭亚芬)

**"环境与资源研究"项目及进展**　(1) BSSF环保技术支撑集团公司环境经营。编制了BSSF(宝钢短流程渣处理技术)技术的在线式工艺的可行性方案，该技术将优先解决三脱渣的处理难题，同时完成了罐底渣的方案设计，已被纳入炼钢厂环境经营计划的重点实施项目，这两个项目的研究将为炼钢区域熔渣的全量化环保化处理奠定基础。(2) 钢铁产品的生命周期评价(LCA)研究。基于LCA的环境管理与决策方法充分考虑了决策过程中的不确定性，建立了基于LCA的环境决策平台，进行了高炉—转炉流程与电炉生产流程的环境性能比较等案例研究。(3) 宝钢湛江海水淡化工程取水水质评价及预处理技术应用研究。该项目根据湛江工程的实际情况，进行了沙滩打井试验，研究了两个开放式取水区域将近一年的水质变化情况，并进行了传统预处理和膜法预处理的对比试验研究，相关的研究成果供海水淡化工程技术交流参考。(4) 特厚板专用模铸保护渣的开发。对研制的特厚板模铸专用保护渣进行了工业对比试验，结果显示，试验渣在改善裂纹敏感钢种裂纹和夹渣方面有所提高，裂纹发生率降低3.1%；试验渣全部采用中空造粒的颗粒渣，具备良好的铺展性能，现场污染少；试验渣游离碳含量控制在10%以内，达到了设定的目标。　　(环境与资源研究所)

**"分析测试研究"项目及进展**　(1) 承接测试委托。全年共承接委托5 046起，样品49 665件。(2) 分析测试检测业务能力拓展。年内新采用国内外标准10项，自行研究开发检测方法(非标)3项，扩项认可方法8项，更新10项已认可方法。截至12月31日，检测能力已拓展为采用国内外标准349项，自定检测方法(非标)293项，其中获得认可的检测方法87项。(3) 质量管理体系。年内实验室接受并顺利通过了国家实验室认可扩项评审，在钢铁材料微束分析、痕量元素分析、铁素体落锤撕裂试验等8个项目上率先获得国家认可。评审及审核结果表明，实验室的质量管理体系及技术能力持续满足ISO 17025和ILAC G13国际认可标准要求。实验室参加了国际、国家多项能力验证计划，在硬度测试、钢铁化学分析、铁矿石化学分析、高炉渣化学分析等全国能力验证比对中获得满意结果，并作为国家行业权威机构组织了金属和矿物微束分析、不锈钢光谱分析、棒材拉伸试验等3项能力验证计划。(4) 标准工作。年内主持制定的一项国际标准"ISO 24173 - Microbeam analysis — Guidelines for orientation measurement using electron backscatter diffraction(微束分析-电子背散射衍射取向测定方法通则)"和两项国家标准"GB/T 24173—2009 钢板二次加工脆化试验方法、GB/T 24524—2009 金属材料薄板和薄带扩孔试验方法"发布实施。(5) 取向硅钢分析技术。开展了一系列技术研究，并建立了相应方法：抑制剂的提取与定量分析、定量分析脱碳退火板氧化膜中的不同氧化物、快速评价脱碳退火板氧化膜的P-D曲线法、热轧板织构快速检测、薄板脱碳退火和渗氮表面分析、不同厚度成品板中高硅的定量分析、薄板的成分快速分析、激光粒度仪SOP法测定氧化镁的粒度分布，同时优化了织构试样制备装置，使取向硅钢测试技术及方法不断完善。

(分析测试研究中心)

**情报研究工作**　(1) 情报管理。年内，承办由中国科学技术情报学会竞争情报分会主办的"全国最佳竞争情报实践案例分析与现场交流会"，举办宝钢研究院文献检索大赛，组织由专业技术人员参加的专利文献和专利检索培训，撰写《情报中心2009年情报研究及资源运作工作重点》等报告3篇，荣获2009

年度上海市科技情报学会先进集体称号。(2) 情报研究。2009 年完成"国内主要钢铁企业 2009 年如何应对危机"等报告 35 篇(其中较为突出的有 12 篇),在国内各类科技期刊上发表论文 7 篇,提供宝钢股份领导及有关部门委托的各类信息服务 50 多项,参与经济管理研究院有关课题及宝钢海外钢铁项目非洲专题的研究并提供相关信息及课题研究报告 5 篇。(3) 企业对标。2009 年撰写"宝钢对标常用科学方法及案例"等报告 4 篇,编辑出版《十年磨一剑——宝钢对标工作 10 周年纪念》书 1 本,形成 2009 年企业发展态势研究报告框架,确定对标中 14 个工序的核心指标及主要对标对象。(4) 主要钢厂发展趋势研究。完成主要钢厂分析研究报告 16 篇。(5) 资源运作。年内,编辑、推送《每日钢铁情报》250 期、《专利周报》50 期、《每月焦点关注》19 期,完成专利检索 1 200 多件、立项查新报告 6 份、成果申报查新报告 8 份。(6) 编辑出版。年内,编辑出版《宝钢技术》7 期、《世界钢铁》6 期、《宝钢技术研究》(英)1 期,以及《宝钢优秀论文汇编》和《宝钢-中钢第十一次科技交流文集》各 1 册,整理出版《世界钢铁》和《宝钢技术》创刊年至 2009 年全文光盘。通过上海市新闻出版局对两刊的年检以及上海工商局对广告的年检。《宝钢技术》荣获华东地区优秀期刊称号。(7) 档案制度建设。年内,完成"记录管理办法"、"文书档案管理办法"、"会计档案管理办法"、"科研档案管理办法"等 4 个管理文件及"文书档案分类编号规则"、"科研档案分类编号规则"、"会计档案分类编号规则"等 3 个管理标准的修订。

(情报研究中心)

## 梅钢公司技术中心

2000 年设立的梅钢公司技术中心,是梅钢公司品种开发、科研开发中心。2001 年被上海市经委认定为上海市级企业技术中心。2004 年梅钢公司技术中心与科技部两块牌子一套班子运作,负责梅钢公司技术创新管理工作。

全年完成新产品开发数 22 个,完成率 220%;新产品结题转产 12 个,完成率 120%;新产品试制量约 40.2 万吨,新产品销售率为 20.79%。

2009 年度科研结题 49 项,形成技术秘密 40 项,发明专利 8 项,实用新型专利 18 项;科研效益 6 265 万元,科研直接投入 1 226.8 万元。

梅钢公司技术中心有研发人员 41 人,其中宝钢专家 1 人。

**耐硫酸露点用钢 BNS440 的开发** 项目团队成员主动捕捉市场信息,快速响应,并通过国家烟草行业使用许可,会同销售中心争取到批量生产合同,使该产品首次进入新的领域。该产品重点识别在设计和制造过程中的关键技术,形成了 BNS440 新产品系列知识产权。项目团队有针对性地了解用户对 BNS440 的使用情况,并对明年的市场需求情况进行调研。 (崔建国)

**冷拔管用钢 BLB280 的开发** BLB280 是梅钢公司和用户合作开发的冷拔管领域的专用产品,该产品的成功开发,标志着梅钢公司在超低碳钢应用领域取得又一次突破。 (崔建国)

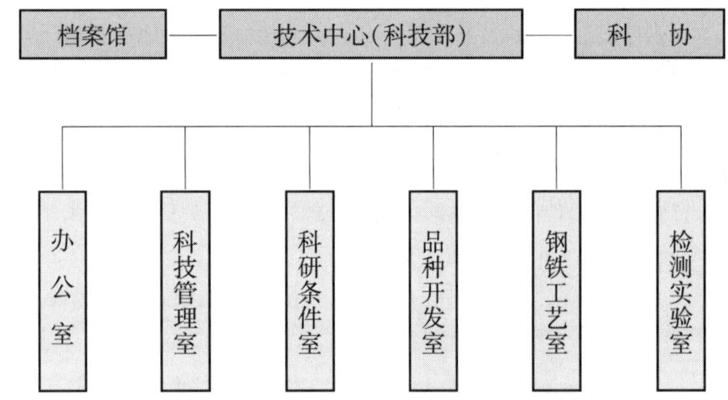


**梅钢公司技术中心机构设置图**

**梅钢公司技术中心研发人员统计表**

| | | |
|---|---|---|
| 学历 | 博士 | 1 人 |
| | 硕士 | 9 人 |
| | 大学本科 | 28 人 |
| | 大学专科 | 2 人 |
| | 中专 | 1 人 |
| 职称 | 教授级高级工程师 | 1 人 |
| | 高级工程师 | 12 人 |
| | 工程师 | 16 人 |

(崔建国)

**非调质石油套管用钢 N80－1 的开发** N80－1 产品是非调质钢，其焊接后只需焊缝正火，无需整管处理。该产品开发难度较高，对钢板的强度、韧性、焊接性能要求都比较高，是梅钢公司开发强度最高的钢种。已成功生产 2 320 吨，形成批量生产。（崔建国）

**汽车结构钢 ZQS500L 的试制** ZQS500L 是中国重汽的牌号，用作生产滚压工艺制造汽车大梁槽钢用板，该产品 2009 年生产 3 540 吨，其延伸率是同等级别汽车结构钢中要求较高的，开发的主要难点在于强度和韧性的匹配，用户对梅钢公司该产品的评价较高。（崔建国）

**黑皮钢 B510LF 的试制** 大梁钢 B510L 是梅钢公司的成熟产品，其性能稳定，用户评价较好。黑皮钢 B510LF 产品用途与大梁钢 B510L 基本相同，但其开发的意义在于可降低能源消耗、减轻环境负担，减少甚至取消酸洗废酸的排放，为下游汽车厂节约产线投资与降低生产成本，具有较大的社会效益和良好的市场前景。（崔建国）

**耐候花纹板 H－Q195 的开发** 利用梅山公司铁水磷资源，开发具有低成本经济型花纹板。转炉终点磷含量达到了成品要求的目标值，不需要额外补加磷铁，有效地减少了合金成本，同时钢铁料消耗也达到最低。该产品已批量生产，性能稳定。（崔建国）

**焦炉荒煤气余热回收技术可行性应用研究** 针对炼焦系统中大量焦炉荒煤气的高温余热未被回收与利用的现状，开展了焦炉上升管热量回收实验系统与装置、设备、自控等设计工作，并进行了 329 小时的现场试验，达到余热回收的目的。进行传热分析与模拟计算，现场实验分析与之结果较为一致，回收二次能源（蒸汽）效果明显。在回收上升管余热的同时，降低了荒煤气的温度，改善了炉顶操作环境，同时，在后续工艺中可以减少用于荒煤气冷却氨水的喷洒量。（崔建国）

**焦炉破损机理研究** 该项目对历年焦炉炉体膨胀和钢柱曲度数据、维护数据进行研究分析，对焦炉炭化室各部位的炉墙砖性能和烟道积灰的成分进行分析，开展了停炉后及拆炉时炉况调查，制定了合理的焦炉停炉方案。该项目成果有利于对新焦炉的炉体变化进行预测；根据焦炉硅砖的特性，提前对炉墙砖进行维护；改进操作方式，提高炉体及工艺设备的寿命，为新焦炉炉体保护压力的制定提供依据。（崔建国）

**高炉风口双枪喷煤技术研究** 该项目研究通过改变煤枪的结构及形式改善煤粉燃烧率，提高高炉喷煤比的技术。研发制作了双枪喷煤直吹管、小三通，研发安装了相关自动控制系统，完成了喷煤支管的排布施工，研究优化了双枪喷煤工艺，在梅钢公司三号高炉进行了现场多风双枪喷煤试验，同时作为项目的部分研究内容还进行了 15 天的喷煤添加剂现场试验。实践证明，该项目所研发的双枪喷煤技术工艺喷煤添加剂能够在梅钢公司高炉稳定应用，提高了风口喷吹燃烧率，促进了高炉的稳定顺行。与改进前的基准期相比，高炉焦比降低达到 11.434 千克/吨，煤比提高 11.68 千克/吨，高炉利用系数得到了提高，实现了高炉节能降耗增产的目的。（崔建国）

**利用外场控制连铸坯凝固组织的研究** 该项目在国内首次开发出大功率脉冲电源，首次开发出板坯连铸结晶器脉冲电流处理钢水细化铸坯晶粒的技术，并在梅钢公司连铸机结晶器内进行钢水电脉冲处理工业试验，实现了提高铸坯的等轴晶率、细化晶粒、消除铸坯的中心缩孔、减轻铸坯的内部裂纹，以及提高铸坯质量的效果。（崔建国）

**150 吨转炉的力学行为与悬挂系统的研究** 该科研项目采用复杂多接触面热机耦合三维有限元分析，采用热成像技术测试转炉温度场分布，采用应力、应变、扭振、力矩、功率等电量非电量在线实测和分析技术，采用低频、重载冲击疲劳强度校核技术和大模数、长齿宽、斜齿面接触应力三维有限元分析等创新技术对梅钢公司三号 150 吨转炉进行优化和创新设计，使炉体重量减轻 96 吨，倾动装置重量减轻 30 吨，对转炉的出钢控制起到了非常大的作用。出钢终了抬炉速度加快，减少了转炉下渣量，降低了钢水回磷，提高了钢水的质量和钢种炼成率。同时转炉的反应速度和抬炉速度的提高可以增加操作工对转炉内钢水出尽的预期，降低转炉的钢铁料消耗。

（崔建国）

**水动风机在梅钢公司的应用研究** 该项目研究利用水轮机替代原有电机，在供水泵扬程不变的前提下利用水泵扬程的余量通过水轮机带动风叶转动实现气水交换，达到冷却的目的。项目通过研究调整水轮机进水口管径的大小，提高冲击水轮机导叶的冲击力，达到最佳冷却塔风叶转速的目的，从而控制冷却塔的风量及冷却温差。项目成果特点为节电、安全、冷效好、经济，具有良好的推广前景。（崔建国）

**薄规格拓展及工艺优化** 针对梅钢公司生产薄规格产品时轧线小时产量低、精轧 F1 机架液压压下卸荷造成轧废、甩尾、带钢表面时有氧化铁皮等问题，开展了精轧入口温度制度优化、中间坯厚的优化、稳定投用润滑轧制、精轧穿带速度的优化、应用精轧前的除鳞等工艺研究，实现了稳定生产合格 B4 801.6 毫米 ×1 185 毫米和花纹板 H－Q195 2.3 毫米 ×1 050 毫米产品的目标。（崔建国）

**热连轧机组辊形与板形研究** 针对梅钢公司 1422 热轧机组在板形控制方面存在的问题，项目组从辊型配置方面提出了技术对策，成功开发出一套全新热连机组辊型配置，有效地改善了机组在板形控制方面的问题，提高了机组的板形控制能力，很好地解决了凸度控制能力不足、精轧机架 F4、F5 机架间易出现中间浪及 F4、F5 弯辊常在极限位置的问题，并有效改善了大倒角状态下支持辊和工作辊的磨损状况，热轧板板型质量明显提高。（崔建国）

## 宝信软件技术中心

宝信软件技术中心属于国家级技术中心，是宝信软件新产品开发和技术创新的研发机构。至 2009 年底，宝信软件技术中心员工有 377 人。宝信软件技术中心研发人员统计见下表。

**宝信软件技术中心研究人员统计表**

| | | |
|---|---|---|
| 学　历 | 博　士 | 16 人 |
| | 硕士 | 110 人 |
| | 大学本科 | 243 人 |
| | 大学专科 | 8 人 |
| 职　称 | 教授级高级工程师 | 9 人 |
| | 高级工程师 | 97 人 |
| | 工程师 | 243 人 |
| | 助理工程师 | 28 人 |

（欧阳树生）

**一体化监控指挥平台关键技术研究** 目标是研究 B/S 监控平台所需要关键技术的可实现方案，并比较这些方案的优缺点，为下一代 B/S 监控指挥平台的开发提供技术支持和决策依据；探索纯 B/S 监控指挥平台的实现技术及方案，研究微软 Silverlight、Visual Graph 等实现 B/S 组态的解决方案，并进行可行性分析，提出研究报告。（欧阳树生）

**数控系统在数控相贯线切割机上的研发** 项目的目标是基于 PMAC 开发高端数控平台，用来完成数控相贯线切割机的现场工艺切割，如能够在各种管材上切割圆柱正交、斜交、偏心交等相贯线孔、方孔、椭圆孔，并能在管子端部切割与之相交的相贯线。（欧阳树生）

**BM2 冷轧作业计划优化研究** 宝信软件公司在高级计划排程系统方面有了自己的产品，但高级计划排程系统的作业计划只涉及炼钢和热轧产线，还没有包括冷轧。宝信 BM2 冷轧作业计划优化的研究可为宝信 BM2 增加一个拥有自主的、有竞争力的冷轧高级计划排程模块，提升品牌的内涵，满足市场的需要，扩大在钢铁行业信息化建设方面的领先优势。（欧阳树生）

**采购供应链系统研发** 总结钢铁行业采购管理的项目经验，提炼采购管理关键业务流程，按照模块化配置的要求，在宝信软件公司产品架构体系下，研发出宝信软件公司的采购供应链系统，实现同宝信 ERP 产品化软件的集成，业务覆盖钢铁行业，并将钢铁行业的采购管理理念推广到其他行业。（欧阳树生）

**支持多语言的软件开发** 研究支持多语言的 BM2 产品化软件开发方法，制定适用于 BM2 产品化软件的设计和开发规范，以便使软件功能和代码设计能够处理多种语言和文化，确保在创建不同语言的本地化版本时，不需要重新设计源程序代码。将 BM2 产品化软件按特定国家/地区或语言市场的需要进行语言文字翻译、修改、软件工程处理，创建目标语言软件版本，使之满足特定市场上的用户对语言和文化的特殊要求的软件活动。（欧阳树生）

**公共服务信息系统平台开发**　公共服务信息系统平台是一个快速构建复杂业务应用系统的基础软件平台，提供基础开发框架和各种面向业务的通用组件，并集成主流的商务智能分析软件，用来搭建高效、稳定、安全、可靠的公共服务行业应用系统、数据分析系统和信息发布系统，并为未来的发展和变化提供良好的适应性和扩展性。（欧阳树生）

**智能交通系统研发**　项目主要是基于B/S架构，以满足交通管理部门在不同的终端上对交通情况随时监控、管理的需求，产品功能主要分为业务子系统功能和平台子系统功能两部分。通过集成各个交通子系统的建设，整体推进智能交通系统信息化的深入发展，满足交警/公安各业务部门对交通信息的进一步需求，实现对辖区内交通状态和车辆的有效管理，有效地提高道路交通的通行能力。（欧阳树生）

**轨道交通监控平台**　轨道交通监控平台基于iCV5基础平台，完成设备对象管理功能，实现图模库一体化。以集成子系统为主，完成环境设备监控系统和电力监控系统的相关应用功能的开发，基本实现综合监控系统ISCS的主要功能。该产品功能主要分为权限接口，联动了户端、时间表、故障录波显示、电力顺控、设备对象模型、报表等功能，能够完成轨道交通综合监控平台的授权管理、联动配置、联动监视、时间表配置与管理等功能，丰富iCV平台的功能，使平台能够更好地应用于轨道交通综合监控领域。（欧阳树生）

**炼钢L2产品化项目**　炼钢L2产品化软件定位于转炉区域的生产控制、物流跟踪与实绩收集，着重于对生产过程进行管理，及时准确地收集炼钢生产过程中的物料消耗、质量等信息，对生产过程进行优化，为生产的调度和技术人员进行技术分析提供支撑。能够灵活适应不同项目的需求变化。（欧阳树生）

**烧结专家系统和过程控制系统**　烧结数学模型和专家系统的目标是，在基础自动化控制系统较好地完成基本的数据检测与定值控制的基础上，运用专家系统、模糊控制、神经网络等先进智能技术，吸收总结烧结操作经验，开发基于多目标优化的综合模型和专家系统，实现烧结生产过程的稳定控制、产品质量与能耗的优化控制，提高烧结机操作的自动化、智能化的水平。

（欧阳树生）

对设备监控

## 化工公司技术中心

上海宝钢化工有限公司技术中心成立于2001年12月，2003年1月30日，通过上海市级企业技术中心认证(2005年5月，因化工公司进入宝钢股份被取消独立法人资格，市级企业技术中心资格也被自然取消)。至2009年底，化工公司技术中心员工有26人。化工公司技术中心机构设置图、化工公司技术中心研究人员统计表，见下页。（夏剑忠）

**煤系针状焦工业化示范装置研究**　年内，化工公司技术中心组建研发专业组，并成立了小试、中试、工艺软件包组，确定了相关责任、工作界面，确保了研发组工作的有序开展。小试组、中试组提供的实验数据和工艺参数，为工业化装置的设计提供了有力支撑。组建了针状焦工业化试验团队，为针状焦工业化项目提供了组织保障。在全力推进针状焦工业示范装置建设的同时，技术中心统筹利用人力资源，在原中试装置上继续优化工艺流程，摸索并优化用于工业示范装置的生产操作参数，试制出的中试产品质量稳定。（夏剑忠）

**制备锂离子电池负极材料**　项目以宝钢针状焦为原料，以产学研合作方式与华东理工大学共同研究开发，在对原料进行系统评价的基础

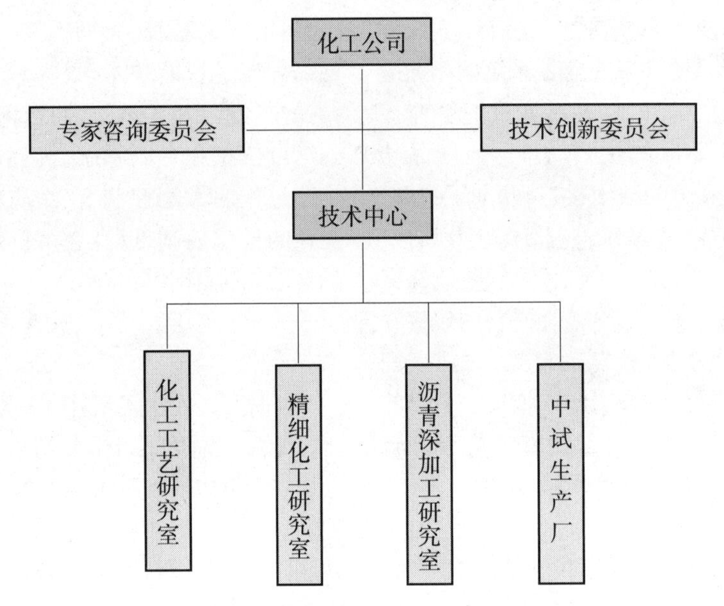


**化工公司技术中心机构设置图**

**化工公司技术中心研究人员统计表**

| | | |
|---|---|---|
| **学历** | 博　士 | 2人 |
| | 硕　士 | 9人 |
| | 本　科 | 6人 |
| | 大　专 | 4人 |
| **职称** | 教　授 | 2人 |
| | 高级工程师 | 6人 |
| | 工程师 | 3人 |
| | 助理工程师 | 4人 |

上,考察了炭化、石墨化、催化石墨化、熔融刻蚀、掺杂复合技术对针状焦微观结构及其电化学性能的影响,宝钢针状焦经石墨化处理以后可以满足中端市场对锂离子电池负极材料的要求,对此进行持续性研究并将其逐步向工业化推进意义重大,年内完成了实验室研究工作。(夏剑忠)

**溶剂静置沉降法净化宝钢软沥青的研究**　该项目历经近两年的小试工艺条件优化及中试验证,结果表明采用本项目研究成果可有效脱除 SOP 中 QI(喹啉不溶物)和 $Na^+$,得到的净化沥青中 QI≤0.1%,$Na^+$ <30 ppm,采用的溶剂可回收循环利用,回收率可达到92%以上。净化 SOP 过程中产生的渣相富含粒径小于1 μm 的 QI,是改质沥青的良好添加剂,另外,渣相经 HO(重油)溶解后可配制混油,解决渣相的出路。(夏剑忠)

**二氨基间苯二酚的合成研究**　二氨基间苯二酚(DAR)是合成高性能高分子材料——聚对苯撑苯并二噁唑(PBO)必需的中间体,PBO 纤维是一种高强度高性能的纤维,是碳纤维的升级换代产品,用于导弹、航空、航天等领域的高端复合增强材料,也广泛用于各种武器装备轻量化。通过与华东理工大学产学研合作开发方式,该项目历经一年多小试试验,成功地以间苯二酚为原料合成得到纯度99%以上 DAR 盐酸盐样品,并用自己制备的 DAR 盐酸盐成功地合成出聚对苯撑苯并二噁唑。(夏剑忠)

**煤精脱苯塔效率评估**　煤精脱苯工艺主要是将富油中的粗苯,采用加热或汽提的方法蒸脱出来。洗苯塔出来的富油经加热升温到180℃,进入脱苯塔中部,依靠气液传质装置与塔底进入的蒸汽逐级作用,实现粗苯与洗油的分离。该项目通过建立并完善脱苯塔的理论化计算模型对运行工况进行评估和分析,诊断整个系统造成脱苯效率不高的主要原因,进行系统诊断,提出改进方案,实现对技术的消化和二次创新,考察各因素对脱苯效率的影响。(夏剑忠)

# 基建与技改

1 专　记 ZHUANJI
13 专　文 ZHUANWEN
33 大事记 DASHIJI
41 概　述 GAISHU
63 规划发展 GUIHUAFAZHAN
67 管理创新 GUANLICHUANGXIN
79 科　研 KEYAN
97 基建与技改 JIJIANYUJIGAI
109 环境经营 HUANJINGJINGYING
123 人力资源管理 RENLIZIYUANGUANLI
135 财务、资产与审计 CAIWUZICHANYUSHENJI
141 宝钢股份 BAOGANGGUFEN
217 八一钢铁 BAYIGANGTIE
233 广东钢铁 GUANGDONGGANGTIE
239 宁波钢铁 NINGBOGANGTIE
245 多元产业 DUOYUANCHANYE
305 海外公司 HAIWAIGONGSI
313 综合管理 ZONGHEGUANLI
325 党群工作 DANGQUNGONGZUO
353 企业文化 QIYEWENHUA
365 人物与表彰 RENWUYUBIAOZHANG
377 附　录 FULU
401 索　引 SUOYIN

# 基建与技改

2009年，宝钢股份一号高炉大修工程、梅钢冷轧工程等一批技改项目和基建工程投产，罗泾二步等一批工程项目按计划续建，宝钢集团全年完成固定资产投资218.59亿元。2009年宝钢集团投产工程统计表，2009年宝钢集团续建工程统计表，见下页。　（史　志）

## 投资管理

宝钢股份投资管理部是宝钢股份建设技改项目综合管理部门，负责从项目规划到后评价全过程管理。下设综合计划室、工艺项目室、公辅项目室、工程经济室、专项业务室、BPMS（工程项目管理）核心工作组。主要职责包括建设技改规划、计划、统计管理；建设技改项目立项、设计、后评价管理；零固投资综合管理；征地、动拆迁工作管理；土地、房地产权属管理；总图管理及总投资管理等。

至年底，投资管理部有职工39人。按岗位划分，管理岗位7人，首席工程师3人，主任工程师17人，区域工程师12人；按学历划分，硕士13人，本科21人，专科5人；按职称划分，高级职称11人，中级职称22人，初级职称6人。　（唐　伟）

**固定资产投资**　2009年，宝钢股份固定资产投资计划为1 712 490万元，实际完成1 776 106万元，完成率为103.7%。固定资产投资计划执行情况总体受控。　（唐　伟）

**建成投运项目**　一号高炉大修工程于2月点火投产，保障了高品质铁水持续稳定供应，同时工程自主集成创新形成了宝钢特有的高炉国产化和快速大修技术。冷轧连退/镀锌中试机组工程于3月进入热负荷试车。宝钢自主研发的高氢快冷和水淬快冷超高强钢生产与装备技术首次应用于中试机组获得成功。其冷却速率和能力达到并超过了设计能力，使宝钢首次具备100千克级超高强热镀锌板和150千克级超高强普冷板生产能力。2030冷轧新增连退机组工程于12月建成投运，形成86万吨/年的高档汽车板和家电板轧后处理能力，对宝钢二期冷轧产线的产品升级换代具有重要意义。新增焊管防腐涂层生产线项目于4月30日建成投运，具备生产5万吨/年的HFW（中口径高频直缝焊管）和30万吨/年的UOE（大口径直缝焊管）产品能力。梅钢公司1422热轧品种结构调整工程于9月各机组陆续完成各项功能调试，10月1日正式投产。　（唐　伟）

宝钢股份电厂10号筒仓工程打桩现场

**主要续建项目**　年内，宝日汽车板新建热镀锌GA生产线工程GA线冷运行；五号重卷联试，四号重卷单试。特钢事业部建设一套炉卷轧机以及配套设施，设计年产热轧合金板卷28.2万吨，其中板生产线建成投运，卷生产线处于联动试车阶段。特殊钢钛镍特种金属板带技术改造工程建设钛镍特种金属板带生产线，年产特种金属冷轧板卷7.5万吨，热轧酸洗卷2.4万吨，年内处于设备安装阶段。钢管条钢事业部鲁宝钢管搬迁和产品结构调整工程，设热连轧管生产线、管加工生产线、高压锅炉管精整线等,设计年产高钢级、耐蚀石油专用管、高压锅炉管等高端无缝钢管产品50万吨。该工程第一阶段管加工生产线10月建成投运,第二阶段连轧管生产线处于土建施工阶段,计划2011年4月建成投运。 (唐 伟)

**完善建设技改管理制度** 2009年,宝钢着手实施建设技改项目"分层分类"管理模式,对建设技改管理制度进行了系统梳理,对管理界面、管理接口作了优化和调整,对相关管理办法进行了修订。 (唐 伟)

**严控投资规模和资金使用** 投资管理部结合2009年建设技改年度计划的编制,对项目进行了多轮梳理,严格控制新开工项目数量,并对在建项目进度安排进行了较大幅度调整。同时,建立了资金使用管控机制,从年度预算平衡、月度申报、实绩反馈、季度评价等方面入手,理顺资金管理控制的全流程,建立了资金管控闭环管理体系。 (唐 伟)

**合理制订投资目标优化方案** 年内,宝钢股份对前期阶段项目重新组织论证,优化设备配置方案,推进工程自主集成和设备国产化,合理确定项目投资控制目标额。对于在建项目从设备材料选型、方案调整、工程实物量减少、主要设计参数优化等方面入手,逐项制订设计优化目标。先后对21个A类项目制定了投资优化目标,提出投资优化方案76项,累计降低项目投资6 954万元。 (唐 伟)

**推进BPMS系统应用和完善** 2009年上半年,宝钢所有A类项目、总部所有B类项目进入BPMS(工程项目管理)系统上线运行。整个钢铁单元的代码结构按照统一的规范、模式进行了重新调整。新版WBS编码的推进,有利于项目实施过程的投资管控,有利于实施项目的数据回归整理。 (唐 伟)

## 工 程 管 理

2009年新成立的宝钢股份工程管理部(简称"工管部")主要负责宝钢股份工程项目的施工、监理、甲控乙供供应商管理,宝钢股份工程项目竣工验收专项管理,宝钢股份直属厂部工程项目的综合协调管理,直属厂部工程项目标准化施工管理,直属厂部工程项目施工技术管理、技术标准管理及项目管理实施规划、重大施工方案审批,直属厂部工程项目工程质量管理和工程建设监理管理,直属厂部工程项目施工准备工作,直属厂部工程项目实物交接、交工验收及组织向政府有关部门办理施工许可管理等。至2009年12月底,在册职工36人,其中教授级高级工程师2人、高级工程师12人、高级政工师3人、工程师18人、助理工程师4人。(钱东静)

**工程计划管理** 2009年,宝钢股份直属厂部计划开工56项,计划内完成56项,计划外完成2项,实际开工完成58项;计划实物交接90项,计划内完成88项,计划外完成3项,实际实物交接完成91项;计划交工验收138项,计划内完成137项,计划外完成6项,实际交工验收完成143项。交工验收准点率95.8%。 (钱东静)

**综合协调管理** 年内,工程管理重点指导支撑项目单位与相关单位一起做好项目的综合协调工作。定期控制和检查项目实施阶段的安全和质量与进度的完成情况,对未完成计划的项目进行重点管控,提供准确的信息。主要技改项目的管理人员按月完成项目月报和网络图、进展率的编制与确认,确保对项目进

**2009年宝钢集团投产工程统计表**

| 单 位 | 项 目 名 称 | 开工时间 | 竣工时间 | 投资额(亿元) |
|---|---|---|---|---|
| 宝钢股份炼铁厂 | 一号高炉大修工程 | 2007.4.15 | 2009.2.15 | 17.05 |
| 宝钢股份冷轧厂 | 新建冷轧连退机组 | 2008.3 | 2009.12 | 15.91 |
| 宝钢股份特钢事业部 | 炉卷轧机工程 | 2007.9 | 2009.12 | 21.26 |
| 宝钢股份梅钢公司 | 一号高炉易地大修技术改造工程;三号高炉易地大修技术改造工程 | 2007.5.16 | 2009.5.12 | 13.69 |
| 宝钢股份梅钢公司 | 1 422毫米热轧品种结构调整项目 | 2007.3.26 | 2009.10 | 35.27 |
| 广东钢铁湛江龙腾 | 球团项目 | 2008.12 | 2009.9.27 | 24.21 |
| 宁波钢铁 | 五丰塘焦炉项目 | 2007.5 | 2009.11 | 19.01 |

**2009 年宝钢集团续建工程统计表**

| 单　　位 | 项　目　名　称 | 开工时间 | 竣工时间(计划) | 投资额(亿元) |
|---|---|---|---|---|
| 宝钢股份不锈钢事业部 | 冷轧不锈带钢后续工程 | 2007.11 | 2010.8 | 54.4 |
| 宝钢股份特钢事业部 | 钛镍特种金属板带技术改造工程 | 2008.4 | 2010.12 | 21.34 |
| 宝钢股份中厚板分公司 | 罗泾二步实施项目 | 2008.2.28 | 2010.11 | 56.51 |
| 宝钢股份钢管条钢事业部宝通公司 | 产品结构调整和配套工程 | 2008.8 | 2011.1 | 10.19 |
| 宝钢股份钢管条钢事业部 | 鲁宝钢管搬迁和产品结构调整工程 | 2008.5 | 2011.4 | 48.92 |
| 宝钢股份宝日汽车板 | 新建热镀锌 GA 生产线 | 2008.3.15 | 2010.2 | 15.29 |

（史　志）

行合理的判断。随着与规划项目对标的深入，技改项目完工时的环境治理也受到高度重视，从绿化方案编制、审查开始，积极推进项目绿化场地平整工作。年内，一号高炉大修、连退中试机组、钢管涂层等项目，投产之前现场临时设施全部清场，绿化种植完成。对于一般的常规技改项目，也达到了项目在热负荷之际完成绿化补种、道路修复工作。2030 连退和热镀锌 GA 线项目及时撤除临时设施，确保项目投产即有一个良好的生产环境。（钱东静）

**安全标准化管理**　年内，标准化工地办公室共组织联合、专项检查 36 次，检查项目(标段)398 个(次)，评出优秀工地 38 个(次)，合格工地 15 个(次)，不合格工地 1 个(次)。标准化工地达标率 97.5%，优秀率 70%。各检查单位共查出隐患问题 631 项，累计违章记分 2 008 分，抵扣安全风险抵押金 53 万元("8·18"事故)，清退违章违纪施工作业人员 23 名。其中联合检查累计扣分1 590分(占 79.18%)，项目单位累计扣分 373 分(占 18.58%)，监理单位累计扣分 45 分(占 2.24%)。（钱东静）

**细化区域管理责任制**　2009 年，工程管理实施横向细化施工现场区域划分，纵向将区域责任制延伸至施工作业班组，并强化日常区域安全管控情况的检查。监理单位推行全员安全监理制度。项目监理组总监负责，实行区域安全责任制，将区域安全监管工作作为一项岗位职责纳入每个专业监理的日常工作内容，强化监理人员对现场施工安全工作的日常监管。强化协力分包队伍安全管理。每月统计分析各分包协力单位的隐患、违章数，每季度进行综合排名和评价。（钱东静）

**安全培训教育**　年内，工管部结合施工安全管理实际，修改可视化安全教材，补充修订可视化教育考卷，提高可视化教育质量，并加强可视化教育抽考力度。对 22 个项目标段的 561 名作业人员进行了抽查考试，3 名补考不合格的作业人员被清退出分公司项目工地。年内还组织开展 4 次施工安全典型事故案例教育，各施工、协力分包单位的 215 名管理、作业人员参加了学习。（钱东静）

**文明施工管理**　2009 年，工程管理强化日常检查及督促整改的力度，加强主干道两侧文明施工检查。对厂区主干道每周进行检查巡视，并每月管理考核。全年拍摄现场检查照片 538 张，发出整改通知单 59 份，考核处理 101 分，修改制定"BGFS－21－02－B0 号工程项目主干道两侧文明施工管理标准"，主干道两侧文明施工有了比较大的改进。（钱东静）

**专项管理**　各技改项目在 2009 年防汛防台组织体制及实施计划的指导下，检查落实各施工单位防汛防台预案和专业抢险体系，建立了在建 16 个施工项目的防汛防台和防暑降温管理台账。在 16 个施工项目中，建立防汛防台实施预案 17 份，开展预案演练 9 项，成立施工抢险救灾队伍 509 人，准备防汛防台机械设备 127 台，实施大临设施加固 83 间，施工临时排水设施 31 处，建立夏季高温作业临时休息点 24 处，饮水点 28 处，配置医药箱 25 个，现场排风扇 47 台。（钱东静）

**项目分类管控**　年内，工程管理根据年度和半年度计划，共识别出技术质量主控项目69项，既包括了冷轧厂新建连退机组等规模较大项目，也包括了四焦炉配套重油罐拆除等危险性较大项目，并根据项目进展情况作动态调整。主控项目作为技术负责人的管理重点，从项目管理策划开始全面实施技术质量管控，成为技术质量管理的主战场、创建精品工程的大舞台、探索管理改进的实验地。进一步完善项目管理实施规划举措，针对常规技改项目特点，分类提出对资源配置、技术、质量、安全、工期等纬度的管理目标。 （钱东静）

**项目技术管理** 2009年，通过细化形成从实施规划、施工方案到专项施工方案和作业设计的一贯制的工程技术管理体系，提出了项目管理实施规划的编制和评审的统一要求。针对住房和城乡建设部87号通知的出台，结合冶金建设项目特点，组织宝钢股份各事业部和分（子）公司、监理监督单位对如何贯彻进行专题研讨并达成一致意见。以钢管热处理线项目为试点，明确了主控项目的项目管理实施规划编制要求和组织评审的要求，单位工程划分、施工方案编制计划、首件制计划、亮点计划、分包策划等全部在批复中正式确认，为规范后续的项目管理打下了基础。通过对所有实施项目的技术分析，识别主要的技术难点和质量风险，并提出行之有效的预控和解决方案，同时每次会议确定几个主题，对制约和影响技术质量工作提升的重要问题采取各个突破。 （钱东静）

**指导解决工程技术难题** 年内，工管部组织冷轧薄板酸洗机组改造项目深基坑施工、二炼钢二落锤项目纠偏加固专家论证、地梁处理、四焦炉配套护厂河拉直等重大技术方案的论证和实施。对烟宝钢管、特殊钢等项目实施技术支撑。开展项目技术质量工作总结，形成共同成长和知识积累的长效机制。完成"十一五"规划项目技术总结。针对常规技改项目点多面广的特点，提出以半年为单位对项目群进行总结的思路，突出单个项目的技术难度大或实施风险高的重点分部或分项，如一、二、三期原料跨河桁架安装施工技术，一炼钢二次除尘项目6.5米烟囱的制作和安装等，年内提出总结课题50多项。 （钱东静）

行车安装调试

**质量过程控制** 全年将区域技改项目纳入日常质量管理范畴，实现质量管理的全覆盖。督促各项目质量体系的建立健全及有效运作、保证高起点进入项目实施。年度监理检查一次通过率均达到96.8%，点合格率97.4%。精细化推进乙供甲控材料管理，为精品工程提供支撑，根据质量精细化控制的需求，新增了玻璃钢电气保护管、混凝土防腐等品种，对现有厂家做好跟踪检查。尤其是对钢结构的制作管理，从管理程序上进一步明确，并提出了违规处罚意见。对海豹搅拌站出现的混凝土质量问题进行现场调研并提出处理意见。对冷轧薄板酸再生站的耐酸砖砌筑、中试机组电缆满槽、硅钢项目厂房漏点、冷轧薄板酸洗机组PP管道泄露、巡检道路钢筋检测一次不合格等质量问题进行分析和处理；完善了工程检测的内部委托和管理程序；组织设计、施工、监理单位参加新中国成立60年百项经典工程评选；配合施工单位完成行业和地方奖项申报。 （钱东静）

**交竣工管理** 2009年，技改项目计划交工验收138项，实际完成交工验收143项，交工验收完成率104%；交工验收准点率95.8%。年内完成2030电镀锌、钢管特殊扣、五冷轧、八号制氧机、长材优化、电厂四号机组、宽厚板轧机完善改造的交工验收工作，重大（重点）项目基本达到了投产后7个月交工验收的目标。2009年，宝钢股份总部计划竣工验收162项，实际完成159项，竣工验收完成率98.1%，竣工验收准点率为 93.1%。2008 年结转 12 项，除北部通廊项目因规划报建影响规划验收和薄板镀锡因噪音超标影响环保验收外，其余 10 个项目全部清账。宝钢股份年度竣工验收计划 315 项，实际完成 308 项，竣工验收完成率为 97.8%，竣工验收准点率为 92.9%。（钱东静）

**消防专项验收** 年内，工管部对此项工作进行了全面细致的梳理，提出消防检测与实物交接同步、消防验收与交工验收同步的工作目标，消防检测无整改项、一月内完成消防验收的推进目标。在消防报审、消防施工、消防检测验收等过程中做到及时跟踪，及时协调。重点项目开展以施工、设计、维护、监督等多方参与的预检，尽可能发现、解决问题。通过近一年的推进，形成工管部对外（公安机关消防机构）牵头，宝钢股份直属厂部组织现场验收的竣工消防验收体系，做到分工明确、协调有序、合力推进。2009 年组织消防检测项目 42 项，组织消防验收 74 项次。2009 年组织完成规划测绘 17 项，完成规划验收 8 项。开展工程项目防雷和防爆检测，完成钢管涂层、1420/155 废水站和薄板酸再生站 3 个项目的防雷检测；完成钢管涂层、危险品仓库、技术中心环资室、汽车板实验室等 4 个项目的防爆检测。（钱东静）

**施工资源管理** 全年以培育稳定优质施工资源为主导，出台了“工程项目施工项目经理管理标准”和“工程项目施工专业班组管理标准”。通过对施工单位在宝钢总部的项目管理团队、项目经理和施工班组的摸底统计，建立了施工项目经理信息库和施工专业班组信息库。对项目经理建立业绩累进机制，对施工专业班组实行动态评价。施工项目经理资源库和项目管理团队资源库的建立，也为后续管理改善提供了依据。（钱东静）

## 工程技术管理

工程技术部是宝钢股份工程技术的综合管理业务部门。主要负责各事业部、子公司或受集团公司委托的重大工程项目（A 类项目）技术管理和技术方案的确定。包括组织编制项目可行性研究报告、组织项目初步设计及项目投资估概算的编制和审查；负责工程项目自主集成创新体系和创新工作的推进；负责宝钢工程项目管理系统（BPMS）在宝钢集团层面推广；负责各事业部、子公司重点项目（B 类限上项目）技术方案、投资估概算的审核；制定“工程设计统一技术规定”。

工程技术部下设管理室、工程一室、工程二室、技术室、工程经济室。至 2009 年年底，有员工 39 人。（吴 新）

**加大重大项目投资控制力度** 主要措施有：（1）重新梳理调整、下达 A 类及 B 类限上项目投资控制指标。向各分（子）公司重新下发重大项目（A 类及 B 类限上）投资控制指标。其中，A 类项目投资目标下调 36.9 亿元，下调幅度 10.8%。（2）积极组织开展重大项目设计优化。对处于实施阶段的 21 个 A 类项目，提出优化方案 76 项，实施设计优化再节约项目建设投资 6 954 万元。其中原宝钢分公司降低 1 235 万元；宝日汽车板降低 359 万元；宝通公司 246 万元；烟宝公司降低 1 980 万元；特殊事业部 1 264 万元；罗泾工程降低 1 870 万元。（3）加大设计变更审查力度。做到所有设计变更全面进入 BPMS 平台严格审查，杜绝了所有不必要的变更。（吴 新）

**A 类项目设计工作有序开展** 金融危机爆发后，尽管建设工期有所延长，但具备设计条件的项目，设计工作原则上均先期开展。至年底，15 个实施阶段项目中，有 12.5 个重大项目实现了设计关门。剩下的 2.5 个项目（见下表），设计工作也按计划有序开展。

煤气柜收尾施工场景

尚未设计关门的 A 类项目

| 序 号 | 项 目 名 称 | 设 计 进 度 |
|---|---|---|
| 1 | 烟宝钢管二阶段项目 | 40% |
| 2 | 宝通主体工程 | 85% |
| 3 | 宝通大公辅工程 | 90% |

（吴　新）

**"工程设计统一技术规定"改版**　"工程统一技术规定"的改版工作于2008年下半年启动,其内容遍及项目建设中的各个专业,不仅考虑到宝钢股份不同分(子)公司的各自不同情况,还将宝钢30年建设积累的经验,以合理控制工程项目投资为原则,以优化工程项目中从主工艺设备配置方案到各个辅助专业设计方案为指导思想。新版"工程设计统一技术规定"的推出,为集团公司大、中型项目建设起到积极的指导作用。(吴　新)

**推进 BPSM 系统建设**　年内,实现宝钢股份所有 A 类项目、分公司所有 B 类项目进入 BPMS 系统进行项目管理的第一阶段大目标。主要表现为:(1)全面完成 WBS 代码结构的修改、完善工作。(2)完善、挖潜 BPMS 的监管功能。利用系统对项目实施过程投资执行情况进行监管,经过各个地块项目的推进,结合 BPMS 的运用,WBS 代码的完善,逐步形成管理提升理念。(3)逐步完善项目分解指标管控体系。WBS 码以及监管功能的完善,使在工程项目中实施分解指标控制项目投资的理念成为现实。　(吴　新)

**完善重大项目自主集成支撑体系**　2009年,梅钢冷轧、特殊钢炉卷、不锈钢冷轧手续工程等重点项目陆续进入了调试及热负荷试车阶段。针对各个地块在此类项目调试过程中存在的人力不足问题,依托宝钢一体化优势,完善了宝钢技术人员支撑梅钢冷轧和特殊钢炉卷的组织体系,支撑人员全部到位,为各重大项目后期工作的顺利开展创造了条件。(吴　新)

**历史数据整理**　年内,对宝钢长期以来项目建设数据进行归纳、整理,为以后工程项目服务。工程技术部利用这次重大项目普遍延期腾出的时间间隙,将宝钢"十五"、"十一五"规划项目分成不同批次,组织员工对各个项目的历史数据进行分类梳理。以 BPMS 系统的 WBS 代码为架构,按照设备、建安等将历史数据细化分解到各个 WBS 代码的1级结构中。历史数据的梳理,将大大有助于以后项目的分析、判断,有助于合理确定工程项目投资水平,为建立自上而下的投资分解指标管控体系提供良好的数据支撑。　(吴　新)

## 工程设备管理

工程设备部是宝钢股份工程设备采购管理的职能部门。主要负责工程设备采购的集中采购供应及有关管理工作,包括相关的采购计划、价格、预算、供应商、业务流程及信息系统等管理业务及各分公司的工程设备采购业务,并在资源共享、提高效率的前提下为其他子公司代理工程设备的采购。此外,还承担宝钢股份的项目翻译、现场翻译服务业务,以及集团公司内其他成员单位的翻译服务业务。

工程设备部下设管理室、工程一室、工程二室、工程三室、三电室、公辅室、外事服务室。至2009年年底,在册员工总数288人。

2009 年主要采购管理工作业绩表

| 指 标 名 称 | 国内设备实绩 | 引进设备实绩 |
|---|---|---|
| 签订合同数 | 3 814 个 | 53 个 |
| 合同订购金额 | 20.58 亿元 | 0.52 亿美元 |
| 设备交货金额 | 46.66 亿元 | 5.17 亿美元 |
| 引进设备减免税金额 | 3.26 亿元 | |
| 审核重点节资额 | 5 000 万元 | |
| 战略供应商采购比例 | 76.67% | |

（苏文辉）

**梳理修订合同**　工程设备部根据本年度工程项目投资计划及项目建设进度调整安排,成立合同梳理推进小组,逐个项目、逐个合同、逐个清单进行分析,并分未订清单、已订合同设备未制造、已订合同设备已制造等类别一一制订清单和合同变更处理对策,制订相应的谈判方案。在各项目单位协同下,通过与供应商谈判,在涉及国内设备的1 321个合同中,谈判合同变更113个,涉及54家供应商,降低采购成本约3 000万元;涉及引进合同变更64个,就设备发货、仓储、调试、验收、SV人员派遣等问题与外商重新签订合同执行协议,共减少外商索赔675万欧元。各在建、续建项目的设备订购和交付完全按修订后的投资计划实施,设备交货100%满足要求;缓建、停建项目的设备合同变更顺利完成。 (苏文辉)

**工程设备电子商务平台运行** 经过近半年开发,工程设备采购电子商务平台于4月1日上线运行,该平台100%覆盖国内询报价环节,实现供应商信息管理、网上询报价等功能。在此基础上,7月1日,供应商自荐功能上线运行,该平台实现开放式供应商寻源功能,从而全面实现与供应商的电子化采购协同。至12月31日,通过工程设备采购电子商务平台共发询2207单,有486家供应商参与网上询报价,326家供应商中标,涉及采购金额13.33亿元。 (苏文辉)

**实施设备集中采购** 年内,根据市场原材料价格大幅波动的实际,工程设备部组织实施对前期形成的49项战略集中采购设备的价格重新审视。在此基础上,与供应商进行协议的重签谈判,最终完成45项协议的重签,3项价格与上年持平,其余降幅在2%—30%不等。 (苏文辉)

**推进供应商管理** 2009年,整合工程设备供应商管理制度,出台"工程设备供应商管理细则"。新制度明确了更适合工程设备采购特点的国内外设备供应商进入、评价、退出的管理规定。建立供应商自荐管理机制,成立供应商自荐管理工作小组,制定供应商自荐及准入操作流程,并为供应商开辟自荐渠道,以吸纳更多的优秀供应商进入工程设备采购供应商资源库。年内,组织召开14次供应商自荐初审会,引入45家自荐供应商。此外,组织开展供应商第二方审核,对8家供应商进行质量体系现场审核工作;建立国外供应商评价体系,并完成对国外供应商的评价工作。 (苏文辉)

**开展3D培训** 年内,围绕管理优化、素质提升,以"懂设备、懂技术、懂市场、懂法律、懂商务"为员工职业培养发展方向,全面推进内容丰富、形式多样、效果明显的"3D"(原地、实地、移地)培训工作,并形成长效机制。2009年,共举办项目经理人系列讲座等各类专业培训交流活动43期,1 575人次参加;在制造厂协助下,首批12名员工赴常州宝菱重工机械有限公司参加为期3周的现场培训。此外,由各室创新的"游学团"、模拟谈判等活动为"3D"培训拓宽了新的途径。工程设备部全年人均参加学习培训82.5学时。 (苏文辉)

## 主要项目进展

**梅钢二号脱硫站投入使用** 4月,梅钢公司二号脱硫站进入热负荷试车。二号脱硫站于2008年9月开工建设,设计年处理量为240万吨。该脱硫系统采用双工位、后扒渣布置以及粉剂输送罐技术,提高了脱硫水平。 (乐 平)

**五冷轧连续退火机组达产** 4月5日—5月4日,宝钢股份冷轧厂五冷轧连续退火机组累计产量62 915吨,达到设计产量的103.14%。连续退火机组是五冷轧主机组之一,年设计产能为70万吨,产品覆盖了汽车、家电等行业所需的各类软钢品种。机组于2008年5月27日投入热负荷试车,第一卷即按照期货合同组织生产,热试3个月即实现产品大纲全覆盖,并实现盈利。 (乐 平)

**梅钢冷轧酸轧机组试轧成功** 5月1日,梅钢公司冷轧酸轧机组试轧成功。此次试轧的钢卷厚2.58毫米、宽1 024毫米,经过五机架连轧,厚度变为1.15毫米,压下量达到55.4%,轧机的抛钢速度为每分钟180米。在试轧中,弯辊、串辊、倾斜等板形控制功能和厚度自动控制功能,均已投入使用。 (乐 平)

**新增焊管防腐涂层项目热试成功** 5月,宝钢股份钢管厂新增焊管防腐涂层项目内外涂层生产线,成功实施热负荷试车。该项目的建成将极大地提高宝钢大中口径管线管产品的竞争力。该生产线是国内冶金行业第一条自主集成、高效率、专业生产焊管涂层的加工线。其工艺、装备和主要技术经济指标,均达到世界先进水平。 (乐 平)

**马迹山港二期工程通过国家验收** 5月,经国家交通部、环境保护部、安监局及浙江省相关部门审核,宝钢马迹山港区二期工程通过国家验收。该工程首次在国内港口装船码头转运平台建设中成功采用整体钢套筒平台施工嵌岩灌注桩工艺;自主研发成功的散货堆、取料机自动化控制系统和中央控制系统,使马

迹山港成为国内首个信息化、数字化、智能化港口。（乐　平）

**梅钢四号高炉点火**　5月，梅钢公司举行四号高炉点火开炉仪式。项目设计采用烟煤浓相喷吹、干法除尘技术、国产化的高炉炉顶及炉前设备等一系列新工艺、新技术、新装备，具有自主知识产权和较高的集成创新水平。投产后，将大幅增强梅钢炼铁系统装备能力，进一步降低生铁制造成本以及吨钢综合能耗、吨钢耗新水等能源消耗指标，提高高炉余热回收水平，明显改善废气、废水、粉尘等排放指标，有效改善周边地区的生态环境。（乐　平）

**无缝140机组改造实现预期目标**　6月，宝钢股份钢管厂140机组实施深度改造后生产能力稳步提升，轧制规格和品种已覆盖并超过改造前。该机组深度改造项目于2008年10月启动，主要是用锥式穿孔机替代已运行23年的桶式穿孔机。深度改造为稳定机组生产能力，使钢管产品向高端合金化、差异化方向发展，缩短与国际一流钢管企业的差距奠定了基础。（乐　平）

**特钢首块热轧合金板带下线**　7月，特钢事业部第一块热轧合金板带在国内首条特种金属暨合金板带生产线上诞生。特钢合金板带工程借鉴了国际先进的工艺装备和技术，同时集聚了宝钢自主集成成果。合金板带工程炉卷热轧项目由炉卷轧机生产线、抛丸酸洗生产线和水处理设施三大部分组成。这次热负荷试车成功，实现了炉卷热轧项目与炼钢连铸项目的顺利对接。（乐　平）

安装加热炉底座

**2050热轧精整厚板机组综合改造启动**　9月，宝钢股份热轧厂2050热轧精整厚板机组综合改造启动。改造完成后，在维持原有产能规模的情况下，热轧厂商品材中高强钢和超高强钢的比例将超过50%，产品质量得到进一步提升。（乐　平）

**不锈钢事业部CPL机组月达标**　9月，宝钢首条自主设计、自主集成的碳钢酸洗产线——不锈钢事业部冷轧工程碳钢酸洗线（CPL）成功突破设计产能，当月产量9.48万吨，小时产量、日历作业率、非计划停工时间等关键机组指标均创最高水平，产品质量稳步提升。（乐　平）

**宝日钢丝三期工程投产**　9月，宝日钢丝三期工程竣工投产。其产品广泛应用于汽车、铁路机车、家电、机械、精密仪器等行业，是高品质紧固件用钢的首选原料。宝日钢丝三期工程于2008年5月启动，项目总投资1.78亿元。（乐　平）

**梅钢热镀铝锌机组热负荷试车**　9月，梅钢公司冷轧厂热镀铝锌机组成功热负荷试车，标志着梅钢公司冷轧厂各机组全面进入热负荷试车阶段。产品主要用于高级家电、建筑行业等。（乐　平）

**湛江龙腾球团项目热试成功**　9月27日，湛江龙腾物流球团项目热负荷联动试车仪式在东海岛举行。主要建设一条年产量为500万吨的链箅机——回转窑氧化球团生产线及其配套工程。该产线是拥有完全自主知识产权、自行研发的单线生产能力最大的球团生产线。球团项目2007年12月开工建设，龙腾物流公司和设计、施工单位精心组织、科学管理、紧密协作、努力拼搏，经过22个月的紧张施工和调试，具备了热负荷试车条件。（乐　平）

**梅钢冷轧酸轧机组月达产**　12月，梅钢公司冷轧酸轧机组当月累计生产轧硬卷7.365万吨，提前实现

月达产目标，创造了自主集成国产轧机快速达产的新纪录。（乐 平）

**首条自主集成连退机组投产** 12月15日，宝钢自主集成建设的连退机组——2030新增连退机组投产，比计划工期提前一个半月，创下国内外冷轧连退机组建设最短纪录。2030新增连退机组自主集成建设的成功，意味着宝钢具备了全套连退装备技术的应用能力。（乐 平）

**宁波钢铁1780热轧提前月达产** 12月29日，宝钢自主集成的1780热轧带钢生产线产量达到34.5万吨，成材率达到98.1%，提前实现月达产。该生产线是国内首条1780热轧线，年设计产能为400万吨。（乐 平）

## 工程质量安全监督

2009年，宝钢所有新开工建设项目均采用冶金设备安装验收新规范。宝钢质监站的监督模式从核验制全面转为由建设单位组织的质量验收制，对建设单位组织的验收程序和标准进行监督。工程参建各方按建设工程质量管理条例的规定进行质量管理工作，履行各自的职责，实现了对建设工程质量的齐抓共管，总体工程质量稳中有升。

2009年，宝钢质监站荣获住房和城乡建设部颁发的“全国先进工程质量监督机构”荣誉称号。

罗泾一步工程COREX－C3000项目荣获“2009年度中国建设工程鲁班奖”，成为2009年度上海地区唯一获此殊荣的大型工业项目。（赵 聪）

**工程安全监督管理** 全年施工安全形势较为平稳。全年受监工地发生工亡事故1起，比上年减少3起；死亡1人，比上年减少3人。施工安全形势有明显好转。在受监项目中，年内未发生较大以上安全事故，实现了“杜绝重大事故，遏制较大事故，减少一般事故”的控制目标。百亿产值工伤死亡率呈现下降趋势。（赵 聪）

**安全施工事先控制** 2009年，多数在建工程延长了施工周期，总体安全形势好2008年。对冷轧不锈钢带钢、特殊钢炉卷热轧、热挤压钢管和2030冷轧新增连退机组等按原工期或缩短工期施工的工程加强监管。对新受监的工程，安监员深入施工现场，事先对深基坑支护、塔吊拆装、顶管作业、起重吊装和高大模板支撑系统的专项施工方案、安全措施落实情况进行程序性检查，多次制止无方案或不按方案施工的做法。（赵 聪）

**安全施工过程控制** 宝钢质监站开展了建筑起重机械、重大危险源、迎世博600天建设工地文明施工、模板支撑系统等专项检查。会同上海市安质监总站对罗泾项目煤压块项目重大危险源管理进行专项检查。就现场存在的问题，上海市安质监总站下发安全隐患局部停止施工指令书，宝钢质监站对整改情况进行跟踪，督促施工单位及时提出复工申请，在后继施工过程中增强方案编制人员责任心，消除认识误区，提高了现场安全管理水平。（赵 聪）

**安全事故事后控制** 2月11日，五冶承建的不锈钢事业部冷轧5标酸洗工地发生一起火灾，动火作业时点燃了易燃物（PPH刨花），造成部分控制柜、开关箱、衬胶和钢结构厂房损坏。2月17日，集团公司在不锈钢事业部召开现场会，消防支队分析火灾原因，主要是违章动火，消防意识不强，灭火器材设置不合理，自救能力差。由于部分钢结构厂房过火后需更换变形构件，施工现场又出现高空拆除、起重吊装等危险作业，通过落实安全防护措施，确保了45天厂房结构更换工作安全。（赵 聪）

**编制工程质量监督方案** 宝钢质监站根据本年度受监工程特点，依据有关法律法规和工程建设强制性标准，编制了工程质量监督方案及监督抽查部位列表，并对工程的监督采取到位抽查与不定期巡检相结合的办法，对工程质量进行有效的监督与控制。同时，核查“冶金工程质保体系审查表”，检查施工现场工程各方主体及有关人员的资质或资格，保证施工、监理、设计方主要项目负责人的执业资格证书与承担任务相符，确保施工单位项目经理与登记注册相一致，保证质量管理工作有序开展。（赵 聪）

**贯彻冶金设备验收规范新国标** 2009年，在宝钢机电设备安装工程中开始全面贯彻、执行国家新标准。对年内新开工项目，质量监督员在召开质量监督交底会时向施工、监理单位讲解新标准，并提供表格样张。新标准所推行的质量验收组织和程序、质量记录表格形式等都有很大变化，宝钢质监站耐心细致地讲解，督促施工，监理等单位及时掌握新规范所规定的质量记录表格形式，明确各自在工程验收过程中的责任和工作程序。通过指导和帮

助，各施工、监理及相关责任单位在执行新标准的工作中取得一定进展，基本上进入操作、执行的稳定阶段。 （赵 聪）

**钢结构安装质量专项检查** 3月，对在建重大项目钢结构安装工程开展质量专项检查。宝钢质监站组织监理、施工单位、检测中心及专业监督工程师采用联合检查模式，分焊接探伤、焊接外观、高强螺栓、实测实量、油漆观感、宏观检查、质保资料共7个专业小组对各项目进行较为全面的检查。检查结果表明，宝钢重大项目钢结构工程质量总体处于受控状态。各项目均依据设计和现行冶金建筑质量验收规范要求，组织各工序的施工，制作质量、安装精度较好。柱子、吊车梁及屋面系统等主要受力节点均按设计连接，固定可靠，未见明显结构变形和重大工程质量隐患。通过检查，查处各类实体及资料问题72条，共发出“工程质量大检查问题通知单”7份，要求限期整改。其中有些问题比较严重，如焊缝探伤不符合要求、高强螺栓违规扩孔、吊车梁多处下挠、屋面系统部分构件安装遗漏、高强螺栓部分漏装、部分原材料检验不规范，等等。 （赵 聪）

**主体结构工程质量检查** 2009年，土建专业将严格控制建筑工程结构质量作为监督重点。如在厚板厂新建二号、三号热处理线工程试样收集间建筑工程竣工验收时，发现钢结构柱与屋面梁节点设计采用14个高强螺栓连接，接触面有明显间隙，经查制作尺寸有误差。由于涉及结构受力形式变化，因此不同意验收，要求与设计协商解决，后经设计修改，在间隙内加楔形钢板进行焊接连接，消除了质量隐患。质量监督巡查中，上海绿地施工的特殊钢事业部冷轧辊项目热处理及粗加工厂房扩建、宝冶施工的五冷轧Ⅱ标钢结构主厂房、五冶施工的宁波宝新不锈钢剪切板带生产线技改项目主厂房等3处工地发现吊车梁下翼缘动火、焊接现象。在宝钢质监站月度监督工作汇报中进行了点名批评，并督促整改。对于影响结构安全的重要结构性材料质量和安装环节的监督，也是质量控制重点。如在罗泾煤压块项目施工中发现钢筋闪光对焊不合格，立即通知有关单位自查。为防止不合格焊接钢筋被用于工程，立即通知监理、业主制止施工单位浇灌混凝土。 （赵 聪）

**监督检测单位严格检测质量** 在监督过程中，大量采用了多种检测手段检查工程重要部位的内在质量，为准确判断工程质量，消除质量隐患提供了依据。通过突击抽查在建工程所用的建筑主要材料，运用无损探伤、钢筋原位测试、搅拌站原材料跟踪检测等手段发现和查处质量问题。对查出的不合格产品，宝钢质监站及时在全工地通报预警，以防止扩散。全年抽查砼试件34组、水泥8组、砂浆试件12组、烧结砖6组、校核配合比15组、钢筋试件13组、高强螺栓5组、砼及砂浆的强度非破损检测3次、实体混凝土钻芯试验2个。对各类管道及钢结构焊缝进行射线探伤共145延米。同时，督促承担宝钢项目的各检测单位严格执行不合格结果第一时间上报制度，及时把握现场原材料质量动态。通过这些工作，防止伪劣材料流入工地，也提高了现场施工自检和监理把关的工作质量。 （赵 聪）

**电气设备安装质量检查** 2009年，电气专业始终抓住电气母线安装、电缆端子压接、紧固、接地系统安装及高压系统安装、调试等影响安全使用功能的部位、工序作为重点监督项目。在对一炼钢除尘系统扩容改造1标工程到位检查时，发现施工单位因个别电缆不够长而直接在盘内线槽中进行对接，为消除质量隐患，及时对施工单位下达了质量问题整改通知单，限期整改。在对罗泾COREX炼铁工程喷煤系统项目到位检查中，发现施工单位在电气室盘柜动力端子压接中，因端子与电缆芯线截面不相匹配，而采用往端子内填塞铜芯线及将电缆芯线剪掉数根后进行压接的事故隐患，宝钢质监站督促施工单位进行了整改。在抽查质量控制资料中，发现制造厂提供的3台变压器的变压器油化验报告内的含氢量、含乙炔量超出规范要求，电气专业质量监督员及时将这个情况通报给建设单位，将已运行的变压器停止运行，并由制造厂对3台变压器更换经检验合格的变压器油。 （赵 聪）

**治理电气安装质量通病** 在对电气安装质量控制中，针对经常出现的质量通病，采取监督交底会明确提出要求，同时在日常检查中发现苗头及时纠正的方式，将问题解决在萌芽中。在电气明配管中采用金属软管代替钢管穿墙、穿楼板，利用金属软管作为电气钢管转弯部位过渡，电缆敷设中交叉、弯度不一致、排列不整齐，镀锌电缆桥架采用电焊固定等质量通病治理，取得了明显效果。 （赵 聪）

**工程质量控制资料监督抽查** 2009年，宝钢工程全面采用新的验收规范，质量控制资料的内容也随着标准的变更而变化。但质量控制资料仍然是证明工程实体质量合格的书面文件，工程参建各方在施工过程中履行质量责任的记录，是判断工程参建各方质量保证体系运转正常的依据，也是业主掌握工程项目情况的重要资料。对质量控制资料的核查，主要确认资料的内容是否完整和资料内容是否准确。对每一个单位工程质量控制资料，主要核查设备、材料的合格证或产品质量证明书，单体调试记录或测试记录，各检验批、分项、分部工程质量验收记录以及单位工程质量竣工验收记录的填写，隐蔽记录、监理评估报告的内容是否符合要求等。通过审查质量控制资料，确保工程资料的正确与完整，参建各方正确履行各自的质量责任，达到了“建设工程质量管理条例”中建设工程竣工验收“有完整的技术档案和施工管理资料”的要求。 （赵　聪）

**在建工程“质量月”活动**　9月，宝钢质监站在建设工地组织开展以“全员全过程全方位参与，全面提高质量安全水平”为主题的“质量月”活动。各参建单位结合本单位实际情况，制定“质量月”活动的计划并组织实施。 （赵　聪）

**在建工程质量大检查**　冶金工业工程质量监督总站于8月3—7日，对宝钢集团部分在建工程质量进行了检查。受检单位包括4家施工企业、2家监理公司；受检项目涵盖宝钢4个在建项目的51个单位工程，涉及土建、钢结构、机械安装、电气安装、管道安装等专业。主要检查了烟宝公司钢管工程、不锈钢冷轧后续工程、特钢炉卷热轧工程、宝钢股份直属厂部热镀锌GA生产线工程、罗泾COREX炼铁工程、特钢热挤压钢管工程等项目的实体质量和部分技术、质保资料。检查组认为，抽查的宝钢在建工程总体质量水平是好的，对工程质量控制是有效的；各参建单位对工程质量是重视的，采取了一系列保证质量的有效措施，取得了较好的效果，监理单位为保证工程质量发挥了应有的作用。被查工程混凝土几何尺寸准确，观感质量比较好；钢结构安装质量精度比较好，焊接质量比较好，整体质量达到较高水平，能够满足规范的要求，设备安装精度准确，电气安装走向整齐、规范，接地保护良好。检查组对此给予了充分肯定。宝钢新建热镀锌GA生产线工程钢结构、机械管道及电气安装工程、罗泾工程二步炼钢连铸大包回转台土建工程、特钢事业部炉卷热轧项目机械安装等工程在该次检查中受到表扬。

**2009年宝钢工程获奖情况表**

| 工程项目名称 | 奖项名称 | 颁奖单位 | 承建单位名称 |
|---|---|---|---|
| 浦钢搬迁项目COREX炼铁主体单元工程 | 2009年度中国建设工程鲁班奖（国家优质工程） | 建设部<br>中国建筑业协会 | 上海宝冶建设有限公司 |
| 浦钢搬迁项目COREX炼铁主体单元工程 | 2009年度冶金行业优质工程 | 中国冶金建设协会 | 上海宝冶建设有限公司 |
| 浦钢搬迁项目轧钢工程 | 2009年度冶金行业优质工程 | 中国冶金建设协会 | 中国二十冶建设有限公司<br>中冶天工上海十三冶建设有限公司 |
| 浦钢搬迁项目板坯连铸工程 | 2009年度冶金行业优质工程 | 中国冶金建设协会 | 中冶天工上海十三冶建设有限公司 |
| 宝钢股份长材坯料系统优化工程 | 2009年度冶金行业优质工程 | 中国冶金建设协会 | 中冶天工上海十三冶建设有限公司 |
| 宝钢油气专用（大口径）直缝焊管工程 | 2009年度冶金行业优质工程 | 中国冶金建设协会 | 中冶成工上海五冶建设有限公司 |

注：不包括专业奖项

（赵　聪）

# 2010
# YEARBOOK
# BAOSTEEL

# 环境经营


1 专　记 ZHUANJI
13 专　文 ZHUANWEN
33 大事记 DASHIJI
41 概　述 GAISHU
63 规划发展 GUIHUAFAZHAN
67 管理创新 GUANLICHUANGXIN
79 科　研 KEYAN
97 基建与技改 JIJIANYUJIGAI
109 环境经营 HUANJINGJINGYING
123 人力资源管理 RENLIZIYUANGUANLI
135 财务、资产与审计 CAIWUZICHANYUSHENJI
141 宝钢股份 BAOGANGGUFEN
217 八一钢铁 BAYIGANGTIE
233 广东钢铁 GUANGDONGGANGTIE
239 宁波钢铁 NINGBOGANGTIE
245 多元产业 DUOYUANCHANYE
305 海外公司 HAIWAIGONGSI
313 综合管理 ZONGHEGUANLI
325 党群工作 DANGQUNGONGZUO
353 企业文化 QIYEWENHUA
365 人物与表彰 RENWUYUBIAOZHANG
377 附　录 FULU
401 索　引 SUOYIN

# 环境经营

2009年，宝钢提出“环境经营”理念，围绕建设世界一流清洁钢铁企业目标，把环境保护融入企业经营管理的全过程，使环境保护和企业发展融为一体，通过环境管理创造价值。9月15日，宝钢召开环境经营研讨会。确定宝钢在科学发展大背景下环境经营战略：通过绿色采购、清洁生产研发环境友好产品、拓展产品新用途新市场、壮大绿色产业、加强国际合作等路径来达到环境经营的战略目标，实现钢铁企业的生态化、低碳化。

宝钢环境经营在新一轮发展中的战略定位是：2010—2015年的发展模式将以提升成本竞争力为中心，走规模、技术、质量和成本相结合的四位一体的有宝钢特色的“精品+规模”之路；以环境经营的差异化战略为抓手，拓展有宝钢特色的新型工业化道路，建设创新型宝钢和绿色宝钢；以跨地区的战略管控为主导、共享协同服务为平台，把“精品+规模”发展和环境经营建立在体系能力的建设和软实力提升的基础上。

宝钢环境经营基本思路是：正确理解、牢固树立环境经营的理念；创建绿色宝钢的环境经营体系；走绿色生产、低碳经济的差异化道路，生产绿色、环保产品；以节能减排、低碳经济和资源综合利用等促进宝钢节能减排装备技术、资源综合利用技术的产业化工作；勇于承担社会责任，积极回报社会，树立良好的社会形象，建立和谐社区和社会。

（林高平）

## 环保与治理

**副产煤气利用与减排技术获奖** 1月9日，2008年度国家科技奖励大会上，宝钢股份“钢铁企业副产煤气利用与减排综合技术”获国家科技进步奖二等奖，成为冶金行业首个获此殊荣的节能减排项目。该届科技进步奖首次设立“循环经济与节能减排”评审组。“钢铁企业副产煤气利用与减排综合技术”为国家钢铁企业实现能源梯级利用、提高副产煤气综合利用的经济与环保效益、实现企业可持续发展作出了突出贡献，获得评审专家的充分认可。

（林高平）

**国际钢协技术环境部部长访问宝钢** 4月23日，应宝钢金属学会邀请，国际钢协技术环境部部长海恩克一行到宝钢进行工作访问。海恩克向宝钢工程技术人员介绍了其在技术和环境方面的最新探索和工作成果，并与宝钢工程技术人员就环境保护等共同关心的课题及开展项目合作等进行了交流。海恩克对宝钢在环境方面所作的努力给予了高度评价。

（林高平）

**罗泾工程环保项目通过国家验收** 4月，罗泾工程环保项目通过国家环境保护部验收。宝钢投资13亿元，为浦钢搬迁一步工程建设了完善的废水、废气、噪声、固废、生态和绿化等环境保护处理系统，保证了浦钢搬迁一步工程各项环保工作的及时到位。如：系统排水全部集中处置，废水大部分得到循环利用；COREX炉南出铁场除尘系统，采用了先进的布袋除尘系统，其烟、粉尘由处置前的每标准立方米109.9毫克下降到处置后的28.1毫克。罗泾工程强化了环境保护装置、设施的运行

余热回收作业

维护和日常管理,设置了专门的环境保护管理机构,建立了完善的环保规章制度,环保设备和生产作业环境由专人负责检测维护。检测、验收结果显示:该工程所有废气、废水、噪声、污染物排放总量均符合上海市相关标准要求;周围被调查居民中,99%对工程环境保护工作表示满意或基本满意。 (林高平)

**可持续发展课程开发取得成果** 3月,由宝钢集团20余位管理者、专家和教师编写的《循环经济与宝钢可持续发展》、《宝钢能源管理技术》、《宝钢环保管理技术》、《宝钢工业固体废物资源综合利用技术》等4本共计60万字教材完成。为总结宝钢在循环经济、节能环保与固废利用领域的研究成果和实践经验,实现知识的传承和推广,2008年由环资部等12家单位组成课程开发团队,对宝钢在实践探索中形成的行之有效的能源环保管理技术,以及次生资源综合利用技术进行了系统梳理。该课程开发团队还组建17人的授课师资团队,历时一年,初步构建了"循环经济和节能环保"培训学科框架。 (林高平)

**环境检测业务上新台阶** 年初,宝钢环境监测实验室通过美国APG公司组织的全球能力验证考核,成为国内钢铁企业首个通过全球能力验证考核的环境监测实验室。之后,宝钢环境监测站又通过国家环境保护部组织的环境污染治理设施自动连续监测运营资质评审,成为国内钢铁行业首个获得环境在线监测运营资质的企业环境监测站。11月,检测公司38名员工通过上海市环境监测技术人员持证上岗考核,获得上海市首批上岗合格证书。检测公司环境监测部也由此成为上海市首批拥有环境监测上岗合格证技术人员的企业监测站之一。年内,检测公司成功拓展能源审计社会业务,为4家宝钢集团外的企业完成能源审计报告,受到用户好评。

(林高平)

**编制可持续发展报告** 10月,宝钢资源公司首份可持续发展报告——《宝钢资源可持续发展报告(2006—2008)》编制完成。报告从客户、环境、员工、社会等角度入手,全面梳理了宝钢资源在坚持可持续发展和履行社会责任方面的具体举措。

(林高平)

**电厂燃煤机组全部实现绿色发电** 6月19日,宝钢股份电厂三号机脱硫脱硝装置投入运行。至此,电厂3台燃煤发电机组脱硫改造全部完成,实现绿色发电。此次投运的三号机组脱硫脱硝装置,在国内同类机组中率先采用了干法脱硫技术,与传统的湿法脱硫技术相比,能更好地适应不同煤种、煤气混烧等多种工况条件,可以有效去除烟气中的二氧化硫,在提高锅炉燃烧性能的同时,还能抑制氮氧化物的生成,且整个过程没有废水产生。此次随三号机组脱硫同步实施的除尘系统改造也取得了明显成效。该系统采用布袋除尘技术替代了电除尘技术,使烟尘排放量降低90%左右。

(乐 平)

**冷轧治理环保指标连续5年100%合格** 宝钢股份冷轧厂通过强化源头控制和末端治理,使该厂各项环保指标连续5年保持100%合格。在源头控制方面,冷轧厂对各生产机组的废水排放实绩进行核算,制定各机组排放标准;每季对实施情况进行评估;每季对各机组的废水排放量实绩进行统计评价;每天组织员工对现场进行跑冒滴漏检查,发现问题立即反馈到责任部门及时加以整改;每月对检查和各部门自查自纠的情况进行汇总通报,对各区域存在的问题进行统计分析,将发现的典型问题制作成案例供各部门举一反三,引以为戒;推进和实施"强化1420/1550单元水、液资源管理"监察项目等,取得显著效果。在末端治理方面,冷轧厂要求废水处理机组人员与生产机组人员及时沟通和协调,重点跟踪生产机组异常、事故、定修排放的质量,尽可能减少对废水站的冲击;建立废水站主要工艺参数、水质感官指标标准,以及工作槽、调节槽的ph、液位预警机制;同时积极推进1420/1550废水站技改项目,探索新工艺、新方法,治理难度较大的平整液和PSA废水,使冷轧废水通过治理后的回用串接水大幅增加,有效减少了冷轧废水排放量和COD总量。 (乐 平)

**三烧结脱硫装置通过验收** 8月,采用宝钢自主技术、国内规模最大、年处理二氧化硫达4 000吨的宝钢股份三烧结脱硫装置通过验收。各项性能考核表明,该装置技术独特、性能可靠,脱硫效果明显。宝钢于2007年投资9 000万元,在三号烧结机增设烟气脱硫装置,于2008年10月投入试运行。该装置由宝钢研究院、工程技术公司和宝钢股份炼铁厂联合开发,采用了具有宝钢自主知识产权的烧结烟气脱硫技术——气喷旋冲塔湿式石灰石—石膏法。为减少运行成本,宝钢项目团队大胆将宝钢炼钢焙烧产生的废弃物石灰石泥饼作为脱硫剂,并攻克了石灰石泥饼形成絮凝剂,及水雾冷却和浆液冷却造成管道堵塞等一系列技术难关,同时自主开发了电气控制系统。三烧结脱硫装置投运后效果良好。处理烟气量每小时达到115—145 立方米,二氧化硫脱除率大于90%,各项主要技术指标均达到设计水平。宝钢还将在一期、二期烧结机上增设脱硫装置,进一步降低二氧化硫及粉尘排放。

(林高平)

**独创"三次除尘"技术** 年初,宝钢股份炼钢厂二炼钢转炉区域上空的浓烟全部消失。这是由于一项独有技术"厂房气楼(3 次)除尘装置"的成功投运。该成果在上海市第22 届发明选拔赛上获得金奖。该技术在二次除尘基础上,针对转炉炼钢兑铁发生的烟气特性,合理计算除尘排烟量,并运用流体力学原理对炉前装置进行优化设计,从根本上解决传统转炉生产冒烟现象。"3 次除尘"专利技术还具有多项功效:环境保护方面,每平方米不到 20 毫克的粉尘排放浓度,远远低于国家相关指标;兑铁产生的外溢烟气被有效捕捉收集后,明显改善生产现场的空气质量。该装置不仅具有智能用电功能,还加快了兑铁及炼钢节奏,提高了生产效率。"3 次除尘"装置设备的国产化率达到100%。 (乐 平)

**研制出抗菌不锈钢产品** 6 月,一种名为"抗菌宝"的不锈钢材料在宝钢研制成功。权威机构检测显示:用该产品制成的餐具能有效对抗大肠杆菌、金黄色葡萄球菌等细菌,24 小时杀菌率可达到99%以上;即使长期使用,抗菌功能依然不减。普通不锈钢材料不具有抗菌功能,有害细菌易在不锈钢制品上孳生,给人体健康带来隐患。带有抗菌性的不锈钢产品,通过在普通不锈钢内添加抗菌金属元素,经特殊工艺处理,可达到抵抗和杀死细菌的效能。宝钢组成研发团队,高度关注国外不锈钢先进材料发展状况,并尝试开展抗菌不锈钢的自主研制工作。经过两年多的不懈努力,材料研制取得阶段性突破,形成了一项专利技术。宝钢将这一品种系列命名为"抗菌宝"。 (乐 平)

**特殊钢环境指标持续改善** 特钢事业部推行全过程污染控制、全方位清洁生产,环境指标得到优化。2009 年,清洁生产一级指标达到77.42%,污染物排放达标率为99.79%,固废综合利用率95.55%,均好于年度目标。年内,该部推行了多项环保举措,还组织能源专家团队对108 项节能降耗项目进行了立项评审,同时制订实施方案与项目形象进度表,促进节能降耗项目按计划推进。 (乐 平)

**梅钢公司被评为主要污染物减排先进单位** 在 2009 年江苏省暨南京市、雨花台区纪念"6·5"世界环境日大会上,梅钢公司被评为南京市2008 年度主要污染物总量减排先进单位。 (林高平)

**梅钢公司清洁生产通过审核验收** 梅钢公司 2009 年度清洁生产工作通过江苏省和南京市的审核验收。专家组听取了相关介绍,审阅了梅钢公司及各二级生产单位的"清洁生产审核报告",并到现场了解部分重点项目的实施情况后,对梅钢公司推进清洁生产取得的成果给予充分肯定,同意通过审核验收。

(林高平)

**梅钢公司二号脱硫站投入使用** 4 月,梅钢公司二号脱硫站顺利实现热负荷试车。梅钢公司炼钢系统原先仅有一座脱硫站,年处理量 200 万吨,不能完全满足生产需求。二号脱硫站于 2008 年 9 月开工建设,设计年处理量为 240 万吨。该脱硫系统采用双工位、后扒渣布置以及

钢城春色

粉剂输送罐技术，提高了脱硫水平。（乐　平）

**烧结烟气脱硫项目通过江苏省环保评估**　7月6日，梅钢公司三号烧结烟气脱硫项目通过江苏省环境绩效专项评估。评审专家组认为，该项目运行稳定，实际运行参数达到要求，环境效益明显，在同行业中具有一定的借鉴和推广价值。11月，国家环保部污染物排放总量控制司、江苏省环保厅和南京市环保局组成考察组，对梅钢公司烧结烟气脱硫项目进行考察，考察组对梅钢公司节能减排工作给予了充分肯定。（林高平）

**梅山矿业化工废水实现"零排放"**　年底，梅山矿业公司化工节水示范项目通过南京市评审验收。该项目的建设，使梅山矿业公司实现化工生产废水"零排放"的目标。（林高平）

**梅钢公司四号高炉干法除尘系统投运**　6月，梅钢公司四号高炉干法除尘系统投入运行。干法除尘是一种高炉除尘的新工艺、新技术。以往采用的传统除尘工艺会产生大量瓦斯泥污水，不仅给水的净化处理带来了难度，还需不断地补充新水。此外，排水系统的堵塞也在一定程度上污染了地下水源。此次应用的干法除尘系统通过布袋过滤和黏附等方式集中收集处理煤气中的灰尘，不仅可有效降低对大气的污染，还具有节约能源等优点。（乐　平）

**梅钢公司煤气放散率比计划下降38%**　年内，梅钢能源公司加大对高炉和转炉煤气的回收利用力度，并自主集成了一批节能环保技术，如新投用的国内领先的高炉脱湿鼓风和干熄焦余热发电项目等，使环保工作成效显著。220吨锅炉全年烧高炉煤气23.2亿立方米，烧转炉煤气2017万立方米；高炉煤气放散率控制在0.31%，比年度计划下降38%，为国内同行业领先水平。梅钢能源公司将锅炉烟气排放连续监测系统与南京市环保局联网，使锅炉的烟尘、排放参数优于国家标准。其中，烟尘的排放浓度指标提前达到国家2010年标准，并自主集成了干熄焦、脱湿鼓风等先进技术。脱湿鼓风系统投用后，使高炉进风温度优于设计目标，改善了煤粉在风口前的燃烧，提高了高炉接受喷吹煤粉能力和煤量，保障了高炉的稳产顺行。CDQ干熄焦发电系统投用后，使炼焦综合工序能耗下降近70千克标煤。（乐　平）

**精密钢管内表面除尘装置投用**　宝钢股份精密钢管公司自行设计、制作、安装的钢管在线内表面除尘装置10月投运后状况良好，达到预期效果。该装置运行后，将钢管内外壁粉尘清除干净，无粉尘外扬，改善了现场环境。工艺实现了全自动，没有额外占时，不影响原生产节奏。与国内外类似设备"三级步进机构吹灰系统"相比，结构十分简便、灵巧，制造费用减少90%。（乐　平）

## 节 能 降 耗

**宝钢股份获市节能先进单位称号**　6月14日，在2009年度上海市节能宣传周活动开幕式上，宝钢股份获得2008年度节能先进单位称号。2008年，宝钢股份发挥节能减排领导小组和能源管理三级网络的作用，将节能降耗指标层层分解到各工序，形成齐抓共管的格局；重大节能项目由2007年的12项增加到43项，投资总额达到11.3亿元，占公司当年总投资的18%；继续推进十大重点节能工程项目，开展4 000立方米以上大型高炉干法除尘技术应用等。营造全员参与节能降耗的氛围，设立专项节能奖金，开展"岗位节能献计"征集等活动。2008年，宝钢股份节能量较2007年增加4.4万吨标煤，能耗指标继续保持国内领先水平。（林高平）

**何文波发表节能宣传周讲话**　6月14日，2009年度全国节能宣传周拉开帷幕。集团公司总经理何文波就宝钢开展节能宣传周活动发表讲话。要求各单位加大工作力度，落实目标责任，花大力气，打好节能减排攻坚战，为实现国家"十一五"节能减排目标作贡献。（林高平）

**举办能源管理员岗位资质培训**　年内，能环部、人力资源部和人才开发院共同组织对各二级厂部能源管理员和三级分厂能源管理联络员近300人，实施岗位资质培训。培训计划举办6期，2009年实施4期，2010年实施2期，并将使之常规化和制度化。按照培训目标定位，此次培训由理论知识学习和撰写能源实践论文两部分组成。理论知识包括能源形势与能源管理基础、能源管理技术、节能技术等三个课程模块。实践论文是为了检验学员对理论知识的掌握程度和知识运用能力，提高学员解决实际问题的能力。（林高平）

**宝钢股份多工序能耗创单月最高水平**　年内，宝钢股份完成涉及现场生产的14 000多个能耗源的辨识工作,初步形成"谁用能、谁管理、谁负责"的责任体系,提高了能源效率的可控程度,使能源管理从能源系统覆盖到生产运行的方方面面。在此基础上,制订了多项提升工序能源效率的管理举措。如建立停、限产期间的停机管理制度;优化生产组织模式,降低能源使用成本;加强停产机组用能跟踪,避免无效能源消耗等。各单位纷纷根据自身工序特点,探索能源效率最优运行模式,尤其是在生产低负荷及限产模式下的最优能源管理方式,取得显著成效。热轧工序能耗在产量下降情况下,不升反降,4 月更达到历史最高水平。高线工序在生产负荷偏低情况下,采用集中停轧、深度停电、常温停炉等措施,取得限产期间工序能耗与满负荷生产期间持平的良好业绩,5 月,高线工序能耗创出历史最高水平。当月,厚板、UOE 等工序能耗也创出单月历史最高水平;取向硅钢机组取得产能不断攀升、能耗持续走低的好成绩。 （乐 平）

**高炉工序能耗创历史新低** 年内,宝钢股份炼铁厂 4 座高炉平均工序能耗为 394.4 千克标煤/吨铁,创投产以来最低,为世界同类企业先进水平。年初,炼铁厂按照宝钢能源管控体系要求,梳理炼铁工序能耗因子,以关键能效因子为突破,建立科学、经济、合理、节约的能源管理制度,并分别从生产组织与生活后勤两个方面引导员工提高节能降耗意识,效果明显。如原料分厂员工通过改进物流路线和优化流程,将精块矿直送率从以往的 8% 提高到 37%,有效降低了物流输送过程中的耗电量,年创效益 700 多万元。炼铁厂还积极开展技术创新工作。不断优化以煤代焦技术,提高喷煤比。2009 年,宝钢高炉喷煤比始终维持在 190 千克标煤/吨铁的高位运行,为降低能源消耗作出了积极贡献。开展催化助燃技术研究,大大提高了喷吹煤的热效率,使以煤代焦技术应用效果更加明显。采用高风温、低湿分以及低硅冶炼等高炉操作技术,提高煤气利用率。运用新的能源回收技术,进一步提高 TRT 发电、余热回收效率,2009 年,炼铁厂 TRT 吨铁发电量同比提高 1.41 千瓦时。 （乐 平）

**不锈钢天然气消耗持续降低** 不锈钢事业部能环部持续降低天然气消耗,并取得实效,11 月、12 月天然气月消耗量均低于 4 万立方米,比年初计划降低 2 万多立方米,使不锈钢事业部吨钢能源成本下降 0.27 元。为确保在生产稳定前提下降低天然气使用,能环部将月控天然气使用目标逐级分解到分厂、作业区和班组,层层落实责任。能环部各作业区在控制燃烧时密切关注高炉、转炉煤气的压力、流量及品质的波动等情况,并以此来判断燃烧工况,尽可能少用、不用天然气。特别是 2500 高炉休风时,操作人员及时联系调度,全部使用转炉煤气,从而确保了天然气用量不到 4 万立方米的目标。12 月,能环部天然气的实际消耗量为 3.7 万立方米,远低于 6.5 万立方米目标值。 （乐 平）

**不锈钢事业部节能减排成效凸显** 年内,不锈钢事业部采取一系列措施,使高炉煤气余压发电、转炉煤气回收、固体废弃物利用同比增加 21.8%、10.6% 和 11.1%。如炼铁厂提高高炉煤气余压发电量小组,通过进一步稳定炉况,延长发电时间,调整高炉控制参数提高高炉炉顶压力、炉顶温度,以及提高操作人员的技术业务水平等措施,使发电量由 2008 年的 30.58 千瓦时/吨上升至 2009 年的 37.25 千瓦时/吨;炼钢厂提高转炉煤气回收率小组,通过跨部门虚拟团队的合作、协调下工序推进标准化作业等措施,使转炉煤气回收水平从 2008 年的 88.53 吨钢标煤上升至 2009 年的 98 吨钢标煤。不锈钢事业部主要环境绩效指标达到清洁化生产标准一级指标,固体废弃物返生产利用率指标由 2008 年的 22.5% 提高至 2009 年的 25%。 （乐 平）

**不锈钢吨钢耗新水创新低** 年内,不锈钢事业部利用技术创新平台,不断优化生产组织,使水资源利用率持续提高,吨钢耗新水持续创新低。其中,5 月吨钢耗新水指标降至 4.2 立方米,创历史新低。在节水工作中,该部不断加大科技创新力度,经过各部门精心策划、系统思考,最终成功实施了一系列节水技术改造、管理改善项目,走出了一条符合自身特点的节水之路。其中,能环部供水分厂打破惯性思维,在试验论证的基础上,通过提高水厂水质、工业水降压稳压运行、回用站并网使用、停用原水净化站等一系列措施,取得了良好的节水、节能效果,每月可节电 40 万千瓦时。

（乐 平）

**不锈钢事业部转炉煤气回收创新高** 5 月,不锈钢事业部吨钢转炉煤气回收量 103.48 标准立方米,比上年平均水平上升 14.89 标准立方米。首次突破 100 标准立方米大关,创不锈钢工程投产以来最高纪录。为不断提高转炉煤气的回收利用水平,实现系统节能降本,不锈钢事业部能环部与炼钢厂组成联合攻关团队，以吨钢转炉煤气回收100标准立方米的国内先进水平为目标，充分应用转炉煤气回收极限能耗技术，挖掘潜力。能源环保部还针对柜满放散的传统操作实施了六西格玛课题，通过技术创新和精益管理为转炉煤气回收量的提高创造条件。（乐　平）

**炼铁厂改进热水器使用方式**　年内，宝钢股份炼铁厂高炉分厂通过改进办公场所电热水器使用工作制度，节约能源。该分厂共有13台电热水器，原来每天24小时都处于工作状态，烧水功率十几千瓦，每年费用达100多万元。为节约电耗，高炉分厂集中购置了一批热水瓶，要求各炉区员工在每次接班时开始烧水，水烧开后装入热水瓶，然后关闭电热水器，这样热水器每天运行时间不超过4小时，每年可节约电费20余万元。炼铁厂全面推广实施这一措施，每个作业区和班次都落实责任人，制定相关管理制度。全年节约电费90万元。（乐　平）

**冷轧厂精打细算节约能源**　年内，宝钢股份冷轧厂以能源环保为主题，发布"减少2030轧机乳化液异常消耗"等6个自主管理课题。6个课题切入点小、涵盖面广，分别侧重机组生产的能源消耗、物料成本、绿色制造等方面，共计取得经济效益120多万元，总结技术秘密4项。其中，能介车间"降低三期冷轧循环水机组工业水消耗量"课题获得发布第一名。该课题以冷轧三期循环水机组工业水消耗量为研究对象，围绕机组内部、沿途管线、用户3个环节深入分析、查找漏洞，并采取多项管理、改善措施，使塔内冷却设备老化、过滤器阀门泄漏、机组热交换器泄漏3个影响工业水消耗量的主要因素得到有效控制。这一课题开展后，冷轧三期循环水机组工业水消耗量同比下降36.83%，实现经济效益75.9万元。（乐　平）

**硅钢部强化常化机组工艺节能**　年内，宝钢股份硅钢部常化机组积极开展工艺节能工作，通过优化机组工艺等措施，每月节约氮气6.6万立方米。随着降本增效工作不断深入，硅钢部常化机组将降本增效的重点锁定在工艺节能方面。在仔细评估机组的工艺原理及实际炉况后，硅钢部常化机组员工对密封室氮气保压工艺进行了优化，并固化整改措施。经过一个多月试验，工艺改进效果显著，保证了机组的正常生产需要。（乐　平）

**罗泾炼钢厂主要能耗指标降低**　年内，罗泾炼钢厂主要能耗指标创新低。其中，吨坯综合能耗54.92千克标煤，达到投产以来最高水平；连铸工序能耗连续5个月达到设计指标。同时，在不包含铁水预处理工序、精炼工序能耗情况下首次实现转炉负能炼钢。该厂始终将节能降耗工作放在首位，围绕工序能耗达标的目标，建立了厂长负责的达标责任体系，相继出台了"定修和单炉冶炼期间节水、节能方案"、"转炉设备开、停机管理细则"等制度，全力推进"降低炼钢氮气消耗"、"增加蒸汽回收"、"增加煤气回收"、"降低连铸工序能耗"、"渣铁回收利用"等5个节能减排项目。该厂能源管理逐渐从以往单纯的能耗指标管理向生产、设备全过程、全系统的能耗源控制转变，工序能耗得到有效控制。（乐　平）

**梅钢公司转炉蒸汽全部回收利用**　4月，梅钢公司通过协同攻关，成功实现转炉蒸汽全部回收利用，为负能炼钢创造有利条件。此前转炉冷却采用普通的水冷方式，高温烟汽能量白白浪费。新增三号转炉汽化冷却系统于2008年11月建成投产后，一号转炉汽化冷却系统改造也于年初投用。系统产生的蒸汽量逐渐平稳，在正常转炉生产模式下，平均每小时产生蒸汽20多吨。梅钢公司通过对RH炉的供汽系统进行调整，改变原先RH炉真空精炼炉的供汽模式，优先使用转炉蒸汽等。并对蒸汽管路、阀门进行改造，对各种生产模式下的蒸汽回收和RH炉使用状况进行试验、跟踪、调节，最大限度地实现转炉蒸汽的回收利用。（乐　平）

**开展中低温余热利用技术交流**　4月，宝钢股份能环部组织各生产厂与中兴科技公司等单位的专家，进行中低温余热利用技术交流。会上，中兴科技公司专家重点介绍了中低温余热回收的复合相变换热器技术及其应用。该技术不仅可有效降低各类炉窑的排烟温度，还能防止烟道低温腐蚀的发生。与会专家与宝钢能源环保部、炼铁厂、冷轧厂等部门的技术人员进行了全面交流，并针对余热回收利用工作中存在的问题交换了意见。（乐　平）

**空调系统节能方案通过专家论证**　4月，由宝钢发展工厂维护部提出的"空调系统节能运行方案"，通过由同济大学、宝钢研究院等专家组成的评审组论证。该方案可将空调系统低负荷节能运行时间从冬季最长3个月延长到半年，可大幅降低宝钢厂内空调系统的电耗。宝钢空调耗电量占生产用电总量的4%左右。宝钢发展工厂维护部充分挖掘自然冷源替代系统供冷的潜在空间，在借鉴“热轧2050冷水站冬季节能运行方案”成功运行的经验和数据的基础上，提出“空调系统节能运行方案”。该方案推广局限较少，只要是采用集中送风的空调系统都可以应用。由于方案通过风阀组的控制，将空调房间内的一部分或全部热量通过风循环直接排至大气中，冬季需要制冷量越大的空调系统，采用该方法的节能效果越明显。专家组对该方案给予充分肯定，认为此方案不仅在节能降耗方面能产生可观的经济效益，而且可以极大地改善员工的工作环境。（乐　平）

**吨焦水消耗下降12%** 年内，宝钢股份炼铁厂从优化系统能力着手，实施了炼焦区域一、二期污水循环系统优化项目，并于年内投入运行。吨焦工业水平均消耗较2008年同期下降12%，节能效果明显。该厂针对煤气预热器冷凝水外排的现状，在深入调查研究的基础上，组织实施一、二期污水系统与三期污水系统合并，并把外排的煤气预热器冷凝水回收作为煤焦除尘用水的污水系统改善项目。项目投入运行后，一、二期污水系统的运行能力得到明显提高（三期污水系统作为备机停用），既降低电耗和设备检修费用，又可以回收12座焦炉煤气预热器排放的冷凝水，每月节约工业水用量2000吨左右，年降成本约60多万元。（乐　平）

**不锈钢事业部连续6个月实现负能炼钢** 年内，不锈钢事业部炼钢厂通过管理节能、技术节能、操作节能，对重点消耗能源点进行有效控制，使该厂能源消耗多项指标创历史最高水平，并连续6个月实现负能炼钢。该厂以节能项目为抓手，不断推进各项节能降耗工作，通过动态跟踪能耗情况，及时发现能源异常波动情况，及时采取改进措施，确保能源受控。在此基础上，炼钢厂与能源部协同配合，成立跨部门协作团队，实施“降低AOD氩气消耗”等多项节能项目，并运用先进的蓄热式烘烤技术，使炼钢厂节能降耗工作取得较大进步。其中，碳钢转炉工序能耗创下连续6个月实现负能炼钢新纪录。同时，碳钢转炉和AOD氩气消耗双双创历史最高水平，且保持稳定，碳钢转炉氩气消耗下降25%，天然气消耗在原有基础上进一步下降，煤气和蒸汽回收双双创历史新高。（乐　平）

**炼铁厂首台煤调湿装置显成效** 2009年，宝钢股份炼铁厂首台工业化运行的煤调湿装置持续稳定运行，各项工艺指标均达到或超过设计要求。该装置投运后生产每吨焦炭可节约能耗6千克标煤，年降低成本约4 000万元。以煤调湿装置的“稳定顺行、降本节能”为工作目标，炼铁厂在运行初期就成立由生产、设备、施工三方组成的全天候保驾体制，及时捕捉和发现设备、施工问题，确保煤调湿装置稳定运行。同时，针对该装置为国内首家上线、没有可供借鉴经验的现状，该厂成立工艺设备技术攻关团队，结合工艺设计参数及实际工况变化，群策群力、协同共进，使各项参数在一周内达到设计要求。该厂还不断优化煤调湿工艺控制、焦炉加热控制及装煤操作，充分挖掘煤调湿工艺的质量改善、节能降耗和降本增效三重潜力。该装置投运后节能降本成效凸显，焦炭平均粒度和冷态强度等质量指标得到改善；焦炉单孔装煤量有所增加，全焦产量和焦炉煤气产量相应提高；软沥青和焦炉煤气等能源单耗下降明显，有效降低了生产成本。（乐　平）

**冷轧厂“跑冒滴漏”大幅减少** 年内，宝钢股份冷轧厂开展“跑冒滴漏”整治工作。冷轧厂组织相关部门对生产现场进行了全面的检查和整治。通过检查和跟踪生产现场的“跑冒滴漏”情况，要求各分厂车间设专人负责该项工作，并积极开展本部门区域范围内的自查自纠工作。还制定和完善各项检查和考核制度，职能部门坚持每天进行现场巡检，对发现的问题责成责任部门及时制定整改计划，并按计划落实。全年各部门自查自纠共2 560条，平均每月213.3条；职能部门检查1 220项，完成整改1 202项，整改率98.5%。

（乐　平）

**烧结分厂用最佳燃料消耗组织生产** 年内，宝钢股份炼铁厂烧结分厂以倒逼节能降耗为落脚点，在三号烧结机系统内，建立现场生产管理倒逼机制，打破原先只求稳定不求突破的生产管理模式，获得在不同配矿条件下，用最佳燃料消耗组织生产的宝贵经验。在确保烧结台时产量稳定的前提下，该分厂根据不同配矿条件，大胆预测固体燃料配比。通过改变三烧结原料总上料量的控制方式、规定台时产量、规定低热值固体燃料与高热值固体燃料分槽装配以及推行机长负责制等措施，倒逼烧结过程管理，倒逼生产管理，倒逼员工物料点检、精细化操作。该分厂倒逼生产管理机制的形成，使三号烧结机生产管理由受物料牵制式的管理，逐步转变为积极、主动的生产管理，确保了工序能耗在不同的配矿条件下实现最优和最低。

（乐　平）

**首次更新高耗能变压器**　按照国家淘汰高耗能变压器的要求，年内，宝钢股份能环部组织完成首台500千伏安变压器淘汰工作，更换上国家鼓励使用的全新节能型变压器。仅此一台每年可节省电费9 000多元。此次更换是公司制定出台高耗能变压器更新计划以来更换的首台高耗能变压器，为宝钢高耗能变压器的全面淘汰更新工作提供了经验。

（乐　平）

**梅山资源分公司推进能源降耗**　年内，梅山公司资源分公司通过污水循环利用、错峰就谷磨料、推进技术进步三大措施，降低水、电、煤气能耗成本100多万元。该分公司首先增建了废水沉淀池及循环水池，将球磨机、料仓、冷却筒等排放的生产污水、生活污水及雨水进行循环集中处理，并返回生产使用，实现了全流程工业废水零排放，工业用水吨耗由过去的6.76立方米降至2.44立方米。同时，该分公司加强用电调度，采取错开用电高峰生产模式，合理安排生产运行时段，充分利用谷电磨料。积极推进工艺技术改进，促进天然气及电耗大幅下降。其中，矿磁业作业区将热风炉由原先的换热式改为直燃式，完善了配风装置，促使天然气热值利用更加充分，细粉吨耗天然气由过去的55立方米降至40立方米。为促使球磨、粉磨、强混、造球、回转窑、出料等设备之间实现产能最佳匹配，该分公司开展了球磨机改造、大功率设备变频控制改造、煤气恒压改造、回转窑余热回收利用等技术攻关，料吨耗用电由原来的210千瓦时降至140千瓦时。（乐　平）

**八一钢铁全部实现干熄焦余热发电**　年内，八一钢铁公司4座55孔焦炉全部用上干熄焦装置。该技术投用后，节能环保功效和经济效益显著。干熄焦技术的应用，使熄焦用水量大大降低，周边环境得到极大改善。以前白白浪费的红焦湿热被有效回收，并进一步转换成电能，年发电量1.9亿千瓦时。每吨干熄焦还可减排二氧化碳100千克。此外，焦炭质量的提高还促进高炉炼铁产能提升，为八一钢铁降低生铁成本奠定了坚实基础。（林高平）

美化家园

**节能照明方案用于长江隧道**　年底，宝信软件提供的6 000套LED灯把有“万里长江第一隧”之称的上海长江隧道照得通亮。长江隧道长约8.9公里，是世界上最大的直径盾构隧道。两年前，宝信软件就开始跟踪上海长江隧桥工程。2008年5月，宝信软件的LED灯节能照明解决方案，参加了长江隧道建设指挥部组织的实地测试。这批LED灯不仅各项照明指标完全达标，而且具备了时间校准、九级调光、手动控制、分时段控制、降级控制、自动巡检以及故障判断和故障处理恢复等功能。最终，宝信软件一举中标。

（林高平）

**研制出2 000千伏安节能变压器**　年内，宝检公司变压器制造攻关团队历时5个月研制完成的首台2 000千伏安节能型电力变压器，通过国家级变压器生产资质认证机构——西安高压研究所的型式试验鉴定。西安高压研究所进行的突发短路、雷电冲击、工频耐压等试验结果表明，宝检公司自主研发的这台变压器各项质量技术指标全面达标，且实际节能效果超过国家规定标准（S11型）的35%，大幅领先国内同类产品。与此同时，该

产品还做到了运行中基本处于静音状态，为国内变压器产品中少见。 （林高平）

## 绿 化

宝钢集团按“控污染、节资源、兴利用、建设生态型钢铁企业”的环境方针，走生态绿化建设与钢铁生产建设同步发展的道路。宝钢股份本部厂区面积 19.3 平方公里，绿化覆盖率 39.79%，人均绿化面积 514 平方米。有 626 种植物，84 种鸟类，12 种野生动物，171 种昆虫，构成良好厂区园林生态环境。厂区根据不同功能区的绿化需要，以生态植物群落为定向目标，合理运用生态学原理，构建结构、功能合理的植物群落。不锈钢事业部绿化覆盖率 25.2%；特殊钢事业部绿化覆盖率 28.78%；梅钢公司绿化覆盖率 32%；宝通公司绿化覆盖率 27.1%。 （绿 化）

**宝钢股份厂容绿化** 年内，宝钢股份完成了钢三十一路两侧绿地挖渣换土、平整场地和原有绿化苗木的修剪调整。对纬三路、纬二东路、纬十一路动力管网下的夹竹桃进行了修剪、梳理。移植老厂区绿化稠密区域树木到新建项目和待发展区 24.7 万平方米；减少 1 000 多平方米的绿地搬迁，降低搬迁费用和绿化损失 10 多万元。绿化养护费用比上年降低1 200万元。 （田敬龙）

**宝钢中厚板绿化面积 104.33 万平方米** 为配合 2010 年上海世博会场馆建设，宝钢中厚板搬迁至宝山罗泾地区，宝钢发展绿化管理部以“生态园林工厂建设”为理论指导，整体规划布局；绿化配置形式上以环保型人工植物群落为主，与整个厂区建筑形成空间上的协调，营造和谐的厂区环境。至 2009 年末，该区域种植绿化面积 104.33 万平方米。 （绿 化）

**宝通公司新增绿化面积 3.93 万平方米** 宝通公司全年合计完成新增绿化面积3.93万平方米，使厂区及周边绿化总面积达到 14.9 万平方米，绿化率27.1%；制定重点环境整治项目 38 项，五大场所整治计划 106 项，使公司环境面貌、员工工作条件得到较大改观。 （张建军）

**绿化养护** 根据宝钢股份对 2009 年绿化工作要求，宝钢厂区主要做好植物群落维护、绿地整治和清理工作。绿化管理部以“点、线为主，区域为辅”的工作思路开展养护工作。点：抓重点，放在各厂部办公楼、指挥中心、体育场一级养护景点区域和生活区、食堂等人员相对集中的二、三级区域；线：经纬主干道，主要放在主干道两边园林绿化的修剪和参观道路层次性、艺术性的建设。全年如期完成养护任务，共修剪树木 39.1 万棵，扶植、绑扎 2 077 棵，绿地清理10 135 万平方米，草坪地被 1 171 万平方米。 （绿 化）

**绿化搬迁和恢复** 为确保宝钢股份各重大项目开工建设，绿化部门按区域协调好各施工项目绿化搬迁的时间节点与搬迁进度。年内，主要完成新建四焦炉、新建污水集中处理站等搬迁项目 91 项，搬迁面积 9.4万平方米；二炼钢除尘改造工程、钢管厂新增防腐涂层生产线等恢复项目 120 项，共 4.55 万平方米；各类补种 4.5 万平方米。完成果园单身宿舍绿化工程、宝钢人才开发院绿化改造等项目设计 17 项，共计 49.45 万平方米。 （绿 化）

**制订绿化整治方案** 年内，宝钢制订“迎世博发展区、滩涂道路等区域绿化整治方案”。绿化管理部按照宝钢关于厂区新增约 30 万平方米绿地的部署，认真制订绿化整治实施方案，克服发展区内地质结构复杂、渣土多、滩涂土质差、施工种植

梅花初绽

难度大等困难，通过挖渣换土、加大深翻度等措施，确保了绿化工程进度。至年底，绿化场地平整全部结束，苗木种植完成60%。（绿　化）

**一钢公司草坪改麦冬**　2009年，一钢公司积极主动为主业分忧，对协力费用进行了大幅调整，绿化费用整体下降20%，指标层层分解，细化到每个班组。全年一个养护组降本指标是3 837元，所以就从绿化品种的优化上入手。在不影响绿化效果前提下，尽可能省钱。草坪虽然好看，但是常常只有3到5年的生存期，而且一年得修剪七八次，养护费用也很高。而麦冬的景观效果虽然比不上草坪，但是制氧、吸灰的功能都比草坪要好，而且麦冬还有可以分种的特点。用麦冬部分替代草坪，既不影响绿化效果，又能节约成本。这一合理化建议提出后，很快得到实施。年内，一钢绿化公司一共改种1万多平方米麦冬，而且全部是分种的，没有花一分钱的采购费用，加上后期节省的养护费用，一年节约5 000余元。（乐　平）

**组织培训班学员植树**　3月，宝钢国际"融合行动"首期培训班全体学员在宝钢原料区域种下一批象征"融合"的树苗，为绿色宝钢增色。随着宝钢国际各地区规模的不断扩大，对属地化员工的培养、使用已经成为亟待解决的课题。为了使当地员工更好地了解宝钢文化，更快地融入宝钢大家庭，宝钢国际策划、组织"融合行动"培训，并让学员们亲临宝钢股份厂区种下纪念树，激发他们对宝钢的归属感和认同度。

（乐　平）

**八一钢铁被评为自治区绿化先进集体**　3月，八一钢铁公司被新疆维吾尔自治区绿化委员会评为自治区绿化先进集体。该公司不断加大绿化投入，每年组织职工义务植树，美化厂区、生活区及周边荒山环境。完成包括焦化山、东山万余亩荒山以及头屯河八一钢铁一侧河岸的绿化，区域生态环境得到明显改善。

（林高平）

## 综合利用

**资源综合利用达到154.2万吨**　2009年，宝钢资源综合利用总量达到154.2万吨，同比分别上升1.68%和17.7%，创历史最高水平。在固废返生产利用方面，宝钢抓源头、重管控。从固废物的回收抓起，对废钢、渣钢、渣铁等实行分类回收，严格按照返生产利用渠道进行资源利用，重视定修、年修期间含铁资源的回收，力争"零废弃"。细化固废返生产利用指标和措施，定期召开公司级固废返生产利用推进会，及时跟踪指标完成和措施落实情况，动态调整固废返生产利用指标和措施。全年利用渣钢、渣铁54.77万吨，超额完成年度指标，吨钢使用渣钢渣铁36.69千克。年内，含铁量在45%以上的泥饼和除尘灰被加工成生铁替代废钢，减少废钢采购4.7万吨；转炉D渣、铸余渣、脱碳渣等按一定比例配置后替代炼钢辅料，年用量近10万吨；不含铁的石灰、轻烧白云石及辅原料除尘灰分类回收加工后，分别用于烧结、炼钢当作辅料；含全铁在20%左右、含氧化钙在40%左右的钢渣经加工后返烧结利用，为降低烧结原料成本作出了贡献。（乐　平）

**固废返生产利用创历史最高水平**　2009年，宝钢股份工业固废资源返生产利用率达到25.38%，创历史最高水平。年内，宝钢股份能源环保部按照"成本改善"重点工作推进要求，组织编制"提高资源综合利用项目推进工作行动方案"，建立了公司层面的工作机制、联络体系和评价办法，明确直属厂部和各事业部、分(子)公司的年度目标、职责分工、分解指标等。首次将固废返生产利用指标纳入各单位绩效评价，采用专项管理及项目化的方法予以推进，确保责任到位。按照"行动方案"要求，直属厂部在上年固废返生产利用取得较好成绩的基础上，再建立全物流管控模式下的固废资源精细化管理模式。从源头上对各厂部固废的产生源、品名、发生量、利用量、利用途径等进行重新梳理，以达到合理处置、深度利用和提高效益的目的。直属厂部对轧钢、炼钢等单元产生的含油泥饼、除尘灰、泥等进行取样分析，从源头优化这部分固废的综合利用渠道。2009年，直属厂部固废综合利用率达到98.26%，返生产利用率达28.73%，创历史最高水平，固废返生产利用水平居世界先进行列。（林高平）

**掌握COREX炉渣再生利用技术**　4月，罗泾工程"用于水泥和混凝土中的COREX冶炼废渣粉"研究成果结题。尽管COREX炼铁工艺是最环保的冶炼方法，每年还是会产生大量废弃物，其中炉渣是数量最大的固体废弃物。宝钢在年产铁水150万吨的同时，每年会产生50余万吨炉渣，这些炉渣可堆满6个足球场。经权威部门检测，经过3年科研攻关自主研发成功的COREX冶炼废渣粉是一种新型环保型材料，完全符合建材行业的准入标准。用这种废渣粉能等量或超量替代混凝土中的部分水泥作混凝土掺和料，且添加了COREX冶炼废渣粉的混凝土具有后期强度高、耐酸碱、耐海水侵蚀、耐磨及耐冻性好、抗温缩裂缝等优点，可以广泛用于海防、大型基础建设、高层建筑、机场、道路等项目工程。年内，这种新型混凝土掺和料通过了上海市新产品鉴定，并申请了国家专利。宝钢发展公司上海新型材料分公司将COREX冶炼产生的废渣粉加工成用于建筑行业的新型混凝土掺和料成果获上海建材行业颁发的“华源铝塑杯”技术革新一等奖。

（刘　妍）

**出口印度BSSF渣处理装置投运** 4月28日，宝钢以总承包方式首次出口的BSSF转炉渣处理装置（即短流程渣处理技术），在印度卡那塔卡州JSW钢厂一次热负荷试车成功。该装置的成功出口，为宝钢承接海外成套工程项目积累了经验。该装置由宝钢研究院和工程技术公司联合研发设计，在此之前，马钢等国内企业已先后引进了宝钢自主研发的BSSF转炉渣处理装置，并产生了可观的经济效益。（林高平）

**滚筒渣处理装置输出韩国浦项** 8月，宝钢向韩国浦项输出2套滚筒渣处理装置合同在工程技术公司签订，贸易总价为540万美元。这是该装置继成功应用于印度JSW钢厂之后，宝钢又一次向国外钢铁联合企业进行技术输出。（林高平）

**RO反渗透废水回用装置建成** 年底，具有国际先进水平的RO反渗透废水回用深度处理装置在宝日汽车板公司建成并投入运行。该装置可实现对废水的深度处理及回用，每年可节约新水约80万吨。

（林高平）

**宝田矿粉成功抢滩沪杭高铁** 年内，宝钢发展材料公司成功拿下沪杭高铁（上海段）项目12万吨的矿渣微粉（矿粉）供应合同，成为该项目最大的矿粉供应商。材料公司抓住世博会前众多重大工程项目上马的有利时机，迅速抢滩矿粉市场，相继向世博工程、京沪高铁、崇启大桥、虹桥枢纽工程等重大工程项目供应矿粉累计30余万吨。

（刘　妍）

**完成世博岩棉夹心板供货** 岩棉夹心板是新开发的综合利用产品。年内，宝钢发展材料公司销售人员深入上海世博会各个展馆的施工项目部，当了解到有几个国家的展馆必须使用指定板型的岩棉夹心板时，立即组织技术人员成功生产出面板压筋岩棉夹心板，并根据柬埔寨、文莱、卡塔尔、斯里兰卡以及红十字会等7个展馆的订单，累计向世博会场馆提供岩棉夹心板逾1万平方米。（刘　妍）

**“氧化铁红水洗提纯技术”结题** 12月25日，宝钢磁业有限公司开发的“氧化铁红水洗提纯技术”通过专家评审，并组建了一条年产100吨超高纯氧化铁红中试生产线。该生产线生产的超高纯氧化铁红各项指标达到日本NKK－SH铁红标准。经使用，性能完全达到客户要求。（杨晓青）

**炼铁厂实现除尘灰全利用** 年内，宝钢股份炼铁厂通过优化小球干粉槽管理，实现除尘灰全部利用，提高了资源的综合利用率。炼铁厂烧结小球干粉系统共有7个干粉槽，随着高炉扩容改造的完成，高炉所使用的原料量增多，按照原有配置，部分原料灰不能入库，从而造成原料灰只能废弃，增加了环境负荷。为此，炼铁厂烧结分厂根据烧结小球各除尘粉的使用状况，对原有粉尘的装入情况进行了调整，即不同的粉尘进入不同的槽内，譬如将高炉出铁场灰装入两个槽内，多余部分进入另外一个槽，同时又将粉尘性质与之接近的且粉尘量相对较少的转运站集灰尘，装入其他槽中等，成功实现了除尘灰的全部利用。

（乐　平）

**硅钢部废水处理生物菌种循环再利用** 5月，宝钢股份硅钢部通过废水处理工艺创新，实现废水处理生物菌种循环再利用，生物菌种投加量大幅降低，全年节省费用137万元。利用微生物降解水体中的有机物，不仅可有效避免化学处理法产生的二次污染，还可降低有机废水的处理费用。硅钢部废水站原设计采用“二段式生物接触氧化法”处理硅钢工艺产生的稀碱含油废水，但由于无法实现废水处理生物菌种循环再利用，需要定期、定量投加大量的废水处理生物菌种，确保废水经处理后达到国家排放标准，从而导致稀碱含油废水的处理成本居高不下。年初，为有效降低稀碱含油废水的处理成本，硅钢部废水站工艺、设备、操作人员集思广益，研究废水站生物菌种循环再利用方法，并分析、汇总生物菌生存、流失因素。最终，硅钢部成功研发出废水处理新工艺，用来替代原“二段式生物接触氧化法”。

在保持原工艺优点的基础上,该新工艺实现了废水处理生物菌种循环再利用,生物菌种投加量大幅降低。 (乐 平)

**不锈钢废弃渣钢循环利用见成效** 2009年,不锈钢事业部炼钢厂使用不锈钢渣钢超过8 000吨。不锈钢冶炼过程中会产生大量的炉渣,这些炉渣中含有的残留贵重金属成分渣钢,具有一定的循环利用价值。但由于缺乏必要的后续处理手段,以往这些渣钢使用率极低,除部分外卖外,大部分都积压在堆场上。年初,炼钢厂把废弃炉渣的循环利用作为降本的重点项目,组织工艺、设备和操作方面有关人员进行研究。通过对设备加料系统进行改造,经过前期处理的渣钢直接通过上料系统加入到电炉高位料仓或电炉中位料仓,既降低操作工的劳动强度,又减少了使用过程中的成本。同时,员工针对渣钢颗粒较小的状况,利用抓斗加入料篮的方法,避免加料过程中的粉尘外扬,有效保护了环境。 (乐 平)

**特殊钢固废返生产利用率大幅增长** 2009年,特钢事业部固废返生产利用率同比增长39.9%。特钢事业部克服特殊钢固废利用难度大等困难,想方设法在提高固废返生产利用率上做文章,成功开发出了含镍除尘灰的返生产项目等。同时,废混酸再生项目正在建设中,正式投产运行后,可提高固废返生产利用率2.5%。 (乐 平)

**特钢事业部推出提高固废利用新举措** 8月,特钢事业部从技术、管理、操作三个层面提出提高固废返生产利用率新举措,要求明确固废流向,杜绝二次污染。该部首先对近200个固废堆放点进行了梳理,提出禁止各相关生产单位任意处置固废资源的规范要求;结合废酸再生项目建设,协调相关运输事宜,为该项目正常生产提供保障;重点规范工业垃圾的处置情况,避免将大量铁丝等可回收利用的固废资源当垃圾处理。该部还在工业垃圾处置渣场安装监控摄像头,实时监控工业垃圾的进出和分拣,对进场垃圾进行登记确认和计量。 (乐 平)

**梅钢公司回用水利用率创出新高** 年内,梅钢公司吨钢耗新水量比上年下降1.14吨,回用水平均利用率达到82.43%。其中,10月回用水利用率达到99.5%,创历史最高水平。面对钢铁市场的严峻形势,梅钢公司积极开展形势任务教育活动,着重对员工进行节能减排意识教育,并形成新版"'保护环境、节约资源行为养成'规范"。此外,梅钢公司还成立综合巡视小组,发现问题及时处理。为进一步提高水资源利用水平,该公司要求各相关部门认真开展课题研究。能环部与各主体工序按照"成熟一个,切换一个"原则,相继完成对各主体厂管网的切换工作。该公司还注重发挥协同优势,由能环部牵头与各主体工序组建了提高回用水综合利用水平团队,定期召开分析会,对存在的问题及时沟通,落实解决办法。经各方努力,梅钢公司回用水利用率由年初69%上升至95%以上,3月起新增效益近200万元。 (乐 平)

**梅钢酸再生焙烧炉成功点火** 4月,梅钢公司冷轧厂酸再生焙烧炉成功点火烘炉。酸再生焙烧炉主要用于处理酸轧机组酸洗线产生的废酸,处理能力为每小时6 000吨。为确保点火烘炉一次成功,该厂积极协调各参与单位,先后组织召开现场协调会和点火前动员会,认真做好点火前各项准备和安全防范工作。通过烘炉,冷轧厂除去了炉内耐火材料和捣打料中的水分。同时还进行废气风机、助燃风机等设备的调试工作。酸再生焙烧炉投运后,为冷轧厂降低生产成本、减少大气污染作出了积极贡献。 (乐 平)

**宁波宝新从40吨废油中捞回60多万元** 2009年,宁波宝新各部门针对冷轧机组废油外排的状况,共同制定应对措施,收集回用废油共计40多吨,实现经济效益60多万元,彻底解决了废油外排现象。宁波宝新冷轧机组在生产中需使用大量的轧制油,其中部分废油以及轧制过程中净化油易出现散落、排放、渗漏现象,不仅浪费了油,也污染了周边环境。为此,宁波宝新专门成立了专项小组协同作战。其中,能环部组织员工在雨排水管路选点专业设计、施工、安设隔油池,实现废油收集;采购部门对收集到的废油进行品质化验,并及时将结果反馈给生产方;轧钢分厂根据化验结果,结合生产实际,利用现有过滤设备成功将收集到的废油合格回用于生产。通过各方努力,宁波宝新有效解决了废油外排难题。 (乐 平)

**一批专利用于生产** 宝钢发展材料公司宝田公司是专门综合利用高炉渣的生产企业。该公司员工不足百人,2009年上半年有50项专利获批。其中"一种用于COREX渣立磨的高效在线堆焊装置"、"一种罗茨风机风量、风压调节装置"等专利的应用，可使每吨矿粉的耗电量下降1千瓦时，每天可节约用电1 600余千瓦时。一项项专利技术的运用，使该公司生产的“宝田牌”矿渣微粉的性价比不断提升，日益受到市场的青睐。该公司被评为上海市专利工作示范企业。（乐 平）

**废硫酸再生利用** 年内，让国内钢铁企业谈“酸”色变的废硫酸处理难题在宝钢得到了彻底解决。宝钢每年酸洗钢管产生的废硫酸达3万吨，为了再生利用，宝钢成立宝齐公司，经过数年攻关，成功研发出“酸洗废液二步法加工氧化铁产品”等专利技术，生产出以废硫酸为主原料的氧化铁产品。该产品不仅色相好、着色力强，而且耐日光暴晒和空气腐蚀，成为下游化工颜料行业的上好原料。以宝齐公司生产的氧化铁黑为原料制成的涂料、油漆等化工颜料产品已出口到欧美、日本等国家和地区，备受市场青睐。该公司不仅每年可消化宝钢产生的3万吨左右的废硫酸，还有能力外购1万余吨废硫酸进行深加工，帮助其他企业解决难题。在深加工过程中，该公司投入锅炉脱硫、废水沉降等环保装置，彻底杜绝了可能产生的二次污染。（乐 平）

**首创快速检测废弃物的方法** 6月，由检测公司研发的快速检测废弃物的方法开始在宝钢推广。至年底，返生产使用4万多吨，经济效益可观。过去在生产过程中，对一些铁水预处理除尘灰、高炉瓦斯泥、转炉OG泥等灰泥物质，都采用混合集中在堆场或部分委外废弃、掩埋等方式处理。这些灰泥里往往含有铁、钢等金属成分，可返生产使用。但由于来源复杂，又有许多化学物质混杂其中，如何快速有效甄别灰泥中的各种物质成了一道难题。检测公司组成专题开发组，千方百计寻求废弃灰泥的检测方法。经过3个多月的努力，一套快速检测法成功出炉。用这套方法检测只需一个人，在半个小时内便能排除元素间的相互干扰，准确分辨出灰泥试样中10种物质的含量以及原来的出处，大大减少了人力、物力耗费。利用检测公司这一方法提供的数据，宝钢通过合理分选、配比，将废弃灰泥中的金属料返炼钢生产。（乐 平）

**完成改造报废轧辊100多支** 一支报废的轧辊，经过技术处理，由大改小，就能变废为宝，当作新辊再利用。从2007年起，宝钢尝试将报废的工作辊由大改小，并通过一系列工艺处理后，再用于合适的产线。2009年，该项工作取得突破，2030冷轧、1550冷轧报废的工作辊改造后分别成功应用于冷轧薄板厂、1420冷轧单元。全年完成改造辊100多支。这些改造后的轧辊上机使用后，累计节约轧辊采购成本1 500万元。（乐 平）

**矿渣微粉用于亚洲“第一高楼”建设** 2009年，宝钢自主研发的环保新型建材——矿渣微粉，大量应用于正在建设中的亚洲第一高楼——上海中心。宝钢矿渣微粉产品符合上海中心绿色环保建设理念，产品性能和质量过硬。此次上海建工集团指定宝钢发展材料公司为矿渣微粉唯一供应商。根据合同，宝钢发展材料公司将向上海中心提供总计超过10万吨的矿渣微粉产品。（刘 妍）

**八一钢铁矿渣微粉项目主体工程完工** 八一钢铁重点节能环保项目——宝新盛源矿渣微粉工程进展顺利，立磨机、热风炉和成品储罐以及皮带长廊等主体设施于年内完工，2010年4月投产。集环保、节能、经济于一体的宝新盛源矿渣微粉工程由兵团农十二师与八一钢铁公司、佳域公司三方共同出资兴建，总投资9 860万元。项目投产后，每年可产生经济效益1.5亿元。工程一期设计产能为年产矿渣微粉60万吨，最终形成年产180万吨综合生产能力。（林高平）

**八一钢铁第二座滚筒渣设备投入运行** 继首座滚筒渣设备投产之后，2月初，八一钢铁第二座滚筒渣设备投入运行，各项性能指标达到设计要求。至此，八一钢铁滚筒渣日处理能力超过600吨。（林高平）

2010 YEARBOOK BAOSTEEL

# 人力资源管理

1 专　记 ZHUANJI
13 专　文 ZHUANWEN
33 大事记 DASHIJI
41 概　述 GAISHU
63 规划发展 GUIHUAFAZHAN
67 管理创新 GUANLICHUANGXIN
79 科　研 KEYAN
97 基建与技改 JIJIANYUJIGAI
109 环境经营 HUANJINGJINGYING
123 人力资源管理 RENLIZIYUANGUANLI
135 财务、资产与审计 CAIWUZICHANYUSHENJI
141 宝钢股份 BAOGANGGUFEN
217 八一钢铁 BAYIGANGTIE
233 广东钢铁 GUANGDONGGANGTIE
239 宁波钢铁 NINGBOGANGTIE
245 多元产业 DUOYUANCHANYE
305 海外公司 HAIWAIGONGSI
313 综合管理 ZONGHEGUANLI
325 党群工作 DANGQUNGONGZUO
353 企业文化 QIYEWENHUA
365 人物与表彰 RENWUYUBIAOZHANG
377 附　录 FULU
401 索　引 SUOYIN

# 人力资源管理

集团公司人力资源管理包括人力资源管理工作和教育培训工作。集团公司人力资源部(简称“人力资源部”)是宝钢人力资源管理的职能部门,宝钢集团人才开发院是宝钢职工教育培训基地。（史志办）

## 人力资源管理工作

**优化领导人员管理体系** 年内,进一步规范、优化了宝钢领导人员分层分类管理方式。将领导人员管理方式划分为直接管理、直接统筹管理、前备案管理、委托管理以及各单位自管等;明确并实施领导人员任职试用期制,进一步加强领导人员的任职考察,提升用人的谨慎性,保证用人的准确性;依据“精简高效”原则,从职数、岗位设置、年龄结构、专业能力结构、气质搭配等方面入手,形成领导班子结构优化标准,有效规范了各级领导班子配置,促进领导班子结构持续优化。（阮 萍）

**配强选优各级领导班子** 结合班子优化和公司体制改革,对直管的170余名领导人员集中进行了岗位调整,进一步配强选优各级领导班子;同时,加强对子公司人事、财务、审计、监察等重要职能体系前备案人员的专业审查;进一步完善公司法人治理结构,按照战略性、专业性、培养性原则,优化派出董、监事队伍,通过职能体系与业务体系的有效组合,确保了集团公司战略在子公司的有效执行。（阮 萍）

**完善领导人员绩效评价机制** 强调业绩评价的客观性(和目标比较),业绩评价结果不再实施强制分布。同时,细化评价范围,按业务和岗位族群分类进行业绩评价。能力素质评价以“宝钢领导力核心要素”为模型,强调根据现实表现进行过程性评估,关注能力素质强弱项,弱化等级分布。结合业绩分析及素质评估进行综合评价,最终把干部分为优秀干部(20%)、称职干部(70%)和待改进干部(10%)。注重结果应用,业绩评价结果应用于年度薪酬结算;综合评价结果重点用于职业生涯管理。（阮 萍）

**推进市场化选聘** 按照“公开、平等、竞争、择优”的原则,分别面向全社会和全集团公开选聘集团公司首席会计师和团委副书记人选。历经专业测试、履历分析、半结构化面试等环节后,分别在64名和93名报名人员中选聘到合适人选。在此过程中,注重不断完善竞聘环节,为市场配置的“常态化”积累了宝贵经验,同时也为更广泛地发现优秀人才搭建了平台。（阮 萍）

**完善领导人员后备工作** 以建立“管理人才需求快速响应系统”为抓手,对集团公司未来可能的管理人员岗位需求进行分析预测,并结合集团公司近年来的选人、用人法则,提出管理人员的“全天候信息档案”框架,将个人的基本情况、后备信息、培养信息、绩效评价情况等进行整合,以此完善领导人员后备工作。（阮 萍）

**精简总部管理岗位** 6—8月,以总部变革为契机,推行“百日计划”,大幅精简总部职能部门的管理岗位和专业人员职数配置。总部职能部门管理者和技术类人员职数总体精简

新上岗员工开展行为素养培训

30%，将职能业务岗位由原四层设置，优化为高级经理（高级专员）、经理（专员）两个专业层次；同时对专业层次人员提出“绩效评价、专业能力、工作经历、职业资质、受教育年限、外语水平”等6项评价要素。

（王艳民）

**编制2010—2015年度人力资源发展规划** 根据集团公司统一部署，以集团公司人力资源部为引领，各子公司人力资源部协同支撑，编制了支撑集团公司“二次创业”需求的人力资源发展规划。规划明确提出了新一轮发展要点：紧紧围绕员工发展的需求，建设一流自主型员工队伍，创新触发蓬勃创业激情的管理机制，提升以员工满意为鉴别标准的协同共享型管理体系，促进员工与公司的共同发展。

（王艳民）

**开展专业族群人力资本分析** 开展以“专业族群”为主线、以支撑业务运营及满足发展需求为切入点的专业人力资本分析，完成对集团公司13个专业条线人力资源状况的盘点，引导人才的成长与发展。

（王艳民）

**宝钢员工入选首批“千人计划”名单** 4月7日，中组部发文通知，宝山钢铁股份有限公司研究院冶金工艺研究所首席研究员杨健被列入中央企业首批“千人计划”名单。杨健成为宝钢入选“千人计划”的第一人。

（王艳民）

**宝钢被命名为海外高层次人才创新创业基地** 6月9日，中组部发文通知，宝钢集团有限公司经中央人才工作协调小组批准，正式被命名为国家第二批海外高层次人才创新创业基地。（王艳民）

**命名首批“金苹果”计划核心小组成员** 集团公司“金苹果”（“金苹果”计划的目标是为公司培养一批具备科学精神典范、专业贡献突出、引领作用显著和道德素质过硬的技术领军人才。他们将在策划并实施各领域的研究项目，参与公司重大工程项目的技术决策，负责知识的积累、集成与传播等方面发挥重要的作用）计划推进实施，在炼钢技术、热轧板技术、冷轧轧制技术、冷轧后处理技术、汽车板产品及使用技术等5个试点领域命名21名首批“金苹果”计划核心小组成员，各成员小组结合本领域的发展，制定出相应的规划和计划，“金苹果”计划正式步入实施阶段。（马艳敏）

**实施第一批“青苹果”计划** 开办“青苹果”（“青苹果”计划是关注青年人才的成长，面向高潜质人才族群，培养公司未来的高级管理者和技术领军人才的计划。计划的主要内容是通过先进的人才测评技术选拔高潜质人才，纳入公司基础人才库进行为期两年的重点培养）短训班，选拔76名“青苹果”人员作为高潜质人才实施培养。针对确定的青苹果人员，召开各单位的圆桌会议，并为每位青苹果人员“量体裁衣”，根据其适合的发展方向，制定两年期培养计划。（马艳敏）

**504人参加首批中央企业班组长培训** 年内，国资委组织首批中央企业班组长岗位管理能力认证培训，集团公司人力资源部会同工会、人才开发院、宝钢股份人力资源部在宝钢股份公司选拔了504名优秀班组长参加。该项培训是国资委组织的规模较大的针对企业班组长历时近一年的远程培训。借助此项培训资源，宝钢进一步完善了班组长培训体系。（马艳敏）

**制订非钢产业技能人才培养规划** 宝钢金属、宝钢发展和宝钢工程等非钢铁主业单位根据技能人才队伍持证率低、高技能人才存量不足的状况，制订三年技能人才培养规划，由人才开发院在相应培训资源上提供支撑。（马艳敏）

**推进国际化人才培养** 年内，宝钢向海外三大区派遣3名总代表助理，进一步推动宝钢国际化经营战略的实施。制订《国（境）外子公司薪酬管理办法》，形成和完善海外公司员工的薪酬激励体系。完成海外人员选派模型课题研究，优化海外员工选派流程及标准。新建金融专业海外培训基地——英国曼彻斯特大学，并选派3人进行短期研修。（马艳敏）

**推进重点培训项目** 结合年度培训计划实施，推进领导人员BS－C（八期）、BS－D（两期）、BS－E（一期）共300人次的任职资格培训和决策人研修、人文讲座等领导人员的定制培训项目；结合总部变革管理，推进实施总部管理变革、战略管理及战略执行、内部控制专项培训。（马艳敏）

**建立经济危机形势下的工资总额分配机制** 根据2009年面临的严峻经营形势，建立了与国内外同行业绩比较的工资总额投入联动机制，在总额投入减少的情况下，充分调动员工的积极性，有效支撑了集团公司2009年经营目标的实现。

（宣　策）

**统一集团公司综合意外险** 集团公司在系统分析下属各公司保险资源现状的基础上，整合统一了各子公司的综合意外险，并采用第三方公开招标模式，选定员工意外综合团体保险的供应商。员工意外保险的整合不仅降低了集团公司成本，而且有利于集团公司核心福利项目的统筹管理，有利于集团公司范围内的人员流动。（宣 策）

**全面启动宝钢年金计划** 宝钢企业年金于3月12日完成全部的审批、备案工作后，3月25日开始正式运行，截至年底，集团公司范围内共有125家独立缴费单位加入宝钢企业年金计划，参加人数为99 070人，年金基金总规模为36.5亿元。（宣 策）

**宝钢人力资源服务中心起步运作** 5月20日，集团公司对总部职能部门组织机构进行调整，并成立宝钢人力资源服务中心。该服务中心以“集总部人事、行政、员工（党员）服务为一体和服务高质量、工作高效率、运营低成本”为建设目标，年内筹备和起步运作已取得初步成效：通过业务切分，由服务中心集成处理实务操作，使职能人员更专注于经营管理；通过整合职能部门二级劳资承担的业务和优化协力业务，为各部门减负并使服务模式得到优化；通过资源整合、设立办事窗口、提供一站式的员工服务，使服务更为专业化、标准化，提高了员工满意度。年底，该服务中心又与宝钢资源公司人力资源部携手合作，迈出宝钢人力资源共享服务业务向子公司拓展的第一步。（胡荣国）

## 宝钢集团有限公司负责人

（2009年12月）

董事长：徐乐江
监事会主席：罗 汉
副董事长：刘国胜
董事：徐乐江 刘国胜 何文波
冯国经（外部董事）
李庆言（外部董事）
吴耀文（外部董事）
夏大慰（外部董事）
干 勇（外部董事）
经天亮（外部董事）
汪金德（职工董事）
总经理：何文波
副总经理：赵 昆 伏中哲
戴志浩 赵 峡
周竹平
党委书记：刘国胜
党委副书记：欧阳英鹏
党委常委：徐乐江 刘国胜
何文波 欧阳英鹏
赵 昆 马国强
刘占英 伏中哲
纪委书记：刘占英
工会主席：汪金德
总法律顾问：陈德林
董事会秘书：王 力
总经理助理：叶 萌 王成然
蒋为民

## 宝钢集团有限公司总部各部室领导人员

（2009年12月）

**董事会办公室**
专职监事：刘伯华 范锁虎
程志道 冯国成
翁英俊 缪永耀
李学纲 李南山
**办公室**
主任：傅新宇
副主任：徐同建 李庆楠 朱福康
外事办公室主任：朱福康
驻京联络处主任：李庆楠
**规划发展部**
总经理：蒋为民
工程质量监督站站长：傅作民
**经营财务部**
总经理：朱可炳
**人力资源部**
总经理：郭 斌
**运营改善部**
总经理：王 力
**发展改革部**
部长：肖得义
副部长：王诚翔
**法律事务部**
副部长：陆俊勇
**企业文化部（公共关系部）**
部长：陈 跃
史志办公室主任：徐宪民
**审计部**
部长：路巧玲
**监察部**
部长：周桂泉
副部长：刘长威
**安全保卫监督部**
部长：李 文
副部长：王庆生
**能源环保部**
部长：邹 宽
副部长：王 鼎 许德伟
钱 峰 戴 坚
党委书记：刘桂林
纪委书记：朱振棣
工会主席：朱振棣
**资本运营部**
总经理：陆国清
**人力资源服务中心**
总经理：王存璘
副总经理：杨 雁
**党委办公室**
主任：傅新宇
副主任：徐同建
信访办公室主任：徐同建

信访办公室副主任：吴金耀

**组织部**

部长：郭　斌

副部长：陈英颖

党建督察员：张志良　方才元

**统战部**

部长：陈英颖

**宣传部**

部长：陈　跃

思想政治工作研究会常务副会长：陈　跃

精神文明建设办公室主任：陈　跃

新闻中心主任：梁　伟

**老干部一处**

处长：陆宪卫

**老干部二处**

处长：陈国境

**武装部**

部长：王光才

**纪委**

副书记：周桂泉

纪检监察高级专员：孙茂巽

范永祥　俞秉权　李厚玉　张伟利

**工会**

副主席：劳光熹　韩国钧

**团委**

书记：贾怡芸

副书记：王　语

**机关党委**

书记：陈　跃

纪委书记：俞秉权

工会主席：蒋晓农

**人才开发院、党校**

院长：秦长灯

党委书记：莫　臻

副院长：冯爱华　王小干

纪委书记：王白吉

工会主席：王白吉

党校常务副校长：莫　臻

**经济管理研究院**

院长：吴东鹰

副院长：黄启才

**上海市金属学会**

秘书长：龚肇亨

**科学技术协会**

秘书长：陆祖英

## 宝钢集团有限公司各子公司领导人员
## （2009年12月）

**宝山钢铁股份有限公司**

董事长：徐乐江

副董事长：何文波

总经理：马国强

副总经理：赵周礼　李永祥
　　诸骏生　蒋立诚
　　陈　缨　楼定波
　　庞远林　周建峰

党委书记：刘国胜

党委副书记：欧阳英鹏

纪委书记：刘占英

工会主席：汪金德

董事会秘书：陈　缨

**广东钢铁集团有限公司**

董事长：何文波

总经理：赵　昆

副总经理：陈德林　余志良　黄志勇

党委书记：刘国胜

纪委书记：刘占英

**宝钢集团新疆八一钢铁有限公司**

董事长：赵　峡

总经理：陈忠宽

副总经理：王毅民　肖国栋
　　刘毅民　崔伟灿
　　陆大胜　杨春平

党委书记：赵　峡

党委副书记：阿皮孜·尼牙孜

纪委书记：买买提·司马义

工会主席：赵长启

总工程师：李子文

总会计师：高玉萍

**宁波钢铁有限公司**

董事长：崔　健

总经理：刘　安

副总经理：周生琦　陆志新
　　何　凡　杨静波

党委书记：崔　健

**上海宝钢化工有限公司**

董事长：王　力

副总经理（主持工作）：钱建兴

副总经理：於良荣　黄建国
　　张晓波

党委书记：朱　宏

纪委书记：裴世兵

工会主席：裴世兵

**宝钢资源有限公司**

董事长：戴志浩

总经理：李庆予

副总经理：张典波　林　利
　　李建伟

党委副书记：宋　彬

纪委书记：夏　江

工会主席：夏　江

**宝钢金属有限公司**

董事长：周竹平

总经理：贾砚林

副总经理：曹　清　曹　平
　　管曙荣

党委书记：王金旋

党委副书记：方　舒

纪委书记：方　舒

工会主席：方　舒

**华宝投资有限公司**

董事长：王成然

总经理：郑安国

**上海宝钢工程技术有限公司**

执行董事：赵周礼

总经理：智西魏

副总经理：李亚松　方志民
　　李　麒

党委书记：韩鹏根

纪委书记：张贺雷

工会主席：张贺雷

**上海宝信软件股份有限公司**

董事长：王文海

总经理：陈在根

副总经理：朱立强　周建平
　　　　　胡国奋　夏雪松
党委书记：卞正治
党委副书记：翁志华
纪委书记：翁志华
工会主席：翁志华

**上海宝钢设备检修有限公司**

执行董事：郝荣亮
总经理：郝荣亮
副总经理：解建平　杨　滨
党委书记：许宏钧
纪委书记：林光国
工会主席：王朝江

**上海宝钢工业检测公司**

总经理：陈卫东
副总经理：穆为明　郭洪涛
党委书记：叶纯兴
纪委书记：陈晓鲁
工会主席：陈晓鲁

**宝钢发展有限公司**

董事长：欧阳英鹏
总裁：蔡伟飞
副总裁：姚殿国　夏伟忠
　　　　荀士保　刘建生
　　　　袁继烈
党委书记：姚殿国
党委副书记：蔡一帆
纪委书记：蔡一帆
工会主席：朱学勇

**宝钢集团上海第一钢铁有限公司**

执行董事：许俊章
总经理：许俊章
副总经理：李　明　吴建伟
党委书记：许俊章
纪委书记：朱　超
工会主席：朱　超

**宝钢集团上海浦东钢铁有限公司**

执行董事：杨　敏
副总经理（主持工作）：杨　敏
党委书记：朱　铧
纪委书记：庞宝林
工会主席：庞宝林

**宝钢集团上海五钢有限公司**

执行董事：胡达新
总经理：胡达新
党委书记：胡达新
党委副书记：邱三龙
纪委书记：邱三龙
工会主席：邱三龙

**宝钢集团上海梅山有限公司**

执行董事：王强民
总经理：王强民
副总经理：贡锁国
党委书记：徐国林
党委副书记：林怀平
纪委书记：林怀平
工会主席：林怀平

## 教育培训工作

人才开发院2007年8月在原教育培训中心的基础上成立，是宝钢的员工教育培训基地、公司管理研究基地和员工创新活动基地。人才开发院下属有6个培训中心，2个管理、服务部门和1个管理研究所（管理研究所与管理研修中心实行两块牌子、两支队伍协同运作），见下图。其中党校既作为集团公司党委的直属部门，同时纳入人才开发院一体化运作。

人才开发院拥有一支专业门类较全的176人的专职队伍，其中80%以上具有本科以上学历，20%以上具有研究生以上学历。中共党员109人，占62%；博士研究生4人，硕士研究生33人，大学本科106人，专科及以下33人；高级职称56人，中级职称67人，初级职称21人；管理岗位19人，操作岗位7人，技术岗位150人。技术岗位中，培训师系列104人，研究人员系列8人。　（陶云武）

**开展各类培训13万人次**　2009年人才开发院共开展各类培训783项，计13.1万人次（含网络培训5.1万人次）、106 093学时（其中网络培训4 645学时），比2008年培训15.5万人次下降了15.5%。为集团公司10.6万名在岗员工平均每人提供培训45学时。按照“以人为本、需求导向”的原则，加强培训的针对性和有效性，全年用户满意率96.8%。2009年各类培训完成情况见下表：

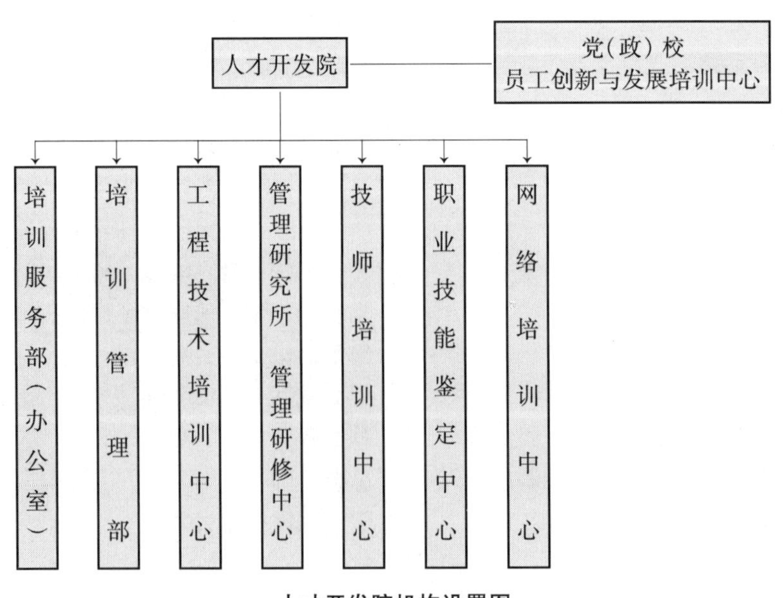


人才开发院机构设置图

2009 年各类培训统计表

| 项 目 类 别 | 项目数 | 开班数 | 培训人次 | 学时数 | 培训日 |
|---|---|---|---|---|---|
| 领导力 | 14 | 54 | 2 415 | 4 560 | 24 162 |
| 党建与企业文化类 | 31 | 105 | 9 906 | 3 792 | 33 099 |
| 管理类 | 120 | 330 | 18 965 | 9 864 | 58 994 |
| 工程技术类 | 134 | 193 | 5 416 | 3 838 | 12 414 |
| 综合管理体系类 | 20 | 51 | 1 998 | 1 192 | 5 031 |
| 操作维护技能等级培训 | 237 | 325 | 10 742 | 58 804 | 234 558 |
| 操作维护岗位培训 | 13 | 26 | 1 608 | 3 170 | 36 066 |
| 计算机与外语应用能力类 | 37 | 80 | 2 483 | 3 056 | 13 649 |
| 特种作业安全类 | 24 | 514 | 25 696 | 13 172 | 76 850 |
| 网上培训 | 153 | 308 | 51 443 | 4 645 | 99 693 |
| 合计 | 783 | 1 986 | 130 672 | 106 093 | 594 516 |

为确保集团公司、宝钢股份重点培训工作的顺利完成，人才开发院2009年还确定了“决策人系列研修”、“管理人员任职资格培训”、“‘青苹果’计划培训”、“公司治理与管控模式培训”、“制造能力提升培训”、“采购标准体系培训”、“并购与新建项目相关培训”、“安全伙伴计划培训”、“高技能人才研修”、“支撑多元产业发展的相关培训”等十大类重点培训项目。

（谈伟整）

**开展管理研究课题19项** 管理研究所于2008年12月16日成立后，按照集团公司确定的“集团公司内部管理工具、方法或优秀实践的总结提炼，外部管理理论成果或优秀实践（新概念、新模式、新方法）研究，以及针对集团公司重点管理问题的诊断与研究”功能定位，2009年共承担或参与课题任务19项，其中管理研究所为主责单位的研究性课题13项，19项中已完成的12项。5月，宝钢启动管理变革后，人才开发院即开始管理变革的跟踪评估工作。为支撑集团公司各单元的管理变革，人才开发院先后实施了《组建公司不锈钢事业部的“百日计划”》、《钢管条钢事业部管理模式总结与完善》、《宝钢金属公司管理实践总结》等研究项目，为管理变革推进提供智力支持。

（董荣胜）

**举办员工创新活动49次** 围绕“咨询与指导、实验与研究、共享与交流、竞赛与比武、转化与推介”五大功能，人才开发院协同集团公司工会制定并下发《关于开展2009年宝钢职工经济技术创新活动指导意见》，分解、细化各项员工创新活动计划。5月19日，举办首个宝钢“员工创新活动日”，开展创新成果与项目推介，举办“首届宝钢工人发明展”，举办成本改善主题论坛。10月29日，组织8名志愿者围绕“兴趣与专业、灵感与才智、自愿与激励”，实施新员工创新培训与创意互动，通过寓言故事、典型事例启发，通过不同观点之间的碰撞与互动，引导和教育新员工树立“创新，人人都可以”的观念，提高员工“兴趣与专业、灵感与才智、自愿与激励”的创新能力。此外，还发挥“宝钢工人发明家创新工作室”与各创新工作室、创新活动小组之间的联动作用，举办不锈钢现场咨询与指导等活动。全年共举办创新论坛、创新沙龙、成果发布、专题研究等各类员工创新活动49次，其中创新论坛8次，创新沙龙21次，创新成果发布8次，专题研究班12次。

（吴福民）

**组织两期公司决策人研修** “决策人系列研修”从2008年开始，2009年共举办两期（第四期、第五期）。集团公司、宝钢股份助理以上领导人员，各相关业务单元的部门负责人共70余人参加研修。其中，10月30—31日举行的第四期研修主题为“后危机时代：我们所面临的机遇与挑战”和“不确定环境下的领导力”。11月27—28日举行的第五期主题是“高绩效的组织文化”。

（尹洪源）

**领导人员年度培训** 11月12—13日举办宝钢领导人员集中培训，150

宝钢员工开展创新活动

人参加。集团公司领导刘国胜、刘占英、汪金德分别作《充分发挥党组织的政治核心作用，为宝钢二次创业提供强有力的保障》、《进一步加强党风建设和反腐倡廉工作》、《宝钢职工民主管理实现途径》专题报告。学员结合专题报告内容，围绕如何贯彻落实党中央对国有企业党建工作提出的新要求、进一步加强和改进宝钢的党建工作进行分组讨论和大组交流。（王一敏）

**党群工作者研修、课程开发和案例建设** 集团公司党委着力推进党群工作者培训，年内分别举办了党委书记、纪委书记、工会主席、党支部书记、团委书记等研修班共6期，104学时，学员455人次。研修班由集团公司党委、纪委、工会主要领导亲自备课、授课。7月开始，党校相继组织开办了一系列基层党群工作者研修班，共19期，240学时，学员703人。党校教师开发和讲授《以人为本的服务》、《十六大以来党建理论创新及启示》、《政治思想工作如何注重人文关怀》、《沟通的软技巧——倾听》等课程，学员评价："重点突出、信息量大、案例多、内容新，授课水平高，讲课有激情。"按照集团公司党委部署，党校还参与宝钢基层党支部工作调研。调研了13个基层党支部并形成调研报告，编写了20个党支部优秀实践案例、19个党支部工作优秀"操作指南"，梳理了"宝钢党支部工作100例"，其内容涵盖党支部班子建设、"党员登高计划"活动、员工需求与关注点信息管理、党组织生活设计等四个方面的工作。（王一敏）

**开展党员培训和创新与发展培训** 党校根据培训单位需求，以形势任务教育为重点，全年开展党员培训和员工创新与发展培训31期，学员7 994人(其中党员培训7期，3 013人)。年初集团公司干部大会召开后，党校立即研究培训需求和开发课程，在一周时间内，完成需求调研、项目策划、课程维护、用户审课、开班授课。根据集团公司形势任务教育要求，开发了《学习实践科学发展观，促进宝钢二次创业》、《认清形势，统一认识，在宝钢二次创业中攻坚破难，迎接挑战》、《以"双感动"和"保护环境、节约资源"行为养成活动为抓手，深化宝钢文化创新》、《员工压力管理与心理疏导》等课程，并组织全体教师到现场收集、挖掘各单位应对危机、转危为机的最新案例。此外，还为不锈钢事业部、宝钢工程、宝钢金属等公司制作培训光盘，提供服务支撑；根据特殊钢事业部对新项目上岗员工进行行为素养培训的需求，举办4期行为素养提高培训班，培训学员266人；还为梅山、梅钢、不锈钢、特钢等单位送教上门，开办宣讲近30场，共66学时，学员1 186人。年内举办入党积极分子培训班14期，学员864人。根据集团公司党委关于宝钢党员集中教育5年规划的要求，党校组成两个课程开发团队，开发了《理想信念、公司使命及党员自身价值实现》和《深化"党员登高计划"活动，为提升宝钢软实力，推进宝钢二次创业作贡献》两门重点课程，并对9个二级单位的14个党支部、20人次的支部书记和党员，进行了14个半天的调研访谈，通过4次集体备课，12月中旬完成初稿。（姚燕燕）

**开展管理培训** 全年开展B层级(作业长)任职资格培训14期，学员793人(含梅钢班1期，57人)；根据集团公司及各需求方要求，新开设B层级(非作业长)任职资格培训，共举办5期，学员187人(含梅钢班3期，合计107人)。开设C层级任职资格培训班8期，学员252人，D层级任职资格培训班3期，学员65人(含2008年延续班1期，16人)，E层级任职资格培训班1期，学员21人。此外，配合集团公司总部管理变革，对职能部门负责人开设了以"宝钢的变革管理、跨国企业的变革管理"为主题的研修班1期，学员41人，8学时；针对各子公司提升管理人员能力素质的要求，开设各类研修班41期，1 748人参加，4 768学时；为加强青年优秀人才的选拔，与人力资源部合作，首次开设了"'青苹果'计划"短训班，76名学员参加；支撑宝钢职能部门业务开展，开设包括"战略执行与管控"专题培训在内的培训班29期，2 579人次，300学时；全年实施管理体系相关的培训共计55个班，2 174人次，总计1 220学时；举办各类六西格玛培训班17个，648人，1 124学时(包括2个黑带考试认证项目，183人，12学时)；满足宝钢发展、宝钢金属、宝钢资源、宝钢国际等子公司个性化培训需求，年内开设各类培训班37个，1 574人次，4 504学时。 （董荣胜 尹洪源）

**专业技术培训** 人才开发院构建以岗位基础、专业资质、专业拓展、应用研修四大基本模块，师资队伍、课程开发两个支撑点为框架的技术业务人员培训体系模型。围绕各专业族群队伍建设，推动专业资质培训，启动和实施了能源岗位资质培训、异议处理人员专业资质培训和认证，招投标业务人员的资质培训。围绕产品质量问题和生产技术难题，举办了以首席工程师、主任工程师为对象的"厚板探伤不合"、"酸洗产品腰折"和"焦炭质量控制"三期主题系列研修班。以不锈钢产线为试点，开展数模工程师培养实践，举办了"建模常用数学算法"、"模型开发规范"、"模型基础知识"、"冶金轧制数模技术"等一系列相关培训班。支撑制造能力提升，为八一钢铁、梅钢公司等实施远程培训，开展了"生产组织与管理"、"能源管理体系标准"、"工业水处理与节水技术"、"产品缺陷识别与控制"等各类专业技术培训共30期。 （周逸敏）

**新进大学生培训** 8月2—10日，集团公司425名新进大学生参加为期9天的集中培训。内容包括3个模块："了解我的新家"(宝钢介绍)、"磨炼我的意志"(军事训练)、"快速进入职场"(角色转变引导)。 （周逸敏）

技师团队荣获南京菲尼克斯国际自动化大赛最高奖

**操作技能培训** 按照"三年千名新技师"延续计划，开展技师、高级技师培训，开设有关钢铁冶金、轧钢、机械、电气、动力能源等专业工种的技师或高级技师培训班，对2007—2008年参加技师或高级技师培训但尚未通过综合评定、达到合格标准的学员进行鉴定强化辅导。全年累计培训学员1 273名，完成集团公司2007—2009年高技能人才培训计划。首次实施了机械、电气、冶金、轧钢高级技师专题研修，机械、电气示范点检员研修和运输部案例研修。此外，协同宁波钢铁人力资源部做好操作维护人员岗位梳理，开展考评员资格培训，建立内训师队伍。根据宁波钢铁操作维护人员队伍现状及人力资源建设规划，编制《2009年宁钢操作维护人员技能等级培训与鉴定实施手册》，整体策划与组织实施宁波钢铁技能人员的培训与鉴定。协同宝钢国际开展操作人员职业发展通道建设与培训课程体系建设，推进其专业基础和岗位专业课程教材的开发工作。 （吴福民）

**推进作业长安全伙伴计划培训** 全年共举办25期安全伙伴计划培训。在炼铁、炼钢、冷轧、电力等主要工序的作业长安全伙伴培训的基础上，首次把安全工程师纳入伙伴计划。作业长安全伙伴培训以同工序、同专业、跨区域的作业长为主要对象，培训内容包括理论学习和现场诊断，全新推出360度评价、后诊断援助、实践与互动等课程，每期为时一周。安全工程师伙伴培训每期3天，包括互动交流和SST(安全感应)培训，通过营造浓厚的伙伴式学习氛围，为安全工程师交流经验、解决安全实际问题提供良好环境。 （陈允虎）

宝钢集团公司总经理何文波检查技能培训工作

**职业技能鉴定与特种作业考核** 开展职业技能鉴定 8 224 人次，其中技师以上技能人员鉴定 878 人次，高级工鉴定 1 557 人次。特种作业培训考核 28 375 人次，合格率 89.7%。考核涵盖进网作业电工、金属焊接、起重机械驾驶、危化品、起重指挥挂钩、燃气安全、厂内车辆、有毒有害有限空间作业、电工作业等领域，还包括压力管道和容器、超声波探伤、司炉等特种设备作业。开展厂内车辆、电工作业、电焊、起重机械(葫芦吊)、起重指挥(挂钩)等 5 个工种的外协人员安全测试共计 2 706 人次，合格率达到 72.5%。此外，根据宝钢发展公司带压密封工队伍技能培训与鉴定需要，6 月设立包装管理部带压密封工技能鉴定考核点，并举行了揭牌仪式。为服务支撑外地子公司培训、鉴定考核工作，10 月设立了宝钢职业技能鉴定中心—宁钢职业技能鉴定站，并协同冶金工业职业技能鉴定指导中心为宁波钢铁和宝钢发展公司包装管理部培训考评员 46 人。职业技能鉴定中心通过半年努力，2 月 19 日获"危险化学品作业人员"项目培训资质，12 月 7 日获"有毒有害有限空间作业"项目培训资质。由人才开发院组织编制的设备点检员(电气、机械、仪表)新职业标准经国家人力资源和劳动保障部审核，12 月正式通过(职业代码为 X6－06－9901)，标志着宝钢新开发的职业"设备点检员"正式纳入国家职业大典。 (邬烈明)

**网络培训** 2009 年，网络培训更加注重针对性和有效性，年内协同各单位组织实施《宝钢财务知识培训》、《新进大学生岗位实习阶段培训》、《管理人员任职基础培训》、《驾驶员交通安全教育》、《宁钢 2009 年技能等级培训》、《宝欧公司员工自主培训》等 10 多项有影响、有特色的 e-Learning 专项培训项目。为有效解决沪外公司跨地域培训困难，人才开发院利用集团公司视频会议系统开展实时远程培训，年内远程培训覆盖八一钢铁、广东钢铁、梅山公司及宝钢股份、宝钢国际、宝钢资源下属单元的 30 多家沪外公司。2009 年通过 3 种 e-Learning 培训方式(在线自主培训、实时远程培训和离线自主培训)合计实施培训 233 个项目、393 个班、282 门课程、6 831 个学时、75 778 人次、124 430 个培训日。人才开发院年内完成网络课件开发 90 门，初步形成具有宝钢特色、由 251 门课程组成，并覆盖管理、技术及技能培训的网络培训课程体系。3 月 15 日，宝钢 e-Learning 培训新系统成功实现整体功能上线试运行，7 月完成系统功能考核。最多同时在线学习人数超过 600 人。 (周 胜)

**成人学历教育** 宝钢设各类成人学历教育教学点。研究生学历教育宝钢教学点：东北大学在册培养博士 79 人(毕业 4 人，新生 14 人)，涉及专业有钢铁冶金、压力加工、材料、管理工程、系统工程、自动控制、计算机等；在册培养硕士 371 人(毕业 37 人，新生 125 人)，涉及专业有冶金工程、材料工程、机械工程、控制工程、软件工程、工业工程、计算机、项目管理。浙江大学在册培养机械工程专业工程硕士 9 人。安徽工业大学宝钢成教分院高级技能学历班，大专在册 119 人，专升本在册 36 人。网络(学历)教育宝钢教学点：2009 年上海交通大学网络学院专升本在册 190 人，大专在册 63 人。中央党校函授教育宝钢教学点：2009 年在册 2005、2006 级高中起点本科班和 2006、2007 级本科班学员共计 314 人；中央党校在职研究生班(宝钢班)2009 年在册 2007、2008 级学员共计 74 人。 (李晓虹)

**职前学历教育** 根据集团公司要求，2006 年起停止中等职业教育招生。在逐步退出学历教育期间，稳步开展存续学生的教育教学工作。166 名就读机电技术应用、电气运行与控制专业的末届毕业生顺利毕业。通过学校推荐、学生自荐的形式,毕业生分赴集团公司或社会企业就业,部分学生进入高等学校继续深造,就业率达到90%以上。

(吴福民)

**开发82门课程** 年内,人才开发院组织进行82门课程开发,其中重点课程25门,《宝钢领导力基础教程》等一批重点开发课程先后完成并通过专家评审。系统梳理并形成了452门重要性强、使用频率高的基础课程,确定了课程的责任人,并明确其课程开发、课程管理、课程入库3项职责。人才开发院全年有289人次参加了课程开发,专职师资人均参与2.8门。 (陶云武)

**《宝钢数模知识大全》完成** 开发《宝钢数模知识大全》读本工作历经20个月,12月完成。全书7本,共5篇22章,200万字,20位宝钢专家首席、8位宝钢退休专家、复旦大学等7所高校20余位教授参加编写。宝钢集团董事长徐乐江、复旦大学李大潜院士分别为读本作序。 (周逸敏)

**《宝钢冶金特有工种(炼铁)职业技能》结题** 历时3年,覆盖原料、烧结、焦化和高炉炼铁等区域,适用于操作人员职业技能等级和岗位技能培训的《宝钢冶金特有工种(炼铁)职业技能》系列课程开发年内结题。该课程开发采用产学结合的形式,开发团队由人才开发院专职教师、宝钢生产现场技能专家和安徽工业大学教授组成。课程以工艺和技能等级为两个维度,以“平台+模块”的形式构建,共计完成16篇45门课程教材编写及部分多媒体课件制作。 (吴福民)

**教职员工队伍建设** 2009年,人才开发院全面分析员工队伍现状,形成《人才开发院员工队伍分析报告》,并制定了培训和管理研究两大系列的员工核心能力指标体系,分别提出了培训师系列岗位结构优化和能力要求,主任培训师和培训师年授课要求。按照人才发展“双通道”的原则,制定《核心人才后备“双通道”管理试行办法》。探索并实施“重点工作项目化、基础工作模板化、日常运行网络化”党群工作模式。围绕“能力提升、攻坚破难、服务群众”三个主题,组织制定“党员登高计划”,并在党课暨党员“登高”成果发布会上发布。 (李珍珠)

**兼职师资队伍参与培训工作** 2009年,集团公司领导、职能部门负责人和子公司领导纷纷走上讲台或参与课程开发。全年57位管理人员参与人才开发院的授课和课程开发工作165人次。(详见下表)

**管理人员参与培训统计表**

| | 集团公司领导 | 宝钢股份领导 | 集团公司总部 | 宝钢股份总部 | 集团子公司 | 宝钢股份子公司 | 合计 |
|---|---|---|---|---|---|---|---|
| 人　数 | 9 | 3 | 18 | 4 | 19 | 4 | 57 |
| 人　次 | 32 | 4 | 85 | 8 | 28 | 8 | 165 |
| 授课人次 | 28 | 4 | 76 | 8 | 28 | 8 | 152 |
| 课　时 | 91 | 17 | 294 | 24 | 100 | 16 | 542 |
| 课程开发人次 | 4 | | 9 | | | | 13 |

2009年,人才开发院聘请的66位公司内部兼职教授中的64位参与培训工作,22位东北大学、安徽工业大学、上海交通大学外部兼职教授中的19位参与了培训工作,合计占兼职教授总数的94%。

(陶云武)

**改善培训管理** 完善重点项目管理系统和工作推进方式,制订《学习实践活动整改落实“回头看”工作方案》,梳理出整改项目51项,推进PDCA循环,实现从项目的提出、检查、推进到评价的全流程规范管理。通过送教上门、远程培训、资源共享和有效利用外部培训资源等各种举措,尽最大可能为用户增值,成为公司的价值创造者。2009年预算费用比2008年下降17%,实际支出又比年初预算下降16.6%,实际降本1 400余万元,其中集团公司重点管控费用下降38%,学员餐费下降49%,教材费下降54%,图书资料费下降68%,编审费下降41%,器材费下降42%。 (陶云武)

**开展培训后评估** 集团公司人力资源部、宝钢股份人力资源部和人才开发院对2008年、2009年完成的4个中长期培训项目(2008年第三期管理人员 BS－D 任职资格培训班，2009 年第一期管理人员 BS－C 任职资格培训班，宝钢发展有限公司经营管理高级研修班，冷轧产品质量检验深度培训班）实施了培训后评估。后评估选用柯氏（Donald L. Kirkpatrick）四级评估理论中的第三、第四级评估方法，即行为和结果评估。一是评估受训者在受训后行为是否有改善，培训中的知识和技能是否得到运用等；二是评估个体、群体、组织在受训后绩效是否得到改善。评估采用 360 度问卷调查（包括组织、下属或同事及学员自我评估）。评估结果显示，各方对培训项目和学员受训后的进步都给予了积极的评价，培训目标实现情况良好，平均满意度达到 94.8%。 （许　勇）

**职业资格梳理**　3 月上旬启动宝钢职业资格（资质）梳理工作，组成了由集团公司、宝钢股份人力资源部和人才开发院三方参加的虚拟工作团队。工作从两方面入手：一方面针对宝钢股份公司 12 个专业族群、“3 年能力提升计划”和《员工职业发展的指导意见》，梳理宝钢对职业资格的需求，并且按照国家有关部门明文规定必需的职业资格（资质）、国家未明文规定但宝钢要求的职业资格（资质）、社会和宝钢已有的其他相关职业资格（资质）和建议新增的资格（资质）培训等 4 种类型进行分类；另一方面组织人员广泛收集社会职业资格资源信息。根据各专业族群对职业资格（资质）的要求，共分类收集了 75 个相关职业资格的信息资料，并按照 4 种类型分类梳理宝钢所需要的职业资格，编制了《宝钢员工职业资格（资质）速查手册》，为推进员工职业资格（资质）工作提供了基础保证。 （许　勇）

**外部培训资源梳理**　人才开发院 2009 年对外部培训资源进行了重新梳理、动态管理，完善了各项供应商要素，并于 8 月建立了外部培训供应商联系人队伍，负责与外部供应商的谈判、合同的签订与管理、外部供应商信息的维护。年内，人才开发院共使用 72 家、187 次外部培训供应商，其中 33 家为当年新增供应商。年底，召开了首次培训供应商年度评估会议，对 2010 年外部培训供应商的管理形成了指导性意见，并在此基础上修订了《外部培训供应商管理细则》。 （李晓虹）

**培训设施建设**　人才开发院建筑修缮及功能性改造项目 2 月 10 日开工，预计 2010 年 1 月，一期改造工程（主楼、电教楼、南楼）全面完成并投入使用。4 月 9 日，人才开发院与宝钢工业检测公司签订风机与泵实验实训室共建协议，双方通过风机与泵实验数据测定、现场风机运行模拟、技术改造实验等为现场设备稳定顺行和成本改善提供支撑。11 月 11 日，人才开发院分别与宝钢股份公司厚板厂、特钢事业部、钢管条钢事业部、宝钢工业检测公司签订宝钢无损检测培训站共建协议，并成立宝钢无损检测技术培训联络网。12 月 10 日，占地近 23 万平方米的宝钢领导力发展中心在常熟动工兴建，2011 年建成后成为一个集培训、住宿、会所功能为一体的高层次人才培训和交流的场所。

（郭新杰　吴福民）

**第二届“宝钢培训奖”评选**　各单位共申报优秀培训组织、培训项目、培训课程、兼职教师、教师等 5 类奖项的申报材料 125 份。经过初评、预审、评审，共评选出 52 个获奖项目、课程、个人或集体，占申报总数的 41.6%。获奖者包括 6 个优秀培训组织，10 个优秀培训项目，6 门优秀培训课程，6 名优秀教师，10 名优秀兼职教师，以及 14 人获“优秀兼职教师提名”。教师节大会上对获奖者进行了表彰。 （陶云武）

**对外交流与接待**　5 月，德国职业资格教育联盟总裁 W. Reuter 访问人才开发院，并在德国知名刊物《Q-Magazin》上发表了宝钢企业教育培训工作专访介绍。11 月，在“2009 年中德职业教育交流大会”上，宝钢作了新员工培训与培养交流。作为中国浦东干院学院第一批教学基地，宝钢 2009 年共接待了 8 批次 313 人的现场教学；2009 年计划接受全国高校大学生实习 1 571 人，实际接待 1 551 人；全年共接待来自美国、加拿大、墨西哥、西班牙、印度和中国香港等 5 个国家和地区的沃顿商学院、霍普金斯大学、UBC 大学桑德商学院等 8 所高校的 336 名 MBA、EMBA 师生来访。

（陶云武　吴福民）

**成果与荣誉**　2009 年，人才开发院先后荣获“全国企业职工教育培训先进单位”、“钢铁行业职工教育培训工作先进单位”、上海市“平安单位”称号，作为国内唯一单位荣获两年一次的国际继续工程教育协会“马丁奖”，并和西门子、IBM、摩托罗拉一起荣获 ASTD“员工学习周”活动冠军称号。

（陶云武）

# 2010 YEARBOOK BAOSTEEL

# 财务、资产与审计

1 专 记 ZHUANJI
13 专 文 ZHUANWEN
33 大事记 DASHIJI
41 概 述 GAISHU
63 规划发展 GUIHUAFAZHAN
67 管理创新 GUANLICHUANGXIN
79 科 研 KEYAN
97 基建与技改 JIJIANYUJIGAI
109 环境经营 HUANJINGJINGYING
123 人力资源管理 RENLIZIYUANGUANLI
135 财务、资产与审计 CAIWUZICHANYUSHENJI
141 宝钢股份 BAOGANGGUFEN
217 八一钢铁 BAYIGANGTIE
233 广东钢铁 GUANGDONGGANGTIE
239 宁波钢铁 NINGBOGANGTIE
245 多元产业 DUOYUANCHANYE
305 海外公司 HAIWAIGONGSI
313 综合管理 ZONGHEGUANLI
325 党群工作 DANGQUNGONGZUO
353 企业文化 QIYEWENHUA
365 人物与表彰 RENWUYUBIAOZHANG
377 附 录 FULU
401 索 引 SUOYIN

# 财务、资产与审计

## 财　务

根据集团公司管理变革的需要,集团公司财务部于2009年5月更名为经营财务部。经营财务部完成组织机构和管理职能的调整,初步构建了战略管控型的财务管理体系,强化了各职能业务块的功能定位:预算管理的重点是推进预算管理与战略规划的衔接,同时结合绩效考核工作,突出其经营管理功能;资产管理的重点是加强国有资产监管的同时,提高整个集团公司的资产运行效率;资金管理的重点是在加强资金管理的基础上,提高资金运用收益并确保资金安全;会计管理的重点是强化管理职能,弱化操作职能,整体协调整个集团公司面上的会计管理工作。同时将税务管理新增为单独的职能管理内容,强化税务管理工作,为集团公司范围内提供税务筹划、政策引导和相关增值服务,防控税务风险,提高集团公司整体收益。年内,集团公司将财务部分离出来的事务工作,另外组建财务服务与数据共享中心。截至2009年年底,经营财务部共有员工33人。

(李　钊)

**实行月度预算制度**　为加快对市场的反应速度,及时掌控公司经营情况的变化趋势,为相关决策提供支撑,集团公司从2月起实行月度执行预算制度。按月掌控各子公司经营情况,发现问题及时调整经营策略,确保年度预算目标的顺利实现。

(李　钊)

**优化经营分析和绩效对话会制度**　贯彻"简单、速度、成本"理念,优化2008年建立的集团公司每季度经营分析和绩效对话会制度,提高会议的针对性和有效性。一是改进重大事项汇报内容,重点事项重点汇报;二是突出集团公司对员工发展状况的重视,新增员工发展专题汇报内容;三是根据集团公司内外部经营形势的变化,每季度的会议都有针对性地选择不同的专题汇报内容,例如第三季度的会议上重点讨论环境经营问题;四是编写新版《经营分析和绩效对话会要领书》,对会前筹备和会后执行情况反馈进行明确规范。　(李　钊)

**统一会计系统**　为提升集团公司整体财务信息化水平,年内相继在宝钢工程公司、宝钢金属公司、宝钢检测公司、梅山公司、八一钢铁公司、华宝信托公司等单位推进统一会计系统的实施,统一会计核算平台。实行集团公司会计软件版本集中统一控制更新管理,解决内部会计软件多系统、多版本并存的问题。以按板块集中部署为原则,实现了各板块内的账务管理流程的统一、会计科目体系的统一、客户供应商等关键代码的统一。实现各板块跨账套查询财务状况、经营成果等综合信息,满足集中财务监管的需要。

(李　钊)

**搭建成本对标平台**　5月,经营财务部组织钢铁单元财务系统开展成本对标工作,在各单元炼铁、炼钢、热轧等区域开展成本对标,组建虚拟团队,与宝钢股份内部的成本对标体系有效衔接,实现相关成本信息充分共享,并编制成本对标专题材料。在财务系统开展成本对标的推动下,成本对标工作已延伸至各业务层面,如梅钢公司和宁波钢铁公司组织了成本对标现场交流,宁波钢铁公司还指派相关成本和业务人员到宝钢股份公司直属厂、部学习和交流现场成本基础管理经验。

(李　钊)

**管理费用同比下降17%**　根据集团公司管理费用清理与改善项目化推进的总体要求,落实控制和降低集团公司管理费用支出的目标,主要包括统一差旅平台、加强出国团组和费用管理、办公用房和公务用车改革管理等。全年集团公司管理费用同比下降17%。　(李　钊)

**推进跨境贸易人民币结算业务**　7月,根据《跨境贸易人民币结算试点管理办法》,宝钢集团公司、宝钢股份公司分别与中国银行上海分行签订《跨境贸易人民币结算企业服务方案》。8月6日,宝钢股份公司获批成为首批试点企业之一。宝钢股份公司2009年共完成跨境贸易人民币结算2.99亿元。　(李　钊)

**优化子公司融资结构**　针对八一钢铁、宁波钢铁两家公司融资期限结构不合理、利率高、部分贷款未免担保、开票据和信用证需支付保证金等问题,分别于3月和4月启动宁波钢铁和八一钢铁的融资优化工作,共置换贷款218亿元,2009年节约贷款利息支出1.8亿元。 (李 钊)

**协助财务公司取得人民币结售汇业务资格** 3月,经营财务部协助宝钢集团财务公司取得人民币结售汇业务资格;5月,财务公司组织合作银行和集团公司下属有结售汇业务的子公司进行结售汇业务推介会;6月,协助财务公司取得银行间外汇交易会员资格。2009年财务公司结售汇4210万美元,取得汇差收益4万元。 (李 钊)

**财务决算工作获得国资委表彰** 2008年度由于财务决算工作组织得力、决算报告编制及时规范,国务院国资委发文表彰宝钢为中央企业财务决算管理先进单位。经营财务部在决算过程中,一方面深入研究并且主动与财政部、国资委沟通重大会计事项的处理;另一方面,及时与宝钢子公司做好沟通工作,确保重要政策的上传下达。 (李 钊)

**成立财务服务中心** 根据集团公司管理变革的总体部署,6月将财务领域中各类同质化、标准化业务进行集中处理,成立财务服务中心,为下属各企业提供财务管理共享服务。这是财务体系的一次重大的变革。财务服务中心成立后,本着"用尽量少的人做尽量多的事、让合适的人做合适的事、让所有人做有价值的事"的指导理念,经营财务部与财务服务中心按照"管操分离"的原则,共同梳理出财务服务中心的业务内容,顺利完成财务核心业务的界面划分。财务人员及时调整角色定位,各项工作有条不紊,在确保财务服务中心稳定顺行的同时,实现了经营财务部职能的转型。(李 钊)

**成立财务服务与数据共享中心** 12月30日,为了在集团内部实现会计核算的共享,提高运作效率,实现信息质量管控,集团公司发文将5月19日宝钢股份成立的财务服务中心与宝钢集团财务服务中心业务归并,组建集团公司财务服务与数据共享中心(简称"财务共享中心"),实行"两块牌子,一支队伍"的运作方式。 (傅兰华)

**吸纳整合共享业务** 宝钢股份财务服务中心成立后,面对业务涉及面广,业务切分复杂等整合难题,财务服务中心以"全员参与、归零思维、有效整合、关注增值"为原则,全面开展各项业务流程的梳理整合工作,从专业角度提出了系统功能改进、优化专业服务界面的建议,使财务共享将业务吸纳过程成为业务流程的梳理过程和业务标准化的推进过程。至2009年年底,已将集团公司总部、宝钢股份直属厂部、宝钢股份总部、不锈钢事业部本部、特殊钢事业部本部、中厚板分公司和钢管事业部的财务业务纳入财务共享中心。 (傅兰华)

**优化共享服务** 宝钢股份财务服务中心成立后,为优化专业服务,推出了一系列提升服务质量的举措,于10月开通了服务热线26641111,提供费用报支流程答疑、政策制度解答、结算业务咨询;同时建立财务共享中心信息发布网站、设立中心公共联络邮箱、编制报销业务速查表、建立报销业务知识库,为员工联系及查询各类相关信息提供便利。 (傅兰华)

**财务信息系统建设** 年内,财务共享中心按照"前瞻考虑、统筹策划、分步实施"的原则,推进财务信息系统建设。着手开展集团范围内财务信息系统规划工作,对集团各板块财务系统应用功能、集成方式、运行管理方式进行了调研,对一体化财务系统与统一会计系统总账报表功能作详细比较分析,提出系统版本统一的初步方案和未来财务系统应用功能扩充、优化的主要内容,初步形成对各板块系统集成方案,为后续结合业务吸纳进程、制定实施策略和确定、完善规划方案奠定了基础。至2009年年底,完成宝钢股份公司开票点后移二期项目推进、系统改造和上线工作;完成了对宝钢股份特殊钢事业部本部、烟台宝钢、宝银钢管、钢管事业部本部的系统覆盖和集成工作。 (傅兰华)

## 资本运营

根据集团公司管理变革需要,2009年5月在原宝钢集团资产经营部基础上成立宝钢集团资本运营部。资本运营部成立后迅速建立了面向市场的资本运营新体系,主要负责宝钢集团资本运营及资金运作两项业务,包括集团公司战略投资及并购业务的整体策划与组织实施、上市融资方案的整体策划与组织实施、非战略股权投资的专业管理、集团总部资金运作及境外资金运作等。在高质高效完成集团公司战略投资项目的同时,按照集团公司关于培育"规划、运营、评价"核心能力的要求,资本运营部在做好资金保值增值的基础上，积极开拓内部投资银行和咨询业务，开展资产证券化等新业务，以市场手段盘活存量资产，提高资产运营效率。截至2009年年底，资本运营部共有员工21人。（陈丽颖）

**宁波钢铁重组项目** 在浙江省、杭钢和宝钢的共同努力下，3月1日，宝钢与杭钢签署股权转让协议，宝钢出资20.214亿元受让宁波钢铁56.15%股权，成为宁波钢铁控股股东。3月4日，宝钢完成出资和宁波钢铁股权过户手续，并正式接管宁波钢铁。随后，为进一步支持宁波钢铁的发展，宝钢、杭钢以及宁波市政府下属两家企业共同对宁波钢铁增资20亿元（其中宝钢同比增资11.23亿元）。宁波钢铁重组项目是宝钢集团继重组新疆八一钢铁、广东钢铁后的又一重大跨地区重组举措。这对宝钢做大做强宁波钢铁基地、推动华东地区钢铁工业发展、促进中国钢铁企业的整体竞争力，都具有重要意义。（陈丽颖）

**退出邯宝公司** 宝钢和邯钢于2007年9月共同出资120亿元组建邯宝公司，双方出资比例各为50%。2008年6月，由于河北省政府组建了河北钢铁集团，使得邯宝公司合资双方当初确定的战略合作的意向和基础发生变化，宝钢决定依据合资合同的约定退出邯宝公司。2009年3月18日，宝钢与邯钢正式签署《宝钢退出邯宝公司之股权退出协议》，宝钢以原始出资60亿元为对价退出邯宝合资。3月24日、4月16日邯钢遵循协议约定分两次各向宝钢支付30亿元，及时并足额完成全部60亿元人民币的对价支付。9月15日，邯宝公司完成股东变更的工商手续，宝钢顺利从邯宝公司退出。（陈丽颖）

**资产评估业务** 资本运营部主要负责资产评估机构的指定和资产评估报告的合规性审核。2009年资本运营部完成和正在审核中的资产评估报告共计50项，涉及账面净值13.12亿元，评估净值18.63亿元，增值5.51亿元，增值率41.90%。（陈丽颖）

**产权经纪业务** 2009年宝钢产权经纪部共完成11宗交易项目，其中7宗挂牌，3宗摘牌，1宗为协议转让（未挂牌，直接进场交易），交易金额总计为7.95亿元。其中，“上海庆安置业有限公司70%股权及全部债权”和“普陀宝钢朱家尖培训中心整体产权”为竞价项目。（陈丽颖）

**资金运作业务** 年内，不计入所持宝钢股份和长期战略股权，集团公司资金运作规模135.86亿元，市值142.81亿元。其中股票类资产规模91.24亿元，债券类资产规模44.62亿元；累计实现收益24.84亿元（含指令子公司减持收益3.53亿元）。（陈丽颖）

**作为烟台港第二大股东参与股份制改制** 2008年10月28日，宝钢、中海发展公司、烟台港三方签署《战略合作意向书》，约定宝钢、中海发展公司共同参与烟台港股份制改制。2009年12月21日，宝钢集团公司及宝钢资源共同出资10.2亿元（其中集团公司出资7.65亿元），合计持有烟台港20%的股权。宝钢参与烟台港改制既可作为宝钢在环渤海湾港口的战略投资，也是在物流运输上为集团公司内企业增加通道。（陈丽颖）

**设计金属包装业上市方案** 根据宝钢新一轮发展战略和管控模式，资本运营部会同宝钢金属对其金属包装业务板块上市进行专题研究，认为宝钢金属包装业务板块上市是可行的，并会同中介机构完成《宝钢金属有限公司金属包装业务重组方案》，确定以上海宝钢印铁有限公司为上市运作平台，由宝钢金属对其增资，通过协议收购方式，以2008年经审计的净资产价格收购成都制罐等4家公司股权，实现对宝钢金属包装业务的重组整合。该重组方案得到集团公司批准，并顺利推进，是宝钢多元产业首家启动内部整合重组上市的项目，其成功与否具有示范效应。（陈丽颖）

**首次将债权资产证券化** 为盘活宝钢集团存量资产，提高资产运营效率，资本运营部依托华宝信托公司平台，选择浦钢公司出售罗泾项目资产形成的应收款为标的，开展类资产证券化创新业务。9月17日，罗泾项目应收账款资金信托正式成立，该信托对接交通银行发行的人民币理财产品，一期募集资金约人民币28.32亿元。同时，宝盈稳健组合投资资金信托成立，以固定收益投资品种为主要投资方向，预计项目配置完成后，整体收益率在6%以上。（陈丽颖）

**成功收购澳大利亚Aquila公司股权** Aquila Resources Ltd.（以下简称Aquila）是澳大利亚一家矿业资源性勘探和开发上市公司。从5月开始，宝钢及宝钢聘请的财务顾问、法务顾问与Aquila经过多次交流谈判，并进行了包括业务、法务和财务的调查，于8月27日达成最终的战略合作意向和购股协议，Aquila以每股6.50澳元的价格向宝钢增发不超过全部股本15%的股份，宝钢总计出资约2.86亿澳元。10月29日澳大利亚对外投资委员会（FIRB）正式批准宝钢可以收购Aquila股权19.99%的上限及一名董事的席位。11月13日，国家发展和改革委员会同意宝钢集团有限公司投资入股澳大利亚Aquila公司。11月20日，股权收购款汇入Aquila账户。此次收购是宝钢第一次收购海外上市公司股权，也是宝钢海外发展战略和宝钢国际化进程迈出的重要的一步。 （陈丽颖　李　钊）

## 审　计

宝钢集团审计部成立于2003年6月，根据集团公司管理变革后战略管控的定位，旨在强化“促进规范经营”的经营审计职能，完善“改善投资效果”的投资审计职能，增设重在“深入业务流程，提升管控效率”的管理审计职能。2009年5月，原审计部经营审计口、投资审计口、综合审计口改建为经营审计处、投资审计处和管理审计处。至2009年年底，审计部有员工22人，均为大专以上学历，其中中级以上职称16人，占72.73%；拥有注册会计师、注册内部审计师、造价工程师资格证书等9张。面对外部危机引发的市场波动和内部变革产生的调整压力，审计部围绕集团公司中心工作和经营管理重点，以战略管控、管理改进、成本改善为主线开展审计工作，加强内部审计职能建设，建立内部审计体系管控模式，打造三大审计服务共享机制，健全审计质量保证体系，发挥监督、评价和服务作用，全年共开展各类审计93项。 （纪　星）

**强化经营审计职能**　在集团公司管理变革前，关注降本增效热点领域和重点公司，通过对集团公司下属单位的采购审计、管理费用审计、协力费用审计，促进了相关条线体系建设和增收节支；管理变革后，围绕集团公司领导人员和组织架构调整，重点对领导人员的履职情况进行审计，通过对财务公司、宝钢发展、宝钢工程、华宝投资的经济责任审计，为组织部门界定干部经济责任、考评干部、完成干部任免程序等提供了支撑；同时在经济责任审计过程中，全面贯彻集团公司战略管控思想，在审计监督过程中积极提供增值服务。全年共完成经济责任审计4项、专项审计4项、产权变动净资产审计41项、后续审计1项，提出管理建议258条，按照股权比例增加集团公司转让收益、降低集团公司并购成本共8.62亿元；对于审计中发现的问题，由相关部门对需承担管理责任的7位管理人员进行了处理。 （纪　星）

**完善投资审计职能**　年内完成浦钢搬迁罗泾一步工程、梅钢一号、二号焦炉易地大修改造等11个项目的工程造价审计，核减金额累计8.29亿元；完成浦钢搬迁罗泾一步工程、宝钢股份本部冷轧薄板厂新增连续退火机组改造项目、梅钢公司新建研发综合大楼项目、宝钢金属公司成都宝钢制罐工程、特殊钢分公司高合金项目等22个项目的竣工财务决算审计，提出调整事项93项，管理建议310项，对项目单位建设制度、管理体系、项目审批、招投标管理、合同管理、签证管理、设备管理等投资全过程管理中存在的问题和风险进行分析和揭示；组织实施了宝钢金属汽车零部件3个项目的可研决策审计，提出问题及建议15条、审计观察与思考共9条。 （毕　强）

**增设管理审计职能**　聚焦集团公司战略管控关键领域的关键环节，重点甄别体系性、结构性、隐形导向问题，管理审计项目开始了有效的探索。开展了“宝钢股份产成品库存管理审计”，发现在库存管理体系中尚未形成有效的风险实物库存预警机制及明确的库存处置授权机制、缺乏与市场联动的库存标准研究、调整机制等共九大问题，并提出了针对性建议；开展了重在支撑管控决策的废弃物管理的专项审计，重在支撑数字化宝钢的集团公司会计一体化信息系统审计，提供管理增值咨询的基础管理诊断审计和宝钢股份公司能源管理审计等项目。从初步成果来看，起到了支撑集团公司管理改善的职能。 （唐　涛）

**建立集团公司内部审计体系管控模式**　审计部系统策划了集团公司内部审计体系的工作架构，确立“超越账簿、深入流程、支撑管控”的工作定位，在集团公司范围建立“二级设置、统一管理、共享资源”的审计体系管控方式，从审计计划管理、在审计项目管理、审计部门负责人任免管理、审计部门负责人绩效考核管理、审计人员配置管理、审计人员培训管理、外聘审计机构管理等方面对集团公司内部审计体系进行调整

和优化，初步建立起支撑战略管控的目标导向式的审计控制模式。（唐　涛）

**建立三大共享服务机制**　为保障新的审计控制模式有效支撑集团公司战略管控目标的实现，审计体系重点策划建立三大共享服务机制：一是旨在提升审计项目管理水平及信息共享的数字化审计（BAMS）平台机制；二是重在扩大审计成果应用及导向自我良性改进的“审计结果导向”机制；三是提供审计案例模板共享及关键风险监控提示的支撑服务机制。在此基础上，新增制度8个，修订制度4个，审计控制制度体系基本健全。新的审计体系已进入有效的运行阶段，初步达到“系统策划审计项目，统一调配审计资源，扩展完善审计职能，有效支撑战略管控”的目标。（唐　涛）

**探索数字化审计**　由审计信息管理子系统、计算机辅助审计子系统以及联网审计子系统构成的集团公司内部审计信息管理系统（BAMS）开发成功。该系统的全面建成，提升了审计人员在信息化条件下开展审计工作的能力，满足了一体化审计工作的日常管理需求，推进了审计项目标准化管理，提高了审计工作效率和质量。（唐　涛）

**建立审计“结果导向”机制**　为发挥审计引导功能，改革审计结果导向方法，通过集团公司文件形式明确告知各子公司一定时期战略管控阶段性关注的重点及即将开展的审计项目，但不明确具体的审计对象和审计时间，督促各子公司自我完善检查，审计部在后期根据具体情况适时选择审计对象开展审计，同时根据审计结果的问责及激励，建立战略管控导向。（唐　涛）

**建立审计体系支撑服务机制**　建立特约审计专员机制以及审计底稿专家评审机制，保障和提高审计诊断咨询的质量和效果。总结以往审计案例的经验和教训并加以提炼，提供审计共性案例模板服务，2009年完成投资管控风险模板编制并下发各子公司。提供关键风险提示服务，通过内部审计信息系统，根据关键风险点的控制因素和参数进行在线监控，出现风险警示后进行提示，必要时开展相应的审计项目，促进各单位加强风险管理。（唐　涛）

**建立审计项目后评价制度**　审计项目完成后，从审计项目的质量、成果、效率和执行内部审计规范四个方面总结审计项目工作。组织全体参审人员对审计方案制订、项目实施过程和项目成果进行客观评议，通过回顾做了些什么、如何做的、做得怎么样，来审视和检讨审计目标是否达到真实、合法、效益的要求，审计结果是否达到最佳效果，找出审计项目成败的原因，增强内部审计人员的责任感和质量意识，为后期的审计工作提出改进建议。（毕　强）

**建立审计信息来源及项目甄别机制**　成立“管理审计项目甄别小组”，建立管理审计的信息获取渠道，通过列席集团公司及有关子公司重要会议、在集团公司职能部门设立信息联络员等手段，依据战略管控决策的阶段性重点形成待选项目。甄别小组按照“关注战略管控的导向原则、关注对经营的影响排序原则、关注管理的体系性和结构性缺陷原则、关注内控关键风险环节原则”，对待选项目进行甄别，报集团公司决策后形成正式的专项审计项目。（唐　涛）

**实施管理者审计实务培训**　审计部联合人才开发院在宝钢C、D、E层级管理者任职资格培训中增加审计业务理论培训课程，并安排相应的审计实务培训、提交正式的审计报告。2009年共进行了3个C层级班、1个D层级班、1个E层级班的管理者审计实务培训。通过培训，增强了管理人员的审计意识，并使管理人员掌握基本的审计技能和实务，提高自我规范和持续改善管理行为的能力。（唐　涛）

**提升审计人员素质**　为培育能审计、会管理、懂技术的复合型审计队伍，审计部联合人力资源部进行审计系统人力资源调研，有针对性地实行提升审计人员素质的一系列措施，制定内审人员和内审负责人的任职标准，并对相关人员进行优化和调整。通过业务培训，具备上岗资格审计人员后续教育合格率达到100%。此外，让审计人员参加全国性和地方性的审计培训和业务交流活动，还提倡审计人员自觉学习新的专业知识，鼓励审计人员参加与生产经营相关的各类执业资格考试和学历、非学历教育，优化审计人员的知识结构，促进审计体系整体素质的提高。（毕　强）

# 2010
# YEARBOOK BAOSTEEL

# 宝钢股份


1 专　记 ZHUANJI
13 专　文 ZHUANWEN
33 大事记 DASHIJI
41 概　述 GAISHU
63 规划发展 GUIHUAFAZHAN
67 管理创新 GUANLICHUANGXIN
79 科　研 KEYAN
97 基建与技改 JIJIANYUJIGAI
109 环境经营 HUANJINGJINGYING
123 人力资源管理 RENLIZIYUANGUANLI
135 财务、资产与审计 CAIWUZICHANYUSHENJI
141 宝钢股份 BAOGANGGUFEN
217 八一钢铁 BAYIGANGTIE
233 广东钢铁 GUANGDONGGANGTIE
239 宁波钢铁 NINGBOGANGTIE
245 多元产业 DUOYUANCHANYE
305 海外公司 HAIWAIGONGSI
313 综合管理 ZONGHEGUANLI
325 党群工作 DANGQUNGONGZUO
353 企业文化 QIYEWENHUA
365 人物与表彰 RENWUYUBIAOZHANG
377 附　录 FULU
401 索　引 SUOYIN

# 宝钢股份

## 概 述

宝山钢铁股份有限公司(简称"宝钢股份")是宝钢集团下属控股子公司。2000年2月3日宝钢股份由宝钢集团独家发起创立,是年12月12日在上海上市交易。2005年,宝钢股份增发50亿股人民币普通股,用于收购宝钢集团下属梅山公司、一钢公司、五钢公司等钢铁主业及与钢铁主业相关的优质资产,增发收购后总股本为175.12亿股。至2009年年底,宝钢集团控股宝钢股份73.97%。

2009年,宝钢股份产铁2 147万吨,产钢2 386万吨,销售商品坯材2 282万吨,其中独有或领先产品968万吨。全年实现营业总收入1 485亿元,利润72.6亿元。在技术创新投入方面,全年研究与开发投入率1.75%,重点围绕高强冷轧用钢、管线钢、工程机械用钢、焊接结构用钢、超高合金石油管用钢、超纯中铬铁素体不锈钢等116个新产品牌号开展产品开发,实现新产品销售率19.8%。申请专利939项,专利授权659项。

宝钢股份把节能减排作为四项年度重点经营目标之一进行强化管理,通过广大员工的努力,全年耗能比年度计划值降低3%。年内,各钢铁生产单元全部通过ISO 14001环境管理体系审核认证,环保指标与2008年相比,污染物排放量综合减少17.46%。以节能减排专项审计为抓手开展能源环保管理自诊断,建立以"关键能效因子"和"能耗源"梯级管理为特征的能源效率管理网络,落实上海市和宝山区的环保三年行动计划,编制《迎世博环保行动方案》,迎接"低碳经济"时代的竞争挑战。

实施全方位成本"倒逼"管理,并以目标管理和项目化的方式将降本增效任务具体落实到基层。通过内部成本对标,加强目标成本控制;通过提高高炉喷煤比、优化配煤方案、优化烧结配矿结构等措施降低铁水成本。建立库存管理体系和制度,建立库存指标模型,形成库存风险预警机制,通过优化生产组织方式降低产品库存,以推进实施45天周转周期为抓手加快库存周转速度,并将实际周转周期控制在30天以内。推进全员设备维护,结合不同产线的产能负荷优化维护模式;加强对备件请购、领用计划的控制,开展利库、利旧工作及备件资源共享、备件国产化等工作,降低物料消耗。通过开展内部缺陷攻关改善各类质量指标,降低质量成本;通过节能技术推广等措施降低能源使用成本;提高副产资源回收利用率,减少对原材料的使用,进一步降低原材料成本;严格费用管理,降低期间费用。2009年,宝钢股份完成年度成本改善目标的135%。

围绕明确经营主体、压缩管理层级、精简管理机构和管理人员三个方面,推进管理变革,提高管理效率。在2008年试行品种部管理的基础上,组建了各产品事业部,明确了产品经营责任体系,提高了产品的市场响应速度;以"精简高效"为原则,实施管理机构纵向整合,撤销宝钢分公司建制,由宝钢股份公司直接管理原宝钢分公司各项业务,精简管理机构,压缩管理层级,简化管理流程,使业务管理重心下移,提升了管理者对现场和市场的响应速度;推进营销体系扁平化管理,撤销销售中心建制,由宝钢股份公司直接管理产品营销工作,从而提高了营销体系对市场的快速响应能力。

重视员工需求,各级领导深入班组,深入基层,调研情况,了解问题,与员工面对面交谈,心贴心沟通。加强员工诉求信息管理,建立解决问题的长效机制,下发《关于加强职工需求和关注信息管理的意见》,实施《宝钢管理者问卷》调查。利用宝钢股份公司内部论坛、热线、网站、调研平台等载体,及时收集员工关注的热点与难点,采取合理的途径予以反馈,落实解决。通过"员工健康保障计划",加强员工健身场所的拓展与规范管理,开展丰富多彩、小型多样的文体健康培训、比赛、讲座、沙龙等活动,促进员工综合素质提升。

强化各类人才队伍建设,提升实务能力。开展"管理人员主题实战演练"培训,支撑公司重点管理举措推进;以培养全流程工程师为抓手,设计"以产品为主线、以项目为载体、以双向进修为主要手段、以3年能力提升计划为抓手"的全流程工程师培养机制,培养复合型技术人才;配合集团公司的金苹果计划,选拔21名具有较强综合发展潜力的高层次技术人才，分别建立各领域核心小组和专职研发团队；深化操作维护人员培养，梳理规范操作维护人员等级工培训与鉴定工作，选拔915名操作维护人员参加技师、高级技师培训。

2009年，宝钢股份以全球金属行业排名第二获得美国《财富》杂志“全球最受尊敬企业”称号；位列福布斯2009年全球2 000强上市公司榜第263位；获得上海证券交易所“2009年度董事会奖”及“全国推行全面质量管理30周年优秀企业”称号等荣誉。（有关图表见144—146页） （艾 涛）

**企业负责人简介** 徐乐江，1959年2月生，山东新泰人，中共党员，教授级高工，宝钢股份董事长。

马国强，1963年11月生，河北人，中共党员，高级会计师，宝钢股份总经理。

刘国胜，1951年2月生，浙江定海人，中共党员，高级政工师，宝钢股份党委书记。

## 股东大会　董事会　监事会

**2008年年度股东大会** 4月28日，宝钢股份公司2008年年度股东大会在上海举行。股东大会审阅宝钢股份公司2008年度独立董事述职报告，审议通过如下议案：宝钢股份公司2008年度董事会报告；宝钢股份公司2008年度监事会报告；宝钢股份公司2008年年度报告（正文及摘要）；2008年董事、监事及高级管理人员年度薪酬情况报告；关于宝钢股份公司2008年度财务决算报告的议案；关于宝钢股份公司2008年度利润分配的预案；关于宝钢股份公司2009年度预算的议案；关于宝钢股份公司2009年关联交易的议案；关于续聘安永华明会计师事务所为宝钢股份公司2009年度独立会计师的议案；关于修订《公司章程》部分条款的议案；关于宝钢股份公司董事会换届选举的议案，选举徐乐江、何文波、马国强、伏中哲、戴志浩、吴耀文、贝克伟、曾璟璇、孙海鸣、谢祖墀为宝钢股份公司第四届董事会董事；关于宝钢股份公司监事会换届选举的提案，选举李黎、周桂泉、朱可炳为宝钢股份公司第四届监事会非职工代表监事；关于修订《公司章程》部分条款的临时提案。 （鄂 鸣）

**2009年第一次临时股东大会** 3月2日，宝钢股份公司2009年第一次临时股东大会在上海举行。股东大会审议通过关于发行中期票据和短期融资券的议案。 （鄂 鸣）

**第三届董事会第十六次会议（临时董事会）** 2月9—10日，宝钢股份公司以通讯表决的方式召开第三届董事会第十六次会议。参加表决的董事有徐乐江、欧阳英鹏、伏中哲、何文波、李海平、吴耀文、史美伦、贝克伟、曾璟璇、孙海鸣、谢祖墀。会议通过如下议案：关于发行中期票据和短期融资券的议案；关于召开宝山钢铁股份有限公司2009年第一次临时股东大会的议案。 （鄂 鸣）

**第三届董事会第十七次会议** 3月26—27日，宝钢股份公司召开第三届董事会第十七次会议。出席董事有徐乐江、伏中哲、何文波、李海平、吴耀文、史美伦、贝克伟、曾璟璇、孙海鸣、谢祖墀。会议听取了关于宝钢股份公司2008年度资产损失情况的报告。会议通过以下议案：2008年度总经理工作报告；关于2008年末提取各项资产减值准备的议案；宝山钢铁股份有限公司2008年年度报告（正文及摘要）；2008年度董事会报告；关于公司2008年度财务决算报告的议案；宝山钢铁股份有限公司《可持续发展报告》（2008）；关于《董事会对公司内部控制的自我评估报告》的议案；关于宝钢股份公司高级管理人员2008年度绩效评价结果及薪酬结算的议案；2008年董事、监事及高管人员年度薪酬情况报告；关于宝钢股份公司2008年度利润分配的预案；关于宝钢股份公司2008年度全面风险管理报告的议案；关于宝钢股份公司2008年度组织机构管理工作执行情况及2009年度工作方案的议案；关于调整不锈钢分公司和宁波宝新部分固定资产折旧年限的议案；关于宝钢股份公司2009年关联交易的议案；关于宝钢股份公司2009年度预算的议案；关于宝钢股份公司总经理2009年度绩效评价指标及目标（值）的议案；关于续聘安永华明会计师事务所为宝钢股份公司2009年度独立会计师的议案；关于修订《公司章程》分红等条款的议案；关于公司董事会换届选举的议案；关于召开宝钢股份公司2008年年度股东大会的议案。 （鄂 鸣）

**第三届董事会第十八次会议** 4月28日，宝钢股份公司召开第三届董事会第十八次会议。出席董事有徐乐江、欧阳英鹏、伏中哲、何文波、李海平、孙海鸣、谢祖墀。会议通过以下议案：关于宝钢股份公司2009年第一季度末提取各项资产减值准备的议案；宝山钢铁股份有限公司2009年第一季度报告；关于宝钢股份公司组织机构调整的议案。 （鄂 鸣）

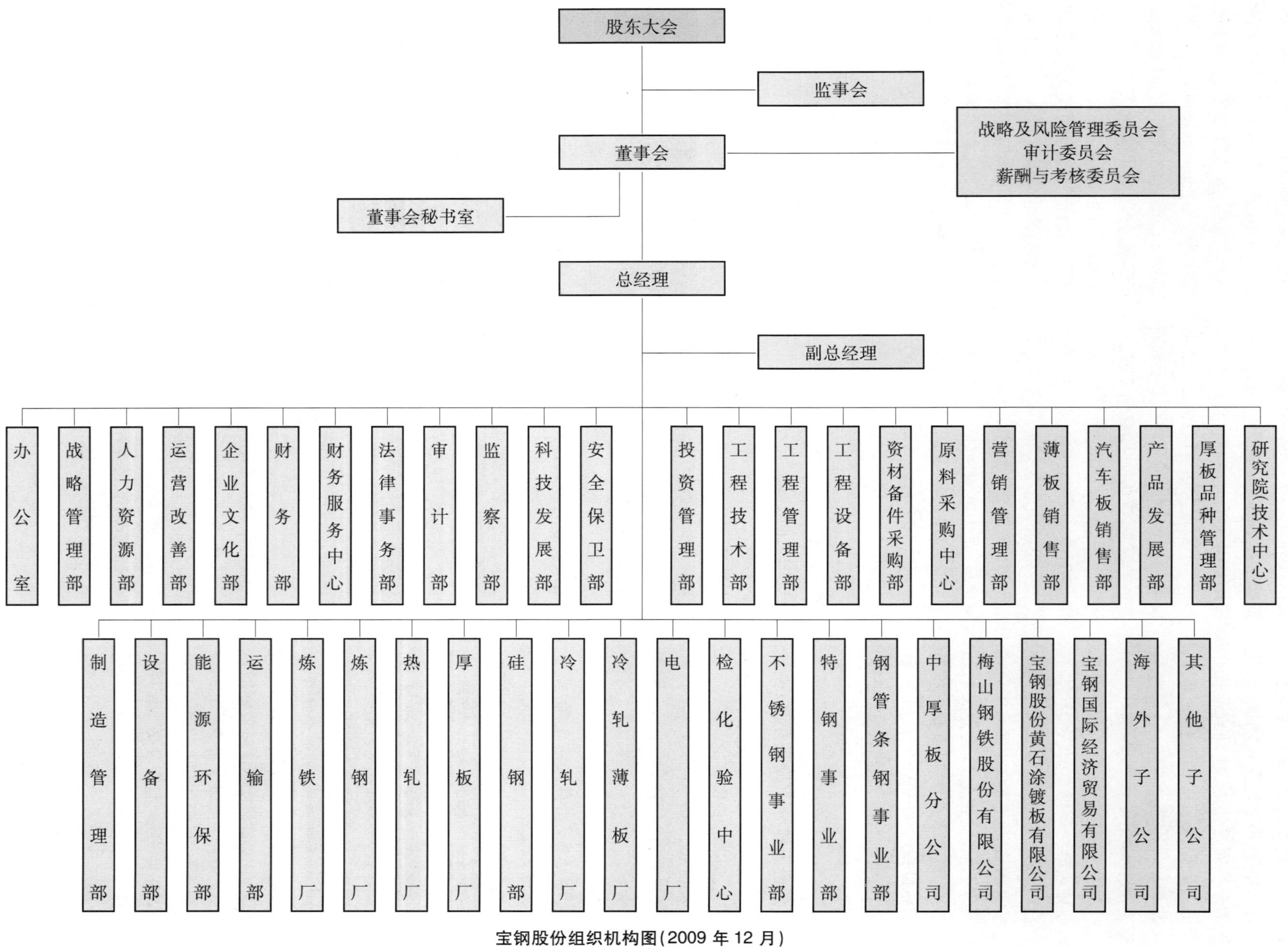

宝钢股份组织机构图(2009年12月)

## 宝钢股份部分子公司、合营子公司一览表(2009年12月)

| 企业名称 | 注册资本 | | 单位性质 | 备注 |
|---|---|---|---|---|
| | 金额(万元) | 货币单位 | | |
| 宝运企业有限公司 | 100 | 港币 | 钢铁延伸产业 | 海外公司 |
| 宝钢新加坡贸易有限公司 | 150 | 新加坡元 | 钢铁延伸产业 | 海外公司 |
| 宝钢美洲贸易有限公司 | 98 | 美元 | 钢铁延伸产业 | 海外公司 |
| 宝钢巴西贸易有限公司 | 98 | 美元 | 钢铁延伸产业 | 海外公司 |
| 宝和通商株式会社 | 87 600 | 日元 | 钢铁延伸产业 | 海外公司 |
| 宝钢欧洲贸易有限公司 | 205 | 欧元 | 钢铁延伸产业 | 海外公司 |
| 宝钢股份黄石涂镀板有限公司 | 800 | 美元 | 钢铁主业 | 控股39.37% |
| 上海五钢气体有限责任公司 | 12 772 | 人民币 | 相关多元化 | 委托特钢事业部管理 |
| 上海宝钢国际经济贸易有限公司 | 224 887 | 人民币 | 钢铁延伸产业 | 控股100% |
| 上海梅山钢铁股份有限公司 | 625 657 | 人民币 | 钢铁主业 | 控股74.01% |
| 宁波宝新不锈钢有限公司 | 284 838 | 人民币 | 钢铁主业 | 委托不锈钢事业部管理 |
| 烟台鲁宝钢管有限责任公司 | 10 000 | 人民币 | 钢铁主业 | 委托钢管条钢事业部管理 |
| 烟台宝钢钢管有限责任公司 | 200 000 | 人民币 | 钢铁主业 | 委托钢管条钢事业部管理 |
| 南通宝钢钢铁有限公司 | 62 053 | 人民币 | 钢铁主业 | 委托钢管条钢事业部管理 |
| 上海宝钢特殊金属材料有限公司 | 5 000 | 人民币 | 钢铁延伸产业 | 委托特钢事业部管理 |
| 宝银特种钢管有限公司 | 20 000 | 人民币 | 钢铁延伸产业 | 委托特钢事业部管理 |
| 上海宝信软件股份有限公司 | 26 224 | 人民币 | 相关多元化 | 控股55.5% |
| 宝钢集团财务有限责任公司 | 50 000 | 人民币 | 相关多元化 | 控股62.1% |
| 上海宝钢化工有限公司 | 211 004 | 人民币 | 相关多元化 | 控股100% |
| 宝华瑞矿山股份有限公司 | 3 780 | 美元 | | 宝钢股份持股50% |
| 宝金企业有限公司 | 330 | 港币 | | 宝钢股份持股50% |
| 宝钢新日铁汽车板有限公司 | 300 000 | 人民币 | | 宝钢股份持股50% |

## 2009年度宝钢股份合并利润表

单位：人民币元

| | 2009年度 | 2008年度 |
|---|---|---|
| 一、营业总收入 | 148 525 268 999.44 | 200 638 008 565.03 |
| 其中：营业收入 | 148 326 363 909.94 | 200 331 773 819.59 |
| 利息收入 | 196 906 237.65 | 296 748 673.20 |
| 手续费及佣金收入 | 1 998 851.85 | 9 486 072.24 |

（续表）

| | 2009 年度 | 2008 年度 |
|---|---|---|
| 二、营业总成本 | 142 117 550 906.22 | 193 014 426 451.59 |
| 其中：营业成本 | 134 332 458 305.02 | 175 893 827 316.50 |
| 利息支出 | 123 991 211.26 | 382 883 449.36 |
| 手续费及佣金支出 | 211 991.59 | 105 218.50 |
| 营业税金及附加 | 569 634 292.13 | 1 219 135 766.64 |
| 销售费用 | 1 458 740 948.42 | 1 852 519 620.01 |
| 管理费用 | 4 592 115 090.69 | 5 676 345 810.76 |
| 财务费用 | 1 675 503 461.87 | 2 095 741 117.57 |
| 资产减值损失/(转回) | (635 104 394.76) | 5 893 868 152.25 |
| 加：公允价值变动(损失)/收益 | (107 403 713.41) | 3 420 990.63 |
| 投资收益 | 953 451 861.75 | 677 165 950.60 |
| 其中：对联营企业和合营企业的投资收益 | 264 376 702.98 | 247 233 654.20 |
| 三、营业利润 | 7 253 766 241.56 | 8 304 169 054.67 |
| 加：营业外收入 | 495 599 260.18 | 472 477 453.45 |
| 减：营业外支出 | 454 810 105.87 | 622 280 870.69 |
| 其中：非流动资产处置净损失 | 342 022 037.90 | 323 906 661.47 |
| 四、利润总额 | 7 294 555 395.87 | 8 154 365 637.43 |
| 减：所得税费用 | 1 199 353 677.79 | 1 553 272 517.52 |
| 五、净利润 | 6 095 201 718.08 | 6 601 093 119.91 |
| 归属于母公司股东的净利润 | 5 816 227 393.10 | 6 459 207 460.21 |
| 其中：同一控制下企业合并被合并方合并前净亏损 | — | (390 190 885.33) |
| 除同一控制下企业合并被合并方合并前净亏损外的归属于母公司股东的净利润 | — | 6 849 398 345.54 |
| 少数股东损益 | 278 974 324.98 | 141 885 659.70 |
| 其中：同一控制下企业合并被合并方合并前净利润 | — | — |
| | 6 095 201 718.08 | 6 601 093 119.91 |
| 六、每股收益 | | |
| 基本每股收益 | 0.33 | 0.37 |

**第四届董事会第一次会议** 4月28日，宝钢股份公司召开第四届董事会第一次会议。出席董事有徐乐江、何文波、马国强、伏中哲、戴志浩、贝克伟、曾璟璇、孙海鸣、谢祖墀。会议通过以下议案：关于选举宝钢股份公司第四届董事会董事长、副董事长的议案，董事会选举徐乐江为宝钢股份公司第四届董事会董事长，选举何文波为宝钢股份公司第四届董事会副董事长；关于选举宝钢股份公司第四届董事会专门委员会成员的议案，董事会选举贝克伟、孙海鸣、曾璟璇、马国强为审计委员会委员，其中贝克伟为委员会主任；选举曾璟璇、谢祖墀、

吴耀文、贝克伟为薪酬与考核委员会委员,其中曾璟璇为委员会主任;选举徐乐江、何文波、马国强、伏中哲、戴志浩、吴耀文、谢祖墀为战略及风险管理委员会委员,其中徐乐江为委员会主任;徐乐江、何文波、马国强、伏中哲、戴志浩为董事会执行董事;关于聘任宝钢股份公司总经理的议案,董事会同意聘任马国强为宝钢股份公司总经理;关于聘任宝钢股份公司副总经理的议案,董事会同意聘任赵周礼、李永祥、诸骏生、蒋立诚、陈缨、楼定波、庞远林、周建峰为宝钢股份公司副总经理;关于聘任宝钢股份公司董事会秘书、证券事务代表的议案,董事会同意聘任陈缨为宝钢股份公司董事会秘书;聘任虞红为董事会证券事务代表。 (鄂 鸣)

**第四届董事会第二次会议** 8月28日,宝钢股份公司召开第四届董事会第二次会议。出席董事有徐乐江、何文波、马国强、伏中哲、戴志浩、吴耀文、贝克伟、曾璟璇、谢祖墀。会议听取了2009年上半年总经理工作报告、关于2009年上半年宝钢股份公司组织机构调整情况的报告、关于上市公司“公司治理及董事会运作”项目研究的报告。会议通过以下议案:关于宝钢股份公司2009年第二季度末提取各项资产减值准备的议案;2009年半年度报告(全文及摘要);关于修订《公司高级管理人员绩效评价管理办法》及调整2009年度总经理绩效评价指标及目标(值)的议案。 (鄂 鸣)

**第四届董事会第三次会议** 10月29日,宝钢股份公司召开第四届董事会第三次会议。出席董事有徐乐江、何文波、马国强、伏中哲、戴志浩、吴耀文、贝克伟、孙海鸣。会议通过以下议案:关于宝钢股份公司2009年第三季度末提取各项资产减值准备的议案;2009年第三季度报告(全文);关于调整固定资产投资项目审批权限的议案;关于为全资子公司供货事项提供履约保函的授权等事项的议案。 (鄂 鸣)

**第三届监事会第十四次会议** 3月27日,宝钢股份公司召开第三届监事会第十四次会议。出席监事有李黎、周桂泉、刘安、韩国钧、彭俊湘。会议听取了2008年度内部控制及风险管理检查监督工作报告。会议审议通过以下提案:关于宝钢股份公司监事会换届选举的提案;监事会报告;关于审议董事会“关于宝钢股份公司2008年年末提取各项资产减值准备的议案”的提案;关于审议董事会“2008年年度报告(正文及摘要)”的提案;关于审议董事会“关于宝钢股份公司2008年度财务决算报告的议案”的提案;关于审议董事会“宝山钢铁股份有限公司《可持续发展报告》(2008)”的提案;关于审议董事会“关于《董事会对公司内部控制的自我评估报告》的议案”的提案;关于审议董事会“关于2008年利润分配的议案”的提案;关于审议董事会“关于调整不锈钢分公司和宁波宝新部分固定资产折旧年限的议案”的提案;关于审议董事会“关于宝钢股份公司2009年关联交易的议案”的提案;关于审议董事会“关于公司2009年度预算的议案”的提案;关于审议董事会“关于续聘安永华明会计师事务所为宝钢股份公司2009年度独立会计师的议案”的提案;关于审议董事会“2008年度董事会报告”的提案。 (鄂 鸣)

**第三届监事会第十五次会议** 4月28日,宝钢股份公司召开第三届监事会第十五次会议。出席监事有周桂泉、韩国钧、彭俊湘(电话参会)。会议审议通过以下提案:关于审议董事会“关于宝钢股份公司2009年第一季度末提取各项资产减值准备的议案”的提案;关于审议董事会“宝山钢铁股份有限公司2009年第一季度报告”的提案。 (鄂 鸣)

**第四届监事会第一次会议** 4月28日,宝钢股份公司召开第四届监事会第一次会议。出席监事有周桂泉、韩国钧、彭俊湘(电话参会)。会议审议通过以下提案:关于选举宝钢股份公司第四届监事会主席的提案,监事会选举李黎为宝钢股份公司第四届监事会主席。 (鄂 鸣)

**第四届监事会第二次会议** 8月28日,宝钢股份公司召开第四届监事会第二次会议。出席监事有李黎、周桂泉、韩国钧。会议审议通过以下提案:关于审议董事会“关于宝钢股份公司2009年第二季度末提取各项资产减值准备的议案”的提案、关于审议董事会“2009年半年度报告(全文及摘要)”的提案、关于审议董事会“关于修订《公司高级管理人员绩效评价管理办法》及调整2009年度总经理绩效评价指标及目标(值)的议案”的提案。 (鄂 鸣)

**第四届监事会第三次会议** 10月29日,宝钢股份公司召开第四届监事会第三次会议。出席监事有李黎、周桂泉、韩国钧、张丕军、朱可炳。会议审议通过以下提案:关于审议董事会“关于宝钢股份公司2009年第三季度末提取各项资产减值准备的议案”的提案;关于审议董

事会“2009 年第三季度报告”的提案。（鄂　鸣）

## 规划与发展

2007—2009 年是《宝山钢铁股份有限公司发展规划 2007—2012 年》实施的前 3 年，期间宏观经济与钢铁市场经历了由周期性巅峰到世界金融危机冲击下直落谷底再初步回升的大幅波动。这一期间的前半期，宝钢股份公司按既定规划要求，着力推进规模发展、技术创新、体系能力和循环经济四大战略重点，并通过制定和实施年度的战略图和平衡计分卡及重点工作，推进战略型绩效管理，推进战略规划与年度预算计划的对接，确保战略举措和资源的落实，促进宝钢股份公司能力的发展及其向当年经营成果的转化。这一期间的后半期，宝钢股份公司全力应对危机，聚焦“产品经营、成本改善、管理变革”三大主题，建立市场倒逼机制，尽管在盈利和规模等方面规划指标的完成情况受到严重影响，但仍在 2009 年创造了领先全国钢铁行业、在全球钢铁业处于优异水平的经营业绩，发展能力和经营能力在逆境中得到提升。

**2007—2009 年宝钢股份公司规划主要绩效指标完成情况表**

| 序号 | 指标名称 | 单位 | 2007 年 | | 2008 年 | | 2009 年 | |
|---|---|---|---|---|---|---|---|---|
| | | | 目标 | 实际 | 目标 | 实际 | 目标 | 实际 |
| 1 | 商品坯材产量 | 万吨 | 2 347 | 2 300.8 | 2 526 | 2 357.8 | 2 653 | 2 286.5 |
| 2 | 销售收入 | 亿元 | 1 646 | 1 915.6 | 1 668 | 2 008.5 | 1 938 | 1 485.3 |
| 3 | 吨坯材销售收入 | 元/吨 | 5 319 | 5 680 | 4 956 | 6 240 | 5 710 | 5 641 |
| 4 | 利润总额<br>息税折旧摊销前利润 | 亿元 | 175.6<br>320.4 | 193.1<br>338.98 | 166.1<br>336.7 | 86.75<br>263.32 | 211<br>386.1 | 72.95<br>222 |
| 5 | 净资产收益率(加权) | % | 14.1 | 15.2 | 13.1 | 7.27 | 14.8 | 6.27 |
| 6 | 人均利润<br>人均销售收入 | 万元 | 41<br>387 | 49.47<br>490.75 | 38<br>385 | 20.3<br>470 | 48<br>442 | 18.6<br>379 |
| 7 | 战略用户销售比例 | % | 17.6 | 22 | 20.2 | 26.3 | 22.7 | 30.5 |
| 8 | 用户满意度(碳钢) | 分 | 90 | 92.2 | 90 | 92.6 | 89 | 92.5 |
| 9 | 营运周期 | 天 | 59.4 | 57 | 56.4 | 65 | 55.7 | 31 |
| 10 | 战略资源锁定比例 | % | 60 | 83.7 | 65 | 91 | 70 | 95 |
| 11 | 百元销售物化成本 | % | 51 | 40.8 | 49 | 62 | 49 | 53 |
| 12 | 固废返生产利用率 | % | 22.5 | 22.7 | 22.8 | 23.47 | 23 | 25.4 |
| 13 | 钢铁主业发明专利 | 件 | 245 | 285 | 288 | 305 | 333 | 317 |
| 14 | 重大专有技术 | 件 | | | 1 | 1 | 1 | 1 |

注：① 中厚板分公司从 2008 年 4 月 1 日正式并入后纳入上表指标实绩统计范围，有关收入、盈利等指标依据宝钢股份 2008 年年报所示备考口径。② 商品坯材产量为统计口径，包括宝日汽车板公司；吨坯材销售收入为会计口径，不包括宝日汽车板公司。③ 第 12 项指标原为固废综合利用效益，因统计原因调整为固废返生产利用率。

（朱立平）

**规模与产品发展**　2009 年宝钢股份公司粗钢产量达到 2 385.62 万吨，比本轮规划前的 2006 年增长9.7%；汽车板、硅钢、船板、能源用钢管、管线钢、不锈钢、特种合金等七大核心战略产品 2009 年销量973.47 万吨，比 2006 年增长 58.8%，其中汽车板 406 万吨，硅钢 118 万吨，分别比 2006 年增长 56.9% 和 29.7%，取向硅钢由上年的 2 万吨增至 9 万吨，成为宝钢股份公司毛利率最高的产品。

2007—2009 年国内独有领先产品销量及占商品坯材销量情况见下表：

**2007—2009 年国内独有领先产品销量表**

| 产　　品 | 2007 年 | 2008 年 | 2009 年 |
|---|---|---|---|
| 商品坯材销量(万吨) | 2 288 | 2 312.2 | 2 268.2 |
| 国内独有领先产品销量(万吨) | 738.87 | 848.38 | 968.25 |
| 国内独有领先产品销量占商品坯材产量比例% | 32.3 | 36.7 | 42.7 |
| 国内独有产品销量(万吨) | 87.95 | 124.18 | 190.81 |
| 国内独有产品销量占商品坯材产量比例% | 3.8 | 5.4 | 8.4 |

（朱立平）

**一批重大项目相继建成**　2007—2009 年规划期内，继原宝钢分公司三热轧工程、五冷轧工程、宽厚板轧机二期完善工程等重大项目投产后，2009 年在严格控制新开工项目数量和投资规模的前提下，宝钢股份公司仍有一批重大项目相继建成。其中，梅钢公司 1422 热轧品种结构调整工程系宝钢首次采用开放式自主集成创新模式建设的大型薄板冷连轧项目;2030 冷轧新增连退机组工程形成年产 86 万吨的高档汽车板和家电板轧后处理能力，对宝钢二期冷轧产线的产品升级换代具有重要意义。另外，规划期内宝钢股份公司收购浦钢罗泾项目相关资产后，在年内又建成自主集成的 COREX 炉煤压块工程。（朱立平）

**供应链规划主要绩效指标完成情况**　2007—2009 年供应链规划主要绩效指标完成情况见下表:

**2007—2009 年供应链规划主要绩效指标完成情况表**

| 指标体系 | | | | 2007 年目标 | 2007 年实绩 | 2008 年目标 | 2008 年实绩 | 2009 年目标 | 2009 年实绩 |
|---|---|---|---|---|---|---|---|---|---|
| 供应链协同收益 | 营运周期 | | 天 | 59.4 | 57 | 56.4 | 65 | 55.7 | 31 |
| | 销售毛利率(钢铁产品) | | % | 19.6 | 16.91 | 18.6 | 12.45 | 18.8 | 9.69 |
| 产业链影响力指标 | 主要产品市场占有率 | 冷轧汽车板 | % | 52.4 | 50.3 | 51 | 50.4 | 52 | 50.1 |
| | | 电工钢 | | 15.3 | 15.1 | 16.6 | 15.7 | 17.2 | 21.1 |
| | | 管线钢 | | 24 | 35.1 | 26 | 31.4 | 27 | 33.4 |
| | | 船板 | | 20.1 | 8.1 | 25 | 6.4 | 24 | 7.8 |
| | | 油井管 | | 20.6 | 20.9 | 23.9 | 20.6 | 25.1 | 20.2 |
| 供应链响应能力指标 | 交货周期 | 不锈钢 | 天 | 25 | 24.5 | 24 | 22.2 | 23 | 19.3 |
| | | 特钢(结构长材) | | 30 | 23 | 28 | 29.3 | 28 | 30.7 |
| | | 碳钢热轧直发 | | 18.3 | 14.6 | 16.8 | 14.0 | 15.7 | 14.5 |
| 供应链成本指标 | 百元销售物化成本 | | 元 | 51 | 40.8 | 49 | 62 | 49 | 53 |
| | 存货周转天数 | | 天 | 83.2 | 80 | 83.2 | 97 | 83.3 | 82 |
| 供应链稳定性指标 | 战略用户销售比例 | | % | 17.6 | 23.1 | 20.2 | 26.3 | 22.7 | 30.5 |
| | 战略资源锁定比例 | | % | 60 | 83.7 | 65 | 91 | 70 | 95 |
| 供应链综合服务能力指标 | 剪切配送能力(批复能力) | | 万吨 | 337 | 470.4 | 577 | 476 | 628 | 595 |
| | 按周交货实施率 | 热轧不锈钢 | % | 25 | 28.3 | 30 | 29.1 | 30 | / |
| | | 冷轧不锈钢 | | 20 | / | 20 | / | 25 | / |
| | | 碳钢 | | 35 | 37.2 | 37 | 24.9 | 41 | 8.5 |
| | 用户满意度 | 不锈钢 | % | 85 | 87 | 86 | 87.2 | 87 | 87.9 |
| | | 特钢 | | 80 | 81.3 | 82 | 83.3 | 83 | 80.2 |
| | | 碳钢 | | 90 | 92.2 | 90 | 92.6 | 90 | 92.5 |

（朱立平）

**加强供应链一体化管理** 2009年宝钢股份公司为应对危机，加强了供应链一体化管理。(1) 推进供销协同，建立销售与采购的定期交流机制和信息共享平台，统筹分析两大市场信息，实现采购与销售策略的协调一致。(2) 优化生产组织方式，全面建立覆盖供产销的库存管理体系和制度，研究建立了库存指标模型，形成库存风险预警机制。宝钢股份公司2009年存货周转天数82天，同比加快15天，有效保障了营运资金周转和经营风险控制。(3) 推行产销平衡经济运行模式，优化产销平衡流程，建立结合市场需求状况的铁钢动态产能调整机制；发挥一体化协同效应，建立基于效益优先的互供料管理模式。(4) 2007—2009年规划期内，宝钢股份公司初步形成SRM(供应商关系管理)、CRM(客户关系管理)系统框架，宝钢股份采购数据仓库、营销价值分析、存货管理系统一期项目完成结题验收，需求与销售计划系统实现了向中厚板产品的功能拓展。 (朱立平)

**加强战略资源的控制** 2009年继续加强战略资源的控制与采购供应的一体化，原料战略供应商采购比例达82%。推进跨体制的废钢采购一体化，由实业公司实施不锈钢事业部、特钢事业部废钢供应、回收、接卸业务，对钢水质量及成本控制发挥了积极作用。优化采购供应管理，优化配煤和配矿方案，加强铁水目标成本控制，重点提高炼焦、烧结瓶颈工序的产品质量和产能，铁水单位成本水平同比下降19.2%。

(朱立平)

**完善海内外营销网络** 继重点推进战略用户全程合同周期管理和特殊钢、不锈钢产品的客户代表派驻后，2009年宝钢股份公司在汽车板和重大工程用钢领域根据用户需求，尝试为用户提供产品整体解决方案。规划期内新增国内营销网点23个，并通过布局亚非中东等区域，进一步完善海外营销网络，基本覆盖各大洲。至2009年年底，经整合在国内已形成5家区域性贸易公司、3家专业性贸易公司、42个分销机构(分公司、办事处)、36家加工中心的钢材营销服务网络体系；海外区域已形成4家贸易公司，总共18个销售网点(包括区域总部、分公司或子公司、代表处)。2007—2009年规划期内批准新增剪切、落料、切割能力279万吨，激光拼焊能力1 210万片，到2009年底，累计获批准的剪切、落料、切割能力约595万吨，激光拼焊能力1 747万片。加工配送产品涉及宝钢薄板、厚板、不锈钢、特殊钢类系列产品，激光拼焊、落料、切割加工等加工手段得到快速发展。 (朱立平)

**技术创新指标完成情况** 2007—2009年，技术创新规划主要绩效指标完成情况见下表：

**2007—2009年技术创新规划主要绩效指标完成情况表**

| 序号 | 指标名称 | 单位 | 2007年目标 | 2007年实绩 | 2008年目标 | 2008年实绩 | 2009年目标 | 2009年实绩 |
|---|---|---|---|---|---|---|---|---|
| 1 | R&D投入率 | % | 1.0 | 1.05 | 1.1 | 1.15 | 1.1 | 1.75 |
| 2 | 科研项目经济 | 亿元 | 9.0 | 14.3 | 10 | 12.3 | 11 | 15.11 |
| 3 | 新产品销售率 | % | 18 | 20.3 | 18 | 18.9 | 19 | 19.8 |
| 4 | 专利申请 | 件 | 700 | 800 | 800 | 859 | 900 | 939 |
| 5 | 其中：发明 | % | 35 | 44 | 36 | 42 | 37 | 37.5 |
| 6 | 技术秘密 | 项 | 1 500 | 1 962 | 1 600 | 2 069 | 1 600 | 2 336 |
| 7 | 重大专有技术 | 项 | 0 | 0 | 1 | 1 | 1 | 1 |

(朱立平)

**取得一批技术创新成果** 2007—2009年宝钢股份公司围绕汽车、能源、轻工家电等战略用户，开发成功241个牌号新产品，新产品试制量609万吨；2009年独有新产品比例达到21%。尤其是在取向硅钢、超高强汽车板等精品发展上已具备批量生产世界顶级产品能力，标志着宝钢在钢铁产品制造领域已拥有有重大影响力的专有技术，实现了历史性的跨越。2009年高端取向硅钢比例达到50%以上，包括

B23R080在内的5个世界最高级别牌号的取向硅钢实现批量供货，填补了国内空白，在国内率先掌握了取向硅钢顶尖制造技术；宝钢股份公司超高强汽车板强度等级（150千克级）达到了世界顶级水平。此外前沿技术方面薄带连铸技术实现突破，工业化试验实现了整条机组线连铸连轧的全线贯通；并在烧结烟气脱硫、钢渣综合利用、低成本配煤配矿、高炉长寿等一系列绿色、低耗生产技术方面取得进展。2007—2009年规划期内自主集成的高强钢专用机组、梅钢冷轧工程等先后成功投运，标志着宝钢初步形成了核心技术的集成和转移能力，基本具备了自主集成建设和改造新一代现代化大型钢铁联合企业能力，并为宝钢股份公司节约项目投资116 229万元。2007—2009年宝钢股份公司共获得8个国家科学技术二等奖，其中发明奖2个，进步奖3个，工人奖2个，企业创新奖1个。（朱立平）

**初步形成技术创新体系** 2007—2009年规划期内初步形成了具有宝钢特色的研究开发、工程集成和持续改进三位一体、协同发展的技术创新体系，成为国家认定的创新型企业。逐步推进知识产权战略管理，初步形成知识产权防御体系和部分专项技术的"专利群"，实现知识产权管理由生产型向战略型转变。宝钢股份公司多渠道拓展外部资源利用能力，基本形成产学研战略合作布局。2009年宝钢股份公司开始实施培育具有国际影响力的技术领军人才和探索研发团队组织创新的"金苹果"计划，并对"金苹果"研发团队实施相应的中长期激励机制。（朱立平）

**循环经济规划指标完成情况** 2007—2009年循环经济规划主要绩效指标完成情况见下表：

**2007—2009年循环经济规划主要绩效指标完成情况表**

| 指标 | 单位 | 2007年目标 | 2007年实际完成 | 2008年目标 | 2008年实际完成 | 2009年目标 | 2009年实际完成 |
|---|---|---|---|---|---|---|---|
| 吨钢综合能耗 | kgce/t-s | 725 | 718.6 | 730 | 764.66 | 700 | 738.9 |
| 生产取水量 | $m^3$/t-s | 5.8 | 5.08 | 5.5 | 5.2 | 5.2 | 4.27 |
| 废水排放量 | t/t-s | 2.00 | 1.56 | 1.76 | 1.33 | 1.75 | 0.96 |
| COD排放量 | g/t-s | 111.4 | 78 | 82 | 45 | 84 | 31 |
| 石油类排放量 | g/t-s | 5.16 | 3.38 | 4.55 | 2.52 | 4.78 | 1.38 |
| 烟/粉尘排放量 | kg/t-s | 0.81 | 0.75 | 0.65 | 0.59 | 0.52 | 0.52 |
| 厂区大气降尘量 | t/$km^2$·月 | 15.3 | 13.9 | 13.6 | 12.83 | 12.8 | 12.21 |
| $SO_2$排放量 | kg/t-s | 1.82 | 1.58 | 1.88 | 1.43 | 1.38 | 1.11 |
| 固废返生产利用率 | % | 22.5 | 22.7 | 22.8 | 23.47 | 23 | 25.4 |

（朱立平）

**发展财务核算信息系统** 2009年将已建成并成功运用的产品盈利能力的财务核算信息系统延伸到宝钢国际等销售领域，并完成向不锈钢事业部、钢管事业部、梅钢公司的覆盖。各事业部、分（子）公司围绕产品盈利能力管理，推进相关制度、工作体系及信息系统建设，多维度开展产品盈利能力分析，为宝钢股份公司生产、营销、研发等提供决策支持。年内，通过提升产品质量、优化生产组织方式、降低铁水成本、降低能源使用成本、提高资源回收利用、降低检修和协力费用等多项措施，实现成本改善效益75.3亿元，其中销管费用同口径同比下降38%；以能源和质量为重点，推进成本专业管理，吨钢能源成本同比下降22.8%，维修费用同比下降27.6%，综合现货比率同比下降1.94个百分点；优化债务结构、降低融资成本效果明显。至2009年底主要生产制造单元已建成成本基础管控体系。（朱立平）

**建立内部控制体系** 2007—2009年，宝钢股份公司建立了符合国家规范和资本市场要求的内部控制体系。至2009年年末，在内控知识培训、体系建设、制度建设、自我评估、监督检查、评估报告等方面的工作已经达到规划的要求,宝钢股份公司成为上交所上市公司内部控制自我评估披露的样板公司之一。按照“3 年全覆盖”的原则,宝钢股份公司提前一年完成公司及下属单位经营活动的全面审计,并自 2009 年起开始新一轮的审计覆盖。年内,宝钢股份公司内部审计体系初步建立起以风险为导向、以控制为主线、以增值为目的、监督与服务并重的审计模式;拓展了信息系统、能源环保、薪酬管理等方面审计业务;经济责任审计关口前移,从离任审计拓展到任中审计,从事后审计走向事前审计,强化了过程监督和审计成果的闭环管理及应用。 (朱立平)

**健全法人治理结构** 宝钢股份公司着力健全法人治理结构及其运作机制。独立董事制度无论是制度上还是实践上都比较成熟。创新建立外部董事沟通会、董事高管交流会、审计委员会和内部审计及外部审计三方互动沟通会等沟通交流机制,建立执行董事制度,力求构建独立高效的董事会;通过董事会决议闭环管理,确保董事会决议事项的高效执行;第四届董事会通过设战略及风险管理委员会增加风险管理职能,并增加审计委员会接受财务报告舞弊或管理层越权方面的投诉和举报职能。 (朱立平)

**全面开展管理变革** 2009 年,管理创新重心由推进钢铁主业一体化协同提升至全面管理变革。宝钢股份公司组建了不锈钢、特钢、钢管三大事业部,明确了经营主体,推行经营责任清晰、损益目标明确、产供销研配套的产品事业部体制;合并了宝钢股份和宝钢分公司同类机构,由宝钢股份公司直接管理所属生产厂、部,提高运作效率;重组优化营销体系,促进产销和采购的协同,加强了供应链整体的运营管控;建立集中提供专业化服务的财务服务中心,提高同质化、标准化业务的集中管理效率。围绕组织变革,宝钢股份公司及时明确了总部集中策划,事业部与分(子)公司分区域策划、分层运作的管理模式。实施并完成 3 个事业部信息化支撑方案,推进一体化经营管理系统、电子商务系统、协同办公系统的覆盖工作,提升了规范管理、透明协同的能力,促进了管理变革的贯彻执行。强化全面风险管理体系能力建设,形成了以风险管理委员会为领导的风险管理和监督评价体系,建立了宝钢股份公司风险管理项目化运作机制和常态化风险管理推进机制,将风险控制要求全面渗透到市场、制造、成本改善等各业务环节。 (朱立平)

**优化人力资源配置** 宝钢股份公司围绕劳动效率提升,优化劳动组织、精简人员配置,2009 年实现人数负增长;推进协力管理一体化,2009 年生产协力费用同口径下降 23.7%;建立人力资源共享平台,按“地域相同、专业相关、岗位相近”的原则促进人员合理流动,盘活内部资源。宝钢股份公司组织专题实战演练,提升管理人员实务能力;开展首批 12 名全流程工程师培养工作,打造复合型技术人才;2009 年末宝钢股份公司操作维护队伍技师及以上职称占比达到 7.7%。 (朱立平)

## 战略管理

宝钢股份公司战略管理的职能由战略管理部(以下简称“战略部”)归口负责。战略部业务包括战略与规划管理和产品规划管理。至年底,战略部共有 11 人,其中具有高级技术职称者 4 人。

年内,战略部组织编制宝钢股份公司 2010—2015 年发展规划,并参与宝钢集团公司新一轮规划的编制工作(包括规划纲要、钢铁发展规划与职能业务规划),开展了多层次的宝钢股份公司竞争力分析,推进规划管理和策划产品发展。

(朱立平)

**推进战略规划与年度预算的衔接** 年初,战略部会同运改部、财务部、人力资源部等有关部门,根据宝钢股份公司领导指示,结合各专业部门意见,把反危机与战略规划的实施结合起来,组织制定以反危机为主要特征的宝钢股份公司 2009 年战略图、重点推进工作和重点指标,将其融入《年度经营纲要》,并由总经理班子会审定,突出了产品经营、成本改善和管理变革三大主线,推进了战略规划与年度预算计划的衔接。 (朱立平)

**编制新一轮发展规划** 年内,按计划开展《宝山钢铁股份有限公司发展规划 2010—2015 年》的编制工作。上半年结合对 2007—2012 年规划执行情况的梳理,形成《公司新一轮规划(2010—2015 年)思路与框架汇报——兼 2008 年公司规划实施情况总体评估》。宝钢股份公司进行组织结构调整后,战略管理部分析了组织变革后的各机构部门职责职能的变化,系统策划了新一轮规划编制的框架和责任体系,形成规划编制大纲。此外,各钢铁事业部与梅钢公司、宝钢国际作为战略经营单位分别编制了部门发展规划；宝钢化工与宝信公司作为集团公司相关多元产业的组成部分也分别编制了各自的发展规划。至年底已基本完成规划的集成，进入评审修改阶段。 （朱立平）

**提出战略纲要的核心战略思想** 新一轮规划的战略纲要在规划指导思想上强调在已有发展的基础上，坚持稳健经营、稳步发展的方针，走以内涵为主、可持续发展的道路。纲要的核心战略思想是：以科学发展观和环境经营理念为指导，以打造和提升核心竞争力为中心，以产品发展、技术创新、管理创新、体系能力和社会责任诸方面为战略重点，实施以为用户创造价值为导向，以精品制造和成本改善为基础，以领先对手的产品差异化和服务差异化为主要优势和手段的竞争战略，建立可持续的竞争优势，实现成为全球最具竞争力钢铁企业的战略目标。 （朱立平）

**组织编制新一轮钢铁产品规划** 年内，战略部组织开展宝钢股份公司2010—2015年钢铁产品规划编制工作。新一轮产品规划以市场需求为导向，根据各生产基地产品特点制定相应的产品发展战略，系统策划宝钢股份公司未来产品品种结构和产线分工，推进产品竞争力的提升。根据宝钢股份公司新的组织形式，由战略部编制产品规划总纲，并牵头各事业部、品种部等从市场需求、品种结构、产线分工、物流平衡等方面编制地块产品规划，最后由战略部统一整合，编制完成新一轮产品规划。 （朱立平）

**开展多层次竞争力分析** 年内，战略部组织开展多层次竞争力分析，深化竞争力评估管理。(1)进行宝钢股份公司竞争力评估模型、竞争力评价方法和指标体系的创新，组织编写“宝钢股份公司2008年竞争力评估报告”，系统分析宝钢股份的竞争优劣势，为宝钢股份提升竞争力提出思考和建议。(2)首次在宝钢股份公司各地块钢铁单元对大量基础数据进行了梳理，初步开展了包括产品结构、工序成本、资产效益的各地块钢铁单元竞争力分析，引导这些钢铁单元的竞争力提升。此外，战略部与外部咨询公司合作完成了宝钢股份公司软实力的研究课题，包括理论研究、框架和访谈、评估模型和指标的构建等工作。 （朱立平）

**产品发展的策划分析** 年内，战略部加强开展品种、产线分析工作，为宝钢股份公司优化产品结构、提升产品竞争力做好方案策划和决策参谋。主要有：完成宝钢股份公司新建热轧酸洗板产线的分析报告，并组织完成了产品大纲的编制；初步完成宝钢股份公司特厚板产品的市场分析、连铸项目的分析工作；完成梅钢公司新建热轧产线的产品大纲编制，为梅钢新建热轧产线的后续建设工作做好前期定位；参与精密钢管厂搬迁方案的制订工作，为钢管产品的整体发展提出建议等。此外，统筹策划并组织完成不锈钢、特殊钢地块不锈钢市场协同和资源互供、物流平衡协调工作，为宝钢股份公司不锈钢产品整体发展、发挥协同效应做好前期工作。 （朱立平）

**推进战略管理制度建设** 年内，根据管理变革编制《综合管理手册》的要求，战略部负责编制战略管理部分，明确了宝钢股份公司在新体制下的战略管理原则，即战略规划实行宝钢股份公司统一策划、统一组织下的适度分层管理，明确在规划的形成、执行、评估方面的战略管理分工，以及有关战略管理要求。 （朱立平）

## 采 购 管 理

**原料采购** 2009年，原料采购中心完成各类大宗原料采购供应6 730万吨，总额532亿元；完成远洋运输量3 834万吨，完成矿石煤炭等资源配送5 255万吨，装卸两港均吨滞期费比去年下降68.1%；实业公司废钢采购实现了安全稳定供应直属厂部53万炉无责任响爆的佳绩；全年未发生影响生产的供应事故。 （于想东）

**成本改善** 原料采购中心开展专项劳动竞赛，全面动员，全面“倒逼”，通过“全面推进策略采购”、“积极推进原料结构优化”、优化物流运作等多种措施，深挖内部潜力，2009年成本改善项目实现效益8.57亿元。 （于想东）

**策略采购** 探索策略采购新思路，加大策略采购力度，进而在策略采购中探索出一种可进可退的“渐进性”新策略，实践证明，这种“柔性”策略采购方式在维护改善供应商关系和创造效益两方面都取得了较好的效果。抓住国内外市场价格阶段性倒挂的有利时机，结合宝钢自身的生产形势，果断实施策略采购。紧跟市场波动节点，调整合金采购节奏。 （于想东）

**做好远洋运力平衡** 针对远洋市场的波动和运力运量匹配情况，采取精细化物流运作，制定解决方案和对策，确保远洋运力的船货平衡；通过加大与承运商的沟通和协商力度，双方共同努力减少产生的损失；原料采购中心与宝运公司组成虚拟工作团队，加强市场研判，利用宝钢股份航运操作平台进行策略运作，在保障原料供应的同时降低了成本。（于想东）

**优化原料结构** （1）在新煤种开发方面，先后开发新煤种 12 个，直接降低采购成本 9 007 万元。（2）在新矿种开发方面，开发新矿种实施替代，降低采购成本 760 万元。（3）在副料方面，开发白云石粉新品种，不但减少了烧结破碎系统的负荷，减少了破碎系统维护改造费用，而且由于外购白云石粉比直接采购块白破碎粒度控制更好，提高了烧结成矿率。（4）废钢方面，坚持提升成品类废钢的采购比例，边角余料、普通打包块、剪切料、破碎料等成品废钢的采购比例不断提升。（5）铁合金方面，经过产供研三方共同攻关，采用普通磷铁代替，实现降本 480 万元。（于想东）

**马迹山港实现吞吐量 5 080 万吨** 为确保马迹山港吞吐量资源，降低矿石中转成本，全年宝钢股份公司 97% 进口矿在马迹山港中转，并不断加大社会矿的揽货力度，全年社会矿揽货量占马迹山港全年吞吐量的 35% 左右，大大摊薄了宝钢股份进口矿的中转成本。2009 年马迹山港吞吐量实现 5 080 万吨，创历史新高。（于想东）

**提高梅钢中转矿江海直达运量** 为了最大限度地减少梅钢公司原燃料物流环节，提高物流效率，降低配送成本，原料采购中心充分利用矿石和煤炭集中配送的优势，优化梅钢公司原燃料配送模式，综合平衡梅钢公司原料码头能力、料场能力以及船舶运力，尽可能多地组织中转矿和沿海煤炭海江直达运输，减少了中转矿和煤炭的中转环节，节约了中转费用。2009 年通过提高梅钢公司中转矿江海直达量，共降低物流成本约 1 313 万元。（于想东）

**铁合金无库存管理** （1）推广直送料/JIT 模式，实现部分铁合金零库存管理，缩短了有色金属制品从生产到使用的周期，保证了质量的稳定，并逐步从直属厂部推广到不锈钢事业部、特钢事业部、中厚板分公司和梅钢公司。（2）推进供应商管理库存（VMI）模式，深化战略合作，实现与供应商合作双赢，缓解了宝钢铁合金仓储能力不够的压力。（3）探索寄售模式，提高了运输、检化验、仓储配送等环节的效率。通过以上措施，2009 年铁合金月均库存量较危机前的水平下降 50%。（于想东）

**采购与销售协同** 2009 年原料采购中心加强了与销售系统的协同和互动，产生了良好的“市场共鸣”。双方共同建立了从原料到钢材的市场信息数据平台，按周及时互通市场变化信息；建立市场分析协同团队，共同探讨市场研究思路和方法，建立钢材和原料市场月度分析报告制度，对及时把握原料采购节奏、实施策略采购以及预判钢材市场提供了支持。（于想东）

**利用网络平台采购** 2009 年推进采购电子商务平台上线使用，根据采购产品市场情况推进了铁合金、废钢和国内航运的网上询比价，询比价金额 34 亿元，其中 3 月起废钢采购采用全新的“网上询比价”模式，为国内首创。2009 年利用宝华招标平台，实施原燃料招标 6 000 余万元。（于想东）

**优化废钢供应链** 自 1 月 1 日起，实业公司正式接管不锈钢事业部、特钢事业部废钢供应、回收、接卸业务，按照宝钢股份直属厂部的废钢供应、回收、接卸管理体系，逐步梳理完善不锈钢事业部、特钢事业部废钢供应体系。实行统一质检管理，有效降低了混杂废钢入炉比例，对钢水质量及成本控制发挥了积极作用。为追求最低成本的生产组织方式，实业公司适时调整低负荷生产模式，强化了生产协力业务的精细化管理。（于想东）

**资材备件采购成本下降 10%** 2009 年，资材备件采购部完成采购实绩 96.79 亿元，采购成本比 2008 年平均下降 10.61%，下降金额近 10 亿元。年内，开展以“人人行动，降本增效”为主题的劳动竞赛活动，到年底实现了降本增效 3.5 亿元，其中合理化建议取得了 2 682 万元的经济效益。（穆春广）

**库存周转速度提高 2.8 天** 根据市场变化，进一步完善存货管理。年内，库存 3.15 亿元，为近年来最低点。周转天数从 2008 年的 19.8 天降低到 2009 年的 17 天。2009 年，首次将 1.28 亿元 3 年以上备件库存经各用户确认后，列入共享清单，以减值方式促进现场用户利库，减少采购。（穆春广）

**备件采购国产化** 年初，由资材备件采购部牵头进行资材备件的国产化工作，首先将工作目标锁定在进口轴承的国产化，以带动各类资材备件的国产化。2009 年累计完成国产化替代项目 2 917 项，实现经济效益 8 170 万元，完成国产化研制项目 34 项。 （穆春广）

**推出分类采购实施方案** 根据采购业务特点和市场的变化情况，经过较长时间的酝酿，年初推出分类采购策略方案。按不同的业务属性，制定不同的采购策略，使基础管理水平上了一个新的台阶。比如，在锌锭的策略采购方面，按照"三锁定"原则，实现避峰采购，取得了 697 万元的经济效益；在耐材采购方面，利用"战略分包"理论实现全面竞争基础上的系统承包，走出了一条"物品采购→功能采购→分区域系统承包"的优化之路，就此一项，每年可降低采购成本 6 220 万元。

（穆春广）

**产供研协同攻关** 年内，资材备件采购部对设备用油这个课题进行"产供研"三结合的攻关。该项目取得了良好的效果，仅设备油合并，取得的效益 3 816 万元，实现代码归并 238 个，减少供应商 16 家，同时大大降低了油品库存。同时，已运行多年的其他各产供研项目的推进，如包装产供研团队，备件与宝钢检修"铁链式团队"等，也都实现了预期的目标。 （穆春广）

**完善采购体系** 年初，资材备件采购部在对现状充分分析论证的基础上，形成了一个"完善方案"。在市场分析决策、供应链建设、内部体系能力建设等方面作了明显的优化。到 2009 年底，该"完善方案"所有内容已经得到落实，所有举措 100% 开始实施。如在优化供应商的评价、准入、反馈以及公开化方面、在统一宝钢供应商管理平台方面、在倡导以"阳光、伙伴、责任"为中心思想的供应链建设方面，都有了初步进展，取得了初步的效果。 （穆春广）

**营造良好经营环境** （1）全年的采购方案分层集体讨论后才予以确定；（2）加大第三方招标的力度（2009 年比 2008 年委托增加了 61 单 716 项，委托金额增加了 4.15 亿元，中标金额增加了 2.48 亿元）；（3）跟踪分析实施运作情况，随时进行检查纠偏；（4）加强采购活动信息化建设（2009 年共有 917 家供应商实现了采购执行的网上协同，订单协同比例达到了 97%）。通过以上举措，加强了业务操作的透明度，营造了"公开、公平、公正"的经营环境。 （穆春广）

**采购一体化** 年内在采购业务协同方面走出了新的一步，资材备件采购部发挥总部在市场研判、采购规模、进口渠道及业务管理等方面的优势，对八一钢铁、宁波钢铁、烟宝钢管、宝通钢铁等进行全方位的业务支撑支持，提升了异地子公司的采购业务能力。在管理延伸方面，为八一钢铁建立了采购体系的评估办法并实施了第一次评估，对评估后的改进方案进行了协同；支撑湛江钢铁项目前期工程准备工作，专门制定了详细方案。 （穆春广）

## 营 销 管 理

2009 年，宝钢股份公司营销管理机构重组为营销管理部、产品发展部、薄板销售部和汽车板销售部 4 个部门。

年内，销售碳钢产品 2 108.54 万吨，完成全年目标的 104.0%；碳钢出口 152.89 万吨，完成全年目标的 100.78%；碳钢独有及领先产品累计销售 926.55 万吨，完成全年目标的 119.2%；替代进口品种累计销售 278.94 万吨，完成全年目标的 141.7%。实现降本增效 2.89 亿元，完成调整效益目标的 160.7%；整体用户满意度 90.4 分，达到 90 分的年度目标。 （李 喆）

**产品结构优化** （1）汽车板销售以市场份额和效益优先级指导合同承接，进一步优化产品结构，提高深冲及高强钢产品销售比例，拓展产品盈利空间。以国内汽车整车厂为目标，带动其相关配套厂，通过持续完善认证流程，提高酸洗汽车用钢的供货能力，宝钢酸洗汽车用钢 2009 年销量达 49 万吨，较 2008 年增长 48%。（2）加大在直流变频压缩机行业的市场开拓力度，无取向电工钢在国内六大生产企业中实现 5 家批量稳定供应。（3）加大海外市场推广力度，突破只有宝翼制罐一家用户的局限，DI 材产品实现印度的 REXAM 和南非的 NAMPAK 两家用户批量订货。（4）与设计院保持长期沟通，宣传宝钢彩涂的品牌，优化彩涂产品结构，扩大宝钢彩涂独有及领先产品销售量。（5）加强与重点用户沟通，优先保证主要应用行业的需求，保持焊管用钢、焊丝用钢、家电外板、精密电子等产品的订货稳定和提高。（6）充分发挥产品质量与服务保障上的优势，推广热轧搪瓷钢，提高市场份额。 （李 喆）

**进口替代** 宝钢酸洗板通过了东风日产多个零件认证,2009 年订货量从 2008 年的不足 3 000 吨迅速攀升至 18 000 吨。抗拉强度 60 千克级的汽车用钢实现批量供货,销售量从 2008 年的 5 000 吨增加至 2009 年的 20 000 吨,80 千克级产品实现期货生产。高端平板电视用电镀锌前期多数为日本、韩国及中国台湾地区进口,通过对行业用户的积极开拓,借助产销研的协同合作,对用户前期使用过程中的问题进行分析及解决,宝钢股份平板电视用钢的销量扩大。2009 年平板电视用钢和液晶模组用钢销量达到 13.4 万吨,与 2008 年 5.9 万吨相比实现翻番。年内,通过积极走访 OA 行业用户,实现电镀锌产品进军高端 OA 市场,稳定向爱普生、柯尼卡-美能达打印机冲压厂批量供货。高牌号电工钢打破直流变频压缩机用钢一直受国外厂家控制局面,实现向上海日立、松下、广东美芝、沈阳华润等用户批量供货。通过积极推进国家电网认证,完成国网认证资质文件,宝钢高磁感取向硅钢顺利通过三峡工程大型变压器应用国产高磁感取向硅钢技术评审。 (李 喆)

**OA 行业用钢开发** 通过实施“国内推进与国外交流相结合,厂外产品认证与厂内质量改进相结合”的推进策略,针对 OA 行业复印机和打印机产品技术要求的差异性,稳步推进小批量订货,并加快厂内质量改进的速度,提高对 OA 行业的服务水平和能力。取得了佳能、理光及柯尼卡、美能达等复印机行业的代表用户。 (李 喆)

**热轧产品重点围绕“高强减薄”** 通过开拓专用车市场,利用高强减薄深度挖掘用户需求,差异化营销赢得市场。在年初经过对改装车行业进行市场调研后,选定了以中国重汽为突破口,通过技术营销,使用户体会到高强钢在降低采购成本、提高产品质量等方面带来的利益。利用前期的技术交流、赠送料等形式,中国重汽、柳州特种车辆厂、柳州乘龙等成为高强减薄产品的主要用户。

酸洗搪瓷钢开发针对下游用户受产品档次提升、质量要求(搪瓷性能、耐压性能)提高以及成本和环保等方面的压力所产生的用钢需求,采用较高强度的酸洗搪瓷钢进行替代。 (李 喆)

**拓展冰箱面侧板规格** 通过 BNA 机组 BLC－JD3 向“超薄、超宽”二极推广,实现所有冰箱外板规格全覆盖,提高宝钢冰箱板市场份额,行业占有率从 2008 年的 46% 提高到 2009 年 68%。 (李 喆)

**DI 材减薄** DI 材减薄取得突破性进展,宝翼制罐的 DI 材厚度已从 0.235 毫米成功减薄到 0.23 毫米,并且大批量使用。 (李 喆)

**家电用彩涂和镀铝锌产品开发** 针对家电行业降本增效、减薄厚度的普遍需求,加强与用户的技术交流,拓展家电用彩涂与镀铝锌产品极限规格,加快试验力度,并已实现批量供货。与用户加大协同攻关力度,克服技术瓶颈,开发高表面和高光泽要求家电彩涂产品。 (李 喆)

**系列冷轧搪瓷钢开发** 通过对搪瓷钢市场的调研,对烤炉、灶具等行业用钢要求差异化进行了调查。针对搪瓷钢市场需求的多样性,研制开发形成 DC01EK、DC04EK、BTC1〔DC06EK〕系列冷轧搪瓷钢,逐步推广到不同层次需求的搪瓷用户。 (李 喆)

**油桶、防盗门用钢开发** 针对油桶、防盗门行业的用料特点,推出油桶专用钢 SPCC－YT,防盗门门板专用钢 SPCC－MB,向两个行业重点推广。 (李 喆)

**梅钢公司冷轧产线正常试生产** 年内,根据梅钢公司冷轧产线特点,营销体系业务人员细分行业市场、梳理目标用户、明确适用领域,将普冷

待 运

产线的目标市场定位于薄、窄规格的普冷家电外板、精密电子用钢及薄规格药芯焊丝用钢;镀铝锌产品定位于厚规格电气柜用钢;镀锡产品定位于二线品牌的饮料、食品、喷雾罐市场。由于定位准确,又采用差异化的营销策略,梅钢公司冷轧系列产品很快得到用户认可,保证了冷轧系列机组的正常试生产。

(李 喆)

**提高高钢级生产能力** 年内通过技术移植和现场指导,梅钢公司和不锈钢事业部显著提高了高钢级的生产能力,抗市场风险能力明显改善,为宝钢股份直属厂部集中资源向西二线东段及陕三线和泰青威等国家重点工程供货提供了强有力的支撑。年内,还加大了不锈钢、梅钢产线新产品开发力度,新开发SAPH400 \ 440、QSTE420 \ 500TM、B420 \ 510L、B330 \ 380 \ 420CL、MDB350等独有领先产品,优化了不锈钢、梅钢产线的产品结构,提高宝钢股份热轧汽车用钢的整体供货能力,提升整体盈利能力。(李 喆)

**品种钢销量达5.5万吨** 通过对口交流,大幅改善不锈钢酸洗机组在生产、钢种开发、产品质量等能力上的制约。超过80%的压缩机用户使用不锈钢酸洗,使用情况良好;汽车用户的使用量也逐渐增加,抗拉强度440MPA级的产品已实现批量供货,500MPA级产品完成小量试制。2009年不锈钢酸洗机组生产的品种钢销量达5.5万吨,较2008年增加270%以上。(李 喆)

**经营动态管理** 为应对市场竞争,按照经济运行模式优化产销平衡流程。依据产品需求预测,以边际贡献为衡量点,建立结合市场需求状况的铁钢动态产能调整机制。通过对成本数据、价格信息的及时分析,动态跟踪大品种的成本、价格、边际贡献及毛利情况,形成月度大品种效益优先级排序表。以此为衡量基准,建立瓶颈工序能力和铁水大品种流向管理模式。(李 喆)

**一体化协同管理** 发挥一体化协同效应,建立基于效益优先的互供料管理模式。随着梅钢公司、不锈钢事业部冷轧、酸洗等机组相继投产,宝钢股份公司范围内的物流状况及品种结构发生较大变化,互供品种也根据市场及物流平衡需要进行大范围拓展。不同制造单元间互供料的工作重点从优化大品种之间的资源瓶颈矛盾、提高各制造单元的制造能力转变为以效益优先为原则,制订经济的互供料方案。(李 喆)

**重大工程供料** 2009年参与重大工程及其他工程类项目160余个,供料合同订货总量达106.4万吨,完成年度目标的363%,项目涉及桥梁、场馆、高层建筑和能源等多个领域。通过加强市场开拓和有效协调,在西气东输二线、世博工程、亚运工程、洋山深水港、舟山连岛、中石油、中石化原油储罐工程、核电工程、虹桥交通枢纽中心、深圳京基金融中心、泰州长江大桥、商务部援外及灾后重建等一系列建设项目的钢材供应方面取得了显著成效。除强化传统的热轧、厚板、彩涂等产品供料外,还拓展不锈钢、电工钢等产品的工程供料。召开重大工程季度会议和建筑用钢设计师研讨会,介绍宝钢从原材料供应、深化设计、钢结构加工制作的一揽子建筑供料解决方案,得到了与会部门的高度评价。相继与上海电气集团、宁煤集团签署战略合作协议。初步建立大客户管理模式,提升用户服务水平。最终确定的10家大客户经理涵盖了汽车、家电、石油、造船和机电行业,涉及冷轧、热轧、厚板、钢管、电工钢、线材、不锈钢和特殊钢等产品。

(李 喆)

**推广产业链一体化运作模式** 年内,重大工程供料通过推进“桥梁缆索产业链”和“钢结构产业链”的建设,变“产品竞争”为“产业链竞争”,为用户提供了全方位、一揽子供货解决方案。推广产业链一体化运作模式,充分体现和发挥了宝钢的综合竞争优势。(李 喆)

**物流动态管理** (1)成立物流质量推进小组,分析当前物流环节中发生的质量问题,查找各环节中存在的质量隐患,通过明确职责、交接制度、物流操作的规范与标准、优化装车装船方案、降低加固成本、提高船资标准等工作,有效地提高了产成品物流质量管理水平。(2)通过对宝钢股份公司产成品出厂业务和用户需求的全面梳理分析,修订物流服务协议和评价标准,对服务交付、单据管理等环节的管理要求进行补充和细化,确保宝钢股份和用户需求全面传递给服务商,为服务商提升服务质量提供改进方向。通过加强过程跟踪,按照“现场作业检查+体系审核”的方式指导服务商开展工作,提高服务商的运行效率。(3)电子提货单新业务模式在直属厂部出厂发货业务环节全面推广,覆盖了直属厂部22家分厂、8家地区公司、23家物流服务商。采用电子提货

单新业务模式后，电子提货单平均打印周期从实施前平均1—2天缩短为1.5小时。（李　喆）

**行业用钢策划**　在家电行业重点开展电镀锌产品和焊管行业用钢的策划。其中，电镀锌产品提出宝钢在影视、OA及油箱等行业用钢方面的差距及未来应努力的方向；焊管用钢产品策划主要从行业发展方向、用钢需求特点等方面进行重点分析，深度挖掘用户的潜在需求。（李　喆）

**国内市场需求调研**　年内在机电行业首先完成热轧酸洗产品国内市场需求调研，在此基础上提出宝钢酸洗产品发展策略建议，论证新建一条酸洗商品材专业生产线的市场可行性及产线的产品定位，完成了国内热轧酸洗产品市场调研和发展策划报告。（李　喆）

**组建海外技术服务快速响应团队**　该团队共有52名成员，其服务内容包括用户使用技术、产品检测技术等。已办理美国1年有效签证团组（共4人），日韩3个月有效签证团组（共4人）；已派遣2个团组（韩日厚板用户技术服务、澳洲镀锡产品使用技术交流）。（李　喆）

**开展用户感知度调查**　在每季度进行的满意度调查基础上，专门对大客户组织了用户感知度调查，通过对重点用户采取面谈的方式，从质量、供货、服务、研发、价格等12个关键要素出发，深入了解用户在现阶段对宝钢产品和服务的感知以及和竞争对手的能力差距。同时通过CONJOINT（联合分析）方法，识别用户对关键要素的重要性排序，以此为制定下一步的行动方案提供决策依据。（李　喆）

**组建呼叫中心**　呼叫中心的成立，实现了服务受理、任务分发和过程监督。通过与一体化销售系统异议处理模块、客户信息共享平台的集成，将客户抱怨和需求向后台进行传递，并实时跟踪监督处理过程，从而使得客户抱怨、需求的传递、处理更加快捷、高效。（李　喆）

**编制绿色产品系列手册**　编制完成《工程机械用高强钢热连轧结构钢手册》、《镀铝锌产品手册》、《取向电工钢产品手册》等产品的手册，及涵盖电工钢、镀锡、彩涂、镀铝锌等产品简介、特性、用途、制造工艺、供货规格方面内容的PPT版宣传材料。（李　喆）

**信息化服务**　（1）11月2日，客户及营销信息共享平台正式投运，实现了包含碳钢、特殊钢、不锈钢客户信息的统一管理，形成了集客户基本信息管理、联系人信息管理、组织架构与关系管理、客户与宝钢的接触记录管理、客户信用记录管理、客户需求记录管理、客户交易记录为一体的360度客户视图，并在此基础上实现了客户需求和抱怨的闭环管理。（2）通过文档管理方式，实现宝钢营销体系内跨部门的营销知识的收集、共享，为营销业务提供支持与参考。“宝钢股份钢材进出口监测与分析系统”为钢材进出口情况的全面监测与分析、宝钢实施进口替代、开拓海外市场、跟踪竞争对手、规避贸易摩擦和引导贸易政策等提供了强有力的系统支持。（李　喆）

**海外营销管理**　在出口总量减少的情况下，持续优化产品结构，提高独有和领先产品的订货比例。并且加大对“非敏感、非发达”地区的开发力度，营销部门与海外公司一起于2009年新开发了拉丁美洲、非洲以及澳大利亚等“双非”市场，逐渐实现批量稳定供货。通过对宝钢海外公司业务结构进行调查与研究后，与相关部门提出了出口产品信用风险控制方式，并成立项目推进小组，引进中国出口信用保险公司业务模式，为宝钢出口海外业务打造了一个信用风险控制平台。（李　喆）

## 厚板品种管理

6月，厚板品种管理部纳入营销系统，党支部、工会隶属营销系统党委。至2009年年底，有员工44人，

年内，厚板品种管理部成功开发工程机械、水电、高层建筑、船舶、管线、能源等行业高技术含量的产品。随着厚板二期粗轧机投产后轧制厚度极限的提高，开发了厚度达到200毫米的正火钢产品及8毫米以下的普通40千克、50千克级结构钢，同时将高韧性调质钢的最大生产厚板极限规格由原来的100毫米拓宽至150毫米。

年内，核电安全壳用钢开发最大厚度104毫米的山东海阳及大连日立使用核电安全壳用钢。火电用钢完成88毫米厚度的13MnNiMoR锅炉汽包钢。

（杜松年　宋金玲）

**C－Mn钢替代含Nb钢**　利用双机架轧制的有利条件，充分发挥轧机优势，采用严格控轧工艺实现用C－Mn钢替代含Nb钢，从而改善板坯质量并降低合金成本。主要涉及的

钢种有 AH32/DH32、AH36/DH36、Q345、SM490、S355、Q345R 等。经小批量大生产试制后，厚度≤40 毫米以上牌号的钢板均已采用 C－Mn 钢来生产，内部质量损失有较明显下降，而且各项性能指标均满足标准要求，该系列钢种的一贯制工艺已固化。 （杜松年　宋金玲）

**低温控轧工艺替代正火工艺**　采用低温控轧工艺替代正火工艺来生产具有优良低温冲击韧性钢板（要求－40℃冲击功），涉及的牌号主要有 A709 Gr50F、Q345E、A633 GR. D 等钢种，原工艺设计时为确保低温韧性，基本都采用正火工艺生产，为降低生产成本，缩短合同生产周期，进行了成分及工艺等调整试验，如严格按设定的控轧工艺进行生产等。钢板的各项性能均可满足标准要求。 （杜松年　宋金玲）

**降低高强调质钢的合金成本**　采用高 Cr 成分替代 Mo 合金生产煤矿机械行业用低成本的 80 千克级厚规格调质钢，通过调整淬火、回火工艺来确保钢板性能满足标准要求，以进一步降低钢板的合金成本，提高市场竞争力。 （杜松年　宋金玲）

**高层建筑用钢**　宝钢生产的厚度≥60—85 毫米的 Q345GJC 系列钢板均以正火态交货，为确保最终产品的强度和韧性，采用 Cu、Ni、Nb、V 微合金成分体系生产，各项性能稳定，但产品盈利能力不强。2009 年调整了 Q345GJC 系列正火钢板的成分和工艺，即去除 Cu、Ni 贵重合金用量，适当增加 C、V 含量，并调整板坯加热温度，严格控轧工艺，批量生产了 60—80 毫米的 Q345GJC 钢板，产品综合性能优良，特别是冲击功有较大的富裕量，该项研究成果已经成功地推广至 Q370R、Q370R－SR，并实现低成本稳定批量生产。

（杜松年　宋金玲）

**高强度结构用钢**　Q460C 高强度结构用钢原采用正火工艺生产，由于该钢种强度要求高，因此生产时，不但贵重合金元素（Cu、Ni）含量高、生产成本高、生产周期长，而且屈服强度富裕量也不足，经常出现屈服强度偏低现象。为进一步降低生产成本，提高 Q460C 综合性能，采用 TMCP 工艺、利用廉价合金 Cr 替代贵重合金 Cu、Ni，并且省略 LF 精炼工序，主要用于煤矿机械行业，新工艺生产的钢板不但性能完全满足标准要求，而且焊接性能明显改善，并且大幅度降低了合金成本，缩短了制造周期。

（杜松年　宋金玲）

**SM570 钢板**　宝钢生产的 SM570 厚板主要用作工程机械外板，表面质量要求非常高，不允许存在缺陷，更不允许修磨。在原调质生产工艺下，该钢板表面容易产生丸粒压入、表面压痕等缺陷，造成该牌号质量损失大，钢板合同拖期严重。为解决这一生产和质量难题，调整了生产工艺，即采用“TMCP＋回火”工艺替代“离线淬火＋回火”的工艺，绕开产生表面缺陷的主要工序。按新工艺生产 SM570 钢板，不但表面质量得到根本性改善，各项性能满足标准要求，并且还大幅度缩短了交货周期，更重要的是利用核电用钢 SA738B 的 B、T 坯，优化 TMCP 及回火工艺，成功地生产出厚度≤40 毫米的 SM570 钢板，综合性能优良。（杜松年　宋金玲）

**消化调质船板**　为进行高强度调质船板的认证，留下了较多的厚板认证余坯，由于该系列钢种成分特殊，钢种还未完成认证，不能用来直接生产原钢种。为有效降低厚板“死库存”，结合当月期货合同情况，根据此批余坯炉次成分实绩，研究了回火特性，并通过调整轧制和热处理工艺，消化调质船板认证余坯。

（杜松年　宋金玲）

**海洋平台用齿条钢实现批量生产**　齿条钢产品生产流程长，而且涉及许多瓶颈工序，为此通过开展联合技术攻关，解决了生产过程中许多瓶颈问题，生产出中海油服海洋平台齿条用钢 1 600 吨，经跟踪用户使用情况正常，填补了国内空白。第四季度组织 A517Q 调质态海洋平台用齿条钢 127 毫米厂内调质热处理试验，性能结果满足中海油服要求。

（杜松年　宋金玲）

**TMCP 船板**　（1）EH40 TMCP 特厚船板实现大批量供货。上半年获得船级社证书后，通过与沪东中华、江南重工、现代重工技术交流，开始承接最大厚度 68 毫米的订货，规格覆盖国内用户需求。同时向现代重工进行送板、评定试验，完成 68 毫米厚度 EH40 在现代重工的焊接评定试验。（2）4.2 米产线 TMCP 船板实现批量供货。首批 TMCP 船板厚度包括 24 毫米、30 毫米、38 毫米、40 毫米共 4 个规格得到 STX（大连）、大宇造船海洋用户认可。（3）5 米产线 TMCP 薄规格拓展。为现代重工、常石造船两家用户开发薄规格 TMCP 船板。开发宽薄板船板，全面覆盖国内船板用户需求。

（杜松年　宋金玲）

**国内独家供应高强度钢** 年内,15万立方原油储罐用高强度钢保持国内独家供应。宝钢在国内首次整体供应的白沙湾4台15万立方原油储罐投入使用;分别中标中石油钦州4台15万立方原油储罐,生产过程基本顺利。中标大连新港4台15万立方原油储罐。

(杜松年 宋金玲)

**球罐用钢** 球罐用钢采用宝钢 -50℃610 MPa 的 B610CF - L2,在惠州炼化、天津百万吨乙烯、镇海炼化建造2 000立方米丙烯和乙烯球罐,工程建设过程顺利。惠州炼化已投用的丙烯球罐运行良好。

(杜松年 宋金玲)

**耐候钢板** 开发维蒙特工业(中国)有限公司使用的风力发电塔 ASTM A871 Gr.65 耐候钢板,厚度规格为19毫米—25.4毫米。开发A514GrF高强调质钢,厚度拓展至150毫米,主要用于巨型挖掘机悬臂和支撑结构。为满足深圳京基大厦工程需要,2月起开始开发和试制Q420GJC - Z25,厚度规格拓展至标准规定的最大厚度之上(标准规定厚度≤100毫米)130毫米。

(杜松年 宋金玲)

**管线钢** 管线钢规格方面的开发和试制,5米产线试制了11.9毫米厚度的X70管线钢板,30.4毫米厚度的X70 - W热煨弯管用钢和32毫米厚的X80 - W热煨弯管用钢。4.2米产线最薄的生产10.3毫米和11.1毫米的L450(X65)管线钢板,最厚的进行了特厚规格X56(38.1毫米厚度)、特厚X65(31毫米厚度)的试制和生产。

(杜松年 宋金玲)

**厚板营销** (1)扩大销售力度,大力发展新的常态用户。2009年进一步加大对常态订货用户的开发,取得了较好的成效。宝钢厚板常态用户数量由2008年56家增加至2009年95家,增长近60%。(2)细化目标市场,扩大细分市场的销售量。根据行业、产品的不同特点,对厚板销售目标市场进行专业化细分,厚板行业分为船舶用钢、能源用钢、结构用钢三大类。同时对每个大类市场再进行细分,共分了15个细分行业。(3)根据专业化市场细分,配置专家型的营销人才。充分发挥宝钢营销体系优势,利用宝钢的营销模式,专业化配置销售业务人员。(4)推进内外贸联动的销售模式,实现内外贸的联动销售。 (杜松年 宋金玲)

**船板认证** (1)5米产线EH40吨≤68毫米、AH32 - EH36 C - Mn系列、EQ70吨≤50毫米等三大系列上半年通过船级社认证。(2)5米产线FH40(TMCP)吨≤68毫米、EH36吨>80毫米 - 100毫米(N)、E吨>8毫米 - 130毫米、EH500(QT)吨≤50毫米等系列产品6月开始认证,相关材料已完成上报,等待船级社证书。(3)4.2米产线AH32 - EH36吨≤50毫米通过船级社认证。(4)5米产线开展API海洋平台试制及质量体系认证,试制API 2W GR.50 60毫米、2H GR.50 35毫米厚度产品,其性能满足标准要求,完成了API 2W、2Y和2H系列海洋结构用钢的徽标认证现场审核工作,等待API有关证书。

(杜松年 宋金玲)

## 人力资源管理

4月,宝钢股份公司对组织机构进行了优化调整,撤销宝钢分公司建制,由宝钢股份公司对宝钢分公司各项业务实行直接管理。宝钢股份人力资源部招聘配置、人才开发、薪酬福利及e-HR(人力资源信息化)运营支持业务块保留,并更名为招聘配置室、人才开发室、薪酬福利室及人事服务中心。设立评价任用室,主要负责授权范围内的管理人员及核心人员的管理。原宝钢分公司人力资源部协力管理组和各驻厂业务组调整为宝钢股份人力资源部下设机构,并更名为协力管理室、冶炼派驻室、轧钢派驻一室、轧钢派驻二室、条管派驻室及公辅派驻室。7月,钢管条钢事业部成立后,人力资源部对口电炉、条钢、钢管单元的业务及人员划转至钢管条钢事业部,条管派驻室撤销,原条管派驻室所辖设备部转由冶炼派驻室负责。

组织机构调整后,人力资源部的主要职责为:跟踪和分析国内外先进的人力资源管理技术、模式、发展动态,开展专题业务研究,制定人力资源发展战略,编制人力资源发展规划和年度计划,并组织推进落实;组织推进宝钢股份人力资源管理一体化工作,牵头开展人力资源信息化项目建设;宝钢股份总体定员(劳动效率)管理;宝钢股份人力资源的统一招聘及配置,组织实施政策性人员接收和安置;国内外智力引进工作管理;制定宝钢股份技术、技能人才政策及管理制度,负责核心技术人才的选拔、培养、评价管理,建立宝钢股份人才信息库;授权范围内的管理人员和高层次技术人员的管理;宝钢股份薪酬福利管理,制定宝钢股份工资、奖金分配制度方案及福利方案并组织实施,进行员工各类社会保险账户管理;员工劳动合同和劳动关系管理,审核并办理劳动合同签(续)订、解除、中止、终止手续,协调劳动争议;宝钢股份员工教育培训管理,制定人才培养和激励政策,编制年度教育培训计划并组织实施。 (马 尧)

**编制2010—2015年人力资源规划** 围绕"效率、能力、成本、体系",聚焦影响劳动生产率提升的深层次人力资源问题,结合现有产能及发展战略,在系统梳理宝钢股份内部各单位人力资源现状的基础上,形成2010—2015年人力资源规划。 (马 尧)

**人力资源管控** 针对突如其来的金融危机,及时出台并下发了"关于进一步加强人力资源管理工作的指导意见"、"关于深入挖掘人力资源潜力的通知"。经全年的积极贯彻落实,实现职能部门、协力及返聘等人员数量、协力供应商数量有效减少;加班费、培训费等费用明显下降、相关劳动纪律严格控制。2009年招聘316人,比2008年减少1 912人,常日班人员未增加。 (马 尧)

**提高劳动效率** 从源头抓起,通过严格控制进员、梳理定岗定编、基层组织机构优化、试行"操检合一"等方式推进劳动效率提升工作,员工总数实际减少788人(不含随业务划转至宝检的255人),完成年度目标的156%,实现宝钢股份公司增发收购后的首次负增长。完成职能业务部门定岗定编,整合部门全口径定员缩减30%;完成特钢效率诊断,建议减少定员400余个,减少作业区59个;与沙钢等同行全面对标,并开展内部盘点,明确2010—2015年各单位效率目标,并召开宝钢股份专题会议予以推进。 (马 尧)

**整合机构调整人员** 根据宝钢股份战略需要,完成总部职能业务部门组织机构调整相关人员整合工作,并以此为契机,从定员设置、人员选聘、人员分流等3个关键环节入手,精简优化人员配置,提升劳动效率。涉及上下业务合并部门人员精简1/3,精简岗位77个(其中C层级岗位14个),清退职能业务部门全部协力人员,共计114名。此外,突破薪酬、身份、层级障碍,完成不锈钢、特钢、钢管条钢事业部人员划转,组织全体划转人员与事业部签订劳动合同,实现了人事关系与工作关系的统一,并制定配套人力资源政策及薪酬福利执行模式。 (马 尧)

**调控薪酬分配机制** 为有效应对危机,根据集团公司《工资总额管理办法》的要求,围绕"紧贴市场、关注现场"的管理目标,明确各单元2009年工资总额与季度效益实绩挂钩的预算管理模式,缩短结算周期、提高管理精度,同时进一步强调了薪酬随效益能增能减的机制。对专项工作中有突出贡献的团队和个人,给予"市场开拓"和"成本改善"两方面的最佳实践团队(个人)专项激励,在宝钢股份范围内营造了良好的正向激励的氛围,鼓舞了员工的士气。 (马 尧)

**建立员工岗位工作累积制** 为适应钢铁企业的特点及宝钢股份战略发展的变化,引导员工安心于本岗位工作,潜心积累,在岗位空间有限的情况下,探索建立员工岗位工作累积制,通过多跑道、多层次的激励,使员工获得职业成长和价值认可;将宝钢股份发展所需要的员工能力素质,与员工个人成长所需要的能力提升有机结合,并以积分的形式体现。年内,员工岗位工作累积制框架方案已获通过,正在拟定试点实施方案。 (马 尧)

**后备人才队伍建设** 对总部C层级管理人员、首席师、首席操作维护岗位后备进行了动态调整,坚持高绩效、高潜质的原则,确保后备队伍的精干高效,强化了后备能进能出机制。共有65名C层级后备、42名首席师后备、94名首席操作维护后备退出(共计201名,占后备总数33%),各厂、部共推荐增补符合条件的C层级后备32名,首席后备11名,首席操作维护后备37名。调整后C层级后备288名、首席师后备90名、首席操作维护后备107名,后备人才队伍结构进一步优化。 (马 尧)

**首席师任期绩效评价** 按照首席师任期绩效管理要求,4月起组织开展宝钢股份在岗68名第三批首席师任期绩效评价。依据首席师定位及宝钢股份对首席师的有关要求,结合首席师在应对当前危机中的所作出的努力,此次评价重点以专业技术难题解决、业绩提升为主要导向、兼顾能力素质的评价原则,对68名首席师开展综合评价。同时,组织好绩效反馈和业绩谈话工作,对部分在能力素质方面存在不足的首席师,由宝钢股份分管领导开展提醒谈话和诫勉谈话,进一步完善了首席师绩效管理,增强了首席师的工作责任心。 (马 尧)

**管理人员主题实战演练** 为了进一步提高管理人员培养的针对性和有

效性,着力强化管理人员实务能力,系统策划并实施了管理人员主题实战演练。主题实战演练聚焦产品竞争力提升,深化了对现场力的理解与思考;挖掘潜力点,量化目标,注重实战成果应用;通过换位思考与交流协作,基层管理者与宝钢股份领导上下互动的良好氛围进一步形成。年内开展围绕汽车板产品质量和厚板工序成本改善的两期主题实战演练,取得良好效果。(马　尧)

**全流程工程师培养**　建立"以产品为主线、以项目为载体、以双向进修为主要手段、以3年能力提升计划为抓手"的全流程工程师培养机制,拓展技术人员知识结构和工作视野,构建产销研全流程技术人才培养平台。攻克产品质量"瓶颈"问题,提升核心产品市场竞争力,加快新产品的研发、生产速度,实现"精品+低成本"的产品制造,促进产销研技术人员更好地协同工作。年内已选拔了12名技术人员试点开展第一批全流程工程师培养。

(马　尧)

**开展主题研修活动**　围绕"精品制造"过程中的质量缺陷、技术瓶颈等突出问题,组织以首席师及其后备为主的专业团队开展针对性的TOP10主题研修活动。2009年拟定了10个研修主题,内容涉及碳钢、不锈钢、特殊钢等产品系列及配煤、冶炼、轧钢等生产技术,首席师直接参与项目策划,研修形式以主题讲座、小组讨论、专题交流、成果发布等为主。年内已分别组织实施了以"厚板探伤不合"等为主题的3期专题研修,21名首席师参加了研修。

(马　尧)

**跨单位轮岗锻炼**　年内持续实施跨单位轮岗锻炼工作,以"工作经历补缺、专业知识拓展、业务学习提升、管理技术支撑"等四个方面为重点,组织实施共1 036人次轮岗锻炼,进一步丰富了人才培养方式,扩充了员工的岗位知识,实现了不同单元间员工"相互理解、相互配合、相互信任、相互欣赏、知识拓展"的目的。同时,通过规范管理流程、细化责任体系、强化安全意识等措施,确保了外来实习培训平稳、有序、安全、无差错。(马　尧)

**新进员工培养**　根据新进员工"两年期五模块通用培养模式"的要求,策划、实施了2008年新进员工工作文化模块培训;完成了2007年新进员工进宝钢股份一年半、2008年新进员工试用期结束前的考核,强化了新进大学生的培养考核工作;结合宝钢股份需求及新进员工的培养要求,在原宝钢分公司有效实践的基础上,对新进员工的培养模式进行了优化,制定了2009年度新进员工培养总体方案并推进实施。

(马　尧)

**操作维护人员培养**　年内,进一步推进设备点检员的培训课程开发和无损检测技术培训资源整合和培训网络的建设工作;制定并出台《操作维护人员技能等级培训和鉴定工作管理办法》、《宝钢操作维护人员培训与考核工作指导手册》,对各单位操作维护人员等级工培训工作提供指导。以冷轧产品质量检验深度培训项目为试点,探索出一套与岗位深化培训有机结合、以工作团队为保障、以两个课堂为支撑、以内部师资和自编教材为主体的技能等级培训鉴定体系,实现"四个一",即一套培训教材、一支内部师资队伍、一支技能水平高超的质检队伍(9名技师、9名高级工)、一套培训鉴定体系。(马　尧)

**海外后备人才库建设**　年内,进一步完善了后备管理机制,确定"具备潜质、专业符合、意愿外派、语言达标"作为海外后备人才选拔标准,并形成了新一期的海外后备人才库。现有海外后备人才94名,平均年龄30.7岁,主要来自宝钢国际、不锈钢、特殊钢等12个单元,覆盖营销、采购、物流、财务等七大专业族群,掌握英、日、朝、阿等6国语言,小语种人才占比8.5%。同时,改变以往做法,对后备库实行显性化管理,充分了解本人及家属意愿;明确了海外派出人员必须从海外后备人才库中产生的选拔流程。(马　尧)

**改善协力成本**　根据成本改善工作总体要求,组织各单位与协力供应商通力合作,深入挖潜,通过实施业务回归、减少协力用工数、优化计价模式、调整生产工艺、压缩协力业务发生量等方式,全方位开展协力成本改善工作。2009年,全年累计协力费用同比下降5.52亿,降幅23.7%。(马　尧)

**协力业务回归**　应对危机,宝钢股份召开生产协力工作推进会,确定了2009年宝钢股份生产协力效率提高整体方案。直属厂部职能部门文书业务全部回归,清扫等辅助类业务累计减少44%;不锈钢事业部取消行车保洁及部分生产厂部辅助业务;特钢事业部现场生产保洁、电力设备巡检等业务全部回归;其他单元积极落实宝钢股份要求,按合同逐一梳理协力业务,重新核定协

力岗位,实施业务回归。2009 年,宝钢股份同口径减少协力人员 3 657 人,效率提升 12.5%。 (马 尧)

**完善协力业务风险防范体系** 根据宝钢股份重点风险要求,协力稳定风险被列为宝钢股份重点风险进行管理。生产协力业务以“不得发生任何风险事件”为底线,确定生产协力关键风险指标,建立预警机制,明确分层管理责任体系及应对预案,同时,以协力队伍稳定为出发点,完成生产协力合同业绩考核评价标准修订,将协力流动率、群体性事件等指标纳入考核范围,与协力费用直接挂钩。 (马 尧)

## 宝山钢铁股份有限公司负责人

(2009 年 12 月)

董事长: 徐乐江
副董事长: 何文波
董事: 马国强 伏中哲
戴志浩 吴耀文
贝克伟 曾璟璇
孙海鸣 谢祖墀
监事: 李 黎 周桂泉
韩国钧 张丕军
朱可炳
总经理: 马国强
副总经理: 赵周礼 李永祥
诸骏生 蒋立诚
陈 缨 楼定波
庞远林 周建峰
党委书记: 刘国胜
党委副书记: 欧阳英鹏
党委常委: 徐乐江 刘国胜
何文波 欧阳英鹏
赵 昆 马国强
刘占英 伏中哲
纪委书记: 刘占英
工会主席: 汪金德
董事会秘书: 陈 缨
总经理助理: 谢 蔚 王建跃
周世春 王利群
邹 宽 冯太国
储双杰 姚林龙
吉同祥

## 宝山钢铁股份有限公司总部各部室领导人员

(2009 年 12 月)

**董事会秘书室**
证券事务代表: 虞 红
**办公室**
主任: 王丙光
**战略管理部**
部长: 吴 军
**人力资源部**
部长: 王继明
**运营改善部**
部长: 王少杰
副部长: 陈 华
**财务部**
部长: 吴琨宗
**财务服务中心**
总经理: 陆怡梅
副总经理: 夏春红
**企业文化部**
部长: 斛丕明
**科技发展部**
部长: 林秀贞
副部长: 施胜洪
宝钢科协秘书长: 陆祖英
**法律事务部**
部长: 沈 雁
**审计部**
部长: 何梅芬
**监察部**
部长: 朱汉铭
副部长: 郑 荣
**安全保卫部**
部长: 李 文
副部长: 王庆生
**投资管理部**
部长: 林希琤
**工程管理部**
部长: 郭恒明
副部长: 华建新 彭 程
**工程技术部**
部长: 张朔共
副部长: 张鹤鸣 刁联武
**梅钢冷轧项目部**
部长: 陈守群(兼)
副部长: 戴竞舸
**厚板品种管理部**
总经理: 袁建光
副总经理: 倪志军
总经理助理: 张坚良
**研究院(技术中心)**
院长(主任): 张丕军
党委书记: 陆匠心
副院长(副主任): 陆匠心(兼)
龚 斌 朱丁业
院长助理: 张永杰 丁维军
江来珠
纪委书记: 韩 畴
工会主席: 韩 畴
**营销系统**
党委书记: 曹至能
纪委书记: 黄江宁
工会主席: 黄江宁
**原料采购中心**
总经理: 王利群(兼)
副总经理: 李建明
采购管理部总经理: 周 恩
原料一部总经理: 丁守虎
原料一部副总经理: 朱学滨
原料二部总经理: 张荣海
原料二部副总经理: 陈仁华
物流运行部总经理: 李建明(兼)
物流运行部副总经理: 李 辉
**营销管理部**
总经理: 周世春(兼)
**薄板销售部**
总经理: 张 勇

副总经理：沈伟平

**汽车板销售部**

总经理：马　苏

**产品发展部**

总经理：黄伟良

**工程设备部**

总经理：张克南

党委书记：徐建耀

副总经理：朱　超　吴明星

纪委书记：张雪华

工会主席：张雪华

**资材备件采购部**

总经理：张贤善

党委书记：郭建光

副总经理：张文钢　景乃平

总经理助理：朱　锦　李志霞

纪委书记：黄　幸

工会主席：黄　幸

**纪委**

书记：刘占英

副书记：周桂泉

**工会**

主席：汪金德

副主席：劳光熹　韩国钧

**党委办公室**

主任：傅新宇

副主任：徐同建

**组织部**

部长：郭　斌

副部长：陈英颖

**宣传部**

部长：陈　跃

**团委**

书记：贾怡芸

**机关党委**

书记：李　娟

## 中共宝山钢铁股份有限公司本部党委
（2009 年 12 月）

党委书记：诸骏生（兼）

党委副书记：陆　熔

纪委书记：陆　熔

纪委副书记：朱汉铭

工会主席：林　鞍

工会副主席：蔡志庆　李　娟

党委办公室主任：王丙光

党委组织部部长：王继明

党委宣传部部长：斛丕明

## 宝山钢铁股份有限公司直属厂部领导人员
（2009 年 12 月）

**炼铁厂**

厂长：朱仁良

党委书记：倪人杰

副厂长：刘绍良　张龙来

厂长助理：陈永明　敖爱国

高炉大修项目组经理：朱仁良（兼）

高炉大修项目组副经理：沈　康
　陆宏樑　俞　伟

纪委书记：李加福

工会主席：李加福

**炼钢厂**

厂长：郑贻裕

党委书记：朱建春

副厂长：孔祥宏　钟志敏

厂长助理：李存林　胡会军

连铸优化改造项目组经理：
　郑贻裕（兼）

连铸优化改造项目组副经理：
　陈　平

纪委书记：吴淑华

工会负责人：吴淑华

**热轧厂**

厂长：吴小弟

党委书记：张国华

副厂长：袁文清

厂长助理：黄夏兰　解　旗
　钟云峰

热轧产线系统改造项目组经理：
　吴小弟（兼）

热轧产线系统改造项目组副经理：
　谈似锋

纪委书记：郭小龙

工会负责人：郭小龙

**厚板厂**

厂长：胡玉良

党委书记：梅华阳

副厂长：唐文胜　赵月根

厂长助理：潘传信　许　超

宽厚板轧机项目组经理：
　胡玉良（兼）

宽厚板轧机项目组副经理：
　唐文胜（兼）　潘传信（兼）

纪委书记：李　伟

工会主席：李　伟

**冷轧厂**

厂长：姚林龙（兼）

党委书记：刘金喜

副厂长：包信方　吴　彬

厂长助理：邹美平　陶树贵
　彭　俊　宋建新

新建涂镀连退项目组经理：
　姚林龙（兼）

新建涂镀连退项目组副经理：
　邹玉贤　王　超

五冷轧项目组经理：姚林龙（兼）

五冷轧项目组副经理：宋建新（兼）

纪委书记：王贵友

工会负责人：王贵友

**硅钢部**

部长：储双杰（兼）

党委书记：卢锡江

副部长：卢锡江（兼）　刘献东
　郦　希　许茂忠

部长助理：臧毅民　陈卓雷

取向硅钢后续工程项目组经理：
　储双杰（兼）

取向硅钢后续工程项目组副经理：
　许茂忠（兼）

纪委书记：王彦伟

工会主席：王彦伟

**冷轧薄板厂**

厂长：陈云鹏

党委书记：李旭东

副厂长：杨建明　陈声鹤
　　　　高银波
厂长助理：蔡　峰　李贵宾
技改项目组经理：陈云鹏(兼)
技改项目组副经理：陈声鹤(兼)
纪委书记：卢超英
工会主席：卢超英

**电厂**

厂长：邢　跃
党委书记：林曙光
副厂长：汪颖新
厂长助理：赵林凤　戴松岩
电厂工程项目组经理：邢　跃(兼)
电厂工程项目组副经理：王爱国
纪委书记：何广寅
工会主席：何广寅

**制造管理部**

部长：冯太国(兼)
党委书记：窦保根
副部长：谢金兰　邱昱斌
纪委书记：鲍伟兴
工会负责人：鲍伟兴

**设备部**

部长：王建跃(兼)
党委书记：朱晓冬
副部长：魏成文　劳兆利
部长助理：孙　东　林善灿
　　　　程　平
纪委书记：张晓平
工会主席：张晓平

**能源环保部**

部长：邹　宽(兼)
党委书记：刘桂林
副部长：王　鼎　许德伟
　　　　钱　峰　戴　坚
部长助理：陈　刚　高　远
能源项目组副经理：钱　峰(兼)
纪委书记：朱振棣
工会主席：朱振棣

**运输部**

部长：吉同祥(兼)
党委书记：陈鸿庆
党委副书记：傅果毅
副部长：王健华　肖　苏
部长助理：蒋基洪　陆俊杰
滩涂圈围项目组经理：吉同祥(兼)
滩涂圈围项目组副经理：张清河
纪委书记：傅果毅
工会主席：傅果毅

## 宝山钢铁股份有限公司下属单位领导人员
## (2009 年 12 月)

**钢管条钢事业部**

总经理：蒋立诚(兼)
党委书记：王水通
副总经理：刘玉文　张红耀
　　　　王　宁
　　　　张卫兵　曾　杰
纪委书记：朱建祥
工会主席：朱建祥

**不锈钢事业部**

总经理：楼定波(兼)
党委书记：朱义明
副总经理：史国敏　何汝迎
　　　　潘世华　何宇城
　　　　江庆元
党委副书记：瞿慧珠
纪委书记：瞿慧珠
工会主席：瞿慧珠

**特钢事业部**

总经理：谢　蔚(兼)
党委书记：李世平
副总经理：王晓东　谢卫东
　　　　朱庆明　陆江帆
合金板带项目总经理：杨兴林
纪委书记：蔡正青
工会主席：蔡正青

**中厚板分公司**

总经理：胡学发
党委书记：朱　铧
副总经理：吴章维　张建国
　　　　陈国荣
纪委书记：庞宝林
工会主席：庞宝林

**上海梅山钢铁股份有限公司**

董事长：李永祥(兼)
总经理：刘代德
党委副书记：施　兵
副总经理：王小寅　蒋一丰
　　　　侯安贵　黄孔威
纪委书记：施　兵
工会主席：施　兵

**上海宝钢国际经济贸易有限公司**

执行董事：王　静
总经理：王　静
党委书记：钟永群
副总经理：周隆云　李　平(代理)
党委副书记：唐士杰
纪委书记：唐士杰
工会主席：杨爱平

**宝钢新日铁汽车板有限公司**

董事长：戴志浩
副董事长：内田耕造(日)
总经理：毛展宏
副总经理：细贝清司(日)
党委书记：罗志强
纪委书记：罗志强
工会主席：罗志强

**宁波宝新不锈钢有限公司**

董事长：楼定波(兼)
总经理：何汝迎(兼)
党委书记：华丁生
副总经理：片冈聪(日)　李　杰
纪委书记：华丁生
工会主席：华丁生

**南通宝钢钢铁有限公司**

董事长：刘玉文(兼)
总经理：姜　敏
党委书记：徐远洲
副总经理：李三民　景素东
总经理助理：蔡永江(兼)　刘卫东
纪委书记：徐远洲
工会主席：蔡永江

**烟台鲁宝钢管有限责任公司**

董事长：刘玉文(兼)

总经理：王旭午(兼)
党委书记：杜玉平
副总经理：商锦宁　夏克东
总经理助理：杜俊峰
烟宝项目副经理：商锦宁(兼)
鲁宝工贸有限责任公司总经理：
杜俊峰(兼)
纪委书记：杜玉平
工会主席：康健民

**烟台宝钢钢管有限责任公司**

董事长：刘玉文(兼)
总经理：王旭午(兼)
党委书记：杜玉平
纪委书记：杜玉平

**黄石涂镀板有限公司**

董事长：吴国庆
总经理：陈万君
党委书记：陈逸君
副总经理：许为民 瞿金生
纪委书记：陈逸君
工会主席：陈逸君

**宝钢美洲贸易有限公司**

董事长：黄兴荣
总经理：黄兴荣
副总经理：饶玉勇

**宝巴公司**

总经理：赵永红

**宝钢欧洲贸易有限公司**

董事长：邹长征
总经理：邹长征
副总经理：郭　征

**宝和通商株式会社**

董事长：赵方林
社长：赵方林
副社长：周国卫

**宝钢新加坡贸易有限公司**

董事长：邱成智
总经理：邱成智
副总经理：胡晓东

**宝运企业有限公司**

董事长：王利群(兼)
总经理：王华强

**宝金企业有限公司**

董事长：戴志浩(兼)
副总经理：周　斌

## 财务管理

4月，宝钢股份公司财务体系机构实施整合，原宝钢股份财务部与原宝钢分公司财务部合并，成立新的宝钢股份公司财务部。6月，宝钢股份公司成立财务服务中心，部分财务人员划转至财务服务中心，并顺利完成了财务部与财务服务中心业务界面划分、人员划转工作，各项业务有序开展，平稳过渡。8月，宝钢股份公司成立钢管事业部，新成立的宝钢股份财务部条板成本室财务人员成建制划转钢管事业部经营财务部，并顺利完成了财务部与钢管事业部业务界面划分、人员划转工作。

调整后的财务部下设预算管理、成本管理、会计资产管理、资金管理、税务费用管理、现场成本管理。至2009年年底，财务部有在册员工109人。（秦　谊）

**应对危机强化管理**　(1)围绕宝钢股份提出的“产品经营、成本改善、管理变革”的经营管理思路，财务部详细剖析了宝钢股份高成本原因，从提升制造能力、降低铁水成本、提高资源回收利用、降低专项成本等方面提出了9项成本改善和10项降低期间费用建议，由宝钢股份领导牵头推进落实，财务部按月跟踪统计。(2)针对面临金融危机的紧迫形势，宝钢股份领导在成本费用分析会上提出2009年成本费用控制目标(即在2009年预算费用基础上下降1/3，不含折旧、人工、规定性费用)，要求各单元按此目标严格管控各类费用，财务部每月进行揭示分析，并纳入季度绩效考评。(3)随着宝钢股份公司事业部体制不断完善和财务体系纵向整合，财务部对宝钢股份预算计划管理流程、制度进行了梳理、修订，完善预算分类、分层管理模式，逐步形成了“季度滚动预算和月度预测相结合”的预算计划管理模式。（秦　谊）

**成本改善**　组织责任部门制定了成本改善年度行动方案，建立了宝钢股份公司成本改善跟踪分析和评价管理机制。开展宝钢股份成本改善工作效益月度跟踪、季度综合评价和分析。至年底，成本改善项目实现效益75.3亿元。（秦　谊）

**降低营销管理费用**　宝钢股份总部在落实2009年年初预算下降1/3目标的基础上，“集中寻源”，发挥集团采购优势，降低办公用品、劳防用品、差旅服务、保险采购成本等营销管理费用。根据宝钢股份公司营销管理费用管控要求，梳理费用标准，结合业务需求压缩各项费用支出，加强预算管控力度，实现宝钢股份要求的剔除薪酬、折旧、税费等政策性费用后比2009年年初预算下降1/3的目标，2009年全年营销管理费用同比下降13.14亿元，其中管理费用下降9亿元。（秦　谊）

**生产协力费管控**　以协力费用下降1/3为控制目标，组织宝钢股份公司范围内关联单位协力业务和费用标准梳理，根据市场价格测算各项协力费用的非市场化差异，协调集团公司降低协力费用。结合协力人力资源优化的推进，将各项成本改善因素落实在年度费用下降中，实现生产协力费用较2008

年实际下降1.5亿元的降本增效目标。结合宝钢股份全物流管控工作推进要求,探索新的厂内固废处置费用核定方式,实现资源利用效益大于处置费用增长的成本改善目标。 (秦　谊)

**成本管理**　贯彻执行宝钢股份公司“成本倒逼”机制要求,优化完善标准成本管理制度下的目标成本管控模式。以宝钢股份目标利润预测和月度成本滚动预算为依据,确定36项主要工序目标成本,按月下达各直属厂部分解执行,建立各层级目标成本跟踪、控制、分析和评价的PDCA闭环管理,成本管理取得较好的成效,2009年直属厂部成本消耗较2008年下降12.2亿元。 (秦　谊)

**实施成本对标管理**　建立成本对标组织体系和工作机制,搭建宝钢股份公司制造成本数据集市,按月跟踪对标工序技术经济指标,定期编制对标工作简报。陆续组织直属厂部、事业部、分(子)公司进行炼铁、炼钢、热轧、厚板工序成本对标工作,通过成本改善对标,明确了各制造单元成本改善潜力点,直属厂部、事业部、分(子)公司主要技术经济指标均有所优化。 (秦　谊)

**发行100亿元中期票据**　5—6月,发行2期合计100亿元中期票据,票面利率2.66%,创下同时间段同行业发行金额最高、发行利率最低两项纪录。 (秦　谊)

**跨境贸易人民币结算**　12月,会同相关职能部门和宝岛公司、宝新公司两家海外子公司,顺利开展了进出口环节的跨境贸易人民币结算业务,全年完成人民币结算额2.99亿元。该业务成为国内最大的跨境贸易人民币结算业务,得到人民银行、外管局等政府部门的高度赞扬。 (秦　谊)

**资金风险管控**　重申包括票据管理、资金管理等各项资金内控基本管理制度和措施,加强金融危机背景下的风险管理,将可控风险降至最低;定期跟踪和分析货币市场、金融期货市场的动态,召开资金管理专业培训,培育资金管理人员市场意识的敏感性,强化与外部中介机构的信息交流和沟通,建立市场数据共享机制,完善汇率与利率风险预警机制,探讨研究汇率与利率风险规避方案。 (秦　谊)

**对外投资管理**　修订“长期投资管理制度”;优化被投资单位管控模式,加强和完善子公司法人治理结构的建设,对重大事项申报管理流程、被投资单位管理流程进行梳理、完善;面对宝钢股份经营环境的变化,强化对外投资项目风险管理,严格压缩对外投资项目;有序推进各项对外投资管理项目:推进宝银特种钢管有限公司、南通宝钢钢铁有限公司增资项目,组织审核宝钢国际国内加工中心体系新建和增资项目,重点在于投资总额压缩及项目工艺优化。至2009年10月,宝钢股份公司新设子公司2家,对所属被投资单位增资6家,完成出资16.55亿元,完成年度预算23.24亿元的71%。 (秦　谊)

**会计核算规范化**　全面梳理、评审宝钢股份财务管理制度,确定宝钢股份公司组织机构调整后财务管理制度、管理标准修订计划,系统梳理和完善宝钢股份财务管理各项流程,完善宝钢股份财务管理制度体系。从业务流程上,协调并确定事业部体制下财务管理模式,研究固定资产达到预定可使用状态时点财务入账确认事项,规范事业部切换、中期票据发行、安全生产使用费、COREX冶炼技术转科研等各类特殊会计处理事项。 (秦　谊)

**编制2009年度财务报告**　严格按照宝钢股份内外部管理和各监管要求,准确编制各类财务会计报告,完成了国资委监事会《企业年度工作报告》编制。同时配合宝钢股份董秘室做好各类信息披露工作,保持宝钢股份财务信息披露的充分、及时、透明和准确,维护了宝钢股份良好的资本市场形象。 (秦　谊)

**一体化财务系统扩大覆盖面**　年内,完成一体化财务系统覆盖特殊钢分公司、黄石涂镀板公司、烟宝钢管公司、钢管事业部等工作;根据宝钢股份开票点后移项目,完成一体化财务系统相关模块改造工作;优化和完善其他各模块功能和接口功能。完成直属厂部成本系统改造工作,实现按流向核算钢水成本,成本核算结果与CE计算结果趋向统一,为品种管理提供支撑。 (秦　谊)

**工程项目资金管控**　跟踪项目建设、投产、总投资决算进展情况,确保项目投产一年内资产入账率达到100%;建立固定资产领域资金支付管理体系,以工程项目资金支付信息简报形式按月、分地块、分专业对支付方式、进度、实绩等进行跟踪,分析资金支付情况,形成资金支付闭环管理。 (秦　谊)

**完成统计年报和经济普查** 系统、高效组织宝钢股份公司2008年度上海市统计年报、上海市第二次经济普查和2008度钢协统计年报工作,圆满完成了各项年报和普查报表对外报送工作。紧密联系宝钢股份经营情况,挖掘统计信息的使用价值,建立多渠道的综合统计信息收集和快速反应机制,为宝钢股份生产经营分析提供业务支持。结合统计业务实际,优化和完善直属厂部统计系统。 (秦 谊)

**申报对外经济技术合作专项资金** 12月,会同集团公司经营财务部、宝钢股份公司原料采购中心、财务服务中心开展财政部、商务部2008年度对外经济技术合作专项资金申报工作,获得国家财政补贴0.3亿元。 (秦 谊)

**申请上海市高新技术成果转化** 12月,成功申请了2008年度上海市高新技术成果转化项目财政补贴,为宝钢股份增效0.98亿元。 (秦 谊)

**税务管理** 宝钢股份公司法人2008年度所得税清算于5月中旬经主管税务机关审核批准,成为新税法实施首个年度上海市第一家最早完成年度清算的大型企业,并率先全面、充分享受了各项优惠政策。2008年享受税收优惠共计2.79亿元,清算退库14.34亿元。密切跟踪国家增值税转型政策动向,在政策出台的第一时间,下达相关通知并要求各单位做好各方面进项税额抵扣的准备并会同投资、采购等部门策划最大限度实现税金抵扣。1—10月,宝钢股份公司法人累计实现设备进项税金抵扣11.23亿元。 (秦 谊)

**控制税收风险** 组织宝钢股份公司总部相关业务部门、各事业部、分公司及所属国内子公司(集团托管公司除外)对2006—2009年当期税款缴纳情况开展全面自查并对存在的问题进行了妥善处理,有效控制宝钢股份税收风险。全面梳理出口视同内销税金计缴流程,对各个环节进行逐一剖析,找出问题的症结并与相关部门达成了改进共识。 (秦 谊)

## 审计管理

**编制修改和完善审计管理文件** 为使内部审计机构和人员按照统一的内部审计规范开展审计工作,2009年审计部在宝钢股份组织机构变革后及时编制修改和完善审计业务管理文件和管理标准30个,其中,专业管理制度5个,内部审计实务规范25个。 (陈银根)

**审计监督** 年内,在宝钢股份公司内部审计体系内建立起以风险为导向、以控制为主线、以增值为目的的内部审计模式,开展了多种类型的审计项目。审计部、宝钢国际监察稽核部和梅钢公司监察审计部按照年度审计计划,共完成各类审计项目54项,其中,经营审计21项,工程项目审计21项,能源环保、在制品管理等专项审计8项,信息系统审计2项,内部控制审计1项,后续审计1项。发现存货管理、能源管理、采购和销售管理、成本核算、工程及固定资产管理、费用控制及信息系统管理等方面存在的问题共394项,提交审计建议542条。 (陈银根)

**能源环保专项审计** 年初,审计部与能环部两家首次联合开展对梅钢公司能源环保进行专项审计。通过对梅钢公司能源消耗和成本数据的现场采集、统计分析,对能源成本、能源环保投入、固废回收利用、环保监测、环保设施的运行与维护等开展了全流程审计,完成了对梅钢公司能源管理的全方位诊断,共找出31个改进增值点,预期可节约成本2.95亿元,对梅钢公司能源体系进一步实施规范化管理及节能降耗措施的落实提供了增值服务。 (陈银根)

**内部控制审计** 为加强建设项目实施过程中的风险防范,及时发现项目管理过程中的问题并及时整改,审计部选取宝钢股份在建的“2030冷轧新建连退机组项目”,对其“立项”和“实施”两个关键环节开展了内部控制审计,就项目审批、招标管理、合同管理、设备管理及签证管理等14个内控改进点提出了改进完善管理建议。 (陈银根)

**信息系统审计** 为加强销售、采购信息系统运营安全,审计部在对信息系统风险评估的基础上,对宝钢股份一体化销售系统和采购供应链系统开展了专项审计。通过审计,发现在系统授权管理、程序变更控制、输入控制和信息真实性等方面存在30个问题,并提出28条改进管理建议,有效促进了系统运行的安全性、有效性以及数据信息的准确性。 (陈银根)

**制品管理专项审计** 年内,审计部对宝钢股份公司直属厂部、各事业部的在制品管理情况进行了专项审计，重点针对在制品降库工作的落实情况、周转情况、超期及无委托材料管理、实物管理、委托加工管理和财务核算等进行审计，发现六大类41个问题，揭示了在制品管理的体系性、结构性问题及存在的风险，提出管理建议41条，得到了宝钢股份领导的重视和相关职能部门的认可。（陈银根）

**经济责任审计** 年内，开展经济责任审计13项，其中，离任审计7项，任中审计6项。任中审计工作的全面展开，使经济责任审计由以前单一的离任审计模式转为任中审计与离任审计相结合的模式。通过对任职3年以上的领导人员实施任中审计，监督关口前移，较好地发挥了审计的预警和预防作用，同时增加了对领导人员经营管理的过程监督和评价。（陈银根）

**审计成果的闭环管理** 为有效实施对内控审计发现问题的整改落实情况进行跟踪和评价，审计部在总结2008年度内控整改事项跟踪机制的基础上，将"内控审计整改事项完成率"纳入宝钢股份绩效考评体系，审计部按季度汇总审计发现及整改进展情况，按职能管理范围分类抄告相关职能部门，有效实现了同源管理。如宝钢国际监察稽核部，围绕内控重点及审计发现的问题，整理了六大类、23小项问题开展举一反三自查工作，进一步增强了免疫力和抗风险能力。（陈银根）

**提升内部审计和稽核体系能力** 年内，针对审计人员专业及工作背景单一、专业经验相对欠缺、年龄梯队不合理的状况，采取以下措施。（1）优化调整人力资本结构，引进了经验较丰富的工程管理人员。（2）推进"岗位实习"、"师徒结对"、"互补结对"工作，在大型审计项目中进一步完善审计项目管理模式，组织安排了内部审计（稽核）体系人员协同参加审计项目，帮助他们提高业务素质和能力。（3）通过项目研讨会、头脑风暴和专业论坛等多种形式，促进审计人员发现问题和分析解决问题能力的提高。（陈银根）

**配合上级单位对审计工作的检查** 年内，审计部积极协调配合审计署关于"企业审计数据库的建设"工作；协调配合集团审计部开展的"三项管理"审计及对宝钢股份下属3家单位的净资产审计，协同参加了集团公司关于管理费用专项检查及后续整改检查，以及对宝钢股份运营改善部对外业务授权及绩效管理运行情况的专项检查。（陈银根）

# 综合管理

## 办公室

宝钢股份办公室是由行政办公室和宝钢股份本部党委办公室两办合署的综合管理部门。

行政办公室主要业务包括：宝钢股份公文、文秘、印签等有关事项管理；专项工作督办管理；重大活动、重要会议的策划、协调和筹办；出国（境）管理；协同办公系统日常维护管理；接待工作协助；宝钢股份应急信息报告管理；宝钢股份总值班工作；宝钢股份总部部门及直属厂部办公用房管理、生活后勤服务管理；宝钢股份领导、总部部门及直属厂部公务用车使用管理；宝钢股份捐赠赞助工作；重要信息收集及重大事项调研；保密及国家安全管理；机要通讯管理；协调处理涉及稳定有关工作。

本部党委办公室主要业务包括：本部党委文秘工作；机要通讯管理工作；重要信息的收集；维护稳定及综合治理工作；国家安全管理、保密及有关事务的处理。

办公室下设文秘室、调研室、行政室3个科室，其中文秘室、调研室亦是本部党委办公室下设的两个科室。至2009年底，有员工34人。（艾　涛）

**文秘管理** 年内，共处理各类公文22 413件、传真2 783份、各类信函和资料43 541件。完成宝钢股份公司总经理办公会议纪要和班子周工作例会摘要共45期，完成党委会纪要、基层党委书记例会纪要共14期。组织协调召开总经理办公会、班子周工作例会、月度生产经营例会、生产经营绩效对话会、生产技术综合分析会等宝钢股份各类会议356个；组织协调召开党委会、政工例会、党委书记例会、党建工作研讨会等党群常规例会共计35个。下发宝钢股份总经理办公会和领导班子周工作例会事项抄告共380项，反馈380项，涉及单位、部门累计371家（次）。下发党委会纪要抄告19项，反馈19项，涉及部门12家。督办事项执行率100%。（艾　涛）

**信息调研** 年内，编发《信息快报》44期，宣传管理实践经验44篇，刊登最佳实践者案例83篇；向集团公司上报供《宝钢内参》用重大信息35条。组织开展本部党委系统年度综合调研工作，采用网上调研形式，按照10%比例随机抽取近2 100人参与调研;根据岗位类型,组织召开10场座谈会,并开展对35名宝钢股份直管干部的个别访谈。通过上述多种形式,收集各方面信息,汇总并撰写"2009年度本部党委综合调研报告",为2010年工作策划提供了支撑。 (艾 涛)

**行政管理** 组织完成生活后勤大合同中期调整的洽谈工作;签订宝钢股份公司行政后勤相关9项协议,后勤合同监管覆盖率达100%。完成第二急救站迁建、宝钢股份机关整体搬迁至指挥中心等相关配套工作;完成1号门私家车停车场改扩建项目,扩容增加近300个车位。年内,协调餐饮公司配餐中心新增生产大包装菜、米饭送食堂分打的盖浇饭和有加工条件的食堂供应面点等组合,进一步提升餐饮服务质量。 (艾 涛)

**保密和国家安全工作** 机构调整后,成立本部党委保密委员会,明确了领导小组和工作小组。组织开展对各单位论文、资料保密审查的自查工作;联合宝钢股份公司相关职能部门对29家单位的保密管理工作状况进行排摸和系统检查,并督促各单位对发现的问题及时进行了整改。先后组织开展保密基础知识培训和商业秘密保护知识讲座。组织开展硅钢保密专项审核工作,对审核中发现的问题进行研究,制定了初步整改计划。年内,直属厂部范围内共审查论文资料373篇,收发党内保密文件5 960份,无一差错。全年未发现泄密情况发生。

(艾 涛)

**维稳信访** 在全国"两会"期间,精心部署稳控工作和落实稳控预案,组织开展"零"报告。编发《信访月报》9期,定期分析信访情况,加强重点信访矛盾的协调工作。年内,直属厂部范围共受理职工信访125件(次),比去年同期165件(次)减少40件(次),下降24%。其中来访125批147人次,来信11件。主要反映劳动争议、特殊工种认定、家庭困难等方面的问题。中厚板分公司共受理信访21件(次),较2008年的10件(次)有所上升。其中来访15人次,来信6件,主要反映的是收入问题。梅钢公司共受理来信来访171件(次),比2008年的179件(次)下降4.5%。其中来访133批161人次,来信38件。主要反映劳动工资、住房、生活福利等方面的问题。黄石公司共有来访3人次,无来信,较2008年的2件增加1件。主要反映住房贷款困难、作业长岗位调整等方面的问题。2009年,本部范围内各单位均未发生集访、群访事件。 (艾 涛)

**外事与接待管理** 年内,组织各单位完成2009年出国(境)年度计划的报批工作,办理172次出国(境)的审批手续。协助集团公司办公室,共处理100批、1 886人次的重要接待及常规现场参观活动。配合完成宝钢股份各类审核、认证、验收等接待工作32项。办理外单位人员入厂参观959批、20 141人次,办理业务交流及现场工作证件2 917件。

(艾 涛)

## 董事会秘书室

宝钢股份董事会秘书室(简称"董秘室)是董事会下设的一个综合管理部门,在董事会秘书陈缨领导下负责宝钢股份的股东大会、董事会和监事会(简称"三会")事务、信息披露、投资者关系等工作。至2009年年底,有员工7人。

董秘室定位于为宝钢股份公司股东大会、董事会及其下属专门委员会、监事会、管理层提供高质高效的服务,规范、准确、及时地做好重大信息的披露工作,向投资者准确、及时地传达宝钢股份信息,维护和提升宝钢股份在资本市场上的良好形象。

董秘室紧紧围绕信息披露和投资者关系两个业务板块,在加强对宝钢股份战略和业务理解的同时,强化组织协调和内外部沟通能力,将信息披露管理和投资者关系管理有机结合起来为宝钢股份的发展战略服务,致力于帮助宝钢股份股票在资本市场上获得更为合理的估值水平。

宝钢股份公司治理、投资者关系等方面的工作在2009年一如既往地获得了资本市场的认可,宝钢股份获上海证券交易所主办,国务院国资委、经济合作与发展组织(OECD)协办的"第八届中国公司治理论坛2009年度董事会奖";宝钢股份荣获《证券时报》与时报在线网站共同主办"中国首届最受投资者欢迎上市公司网站评选""首届中国最受投资者欢迎上市公司网站"、"首届中国上市公司最佳信息披露网站"、"首届中国上市公司最佳创新沟通网站"、"2008年度中国十佳最具社会责任上市公司"等称号;董秘陈缨荣获"最佳投资者关系管理董秘"等诸多奖项。 (鄂 鸣)

**股东大会、董事会、监事会事务** 年内,宝钢股份公司共召开5次定期董事会和1次临时董事会,5次监事会,2次股东大会,1次战略及风险管理委员会、4次审计委员会、3次薪酬与考核委员会会议,5次外部董事会沟通会。宝钢股份执行董事共批准了7项决议,并按授权要求向董事会进行了报告。在会议组织安排方面,董秘室的工作力求细致,在2008年董事会流程标准化工作的基础上,董秘室进一步确定了董事会流程的58个工作关键节点及其时间要求,完善了管理流程并有效地降低了失误风险。在议案内容上,董秘室认真把好初审关,与相关部门密切沟通,力求议案要素完整、文字简明扼要、数据支撑充分、审议事项明了。 (鄂　鸣)

**董事会、监事会换届**　4月28日,宝钢股份董事会、监事会换届,实现了新老董事会的顺利衔接。在董事会、监事会换届准备工作中,董秘室严格按照国家法律法规、监管部门规定及《公司章程》协助履行董监事候选人的提名程序,履行独立董事候选人声明及提名人声明、独立董事资格备案等法定程序,接受监管部门和公众的监督。根据证监会和上海证券交易所的规定,董秘室组织全体董监事、高管签署了新版董监事、高管声明承诺书,组织新任董监事签署了董监事聘任协议,并完成了向监管部门报备及上海证券交易所董监事、高管信息库更新工作。为帮助新任董监事高管尽快了解上市公司公司治理、规范运作方面的法规和要求,董秘室根据外部监管要求和宝钢股份实际情况编制了董监事高管须知。 (鄂　鸣)

**董事会专门委员会事务**　随着宝钢股份董事会换届,董事会根据各董事的专业特长进行匹配分工,对各委员会成员进行了一定的调整充实,战略及风险委员会新增了董事马国强、董事戴志浩,审计委员会新增了董事马国强。年内,董秘室协助董事会不断深化、拓展专门委员会职能。为将全面风险管理工作落实到董事会层面,充分发挥董事会下属专门委员会对董事会全面风险管理的专业支撑作用,自4月28日起,董事会战略委员会更名为“战略及风险管理委员会”,增加风险管理职能,战略及风险管理委员会“负责协助董事会对宝钢股份的全面风险管理体系的建立健全,及全面风险管理体系实施情况的检查监督”。董秘室协助董事会对《董事会审计委员会议事规则》进行了补充修改,增加了审计委员会接受财务报告舞弊或管理层越权方面的投诉和举报职能,审计部负责设立专门邮箱接受投诉和举报,并将相关投诉举报上报审计委员会。增加审计委员会年度自评、对外部审计机构和内部审计部门的评价职能,完善了审计委员会与管理层、内部审计部门及外部审计机构的会议机制。

(鄂　鸣)

**董监事交流、培训**　年内,董秘室为董监事与宝钢股份的交流活动提供了服务支撑。根据《独立董事年报工作制度》,组织安排贝克伟、曾璟璇、孙海鸣和谢祖墀4位独立董事在年报制作期间对不锈钢分公司进行实地考察。董事谢祖墀分别于8月和11月就“建立以客户为中心的企业机制”作专题培训和专家点评;监事会主席、美国德普律师事务所合伙人李黎10月向宝钢股份管理层和相关部门负责人进行美国《海外反腐败法》(FCPA)的培训。董秘室根据上海证监局、上海证券交易所的通知制定董事、监事全年培训计划,为提供更及时的服务,年内试行董秘室员工陪同董监事培训制度。年内协助完成董事谢祖墀独立董事任职培训,韩国钧、张丕军、朱可炳3位监事培训,董事贝克伟独立董事后续培训,伏中哲、戴志浩、吴耀文、李黎、周桂泉5位董监事参加董监事培训。 (鄂　鸣)

**信息产品提供**　董秘室不断完善信息产品质量,力求向董监事高管及时提供有价值的信息,2009年共制作《董事信息月报》12期、《董秘专递》12期、《股市每日快讯》244期,通过这些信息产品及时向董监高管报告宝钢股份股东结构分析、投资者关系工作情况、宝钢股份生产经营情况、钢铁行业动态等信息。一些资本市场热点曝光后,及时将事件的真实过程和各方观点汇总,并加入一定的分析和观点。不仅仅说清楚“发生了什么事情”,还分析“带来什么影响”,将各方材料的“摘编”变为“摘编+分析”。本年度完成34篇《信息摘编》。

(鄂　鸣)

**信息披露**　年初,宝钢股份公司在定期报告中对严峻的外部环境和经营形势以及如何有效应对危机进行了及时、适当的讨论,并分别在一季报和半年报中对下一期业绩同比大幅变动进行了预告,在经营业绩显著好转的三季报里对四季度的不利因素进行了讨论,引导市场对四季度业绩形成合理预期。年内,董秘室制定并优化了信息披露标准化流程,截至年内完成4次定期报告,28次临时公告,实现了信息披露零差错。为保证董事会决策的有效执行,董秘室认真做好决议抄告工作,整理总结董事会决议和意见要点,通过“董事会及有关事项抄告”的形式在董事会召开后最短的时间内报送宝钢股份助理以上领导，抄送各部门，并确认主管领导、责任部门和反馈期限，确保董事会的决策和意见能够及时传递给经理层和相关部门，被有效地执行并及时地反馈，形成闭环管理。年内共发出4份董事会决议抄告，共计11项董事会关注事项，并进行了跟踪和反馈。董秘室从议案征询、收集、合规性审核、议案初审、材料装订、议程安排、会议记录、决议草拟和公告，决议抄告和执行跟踪，各个环节认真把关，确保三会运作规范，对披露信息的真实性、准确性、完整性、公平性和及时性进行了严格的把关，向资本市场提供了高质量的信息披露。

（鄂　鸣）

**“上市公司公司治理及董事会运作”项目**　“上市公司公司治理及董事会运作”管理科研项目2008年5月19日启动，2009年结题。项目报告分别对公司治理和董事会治理的理论和最佳实践、宝钢股份特点与经验、治理优化等进行了阐述和研究，并对课题成果的应用提出了设想建议。报告成果已向宝钢股份董事长、总经理及董事会汇报。宝钢股份副总经理董事会秘书陈缨专门就该项目与上海市董事会秘书协会作了交流。此外，年内宝钢股份就上市公司、董事会运作、投资者关系等内容与上海石化、东方航空进行了同业交流。（鄂　鸣）

**投资者关系**　年内，宝钢股份公司投资者关系（IR）团队共接待前来调研的国内外基金经理和证券分析师共计645人、147批，同比上升15.7%；安排投资者厂区参观51批；安排电话会议50次，同比分别上升15.9%和51.5%。同时宝钢股份应邀出席了由瑞银、摩根士丹利和美林等国际投行举办的13场大型投资者交流会，共参加10场大会演讲、13场小组活动和31场一对一会议，向海内外投资人充分展示了公司形象，并进行了深入的信息交流。（鄂　鸣）

**定期参与投资者活动**　高管参与的定期IR活动取得良好市场反响。2009年宝钢股份IR团队圆满完成了定期IR活动计划，年内举办了4场网上业绩发布会；并在年报和中报公布后，举办了两场分析师实地交流会，由宝钢股份董事长、总经理、董秘等宝钢股份领导出席会议，与投资者就行业、宝钢股份经营等方面所关注的问题进行开诚布公的沟通和交流，受到广大投资者的一致好评和持续关注。而实地分析师业绩说明会自2004年起举办，也已历经5年，与会者涵盖了市场内主要的钢铁行业分析师和投资机构，在业内具有相当影响力。2009年举办实地分析师会议2次，共计82个机构和投资人参与了会议。

（鄂　鸣）

**与投资者交流**　年内，加强了与重点投资人的定期联系。依据每月的股东持股信息，将持股排名前10左右的基金公司和行业内较具影响力的分析师作为重点投资人，基本保证每月一次与之进行联系，就大盘动向、行业政策变化等问题交换意见，及时回复其对宝钢股份情况的咨询，并在交流过程中积极传递宝钢股份的主旨信息。而对于一般投资人，2009年IR团队开始编制《钢铁信息摘编》，通过投资者联系名单每月定期发送，主动向投资人传递宝钢股份及行业的最新动态，满足一般投资人及时了解宝钢股份动向的需求。自2006年底宝钢股份投资者主页改版后，IR团队持续推进优化网页建设的工作。设立专人及时更新页面信息，保持网站信息的及时有效性；不断完善各板块功能，2009年新增公告全文搜索引擎功能和网上路演内容回放栏目，扩充网站的信息量，提升IR网页的界面友好程度。年内，董秘室加强了信息数据分析应用，配合媒体应对，实现信息共享。此外，对于宝钢股份股东持股情况分析，在原有横向静态分析的基础上，通过对长期历史股东信息的编程处理，初步得出了主要机构投资者3年内持股变化、盈亏情况等分析，有利于增进对主要股东持股情况的了解和掌握。

（鄂　鸣）

**信息共享**　IR团队能够实现与资本市场深入的沟通交流，向投资者提供高质量的IR服务，其基础来自宝钢股份职能部门的支持和IR信息沟通联络机制的建立完善。面对2009年内部机构调整较多、人员变化频繁的局面，董秘室及时整理宝钢股份内部各项资源，定期更新部门联络人，保持内部信息流转的通畅和高效。同时利用董秘室拥有彭博、万德等资讯终端，且定期可以收到投资机构关于市场和行业分析材料等有利条件，对拥有的资讯进行分类，会同董秘室自身制作的不涉及保密要求的信息产品如信息摘编等，定期转给相关的职能部门，在宝钢股份内部实现信息共享。

（鄂　鸣）

**宝钢股份2009年获奖(荣誉称号)一览表**

| 获奖(荣誉称号)时间 | 奖项(荣誉称号) | 颁发(发布)机构 |
|---|---|---|
| 2009年3月 | 2009年度"全球最受尊敬企业",宝钢在全球金属行业排行榜中名列第二 | 美国《财富》杂志 |
| 2009年4月 | 《福布斯》2009年全球2000强上市公司榜,宝钢股份列第263位 | 美国《福布斯》杂志 |
| 2009年5月 | "2009年中国上市公司治理评价前20强"第八名 | 中国社会科学院世界经济与政治研究所公司治理研究中心、国家行政学院领导人员考试测评研究中心、甫瀚咨询公司 |
| 2009年5月 | 2009年中国上市公司市值管理行业百佳;<br>董秘陈缨被评为"2009年中国资本市场最佳创富IR" | 中国上市公司市值管理研究中心、《经济观察报》主办的"第三届中国上市公司市值管理高峰论坛" |
| 2009年6月 | "首届中国最受投资者欢迎上市公司网站"、"首届中国上市公司最佳信息披露网站"、"首届中国上市公司最佳创新沟通网站"、"2008年度中国十佳最具社会责任上市公司";<br>董秘陈缨被评为"最佳投资者关系管理董秘" | 《证券时报》与时报在线网站共同主办的"中国首届最受投资者欢迎上市公司网站评选" |
| 2009年12月 | 2009年度董事会奖 | 上海证券交易所主办、国务院国资委、经济合作与发展组织(OECD)协办的"第八届中国公司治理论坛" |
| 2009年12月 | 2009年金属、非金属A股上市公司"最佳社会责任报告" | 2009A股上市公司社会责任报告高峰论坛组委会 |

(鄂　鸣)

# 宝钢股份直属各厂、部

## 炼铁厂

至2009年底,炼铁厂在册员工1 435人。其中,宝钢股份公司直管干部10名;作业长以上管理人员100名;技术业务人员188名;操作维护人员1 147名。首席工程师7名;技能专家6名;首席操作维护岗位9名。设高炉分厂、炼焦分厂、烧结分厂、原料分厂、设备管理室、生产技术室、高炉大修项目组、对外管理技术支持室、办公室及相应党群部门。

全年高炉铁水产量1 453.09万吨,产烧结矿1 762.15万吨,产焦炭522.49万吨,原料作业总量1.30亿吨。年内,炼铁厂平均铁水成本为1 802.55元/吨。

年内,宝钢股份四号高炉荣获"全国重点大型耗能钢铁生产设备节能降耗竞赛冠军炉"称号。

(葛玉华)

**一号高炉顺利投产**　2月15日,一号高炉第三代炉役点火开炉,2月16日出铁。2月21日即投产第7天利用系数达到2.247吨/立方米·天,达到并超过设计的2.2吨/立方米·天的稳定期指标。投产后的一号高炉炉容为4 966立方米,年设计产能405万吨,一代炉龄18—20年。

(葛玉华)

**三号烧结机脱硫装置通过验收**　8月27日,宝钢股份三号烧结机脱硫装置通过验收,各项技术指标达到设计水平,年处理二氧化硫达4 000余吨。(葛玉华)

**三号高炉更换S-4段冷却壁**　5月19—23日,三号高炉成功更换S-4段冷却壁,耗时5 590分钟。

(葛玉华)

## 炼 钢 厂

至2009年底,炼钢厂在册员工1 380人。其中,宝钢股份公司直管干部9名;作业长以上管理人员108名;技术业务人员164名;操作维护人员1 099名。首席工程师7名;技能专家2名;首席操作维护岗位9名。下设转炉一分厂、转炉二分厂、连铸一分厂、连铸二分厂、铸钢分厂、焙烧分厂、运转车间、设备管理室和厂部机关。生产技术室、对外管理技术支持室属于厂部机关。生产技术室主要包括安全保卫组、能源环保组、冶炼组、铸钢组、耐材组、生产调整组和综合组。10月,电炉分厂整体划转至钢管事业部。

全年实现产钢1 568.52万吨,完成率101.13%,其中一炼钢单元产钢772.36万吨,二炼钢单元产钢611.68万吨,电炉单元产钢184.48万吨。

年内,转炉一分厂炉前丁班一号炉班组获"央企工人先锋号"称号;转炉二分厂炉前甲班五号炉班组获"上海市文明班组"称号;设备管理室二单元4CC设备青年班组获2008年度"宝钢集团有限公司青年文明号(生产线)"称号。连铸一分厂浇钢主操杨建华被授予集团公司"金牛奖";生产技术室田正宏被评为集团公司最佳实践者;首席工程师蒋晓放入选集团公司炼钢"金苹果"团队;连铸一分厂冯长宝被授予宝钢股份公司曾乐创新奖;转炉一分厂应庆华、连铸一分厂姜立新被授予宝钢股份本部"曾乐敬业奖"。

(陆卫忠)

**降本增效12.29亿元** 系统梳理并确定6个厂部重点降本增效项目及310个三级、四级项目,通过成本巡检,使这些项目得到有效实施和控制,全年实现降本增效12.29亿元。炼钢厂通过主原料模型规范装入量、重点管控操作水平和异常翻损,将有限的钢铁料资源转化为合格的钢水和锭坯,锭坯钢铁料单耗比2008年度下降22千克/吨,全年折算多产钢29.7万吨。

(陆卫忠)

**众多指标创历史最高水平** 2009年,炼钢厂转变生产模式,对主要产线进行分工,使产线优势、精品生产能力得到了有效发挥,全年冶炼品种达到596个,品种钢比例占全年钢产量的51.05%。深入开展"硅钢式标准岗"的推广工作,围绕"三条产线"和"四大类产品"的思路开展工作,以一炼钢厚板、汽车板产线、二炼钢硅钢产线、电炉长材产线为主要脉络,重点关注汽车板产品、厚板X80、大硅钢、钢帘线及轴承钢等产品,继续推行首席师、主任师责任制,组建攻关团队协同各个工序进行产品质量改善和问题攻坚。年内,厚板钢质缺陷发生率下降到2.68%(降幅为26.8%),探伤合格率提高到97.3%,厚板板坯热送率提高到64.38%,均创历史最高水平。GA汽车外板的夹渣发生率由16%减少到6.6%,模铸钢锭浇足率比2008年提高了11个百分点。

(陆卫忠)

**科技创新工作取得历史性突破** 以项目管理为抓手,以目标值管理为基础,通过厂部指标层层分解、细化落实,激发了各部门科技创新的激情。全年专利申请36.25件,其中发明专利9.3件,技术秘密140.58件,合理化建议效益1.325 1亿元。同时,围绕生产过程中设备改进、质量提高、重点工序工艺控制、精度提高、产能提高等重点难点问题,进行系统攻关与集成。以此为契机,以点带面,促进数模水平的进一步提升,形成一批具有自主知识产权的模型技术和成果,具备批量输出能力。加速推进转炉、精炼、连铸等自动化炼钢重点工艺技术的研发和运用,稳定和提高原有钢级产品质量,集成低成本过程

电炉生产作业

控制技术,提高产品的竞争力。
(陆卫忠)

**节能环保工作取得新业绩** 做好污染源的全过程控制,全年综合排放合格率为100%,烟、粉尘排放量为1 646.565吨,均达到了预定目标。推进全过程物流管控工作,资源综合利用管理系统于12月上线运行。针对现场烟尘管理重点和难点,成立了除尘管制小组,强化和完善环保设备管理,通过日常维护加强除尘设备消缺,提高运行效率。在能源管理方面通过控制能源流、制造流、价值流和设备状态中影响能源效率的能效因子,达到了降低能源消耗目的。全年月均吨钢电耗比2008年下降11.35千瓦时,工序能耗达到53.48千克标煤/吨钢,全年累计降低能源成本4 127万元。
(陆卫忠)

**员工队伍建设** 全面开展了分厂层管理者、作业长、技术人员的绩效管理工作,进行季度评价反馈。对技术、管理岗位后备人员实施针对性培养,25位后备人员参加了BS-C和BS-B任职资格培训。针对操作后备技能人员的培养特点,采取导师带教、集中面授、随机答疑的形式进行后备人员的培养和培训。结合三导师制度,对新进大学生形成了现场顶岗锻炼和跨部门、跨区域轮岗培训通用培养模式。对后备管理人员开展了任职资格培训和岗位锻炼。 (陆卫忠)

**人力资源优化** 下半年,炼钢厂组织全体操作维护岗位员工进行上岗复证考核工作,共计培训考核1 166人次。全年开展员工培训3 646人次,技能培训353人次。至2009年底员工队伍的平均受教育年限达到15.25年,比2008年增加0.43年,其中管理、技术、操作岗位人员平均受教育年限分别达到了16.31年、17.32年、14.84年。全厂全口径劳动效率提高10.36%,其中正式员工劳动效率提高4.87%(净减少68人),生产协力员工劳动效率提高13.87%(净减少303人)。(陆卫忠)

**设备状态管理** 全年状态检修得到有效实施,6条主线设备故障停机实绩每月平均18.09小时,同比降低58.9%;17台质量设备累计故障停机实绩每月平均55.93小时,同比降低18.45%。主线停机时间和精炼设备停机时间降幅分别超过20%和10%的预定目标,设备状态总体稳定受控。全年在确保设备状态稳定的基础上,降低维修成本2.9亿元,同比降低31.8%。尤其是第二、第三季度,经过全体员工共同努力,有效克服了炉修维修费投入及新增产线消缺等不利因素,将吨钢维修成本连续5个月控制在38元以内,创下自2002年生产备件划入维修成本以后最低吨钢维修成本纪录。 (陆卫忠)

**技改建设** 一炼钢区域除尘系统扩容改造项目于6月底提前建成投产,改善了现场作业环境和周边环境,兑现了宝钢股份公司对社会的承诺。二炼钢新增铁水包脱硫提前一个月投产,缓解了二炼钢铁水预处理的压力。一炼钢一号440吨行车更新改造工程的投产解决了DE跨行车超负荷运行的状况,提高了本跨行车设备的运行稳定性。一炼钢原料跨厂房西扩项目的完成有利于一炼钢区域铁水物流的平衡。生产调整集中监控改造项目的投运有利于调度及时掌控现场情况,提高快速响应能力。 (陆卫忠)

**对外支持工作** 积极推进宝钢集团内部技术支撑,针对重点对象,实施专人专项指导。上半年完成了对八一钢铁新产线的生产准备和电炉连铸产线的工艺优化支撑项目,八一钢铁第二炼钢厂转炉、连铸等产线运行稳定,实现了批量生产高级别管线钢、汽车板等钢种的能力。对

修复芯棒

梅钢、不锈钢、特殊钢、中厚板的支持工作，主要完成了对已有产线的工艺技术优化，至年底有11项完成结题。6月，启动了对宁波钢铁的技术支持，以咨询的方式，指导宁波钢铁完善技术规程、岗位规程，使现场标准化作业和基础管理、设备管理水平得到了提升。此外，还参与了湛江炼钢项目的前期准备工作，为湛江项目的技术、装备确定发挥了作用。 （陆卫忠）

## 热轧厂

至2009年底，热轧厂有职工979人，其中宝钢首席工程师8人，管理干部72人，技术干部167人；员工平均受教育年限达15.7年，大专以上学历755人，具备技师以上资格113人，高级工462人。生产单元设一热轧分厂、二热轧分厂、三热轧分厂、设备管理室、能源车间、质检站。

年内，热轧厂把成本优先作为工作的重点，算好"品种账"、"成本账"、"库存账"，通过维护好和使用好联合攻关、和谐产线、集团公司资源三个平台，继续夯实综合体系、人才培养和绩效评价三个基础。发动全厂员工积极参与降本增效活动和节能降耗，结合热轧生产的自身特点和宝钢股份的需要，提高独有产品生产能力，提高新产线的成材率、降低新产线的能耗、降低热轧的质量损失，降低热轧的轧制油和辊耗，争取效益最大化。在全体员工的共同努力下，百分之百完成合同，消灭各类重大事故，实现降本增效目标，确保技术改造和可持续发展工作按节点推进。 （王 铮）

**年产量超过1 100万吨** 年内，热轧厂总缴库量1 123.79万吨，超额完成年度计划8.15万吨，百分之百完成合同，在制品库存13.23万吨，完成14.9万吨的控制指标。热轧厂3条产线15项主要操作精度指标12项超过2008年水平，14项超2009年目标值，达到历史最高。热轧厂供料质量整体稳定，综合用户满意度达到90.4分，超额完成88分的目标。 （王 铮）

**实施组织机构优化工作** 组织机构优化工作2008年底启动，按业务和工艺流程实施轧钢与精整分厂纵向合并，同时设备管理室对所辖作业区进行调整合并，并将原精整设备业务划归设备管理室，以减少分工界面，发挥专业资源统一调配优势。该方案实施后，热轧厂减少了3个分厂、19个作业区、41个班组，在实现2009年定员目标的前提下又减少定员39人。在此基础上，还向冷轧厂输送了13名操作骨干。

（王 铮）

**基本实现取向硅钢热轧工序目标** 年内，热轧厂生产取向硅钢超过11万吨。围绕取向硅钢热轧工序技术、生产组织、质量提升等方面开展优化工作，硅钢生产小时产量提高20%，工序能耗降低15%，取向硅钢过程合格率达到86.93%，质量合格率指标达到96.68%，完成各季度挑战目标，并在10月创造批次1 700吨取向硅钢热轧内部质量损失为零的好成绩。 （王 铮）

**1580产线限产停机** 1月13日—3月5日，受市场影响，热轧厂1580产线开始限产停机，这是热轧厂投产近20年第一次。3月5日后1580单元进入单炉、两炉生产，并逐步形成了一套低负荷模式下经济运行模式。 （王 铮）

**降本增效2.6亿元** 年内，热轧厂降本增效支撑项目有7个，通过将支撑项目分解成若干个小项目、采用团队攻关的方式，形成了有效措施。总计完成效益26 916万元，目标完成率为136.93%。 （王 铮）

**超额完成年度降本增效目标** 热轧厂在产能不足，生产组织模式多变的情况下，秉承"协同节能、全员节能"的指导思想，以"降低能源成本"为中心坚持"目标早期策划、过程落实跟踪、结果审视固化、变化精细调整"的工作方法。实际年度耗能总量86.1万吨标煤，达到年初制定的低于87.2万吨标煤的目标。2009年热轧工序能耗76.51千克标煤/吨钢，比2008年下降2.12千克标煤/吨钢，成本改善达3 888万元，超额完成年度降本增效分项目标。 （王 铮）

**取得一批创新成果** 热轧厂2009年创新成绩显著：专利受理42.09项，完成年计划的116.9%，其中发明专利14.09件，完成年计划的176.1%，科研创效益6 510万元，完成年计划的144.7%，合理化建议效益12 824.5万元，完成年计划的106.9%，六西格玛效益3 355万元，完成年计划的101.67%，技改效益443万元，完成年计划的147.6%。"1880毫米热轧关键工艺及模型技术自主开发与集成"项目荣获2009年度宝钢科技进步重大成果一等奖；在第18届全国发明展览会中"一种杜绝钢卷边部裂纹的精整工艺"获金奖，"一种热连轧机的侧向挡水装置"和"一种层流宽度可调式冷却装置及控制方法"获铜奖；在上海市第22届优秀发明选拔赛中“矫直机支承辊外圈磨削方法”和“主轴润滑用油水双腔分离装置”2项发明专利分别获得金奖和银奖。

（王 铮）

## 厚板厂

至2009年底，厚板厂在册员工392人，宝钢股份直管7人，另有作业长以上管理人员27名。技术人员62名，操作维护人员296人。其中首席5人，首操4人。下设办公室、质量检验站、设备管理室、宽厚板轧机项目组等。

全年厚板厂累计完成轧制量183.58万吨，缴库量159.60万吨；其中，船板72.19万吨（其中TMCP船板8.35万吨），高强度结构板15.75万吨，管线钢板40.01万吨，锅炉容器钢板14.87万吨。全年实现销售收入53.53亿元，实现毛利2.37亿元。

（崔恒鑫）

**生产技术和设备管理指标不断刷新** 年内，厚板厂针对产品质量缺陷，开展质量攻关和劳动竞赛，在制造部的配合和支持下，各项生产技术指标逐月提高。6月，厚板资源利用率创出94.45%的历史最好成绩；8月，厚板内部缺陷发生率较2008年的历史最好成绩低2.33个百分点；10月和11月，厚板综合成材率较2008年的历史最高水平提高0.68个百分点。为进一步提高市场竞争力，针对厚板小批量、多规格的生产特性，厚板厂与制造部、厚板品种部一起大力缩短生产周期，4月20日将近2万吨船板顺利发往江苏熔盛重工集团，比常规流程缩短10天。7月开始，在品种部每月出价晚一周的要求下，仍保持了较高的合同完成率。在新增设备量达28%的基础上，实现了设备管理主要指标的进一步提升：2009年全年主作业线故障停机时间月均24.07小时，与上年度相比，故障月平均下降12.92%；吨钢维修费下降12.69%；月平均检修时间下降18.76%；设备功能投入率实绩为99.47%；设备事故成本月均同比2008年下降了12.01%。

（崔恒鑫）

**以倒逼机制推进成本大幅降低** 厚板厂全年共实现降本效益9 422.14万元，完成目标值的155%。其中，通过跨部门专业组（项目团队）开展重点攻关、与制造部配合大力推进板坯热装热送工作、减少空耗、热处理炉优化组批生产方式等，实现工序能源成本效益2 166万元（其中全年实现吨钢电耗177.9千瓦时，降低电耗累计效益为752.6万元；吨钢水耗为0.907吨，降低水耗累计效益为76.8万元）；通过将成材率提高0.95个百分点，实现降低成本3 294.89万元；通过提高各分厂、站、室物料领用预算费用的精确度、实行物料领用专人负责制、推行喷印涂料国产化等多项措施，共实现厚板辅料消耗成本改善918.9万元。

（崔恒鑫）

**首次生产第四代核电最核心部件用钢** 9月份，厚板厂一批总计700余吨的高温气冷堆堆内构件用钢12Cr2Mo1R生产完毕并发往用户，标志着宝钢具备了核一级材料的批量供货能力。这批产品将用于位于我国北方的世界首座第四代核电站高温气冷堆示范机组最核心部件的制造，这在国内企业尚属首次。

（崔恒鑫）

**生产船板填补国内空白** 12月，厚板厂第一批1 700余吨牌号为E40的高强度TMCP船板发往江南长兴重工，这是国内E40最厚的规格，主要用于大型集装箱船的关键部位，它标志着宝钢已具备该产品的批量供货能力，填补了国内空白。另外，厚板厂发挥团队协作优势，顺利完成中海油服公司近2 000吨的首批供货合同，填补了国内空白，标志着宝钢已具备海洋平台齿条钢批量供货能力。

（崔恒鑫）

吊运厚板

**品种钢实现稳定生产与拓展** 管线钢生产中,厚板厂通过合理安排轧制计划、优化轧制设定参数,提高终轧温度命中率,使月轧制量和缴库量最高分别达到5.3万吨和4.6万吨,既保证了UOE(大口径直缝焊管)产品规格的拓展,又实现了管线钢批量稳定供料。通过调整TMCP船板轧制与冷却工艺,20毫米以下薄规格TMCP船板得到拓展,月产能逾千吨,质量控制稳定,产品全部向日韩高端船厂供货。年内,厚板厂宽薄规格钢板的轧制稳定性得到显著提升。6毫米、6.5毫米、7毫米、8毫米等薄板的轧制宽度得到大幅拓展,并实现了整船供货能力,全面覆盖了船厂需求;同时,厚板厂已采用连铸坯取代BD坯直接批量轧制7毫米厚薄板,在降低能耗的同时实现了产品实物质量的提升。这些使宝钢宽薄板的生产水平达到国内领先地位。配合相关部门推进大钢锭轧制,全年共试轧了BV30、600毫米锻坯和BV35等3种锭型,产品厚度拓展至200毫米,性能合格,标志着厚板厂已具备了特厚板的批量轧制能力,同时在业内首次实现了自动轧制。 (崔恒鑫)

**"快乐创新"工作法** 年内,厚板厂以各创新骨干成员为核心,全面推进"快乐创新"工作方法,通过举办科技创新沙龙活动和出台鼓励群众性创新活动的管理办法,挖掘各个分厂、站、室的内部潜力,进一步提高全厂的科技创新能力。年内厚板厂受理专利13.2项,完成全年目标的110%;合理化建议实现效益4 353.73万元,完成全年目标的110%;科研创效益5 333.48万元,完成全年目标的120%;6SIGMA项目创效益2 587.15万元,完成全年目标的123%;自主管理成果"提高轧机机架辊功能投入率"获全国中质协QC成果发布一等奖。 (崔恒鑫)

**提前实现厚板二期"月达标"** 厚板二期粗轧机机组2008年12月热负荷试车成功后,厚板厂针对设备调试、功能考核、新系统切换、员工操作适应性等各方面困难积极应对,以市场为导向,加快生产物流组织,3月实现月轧制量18.93万吨,月缴库量达16万吨,均创历史最好成绩,提前实现厚板二期180万吨规模下的月达标。同时,3月30日日轧制量达到8 652吨,刷新了历史最高纪录。 (崔恒鑫)

**世界首套特厚板离线超声波探伤设备开工生产** 11月18日,举行特厚板离线超声波探伤(简称特厚板AUT)设备开工仪式。这是世界上首套用于特厚板自动探伤的设备,也是探伤自动化技术一个新的里程碑。该设备的探伤效率是手动探伤的4倍,可大大减轻人工探伤的劳动强度,并能保证足够的精确度,它的投产对厚板厂提高高端特厚板探伤作业效率具有重要意义。 (崔恒鑫)

**完成厚板设备大定修** 12月8日,厚板投产以后工期最长的大定修正式开始。此次大定修共有轧机牌坊防腐处理、精轧机主轴更换、双边剪与剖分剪两侧刀架衬板更换、一号加热炉煤气总管NK阀更换等11项主控项目,另有近200个分项目的定修任务。经过厚板厂与各施工单位的共同努力,大定修于12月17日正式结束,历时213小时。通过大定修后10天的运行和检查,设备状态总体稳定,精轧机、双边剪等8项关键设备的功能、精度量化指标均达到目标值。 (崔恒鑫)

## 冷轧厂

至2009年底,冷轧厂在册员工2 002人。其中,宝钢股份公司直管干部11名;作业长以上管理人员125名;技术业务人员251名;操作维护人员1 615名。首席工程师15名;技能专家2名;首席操作维护岗位10名。下设轧钢一分厂、涂渡分厂、精整一分厂、轧钢二分厂、镀锡分厂、精整二分厂、镀锌分厂、彩板分厂、镀锌二分厂、设备管理室、能介车间、磨辊车间、质检站、五冷轧项目组、新建涂镀连退项目组、机改组、生产技术室和厂部机关。

(钟 坚)

**商品材交库量** 冷轧厂全年共完成商品材交库量591.86万吨。生产汽车外板35.31万吨,比上年增加10.08万吨,综合成材率达84.30%,比上年上升2.14%,实现产量和综合成材率双双创历史新高。1730单元实现批量性生产,O5板产量按计划放开生产,1730连退普冷、热镀锌成材率均超过挑战目标84%;优化产品结构,拓展极限规格,提升制造能力:全年高等级电镀锌耐指纹产品产量突破6.69万吨,完成计划的133.8%,热镀锌酸洗高强钢突破24.58万吨,完成计划的131.3%,80公斤级高强钢产量达到1.79万吨,完成计划的224%,DI材0.23以下规格拓展到5.94万吨,完成计划的198%。 (钟 坚)

**提高产品质量管控能力** 定期召开"三新产品"推进会,不断完善和优化产品判定放行标准，实施新版"冷轧厂产品质量检验技术规程"；优化质量异议和抱怨管理流程；结合现场改善活动，重点质量信息、指标、监控点陆续纳入各机组看板管理；开展质量缺陷识别与控制、质量检测技术等专题技术交流；质检业务结合常见缺陷每月动态开展"点对点"式训练和MSA测评；按产品品种、同类机组全面梳理了各类检测要求、方法等，并细分至产品特性、溶液、过程、环保等类别，规范了送样检测、结果反馈、趋势分析、处置方式等流程；推进重点缺陷联合前工序攻关，批量缺陷等异常信息及时与制造部进行信息沟通和反馈，不断提高产品质量的管控能力。全年无重大质量事故和质量异议，冷轧总废次降级率4.91%，五冷轧废次降级率5.05%，均达到5.91%年度目标；全年用户满意度91.51分，超过目标值1.51分。（钟　坚）

**能源环保管理**　完善"冷轧厂环境工作评价办法"，细化分解了宝钢股份公司下达的各项环保指标，通过源头控制，有效降低了冷轧废水排放量和COD（化学需氧量）总量：全年废水排放量较计划减少34万吨，COD排放总量较指标下降20%。能源总量累计实绩71.88万吨标准煤，减少了5.93万吨标准煤，全年累计实现节能降耗降本增效19 112万元。（钟　坚）

**降本增效3.5亿元**　年内，冷轧厂宝钢股份公司级、厂级、分厂级三级降本增效项目268个。每个项目落实责任者和改进计划，有效支撑降本增效目标的完成；完善冷轧厂降本增效管理机制，整合项目资源，促进各产线、项目之间互相协调、优势互补，建立快速响应机制；采用闭环管理方法进行全过程管控，按旬跟踪并评估项目指标及效益完成情况，并将结果公布于厂部、分厂目标成本看板，每月对前期的工作举措进行系统分析，结合效果验证，固化有效措施；以现场改善为抓手，大力推广丰田精益生产，推进可视化管理。冷轧吨钢加工成本948元/吨，较2008年降低252元/吨，总计下降14.9亿元，降本增效项目累计完成效益3.5亿元，完成全年目标的198.65%。（钟　坚）

**核心产品生产创佳绩**　开发并试制出高端OA用电镀锌耐指纹产品，全年生产1 486吨；成功开发和试制五冷轧热镀锌无铬耐指纹和无铬钝化产品，全年生产无铬耐指纹产品284吨、无铬钝化产品11.87万吨；加快"双高"产品拓展，DI材持续厚度减薄，规格由0.235毫米全面减薄至0.230毫米以下，最薄减至0.225毫米，减薄规格产量达到5.92万吨；突破了高强钢生产瓶颈，全年生产超机组能力高强钢2 715吨，并已成功实现了80千克高强钢的生产；大力推进彩涂差异化生产，自洁、抗静电等产品年产量达到84 038吨，建筑环保、单面双色、正反两用等新产品年产量达到2 060吨；大力拓展五冷轧汽车外板生产，1730单元外板成品量占全厂成品量23.5%，2009年生产普冷、纯锌外板82 958吨，1730连退供电镀锌外板比例、1730轧机外板生产比例逐步提高分别达到45%、62%，有效提高了产品的盈利能力。（钟　坚）

**降低设备故障次数**　持续推进完善设备功能精度管理，制定长期不投入以及有争议的设备功能精度的推进计划，2009年的设备功能精度不投入率由年初的2.1%下降到12月的0.93%；深化TPM（全面生产维护）管理，深入推进专业化技术团队管理，技术团队重点关注冷轧的热点技术问题；2009年设备故障时间与2008年同期相比下降了15.66%，故障次数下降了26.88%。（钟　坚）

**科技创新成果**　冷轧厂全年完成专利50.81项，其中发明专利10.15项，技术秘密227.25项，形成自主管理课题544项，合理化建议人均12.3条，科研项目创效5 000万元，现场技术管理改善活动参与率达到95%，完成效益13 558万元。（钟　坚）

**打造冷轧人才高地**　年内，冷轧厂推进新大学生翻班培养计划，2007年进厂大学生人均持有操作岗位证3.2张，2008年进厂大学生人均岗位证2.4张。推进技术员综合能力培养计划，累计15人次走上作业长岗位；选送有潜力的大学生参加开工调试，先后选送12名新进大学生参加C612等各类新建机组的调试工作；为提高技术人员对现场的理解，选送17名进厂3年以上大学生参加翻班岗位学习；立足岗位，提升员工岗位技能，推进以"一个班组一个月一个人的一部分标准化动作"为主题的岗位训练，累计培训1 692人次，形成可视化规程编写55份，各类案例教材讲义24本；完成等级工鉴定23项190人次，新培养技师47名，新培养高级技师14名，为冷轧发展提供了人才保障。（钟　坚）

**新建项目工程建设**　推进五冷轧和三号电镀锌机组的稳定生产以及中

试机组和新建连退机组的建设、调试、投产。通过实行项目管理负责制,建立健全质量保证、安全保证体系;实施多方参加合署办公,加快响应速度,保障过程监管;组织施工现场开展"创建文明施工班组"竞赛活动,确保了安全施工管理的正常运转和项目节点的控制,新建连退机组实现了重要工程节点正点率100%,工程实体质量综合点合格率达到98%以上,质量一次验收通过率始终保持在100%水平,全面顺利地完成了工程建设任务,八号热镀锌机组2009年度冷试节点已完成。

(钟 坚)

**现场基础管理** 推进现场基础管理,深化功能精度、辊系管理和清洁生产等管理,实施辊系管理和清洁生产推进模板,建立可视化验收标准;推进可视化管理,以精一分厂为试点,梳理各条机组的岗位规程,为操作工提供直观、明确、简单、有效的操作依据;开展全员、全流程质量管理,协同销售部、制造部、采购部等职能部门,有效识别转化用户需求,促进冷轧产品整体质量稳步提升;动态评审管理制度、技术规程、岗位规程的适宜性,保证各类文件有效和可操作,指导现场操作,规范作业行为,减少波动差异;强化各层级自查自纠和专项审核,以"PDCA+认真"的思路促进问题的有效整改,提高各级人员的过程管理和体系管理意识。 (钟 坚)

## 冷轧薄板厂

至2009年底,冷轧薄板厂在册员工636人。其中宝钢股份公司直管干部8名,作业长以上管理人员62名。技术业务人员97名,其中首席工程师2名,操作维护人员469名,其中首席操作维护岗位1名。下设轧钢分厂、精整分厂、涂镀分厂、能源车间、质检站、安环管理室、生产技术室、设备管理室、办公室、技改项目组等10个部门。2009年生产DR材镀锡板、镀铬板51 696吨,同比增长287.6%,完成年度目标的129.2%。全年出口产品14.38万吨,比2008年11.34万吨增长26.81%。 (黄应明)

**降本增效突破1.5亿元** 年内,针对宝钢股份公司下达的能源、辅料消耗降本目标,形成了三轮降本增效行动计划,建立宝钢股份公司级、厂部级、分厂级44项三层项目管理,共计降本增效效益目标13 109万元,2009年实际完成降本增效效益18 839万元,为年度目标的143.71%。各机组加工成本稳中有降,其中新建连续退火兼平整机组、电镀铬机组加工成本分别较2008年下降84元/吨和424元/吨。

(黄应明)

**节约能源总成本1 104万元** 年内,能耗总量9.98万吨标煤,比年度目标10.8万吨标煤低0.82万吨;节约能源总成本1 104万元,完成全年目标的613.33%。 (黄应明)

**第一条自主集成平整机组热负荷试车** 冷轧薄板厂新建平整机组作为宝钢股份公司第一条自主集成机组备受重视。在精心准备下,于5月28日进行热负荷试车,并一次取得成功,截至12月31日该机组已生产合格产品3.63万吨。 (黄应明)

**科技创新成果** 年内,申请专利8.8件(其中发明类专利3.8件),完成年度目标的110%;实现科研效益1 826.7万元,完成年度目标的121.8%;合理化建议效益3 006.6万元,完成年度目标的107.4%,合理化建议参与率提高至95.6%;六西格玛创效1 166万元,完成年度目标的166.5%;技术秘密认定29.8项。 (黄应明)

**探索可视化绩效管理新模式** 系统构建了"全员、全面、全过程"可视化绩效管理模式。为有效推进管理体制变革,建立了"作业长、技术人员"两个评价机制和标准岗推进模式。系统策划、逐级分解、覆盖全员,构建了360度绩效驾驶舱;形成的"目标可视,员工可为,结果可信"的绩效可视化排行,不仅有效地探索了"公开、公平、公正"的绩效管理体系,而且还较好地起到了激活细胞、激发潜能、激扬奋进的作用。

(黄应明)

## 电 厂

至2009年底,电厂在册职工269人。其中作业长及以上管理人员27名(宝钢股份公司直管干部7名);技术业务人员61名(首席工程师4名);操作维护人员181名(首席操作3名)。下设办公室、发电分厂、设备管理室、生产技术室。

全年电厂共发电96.6亿千瓦时,较2008年同期上升3.5%;其中一号、二号、三号机组发电69.0亿千瓦时,零号机组发电7.0亿千瓦时,四号机组发电20.6亿千瓦时;上网电量0.3亿千瓦时,倒供电13.0亿千瓦时,累计净倒供电12.7亿千瓦时;全年供汽24.0万吨;向宝钢股份公司能源系统供纯水10.8万吨,消耗煤气86.6亿立方米,折标煤108.6万吨。各项经济指标完成情况:发电单位成本实绩为

3 642.35 元/万千瓦时,较预算3 916.79元/万千瓦时下降274.44元/万千瓦时;厂用电率实绩3.74%,比预算下降0.5%;供电煤耗332.26克/千瓦时,比预算下降6.51克/千瓦时。

全年共进行6次机组年修:1月10—23日的四号机组D修,3月15—30日的一号机组C修,4月22日—6月16日的三号机组A修,9月14日—10月12日的零号机组C修,10月13—13日的三号机组D修,10月17日—12月9日的二号机组A修,计划内检修天数共计165.8天,较计划207天下降了41.2天。

(高　薇)

**通过质量体系认证**　10月26—30日,BSI公司对电厂进行了ISO 9001:2008质量体系初次认证审核,通过努力电厂顺利通过了现场审核,并获得了BSI公司颁发的证书。

(高　薇)

**三号机组脱硫脱硝项目投入运行**　电厂三号机组脱硫脱硝项目于2008年8月27日开工建设,因设计施工图与现场实际情况差异较大等原因,2009年一季度工程总进度出现一定脱期。针对这种情况,电厂和相关职能部门采取非常规措施,协调施工、设计、供货商及施工单位,最终按55天工期与三号机组大修同步完成安装调试工作。2009年6月19日脱硫脱硝系统开始热负荷试车,脱硝系统与三号机组同步启动投运,8月完成调试,10月17日经西安热工院苏州分院测试,脱硝率达到56%,满足合同50%的要求,二氧化硫脱除率为21.2%—34.6%,二氧化硫排放浓度为674—899 mg/Nm$^3$,未达到设计考核及上海市环保局的要求。

(高　薇)

**宝钢产T91钢管在电厂应用科研成果通过鉴定**　6月6日,由电厂与苏州热工研究院共同申报的“宝钢产T91钢管在火电厂应用的性能评价及其异种钢焊接工艺优化试验研究”项目成果通过行业鉴定。此次鉴定会由中国电力企业联合会组织国内科研机构、电站设备制造厂等行业专家参加。2002年起,为推动宝钢产T91钢管应用于火电厂及其他工业领域,依托电厂锅炉过热器改造工程,与国内专业机构携手研究“国产T91钢管在宝钢电厂过热器上的应用与性能评价”及“宝钢国产T91钢管与T22异种钢焊接工艺试验与优化、焊接接头性能试验研究”等科研项目。电厂承担了主要的研发工作,在国内首次采用在役锅炉高温受热面实物件挂炉试验方式,对国产T91钢管开展材料的组织及性能稳定性、抗氧化性、接头性能等试验与评价工作。从最初的受热面局部试验到最终的过热器全面更换,并通过科研及技改研究,与苏州热工院等单位一起攻克了异种钢接口焊接等一系列重大技术问题,形成了“国产T91钢过热器/再热器受热面管的金属监督技术导则”、“国产T91+T22异种钢焊接工艺规程”,提出了简易、无损的国产T91钢管老化状态分析与评估方法——硬度、组织寿命评估法,为T91钢的应用提供了有效的技术依据和监督方法。该项目获得了中国电机工程学会颁发的2009年度中国电力科学技术奖二等奖。　(高　薇)

**电厂通过并网安全性评价**　为使电厂零—四号机组并网后电网和电厂安全、优质、经济运行,由华东电监局组织,对电厂进行了并网安全性评价工作。5月,电厂成立了5台机组涉网设备并网安全性评价工作小组,将“华东区域发电厂并网安全性评价标准”分为电厂并网运行必备条件、技术档案和资料准备、现场检查和现场记录检查三个部分;6月1日—7月8日工作小组完成三部分的检查和自评价;7月9日工作小组对第一次自评价中的整改意见进行复评,并进行了第二次自评价;7月14日形成自查自评总结并报请华东电监局组织的专家审核。经华东电监局批准,9月22—25日专家组进行了现场审核,最终电厂顺利通过审核,并取得“华东区域发电厂并网安全性评价合格证”。

(高　薇)

## 制造管理部

宝钢股份制造管理部负责周以下生产计划的编制及组织实施、日常生产的跟踪、调度和指挥,以及异常情况下的生产调整;产品生产工艺的设计和产品质量的持续改进;组织生产技术标准和规程的制定、修订及管理,组织一贯生产及质量管理的贯彻实施;生产、技术、质量综合分析;配煤、配矿管理及相应的协调工作,原燃料(含废钢铁)的计划、仓储、供应及清盘库管理;铁水的分配管理;生产合同的跟踪、准发及现货资源的申报;在制品库存管理及相应的清盘库工作;产品工艺规程、技术规程、工艺卡、合同质量代码及新产品工厂试验、大生产质量控制计划的制定、修订,跟踪、分析和处理质量事故;总部应急预案管理;宝钢股份标准化作业管理。为宝钢股份其他制造单元提供业务指导和支撑。下设办公室、生产技术管理室、标准管理室、质量一贯室、炼钢管理室、薄板室、宽厚板室、品质检验管理室(筹)、管线一贯室、原料管理中心。

制造管理部有职工 279 人,其中管理岗位 15 人,技术业务岗位 246 人,首席工程师 17 人,主任工程师(管理师)45 人,区域工程师(管理师)87 人,技术(业务)协理 97 人。

年内,宝钢股份获"上海市市长质量奖",并被评为"全国推行全面质量管理 30 周年优秀企业"。

(刘 仙)

**实施炼铁基准方案** 梳理铁水成本管理流程,牵头策划并建立"铁水目标成本管理"机制,以月度基准方案为抓手倒逼铁水成本,确保铁水成本受控。通过月度配煤、配矿方案优化,测算月度铁水成本。将测算铁水成本与月度铁水目标成本对照,并优化价格、指标、结构等环节,确保月度铁水成本低于铁水目标成本,从源头上控制工序成本。

(刘 仙)

**开展资源计划策划** 开展经济生产运行模式下的资源计划策划工作,以"产品总体边际贡献最大、瓶颈工序能力充分释放"为原则,倒推铁钢产量规模,开展物流平衡,优化产品结构,实施资源替换,提出各产线、机组的 N+2 月资源计划建议和停产、限产建议,形成产品、产线的优化方案;优化 N+1 月生产计划,实施关联工序联动,加强计划统筹,细化合同时序,推进瓶颈机组生产能力的发挥,减少生产切换,提高计划的预见性和执行能力。 (刘 仙)

**低库存经济生产** 围绕库存目标梳理重点项目,组建 12 支最佳实践团队,制定项目行动计划和具体举措。项目主要包括提高厚板连铸坯热送率、减少炼钢板坯异常下线率、加快新建项目调试功能考核料消化及新产品试制、产品认证进度等。在制品库存从 6 月末 85 万吨降低到 70 万吨的挑战目标内。

(刘 仙)

**大规模定制生产** 为提高炼钢有效产能、减少生产切换,选择风险较小并有较大改善空间的二号连铸机进行大规模定制试点。通过建立大规模定制生产组织模式、制定大规模定制生产流程、开展客户需求预测,在模块化设计的基础上,重点选择汽车 O5 板以及 BH 钢实施大规模定制试验,共进行了 6 次累计 12 日 334 炉的大规模定制生产,共计节约中间包 61 个,减少插铁板 139 次,降低交接坯改判 282 块,减少板坯切损量 506 吨。 (刘 仙)

**二次资源利用** 通过推进全物流管控及金属平衡工作,年内对各生产厂产生的近 30 多个品种的含铁资源进行梳理,并根据返炼钢厂、炼铁厂的不同需求进行质量分析。重点对废弃场上的含铁渣、铁刨花、磨屑、熔渣等进行磁选、筛分加工,块度、成分符合炼钢使用标准的返炼钢使用。经过来源、成分梳理,以价值最大化分配返生产使用流向。4—12 月新增二次资源共返生产使用 10.43 万吨,与 2008 年相比创造效益 1.16 亿元;全年渣钢铁使用量与 2008 年持平。冶炼区域总计回收利用二次资源 174.3 万吨。

(刘 仙)

**一批新建机组投产** 高强钢专用机组于 3 月 1 日开始热负荷试车,6 月底完成了普冷高氢、水淬、热镀锌高氢三种工艺路线两轮调试,机组于 7 月实现赢利,8 月实现"四达",达产月产能 1.85 万吨。C311 机组已具备生产环保钝化产品、彩涂家电外板以及批量生产汽车板的能力。通过增加热轧粗轧道次、优化除磷水工艺及电镀机组产线分工等举措,C311 丝斑改判率由年初 7.6% 下降为 5%;全年累计产量 12.85 万吨,其中耐指纹产品占 58.1%。C612 机组 10 月 20 日进入冷运行阶段,11 月 9 日开始烘炉,11 月 15 日结束,烘炉结束后机组于 11 月 23 日开始继续进行冷负荷试车,12 月 15 日开始热负荷试车,完成产量 7 534 吨。

(刘 仙)

**信息系统建设** 一炼钢 L3 及 2050 热轧 L3 系统改造项目于 5 月 20 日顺利切换上线,按计划于 6 月完成实物交接,9 月 30 日完成交工验收;二炼钢、1580 热轧及三热轧 L3 系统改造项目于 2009 年 9 月完成竣工验收;"十一五"规划全厂 L4 系统改造项目于 5 月完成项目后评估;完成梅钢、不锈钢互供料的系统优化及上线;完成电工钢冷却材信息流程优化改造、返回卷库存报表优化、二炼钢材料申请改造、合同变更程序完善等在线系统优化。 (刘 仙)

**汽车板认证** 年内,冷轧产品已完成 13 家汽车用户 90 个钢种和零件的认证,完成全年计划的约 65.7%。酸洗产品完成 8 家用户 103 个零件认证工作。五冷轧汽车板认证按照与用户协商的送样时间,制定日产和本田的钢种认证计划,整体进展顺利。围绕汽车外板丝斑,成立跨部门工作团队快速分析改进，通过优化热轧加热与除鳞工艺、固化外板产线与开展两次切边、完善冷轧内部缺陷样板分级等工作，缺陷已受控。另外围绕腰折、GA纵向条纹与氧化铁皮、粗晶、炼钢气泡、卷取擦伤等问题，开展了跨部门联合攻关，部分问题已明确改进方向并已采取相关对策，结果有待进一步跟踪。 （刘 仙）

**工艺合金优化** UOE（大口径直缝焊管）向X80开展降低铌含量试验，累计生产2.6万吨。用V替代Nb生产SN490B/C、Q345GJB/C等系列高层建筑用钢、用高Cr替代Mo生产煤矿机械行业用80千克级厚规格调质钢，降低钢板的合金成本；采用C－Mn替代Nb生产AH32、Q345A/B/C/D、SM490A/B、S355JR/0/2、Q345R等钢种，采用低温控轧替代正火生产A709 Gr50F、Q345E等具有优良低温冲击韧性钢种，质量损失明显下降。针对彩涂家电空调及冰箱面板屈服低、夏普洗衣机起棱等问题开展工艺优化；针对松下等离子背投进行了涂料改进；通过大量金相解剖试验，基本明确电池钢粗晶缺陷的发生特点并制定改进工艺；针对DR材制耳问题，初步形成了解决低制耳的工艺控制要点。开展了减少磁轭钢钒和硅含量、出口抗HIC管线钢铌含量、热轧焊接结构钢A572GR55/GR65与汽车结构钢QstE340/380/420TM铌含量、耐候钢B480GNQR和09CuPCrNi的铬含量等工作。 （刘 仙）

**品种结构优化** 加快推进刀模、锅炉等CrMo钢、BS系列高强钢、高等级管线钢在二炼钢三热轧产线拓展，二炼钢三热轧生产4次约800吨刀模钢、锅炉管用钢，三热轧进行2轮约300吨厚规格BS钢试制，二炼钢稳定生产抗HIC X52、X70、X80管线钢10.4万吨。针对新试产品BS960MCJ4和BS700MCK2宽度方向翘曲问题，安排罩式炉退火，分别完成合同量100吨、500余吨。除780TRIP等用户需求少的钢种外，五冷轧已完成大纲钢种材质验证，同时拓展用户需求量大的9个大纲外钢种，1 400—1 600毫米普冷外板、590 MPa以上的钢种全部转到五冷轧生产。高强钢机组进行了普冷高氢、普冷水淬和热镀锌高氢三种工艺的材质试验，成功生产出强度最高的普冷1470MS和热镀锌980DP。加快新建电镀锌机组产品拓展，完成进口样板对标分析、实物评价和认证料生产。逐步推进焊丝钢转连退工作，优化焊丝钢生产工艺和路径。进行IF钢产线优化工作，稳定材质性能；按照汽车外板产线分工原则，完成汽车外板产线的优化。 （刘 仙）

**原辅料管理** 强化炼钢用原辅料质量管理，建立供应商技术评审（TA）标准并组织实施，规范质量抽查和新品试验工作，梳理采购技术条件中存在的问题并对其逐步进行修订，开展原辅料质量趋势分析，总结制定炼钢区域耐材保质期的规定。 （刘 仙）

**标准化管理** 建立和完善宝钢股份公司标准管理体系，完成2009版企业标准整合修订，形成碳钢、不锈钢和特殊钢三大类产品企业标准体系，开展新版企业系列宣传贯彻；完成汽车用高强钢等8个国家标准的编制和审定，建立了完整的汽车用高强钢板系列国家标准；建立宝钢股份公司标准管理信息平台，规范标准相关业务管理，提高管理效率实现信息共享。 （刘 仙）

**各类产品认证** 组织开展各类产品认证，完成特厚高强船板扩大认可、海洋平台用结构钢板API会标、热轧和厚板JIS标准、热轧和厚板CE、UOE涂层防腐蚀压力管特种设备制造许可、R4系泊链钢等产品认证。API会标产品中仅有API SPEC 5L管线管规范发布了勘误和增补信息，相关变更内容（没有重大变更）已全部评审并落实完毕，其余产品规范没有变。 （刘 仙）

**控制计划应用** 重点选择五冷轧汽车板（CR4）、UOE管线钢（X80）、钢帘线（B82LX）、电池壳钢（BDCK）等代表性重点产品深入开展产品先期策划，实现控制计划指导现场生产。通过开展识别与梳理用户需求，收集生产实绩，制定内控产品交付标准，梳理过程流程图，策划并制定控制计划和重要材料采购标准，明确质检判定规定，深化核心工具和方法的应用，完善产品质量先期策划，使控制计划更加细化、明确，可操作性更强。以重点产品控制计划和岗位对标为基础，结合部门工作实际、存在的短板以及体系的相关要求，各部门开展岗位要求梳理，制定标准岗标准和提升计划，组织标准岗实施，开展标准岗实施标准化作业检查，促进过程完善，提高过程稳定性及过程能力。 （刘 仙）

**产品移植和技术支持工作** 针对梅钢公司、不锈钢事业部、中厚板分公司和黄石涂镀板公司的共有产品进行产品移植、技术支持的相关工作。

镀锌钢丝打包

向梅钢公司移植了 X70 管线钢、高强结构钢 SS550MC、高强耐候钢 Q550NQAE 和高强集装箱板 B600GNQR。向不锈钢事业部移植焊接结构钢 A572Gr55,汽车酸洗结构钢 QStE500/460TM;系统总结宝分冷热轧耐候钢一贯制造技术,为向其他分(子)公司进行产品推广和技术移植创造条件;梳理宝钢股份镀铝锌产品一贯制生产工艺,配合梅钢公司开展镀铝锌机组调试;完成八一钢铁产品推广和技术移植项目中 510L/QStE420TM/J55/X60 等 4 个品种的移植及生产试制,特别是 B510L,经过多轮试验与改进,已批量生产上万吨,质量稳定。10 月,八一钢铁 X60 以下管线钢、B510L 汽车板顺利通过自治区新产品鉴定。

(刘 仙)

**深化质量一贯制管理** 为提高一贯质量管理有效性,制定了深化质量一贯制实施计划,组建一贯制协同团队,打破部门界限,充分考虑研发、质量、生产、设备和操作等各个方面。一贯管理部门和生产厂部骨干技术人员以项目为纽带,提高互动和协同能力,以解决生产现场问题为导向,将管理理念和意识深入到班组,关键质量控制操作要点落实到生产设备操作一线岗位,使一贯技术、工序制造技术、生产操作诀窍实现无缝对接。系统梳理了困扰生产多年的重大、疑难问题,组建 GA 外板钢质夹渣缺陷等 8 个协同团队。通过推进,GA 外板钢质夹渣等缺陷发生率由 15.89% 降低到 6.67%,降幅 58%;IF 钢纵向拉伸条纹基本解决;热轧原料卷原因产生的严重丝斑缺陷基本消除。

(刘 仙)

**质量和安全年活动** 为深入贯彻落实国资委、国家质检总局"关于中央企业深入开展'质量和安全年'活动进一步加强质量工作的通知"要求,宝钢在宝钢股份公司范围内开展"以党中央、国务院关于开展'质量和安全年'指示精神为指导,坚持'质量是企业生命'的理念不动摇,坚持以质取胜,推进卓越绩效模式,不断提高技术、装备和管理水平,不断提升制造能力,增强产品市场竞争力,为社会提供安全、优质的产品"为指导思想的"质量和安全年"活动。从"深入开展制造能力提升工作,不断增强产品市场竞争力"、"开展对标找差,不断赶超国际先进水平"等九个方面开展活动,活动达到预期效果。

(刘 仙)

**质量振兴攻关项目获奖** 为贯彻国务院"质量振兴纲要"、"上海市质量振兴实施计划",宝钢股份在公司范围内开展质量振兴攻关活动,推选优秀攻关项目参加上海市质量振兴攻关评比,其中特钢事业部"超临界和超超临界火电机组用 P91 大管坯技术质量攻关"和宝日汽车板公司"合金化热镀锌高润滑涂膜产品的质量攻关"获一等奖,直属厂部炼铁厂"提高高炉铁水脱锰合格率"和宝日汽车板公司"冷轧汽车外板'纵向拉伸条纹'缺陷攻关"获二等奖,梅钢公司"冷弯钢板桩用钢 MDB350 开发产品质量攻关"获三等奖。

(刘 仙)

## 设备部

至 2009 年底,设备部在册员工 548 人,其中宝钢股份公司直管干部 7 人,作业长及以上管理人员 32 人,技术业务人员 326 人,操作维护人员 183 人。首席工程管理师 14 人,首席操作维护岗位 5 人。下设办公室、综合管理室、设备管理室、检修管理室(设备管制中心)、备件管理室、合同管理室、设备准备室、固定资产管理室、计量管理室、维修工程室、设备技术室、电气技术室、计量检定室、冶炼室、轧一室、轧二室、通信室(网络管制中心)。

年内,宝钢股份设备管理业务及职能与原宝钢分公司设备管理业务进行整合,成立宝钢股份公司设备部。设备部设立综合管理室,撤销设备部对外管理技术支持室,相关职责划转综合管理室。原工程管理部承担的直属生产厂部维修工程项目管理职责划转设备部,设备部设立维修工程室。原宝钢股份办公室承担的总部固定资产实物管理职责划转设备部,原宝钢股份系统创新部承担的信息系统运行维护管理职责划转设备部。 (刘洪军)

**调整优化设备管理体系** 为适应管理变革,提高工作实效,设备部调整优化设备管理方式,保留宝钢股份公司设备管理委员会管理方式,改变4个专业管理组推进形式,建立了设备管理、检修管理、备件管理、技术管理和计量管理5个专业主任联席会议制度。设备部制定设备管理体系能力提升3年行动计划,组织对不锈钢事业部、特钢事业部、中厚板分公司、梅钢公司等单位设备管理体系能力进行评估,有力推动了设备管理体系能力的提升。年内,设备系统实现降维修费用19.88亿元的目标。2009年,宝钢股份被评为第八届全国设备管理优秀单位,赵周礼、王建跃等4人被评为第四届全国设备管理优秀工作者。不锈钢分公司、梅钢公司、特钢分公司锻造厂、中厚板分公司能环部等4家单位及部门被评为上海市第八届设备管理优秀单位,王晓东、朱庆明等11人被评为第四届上海市设备管理优秀工作者。 (刘洪军)

**设备管理** 年内,设备部下发了“关于进一步深化设备管理特别举措的通知”等一系列管控措施,对以“点检定修制”为核心的设备维修策略进行了深化,明确了“限总额、控专项”控制原则,并固化了维修费用“月预算、日管控”、检修柔性化管理、检修“三限定”、预算总额限定、专项物料实施定量控制等管控模式。通过优化定年修模型,控制检修负荷,梳理完善周期性检修项目,延长大额物料的在线使用寿命,加大修复与利旧力度、强化技术降本、推进以典型案例为引导的基础管理、强化点检责任心为主的检查督促等举措的实施,主作业线月均故障时间同比下降了12.08%,维修成本下降了27.05%。 (刘洪军)

**维修成本管理** 为适应低投入维修策略,设备部根据各类维修投入可压缩下降的不同弹性,探索形成了“标准×弹性系数+α”的目标成本核定办法,倒逼设定月目标成本指标,结合精细化的过程管控、月目标成本执行分析及“降本贡献度”、“目标成本完成率”评价等管理举措,取得了预期的控制效果,宝钢股份公司直属厂部全年维修投入同比下降11.12亿元。 (刘洪军)

**检修管理** 以“闭环改进、规范管理”为抓手,采取加大主作业线设备事故对策措施落实情况的跟踪验证力度、加强设备“防台防汛”、“防冻保温”等专项工作的检查推进,使25条主作业线月均设备故障实绩同比下降12.08%,设备事故成本下降14.7%,确保了设备状态持续稳定。设备检修负荷降幅明显,通过推进检修计划柔性化管理,严格检修项目立项审核、加大周期项目管控、推进检修质量层级管理等工作,常规检修负荷同比下降34.16%,费用下降了18.22%,设备检修负荷明显下降。采取“管理按年修方式组织,项目按定修方式控制”等举措,在初轧和线材年修及大定修的管理实践中成效显著,节省维修费用投入超过1 700万元。此外,在2009年下半年实施的系列年修及大定修工作中,通过统筹策划、充分准备、周密组织,确保了年修及大定修较计划提前71.13小时完成,创造边际效益2 215.56万元。保质保量完成一炼钢2RH、2050热轧电缆隧道火灾等重大突发事故的抢修工作。持续组织开展“信得过检修班组”评选、技能比武、检修单位第二方审核、检修班组员工安全代表和安全“100班组”建设等工作,促进了检修协力队伍整体管理水平的提升。 (刘洪军)

**备件管理** 通过大额物料领用审批、审批等级提高等方式,物料消耗同比下降46%,累计降本实绩108 216万元。物料费占维修费的比例下降了10%。对消耗量大的九大类物料,按项目化方式管理,消耗同比下降了50.5%。2009年M3新增采购计划总量同比下降60.09%。可控备件库存(即2008年底前入库的库存、2009年入库的危机后计划的库存及修复备件库存)比年初下降25%。加大修旧利废、降价等降本力度,修复计划委托量同比上升10%,结算金额下降了4%,修复备件的原值上升20%,备修价值指数从9.64上升到12.02,上升了25%(备修价值指数是指1元钱的投入所能修复备件的原值量)。13家内部供应商承接的业务量比例达到了61%,比2008年同期提高了3个百分点。完成66支轧辊改制,实现效益975万元。国产化率为78.3%,同比上升了23.2个百分点,创效2 619万元。推进宝钢股份备件国产化及流程的完善,策划并落实了宝钢股份备件国产化技术专家库的组建。开发现场物料管理系统,于7月底全部上线。 (刘洪军)

**合同管理** 年内，针对以往维修项目结算“年底翘尾”的状况，设备部大力推进维修项目按月结算的管理要求，优化合同结算流程，并成功实现9672合同管理子系统中“合同结算”与“发票报支”功能的分离，为宝钢股份公司推行成本倒逼、真实反映当期维修成本提供了有效支撑。2009年设备部强化供应商管理，合理整合检修资源，检修协力供应商使用实绩为42家，战略(关联)供应商检修资源集中度为91.64%。修订并颁布了“检修协力分包商管理标准”，进一步强化对检修供应商的延伸管理。年内，设备部为探索严峻市场形势下的设备维护新模式，组织开展了自动化设备专业支撑体系探索。采取自动化设备专业维护支撑“固定+浮动”的运作模式，依托宝信软件的专业技术服务于生产现场的优势，弥补现场技术力量不足的缺陷，以期实现自动化设备维护价值最大化。 (刘洪军)

**设备前期管理** 年内，设备部参与宝钢股份公司规划、技改、维修工程项目的立项、设计、选型、制造、安装调试以及新投产项目消缺攻关等设备前期管理工作，为建设项目提供了大量的技术支撑和现场服务。据统计，设备部技术人员年内共参与建设、技改项目各类审查会议723次，日均2.90次，组织技改书面审查及会签131份，维工审查87份，在各类审查中共提出意见185条，其中126条被当场采纳，采纳率为68.11%，58条跟踪落实中，1条未采纳。同时，设备部不断完善“设备部参与建设项目审查统计、分析平台”，提高参与建设项目各类审查闭环率，年度闭环率高达98.66%。2009年设备部继续开展新投产项目的消缺、电缆整治等专项工作，并通过“回头查”的形式对2008年剩余的28个消缺遗留问题进行了滚动解决。对2030新增电镀锌机组投运后困扰产品质量提升的设备问题进行重点解决，前后共协调解决重大问题10项。针对新建机组不断暴露的电缆桥架满槽问题，设备部会同能环部、安保部、宝钢发展、检测公司对电缆沟开展现场普查，共查出各类问题168项，并提交“全面普查找问题、防微杜渐除隐患”专题报告及相关对策意见，促使各类问题得以解决。 (刘洪军)

**固定资产管理** 年内，新增固定资产入账12 675项，原值2 223 633.94万元；资产报废594项，原值46 283.07万元，净值2 795.80万元；异动2 934项，原值106 373.54万元；闲废资产利旧实绩298项，利旧原值5 363.00万元，完成年度目标值(3 500万元)的153.28%，实现利旧效益2 750万元；签订出租、托管协议14份，涉及资产4 397项，原值28.34亿元。完成防汛防台项目8个，实事工程项目4个，其他非生产性设施大修13个。全年共盘活零固资源387项、节约零固投入5 382.83万元。下半年起开展了以闲废资产阳光处置为专题的效能监察工作，即对闲废资产的回收、交接、运输、仓储、竞价招标、处置发货、付款结算等方面的情况进行了全面的监察，具体对14个二级厂部3 825项、原值约29.5亿元的闲废资产回收处置情况以及1 329项利旧资产进行了监察。自查和抽查发现共性问题2个，个性问题4个；提出监察建议或需整改的问题有两个方面，向8家单位发出监察建议书，共发出监察建议书8份，提出监察建议8项。全年共处置闲废资产2 915项，原值54 505.82万元，净值4 535.78万元，处置收入3 191.21万元，实现处置资产原值收益率5.85%。 (刘洪军)

**技术创新管理** 年内，设备部开展科研项目60项，其中宝钢股份公司级直管项目19项，部级自管项目41项，实现科研创效2 480.5万元，完成年度指标的107.8%。由宝钢股份认定技术秘密76.42项，专利受理12.15件，完成年度指标的111.5%。实施合理化建议1 707条，创效5 905.6万元，完成年度指标的100%。设备部牵头完成宝钢股份公司直属厂部34项设备重大攻关项目，创造效益2.24亿元。2009年，设备部围绕大额物料(含备件和资材)降耗，策划了30个项目，全年大额物料降耗创效7 489万元，同比降幅达到55.9%。设备系统完成液压油HFI指数预定目标(目标值0.635)，并实现液压油、透平油、极压锂基脂等润滑油脂的国产化工作。全年液压油HFI指数累计为0.629，占年度目标值的98.83%，同比减耗液压油241吨；全年累计领用机械设备润滑油脂4 903吨，同比减少595吨，累计实现降本增效1 582万元；合并机械设备类油脂249种，留用218种，油脂品种下降50%以上。在数模推进工作中，高炉智能专家系统的七大功能模块已进入在线调试；转炉“一键炼钢”技术由二炼钢向一炼钢移植；厚板完成了二期模型调试优化及功能考核工作；硅钢二期工程已进入技术谈判；薄板平整机数模自主开发项目通过FAT。累计创效1 905.2万元，专利3.85个，技术秘密32.99个。

(刘洪军)

**计量管理** 年内,设备部计量管理继续以"低风险、低成本、高效率、高精度"为宗旨,努力提升测量管理体系对质量、安全、环境、职业健康体系的基础保障作用,全面完成各项计量任务和指标。5月26—27日完成中启计量体系认证中心对宝钢股份测量管理体系的监督评审,审核组对宝钢股份公司强势推进能源计量管理、硅钢计量推进给予充分肯定,对改进的信息系统能动态反映测量设备计量确认和测量过程控制,实现对两个核心过程的实时监视给予高度评价。4月,通过政府对宝钢股份最高标准器(9项)的考核,11月通过政府对宝钢股份强检授权(6项)。在信息化建设方面,MSA信息系统经功能扩展后成功上线,实现了用多种方法对关键测量过程实施监控、分析与改进。能源计量信息平台上线试运行,该平台将通过能源计量图形化和表格化的数据库管理,动态管控能源计量数据,为能源消耗分析、能源差异分析、节能降耗实施精细化管理提供帮助。

(刘洪军)

**检化验及测量检校** 年内,宝钢股份直属厂部主要检化验仪器设备月均故障次数为16.99次,同比减少0.76次。测量设备计量检校15 199台件,确认外部检校证书及签发证书15 140份。内部检校"5个工作日"完成率为93.86%,同比提高0.86%。2009年宝钢股份公司直属厂部测量设备检校费用及检化验仪器设备维修费用同比下降18.25%。4月通过中国合格评定国家认可委(CNAS)对校准实验室的监督评审。实验室获认可的校准项目由原17项扩大至21项。 (刘洪军)

**网络通信管理** 2月26日,宝钢因特网出口采用双路由方式升速到235M带宽,解决了网络出口瓶颈问题,改善了网络接入条件。8月,宝钢大院区域12个通信基站的新建工作完成并投入使用,有效解决了宝钢大院区域范围内移动和联通2G、3G信号的覆盖和接通率问题,改善了宝钢大院范围内移动信号。8月,设备部负责实施的科研项目"宝钢厂区VHF/UHF无线电频率规划模型研究"顺利结题,项目搜集各单位频率需求13份,完成测试报告11份6.75万字,制作图表181张、测试频谱图328张、现场照片304张,首次完成了对宝钢直属厂部区域范围内常规对讲机的频率规划。为进一步提升通信网络技术管理水平,9月,设备部编制完成"通信设备配置模型",旨在探索建立冶金行业的工业通信设备配置标准。12月,设备部首次编制完成宝钢股份本部"宝钢通信技术发展规划(2010—2015)",规划分为信息网络、自动电话、通信管线、有线通信、无线通信和视频监控6个章节,约2万字。在6月完成的"滩涂圈围区域通信主干管线工程"技改项目中,首次在宝钢大院内采用了"非开挖地下定向钻"的施工工艺及光纤配线的设计思路。"网络安全升级改造项目"系统实施了终端安全管控系统、网络流量监控分析系统、网络日志收集分析系统等网络安全管控手段,丰富了网络管控手段。

(刘洪军)

**设备管理技术支持** 年内,设备部共承担了30项支持项目(其中2项为参与项目,牵头单位为科技发展部),年内新增项目为16项,全年已结题项目为7项。2009年设备部共投入了1 068人日,参与支持项目和技术支撑。接待了34个单位、286人日到设备部进行设备管理技术交流(包含项目内的培训);181人日在设备部轮岗培训。"特钢设备功能、精度恢复"作为2009年重点支持项目,在设备部、钢管条钢事业部、宝钢工业检测公司、宝钢检修公司、宝信公司等单位参与下,完成了27个机、电设备问题的改善任务。协助特钢事业部建立了设备基础管理的管理流程,建立了1 000多份设备维修作业标准,对100多名设备点检员进行了专业知识的培训。在L2及数模推进中,产生了新建板带工程的热矫、冷矫、冷轧轧线、冷轧处理线、特殊仪表等5个支持项目。

(刘洪军)

**过程机运维管理** 5月,宝钢股份将信息系统运维业务转至设备部,在业务交接中,设备部按照对宝钢股份主营业务支撑作用、实时性等原则确定等级。制定"指中机房计算机系统关机应急预案"为设备部二级预案,每年将进行预案演练。制造管理信息系统(L3、L4)2009年停机故障21.28小时,13次;同比下降25.62%;影响生产的故障共0.7小时,1次,同比下降60.67%,次数下降50%。期间,制定了二炼钢、1580热轧及1880热轧"三合一"L3系统定修模式,并成功实施。过程机运维持续开展围绕现场的"功能拓展、质量提升、降本增效"工作,通过贴近现场、走访用户、滚动收集跟踪用户需求,共完成497项。针对过程机装机量大的备件开展了代码归并工作,逐步实现共享及无库存管理。2009年加强了运维平台使用的推进力度,平台的使用率大幅提升,所有系统的日常运维包括发生的事件、出现的问题、实施的变更及日常点检等都一一记录在案，做到了运维数据可以随时调用分析，为过程机运维提供了强有力支撑。2009 年共处理事件 9 439 件、问题 52 件、变更 892 件，集中运维平台已成为提升过程机运维质量和运维效率的有效手段。（刘洪军）

## 能源环保部

5 月，宝钢股份实施管理变革，原宝钢分公司能源环保部和宝钢股份环境保护与资源利用部合并成立宝钢股份能源环保部。新成立的能源环保部不仅负责直属生产厂部能源环保的生产运行和管理职能，而且对整个宝钢股份和集团公司能源环保工作行使管理职能。至 2009 年底，能源环保部在册员工 657 人。其中管理岗位员工 55 名（含宝钢股份公司直管干部 9 名，分厂层管理者 21 名，作业长 25 名），技术业务人员 129 名，操作维护人员 473 名。首席工程师 8 名，技能专家 4 名，首席操作维护岗位 5 名。下设环资管理室、能源环保管理室、环保技术室、能源技术室、设备管理室、能源项目组、能源中心、热力分厂、制氧分厂、制水分厂、水处理分厂、两办及党群系统。（田敬龙）

**节能减排指标实绩** 全年耗能总量为 1 762.69 万吨标煤，吨钢综合能耗为 738.88 千克标煤。其中直属生产厂部耗能总量为 1 095.25 万吨标煤，吨钢综合能耗为 698.32 千克标煤，完成年度目标。在钢铁市场严峻、宝钢股份公司产能负荷低的情况下，21 个能源系统指标和工序能耗指标中，16 个指标好于目标值，其中反映宝钢股份公司能耗水平的吨钢综合能耗、吨钢耗新水完成较好，高炉煤气放散率、条钢工序能耗、高炉工序能耗创历史最高水平。直属生产厂部环保指标总体完成情况较好，10 项主要环保指标全部达到计划指标。其中污染物综合排放合格率、废水排放各项指标、固废返生产利用率创历史最高水平。（田敬龙）

**能源成本改善** 年内，按大能源系统成本最优组织生产运行方案，能源通廊实现协同效益 1.48 亿元。宝钢股份公司能源成本比上年降低 21.1%，吨钢能源成本降低 23.6%，能源成本占生产总成本比例下降 1.6个百分点。其中直属生产厂部围绕降低能源使用成本组织策划了 133 个具体推进项目，发动全体员工深挖潜力，全年降低能源使用成本 27.82 亿元。直属生产厂部能源成本降低 24.4%、吨钢能源成本降低 25.2%，能源成本占生产总成本比例下降 1.4 个百分点。（田敬龙）

**环保管理实绩** 全年完成环保投资 4.05 亿元，实施环保技改重点项目 45 项，年内建成投运 29 项。随着一炼钢除尘扩容改造、三热轧环保综合治理等项目的陆续投运，一炼钢区域的烟尘问题、三热轧区域的噪声问题、冷轧薄板厂的噪声和异味等问题，得到了有效的解决。建成的环境自动监测监视与管理系统涵盖了宝山地区所有钢铁生产单元。该系统实现了现场环境监视、环保数据在线分析，为提升环保基础管理水平创造了条件。实施全物流管控。建立固废管理体系，建成宝钢资源综合利用管理系统。全年固废综合利用率98.26%，返生产利用率 25.38%，比上年提高 1.91 个百分点。固废返生产利用效益 12.39 亿元，提高固废资源利用效益 2.8 亿元。（田敬龙）

**节能降耗管理** 组织实施了 80 项节能项目，年内完成 30 项。组建 4 个跨部门专业技术团队开展节能技术攻关，系统策划了能效电厂、高效炉窑两大专题规划调研课题。引入合同能源管理的模式，在直属厂部 1580 热轧开展除鳞泵节能改造项目试点。建立与多变化的生产组织特点相适应的动态能源管理新模式，推广低负荷下的集中停机生产，加强低负荷生产期间用能审查。调整用能结构，减少高价能源的使用量。实施节能减排专项审计，开展能源管理自诊断。建立以“关键能效因子”和“能耗源”梯级管理为特征的能源效率管理网络。直属生产厂部确立关键能效因子 78 项，逐月进行跟踪管理推进。对节能环保设备进行梳理界定，参照宝钢股份工艺主线设备管理要求，完善节能环保设备管理体系。确定 57 项宝钢股份 A 类节能环保设备和各部门进行管理的 B 类节能环保设备。明确管理标准和管理要求，定期进行实绩公布和差异分析，提升能源利用效率和环保运行效率。推进用能统计、计量管理规范化，减少能源加工转化成本损失约 1.1 亿元。（田敬龙）

**强化设备基础管理** 组织编制了“应对危机设备管理特别举措”，采用集中停机检修模式从源头控制检修项目数量，检修项目数比上年下降 27%；完成自力检修项目 999 项，直接减少人工协力费支出 54.75 万元。强化设备技术基础工作，一是开展设备连锁梳理；二是建立重点设备档案；三是整理图纸资料；四是编写故障案例培训材料；五是制定空分开车确认表，确保设备稳定运行。通过设备连锁梳理解决了一号鼓风机盘车嵌合装置嵌合时间、三号鼓风机逆流时间继电器 T2 定值等设计或设备缺陷。完成八号氧压机、一连铸循环水柴油机修复方案，实施完成电炉变一号主变绝缘油老化换油、七号空分空压机励磁系统检查和整改、一期高炉煤气管道波纹管包覆、电缆发热等重大消缺项目 10 项。 （田敬龙）

**技术创新与推广** 完成 10 项宝钢股份公司科研直管项目，2 项部级自管项目，创造科研效益 2 497.9 万元。合理化建议实施完成效益 5 490.86万元；技改效益 609.2 万元。专利受理 16 件，其中发明专利 2 项。技术秘密认定 33.7 项。“大型空分自主集成与国产化”成果获宝钢科技进步奖一等奖；“钢铁企业系统节水与梯级利用技术的开发应用”项目获得 2009 年度上海市科技进步奖二等奖；“钢铁企业副产煤气利用与减排综合技术”获得国家科技进步二等奖。 （田敬龙）

**强化现场标准化管理** 以体系管理思路强化现场标准化作业管理的有效性和针对性。以“关爱生命、安全发展”为主题开展百日安全无事故竞赛活动。多方式开展安全知识培训，提高员工安全技能。组织全员应急预案、急救器具的演练，提高员工在突发事故条件下的标准化作业技能和水平。发挥能源专业安全技术管理的职能和优势，主动介入用户管辖区域内危险作业的能源专业审查和指导。组织开展春季、秋季煤气安全专项检查，发现问题 101 项，年内已整改结束。煤气安全管理向施工协力单位延伸，组织 3 次煤气防护知识培训和煤气安全体感演示培训 320 多人。明确和落实消防保卫管理区域责任制，建立大安全区域管理责任体系。重新确立消防重点部位 14 处、油脂存放点 28 处、生产要害部位 79 处，其中 1 级要害部位 11 处。 （田敬龙）

**宝钢生活污水处理站建成** 宝钢生活污水处理站位于宝钢三期二中水场北侧、1580 热轧东侧绿化用地内，占地面积约 4 200 平方米。项目于 2008 年 11 月 3 日开工建设，2009 年 9 月 27 日建成投产。设计处理能力为 1.2 万立方米/天。主要处理工艺为生物滤池加过滤器联合处理工艺，出水经消毒后回用至二中水工业水系统。宝钢大院内一、二期生活污水开始生化处理，每天处理生活污水约 6 000 吨，回用后每年可节约大量新水，减少排污费支出。 （田敬龙）

**中央变电所改造完成** 中央变电所 110 千伏综合改造是 2009 年宝钢供配电系统最重要的改造项目。改造内容为中央变电所 110 千伏母线保护、馈线保护及 10 千伏、3 千伏馈线保护的更换改造，110 千伏开关机侧操作柜更换改造，改造施工时间约 4 个月。为此，能源环保部组成了改造项目团队，与外方及施工单位制定了周密的改造施工方案和运行措施，专人负责整个改造施工期间的安全监护和施工配合，协调安排各相关生产单元的停电，全部改造施工未对生产造成任何影响，按计划安全顺利完成。 （田敬龙）

## 运 输 部

运输部负责宝钢股份本部各类生产性运输车辆、工程机械、移动机械和厂内运输业务，并归口管理滩涂圈围区域。下设办公室、运输管理室、设备管理室、工程设备接运办公室、马迹山港、原料码头、成品车间、汽车大队、铁路站、船队、工程机械大队、运输项目组、滩涂圈围项目组。

至 2009 年底，运输部共有员工 1 393 人。其中管理岗位 116 人：管理人员 50 人，作业长 66 人；技术业务岗位 151 人：首席工程师 4 人，主任工程师（管理师）12 人，区域工程师（管理师）71 人，技术（业务）协理 64 人；技能专家 2 人。 （费　莎）

**生产经营情况** 全年完成运输总量 1.78亿吨，超 2.8% 完成年计划。其中，马迹山港完成吞吐量5 080.18万吨，超额 5.8% 完成全年挑战性目标；完成原料进厂4 157.29 万吨，完成产成品出厂 648.26 万吨；整体实现价值增值21 970 万元。实施宝钢股份公司级六西格玛精益运营改善项目 7 项；年均吨钢运量达到 4.47 吨，比年计划降低 0.53 吨；对外创收 16 273 万元，为年计划的 106.7%；用户综合满意度 97.8。三级及以上设备事故为零；维修费用 12 121 万元，为年度预算的95.12%。实现科研效益 1 529.59 万元；实现合理化建议效益 9 473.84 万元；完成自主管理课题 216 项；专利受理 21 件；技术秘密认定 53.95 件。19 项创新成果参加第 18 届全国发明成果展，3 项获得金奖，3 项获得银奖，5 项获得铜奖。“马迹山二期工程无人堆取料机（无人化料场）”获 2008—2009 年宝钢技术创新重大成果三等奖。“宝钢马迹山港料场无人化系统”荣获中国港口协会 2008 年度中国港口科技进步三等奖。 （费　莎）

**提高码头卸载效率** 马迹山港采取各种措施提高码头卸载效率,2009年装、卸船通算能力均达到A类指标。在确保宝钢股份生产用矿中转的前提下,马迹山港尽力寻求社会用户资源,全年接卸社会矿950.52万吨,创效益约2.56亿元。马迹山港还实现了同一泊位大型散货轮的靠、离泊作业和夜间内行道的交汇作业,具备了全天候完成交汇的能力。马迹山港全年完成吞吐量5 080.175 8万吨,为宝钢股份公司降低铁水成本1.8亿元,并先后刷新了亚洲沿海港口吃水量最深纪录等马迹山港开港后的17项作业纪录。 (费 莎)

**降低成本1.4亿元** 运输部建立“倒逼”机制下的成本管控体系,全年吨钢运输成本累计62.3元/吨,远低于71.7元/吨年度预算,降低成本1.4亿多元。 (费 莎)

**梳理码头装卸作业流程** 运输部充分利用钢制品物流管控信息平台,理顺管理责任和操作标准。明确从钢成品出厂物流链相关方的管理责职,从技术和管理上解决了多年铁路70吨敞车不能装载钢卷的难题。充分挖潜室内仓储能力,全年出口产品在厂内仓储136.19万吨,比2008年提高22.69%。优化厚板集批装船工艺流程,实施厚板码头装船预集配,全年中厚板(罗泾)厂内码头装卸量63.7万吨,比2008年增加55.7万吨。全年水运出厂周期缩减到3.23天,同比减少6.4%;铁运出厂周期缩减到2.28天,同比减少33%。梳理与船板分段集批、分段装船配送运行管理模式配套的管理职责、管理界面、装卸集批、配送工艺等,厚板出厂效率稳步提高。全年共完成厚板发运内贸93.46万吨,外贸45.96万吨。 (费 莎)

**出口货物报关管理** 运输部明确宝钢出口货物报关管理流程和管理职责,编写了海关网上“出口货物运抵报告”操作流程。从8月1日起,宝钢码头“出口货物运抵报告”由纸质递交变为网上申报,提高了宝钢出口货物的报关效率,确保了宝钢码头出口货物装船周期。 (费 莎)

**优化设备年定修模型** 年内,运输部优化设备年定修模型,港机设备取消年、定修模式,将相关项目分解到日修中实施;框架车、机车按“万吨·公里”数确定检修项目,在有效把控设备状态的前提下,实施以项目检修为主的经济维修,打破了传统的预防检修为主的思维模式。全年设备维修项目与时间平均减少18.6%,可控维修费用比2008年下降23.8%。全年共优化、调整周期项目1 877项。在保持设备状态整体稳定的前提下,水运区域检修负荷比2008年下降23.38%,陆运区域检修负荷下降15.1%。 (费 莎)

**优化协力管理** 年内,运输部进一步深化推进马迹山港“管用养修”一体化协力工作。马迹山港协力人员数从一体化之初的629人减少到507人,马迹山港区域化协力业务运行和管理水平较以往有了明显提高。12月7日,上海市企业管理现代化创新成果评审委员会发布了2009年市企业管理现代化创新成果公告,宝钢股份公司的“马迹山港‘管用养修’协力一体化管理”获三等奖。 (费 莎)

**“宝钢拖3号”获海上搜救先进集体称号** 1月14日,在浙江省海上搜救中心召开的先进表彰会上,宝钢拖轮“宝钢拖3号”作为唯一的非专业救助船荣获2008年浙江省海上搜救先进集体称号。这是宝钢拖轮首次获得浙江省省级荣誉称号。 (费 莎)

**140吨下置式双向框架车下线** 1月20日,由运输部、宝检公司、宝信软件历时一年多时间试制的首台自主集成制造的、拥有宝钢自主知识产权的140吨下置式双向行驶框架运输车,搭载100多吨载荷,首次在厂区行驶。经综合试验,其操控性、安全性等各项性能指标均满足设计要求,最大空载时速32公里,最大重载时速22公里,重载试验的桥面坡度11%。 (费 莎)

**宝钢滩涂区域部分路段建成通车** 2月11日,大口径焊管涂层厂区域及船板配送中心A块内、外部道路及配套设置的建设和道路标线规划工作顺利完成,宝钢滩涂区域纬六路、经五延路部分路段正式建成通车。 (费 莎)

**原料码头新建10号泊位投入使用** 2月26日,载重3.4万吨的“硕海”轮顺利停靠原料码头新建10号泊位,并进行矿粉卸载作业,这是原料码头新建10号泊位靠泊的第一艘货轮。 (费 莎)

**马迹山港一期堆取料机无人化改造工程进行实物交接** 3月19日,宝钢股份公司技改部、运输部、中冶宝钢技术服务有限公司等在马迹山港现场进行了马迹山港一期堆取料机

无人化改造工程的实物交接。（费　莎）

**宽厚板热板驳运**　3月24日，运输部工程机械大队的4台25吨卡尔玛叉车从宽厚板厂撤出，宽厚板二期改造叉车驳运热板项目收官。在历时近9个月里，运输部共计驳运热板46 668块，75.627万吨。（费　莎）

**超大型散货轮首靠马迹山港**　3月26日，由中国建造的满载29.229 9万吨进口铁矿砂的30万吨散货轮"合恒"轮首航成功首靠马迹山港，并在卸载后于3月29日安全离泊。（费　莎）

**运输部获上海港口行业协会"诚信创建企业"称号**　3月31日，在上海港口协会六届二次全体理事会上，运输部被授予"诚信创建企业"称号。（费　莎）

**原料10泊位对外开放**　5月14日，经过市口岸办、上海海关、市检验检疫局、市海事局及市边检总站联合组成的验收组的检查评定，宝钢原料码头10号泊位顺利通过专家验收审核。6月9日，原料10泊位获得上海市口岸办的正式开放批复。10泊位开放后，原料三期码头充分利用10泊位以"五三三"作业模式灵活组织生产。9月，原料码头通过有效组织船只靠离和作业计划，缩短船舶靠离等待时间，提高港机作业率，使宝钢股份矿石库存从8月底的低库存情况回升至9月底的190万吨以上，同时创造了接卸量403.85万吨的单月历史最高水平。原料码头全年接卸原料4 095.27万吨，保证了生产所需原料的稳定输入。（费　莎）

**马迹山港二期工程通过国家验收**　5月21日，经交通运输部、环境保护部、安监局及浙江省相关部门严格审核，宝钢马迹山港区二期工程通过国家验收。验收结果表明，水工标段工程、航道工程等9项单位工程核定等级均为优良，工程整体质量达到国家标准。（费　莎）

**运输部被评为"三星级交通安全资信企业"**　6月5日，在上海市交通安全资信等级评审委员会举行的上海市交通安全资信等级颁发仪式上，运输部被评为上海市最高等级的"三星级交通安全资信企业"。（费　莎）

**马迹山港创亚洲沿海港口吃水量最深纪录**　7月25日，装载31.652 8万吨矿砂的散货轮"埃米尔"号轮抵靠宝钢马迹山港矿砂中转码头，该航次该船吃水为22.96米，创造超大型散货轮亚洲沿海港口吃水量最深纪录。（费　莎）

**原料码头月产量首次突破400万吨**　9月，原料码头产量达到403.85万吨，月产量首次突破400万吨大关，同时，创造了全月日产量超过12.5万吨天数、全月日产量超过13.3万吨连续天数和单作业区的月工时数3项历史新高纪录。（费　莎）

**成品综合码头宽厚板单班作业创新高**　9月14日，宝钢成品综合码头在"新海升"轮装载宽厚板作业中，创造了单班装船359件，共2 206.23吨的历史新高纪录。（费　莎）

**宝钢股份厂内机动车启用新车牌**　10月15日，宝钢股份厂内机动车新车牌启用仪式在运输部汽车大队举行。新牌照颜色、字体保留原样，白底红字，牌照尺寸、牌照车型的分类全部按照上海市机动车牌照的样式制作。（费　莎）

**马迹山港创17万吨级同类船型全卸作业新纪录**　10月26日，17万吨级巴拿马籍"海堡"轮在马迹山港卸完18.05万吨铁矿砂后安全离泊，全船作业仅用30小时实现全卸，创造了马迹山港开港以来17万吨级同类船型全卸作业中的最高纪录。（费　莎）

**首次用超大型车检修超大型高杆灯**　10月27—28日，宝钢发展有限公司维修工程部首次用超高登高工程车，对马迹山港区域内原料堆场和检修车间场地的22个高度达到30余米的高杆灯进行全面检修。（费　莎）

**厂内UOE涂层钢管首次铁路装车**　11月4日，宝钢UOE涂层钢管在厂内纬一路铁路线首次装车，发往河南唐河中国石油天然气股份有限公司。（费　莎）

**国内最大连续式卸船机滚装上岸**　11月12日，与原料码头10泊位配套的连续式卸船机在宝钢原料码头顺利滚装上岸，该卸船机是宝钢首台连续式卸船机，也是首台国内自主集成制造的大型卸载铁矿石的链斗连续式卸船机，相比抓斗式卸船机具有高效、节能、环保的优点。待连续式卸船机投产后，码头整体设计产能将达到4 722万吨/年，原料进厂不分流的压力将得到根本缓解。（费　莎）

**原料码头连续式卸船机热负荷试车** 12月7日，原料码头连续式卸船机进行了安装调试后的首次卸料作业，标志着宝钢首台连续式卸船机进入热负荷试车阶段。（费 莎）

**首次实现夜间内行道外轮交汇作业** 12月8日凌晨，载有17.452万吨进口铁矿砂的“阿罗娜”轮在马迹山港减载后与从锚地驶来的载有21.7355万吨矿砂的“盖亚天马”轮成功交汇，实现了同一泊位大型散货轮的靠、离泊作业和夜间内行道的交汇作业，标志着马迹山港具备了全天候完成交汇的能力。（费 莎）

## 硅钢部

为适应硅钢生产一体化管理需要，2006年8月8日，宝钢股份硅钢部成立，至2009年底，硅钢部在册员工887人。

2007年11月1日，原宝钢股份热轧厂常化退火机组、冷轧厂一、二、三号无取向硅钢退火机组、精整机组等正式划转至宝钢股份硅钢部。2008年4月30日，宝钢自主集成的取向硅钢机组提前3个月投产，5月15日成功产出宝钢第一卷取向硅钢，7月29日成功产出宝钢第一卷高磁感取向硅钢，12月12日成功产出国内第一卷高磁感激光刻痕产品，并突破了低温生产工艺。2009年，无取向硅钢交库量突破百万吨，位列全球钢企无取向硅钢产量第一；取向硅钢交库量完成全年目标的149%；硅钢产品利润同比增8%。

年内，硅钢工程投产青年突击队荣获“上海市优秀青年突击队”称号；硅钢部硅钢四分厂三号硅钢精整成品作业区甲班荣获上海市工人先锋号、上海市文明班组称号；硅钢部首席工程师陈晓荣获上海市十大职工科技创新英才称号；硅钢部刘玉华荣获上海市用户满意服务明星称号；硅钢部朱华荣获全国钢铁行业“青安杯”竞赛最佳“青安岗”岗长称号；硅钢部首席工程师余伟荣获中央企业青年岗位能手称号。年内，“全流程协同管理在硅钢生产中的应用”获中国冶金企业管理现代化创新成果奖一等奖。（周坚松）

**取向硅钢工序实现全线月“四达”** 3月，DCL－2、FCL机组实现月“四达”（达到产量、质量、效益、能耗4项控制目标）；6月，RCM－1机组实现月“四达”；9月，RCM－2机组实现月“四达”。在此基础上，10月，投产仅一年半的取向硅钢工序实现全线月“四达”。（周坚松）

**无取向硅钢机组提前实现年达产** 4月，无取向硅钢RTL－1机组提前3个月实现年达产；6月，无取向硅钢四号SACL机组提前57天实现年达产，成为五冷轧带钢工程率先实现年达产的头两条机组。（周坚松）

**取向硅钢通过全球最大变压器制造商认证** 7月，上海ABB公司确认，采用宝钢取向硅钢制作的6台配电变压器经检验，各项性能指标全部满足要求，这标志着宝钢取向硅钢产品通过了全球最大变压器制造商ABB的全面认证，为拓展取向硅钢市场迈出了重要一步。总部设在瑞士的ABB公司，是全球最大、最先进的变压器制造商，作为变压器制造领域的领导者，ABB公司对取向硅钢材料的认证有着极为严格的要求，包括小样认证、供应商资格认证和实物使用认证。（周坚松）

**完成硅钢后续工程技术谈判** 7月27日—10月30日，硅钢部完成硅钢后续工程各大机组的技术谈判工作。（周坚松）

**高磁感取向硅钢通过专家技术评审** 11月3日，由国务院三峡工程建设委员会三峡工程重大设备制造检查组组织召开的三峡工程大型变压器应用宝钢高磁感取向硅钢技术评审会在宝钢召开。经过系列评审程序，专家对宝钢高磁感取向硅钢的评审结果为：经过10余年潜心研发和近两年生产实践，宝钢获得了一系列自主集成创新成果，为高等级取向硅钢国产化作出了贡献；宝钢生产的高磁感取向硅钢产品具备500千伏及以上电压等级大型变压器用取向硅钢的批量、稳定供货能力。（周坚松）

**宝钢取向硅钢用户突破百家** 2009年宝钢取向硅钢成功进入衡变、保变、沈变、西变等国内四大变压器制造企业，用户达到109家。（周坚松）

**无取向硅钢实现牌号全覆盖** 年内成功生产出0.35毫米规格中级别最高的B35A210无取向硅钢产品；B20AT1500、B20AT1200薄规格无取向硅钢试制成功，实现了宝钢无取向硅钢系列产品品种的全面拓展。不仅B35A210产品实现批量供货，B35A230、B35A250等产品也成功替代进口实现出口，已为GE、西门子等知名电气制造商批量应用；B20AT1500成功应用于法国空中客车上。宝钢试制出包括

B23R080 在内的5个顶级牌号取向硅钢,实现了牌号的全覆盖,填补了国内空白。部分顶级牌号取向硅钢产品已被国内6家大、中型变压器制造商批量订购,并制造成高效能变压器远销海外。宝钢取向硅钢已销往全球7个国家。
(周坚松)

**突破传统工艺** 在因一条无取向硅钢精整机组支援取向硅钢生产而出现精整产能缺口的情况下,硅钢部通过优化质量设计,调整配套的运行体系及对设备工艺参数进行调整等,省却了精整工序,由前道的连续退火涂层机组直接产出合格成品,降低了吨钢成本。(周坚松)

**能耗、环保指标全面达标** 2009年降低能耗成本1.389 5亿元,完成年初预定目标。环保设备投运率实绩为100%,达到宝钢股份要求。2009年污染物综合排放测试结果全部达标,达标率为100%。(周坚松)

**降本增效成绩显著** 落实全员成本改善,实施宝钢股份公司级降本增效项目6项、部级降本增效项目34项、部门级降本增效项目43项。2009年,完成宝钢股份公司级降本增效6.35亿元,完成全年目标的136%。实现部级项目降本增效2.20亿元。(周坚松)

**科技创新获得成果** 年内,获认定技术秘密237.8项,受理专利30.55件(发明专利12.4件);获宝钢股份公司1项、硅钢部8项先进操作法。科技创新创效1.52亿(科研9 310万元,合建5 917.7万元),均超年度目标。拥有7项专利和35项技术秘密、宝钢自主集成、达到世界先进水平的"无取向电工钢退火涂层机组工艺装备技术"荣获2009年度全国冶金科学技术一等奖。"一种用于热镀锌合金化板的白边检测方法"、"一种高频谐振加热电容器"、"一种新型开卷防跑偏装置"、"组合式炉辊轴承座"4项发明成果获第22届上海市优秀发明选拔赛银奖。"降低高牌号无取向硅钢条状缺陷改判率"自主管理成果获"海立杯"全国QC成果发表赛一等奖。
(周坚松)

钢城夜景

## 宝钢股份不锈钢事业部

3月31日,宝钢股份在原不锈钢分公司(前身是一钢公司)基础上组建不锈钢事业部。宝钢股份不锈钢事业部拥有炼铁、炼钢、热轧、冷轧等配套完整的不锈钢和碳钢联合生产线。全年可产不锈钢150万吨、碳钢190万吨,热轧不锈钢板卷128万吨、碳钢板卷181万吨,冷轧不锈钢66万吨、冷轧碳钢140万吨。不锈钢形成了铁素体、奥氏体、马氏体、双相钢等四大系列产品;碳钢形成抗氢诱裂纹(HIC)管线、高韧性管线、汽车结构、焊接气瓶等十大系列产品。产品广泛应用于核电、工业结构件、食品机械、化工设备、海洋运输、车辆船舶结构件、铁路货车、建筑装潢、家用电器、厨房设备等多种领域和行业,远销美国、德国、意大利、罗马尼亚、韩国以及中国台湾等国家和地区。

不锈钢事业部下辖宁波宝新不锈钢有限公司(简称"宁波宝新")。宁波宝新专业生产冷轧不锈钢薄板和冷轧不锈钢焊管,年设计产能分别达到60万吨和1万吨。主要产品为300、400系列冷轧不锈钢板卷和汽车排气系统及工业用不锈钢焊管,广泛用于电梯、汽车配件、家用电器、厨具餐具、卫生洁具、医疗器械、食品机械、化工设备、电子元件、建筑装潢等领域。

不锈钢事业部全年产铁233.88万吨,产钢302.58万吨,其中碳钢

167.92 万吨,不锈钢 134.66 万吨;热轧产量 289.83 万吨,其中碳钢 159.25 万吨,不锈钢 130.58 万吨;冷轧酸洗产量 100.2 万吨,其中碳钢 65.82 万吨,不锈钢 34.38 万吨。全年实现销售收入 197.27 亿元。 (王茂森)

**实施事业部管理变革百日计划** 年内,不锈钢事业部实施了"重点突出、内容全面、精益设计"的事业部管理变革百日计划,通过对包括首日计划安排等六大方面的全方位审视,178 项子任务全面覆盖了不锈钢事业部与宝钢股份公司各专业管理部门之间,以及不锈钢事业部内部的管理关系和业务流程,实现不锈钢产品供产销研业务链的纵向整合,加快了对市场的响应速度,确保市场不断、现场不乱、队伍稳定、绩效攀升。 (王茂森)

**完善经营管理思路** 不锈钢事业部提出"快、利"经营方针,快利并举,以快促利,提升市场盈利能力和促进成本改善。根据产品盈利能力,优化不锈钢产品结构,引入小时边际贡献作为决策依据;在碳钢产品上,建立了量、本、利分析机制,优化碳钢品种结构、提高产品盈利能力。不锈钢产品经营分析延伸到了贸易平台,对不锈钢市场的变化进行动态跟踪,及时掌握不锈钢体系产品经营的情况,作为决策的提供依据。 (王茂森)

**制定人才发展 3 年规划** 年内,制定不锈钢事业部"2009—2011 年人才发展规划"。人才发展目标调整为"150"计划和"430"计划,即核心人才 150 名,骨干人才 430 名,同时在原有基础上,对人才队伍建设举措和 10 项配套措施进行了整合。 (王茂森)

**推进成本改善** 年内,不锈钢事业部大力推进"实施不锈钢原料策略采购"、"降低铁水成本"等 12 项重点项目,开展"降本增效"、"节能降耗"、"安全管理"、"拓展品种"、"对标升级"、"冷轧工程"等"3 + 3"专项劳动竞赛,利用周成本管控等多层次的过程控制管理,做到"横向到边、纵向到底",确保"管理无盲点、指标无遗漏"。各工序成本降低进步明显,不锈钢产品成本下降 505 元/吨。实现成本改善效益 16.28 亿元,完成年度挑战目标 15 亿元的 108.5%。 (王茂森)

**完善体系管理** 根据"贯标工作日常化,日常工作标准化"的要求,年内编制了《运营管理手册》,制定、修订管理制度 286 个,使不锈钢事业部的各项管理活动有章可循。7 月不锈钢事业部通过了 BSI 认证机构对不锈钢事业部质量、环境和职业健康安全管理体系的第三方审核,12 月通过了汽车用钢质量管理体系的现场审核。 (王茂森)

**提高劳动效率** 按照"基于岗位、关键补缺、盘活资源"的指导思想,明确不锈钢事业部规划期内的目标定员,充分挖掘人力资源潜力,年内不锈钢事业部本部劳动效率同比提高 5.7%;协力人员劳动效率同比提高 10.05%;全口径劳动效率同比提高 7.49%。 (王茂森)

**产品质量攻关** 以对标找差为起点,锁定日本新日铁、JFE 等世界先进企业为实物对标对象,围绕降低内部缺陷发生率,提高互供料质量和减少用户异议,以六西格玛精益运营方式实施重点攻关,关键指标取得突破。2009 年综合现货率为 7.16%,比 2008 年的 11.92% 下降了 4.76%。 (王茂森)

**提高库存管理水平** 建立全流程的库存管理体系和预警机制,明确库存责任归属;建立库存"规模比"跟踪机制和直供用户库存周转周期跟踪机制,实现"高规模,低库存"运行。在制品库存方面,生产组织满负荷时,及时向结构优化和总量控制转变,减少无效库存占用。 (王茂森)

**实施策略采购** 在金融危机的"倒逼"之下,利用既有的营销渠道,发挥产、销、研一体化优势,紧密跟踪现场生产变化和上下游市场动态,加强市场信息的捕捉与研判,制定原材料采购战略,抢购国内市场低价原料资源,实现按时间节点保障供应。年内多次成功实施策略采购,实现了"保供应、降成本、优化服务"的目标,全年采购降本取得经济效益 6.67 亿元。 (王茂森)

**拓展独有、领先产品市场** 持续开拓独有、领先产品市场,以产品盈利能力为导向加强产品结构优化。全年,不锈钢独有、领先产品共销售 25.6 万吨,完成年度销售目标(21.39万吨)的 119.7%。碳钢独有、领先产品共销售 26.5 万吨,完成年度销售目标(19.13 万吨)的 138.5%。 (王茂森)

**提高用户满意度** 结合不锈钢消费特点,按照"专业化 + 区域化"的优化原则,及时建立面向市场、以用户为导向的创新型经营机制。2009 年事业部不锈钢产品用户满意度为 87.97 分,比目标值 86 分高出 1.97 分,碳钢产品用户满意度为 92.04

分，比目标值91.5分高出0.54分。
（王茂森）

**产品研发** 以产销研小组为依托，以品种拓展为抓手，以不锈钢碳钢双增效作为落脚点，通过大幅提升节镍奥氏体和中低铬铁素体不锈钢产品开发力度，优化产品结构，降低镍原料波动的经营风险，提升盈利能力。全年节镍型奥氏体不锈钢达到9.71万吨；碳钢产品拓展了汽车用钢等五大系列18个牌号的品种，其中L360MB、B510L、S35/45C、IF系列等钢种实现了大批量生产。
（王茂森）

**开展群众性技术创新活动** 以职工名字命名了8个技术创新工作室（小组），实行专家导师带教制度。创新工作室（小组）全年完成专利53项，发明专利8项，占不锈钢事业部专利数的54.61%，发明专利的33.61%。炼铁厂设备点检工卢江海2009年名列宝钢股份公司技术创新积分榜第二位，成为不锈钢事业部职工技术创新的“领头雁”。全年合理化建议实施15 227条，实现经济效益2.01亿元。 （王茂森）

**一批建设项目投产** 根据冷轧后续工程不锈钢机组生产准备大纲要求，年内冷轧后续工程不锈钢各机组按节点全面完成投产任务。不锈钢修磨机组、不锈钢二十辊轧机机组分别于3月26日、7月10日热负荷试车。不锈钢冷带退火酸洗机组、一号不锈钢重卷机组、不锈钢离线平整机组、二号不锈钢重卷机组分别于7月15日、7月25日、7月30日、7月31日热负荷试车。
（王茂森）

**吨钢综合能耗717.94千克标煤** 以能源成本最小化和不锈钢事业部效益最大化为原则，深入挖潜，组织开展19项能源成本改善项目。实施31项节能项目，不锈钢事业部2009年综合能耗717.94千克标煤/吨钢。2009年二氧化硫排放比预算目标下降了19.13%。固废返生产利用率达到25.1%，实现了25%的目标。 （王茂森）

**实现员工与企业共同发展** 落实不锈钢事业部3年人才发展规划配套激励措施，继续实施“月度之星”、“季度之星”、“不锈之星”等举措。畅通员工信息渠道，注重心理疏导，利用“桥”论坛、职工思想动态等载体，及时收集员工关注的热点、难点，并采取合理的途径予以反馈、落实解决。根据员工需求，加强员工健身场所的拓展；开展丰富多彩的、灵活多样的文体健康活动。举办各类培训、比赛、讲座等活动，营造了积极向上的工作氛围。 （王茂森）

## 宁波宝新不锈钢有限公司

宁波宝新不锈钢有限公司（简称“宁波宝新”）始建于1996年3月，隶属宝钢集团公司，2005年进入宝钢股份，成为宝钢股份控股子公司。2009年4月不锈钢事业部成立后，由不锈钢事业部管理。宁波宝新由宝钢股份、浙甬钢铁投资（宁波）有限公司、日新制钢株式会社、三井物产株式会社、阪和兴业株式会社联合投资，投资总额为67.77亿元，注册资本为28.48亿元，出资比例分别为54%、12%、21.9%、7%和5.1%。

宁波宝新地处浙江省宁波经济技术开发区，是专业生产冷轧不锈钢板、卷和不锈钢焊管的企业，四期工程于2005年底建成投产，2008年新建不锈钢焊管厂，并于年底投产。不锈钢板、卷年设计产能60万吨，不锈钢焊管年设计产能1万吨。主要产品为钢种SUS300、SUS400系列，表面加工等级2B、2D、No.1、No.3、No.4、HL、BA（即镜面板）等，厚度为0.2—5.0毫米、宽度为650—1 320毫米的冷轧不锈钢板、卷和外径为19.0—76.0毫米、厚度为0.5—3.0毫米的不锈钢焊管。产品主要特性为表面光洁、耐蚀性优良、良好的可焊性和易成型性，其质量与国际同类产品相当。产品广泛用于电梯、汽车配件、家用电器、厨具餐具、食品机械、化工设备、建筑装潢等领域。不锈钢热轧卷原料主要来自宝钢不锈钢事业部本部、日本和韩国。

至2009年底，在册职工930人。其中管理人员89人，技术人员270人，操作人员571人；大专以上学历766人，中级以上职称80人，员工平均年龄29.2岁，人均受教育年限15.23年。

全年总产销量61.16万吨，实现营业收入86.19亿元，利润2.42亿元。 （许徐敏）

**创立BPS生产经营理念** 2009年，不锈钢事业部根据“快、利”（快速、盈利）原则，在总结10年不锈钢生产经营经验教训的基础上，形成并践行BPS生产经营理念，即当月采购（Buy）、当月生产（Produce）、当月销售（Sell）。在给定的轧制差价内，以最低的成本，最大速度地生产、销售盈利能力强的产品，实现效益最大化。 （许徐敏）

**推行5J生产管理模式** 在BPS生产经营理念指导下，优化生产组织管理模式,全面推行5“J”(原料即时消化、物流即时优化、保留即时处置、设备即时保全、销售即时跟踪)生产组织管理模式,有效保障了生产组织稳定顺畅。2009年在产销规模有较大增长情况下,多项制造能力指标实现提升:原料、在制品库存控制在月均3.42万吨,较上年降低34.73%;现货发生率5.95%,较上年下降4.11%;一次合格品率75.25%、综合成材率92.39%,分别较上年提高了8.81%和0.53%。

(许徐敏)

**提出“勤商”营销理念** 优化实践“矩阵营销模式”,提出“勤商”营销理念,倡导销售人员以勤补缺、以勤对变。通过“五勤”(勤于市场调研、勤于营销策划、勤于营销攻关、勤于高层互访、勤于用户服务)和“两原则”(对口对等原则和以励激勤原则)及时掌握市场信息,挖掘和稳定用户资源。2009年,推行“勤商”理念取得初步成效,尤其是在第1季度不锈钢市场低迷情况下,客户订单量不减反增,全年冷轧不锈钢产量较2008年增加16.02万吨,按照设计产品规格折算,全年产量相当于64万吨,超设计产能4万吨,且接单量已超过产能。增加盈利能力较强产品的销售量,全年独有、领先产品销售19.6万吨,完成年度目标的131%。

(许徐敏)

**实行4项体制变革** 年内,宁波宝新主要进行了4项体制变革。(1)合并部分职能厂部,建立大部制,实现组织架构“扁平化”。(2)人才培养、选拔和利用机制变革,实行“哑铃型、三角型、海选”等多种创新方式选拔人才。(3)创立“网络式”设备管理体制,实现“单元负责,横向到边;专业集中,纵向到底”,不同业务水平的点检人员相结合,有效解决边缘协调问题。(4)推进产品经理制,结合不锈钢产销特点,每类产品配备1名产品经理,负责产品从市场开发到用户使用服务的一贯管理,将市场和现场联系起来,形成产销研一体化,提升满足用户个性化需求的能力。

(许徐敏)

**推行现场成本可视化** 实施“成本倒逼”机制,推行现场成本可视化,开展人人有项目,人人创效益的降本增效大比武,并推进技术降本工作,2009年冷轧工序成本同口径较2008年下降623元/吨。通过多种方式降低资金占用,实现财务降本8 070万元。

(许徐敏)

**提升设备体系能力** 依托宝钢股份管理技术输出平台,首次建立“提升宝新公司设备管理体系能力”管理技术输出项目,有效提升了设备体系能力。2009年,主作业线设备综合效率为88.05%,比上年度提高2.57%。针对“低库存、高负荷、高产出”的生产组织模式,设备体系实行了“切检合一”的检修模式,柔性安排检修计划,减少了切换时间,有效缓解了生产组织的瓶颈压力。

(许徐敏)

**个性化新品开发** 及时捕捉用户信息,成立跨部门科研项目团队,加强个性化新品开发。2009年,成功开发出240BA2产品、汽车装饰LB产品、270高压锅产品、172毛面产品、硬态抛光MPH产品等独有、领先产品,并优化了手机专供料MP产品的生产工艺。这些新品不仅满足了用户需求,且成为新的盈利增长点。

(许徐敏)

**一批创新成果获奖** 2009年,开展科研项目38项,结题6项,实现科研效益2 064万元。申请专利15项,授权专利6项,认定技术秘密48项,完成六西格玛项目9项,实现经济效益784.8万元。精整分厂甲一作业区QC小组及轧钢分厂的丁班QC小组分别被评为宁波市优秀质量管理小组;“不锈钢酸洗废水液的处理方法”在第十八届全国发明展览会

探 讨

上荣获银奖;"'矩阵式'营销拓展市场"项目被评为宁波市企业管理现代化创新成果一等奖、浙江省企业管理现代化创新成果二等奖;"不锈钢冷轧产品项目经理制"获宁波市企业管理现代化创新成果二等奖。(许徐敏)

**启动"光亮平整项目"** 经过前期调研和报批,11 月 17 日,宁波宝新启动"新增光亮平整机组项目"的建设,计划 2012 年 3 月 1 日热负荷试车。该项目建成后,宁波宝新将形成年产 66 万吨冷轧不锈钢产品的整体规模。(许徐敏)

## 宝钢股份特钢事业部

2009 年 4 月,宝钢股份在特殊钢分公司(前身是五钢公司)基础上组建特钢事业部。特钢事业部拥有年产 120 万吨钢、128 万吨材的能力。主要装备有 100 吨超高功率直流电弧炉(DC)1 座、100 吨钢包精炼炉(LF)1 座、100 吨真空脱气炉(VD)1 座、60 吨超高功率交流电弧炉(EAF)1 座、60 吨钢包精炼炉(LF)1 座、60 吨 AOD、VD/VOD 炉各 1 座、30 吨电炉 4 座、30 吨精炼炉 3 座、VD 炉 1 座、VOD 炉 1 座、30 吨 AOD 炉 1 座、真空感应炉 5 座、非真空感应炉 2 座、真空自耗炉 6 座、0.5—20 吨电渣炉 20 座、三机三流高效不锈钢小方坯连铸机(CCM)1 座、五机五流小方坯连铸机 1 座、小型轧机 3 套、中型轧机 2 套、冷轧钢管机 12 套、冷拉钢材轧机 9 台、4 000 吨快锻机 1 台、2 000 吨快锻机 1 台、1 300 吨径锻机 1 台、盘圆剥皮机 1 台、棒材剥皮机 1 台以及其他设备。特钢事业部拥有特种冶金、不锈钢和结构钢长材、银亮材、合金板带及钢管等多条现代化生产线,形成以特冶、不锈钢、结构钢三大系列为核心并聚焦于航空航天、能源、交通运输(汽车)三个关键行业以及模具钢、轴承钢、冷轧辊和芯棒、不锈钢等四大类关键产品。按照宝钢新一轮发展战略,特钢事业部将建成国际一流、国内领先的,具有强大综合竞争力的特钢精品基地和特钢新材料、新工艺、新技术的研发基地。

2009 年,特钢事业部产钢完成 45.85 万吨,钢材 75.02 万吨;营业收入达到 64.95 亿元。至年底,在册员工 5 108 人。

2009 年"3 + 4"七类关键产品累计实现销量 47.23 万吨,完成年度目标 102%,占总销量比例从 2008 年的57.15%,提高到61.90%。独有、领先产品实现销售 16.08 万吨,年度目标完成率 117%。(董晓虎)

**特钢事业部成立** 4 月,宝钢股份为进一步明确特钢产品的经营责任主体,实现特钢产品的产、供、销、研业务链的纵向整合,缩短业务流程,减少业务界面,加快对市场的响应速度,以特殊钢分公司为基础组建特钢事业部(特殊钢分公司建制撤销)。特钢事业部精简优化下属机构设置,缩短管理流程,提高研发、生产、销售三大系统之间协同性;同时组建成立特钢技术中心,为搭建创新创业基地建设平台奠定了基础。(董晓虎)

**加快存货周转速度** 年内,重点关注管理流程优化、提高物流管控、加快存货周转速度、降低经营风险等工作,促进经营方式的优化,提升资源使用效益。年末库存总量较年初下降 2 万吨,库存资金 4.45 亿元,处于控制目标之内。加大无委托物料和 6 个月以上物料处置力度,同时控制不合格品源头的产生。在制品库存管理得以加强,整体水平控制在 8 万吨。持续跟踪全体系产成品库存走势,并采取有力措施实施压库工作。库存资金较 2008 年底下降 5.5 亿元。(董晓虎)

**重点产品通过认证** 年内,特钢事业部通过了 23 家知名公司的第二方质量认证和审核,其中包括国际核聚变组织、GE 公司、美国威曼高登公司、艾默生动力传动公司、日本三菱重工、东风日产公司、北京钢铁研究总院、中航工业集团、沈阳飞机工业(集团)、西安航空动力股份有限公司等,为特钢事业部重点产品和特种材料顺利进入市场铺平了道路。1 月,核二、三级不锈钢管获得国家民用核安全设备制造许可证;4 月,不锈钢棒材和锻材通过德国莱茵技术有限公司(TUV)PED - CE、AD2000 - W0/TRD100 认证(复评);5 月,R4 系泊链用钢获得挪威船级社(DNV)工厂认可(复评);7 月,轴承钢获得工业产品生产许可证(复评);12 月份,不锈钢热轧钢板通过特种设备制造许可的现场鉴定。(董晓虎)

**大方坯互供** 大方坯全年总产量 45.71 万吨,涉及钢类 14 个、钢种 96 个。通过在管理、工艺技术、工装设备等方面的跨厂际联合攻关,大方坯表面质量得到有效的改善。采用大方坯连铸初轧坯轧制成成品后的钢材探伤一次合格率较上年同期提高了 28.17%。大方坯连铸代替模铸生产的产品已扩展到高端齿轮钢及非调质钢,与模铸相比,成材率提高了 12%。(董晓虎)

**SPC 工作取得突破** 年内,特钢事业部重点产品共设立 SPC(统计过程控制)控制点 119 个,涉及炼钢、特冶、条钢、锻造、银亮、钢管产线的七大类关键重点产品,基本达到覆盖全产线及典型重点产品,获得较好效果。齿轮钢端淬值控制中限率由 2008 年的 40% 提高到 2009 年的 75%,TP347H[O]≤40 ppm 合格率由 2008 年的 80% 提高到 2009 年的 100%,GH4169 横低倍一次检验不合格率由 2008 年的 8% 下降到 2009 年的 6.5%,MC3/MC5 探伤合格率由 2008 年的 82.1% 提高到95.59%。(董晓虎)

**建立重大质量攻关项目** 年内,建立了 7 项重大质量攻关项目,其中有 4 项质量攻关创造了较好的经济效益。主要有:不锈钢盘条表面质量攻关项目降低质量损失约1 164.90 万元;不锈钢管坯质量攻关降低质量损失约 504.059 6 万元;合金模块疏松及冶金缺陷质量攻关(提高 SW718H 预硬化后模块内部质量)降低质量损失约 642 万元;大方坯表面质量攻关降低质量损失约 1 000 万元。(董晓虎)

**一批重大新项目建成投产** 为填补国内油井管和核电蒸发器用管等高品质钢管的生产空白,2008 年 1 月开工建设的核电蒸发器用管国产化——热挤压钢管生产线技术改造项目总投资约 9 亿元人民币,主线于 2009 年 11 月竣工投产。为实现核电用合金材料国产化,2008 年 9 月在江苏宜兴开工建设的一条核电蒸发器用 690－U 型电热管专业生产线总投资约4.5亿元人民币,2009 年 10 月竣工投产。为提高不锈钢线材后道酸洗能力,回收再生条钢、合金板带等产线的废酸,2008 年 6 月开工建设不锈钢线材后道改造和废酸资源综合利用项目,总投资约 2.8 亿元人民币,2009 年 10 月投产。其酸洗线生产能力为 10 万吨/年,废酸处理能力为 4 500 升/时,每年可生产再生混酸 2.8 万立方米。(董晓虎)

**完善质量管理体系** 年内,编制完成特钢事业部《质量管理手册》(以 9001 为基础,包括军工、航空航天、汽车等)以及《运营管理手册》(以 9001 为基础,包括职业健康安全、环境、测量等);先后进行综合管理体系内审员培训和主任内审员培训考核。2009 年特钢事业部航空质量管理体系(AS9100B)、汽车质量管理体系(ISO/TS16949: 2002)、职业健康安全管理体系(OHSAS18001: 2007)、环境管理体系(ISO14001: 2004)分别完成监督审核及认证(复证)审核;特钢事业部测量管理体系(ISO10012: 2003)和军工质量管理体系(GJB9001A—2001)分别通过了年度监督审核。(董晓虎)

**完成一体化系统配套改造** 2008 年 4 月 15 日启动的宝钢股份一体化覆盖营销、质量、生产等 7 个管理专业 27 项主要业务,2009 年 5 月 1 日特钢事业部一体化销售、物流管控、财务系统及属地相关系统成功上线。(董晓虎)

**完善职业健康体系** 结合 OHSAS18001 审核换版,梳理、修订 31 个安全管理文件和 30 个安全管理标准,确保管理文件、标准全面覆盖生产现场,并提高管理制度的有效性和可操作性。根据间歇性生产特点,开展危险源动态辨识,新辨识危险源 2 372 个。宣传贯彻"作业场所职业健康监督管理暂行规定"、"职业病防治法",组织 2 410 名(其中协力 853 名)从事高温、噪声、矽尘、粉尘、放射线、酸等岗位人员进行职业性体检;对 82 个粉尘职业危害岗位进行监测。(董晓虎)

特钢事业部员工在操作

**治理安全隐患** 成立专项行动工作小组,抓隐患排查治理,累计排查一般安全生产隐患4 795条,落实整改4 772条,整改率99.52%;特种设备隐患347条,整改347条,整改率100%。牵头对火灾自动报警(灭火)设施和电缆安全运行进行专项检查。共组织800余人次参加防火检查,整改消防隐患108余处。对未能整改的各项隐患及时制定安全措施,明确了整改责任人和整改时间。 (董晓虎)

**节能减排成效显著** 年内,"吨钢综合能耗"、"能耗总量"、"万元产值能耗"实绩与目标值相比,分别下降10.66%、7.57%、10.13%;厂区大气降尘量等6项主要污染物指标比年初预计平均削减40%。年内将31项清洁生产指标进行逐项分解落实责任,按季度逐项推进检查,75.8%的清洁生产指标达到一级标准。 (董晓虎)

**提高环保管理能力** 完成"等温锻件厂房扩建和航空航天等温锻件生产线改造工程"等5个环保项目验收。重点针对炉卷热轧、废酸再生、钢管热挤压管等新项目从环境因素识别、文件细化及应急预案制订等方面落实环保要求。完成"环境自动监测、监视与管理系统"二期项目建设。通过"绿色特钢环境区域色块管理"日常管理的应用,将日常监测、相关方矛盾、环境管理体系及固体废弃物产生和处理情况等方面作为色块评价主要依据进行色块评价,直观凸显各区域的环境污染现状及环境管理情况,促进了环境面貌的持续改善,该项目获得了上海市管理创新成果二等奖。 (董晓虎)

**主要科技指标完成情况**

| 序　号 | 项　　目 | 全年实绩 |
|---|---|---|
| 1 | 科研新增直接经济效益(万元) | 2 400 |
| 2 | 新产品销售率(%) | 26.6 |
| 3 | 新产品试制量(万吨) | 11.5 |
| 4 | 申请专利数(件) | 50 |
| 5 | 其中发明专利数(件) | 18 |
| 6 | 审定技术秘密数(项) | 42 |
| 7 | 合理化建议效益(万元) | 6 615 |
| 8 | R&D投入率(%) | 1.07 |

(董晓虎)

**特种金属及合金板带一贯技术研究** 特种金属及合金板带炼钢连铸产线试制了23个钢种、300多炉钢,开发了低磁钢、耐磨钢、双相不锈钢、精密合金及耐蚀合金等难度较大的连铸板坯产品,已初步掌握特种金属立式连铸工艺技术。 (董晓虎)

**超高合金油套管关键技术研究及产品开发** 完成BG2242套管钢种的7寸大规格套管的热挤压试验,热挤压情况达到质量设计要求,同时完成了BG2250大电渣锭的热挤压试验。实验室完成了G3高速应变条件下的热模拟试验,为热挤压数学模型提供了必备的参数,同时经冷轧试验,确定了BG2235、2532等两个钢种热挤压管的冷轧工艺,具备了批量化生产能力。 (董晓虎)

**能源新产品领域开发** 超超临界电站用S30432高压锅炉管持久试验已达到近2万小时;完成了钢管工业化试制;完成了S31042高压锅炉管工业化试制,持久试验已达到8 000多小时。成功开发了1.25 MW风力发电主轴、齿轮用钢及轴承用钢,为特钢事业部开发低温型2 MW风力发电系列用钢奠定了良好的基础。 (董晓虎)

**汽车、交通、机械制造新产品领域开发** 开展了汽车发动机曲轴连杆用非调质钢NQT90连铸坯质量评估工作;通过与国内科研院所合作,研究第二相对齿轮钢微裂纹形成影响及晶粒长大的阻碍作用,并应用于实际生产,实现高品质齿轮用钢批量生产,满足中高端用户需要;开展了提速铁路用弹簧钢微合金元素对材料组织及强—塑—韧性等影响机理的研究。开展了提速铁路用弹条扣件材料成分设计,关键冶炼工艺参数控制,组织控制与疲劳寿命等试验研究工作,成功开发了系列弹条扣件用钢产品,具备了批量化生产能力。(1)模具钢。成功试制大型锻造模具钢模块SWPH13,纯净度高、碳化物均匀、显微组织细小,其模块质量水平达到北美压铸协会NADAC207#规范。采用35吨大型钢锭锻造出的单重24吨预硬化注塑模具模块和凹型模块SW718H,材质致密、抛光性能佳、硬度均匀,填补了国内大型汽车保险杠注塑模具材料的空白。采用电渣合金成分精控及电渣重熔工艺生产的高强韧性冷作模具钢SDC90锻造产品，综合性能全面优于当前使用的Cr12系列产品，可以替代进口DC53产品，用户使用情况良好。(2) 轴承钢。开发了GCr15SiMn大锻材，最大规格达到$\phi$380毫米；开发了MPP3311大锻材，最大规格达到$\phi$600毫米；开发了风电机组用于轴承钢球制作的GCr15热轧棒材；开发了汽车发动机用100Cr6剥皮材及SAE52100冷拉材。开展了球化退火＋磷、皂化替代冷拉的工艺试验研究，2010年将形成批量生产能力。(3) 轧辊与芯棒用钢。采用20吨电渣炉＋4 000吨锻机生产出的冷轧辊辊坯MC3A/MC5直径可达到680毫米，单件净重8.3吨的高抗辊印性能与进口同类产品相当，形成批量化生产能力。采用大型电渣锭快锻-径锻联合热联动生产的限动芯棒连轧管机穿管用100—390芯棒坯黑皮材(≤14米)，各项性能指标领先于国内同类产品，形成批量化生产能力。 (董晓虎)

**特种金属及合金板带新产品开发** (1) 完成双相钢2205中板、热卷、冷卷试制。双相钢的研制生产取得重大突破，在不锈钢事业部、宁波宝新支持下完成2205热卷、冷卷首批试制，并试制成功。11月成功试制出双相不锈钢中板，已开发2205、2304、2101 3个牌号，最小轧制规格拓展到8毫米，已稳定投放市场。(2) 完成镍基合金800H热轧板的试制。12月，特钢诞生了第一块耐蚀合金中板Incoloy800H，表面质量和性能均满足ASTM标准要求，并投放到市场使用。(3) 完成钛热卷的试制生产。2009年成功开发出了特钢历史上的第一个纯钛冷轧卷；同时成功开发出纯钛热轧中板，规格拓展至12毫米。(4) 完成精密合金Ni36首轮冷轧卷试制及中板轧制。采用特钢炼钢连铸—不锈钢事业部热轧—宁波宝新冷轧的工艺流程，完成了Ni36精密合金首轮冷卷的试制工作。 (董晓虎)

**推进设备信息管理** 开展设备管理体系再评估，修订、换版设备管理文件及专业管理标准；围绕设备管理信息系统切换上线，梳理点检标准，推进点检基础性工作的开展。通过资材备件计划源头控制与“三金”平衡等工作，降低资材备件库存，减少资金占用；开展对机旁库备件管理专项效能监察，降低机旁库备件库存550万元；维修新品采购费减少投入4 476万元。开展设备专项安全检查，共检查2 252项，发现问题项95项，按计划已全部落实整改。 (董晓虎)

**订货周期从15天缩短至6天** 根据品种特点分时间段订货，订货周期从2008年的15天缩短至6天。各类品种的交货周期、出厂周期年底较年初有了较大的改善；处理异议实物确认周期平均缩短5.03个工作日，试样检测周期平均缩短3.46个工作日；实施客户代表派驻制度，有效提高信息沟通速度，在总量下降的情况下，协议用户的实际订货量较2008年增长58%。 (董晓虎)

**全方位降本增效** 年内，启动并推进特钢事业部级项目13个，实现项目效益2.2亿元，完成年度降本目标的73%；部门级项目383个，实现项目效益2.4亿元，超额完成年度降本目标。通过减少待机电耗、优化加热工艺降低天然气消耗等措施，节能降耗项目实现效益5 000万元；通过加大利库减少新品采购、控制零星委托，降低委外费用，优化设备检修模型，定期进行设备状态评估等措施，降低维修费4 800万元；在提高连铸坯表面质量前提下，省略精整/剥皮工序等措施，既大幅提升成材率，又能节约工序成本、解决生产瓶颈问题。降低主原料消耗项目实现效益7 500万元。生产协力供应商由2008年的8家减少为6家，降低协力成本3 050万元。通过建立原料市场行情的日常跟踪机制，降低采购成本1 966万元。对施工合同中的电缆、桥架、耐材、工艺钢结构、工艺管道等进行了梳理，由代采购模式转为纯甲供模式，降低工程成本3 000万元。 (董晓虎)

**制定岗位资格管理办法** 年内，初步形成以受教育年限、外语、计算机、职业资质、岗位经历等五大要素为主的岗位资格体系框架。制定“特钢事业部岗位资格管理办法”，按专业系统、岗位层级划分，分层分类确定了生产制造、设备、安全保卫、能源环保、经营财务、营销贸易、运营管理、科技管理、党群、人力资源、办公行政等11大专业系统的岗位资格要求。 (董晓虎)

**定岗定编减岗379个** 按“梳理规则、明确要求；现状分析、编制初案；现场调研、专业评估；充分沟通、寻求共识；横向评估、形成方案”的程序开展岗位梳理工作，形成与人力资源规划目标相匹配的事业部整体定岗定编方案。全年共减岗379个，其中在册人员效率减岗168人，协力人员效率减岗211人。 (董晓虎)

**提出新特钢队伍建设目标** 年内，提出新特钢人才队伍建设"3553"4年目标，即用4年时间，培养3名领军人才、50名首席、50名首操，并建设一支300人的后备人才队伍。2009年，共组织开展各类培训601项，其中重点项目19项，培训17 086人次；全年共组织9项事业部级、36项厂部级岗位练兵竞赛项目，2 000余人（含协力员工）参加活动。提前完成操作队伍"121"计划（即培养高级技师10名、技师20名、高级工100名），已培养高级技师16名、技师28名、高级工104名，高级工及以上占比由2008年的43%提高至49%。新项目培训实施193项，3 289人次参加。炼钢连铸、合金板带热轧项目按规范开展了培训评估，350人（含协力员工）考核合格上岗，5名员工考核不合格退出项目单元，新项目人员培训评估合格率达到98.5%。 （董晓虎）

**制订后勤服务规划** 制定和实施特钢事业部"优化员工工作、生活环境的实施规划（2009—2012年）"。根据硬件设施、分布覆盖和管理服务等标准，先后完成了食堂、浴室和综合楼等38项改善项目，建立并实施与餐饮公司等相关部门的定期沟通制度以及建立面向员工和二级厂的意见反馈和回访制度。 （董晓虎）

**员工职业安全代表管理** 年内，实施"员工职业健康安全代表管理办法"、"员工安全健康信息处理管理办法"、"优秀员工职业健康安全代表评选办法"。建立员工安全代表网络，广大员工安全代表积极履行"安全员、监督员、信息员"的职责，一年来共收到员工安全代表信息处理单3 045张，处理闭环2 998项。27位优秀员工安全代表的29项信息处理典型案例汇编入《员工安全代表信息处理典型案例》。

（董晓虎）

**开展群众性技术创新活动** 全年人均合理化建议实施数1.46条，实现经济效益6 615万元，人均效益达1.48万元。9项自主管理成果在外获奖，其中国家优质3项、冶金行业优秀1项、市优3项、宝钢股份奖2项。推荐16项职工专利项目参加第18届全国发明展览会，获1金2银9铜；组织参加第22届上海市优秀发明展，获4金1银1铜。

（董晓虎）

## 宝钢股份钢管条钢事业部

7月，在原宝钢分公司钢管厂、条钢厂等单位基础上成立宝钢股份钢管条钢事业部。钢管条钢事业部拥有电炉、初轧、高速线材、无缝钢管、HFW焊管和UOE焊管多条先进的现代化生产线，形成以钢坯、钢管、线材三大系列为核心的产品体系，年生产能力达到350万吨钢坯、240万吨钢管、50万吨线材，可为社会提供"品种齐全、规格配套、技术领先"的产品，持续满足国内外高端用户的发展需求。

钢管条钢事业部下设电炉厂、初轧厂、线材厂、无缝钢管厂、HFW焊管厂、UOE焊管厂、量器具中心、质量检验站、精密钢管厂、鲁宝钢管公司、烟宝钢管公司、宝通钢管公司、综合管理部、人力资源部、经营财务部、监察部、营销部、制造管理部、设备能环部。至年底，钢管条钢事业部（主厂区内）在册职工2 852人。其中，管理人员237名；技术业务人员405名；操作维护人员2 210名。

年内，钢管条钢事业部电炉产量184.4万吨，初轧产量116.4万吨，线材产量47.1万吨，无缝钢管产量77.3万吨，HFW焊管产量20.4万吨，UOE焊管产量35.5万吨，精密产量6.5万吨，鲁宝产量32.3万吨，宝通产量65.1万吨。全年商品坯材累计销量350.3万吨，独有/领先产品销量113.9万吨，累计合并利润总额11.01亿元。

全年科研创效益1.22亿元，受理专利70件（其中发明专利17件），技术秘密认定202项。

（徐　瑶）

**完善内部营销体系建设** 年内，钢管条钢事业部实现对精密钢管和烟宝钢管的销售整合。制定具体的产品规划和销售预案，支撑烟宝一期建设项目的投产和销售。以宝钢整体营销的理念为引导，推进产品销售渠道和服务体系的建设。为拓展高附加值产品市场份额，在西北油区、西南油气区、东南海油区建立特殊扣授权点，为特殊扣放量后用户服务做好准备。开展多渠道信息收集工作，完善油井管、锅炉管、汽车用管等用户档案，完善与中石化及其他用户大客户的通道系统。

（徐　瑶）

**产品质量管理** 圆方坯产线改造后，能力持续提升，最高连浇炉数8月创造203炉，9月创造215炉的新纪录。大方坯质量攻关和工艺改进依托宝钢股份条管产品一贯运行平台，以项目化运行的方式，针对长材产品的"十大品种"进行重点攻关。帘线钢产品通过优化轻压下工艺、加热工艺等已经实现批量稳定生产。成功开发宝钢独有的海洋平台用R5系泊链钢，并已通过DNV等船级社认证，进入批量生产阶段。努力推进高合金钢大方坯产线的生产，高合金钢已经生产4个品种。对油井管的包装质量进行了重点审视，重新梳理螺纹脂、保护环等重要物资的采购技术条件。针对高合金钢生产过程中存在的问题，成立攻关团队，从工艺技术和管理流程两个方面进行改进。针对结构管及J55钢级焊管套管的焊接质量进行评估，简化焊接首检流程，提高生产过程的连续性。通过年初成立的成型、焊接及探伤三大工艺小组的共同努力，UOE产品质量显著提升。

（徐 瑶）

**六西格玛精益运营** 黑带团队紧紧围绕节能降耗、提升质量、减少故障、降本增效等重点工作，从提升工序能力入手，开展六西格玛工作。充分利用内部黑带大师资源，加大对黑带项目辅导和培训的力度，同时积极组织黑带参加宝钢股份六西格玛培训和交流。原钢管厂新培养明星1名、黑带4名，为持续推进六西格玛精益运营和人才培养打下了较好的基础。原电炉分厂、原钢管厂、原条钢厂总共开展了11个黑带项目，主要集中于降低UOE产线的废品率和瓶颈工序的设备故障时间，提升电炉大方坯炼钢和初轧工序制造能力，是扎实解决公司和厂部重点关注问题的一个重要举措。全年针对这11个项目开展了多次项目辅导和阶段评估，在黑带大师的指导下，项目团队不断进行改进，取得了较好的效果。（徐 瑶）

**梳理管理体系** 钢管条钢事业部成立之后，经过前期的组织机构和业务分工界面梳理，从9月中旬起各职能部门对相关业务的管理文件进行梳理，至12月，准备编制的管理文件有94个，已颁布的管理文件的有17个，大多数涉及营销类、制造类、安保类、能环类和人事类的文件正在会签过程中。岗位规程改版、修订、评审、上网工作基本按节点计划完成。（徐 瑶）

**人力资源管理** 9月，钢管条钢事业部人力资源部开始运作，主要进行的工作有：新体制下管理人员选聘，梳理文件体系，编制钢管条钢事业部相关管理文件，钢管条钢事业部e－HR系统上线，开展新体制下的定岗定编工作，与宝钢股份公司人力资源部的相关业务进行界面梳理，协调推进精密钢管厂整体划转及搬迁事宜、搭建平台提升作业长队伍管理能力、支持子公司开工投产人员培训项目等。（徐 瑶）

**强化能源管理力度** 年内，将能源管理例会从季度例会改为月度例会。推进节能项目的研究和实施，做好各工序节能“短平快”项目的实施工作。对“能耗源”及“能效因子”进行识别与控制。规范能源计量和统计管理。对能源计量网络进行重新梳理。规范废乳化液排放，健全环保应急预案。治理岗位粉尘，不断减少环境污染。加强固废回收管理，确保现场整洁。

（徐 瑶）

**对外技术支撑** 年内，对八一钢铁的钢管项目策划进行了技术支撑；对烟宝钢管的项目设计谈判、规划建设等各阶段进行了全方位的诊断与支撑，保障了烟宝新建钢管项目建设的进度。对宝通公司大电炉项目进行技术支撑，包括提出产品大纲、参与可行性研究评审等，对属地制造管理系统建设和生产准备工作提供全面的技术支撑等。对提升宝通老线产品质量和产品档次进行技术支撑，保证了宝通新项目的建设质量与进度，并促进了宝通自身技术能力的提升。（徐 瑶）

## 烟台鲁宝钢管有限责任公司

烟台鲁宝钢管有限责任公司（简称“鲁宝钢管”）前身为组建于1992年6月的宝钢集团鲁宝钢管厂，1999年5月改制为有限责任公司，2003年10月29日成为宝钢股份控股子公司，2009年7月隶属钢管条钢事业部。鲁宝钢管地处山东省烟台市，占地15万平方米，注册资本1亿元。至2009年底，总资产11.39亿元，固定资产原值4.32亿元。

生产作业线为高精度的ARE（Accu-Roll & Expander）轧扩一体热轧无缝钢管生产线。几经改造，生产能力由原设计7.1万吨扩大到33万吨以上。主要产品为$\phi$159毫米—$\phi$325毫米×4.5毫米—25毫米输送流体用无缝钢管、液压支柱用无缝钢管、锅炉用无缝钢管、结构用无缝钢管、石油光管、氧气瓶管、汽车桥用管、机车转向架管、汽车半轴管等20多个品种、400多个规格，广泛应用于石油、化工、锅炉、建筑、煤炭、管加工等领域，并出口20多个国家和地区。

2009年，生产钢管32.31万吨，完成年度预算的102.9%；销售量钢管32.029万吨，完成年度预算的102%；实现销售收入14.62亿元，完成年度预算的102.31%；安全生产实现“六个零”（工亡为零、重伤为零、轻伤为零、火灾事故为零、伤害频率为零、伤害严重率为零）。

鲁宝钢管被评为烟台市350工

程先进企业、烟台市纳税先进企业、烟台市文明单位等。（孙银芳）

**一体化协同效益** 面对严峻的市场形势，鲁宝钢管深入开展市场倒逼行动，立足现场下工夫，千方百计发挥公司产品的比较优势，在合同下发分散、产品结构劣化、批量小、更换频次大的情况下，克服极限产品生产难度大、高附加值产品技术难度大等困难，组织技术力量开展工艺技术攻关，批量稳定生产了BG80—110TS$\phi$177.8和$\phi$244.48抗挤抗硫套管、BG110S(29CrMoVNb)高钢级抗硫套管、BG110TT(28MoV)超高抗挤套管、L360NCS大口径耐腐蚀管线管，以及L290NB、L360NB等高档次管线管。新产品销售率、独有和领先产品的产销量均完成预算目标，确保了稳产、满产。

（孙银芳）

**强化成本管理** 鲁宝钢管作为钢管条钢事业部生产单元，围绕生产开展全员、全面、全过程的“三问(问消耗、问管理、问历史最高水平)两改(从管理上改，从技术上改)一提升(达到更高目标)”、“关(对上一年成本费用等各项指标逐级分解细化，系统分析评价要过关)、卡(找出卡脖子的瓶颈环节及攻关措施)、压(压缩指标)”加“倒逼(以市场要求为底线，用市场标准衡量)”的降成本行动。分别组织岗位、部门、公司逐级“过堂”，直至审核过关。通过市场倒逼成本水平，确定10大类19项成本改善项目效益8 258万元，完成目标指标的144.88%。（孙银芳）

**创建资源节约和环境友好企业** 年内，鲁宝钢管通过推进环形炉蓄热燃烧、煤气站停开一台煤气炉、新上余热锅炉等改进措施，能源成本改善效果明显，综合能耗创历史新低，其中环形炉蓄热燃烧，降低成本约300万元/年。吨钢综合能耗创历史新低，为138.25千克标煤/吨(比中期调整目标143千克标煤/吨降低了3.3%)，各项污染物排放合格率100%，较好地完成宝钢股份和烟台市政府下达的各项指标要求。改进后的石墨粉尘吸收装置项目通过了结题验收并投入使用，改善了现场工作环境。（孙银芳）

**指标到岗、责任到人** 鲁宝钢管围绕主题工作，在全员中开展“岗位主题工作设计与岗位能力验证”行动。首先，将安全能环、质量品种、成本效率等主题工作的数字化指标，转化为岗位直观、可操作、可量化的实物指标。其次，针对每一岗位的人、机、料、法、环，分别进行岗位能力验证，直至每一岗位具备保证岗位指标完成的能力。通过将数字性的指标体系转化为员工岗位直观的、可操作的、具体的物化指标，真正实现了“指标到岗、责任到人”，为完成岗位指标提供保障。（孙银芳）

**烟宝钢管项目建设** 由宝钢股份(控股80%)和鲁宝钢管(占20%)共同投资成立的烟台宝钢钢管有限责任公司(简称“烟宝钢管”)2007年6月6日注册，2008年5月6日工程开工。烟宝钢管项目作为宝钢第一个沪外A类项目，发挥宝钢股份体系优势和烟宝钢管属地优势，系统策划了从项目建设到建成后管理覆盖模式，研究探索了“发挥双优势、项目总管控、管理及技术强支撑、建产稳过渡”的建设运作模式。年内，根据调整后的总进度计划，烟宝钢管与宝钢股份建设系统密切协同，控投降本，动态调整项目建设方案，工程进度、质量、安全、投资始终受控。第一阶段项目年内建成试生产，第二阶段工程总进度节点受控。

（孙银芳）

**烟宝钢管项目生产准备** 烟宝钢管实行“系统策划不漏项，责任传递到人岗；重在过程反复练，达标验证要过关；组织领导必加强，保障措施须跟上”的生产准备模式，在钢管条钢事业部等的强力支撑下，人力资源、管理、技术、信息化、安环、生产及工程、协力、物料八大方面生产准备工作正常开展，满足第一阶段试生产需要。新员工实现了独立上岗操作。（孙银芳）

**一套机构管理两个公司** 根据宝钢领导要求，鲁宝钢管和烟宝钢管实行“一套机构管理两个公司”模式。“两公司”按《公司法》分别规范运作，各为独立法人。烟宝项目建设从启动之日起，就建立“六清”机制，严格人清、财清、物清、产清、供清、销清的规范运作。同时，鲁宝钢管和烟宝钢管共用一套管理体系，一方面管理机构和人员充分精简，可提高运行效率、降低管理成本；另一方面便于建立两公司间岗位人员流动、培训、交流机制，充分体现人力效率。（孙银芳）

## 南通宝钢钢铁有限公司

南通宝钢钢铁有限公司(简称“宝通钢铁”)前身为成立于1987年的南通钢厂，1992年加入宝钢集团，1995年1月宝钢与日本新日铁、三井物产合资组建南通宝钢新日制钢有限公司，2006年4月日方将其所占25%的股份全部退出，由宝钢集团公司收购，2007年10月宝钢集团有限公司所持股份由宝钢股份有限公司收购,2009 年 7 月隶属钢管条钢事业部。总资产 13.85亿元人民币,宝钢股份和南通市建设投资有限公司分别占股 95.82%和4.18%。

宝通钢铁有 420 立方米高炉 1 座,60 平方米烧结机 1 座;机械化原料场;50 吨超高功率电炉 3 座,45 吨 LF 精炼炉 3 座;R8、R6 米 4 连铸机各 1 台,VD 炉 1 座;4500 标准立方米/时、6500 标准立方米/时 空分系统各 1 套;$\phi$10—$\phi$50 螺纹钢连轧机组生产线 1 条;厂内建有 220 千瓦变电站及工厂自备码头等辅助设施,具备年产 100 万吨(其中合金钢 30 万吨)钢的生产能力。

至 2009 年底,宝通钢铁在册职工 829 人。其中,宝钢股份公司直管干部 7 名;作业长以上管理人员 80 名;技术业务人员 147 名;操作维护人员 584 名。主任工程师 6 名;区域工程(管理)师 27 名;主要操作维护岗位 9 名。下设管理部、财务部、制造部、营销部、安保部、能环部、项目组、炼铁厂、炼钢厂、热轧厂、运输部。

全年共产铁 42.55 万吨,产钢 65.19 万吨,螺纹钢 50.06 万吨,实现销售收入 25.45 亿元。(张建军)

**机构变革** 宝通钢铁在 2008 年管理体制改革的基础上,对原炼钢厂、二炼钢进行整合,更有利于大电炉生产准备工作的沟通与协同;将原废钢业务管理职能从炼钢厂划转至制造部,更有利于集中一贯管理;为应对危机,提高市场响应速度,将原生产、物流计划编制职能从制造部划转至营销部;梳理并规范了监察、审计内控职能,有效地实现了内部风险防范。 (张建军)

**降本增效 1.35 亿元** 年内,宝通公司各类生产、设备事故大幅度降低,生产工艺指标不断刷新,现场稳定受控,现场竞争力得到有效提升。全年实现降本增效 1.35 亿元。2009 年铁水平均成本 2 266 元/吨,比 2008 年降低 660 元/吨;铁水比由 42%提高到 2009 年最高水平的 80%,实现电炉转炉化,吨钢降低成本 70 元;通过外购钢坯生产、钢坯来料加工等经营业务创新,热轧等相关部门协同作战,成功地克服了生产组织的重重困难,抢抓市场机遇,适应了吃"百家料"生产,实现了增产增效。 (张建军)

**完善薪酬机制** 严格工资总额预算管理,修订完善绩效奖分配方案,强化利益相关意识,加大成本绩效分配力度,充分发挥薪资的激励作用。受经济危机影响,2009 年在岗员工平均工资较 2008 年下降 6.93%,但通过采取相应的激励措施(如各类专项奖、月度明星评选、年度明星评选等)有效留住关键岗位技术业务人员,员工离职率明显降低:离职率由上年 6.03% 下降为 1.35%。 (张建军)

**加强质量基础管理** 年内,宝通公司质量管理的 10 个重点指标全部达到年度计划改善目标要求,重点工序 SPC 控制点由 11 个增加到 35 个,质量过程控制能力明显增强。宝通公司在加强质量管理基础工作的同时强化产品实物质量攻关,对严重影响公司形象和客户抱怨的质量问题进行立项攻关,取得明显成果:重点解决了管坯夹杂物、表面缺陷及螺纹钢屈服性能不合格、负公差超标等问题。年内,宝通公司通过质量管理体系监督审核并取得认证证书。

(张建军)

## 宝钢股份中厚板分公司

宝山钢铁股份有限公司中厚板分公司(简称"中厚板分公司")2008 年 4 月 1 日成立。中厚板分公司位于上海市宝山区罗泾地区,占地面积约 3.22 平方公里,东邻宝钢股份主厂区,南接宝山工业园区,西临罗泾老镇,北靠长江,周边环境整洁,道路通达。

2008 年 3 月 18 日,中厚板分公司一步工程项目(罗泾工程)全线贯通投产。工程主要装备包括:世界最大的体现环保的 COREX-C3000 炼铁炉 1 座,150 吨转炉 2 座,250 毫米板坯连铸机 1 台,双机架 4 200 毫米宽厚板线 1 套,煤气蒸汽循环发电机组(简称 CCPP)1 台,6 万立方米制氧机组 2 台等。厂区绿化种植面积为 104.3 万平方米,绿化覆盖率达到 32.2%。

2009 年,产铁 100.43 万吨;钢坯 103.42 万吨;厚板 108.59 万吨。全年降本增效 8.88 亿元。在岗员工 2 113 人。

2009 年,上报合理化建议 3 462 条,实施 1 731 条,实现经济效益 3 295 万元。中厚板分公司获得了 2009 年度宝钢股份公司合理化建议及自主管理进步奖,能环部"降低 COREX 煤气放散率"获得全国 QC 小组成果发布二等奖。 (戴 泉)

**完成一步项目竣工验收** 年内,中厚板分公司完成一步项目竣工验收,实现一步项目总投资控制目标和工程质量控制目标,工程质量合格率达到 95%以上。在 25 个单位工程质量竣工验收中,COREX 主塔架、炼钢转炉基础、污水处理水池等24个达到优良;一号COREX主体单元获得中国建设工程“鲁班奖”,炼钢、连铸、轧钢等单元获得国家及省部级10多个质量奖项。 （戴 泉）

**二步工程建设项目按计划推进** 年内,二步项目按计划推进,完成投资22.37亿元,完成计划的109%,报建报批工作完成100%。结合梳理一步项目设计存在的问题,优化二步项目设计,在确保设计先进性的同时节约工程投资超过4 000万元。此外,年内推进以煤压块、煤气柜等自主集成项目为主的技改项目建设,技改6项,实际投运4项。

（戴 泉）

**拓展新品种** 年内,新试40项课题全部列入可制造清单,形成以船板、结构钢、管线钢为主的品种结构。核电用钢实现零的突破;实现X52—X80高等级管线钢开发和批量生产;品种规格扩展至5.5毫米船板、8毫米高强度调质管线钢、X65抗HIC管线钢。10月13日,中厚板分公司成功冶炼出第一炉液化天然气储罐用9Ni钢。TMCP船板完成船级社认证和批量生产,并稳步进入高端船板市场;完成B610E生产许可和“CE”标志认证。

（戴 泉）

**完善综合管理体系建设** 全年修订完善管理文件36份,综合管理体系主要程序文件由初次106份增加到130份,完成了综合管理手册修订和发布,使文件较初期阶段在业务接口、针对性方面有一定改观。12月,中厚板分公司综合管理体系通过BSI质量、测量、环境管理体系认证审核。2009年,中厚板分公司正式聘任第一批内审员24名,组织78名管理、技术岗位人员分批参加综合管理体系、测量体系内审员资格培训。 （戴 泉）

**推进五制配套基础管理** 年内,中厚板分公司重点推进现场“五制配套”基础管理工作,制定“五制配套”基础管理工作3年行动方案,建立基础管理推进机制。2009年,设备事故和生产事故分别比上年下降16.53%和68.50%。制定“作业长绩效管理的指导意见”,建立“作业区、作业长成长档案”。组织100多人次作业长参加技术创新、时间管理、团队管理等专题能力培训和现场管理研讨、考察学习等活动。

（戴 泉）

**节能减排效果明显** 年内,中厚板分公司依托宝钢股份公司能源通廊,实现了COREX煤气、氧气、氮气、氩气资源共享。污染物综合排放、二氧化硫排放、烟粉尘排放、废水排放等主要环保指标全部达标。回用水利用率从72.75%上升到88.09%;煤气回收率从60立方米/吨上升到87.03立方米/吨;各类废弃物返生产利用率为3.1%;年度排放总量在目标控制范围内。 （戴 泉）

**推行标准化作业** 实施现状诊断、编制推进月报、开展专项整治等工作。通过月度推进会,倡导运用“操作票、事故训练卡、故障训练卡学习制度”等创新手段。在“找差管理”中对工作链、供应链、工艺链等实施改进、提高。在员工中开展“节能减排积分制”活动,形成“节能减排积分制活动排行榜”,在正积分基础上还新增减分机制。发布“员工行为养成标准化工作的考核办法”和“督察工作制度”,形成“专职与机动相结合、日查与夜查相结合、固定与随机相结合、重点与综合相结合、互查与自查相结合、提示与考核相结合”的督查模式。 （戴 泉）

**后备队伍建设** 对生产制造、工程建设、资本运作、人力资源、组织体

钢板矫正作业

系、党群领导人等后备干部进行了调整充实，使年龄结构、专业结构、能力素质结构等方面得到了优化。组织后备干部参加管理人员任职资格培训，推出“每月一书”读书活动，组织任职一年的年轻干部阶段性工作专题汇报会，对管理工作实践进行诊断分析，实施“青苹果”培养计划，形成和完善“标准+α”的个性化培养计划措施。制定“首席师管理办法”，选送22位35岁以下优秀专业技术、管理骨干报考工程专业硕士。推进轮岗实习和挂职锻炼工作，组织42人参加轮岗锻炼。

（戴　泉）

**组织员工培训**　年内，制定“制造能力提升培训方案”、“青年骨干能力提升方案”、“作业长能力提升方案”及“技能人才能力提升方案”等专项培训方案。全年组织119名作业长及后备作业长参加能力提升培训；63名青年骨干参加能力提升训练班。制定高级工“1+2”培训方案，合理安排等级工培训，全年组织948人次参加等级工培训。

（戴　泉）

**开展成本改善专项劳动竞赛**　开展全员、全面、全过程成本改善专项劳动竞赛，以“人人头上有指标”为目标，人均落实3.8个指标。从3月起，以1月份工序加工成本为基准，以炼铁、炼钢、轧钢连续3个月各降100元为目标，开展“班组对标找差、指标升级”劳动竞赛。至6月，中厚板分公司顺利实现“主体生产单元以1月份成本水平为基准连续3个月各降100元/吨，能源模拟利润环比连续3个月减亏100万元”的阶段目标。

（戴　泉）

## 上海梅山钢铁股份有限公司

上海梅山钢铁股份有限公司（简称“梅钢公司”）原为宝钢集团上海梅山有限公司钢铁主业。2000年，国务院批准宝钢集团上海梅山有限公司“债转股”方案，由梅山公司、信达资产管理公司、国家开发银行、东方资产管理公司、南京市投资公司、南京钢铁集团有限公司等6家股东发起成立梅钢公司，宝钢集团上海梅山有限公司的钢铁主体生产单位、与主体密切相关的资产以及所涉及的土地资产进入梅钢公司。2005年上半年，按照宝钢集团一体化战略，梅钢公司资产被宝钢股份收购，梅钢公司成为宝钢股份公司的子公司。梅钢公司位于南京市的西南郊，北临长江黄金水道，东靠宁马高速公路、南京长江三桥和宁芜铁路。

至2009年底，梅钢公司主要生产装备有：180平方米、400平方米烧结机各1台，JN60－6型55孔焦炉2座，1 280立方米、3 200立方米高炉各1座，150吨转炉3座，板坯连铸机2台，1422热连轧主轧线1套，1420冷连轧主轧线1套。热轧产品：热轧设计规模为年产350万吨，钢种分为低碳钢、碳素结构钢和低合金钢三大类；材料强度等级为屈服强度≤500 MPa，拉伸强度≤650 MPa；产品厚度范围为1.2毫米—12.7毫米，宽度范围为800毫米—1 300毫米。冷轧产品：冷轧生产机组为8条，设计规模为年产85万吨，产品主要用于食品包装、化工、轻工、建筑、家电、汽车、建筑结构等行业。

2009年，梅钢公司产铁317.22万吨、连铸坯300.43万吨、热轧板卷302.18万吨，冷轧10月1日进入生产阶段，共生产16.87万吨。吨钢综合能耗752.6千克标煤，吨钢耗新水5.05吨。二氧化硫排放总量10 555吨，COD（化学需氧量）排放总量170吨，分别比计划目标值下降27%和66%。至年末，梅钢公司下属部门13个、生产厂7个、技术中心1个、子公司2家，在岗职工5 011人。（崔建国）

钢城晨曲

**自主集成的冷轧产线在梅钢公司投产** 12月24日，由宝钢自主集成的具有世界一流水平的冷轧产线在梅钢公司投产，该机组于2007年3月开始建设，2009年6月开始热负荷试车。该工程五机架酸洗连轧机组是国内生产精度最高的冷连轧机组。该机组技术含量高、设计难度大，特别是其三电控制系统技术打破了外国公司的垄断。宝钢集团与一重、西重所、南高齿、宝菱重工等国内一流的制造商在共同的平台上进行战略合作，集聚并提升了宝钢核心技术创新和自主集成的能力，实现了完全意义上的自主化和自主集成。（崔建国）

**合理安排产能计划和生产组织** 1—5月，受市场波动影响，梅钢公司以有边际贡献为底线，合理安排产能计划和生产组织，平衡好各类资源。5月以后，市场价格走出低谷，梅钢公司快速应对，发挥系统生产组织能力，果断提出以铁、钢、热轧3个工序日产1万吨的总体要求，实现产能效益最大化。四号高炉、四号烧结机投产后，炼铁厂积极推进设备消缺和新产线"4达"（达到产量、质量、效益、能耗四项控制目标）工作，加强原燃料和生产操作管理，稳定铁水温度和成分；炼钢厂以稳定设备运行、铁钢资源最佳匹配为目标，通过全部消化铁水、阶段性多用废钢来多产坯；热轧厂围绕轧线设备精度、功能、工艺通道管理开展攻关和系统优化，不断改善质量，提升产线能力。冷轧厂优化各机组调试计划，实现负荷试车、正式投产的目标，设备运行趋于稳定，产量、质量稳步提升，酸轧、热镀锌、热镀铝锌机组于12月实现了月达产目标。（崔建国）

**提升设备保障能力** 梅钢公司设备管理工作立足于"提升设备支持保障能力"和"优化模式，降低成本，促进经济维修"两大主题，推进设备专项管理，确保设备稳定顺行，为保持企业综合竞争力提供支持和保障。以经济维修为目标，优化定年修模型，定修计划采取"月计划、动态调整"管理模式。全年检修计划时间命中率达到96.52%，计划时间、实绩时间与2008年相比下降了23.06%和14.78%；鼓励点检员在条件合适情况下，开展自力检修，全年自力检修负荷为31 984工日，较2008年同期增长71.79%，实现降本增效213.86万元。加强设备状态管理，对主作业线、重要作业线、主要设备进行重新界定和分级，明确故障时间目标值，全年因主作业线设备故障时间减少创造机会效益2 194.89万元；7—12月，高炉、转炉、连铸等主作业线中，每月都有若干条主作业线实现设备零故障停机；10月，11条主作业线（不含冷轧）设备故障时间仅11.57小时，创造历年最高水平。标准化作业以热轧厂为组长单位实施推进，全年各单位共完善点检标准80 883条，占梅钢公司点检标准总量的48.1%，对提高点检执行的针对性和点检质量发挥了有效作用。（崔建国）

**建立成本"倒逼"机制** （1）"逼"出长效管理的新机制。梅钢公司在年初确定优化品种结构、促进指标升级、强化成本管控、加强能源及固废利用和强化费用控制五大类23项降本增效措施，建立跨部门项目团队，明确目标和分工责任，并将季度降本增效指标完成情况纳入各单元绩效评价，建立了降本增效长效管理机制。（2）"逼"出挑战极限指标的勇气。梅钢公司以宝钢和行业先进指标为参照，全工序、全流程开展对标，将成本"倒逼"延伸到采购供应、生产组织、库存发运、资源综合利用等各个环节，逐一落实提升指标、降低成本的具体措施。能效改善实现收益2 100万元；固废综合利用率98.77%，返生产利用率23.27%；重点降本增效项目实现预算外效益3.83亿元。（3）"逼"出员工的"精气神"。面对外部严峻形势，广大员工立足作业区、立足岗位，全面开展工序对标劳动竞赛和炼铁、炼钢、热轧三大工序日产1万吨的劳动竞赛，深入开展"感动员工、感动用户"故事评选和"保护环境、节约资源行为养成"活动，在危机面前，员工的精神面貌好、团队士气高、创新活力强。（崔建国）

**开发22个新品种** 梅钢公司全年共开发22个新品种，当年新品试制量达到6.44万吨，新产品销售率20.79%，达到历史最高水平。围绕冷轧调试和生产，开发了包括MR T-4CA、MR T-5CA等电镀锡、普冷家电、热镀锌和热镀铝锌等4个系列14个冷轧产品。耐硫酸露点用钢BNS440通过国家烟草行业使用许可，经济效益显著。开发冷拔管钢BLB280，为打开并扩大空调、冰箱、汽车等行业市场提供先机。非调质石油套管用高强钢N80-1批量生产。开展MDB350工艺路径优化研究，满足用户对产品质量要求。以镀锡原板、低贝钢、薄花纹板等为代表的七类重点产品比例比上年增长了6.37%，为产品结构优化、扩大市场占有率、减亏增盈作出贡献。（崔建国）

**培育自主知识产权** 梅钢公司以自主知识产权培育为核心，提升知识产权战略运作能力，促进科技成果快速转化为生产力。聚焦关键工序、技术、产品等，集群化策划知识产权41件。节能、环保领域的知识产权申报有新突破，共认定了177.65件技术秘密，较上年增长1.7%。专利质量逐年上升，在第18届全国发明展上，参展专利获奖1金2银4铜。 （崔建国）

**一期改造项目全面建成投运** 年内，梅钢公司350万吨改造项目全面建成投产，其中四号烧结机5月9日热试投产，四号高炉5月12日点火开炉，1420冷轧各机组10月1日顺利实现投产，形成年产350万吨规模。主体工程项目进度较计划工期提前了2—8个月，投资、质量受控，总体工程质量合格率100%，检查点合格率为94.3%，达到了优良标准，梅钢公司矩阵式项目管理体系趋于成熟，项目组自主管理能力大幅提高，标化工地建设、安全管理水平、建设系统的能力有了长足进步。 （崔建国）

**二期工程项目恢复启动** 二期项目投资控制目标115.19亿元，建设内容包括铁烧焦、炼钢连铸、热轧及配套公辅等，计划2012年6月全面完成工程建设目标。年内二期项目建设的各项前期工作已展开，制定了建设总进度内控计划和施工准备规划，明确了各主体项目重大节点，对二期项目初步设计进行优化调整，完成3个A类项目可行性研究和技术谈判。二炼钢及热轧区域等施工准备工作基本完成，完成了施工招标准备，为二期项目开工创造了条件。先行实施项目四号焦炉年内点火烘炉，并完成球罐区搬迁改造，一炉一机发电项目以及二号RH、板坯手清等重点工程开工建设。 （崔建国）

**推进清洁生产** 按“三同时”要求，四号高炉配套的出铁场除尘等7套除尘设施、原料转运4套除尘器、四号烧结配套的6套除尘器、1420冷轧配套的10套废气处理设施和酸再生配套的2套除尘设施均同步建成，并与主体工程同步投入运行，总体运行效果稳定，为厂区粉尘排放量的削减和大气环境质量改善发挥了积极作用。投资8 000余万元、采用干法脱硫技术的四号烧结机烟气脱硫工程7月底投入试运行，可削减二氧化硫排放量约6 000吨/年，对实现梅钢可持续发展，建设绿色宝钢发挥重要作用；减少粉尘无组织排放的焦炭输送系统除尘改造、碾泥房系统改造等环措项目按计划实施。强化固废、危险废物和放射性污染防治，建立1420冷轧引进的放射源和射线装置相应的管理制度，首次将放射源和射线装置辐射环境水平监测列入梅钢公司年度监测计划并按时开展例行监测。7月底建成投用门禁式废钢放射性检测装置项目，使废钢放射性污染事故防范工作取得实质性进展，辐射污染防治管理进一步规范化。提高环境监控能力，宝钢环境自动监测、监视与管理系统梅钢分中心项目6月底投入运行，实现北、西排废水、化工废水、三号烧结机、电厂锅炉废气联网在线监测和厂区环境视频监视，并与现有大气环境和污染源在线监测点一并联网，为及时、有效监控厂区环境状况发挥了积极作用。 （崔建国）

**夯实现场基础管理** 以标准化作业为核心，建立并完善基层管理的各专业管理标准，持续改进现场管理的薄弱环节，建立起坚实的安全、生产、质量、成本的控制基础，现场环境有了较大的改善，员工标准化作业执行率明显增强，标准化作业和现场5S管理机制不断完善。全面开展新产线岗位技能大练兵大比武竞赛活动。梅钢公司和各单位针对新产线操作维护上的重点、难点问题，组织开展52个项目的练兵比武活动，其中公司级24个、厂级28个，涉及岗位工种95个，3 750人次参加了练兵比武，广大员工加快熟悉、掌握新产线新设备，提高对新产线的操作维护能力和突发情况应变处置能力。 （崔建国）

**提高队伍素质** 完善首席师绩效评价指标体系，选聘产生第二批首席师9名，建立首席师后备人才库，组织首席师后备人选赴宝钢集团、宝钢股份公司岗位实习。加速核心技术和技能人才的培养，对成熟后备人员制定针对性的培养计划并组织培训。冷轧厂员工通过前期到宝钢股份冷轧厂培训，在短时间内掌握新工艺、新技术，并独立承担起冷轧设备运行、管理的责任，员工队伍素质和能力得到快速提升。 （崔建国）

## 宝钢股份黄石涂镀板有限公司

宝钢股份黄石涂镀板有限公司（简称“黄石公司”）前身是由上海宝钢益昌薄板有限公司控股的宝钢益昌黄石镀铝薄板有限公司，2004年4月宝钢股份吸收合并上海宝钢益昌薄板有限公司后，成为宝钢股份的子公司。该公司地处湖北省沿江开放城市黄石市开发区，占地面

黄石公司机关员工服务现场

积5.7万平方米，注册资本800万美元。

2009年，黄石公司酸洗、冷轧、镀锌、彩涂4条机组累计产量34.87万吨，其中酸洗板12.54万吨（自供4.31万吨），冷轧板3.93万吨（全部自供），镀锌板11.41万吨（自供6.67万吨），彩涂板产量6.99万吨。剔除自供板，销售产品19.89万吨，产销率99%。其中销售酸洗板8.10万吨，镀锌板4.81万吨，彩涂板6.98万吨。完成销售收入8.3亿元，实现利润1 130万元。

年内，黄石公司被评为湖北省文明单位、黄石市守合同重信用企业、黄石市科技进步先进单位、黄石市质量兴企先进单位、黄石市安全生产先进单位，获湖北省五一劳动奖状、黄石市基层工会工作优秀奖，该公司商标“BS”被评为湖北省著名商标。“优化人力资源配置，提高劳动生产效率，增强企业竞争实力和推动科学可持续发展”获湖北省第二十一届（2009）企业管理现代化成果奖一等奖，“完善管控体系，提高竞争实力，以市场为中心推进倒逼管理”获二等奖。“热镀锌宽幅环保钢带的开发”项目被评为黄石市科技进步三等奖。（朱伟杰）

**新产线运行** 2月22日酸洗线试生产，6月28日冷轧线试轧。两条新机组投入后产量逐步提高，使黄石公司生产成本不断下降。酸洗板和冷轧板月产量在11月和12月分别突破2万吨和1.2万吨。酸洗机组实现当年投产、当年赢利；轧机实现了0.33毫米、0.28毫米薄规格和1 200毫米宽规格的批量生产。

（朱伟杰）

**调整生产组织模式** 采取间歇性、低库存生产模式，按产能最大化、机组连续化、物流平衡化、效益最大化的方式进行组合，初步建立起了平衡4条产线的生产组织模式；加强现场技术攻关，解决了酸洗腰折印缺陷、轧机乳化液喷淋阀故障、镀锌卷取机十字头隐患及拉矫板形、彩涂板锈蚀问题等。全年镀锌、彩涂机组设备故障时间同上年相比分别降低70%和17%；通过强化安全基础管理，促进了新老产线的平稳顺行。（朱伟杰）

**拓展市场** 2009年，镀锌机组先后批量生产了1 220毫米、1 250毫米规格的镀锌板，彩涂机组新增11种新颜色；全年稳定终端用户彩涂板比例为40%，镀锌板为31%；约1万吨彩涂板销售到东风汽车、郑州宇通客车、重庆轻轨车站等区域性重点工程，占合同总量的20%；开发酸洗板市场，全年销售8.1万吨。

（朱伟杰）

**改进人力资源管理** 全年通过岗位合并、流程优化、管理变革、“操检合一”等方式减少人员配置15%。其中，新组建的轧钢分厂人员配置比设计减少50%；对3个分厂和2个部门的中层干部进行换岗交流，中层变动率达到75%；新提拔7名员工到中层管理或技术岗位；5名技术业务人员被提为区域工程师或区域管理师；1名中层正职被调整到技术管理岗位。通过实施和优化绩效管理，建立起员工收入与公司经营效益目标完成情况紧密挂钩的机制，强化了员工的市场意识和全局意识；对销售人员试行新的绩效评价方案，激发潜能。（朱伟杰）

**节能80万元** 制定并推进降本增效方案，形成七大类100多项指标，每月进行跟踪和评价。总能耗1.84万吨标准煤，节能80万元，完成了宝钢股份公司下达的2.58万吨标准煤、节能50万元的考核指标。

（朱伟杰）

**提高员工技能** 2009年，通过大力开展劳动竞赛和自主创新活动，员工共提出合理化建议875条，实施451条，自主管理成果180个，技术秘密2个，发明专利1个；3项实用新型专利被国家知识产权局受理。

在湖北省职工技能大赛(模具钳工专业)中获得团体总分第四名;29名员工被评为高技能骨干,并获得1 600—5 000元不等的奖励;实施内部培训65项,1 559人次参加培训。50名员工参加了黄石市技能等级提升培训和评价,取得了相应的技能等级。(朱伟杰)

## 宝钢新日铁汽车板有限公司

宝钢新日铁汽车板有限公司(简称“宝日汽车板”)由宝山钢铁股份有限公司、新日本制铁株式会社、安赛乐米塔尔三方合资组建,于2004年7月30日成立。宝日汽车板总投资65亿元,注册资本金为人民币30亿元,出资比例为宝山钢铁股份有限公司以实物出资方式,占50%股份;新日本制铁株式会社、安赛乐以现金出资方式,分别占38%和12%的股份,合资期限为20年。

宝日汽车板下设生产部、技术质量管理部、销售部和管理部,其中生产部下设轧钢分厂、镀锌分厂、设备管理室、能介车间,技术质量管理部下设冷轧技术管理室、镀锌技术管理室、冷轧质量管理室、镀锌质量管理室,销售部下设生产物流室、销售业务室、技术服务室,管理部下设综合管理室、财务管理室、人力资源室。宝日汽车板有中方职工607名,其中管理人员49名,技术人员163名,操作维护人员395名。另有新日本制铁株式会社派遣人员17名,安赛乐米塔尔派遣人员3名。

2009年,宝日汽车板共销售商品材168.99万吨,销售汽车板126.45万吨,其中热镀锌汽车板51.60万吨,乘用车外板40.40万吨,乘用车镀锌外板13.91万吨,高强钢汽车板29.75万吨。实现销售收入89.38亿元,利润1.79亿元。商品材平均成材率为95.88%,普冷汽车外板成材率平均为89.95%,热镀锌汽车外板成材率平均为85.27%。

(丁海霞)

**董事会会议** 3月20日,召开第二届董事会第三次会议,审议并通过“2009年度预算计划再确认”、“关于公司2008年度利润分配方案暂留待今后董事会议决议的议案”2项议案。7月15日,召开第二届董事会第四次会议,审议并通过“2009年公司计划、预算调整的议案”。12月17日,召开第二届董事会第五次会议,审议并通过“2010年公司计划预算的议案”以及“继续聘请安永华明会计师事务所为公司2009年度审计业务中介机构的议案”。

(来 勇)

**董事会换届改选** 根据宝钢方5月27日提名,董事会全体董事于6月初一致同意“免去伏中哲先生董事长、法定代表人职务,任命戴志浩先生担任董事长、法定代表人职务”及“免去姚林龙先生公司总经理职务,任命毛展宏先生为公司总经理”的书面议案。(来 勇)

**开展企业文化建设月活动** 10月,以“提高公司综合能力,正确应对环境变化”为主题,首次开展企业文化建设月活动。通过简报、宣传栏、内网,进一步宣传以“诚信”为基本价值观,以“尽责、协同、挑战”为行动指南的企业文化内涵,以及安全管理、先进性指标对标和自主型员工培养3个切入点活动开展情况,并通过评选“自主型员工行为十佳事例”、召开企业文化建设大会等举措,持续改进、巩固企业文化。

(来 勇)

**开展技术创新活动** 年内,推进科研运行项目70项,完成结题25项。审定技术秘密100项,完成年度目标125%。被受理专利6.6项,授权6项。实现科研效益2 059.69多万元,完成年度目标137.31%。六西格玛项目结题6项,创效益1 995万元。其中“降低压缩空气吨钢电耗”项目,被评为中国质量协会优秀六西格玛项目。年内,员工自发组建自主管理活动小组66个,提出自主管理课题132个,其中116个课题取得成果并进行了发布。设备管理室轧钢电气点检一班等5个小组获得上海市以上JK优秀小组称号及相关荣誉。全年员工共提出并实施合理化建议1 979条,人均实施3.3条,成果1 464条,结题率为73.6%,创经济效益3 008万元。

(王崇旭 许杰玮)

**降本增效近2亿元** 年内,通过落实吨钢增效200元目标分解,开展以“一扩大、一提升、四降低”为主题的降本增效项目劳动竞赛和“炼内功、保供应,确保东风日产月产5万辆目标”、“战高温、夺高产、保合同、创效益”为主题的专项劳动竞赛,建立、推进产品盈利预警机制等有效措施,累计实现降本增效效益19 683万元,完成年度调整目标的164%。

(丁海霞)

**实施培训210项** 全年共实施培训项目210项,参加培训员工共计2 817人次,总学时60 888小时。实施高级技师培训4项,共计6人次;技师培训3项,共计16人次。技能人员中,有91人取得不同等级技能提升,占技能人才的21.7%,其中5人获得高级技师证书,9人获得技师证书。(郭梦佳)

**建立PQT分析模型** 为准确把握各类、各层级岗位的培训要求，提高培训的针对性和有效性，探索建立了PQT(岗位Position—素质Quality—培养Training)分析模型，即按照管理、技术业务、操作维护3类岗位各个层级和不同专业、工种的要求，梳理并将各岗位所需要的岗位资质、知识、技能及素质要求，转化为具体的培训及培养项目，继而根据不同的项目设定不同的培养方式。2009年，以安全环保岗位、技术质量岗位为试点完善了PQT分析模型。（郭梦佳）

## 上海宝钢国际经济贸易有限公司

上海宝钢国际经济贸易有限公司(简称“宝钢国际”)的主要业务为钢材贸易、剪切加工配送、包装钢带业务、货运代理和电子商务。2009年，实现钢材销售2 161万吨，完成预算的110%；其中实现独有领先产品期货订货量882万吨，完成预算的124%；实现销售收入1 131.61亿元，完成预算的115%。加工中心厂内加工总量持续增长，全年突破300万吨，创造历史新高。激光拼焊加工量大幅增加，全年加工1 418万片，同比增长98%。

至2009年底，宝钢国际基本建成覆盖碳钢、不锈钢、特殊钢三大类精品，拥有7个全品种销售的地区性贸易公司、4个专营产品销售贸易公司、12个分公司、24个办事处的面向全国各地22个省市的营销服务网络以及36家剪切加工配送中心和东方钢铁、货代公司等两家商务服务类子公司。

年内，宝钢国际荣获上海市学习型企事业标兵单位称号和上海市五一劳动奖状。（经 洁）

**编制新一轮规划** 年内，宝钢国际完成了2010—2015年的战略规划编制，在新一轮规划编制中，根据宝钢股份公司战略产品的分类，对建立营销服务网络进行细化，同时根据品种的分类，对汽车板的加工网点布局进行了优化，对家电板、钢管、宽厚板、不锈钢、特殊钢品种销售服务体系构建规划进行了梳理与完善，形成了按宝钢股份公司战略品种对应的营销网络服务体系建设规划，明确了以客户为中心的外延与内涵相结合的发展道路。（经 洁）

**营销业务调整** 为适应宝钢股份事业部制变革，宝钢国际进行了一系列的组织变革与业务调整：在特殊钢产品销售网络与业务整合方面，成立以浦东国贸为主体的特殊钢销售平台；在不锈钢网络整合与业务调整方面，确定了以上海不锈、佛山宝钢、宁波宝钢为主体的，集工贸结合与冷轧热轧结合的销售网络；全面加强宝钢在东北区域的全品种销售力量，启动了北方区域营销网络的优化整合。（经 洁）

**推进配送体系建设** 宝钢国际遵循“集中有限资金，优先安排有明确客户需求、对宝钢产品市场份额有影响区域”的原则，稳步、有序推进加工中心新建及扩建项目。2009年完成基建、技改项目13个，新获批复加工能力59万吨，激光拼焊320万片。截至年末，在宝钢国际已布点的36家剪切加工配送中心中，已建成投产28家；累计批复建设加工能力达595万吨、激光拼焊1 747万片。（经 洁）

**实现电子商务交易额1 286亿元** 宝钢国际货运代理、电子商务等商务服务业务继续良好发展。东方钢铁以支撑宝钢数字化经营为导向，协同集团公司内各业务单元建设与完善采购、营销电子商务平台，全年共实现电子商务交易额1 286亿元。

宝钢国际被授予上海市五一劳动奖状

货代公司立足服务钢铁主业，全面完成宝钢股份公司的进出口报关业务，荣获全国优秀报关企业称号。（经　洁）

**构建综合管理营销服务体系**　2009年在应对全球金融危机中，宝钢国际继续本着系统思考、整体策划、协同推进的原则，以服务客户为核心，致力于建设跨地区、多功能、全品种覆盖、高效、低成本的营销服务体系。至年末，已形成了以36项管理要素为主线的12项专业管理模块，初步构建了“以宝钢国际管理纲要为指导，以贸易、加工、职能标准流程为基础，以管理手册为支撑，以规章制度为保障，以团队建设为支柱，以监督评审为手段”的综合管理体系运行模式。（经　洁）

**开展信息化建设**　年内，宝钢国际对内实现与钢铁主业一体化系统的良好对接，对外有力支撑区域和专营一体化的业务运作模式，力求全方位、多层次、多触角地开展信息化建设，支撑了从“线型”供应链管理向“网状”供应链管理的演进。一体化财务总账系统于2009年初成功上线运行，实现了宝钢国际经营活动的可知和可控。（经　洁）

**提升工厂基础管理水平**　年内，宝钢国际通过实施区域/专营一体化和专业一体化管理，系统整合体系资源，提升了各加工配送中心综合能力。宝钢国际按照“大标准多工厂及协同工厂”的管理模式，在工厂管理方面实施统一的专业化管理。在生产管理上，加工配送中心以国际先进的加工配送中心为目标，实行效率对标，并致力于提升人均效率这一关键指标；在设备管理上，已经初步探索并形成了备件共享、重大设备选型共享、设备故障共享分析等机制，有效提升了系统能力。同时，随着加工配送中心布局密度日益扩大，宝钢国际立足“单点优化”和“协同优化”两条主线，加强样板工厂推进，不断强化加工中心区域一体化功能。（经　洁）

**人才队伍培养**　年内，宝钢国际坚持“同聚能量、同添活力、同创价值、同步发展”的理念，完善培训管理体系，并系统构建基于能力素质评估模型，集“图卡表”及“员工成长里程积分”于一体的“拉动式”员工职业发展导航机制。举办了旨在提高全体106名直管干部经营能力的专题学习研修，完成C/D/E三个层级后备干部22人的上岗培训；实施“百人融合行动计划”，加速属地化人才的培养和发展；实施了有70人参加的客户服务经理资质认证，提升了一线营销人员的技术素质；加强对中高级技能等级和一岗多能员工的培养，全年已取得中、高级技能等级资格的员工分别为175人和24人。（经　洁）

**自主创新**　2009年，宝钢国际创新项目比2008年提升60%。全年结题科研项目5项、经营管理研究项目6项、六西格玛项目3项、工程自主集成项目3项和技术推广项目3项，并有10项专利得到受理、3项得到授权、17项技术秘密被认定，全年申报各类创新并获奖项目19项（省部级11项、集团公司级8项），另有3项享受国家科技政策。（经　洁）

**降本增效近5 000万元**　为应对严峻的经营形势，宝钢国际全年开展降本增效劳动竞赛活动，动员广大员工从本岗位做起，从业务流程各个环节着手，制定具体降本增效计划并扎实推进。全年宝钢国际累计实现降本增效4 978.61万元，完成宝钢股份下达降本增效目标的110.6%。（经　洁）

**宝钢国际全资、控股子公司一览表**

| 公司名称 | 经营范围 | 办公地址 |
|---|---|---|
| 上海宝钢钢材贸易有限公司 | 钢材贸易 | 上海市浦东新区浦电路370号12楼 |
| 广州宝钢南方贸易有限公司 | 钢材贸易 | 广州市科学城科学大道191号A1栋13层 |
| 天津宝钢北方贸易有限公司 | 钢材贸易 | 天津市空港物流加工区CBD商务区 |
| 成都宝钢西部贸易有限公司 | 钢材贸易 | 成都市天府大道南延线高新孵化园4号楼5楼 |
| 武汉宝钢华中贸易有限公司 | 钢材贸易及加工配送 | 武汉经济技术开发区宝钢物流中心园区 |
| 上海宝钢商贸有限公司 | 钢材贸易 | 上海市宝山区牡丹江路1211号安信商业广场D区7—8层 |
| 上海宝钢浦东国际贸易有限公司 | 钢材贸易 | 上海市宝山区宝杨路1943号宝钢汽贸大厦7楼 |
| 上海宝钢宝山钢材贸易有限公司 | 钢材贸易 | 上海市宝山区宝杨路1943号宝钢汽贸大厦8楼 |

（续表）

| 公司名称 | 经营范围 | 办公地址 |
| --- | --- | --- |
| 宝钢集团广州保税区国际贸易有限公司 | 钢材贸易 | 广州市科学城科学大道191号A1栋13层 |
| 安徽宝钢钢材配送有限公司 | 钢材加工配送 | 安徽合肥市庐阳产业园汲桥路66号 |
| 长春一汽宝友钢材加工配送有限公司 | 钢材加工配送 | 长春市东风大街118—1号汽车工业园 |
| 东莞市宝特模具钢加工有限公司 | 钢材加工配送 | 东莞市望牛墩镇银河工业园 |
| 佛山宝钢不锈钢加工配送有限公司 | 钢材加工配送 | 广东佛山顺德区北滘镇三乐东路16号 |
| 福州宝井钢材加工配送有限公司 | 钢材加工配送 | 福建闽侯县青口投资区 |
| 广州宝钢井昌钢材配送有限公司 | 钢材加工配送 | 广州市南沙经济技术开发区广意路28号 |
| 广州宝井钢材加工有限公司 | 钢材加工配送 | 广州市南沙经济技术开发区广意路29号 |
| 广州花都宝井汽车钢材部件有限公司 | 汽车关键零部件加工销售 | 广州市花都区汽车城东风大道16号 |
| 杭州宝井钢材加工配送有限公司 | 钢材加工配送 | 杭州市江干区航海路1171号 |
| 南昌宝江钢材加工配送有限公司 | 钢材加工配送 | 南昌市小蓝工业经济开发区汽车大道 |
| 南京宝钢钢材配送有限公司 | 钢材加工配送 | 南京市江宁区文靖西路108号 |
| 宁波宝钢不锈钢加工有限公司 | 钢材加工配送 | 宁波北仑霞浦镇宁川路北首 |
| 青岛宝井钢材加工配送有限公司 | 钢材加工配送 | 青岛技术开发区江山中路6—1号 |
| 上海宝钢不锈钢加工配送有限公司 | 钢材加工配送 | 上海市宝山区月浦园和路555号 |
| 上海宝井钢材加工配送有限公司 | 钢材加工配送 | 上海市浦东新区上川路1888号 |
| 上海申井钢材加工有限公司 | 钢材加工配送 | 上海市宝山区蕰川路3964号 |
| 沈阳宝钢钢材配送有限公司 | 钢材加工配送 | 沈阳市大东区观泉路78号 |
| 天津宝钢钢材配送有限公司 | 钢材加工配送 | 天津市中北工业园区内 |
| 烟台宝井钢材加工有限公司 | 钢材加工配送 | 烟台市福山区高新技术产业区延锋路 |
| 重庆宝钢汽车钢材部件有限公司 | 钢材加工配送 | 重庆市北部新区高新园星光大道1号B区6楼 |
| 重庆宝井钢材加工配送有限公司 | 钢材加工配送 | 重庆九龙坡区二郎科技新城火炬大道1号 |
| 广州宝丰井汽车钢材加工有限公司 | 钢材加工配送 | 广州市南沙区广意路28号 |
| 南京宝钢住商金属制品有限公司 | 钢材加工配送 | 南京市江宁经济技术开发区董村路87号 |
| 西安宝钢钢材加工配送有限公司 | 钢材加工配送 | 西安经济技术开发区泾渭工业园中钢路15号 |
| 济南宝钢钢材加工配送有限公司 | 钢材加工配送 | 山东省章丘市明水经济开发区 |
| 长春宝钢钢材配送有限公司 | 钢材加工配送 | 长春市汽车产业开发区汽贸开发大厦9楼809室 |
| 柳州宝钢汽车钢材部件有限公司 | 钢材加工配送 | 柳州市马厂路1号白露工业基地 |
| 海口宝钢汽车钢材部件有限公司 | 钢材加工配送 | 海口市高新区科技大道裕科大厦418室（未开业） |
| 上海宝钢高强钢加工配送有限公司 | 钢材加工配送 | 上海市宝山区月浦园和路555号2幢 |
| 成都宝钢汽车钢材部件加工配送有限公司 | 钢材加工配送 | 成都市经济技术开发区新区内（柏合镇）（未开业） |
| 上海宝钢船板加工配送有限公司 | 钢材加工配送 | 上海市宝山区牡丹江路1508号203室 |
| 郑州宝钢钢材加工配送有限公司 | 钢材加工配送 | 郑州经济技术开发区第五大街109号237号 |
| 厦门宝钢钢材加工配送有限公司 | 钢材加工配送 | 厦门火炬高新区火炬园H9－5开关站206室（未开业） |
| 上海中船宝钢钢材加工有限公司 | 钢材加工配送 | 上海市浦东新区浦电路370号3S15室（未开业） |
| 上海宝钢包装钢带有限公司 | 包装材料生产、销售 | 上海市宝山区月浦园和路191号 |
| 上海宝钢国际货运代理有限公司 | 运输代理 | 上海市宝山区宝杨路海关大楼附楼7楼 |
| 东方钢铁电子商务有限公司 | 互联网信息服务，经济信息服务，计算机系统集成，技术咨询服务 | 上海市宝山区宝杨路1943号宝钢汽贸大厦7楼 |

（经　洁）

## 宝钢股份大事记

**1月**

9日，宝钢股份“钢铁企业副产煤气利用与减排综合技术”获国家科技进步奖二等奖，成为冶金行业首个获此殊荣的节能减排项目。

9日，宝钢分公司团委凭借“应用平衡计分卡构建团组织战略图”的创新性实践第三次夺得第七届上海市共青团工作“首创奖”。

9日，冷轧薄板厂举行“李维聪创新团队工作室”命名和挂牌仪式，宝钢首个以员工命名的团队创新工作室诞生。

14日，在浙江省海上搜救先进表彰会上，宝钢拖轮“宝钢拖3号”作为唯一的非专业救助船荣获2008年浙江省海上搜救先进集体称号，这是宝钢拖轮首次获得省级荣誉称号。

20日，由运输部、宝检公司及宝信软件等联合研制的140吨下置式双向行驶框架车顺利下线并投入使用。首台框架车成功下线，填补了国内制造该特种用车的空白。

**2月**

15日，9时58分，经过78天快速大修的一号高炉第三代炉役点火开炉，并于2月16日7时15分顺利出铁。

27日，冷轧厂技能专家王康健研究的“高速冷轧带钢多功能在线检测系统”项目在上海市科技进步奖首次设立的工人农民组中获二等奖。

**3月**

3日，硅钢工程投产青年突击队获“2008年度上海市优秀青年突击队”称号。

11日，上海世博会场馆钢结构工程如期完成，上海世博会协调事务局给宝钢颁发奖牌。

25日，国内首台煤调湿装置在炼铁厂投运，10月30日通过验收，年节能效益达4 000余万元。

31日，取向硅钢主要产线投产一年，实现“四达”（达到产量、质量、效益、能耗4项控制目标）目标。

31日，厚板厂月轧制量近19万吨，月缴库量达16万吨，均创历史最高水平，提前实现厚板二期设计年产180万吨的月产量目标。

31日，宝钢股份组建不锈钢事业部。宝钢股份副总经理楼定波任不锈钢事业部总经理，朱义明任党委书记。

31日，中厚板分公司COREX－C3000喷煤投产成功，标志着COREX炼铁技术迈上了新台阶。

**4月**

1日，工程设备采购电子商务平台正式上线运行，100%覆盖国内询报价环节，实现了供应商信息管理、网上询报价等功能。

7日，经过16天的检修，电厂一号机组提前6天投入并网运行。300多项检修项目提前6天完工，实现了机组启动一次并网成功。

8日，郑州宝钢钢材加工配送有限公司注册成立。

10日，冷轧厂高强钢专用生产线（代码为C122）在“连退＋水淬”工艺路线热负荷试车期间成功试制出DP590、DP780、MS980、MS1180、MS1470 5种水淬普冷高强钢，填补了国内空白，达到国际先进水平。

13日，中国建造的满载29.23万吨进口铁矿砂的30万吨散货轮“合恒”轮处女航成功首靠马迹山港，并在完成卸载后安全离泊，标志着宝钢将改变以往租用国外30万吨级超大型散货巨轮的历史。

14日，运输部“提高马迹山港区清舱效率、缓解原料进厂瓶颈”被评为2008年度中国质量协会质量技术奖优秀六西格玛项目。

15日，宝日汽车板公司被上海市质量协会评为“2008年度上海市实施用户满意工程先进单位（服务类）”。

21日，在第三届“中国发明家论坛”暨第四届“发明创业奖”颁奖典礼上，宝钢技能专家孔利明荣获“当代发明家”特等奖，并被授予“当代发明家”称号。

23日，风险咨询和内部审计专业机构甫瀚公司联合中国社会科学院世界经济与政治研究所公司治理研究中心、国家行政学院领导人员考试测评研究中心共同发布“2009年中国上市公司100强公司治理评价”报告，宝钢股份在“2009年中国上市公司治理评价前20强”中排名第八位。

23日，冷轧厂高强钢专用生产线在第三条工艺路线“热镀锌＋高氢”热负荷试车期间，成功试制出DP980、DP780、TRIP800、TRIP700热镀锌高强钢，并成功解决了高硅TRIP800热镀锌的可镀性问题，产品达到世界先进水平。

23日，黄石公司荣获湖北省五一劳动奖状。

24日，宝钢能源中心EMS大屏幕改造二期顺利完成。

28日，宝钢股份公司董事会、监事会换届，董事史美伦、欧阳英鹏、李海平因工作原因不再列为董事候选人。第四届董事会共选举产生10名董事，其中马国强、戴志浩为新当选董事。

29日，四号高炉荣获“全国重点大型耗能钢铁生产设备节能降耗竞赛冠军炉”称号。

30日，热轧厂二热轧分厂分卷线丁班QC小组的课题“降低1580

分卷线圆盘剪剪刃更换耗时”在2009年首届“海洋王”杯全国QC小组成果赛获一等奖。

30日，宝钢自主集成的取向硅钢机组提前3个月投产。

4月，钢管条钢事业部首席工程师赵鹏获第十届上海市杰出青年岗位能手和上海市“新长征突击手”称号。

4月，中厚板分公司X80管线钢实现批量生产。

4月，在福布斯2009年全球2 000强上市公司榜单中，宝钢股份列第263位。

**5月**

4日，能源环保部职工曹先常获上海市“新长征突击手”称号。

7日，宝日汽车板公司设备管理室特殊仪表班组被评为“2008年度上海市优秀质量管理小组”。

11日，宝钢采购服务热线电话(400－820－1688)和专用邮箱(baobuy baosteel. com)正式开通。

14日，宝钢原料码头10号泊位正式对外开通。

15日，在全国QC小组成果发表赛上，特钢事业部“金刚钻小组”课题“降低棒一产线生产计划的停机时间”获一等奖。

15日，宝钢取向硅钢机组顺利生产出第一卷合格取向硅钢板卷。

17日，梅钢公司“增加焦煤用户，减少焦煤放散”合理化建议获上海市职工节能减排优秀合理化建议一等奖。

18日，不锈钢事业部炼铁厂高级技师储滨获第七届“上海市十大工人发明家提名奖”和第二届“上海市工人技术创新能手”两项荣誉。宁波宝新公司生产技术部工程师欧响波获第二届“上海市职工科技创新标兵”称号。

19日，不锈钢事业部“水秤自动计量系统的研制”课题获由中国质量协会颁布的全国QC成果二等奖。

20日，硅钢部首席工程师陈晓获“上海市十大职工科技创英才”称号。

21日，梅钢公司冷轧厂连退机组首次穿带成功。

21日，经国家交通运输部、环境保护部、安监局及浙江省相关部门严格审核，宝钢马迹山港区二期工程通过国家验收，工程整体质量达到国家标准。

24日，在第三届中国上市公司市值管理高峰论坛上，宝钢股份获“2009中国上市公司市值管理行业百佳”称号，宝钢股份董秘陈缨获“2009中国资本市场最佳创富IR”称号。

28日，中国工程院院长徐匡迪视察宝钢承建的都江堰“幸福家园·逸苑”钢结构小区工程。

**6月**

1日，梅钢冷轧自主集成创新工程1420酸轧机组开始热负荷运行。

3日，梅钢公司四号高炉实现达产。

3日，热轧厂2050精轧机组累计实现61万吨无卡钢，创精轧连续无卡钢吨位新纪录。

8日，梅钢热轧厂一号加热炉点火成功。

10日，宝钢股份财务服务中心成立。

12日，宝钢热镀锌耐指纹板通过全球最大的信息工业公司——IBM公司总部的认证。宝钢成为国内首家通过IBM认证的钢铁企业。

23日，“轧钢区域低品位余热资源梯级利用研究与示范”项目被批准入选2009年度上海市青年科技启明星计划，获得上海市科委资助。

24日，宝钢股份2010—2015年发展规划编制工作启动，宝钢股份明确继续以“成为全球最具竞争力的钢铁企业”为规划期公司战略目标，提出走精品制造、产品及服务差异化和低成本相结合道路。

25日，运输部汽车大队获得上海市交通安全资信企业三星级评级。

28日，在2009年“兴澄特钢杯”冶金行业优秀QC小组竞赛中，不锈钢事业部猎鹰QC小组课题“提高304不锈钢成分命中率”以第二名的成绩获得一等奖。

29日，沈阳宝钢钢材配送有限公司举行二期项目奠基仪式。

30日，中国包装联合会金属包装研发中心(上海)在宝钢研究院揭牌成立。

30日，一炼钢区域除尘系统扩容改造项目顺利投运。

**7月**

2日，钢管条钢事业部正式成立。原炼钢厂电炉分厂、条钢厂、钢管厂建制撤销。钢管事业部由原宝钢分公司炼钢厂电炉分厂、条钢厂、钢管厂和原特钢分公司精密钢管厂，以及宝通钢铁公司、鲁宝钢管公司和烟宝钢管公司重新组建而成。

15日，能环部“降低鼓风吨铁送风电耗”六西格玛项目被评为2008度上海市优秀项目。

15日，宝钢试制成功B23R080激光刻痕取向硅钢，产品发往国内一家变压器制造商，用于制造高效能变压器，填补了国内空白。

26日，宝钢分公司“钢铁企业系统节水与梯级利用技术的开发应用”项目获2009年度上海市科技进步奖二等奖。

30 日，钢管条钢事业部一发明专利“锰系磷化废水的处理方法”获第六届中国国际发明展览会金奖。

7 月，采用宝钢取向硅钢制作的 6 台配电变压器经检验，各项性能指标全部满足要求，这标志着宝钢取向硅钢产品通过了全球最大变压器制造商 ABB 的全面认证。

7 月，不锈钢事业部管理体系通过英标管理体系认证（北京）有限公司（BSI）转换认证。

**8 月**

20 日，中国计量科学院测量审核活动结果公布，对宝钢股份计量检定室的审核符合“结果满意”标准。

27 日，三烧结脱硫装置通过验收，年处理二氧化硫达 4 000 余吨。

31 日，宝钢生活污水集中处理站在能源环保部投运。

8 月，梅钢公司被评为“2009 年全国实施卓越绩效模式先进企业”。

8 月，钢管条钢事业部防腐涂层生产线获国家质量监督检验检疫总局生产许可证，标志着宝钢焊管涂层产品获得了市场通行证。

**9 月**

4 日，电厂三号机组增设脱硫装置项目投产。

13 日，中厚板分公司 9Ni 钢一次冶炼成功，标志着中厚板分公司初步设计产品大纲系列中难度最大的钢种冶炼成功。

27 日，宝钢安全管理研修会成立。

9 月，不锈钢事业部获由国资委党委颁发的“中央企业思想政治工作先进单位”称号。

9 月，特钢技术中心正式组建。

9 月，黄石公司被评为 2007—2008 年度湖北省文明单位。

**10 月**

3 日，一炼钢二号 RH 发生铁水漏出事故。

23 日，中厚板分公司通过 BSI（英标管理体系认证公司）专家组包括质量、环境和职业健康安全管理体系在内的综合管理体系第一阶段现场审核。

30 日，电厂通过质量管理体系权威认证机构 BSI 公司质量体系初次认证审核（2010 年 1 月取得 ISO9001:2008 认证证书），这是电厂首次参加质量体系认证。

10 月，不锈钢事业部首次通过中启测量管理体系认证中心的测量管理体系审核。

10 月，特钢事业部“耐油井气腐蚀抽杆钢”发明专利获第十八届全国发明展览会金奖。

**11 月**

1 日，“两片易拉罐用镀锡钢板的开发及应用”项目获 2009 年冶金科学技术奖一等奖。

12 日，国内最大的连续式卸船机在宝钢原料码头 10 号泊位顺利滚装上岸。

16 日，宝钢研究院（技术中心）被授予“国家认定企业技术中心成就奖”。宝钢研究院院长张丕军被国资委授予“国家创新能力建设工作先进个人”称号。

11 月，中厚板分公司 COREX 炼铁工程荣获中国建设工程“鲁班奖”。

**12 月**

7 日，宝钢国际荣获“上海市五一劳动奖状”和“上海市学习型企事业标兵单位”称号。

7 日，上海市企业管理现代化创新成果评审委员会发布 2009 年市企业管理现代化创新成果公告，马迹山港“管用养修”协力一体化管理获三等奖。

15 日，宝日汽车板公司新建三号热镀锌生产线开始冷负荷运行。

15 日，宝钢 2030 新增连退机组顺利投产，比计划工期提前一个半月。

18 日，在第八届中国公司治理论坛上，宝钢股份获“2009 年度董事会奖”。

23 日，“抗 $CO_2$、$H_2S$ 腐蚀用 3Cr 系列油套管及制造工艺技术”、“钢铁材料及制品的大气腐蚀数据积累及规律”两个项目分别获 2009 年度国家科学技术发明二等奖、国家科学技术进步二等奖。

23 日，黄石公司“优化人力资源配置，提高劳动生产效率，增强企业竞争实力和推动科学可持续发展”成果被评为湖北省第二十一届（2009）企业管理现代化成果一等奖；“完善管控体系，提高竞争实力，以市场为中心推进倒逼管理”成果获二等奖。

24 日，自主集成创新工程梅钢冷轧正式投产。

28 日，东方钢铁“在线竞价的风险管控体系”项目获 2009 年度上海市质量技术奖三等奖。

31 日，宝钢股份安保管制中心成立。

12 月，宝钢国际团委荣获“上海市五四特色团委”称号。

12 月，不锈钢事业部在上海市推进学习型企业建设大会上被评为“上海市学习型企业单位”。

（艾　涛）

# 2010 YEARBOOK BAOSTEEL

# 八一钢铁

1 专　记 ZHUANJI
13 专　文 ZHUANWEN
33 大事记 DASHIJI
41 概　述 GAISHU
63 规划发展 GUIHUAFAZHAN
67 管理创新 GUANLICHUANGXIN
79 科　研 KEYAN
97 基建与技改 JIJIANYUJIGAI
109 环境经营 HUANJINGJINGYING
123 人力资源管理 RENLIZIYUANGUANLI
135 财务、资产与审计 CAIWUZICHANYUSHENJI
141 宝钢股份 BAOGANGGUFEN
217 八一钢铁 BAYIGANGTIE
233 广东钢铁 GUANGDONGGANGTIE
239 宁波钢铁 NINGBOGANGTIE
245 多元产业 DUOYUANCHANYE
305 海外公司 HAIWAIGONGSI
313 综合管理 ZONGHEGUANLI
325 党群工作 DANGQUNGONGZUO
353 企业文化 QIYEWENHUA
365 人物与表彰 RENWUYUBIAOZHANG
377 附　录 FULU
401 索　引 SUOYIN

# 八一钢铁

## 概 述

宝钢集团新疆八一钢铁有限公司(简称“八一钢铁”、“八钢”)始建于1951年。1952年5月20日,中国人民解放军新疆军区后勤部钢铁厂与新疆军区军工部合并,定名为新疆军区八一钢铁总厂。1953年1月,钢铁厂移交新疆维吾尔自治区工业厅,5月7日,更名为新疆八一钢铁厂。1974年1月1日,更名为乌鲁木齐钢铁厂。1979年3月31日,新疆成立新疆钢铁公司,乌鲁木齐钢铁厂为该公司直属企业。1980年11月24日,乌鲁木齐钢铁厂更名为新疆八一钢铁总厂,并与新疆钢铁公司两块牌子一套班子运作。1995年9月27日,以新疆八一钢铁总厂为主体成立新疆钢铁(集团)有限责任公司。1999年11月,更名为新疆八一钢铁(集团)有限责任公司。2001年底,更名为新疆八一钢铁集团有限责任公司。2007年1月16日,宝钢集团与新疆维吾尔自治区政府签署增资重组八钢的协议,4月28日正式加入宝钢集团,定名为宝钢集团新疆八一钢铁有限公司。

至2009年底,有职工23 597人,其中少数民族职工3 880人。

全年产焦炭355.33万吨,同比增长67.88%;铁矿石原矿量383.43万吨,同比增长4.10%;铁精矿166.38万吨,同比增长9.93%;球团矿247.39万吨,同比增长16.85%;烧结矿571.48万吨,同比增长47.25%;生铁525.32万吨,同比增长41.87%;钢540.43万吨,同比增长11.65%;钢材508.5万吨,同比增长10.26%;板簧3.83万吨,同比增长17.13%。

完成工业总产值(现价)334.59亿元,资产总额329.27亿元。全年销售钢材500.83万吨,同比增长10.09%;销售收入181.47亿元,同比下降18.13%;主营业务收入174.26亿元,同比下降15.89%;利润总额4.21亿元,同比增长103.33%。

(程 龙 张彬蓉 顾 维)

**企业负责人简介** 赵峡,1958年5月生,河北保定人,中共党员,教授级高级工程师,八一钢铁董事长、党委书记。

陈忠宽,1965年8月生,江苏建湖人,中共党员,高级工程师,八一钢铁总经理。

## 股东大会 董事会

**2008年度股东大会** 8月28日,八一钢铁召开2008年度股东大会,会议审议并通过《公司2008年度董事会工作报告》、《公司2008年度监事会工作报告》、《公司2008年度财务决算报告》、《公司2008年度财务预算报告》。《公司2008年度利润分配预案》,鉴于累计可供股东分配的利润为负数,会议同意对2008年度不进行利润分配。 (陈 焱)

**2009年第一次临时股东会** 2月25日,八一钢铁召开2009年第一次临时股东会。会议审议并通过了《关于公司换届选举第三届董事会董事的议案》、《关于公司换届选举第三届监事会监事的议案》、《关于修改公司章程的议案》、《关于修改公司董事会议事规则》。 (陈 焱)

**2009年第二次临时股东会** 12月25日,八一钢铁召开2009年第二次临时股东会。会议审议并通过了

8月7日,中共中央政治局委员、自治区党委书记王乐泉到八一钢铁指导工作

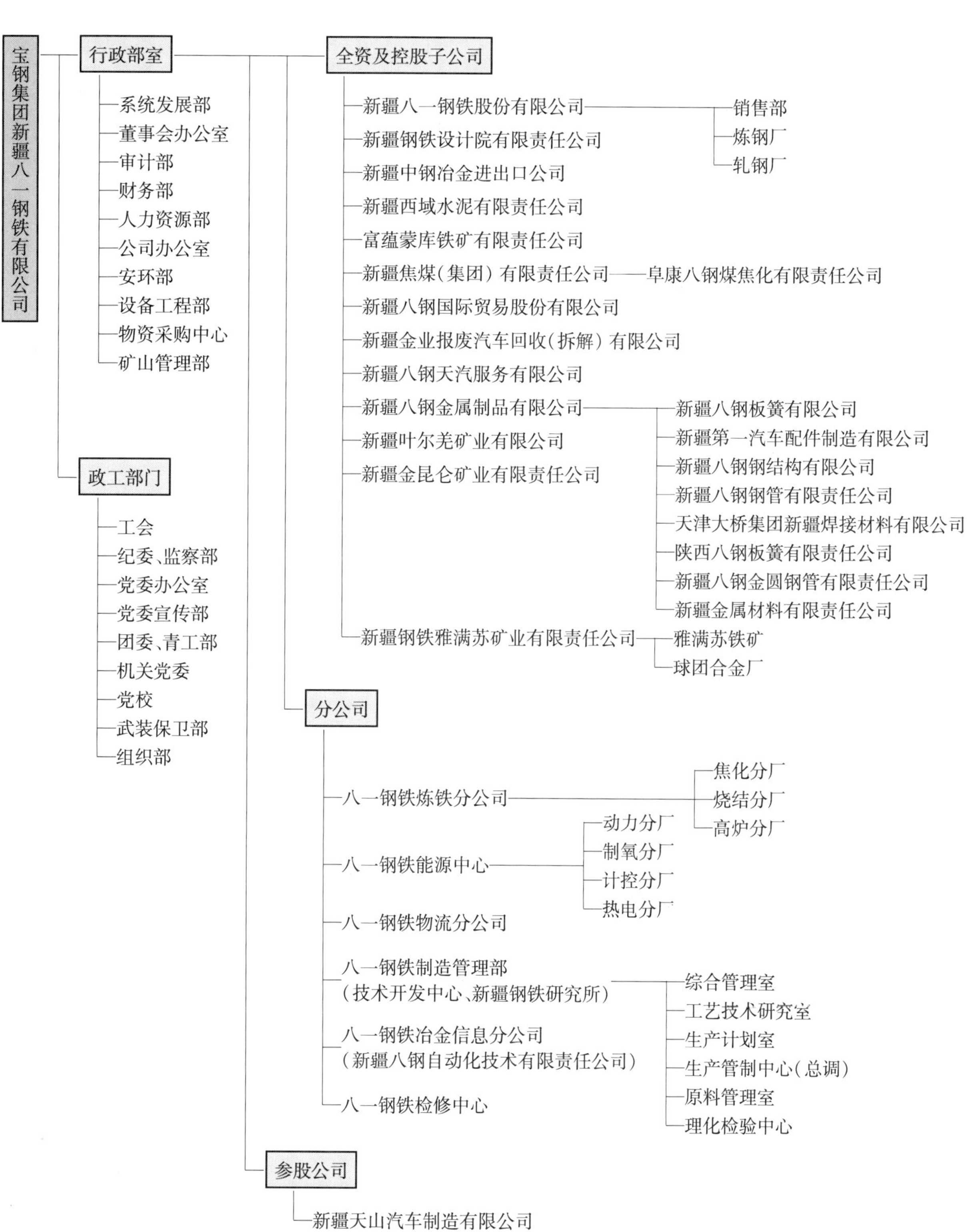


八一钢铁组织机构图(2009 年 12 月)

《关于增加八一钢铁经营范围的议案》，同意在经营范围中增加"煤焦油、粗苯、工业萘、煤沥青、蒽油、酚油、粗酚"的生产和销售，并修改公司章程相应条款；《关于公司公开发行短期融资券的议案》，同意公开发行总额度在10亿元以内的短期融资券。（陈　焱）

**二届十一次董事会**　2009年2月25日，八一钢铁召开二届十一次董事会，会议审议并通过如下议案：《关于设立八一钢铁董事会专门委员会的议案》、《关于八一钢铁董事会换届选举的议案》、《关于修改八一钢铁章程的议案》、《关于修改八一钢铁董事会议事规则的议案》、《关于八一钢铁董事会专门委员会议事规则的议案》、《关于八一钢铁内部审计制度的议案》、《关于八一钢铁参与投资建设矿渣粉生产线项目的议案》、《关于八一钢铁对阜康160万吨煤焦化项目进行资产减值准备财务核销的议案》、《关于八一钢铁2009年度经营预算的议案》、《关于八一钢铁2009年在各商业银行办理综合授信的议案》。（陈　焱）

**三届一次董事会**　2月25日，八一钢铁召开三届一次董事会，通过《关于选举八一钢铁第三届董事会董事长的议案》，选举赵峡为八一钢铁第三届董事会董事长；通过《关于选举八一钢铁董事会各专门委员会委员的议案》。（陈　焱）

**三届二次董事会决议**　5月27日，八一钢铁召开三届二次董事会。通过以下决议：同意聘杨春平任宝钢集团新疆八一钢铁有限公司副总经理。同意八一钢铁为新疆八钢佳域工贸总公司在上海浦东发展银行乌鲁木齐分行办理2 000万元流动资金贷款提供保证担保；同意八一钢铁为新疆八钢佳域工贸总公司在中国交通银行股份有限公司乌鲁木齐分行办理3 000万元流动资金贷款提供保证担保。以上担保有效期均从2009年2月15日—2010年2月15日。（陈　焱）

**三届三次董事会决议**　8月12日，八一钢铁召开三届三次董事会。通过如下决议：同意八一钢铁以现金出资2 000万元参股设立尼勒克焦煤有限公司，与新疆国投宝地能源开发有限公司共同合作开发新疆尼勒克县吉伦台——塘坝的3号矿区、4号矿区和5号矿区，以实现煤炭勘探开发和原材料稳定供应的战略目标。（陈　焱）

**三届四次董事会决议**　8月28日，八一钢铁召开三届四次董事会。通过了《关于公司2008年度董事会工作报告的议案》、《关于公司2008年度总经理工作报告的议案》、《关于公司2008年度财务决算报告的议案》、《关于公司2008年度利润分配预案的议案》、《关于召开公司2008年度股东会的议案》、《关于八一钢铁收购新疆阿拉山口工贸股份有限公司股份的议案》。（陈　焱）

**三届五次董事会决议**　12月25日，八一钢铁召开三届五次董事会，通过《关于增加公司经营范围的议案》、《关于公司公开发行短期融资券的议案》、《关于新疆金业报废汽车回收(拆解)有限公司受让昌吉金业报废汽车回收(拆解)有限公司自然人股权的议案》、《关于公司参股伊犁钢铁有限公司的议案》、《关于公司2010年生产经营计划的议案》、《关于聘任公司董事会办公室主任的议案》、《关于召开公司2009年第二次临时股东会的议案》。（陈　焱）

## 生产经营管理

**基本建设投资**　2009年，固定资产投资项目72项，计划投资12.49亿元，实际完成投资12.7亿元。主要建成投运的项目有：二号2 500立方米高炉、中厚板工程、棒线工程的高线生产线、2×40 000立方米制氧工程、活性石灰工程、焊管机组扩能改造、洗煤厂二期工程、金属制品公司大口径焊管工程。（罗映萍）

**降本增效6.9亿元**　全年完成降本增效6.9亿元，超额完成年度调整预算目标任务。铁、钢、材等主要产品均完成成本计划，冷轧产品从9月起首次实现盈利，中厚板产品成本大幅降低。在管理费用控制方面，根据集团公司"零基预算"原则，按"不发生"和"不新增"两方面从严控制，管理费用比上年下降22%。疆内销售比增长，运输费用降低，销售费用比上年下降20%。财务费用控制以长贷置换短贷，降低贷款总体利率水平，全年降低12.8%。能源中心动力分厂供水作业区针对净化水站水处理过程中的药剂投加量不合理问题，通过观察和实验，设计出《药剂最佳投加量对照表》，节省药剂248吨/年，创造效益30万元。（罗映萍）

**原燃料管理**　确保焦炭质量，调增疆内焦煤的配入比例，充分利用自有或区内低价焦煤资源，逐步降低区外高价焦煤配入量。全年新区焦炉自产煤配比较上年提高。对原燃

10 月 29 日，轧钢厂中厚板分厂成功轧制出厚度 8 毫米规格的钢板

料合同价格与国外供应商重新商谈，降低采购价格，铁精粉价格下降 121 美元/吨。 （罗映萍）

**提高生产组织水平** 根据市场需求变化，通过对产品盈利能力分析，适时调整产品产能规模和品种，增加盈利产品产量。根据市场阶段性运行趋势，适时调整电炉钢产能规模。板带系统严格按合同组织生产，提高生产组织的管理精度。加强炼钢、轧钢的品种衔接，从计划安排上最大限度做到炼钢品种生产同轧钢品种规格相匹配。在轧钢机组钢材品种计划控制上，加强同销售部门联系，坚持按最佳经济批量、换辊顺序，统筹安排生产，提高轧机产能水平。 （罗映萍）

**产品研发取得进展** 产品移植取得较大进展，X52、X60、J55 等管线钢、风电用钢、高强度煤机用钢板已形成批量生产。在新产品开发方面，齿轮钢和 82B 的质量有新的改进和提高。管线钢、汽车大梁钢两项新产品通过技术鉴定，填补了自治区内的空白。全年新开发产品 14 个，累计生产 50 多万吨。中厚板产能和产品规格有较大突破，成功轧制出厚度 8 毫米规格的钢板，为开发更薄规格的产品打下基础。 （罗映萍）

**扩大市场营销** 密切关注、跟踪自治区投入近 2 000 亿元扩大内需的一系列重大项目，喀什老城区改造、吐鲁番温室大棚以及石油、铁路等重点项目均用上了八钢的产品。2009 年自治区 135 个重点工程项目全年用材中，八一钢铁钢材占比 90% 以上。2009 年八钢在疆内销售比同比提高 14.51%。加强八一钢铁内部各销售单元工作协同，钢材、制品以及佳域的角槽钢产品实现协同销售，打造“移动钢材超市”，树立“钢材一站式服务”营销理念，提高产品市场占有率。加快产品延伸开发速度，扩大制品产量，拓宽市场空间。金属制品公司全年消耗八钢钢材 100 万吨，同比增长 41.02%。针对新疆吐鲁番地区农业设施，新增大棚钢骨架用钢，已累计实现销售钢材 2.94 万吨。 （罗映萍）

**节能减排** 2009 年，高炉 TRT（高炉煤气余压发电装置）发电和干熄焦余热发电等节能新技术顺利投产并逐步顺行。其中高炉 TRT 发电量全年达到 7 600 万千瓦时，收入 3 443 万元；干熄焦余热发电全年达到

10 月 28 日，由八一钢铁研制和开发的油气输送管线钢、汽车大梁用钢板两项新产品通过技术鉴定

10 409万千瓦时，收入4 715万元。炼钢滚筒渣处理率由25%上升到64%，蒸汽回收由22.7千克/吨稳定到80千克/吨。通过采取多种技术和管理措施，炼钢系统实现单月负能炼钢。 （罗映萍）

**保持职工队伍稳定** 及时传达党中央、新疆维吾尔自治区和乌鲁木齐市领导的讲话精神，教育各族职工深刻认识“7·5”事件的本质，统一职工思想，保持职工队伍的稳定。启动应急预案，对八一钢铁安全稳定工作作出全面部署，强化领导带班值班工作，确保信息畅通。组建预备役应急队伍，加强厂区治安巡逻和重点要害部位的安全保卫工作。“针扎事件”发生后，及时组织两个维稳工作组，由八一钢铁领导带队，抽调得力中层管理人员组成10人工作队，进驻社区开展维稳工作。年内未发生职工参与打砸抢烧事件。 （罗映萍）

**八一钢铁大事纪要**

1月1日，中共中央政治局委员、自治区党委书记王乐泉，自治区党委副书记、自治区主席努尔·白克力等自治区领导一行看望工作在一线的八一钢铁干部职工。

1月6日，新疆和田地区行署与八一钢铁签订矿产资源开发合作框架协议，和田地区行署同意将皮山县布琼铁矿配置给八一钢铁进行勘探与开发，并协助办理相关矿业权手续。

1月20日，召开2009年度党委工作会议暨六届二次职工代表大会。

2月17日，荣获“自治区安全生产先进单位”称号。

2月27日，第二座2 500立方米高炉竣工投产。

2月28日，中厚板项目热试车成功。

3月2日，焦煤集团大倾角硬顶软底软煤走向长壁综放开采技术通过自治区科技成果鉴定。

3月17日，大连重工·起重集团公司党委副书记丛红一行走访八一钢铁。

八一钢铁总经理陈忠宽代表宝钢集团向乌鲁木齐“7·5”事件无辜受害者捐款1 000万元

3月18日，与新疆国投宝地公司签订合作开发尼勒克煤炭资源意向书。

3月19日，雅满苏矿180万吨选矿生产线破土动工。

4月3日，与吐鲁番地区签订1.6亿元农业钢骨架加工合同。

4月14日，2009年新疆上市公司董事长联席会议第一次会议在八一钢铁召开。

4月28日，自治区《职业病防治法》宣传周启动仪式在八一钢铁举行。

5月6日，八一钢铁焦煤集团270万吨洗煤厂二期150万吨/年建设工程竣工试生产。

5月9日，由自治区国土资源厅、各地、州国土资源部门联合组成的督导检查组督导检查焦煤集团资源开发利用情况。

5月31日，召开民族团结进步表彰大会。

6月3日，自治区党委常委、自治区副主席库热西·买合苏提，自治区政协副主席、经贸委主任王永明一行到八一钢铁调研。

7月10日，自治区党委常委、自治区副主席库热西·买合苏提，自治区政协副主席、经贸委主任王永明等一行视察八一钢铁。

7月10日，自治区党委常委肖开提·依明，自治区政协副主席、自治区党委统战部部长王伟以及乌鲁木齐市市长吉尔拉·衣沙木丁一行走访八一钢铁宗教场所。

7月16日，在进疆大企业大集团、自治区国有企业向乌鲁木齐“7·5”事件无辜受害者民族团结捐款仪式上，八一钢铁总经理陈忠宽代表宝钢集团现场捐款1 000万元。

7月21日，举行新高速线材、中厚板工程项目竣工投产剪彩仪式。

7 月 21 日，八一钢铁举行新高速线材、中厚板工程项目竣工投产剪彩仪式

自治区党委常委、自治区副主席库热西·买合苏提等出席剪彩仪式。

7 月 27 日，自治区党委常委努尔兰·阿不都满金，自治区副主席艾尔肯·吐尼亚孜及自治区相关厅局领导一行到八一钢铁检查指导。

7 月 28 日，自治区党委常委、纪委书记符强一行到八一钢铁调研。

7 月 28 日，百万吨焊管基地一期工程竣工投产。

8 月 6 日，与富蕴县就矿山合作开发事宜进行会谈。

8 月 7 日，中共中央政治局委员、新疆维吾尔自治区党委书记王乐泉率自治区政协常务副主席黄昌元，自治区国资委主任张继勋，自治区党委副秘书长、办公厅主任张明理等一行到八一钢铁检查指导工作。

8 月 14 日，新疆维吾尔自治区会计学会冶金分会四届二次会员代表大会在八一钢铁召开。

8 月 16 日，八一钢铁石灰工程二期项目一次点火成功。

8 月 23 日，在新疆维吾尔自治区考察工作的中共中央总书记、国家主席、中央军委主席胡锦涛在中共中央政治局委员、中央军委副主席郭伯雄，中央书记处书记、中央办公厅主任令计划，中央书记处书记、中央政策研究室主任王沪宁及中共中央政治局委员、新疆维吾尔自治区党委书记王乐泉，自治区党委副书记、自治区主席努尔·白克力等有关领导的陪同下视察八一钢铁。

9 月 2 日，中共中央政治局委员、自治区党委书记王乐泉会见宝钢集团董事长徐乐江一行，并听取徐乐江对南疆巴州和阿克苏两地矿产资源考察调研情况汇报。

9 月 16 日，新建石灰窑工程第四座竖窑一次点火成功。

10 月 14 日，由新疆军区政治部组织的“加强民族团结、维护社会稳定巡回报告团”一行 5 人到八一钢铁作民族团结先进事迹报告。

10 月 28 日，油气输送管线钢、汽车大梁用钢板两项新产品通过鉴定，填补了自治区空白。

11 月 9 日，国家环保部规划司副司长张士宝和国家林业局计财司副巡视员汤晓文率中央经济社会发展专题调研组生态环境组专家一行到八一钢铁调研。 （罗映萍）

## 八一钢铁各分公司

### 炼铁分公司

至 2009 年底，有员工 3 241 人，其中少数民族员工 935 人。炼铁分公司下辖高炉分厂、焦化分厂、烧结分厂，各分厂下设一个管理区和若干作业区。机关设生产技术室、设

8 月 16 日，八一钢铁石灰工程二期项目四号套筒竖窑一次点火成功

备室、综合办公室3个业务室。主要生产铁水、入炉烧结矿、冶金焦炭及煤化工产品等，是新疆最大的炼铁生产基地。主要设备有380立方米高炉6座；2 500立方米高炉2座；高炉余压发电系统1套；20平方米烧结生产线3条；265平方米烧结生产线2条；4.3米42孔焦炉生产线4座和49孔捣固焦炉1座；6米55孔焦炉4座。2009年，产生铁525.32万吨，完成计划的105.06%；焦炭253.09万吨，完成计划的100.83%；烧结矿571.48万吨，完成计划的109.32%。铁水合格率99.713%，一级品率53.40%。（高 林）

**工程建设** 焦化工程：1月23日，新区四号焦炉顺利推焦。至此，八一钢铁形成年产焦炭220万吨规模。4月2日，配套建设的2座140吨/时干熄焦装置投产。高炉工程：2月27日，八钢第二座2 500立方米高炉（B高炉）点火开炉。28日，高炉顺利出铁。高炉利用系数达2.0，可年产铁水175万吨。（高 林）

**降本增效3.32亿元** 年内，按照八一钢铁计划立项目标要求，炼铁分公司计划降本增效项目6个，累计降本3.32亿元，完成目标的102%。炼铁工序降低加工费，降本1.837亿元，完成目标的122.5%。炼铁分公司、分厂、作业区及班组确立降本增效项目867个，降本1.86余亿元。（高 林）

**推进基层管理模式和作业长制** 3月，成立炼铁分公司作业长研修会分会，制定研修会的规章制度及年度工作计划，确定以作业区标准化工作推进、作业长年度绩效考核、自主管理及技能班日常性管理工作为研修会工作重点。11月，举办炼铁分公司第三次自主管理发布会，发布123个成果；推进技能康复班开班工作，印发《关于加强劳动纪律考核和人员集中学习管理办法》，10月19日，技能康复班正式开班，接收学员7人参加集中学习和劳动。（高 林）

2月27日，八一钢铁第二座2 500立方米炼铁高炉——B高炉顺利点火开炉

**推进设备专业化集中管理** 全面推进TPM（全员生产维修）设备管理模式，大力倡导设备专业化集中管理，规范执行点检定修制，老系统设备稳定挖潜，新系统设备达产、稳产。加强计划值管理，每月制定设备管理考核和运行检修的计划值，对设备运行、资财消耗、设备故障和事故进行数据统计与分析，使设备管理有序受控。（高 林）

**工程项目管理** 年内立项81项，项目金额11 638万元；允许开工项目63项，项目金额9 472万元。其中固定资产投资项目15项，项目金额3 469.7万元；大中修、检修协力年计划44项，项目金额5 726万元，占实际金额的95.4%，零批项目2项，项目金额20.1万元，占实际金额的4.6%。（高 林）

## 能源中心

能源中心负责八钢地区水、电、气、暖、氧的生产、供应和能源、计量管理工作。至2009年底，能源中心下设动力分厂、计控分厂、制氧分厂、热电分厂和6个业务室、21个作业区。有员工1 135人，其中少数民族员工167人，公司一级专家1人，二级专家2人，技术操作能手9人。

2009年，实现利润总额5.12亿元，营业收入26.26亿元，降本增效9 602万元。全年发电49 460.618万千瓦·时，产蒸汽529.158万吨，氧气5.92亿立方米，氮气7.23亿立方米，氩气549.4万立方米，购水量4 020.21万立方米，回收转炉煤气1.52亿立方米。（张晓娟）

**工程建设** 二号4万立方米制氧工程：8月8日，二号4万立方米制氧机组汽轮机首次开机冲转一次成

功。9月,完成设备安装,并进行空负荷联动试车。八一钢铁净化水站改扩建:该工程于2008年9月开始建设,工程分为两个标段:一标段为新建一座能力10万立方米/天水处理设施;二标段对已有的2 500立方米/时平流沉淀池进行改造,出水水量由原1 600—1 900立方米/时增加至3 500立方米/时。2009年5月19日,净化水站改扩建工程一标段建设完工并投入试运行,经过测试,出水水质达到设计要求,23日正式投入运行。铁前新区污水处理站建设:该工程于2008年8月动工建设,设计处理废水能力为每小时450立方米,主要为铁前区域两座2 500立方米高炉、4座6米55孔焦炉、两台265平方米烧结机的生产废水及这个区域的生活污水进行循环利用处理。7月,污水处理站建成进入设备调试阶段。12月25日,污水处理站正式投入运行,并实现连续产水、供水。 (张晓娟)

**推进标准化作业** 统一规范管理流程、作业过程,以标准化作业为准绳,消除误操作事故。实现由分厂到作业区、由作业区到班组、由班组到个人的四层面标准化作业100%覆盖和落实。针对能源中心设备大型化、多元化和结构复杂化的特点,着重提高设备管理制度化、精细化水平,设备管理能力得到进一步提升。 (张晓娟)

**技术攻关和自主管理** 加大技术创新力度,认真开展技术攻关、合理化建议、自主管理等活动。全年提出合理化建议及技术改进方案356条,采纳326条;申请国家专利7项,已获通过5项;技术攻关项目申报13项,通过评审4项。 (张晓娟)

**开展形势教育** “7.5”事件发生后,各级党组织组织全体党员和员工学习党中央、新疆维吾尔自治区领导的重要讲话精神,把维稳工作摆在首位,做到领导带队值班,重点落实要害部门的各项防范、维稳措施,确保能源介质的安全、连续、稳定、经济供能;开展“民族团结结对子,争当民族团结最佳实践者”活动,共结对子202对。 (张晓娟)

**获奖情况** 2009年,通过自治区国资委文明单位3年复验;连续4年荣获全国“安康杯”竞赛优胜单位称号;自主管理荣获1个冶金行业优秀QC小组、3个自治区优秀QC小组称号。计控分厂司秤作业区成品2号班组晋升为自治区级“青年文明号”。 (张晓娟)

## 物流分公司

物流分公司2008年由原运输公司的铁路系统和供应分公司组成,主要承担八钢地区内各单位的生产成品、大宗原材料、辅助材料、耐火材料、机电设备、备品备件、办公用品、仪器仪表、生活物资等的储存、加工和配送,是保证整个八一钢铁主线生产运行、钢材销售发运顺行的重要物流环节。机关设综合事务管理、生产计划管理、安全设备管理、物流管理室。下辖有7个管理区和1个中心,即原料管理区、废钢管理区、钢材管理区、仓储管理区、机务段、车务段、铁水运输段、维修中心。至2009年底,有职工2 142人,其中正式职工1 308人,少数民族正式职工276人。2009年,完成铁路货物运输总量1 732万吨,比上年增加174.27万吨。实现利润383.36万元。 (左 英)

**降本增效1亿元** 设立“降低物流成本”、“回收废钢渣土中铁料”2个八一钢铁级“1 000万”降本增效项目,分别完成降本增效10 810万元、1 068万元;完成物流分公司级降本增效7 735.63万元,管理区级929.46万元,班组级632.56万元。 (左 英)

**获奖情况** 2009年,维修中心两个QC课题获自治区级QC成果三等奖,废钢管理区和仓储管理区的QC项目获得八一钢铁级优秀奖。物流分公司被评为2009年度乌鲁木齐市公安系统内部防范治安管理先进集体。7月,物流分公司钢材管理区党支部获得宝钢集团优胜党支部称号,支部书记刘明获优秀党支部书记称号,物流分公司维修中心主管宗立新获宝钢集团优秀共产党员称号。 (左 英)

## 制造管理部(八一钢铁技术开发中心、新疆钢铁研究所)

制造管理部于2008年2月28日成立,对外称八一钢铁技术开发中心、新疆钢铁研究所。下设综合管理室、工艺技术研究室、生产计划室、生产管制中心(总调)、原料管理室、理化检验中心。至2009年底,有员工637人,其中少数民族员工78人,女员工456人,具有高级专业技术职务28人。 (王红梅)

**吨铁焦炭成本下降498元** 调整配煤结构,提高新区焦炉疆内煤配比,吨铁焦炭成本下降498元,比上年降本16亿元;提高老区焦炉自产肥煤配比,全年降低成本1.17亿元。 (王红梅)

8月20日,八一钢铁老区焦炉煤气脱硫工程举行动工剪彩仪式

**提高生产管控水平** 打通新老区铁水及120吨转炉钢水倒运至70吨电炉连铸等物流渠道,制订作业方案和管理办法,发挥铁水倒运能力,全年倒运铁水66.6万吨;板坯转换方坯倒运钢水25万吨,节约成本2.89亿。加快车辆厂内周转速度,细化各运输作业环节,压缩各环节作业时间,根据新老区生产需求和各料场原料库存情况,优化进厂物资流向,减少铁路延时罚款,延时罚款费比上年降低613.38万元。优化原料卸车,减少一次倒运,消灭二次倒运,降低物流费用。合理组织生产,减少计划外用车,全年降低厂内汽车运输非包干费用3 600万元。改造265烧结机,提高污水、污泥的使用量,减少污染排放。 (王红梅)

**产品研发** 年内研制和开发的油气输送管线钢、J55石油套管用钢、汽车大梁用钢、汽车轮毂用钢、风电用钢Q345E中厚板、煤炭用钢Q390、铁路弹簧、焊接用钢、预应力用钢等产品,形成系列化批量生产。组织热轧带肋钢筋HRB400以V-N替代Nb铁合金优化工作。对HRB335、HRB400进行试用钢水强化剂,降低硅锰合金和硅铁用量。对齿轮钢的工艺和质量进行攻关。开展热轧减宽轧制工艺优化。加强过程控制管理和内控标准不合格品的控制管理工作。完善产销系统配套管理制度,建立八钢板带产品工艺规程体系,做好板带材产品的日常合同处理和产品质量设计工作及质量跟踪管理工作。完成八钢产销系统质量模块代码手册的编制。配合信息公司完成中厚板简易产销系统建设工作。 (王红梅)

**科技管理** 2009年,完成专利申报167个,其中实用新型专利145个,发明专利22个。有1项科技项目通过自治区级科技成果鉴定,2项新产品通过自治区级新产品鉴定,其中焦煤集团《大倾角硬顶软底走向长壁综放开采工艺技术研究》获2008年度自治区科技进步一等奖第一名。完成八一钢铁级科技项目17项。利用政府科技政策资金1 416万元。 (王红梅)

## 冶金信息分公司

冶金信息分公司于2008年2月28日成立,下设综合管理室、系统部、网络部、自动化部、网络中心、机务作业区、线务作业区。拥有总资产4 076.44万元,主要设备有3万门程控交换机,7台7 500交换机,4台9 500交换机以及近200台二层交换机,6台海康硬盘录像机,1台H3C ISC3000视频后端服务器以及130多台摄像机,3台IBM 570数据库,1台Dell邮件服务器,5台Dell防病毒服务器,2台DNS域名服务器。至2009年底,有职工100人,其中少数民族职工8人,具有高级技术职务4人。2009年,实现营业收入5 366.88万元。年内,八一钢铁获自治区“两化”(信息化、自动化)融合工作先进集体称号。(喻 炜)

**实施降本增效项目12个** 与宝信软件公司和中国移动公司协商,实现宝钢—八钢专线使用的零投入;与中国电信乌鲁木齐分公司业务合作,降低八一钢铁办公网出口租费;引入竞标机制,使中国电信新疆公司对巴楚叶尔羌矿业公司与八一钢铁直连专线月租用费用降低50%;向中国电信新疆公司和中国联通新疆公司提出阜康气煤工程组与八一钢铁直连专线的租用申请,以低报价选择中国联通新疆公司。全年确定降本增效项目12个,节省、降低费用300万元。 (喻 炜)

**完成一批设计研发项目** 结合八一钢铁中厚板生产线的实际情况进行系统架构设计,建立与八一钢铁中厚板管理相适应的、集成各种信息的资源共享平台。完成数据通讯接口,实现生产实绩的自动上传和生产计划的自动下达。参加炼铁分公

司L2技术小组,完成高炉生产数据实时发布系统等课题。设计完成动态轨道衡计量项目。完成八一钢铁统一会计系统覆盖实施项目,实现统一会计系统与其他属地业务系统之间的无缝连接。依托BGOA办公系统平台进行开发,对企业信息资源进行有效整合,实现八一钢铁管理类、工程类的项目网络管理和在线性。扩展质检系统功能研发,建立八一钢铁铁前新区质检信息管理系统,实现八一钢铁进厂原料、铁分公司新区的中间产品和产成品的检化验,满足炼铁新区各类物资和产品的质检要求以及质检数据的实时共享。研发建立职工工资查询系统,为八钢职工了解工资详细信息提供平台。完成八一钢铁医院、焦煤公司、炼铁分公司、富蕴蒙库铁矿有限责任公司网站平台项目的设计与开发。开发并运行了职工劳保用品发放和管理系统。 (喻 炜)

**完成一批工程项目** 2009年,实施了巴楚80万吨/年选矿三电工程等13个自控项目。完成办公网、生产网、视频监控三大类工程项目38个,其中办公网及生产网工程26个,视频监控工程12个。开通八钢地区家庭宽带用户访问八钢e-Learning培训系统功能,实现职工在家可以进行相应的网络自主培训。 (喻 炜)

### 检 修 中 心

检修中心于2007年11月15日成立,下设炼铁维护部、炼钢维护部、轧钢维护部和行车运行部;机关设安全生产室、检修技术室和综合办公室。2009年,检修中心点检维护行车224部,完成定修587次,检修项目完成率121.6%;实现利润131.85万元,较好完成检修中心维护区域的同步、年修、定修工作。至2009年底,有职工2 941人,其中女职工871人,少数民族职工684人,专业技术人员430人,具有高级专业技术职务16人。11月18日,检修中心顺利通过自治区文明委的复验,保持自治区级文明单位称号。

(何光珍)

**降本增效4 000多万元** 加强管理、平衡优化检修资源,积极承接大中修及年修自施项目数量,减少外委检修项目554.4万元。优化人员组织,提高检修质量及检修作业率,承接新的维护区域,减少协力费用支出231.5万元。提高检修中心车辆作业区的吊车出车率,增加利润额,全年实现利润131.85万元。运用新技术节能降耗,提高检修质量,减少热停时间,防止设备突发事故的发生,全年减少损失840万元。修旧利废节约资金2 444.8万元。至年底累计完成降本增效4 556.1万元,完成年计划的136%。

(何光珍)

## 八一钢铁股份有限公司

新疆八一钢铁股份有限公司(简称“八钢股份”)是由新疆八一钢铁集团有限责任公司联合邯郸钢铁集团有限责任公司、南京联强冶金集团有限公司、新疆华顺工贸有限公司、新疆维吾尔自治区技术改造投资公司等4家企业,于2000年7月27日发起设立的股份有限公司。2002年8月16日在上海证券交易所挂牌交易。截至2009年12月底,八钢股份总股本为7.66亿股,总资产125.99亿元,净资产28.93亿元。

该公司主要从事钢铁冶炼、轧制、加工及销售,综合产钢能力700万吨/年。产品覆盖棒、型、带、线、管、板等。下属炼钢厂、轧钢厂和销售部。2009年实现营业收入164.5亿元,利润7 834万元。 (潘海鹰)

### 炼 钢 厂

炼钢厂于2008年6月重新组建,下设第一炼钢分厂、第二炼钢分厂。主要设备有40吨转炉3座,70吨直流电弧炉1座,110吨超高功率交流电弧炉1座,120吨转炉3座。年产钢能力800万吨。至2009年底,有员工1 315人,其中少数民族职工357人,女职工92人,管理人员29人,技术及一般管理人员78人,公司级专家10人,高级技师6人。2009年,产钢540.43万吨,比上年增长11.57%。全年累计降低成本1.47亿元。 (潘海鹰)

**新产品开发** 2009年,实现高强度结构钢、中厚板系列风电用钢等新钢种开发和批量生产,其中油气输送管线钢、汽车大梁用钢板两项新产品通过技术鉴定,填补了自治区空白。 (潘海鹰)

**节能减排** 2009年,滚筒渣处理率由25%上升到64%。120吨转炉煤气回收由59.61立方米/吨提高到100立方米/吨,全年回收煤气1.98亿立方米,吨钢平均79.59立方米/吨,工序能耗3.9千克·标煤/吨。蒸汽回收由22.7千克/吨稳定到80千克/吨平均水平,全年回收蒸汽19.89万吨。炼钢系统实现单月负能炼钢。 (潘海鹰)

**技术攻关** 2009年,完成技术攻关31项,技改技措项目91项。申报技术攻关、科技项目48项。至年底,八一钢铁级项目有6项进入结题阶段,厂级技术攻关项目11项均进入结题阶段。专利申报工作取得突破性进展,有27项专利获主管部门批准,其中发明专利4项,实用新型专利23项,超额完成年初目标计划。

(潘海鹰)

**降本增效** 2009年,制定厂级降本增效项目17个,分厂20个,作业区112个,班组350个,全年降低成本5 222万元,完成计划的121.87%。钢铁料消耗比上年降低1.29亿元。

(潘海鹰)

**质量管理** 通过优化工艺流程,全面推进各工序的标准化基础管理,钢种命中率比上年提高1.05%;H08A钢坯材判定率比目标值提高27.5%;板坯废品率控制指标≤0.2%。年内注册QC小组38个,完成成果36个,其中《精细转炉操作、降低冶炼吹损》、《提高浇铸SPHC钢种的大包自流率》获冶金行业优秀QC成果奖;《2号连铸机内裂攻关》获国家优秀QC小组成果奖。

(潘海鹰)

**设备管理** 2009年,炼钢厂重大及以上设备事故为零,设备故障累计停机时间93.6小时,比目标值下降55.43%;设备综合效率74.16%,比目标值提高6.66%。设备系统完成固定资产投资项目5项,大中修项目计划立项20项,完成率100%。

(潘海鹰)

## 轧钢厂

轧钢厂于2008年6月16日成立,下设型材分厂、棒线分厂、热轧分厂、冷轧分厂、中厚板分厂,机关设综合室、生产技术室、设备室。可年产材650万吨。主要生产设备有:热轧薄板生产线1条,冷轧薄板、镀锌和彩涂生产线各1条,小型棒材生产线3条,高速线材生产线2条,中型材生产线1条,中厚板生产线1条。产品覆盖棒、型、带、线、板等。2009年,生产钢材511.47万吨,比上年增长11.05%。其中建材321.23万吨,比上年增长4.57%;板材190.23万吨,比上年增长24.05%;优钢27.56万吨,完成年计划的131.27%。综合能耗58.72千克标煤/吨钢。至2009年底,有员工1 875人。其中女职工423人,少数民族职工370人,技术及一般管理人员143人,管理人员43人。 (曹耀哲)

**过程控制** 推进SPC(关键过程控制)分析工具。年初设置68个质量控制点,经过运行,最终确定11个SPC应用关键过程控制点。通过实际应用,有8个点应用在线监控用控制图对过程进行控制。SPC关键过程控制的推进,减少了上工序造成的下工序质量损失。 (曹耀哲)

**体系审核** 2009年,接受国家生产许可证办公室对热轧带肋钢筋抗震系列产品增证审核,对审核中开具的不合格项及问题点均加以整改,并进行"举一反三"。年内接受质量、职业健康安全、环境三体系外部审核1次,内部审核2次。

(曹耀哲)

**新产品开发** 热轧分厂开发生产了7个品种的产品,生产优钢40.9万吨。型材分厂扩展了工业用圆钢范围。棒线分厂高线机组开发新钢种82B,形成批量生产,且产品性能稳定。新高线机组于7月12日热试,7月底生产出合格产品,10月达产。冷轧分厂通过对薄规格0.27—0.4毫米产品的技术攻关,形成批量生产,产量比上年提升,全年生产0.4毫米以下规格3.89万吨。加大攻关力度,商品卷优品率达到了96.87%,比上年提高0.88%,降级品、可用品和废品发生量下降0.34%。 (曹耀哲)

**全年累计节约成本1.34亿元** 年初,根据八一钢铁应对市场危机的要求,确定21个降本增效项目。热轧分厂优化生产组织,采用集中开、集中停的生产模式,在集中停机时间关闭所有能关的风机、泵、压缩空气和生产用照明,降低能耗。同时提高热装率,减少中间废和能源消耗。中厚板分厂发挥加热炉能力以及匹配轧线产能,确定双炉生产实施方案,通过在9月开展半个月的双炉交叉生产,台时产量从65吨提升到90吨,日产从900吨提升并稳定在1 500吨。冷轧产品9月份实现第一次盈利。全年累计节约成本1.34亿元。 (曹耀哲)

**科技项目管理** 年内确定49项厂级科技及技术攻关项目,全年召开项目推进会议11次,组织项目结题评审3次,结题项目10项,取得经济效益258万元。建立应急项目管理制度,下达应急任务17项,结题4项。制定技术秘密指标,并制订奖励措施,全年申报技术秘密66项,其中48项技术秘密获得认定。2009年轧钢厂专利计划申报25件,全年专利申报52件,通过八一钢铁审核交由律师代理向国家专利局申请45件,其中发明专利6件,实用新型39件。《创建轧钢厂项目管理体系,提升科技创新能力》获八一钢铁管理创新二等奖。 (曹耀哲)

## 销售部

销售部设置3个大片区经销公司,即乌鲁木齐、北疆、南疆经销公司3个片区,疆外设西北和西安2个片区经销公司,驻外营销人员78人。机关设营销计划室、销售业务室、条钢产品室、板材产品室和综合事务室。至2009年底,在册职工119人,其中具有高级专业技术职称7人,中级48人,研究生学历3人,本科学历49人。2009年,实现销售量503.8万吨,比上年增长9.1%,其中区内销售339万吨,区外销售165万吨,出口钢材2.2万吨,板材销售183万吨,优钢销售26.5万吨。钢材产销率99.7%。

(马 砾)

**协同销售** 年初,为提升八一钢铁产品在疆内的品牌度和市场占有率,提出"钢材移动超市"、"钢材一站式服务"营销理念,制定协同销售的计划,与金属制品公司开展协同销售试点,借助销售部营销渠道,提高协同效益。建立健全协同销售管理办法,建立协同销售例会制度,为八一钢铁整体营销协同及渠道扩展奠定基础。 (马 砾)

**疆内板材直销** 调研区内板材用户市场,引导和推动板材分销渠道板材直供,采取推拉式销售方式,全年板材直销比例69.76%,比上年提高16.76%。 (马 砾)

**提高疆内市场占有率** 年初针对国家4万亿投资计划及疆内经济刺激计划,采取对疆内重点工程跟踪和供货、区内布库、板材直供、价格政策紧跟市场需要、协同销售等措施,提高八一钢铁钢材市场占有率。全年疆内建筑钢材市场占有率71.7%,比上年提高3.68%;板材市场占有率70.15%,比上年提高14.25%。 (马 砾)

# 八一钢铁其他子公司

## 新疆钢铁设计院有限责任公司

新疆钢铁设计院有限责任公司(简称"设计院")下设设计部、项目部、综合办公室。主要承担大中型钢铁联合企业建设项目的规划、设计、咨询等工作,具有钢铁甲级、工程咨询甲级、建筑乙级、工程造价咨询乙级、市政丙级、工程规划丙级、工程测绘丙级资质。至2009年底,在册员工80人。其中,女职工29人,少数民族职工5人;专业技术人员67人,具有高级专业技术职称26人;有各类注册师资质24人。2009年,完成设计项目58项。主要工程项目有雅矿180万吨选矿工程等工程。全年实现营业收入0.1亿元,利润总额0.02亿元。年内,顺利通过自治区级文明单位复验,保持自治区级文明单位称号。承担设计的八钢股份棒线工程项目获自治区优秀工程设计二等奖。 (邓新平)

## 富蕴蒙库铁矿有限责任公司

富蕴蒙库铁矿有限责任公司(简称"蒙库公司")总部设在富蕴县城,下设选矿分厂、球团分厂;机关设生产技术室、安全环保室、计划财务室、设备室、综合办公室。至2009年底,有员工228人,其中女职工54人,少数民族职工51人,技术及一般管理人员27人。 (周金蓉)

**生产经营** 完成采剥总量1 066.4万吨,完成计划的107%。其中剥岩827.2万吨,完成计划的118%;生产铁矿石239.2万吨,完成计划的115%。生产铁精粉120.08万吨,完成计划的104%;生产球团矿96.88万吨,完成计划的121%;实现销售收入7.14亿元,利润总额1.31亿元。

(周金蓉)

**矿山建设投资** 2009年,矿山建设投资交工5项,完成投资3 010万元。主要投入在球团除尘改造、球团供热改造、新区绿化等工程项目中。 (周金蓉)

## 新疆焦煤(集团)有限责任公司

新疆焦煤(集团)有限责任公司(简称"焦煤集团"),是2000年7月3日由自治区经贸委批准组建的国有独资公司(企业前身是原煤炭部直属统配煤矿新疆艾维尔沟煤矿)。2001年6月6日改制挂牌成立,2004年7月21日整体并入八钢集团,2007年4月随八一钢铁进入宝钢集团,为宝钢集团八一钢铁全资子公司。至2009年底,有职工3 652人。其中女职工747人,少数民族职工339人。技术人员496人,具有高级专业技术职称30人,中级162人,初级279人。全年生产原煤241.12万吨,精煤181.25万吨,上网电量3 686.89万千瓦时。实现工业总产值6.97亿元,销售收入7.31亿元,主营业务收入7.14亿元,利润总额1.69亿元。 (贾丽琴)

**工程建设** 1930矿井150万吨/年改扩建配套工程于2008年12月15日开工,年底,主斜井施工606.1米,副斜井535.4米,风井235.8米,施工现场地面临时设施全部完工。副井2130煤矿30万吨改扩建后续工程于2009年3月开工建设。该副井主要用于人车运行和生产设备、材料物资入井运输,矿井总长526米。

10 月 30 日，矿井人车投入运行，结束职工出入矿井靠徒步的历史。阜康气煤有限公司 1 号井主井、副井于 2009 年底转入二期工程建设阶段。（贾丽琴）

**获奖情况** 焦煤集团获 2009 年度"市级文明单位"、"民族团结模范单位"称号；《大倾角硬顶软底软煤走向长壁综放开采技术研究》项目获自治区科技成果一等奖、全国第 18 届发明展金奖；2130 煤矿被评为自治区"工人先锋号"；黄国春获自治区优秀企业家称号，并获得宝钢金牛奖；毛新红被评为全国煤炭协会"十佳矿长"；1930 煤矿通风部通风大班、1818 煤矿综采大班被评为宝钢"安全 100 型班组最佳实践者"；李延瑞、倪春被评为宝钢"员工安全代表最佳实践者"；尤国俊被评为 2007—2008 年度宝钢集团优秀共产党员。（贾丽琴）

## 新疆八钢国际贸易股份有限公司

2009 年 12 月 14 日，根据八一钢铁决定，将"新疆阿拉山口口岸工贸股份有限公司"更名为"新疆八钢国际贸易股份有限公司"（简称"八钢国贸"），与中钢冶金进出口公司实行两块牌子、一套班子。下设综合办公室、计划管理部、贸易部、俄罗斯贸易部、阿拉山口分公司、国际货运代理公司、霍尔果斯正成公司、满洲里正成公司、AKK 公司、天山公司、阿拉木图办事员处和塔什干办事处。至 2009 年底，有员工 102 人，其中女职工 30 人，少数民族职工 20 人。具有高级专业技术职称 7 人。（程 蓉）

**进出口贸易** 2009 年，进出口货物 429.43 万吨，比上年增长 68.3%，代理进口货物 6.11 万吨。进口球团矿 151.9 万吨，比上年增长 33.29%，供应八一钢铁 130.94 万吨，完成年计划的 107.33%；铁精粉 219.2 万吨，比上年增长 107.43%，供应八一钢铁 214.71 万吨，完成全年计划的 97.1%；废钢 10.62 万吨，代理进口 3.29 万吨，供应八一钢铁 11.22 万吨，完成全年计划的 36.3%；铁矿石 13.68 万吨，比上年增长 184.24%；硅锰合金 3.23 万吨，比上年增长 107.43%。年内新开辟高碳铬铁、锰矿、热压块、铬矿、球团矿沫子、焦煤 6 个贸易品种，进口量和代理进口量 32.8 万吨。受钢材价格因素影响，出口钢材 0.73 万吨，比上年下降 84.66%。受金融危机影响，全年进出口贸易额 4.6 亿美元，与上年基本持平。其中进口额 4.55 亿美元，出口额 486 万美元。实现销售收入 32.99 亿元，利润总额 6 523.89 万元，净利润 4 195.56 万元，上缴税金 0.29 亿元。（程 蓉）

**境外子公司运作模式有所改善** 2009 年，AKK 公司销售钢材 0.78 万吨。根据八一钢铁经营总体安排，出口钢材及钢材境外销售业务移交至八一钢铁销售部。3 月，天山格冉特公司交由八钢金属制品公司托管，全年销售钢材和焊管量 0.6 万吨。（程 蓉）

**境内子公司外贸经营业务逐步开展** 2009 年，国际货代公司的代理通关业务量大幅增长，全年代理报关 4.9 万吨，代理业务收入 21.36 万元。霍尔果斯正成公司废钢进口业务启动，全年进口废钢 5 万吨，进口贸易额 1 100 万美元。（程 蓉）

**中钢冶金进出口公司** 2009 年，中钢公司进口磨床等生产备件，货物价值约 5 400 万元，并利用国家和地方给予的扶持资金，为八一钢铁 4 万立方制氧工程的进口设备争取到国家进口贴息鼓励 100 万元和热轧磨床的新疆区域优惠政策协调资金 150 万元。增加网上代理模式，理顺进口货物的采购流程。全年实现销售收入 112.57 万元，净利润 192.86 万元。（程 蓉）

## 新疆金业报废汽车回收（拆解）有限责任公司

至 2009 年底，新疆金业报废汽车回收（拆解）有限责任公司（简称"金业公司"）有职工 105 人，其中女职工 40 人，少数民族职工 13 人。技术及管理人员 57 人，其中具有高级专业技术职称 3 人。下设采购部、废钢管理部、报废汽车回收部、市场物业部、财务部、综合管理部、昌吉金业公司等 7 个单位。拥有固定资产净值 635.95 万元。

2009 年，受金融危机影响，供应废钢 24.01 万吨，比上年减少 71.85%；采购废钢 22.23 万吨，比上年减少 71.90%。回收报废汽车 2 610 辆，比上年减少 52.71%。实现销售收入 4.74 亿元，比上年减少 82.55%。利润总额 -1 988.77 万元，上缴税金 257.09 万元，比上年降低 45.03%。（林 桦）

**加强废钢经营和流程控制** 加强价格控制，年内调整废钢采购价格 71 次。确立"拓展直采废钢及深加工，盘活资金，增加效益"的效能监察项目，全年实现效益 136.18 万元。坚持开展直采废钢业务，直接采购废钢 5 805.52 吨，实现利润 127.27 万元。（林 桦）

**报废汽车业务经营** 受国家燃油税政策影响及乌鲁木齐市报废汽车回

收拆解行业整顿规范影响，实际回收报废汽车减幅较大。开展报废汽车直接回收业务，全年回收188辆，实现利润20余万元。推进报废汽车回收及再生资源利用市场园区项目筹建，配合八一钢铁系统发展部召开金业公司汽车拆解搬迁头区工业园项目讨论会，明确该项目与八一钢铁整体发展规划要求的废钢加工能力统筹考虑；协调头屯河区政府，做好项目选址工作；协调设计单位，完成项目选址可行性分析及项目建设初步方案编制工作。

（林　桦）

## 新疆八钢金属制品有限公司

新疆八钢金属制品有限公司（简称“金属制品公司”）下属有金属制品公司制品分厂、新疆八钢板簧有限公司、新疆第一汽车配件制造有限公司、新疆八钢钢结构有限公司、新疆八钢钢管有限责任公司（50.98%股权）、陕西八钢板簧有限公司、新疆八钢金圆钢管有限公司（75%股权）、天津大桥新疆焊条有限责任公司（参股40%）。至2009年底，有职工1 130人，其中女职工314人，少数民族职工81人。各类专业技术人员191人，其中具有高级专业技术职称13人，中级50人，初级72人。公司级专家2人，技术操作能手6人。拥有主要设备82台（套）。全年实现销售收入33.62亿元，完成年计划的102.2%；实现利润1 260万元，完成年计划的42%；消耗八钢钢材100.3万吨。

（王　琴）

**技术成果**　完成专利申报19件，其中发明专利1件。《B级棉花打包钢丝的工艺设计》、《热镀锌钢绞线质量控制要点》在八一钢铁第五届青年学术年会上发表，其中《B级棉花打包钢丝的工艺设计》获二等奖，并入选宝钢第三届学术年会论文集。

（王　琴）

**工程建设**　总投资9.37亿元的百万吨焊管基地位于头屯河区工业园，主要从事X系列螺旋焊管项目、ERW（大口径）直缝焊管等生产，工程分为四期，项目建成后，可年产各类钢管100—120万吨。一期工程于3月开工建设，7月28日竣工投产。钢管公司焊管机组扩能改造项目于3月10日开工建设，7月，一条纵剪机组、一条60焊管机组试车成功并投入生产。制品机组扩能改造项目，年内完成热带高低压恢复电气工程，拔丝机、冷轧机及单梁吊等设备投入生产，完成酸雾治理工程中的酸罐基础、风机房工程。金圆公司新建直径630—3 200毫米机组螺旋焊管生产线项目于10月11日投产，并成功生产出适用于输送石油天然气的螺旋焊管，其中直径3 200毫米螺旋焊管填补了自治区空白。校直、横切机组搬迁项目于10月31日投产，该项目的建成投产，填补了八一钢铁在北站市场的加工空白，满足了商户需求，提升了市场的综合竞争力。续建项目金属制品X系列螺旋焊管生产线设计年产普通焊管4万吨，X螺旋焊管1万吨，主要用于石油及天然气输送。12月，工程投入试生产，并成功生产出适用于输送石油天然气的大口径螺旋焊管，产品填补了自治区空白。

（王　琴）

## 新疆钢铁雅满苏矿业有限责任公司

新疆钢铁雅满苏矿业有限责任公司（简称“雅矿公司”）于1999年7月1日挂牌成立，是集矿山采掘、选矿、冶炼、合金等为一体的矿业企业，是自治区和八一钢铁重要的铁原料和铁合金生产基地。下属有雅满苏铁矿、哈密球团合金厂两个生产分厂。下设维修中心、运输部、生活服务公司、医院、退管会等5个直属单位，机关设综合管理室、生产技术室、采购销售部、资源室、设备室、财务室、安环室和红云滩矿业有限责任公司、善开公司两家控股子公

7月28日，八一钢铁举行百万吨焊管基地一期竣工投产仪式

司。至 2009 年底，有职工 1 578 人，其中少数民族职工 324 人，女职工 578 人；专业技术人员 254 人，其中具有高级专业技术职称 15 人。

年内，生产铁矿石 141.7 万吨；铁精粉 50.01 万吨；球团矿 146.84 万吨；铁合金 1.046 万吨。实现销售收入 7.57 亿元，比上年下降 53.13%；上交税费 6 597 万元，比上年增长 18.19%；实现利润总额 -4 894 万元，比上年下降 51.28%。

2009 年，雅满苏矿业公司荣获全国职工安全健康知识竞赛优秀组织单位奖；被评为哈密市 2009 年度纳税先进企业，并被授予哈密地区纳税功勋企业称号。（杨　萍）

**降本增效 3 000 万元**　年初，根据八一钢铁降本增效工作的要求，确定降本项目 103 项，计划降本增效总额 2 337.55 万元。各单位及部室修订考核细则，优化成本管理指标，在月计划中加强对成本、产量及经济技术指标的绩效考核力度，通过眼光向内、对标挖潜，开展全员、全方位、全流程降本增效工作，全年完成降本 3 068.89 万元，完成计划的 131.29%。（杨　萍）

**技术攻关**　全年用于技改技措、攻关项目的奖励金额 38.6 万元。哈密球团对回转窑结圈控制进行攻关，结圈周期控制达到 50 天以上，解决了长期困扰哈密球团生产的老大难问题。哈密球团对提铁降硅、提高抗压强度的攻关，使球团矿铁含量由 59.49% 提高到 61.35%；二氧化硅含量由 8.91% 降低到 6.89%；抗压强度由上年的 2 200 牛/个提高到 2 554 牛/个，球团矿品质得到大幅提升。（杨　萍）

**工程建设**　磁海 150 万吨新增破碎系统于 3 月 10 日开工建设，5 月，粗破主体土建施工完成，中细碎土建部分施工至 12 米料仓，3 台圆锥破碎机安装就位；6 月，重型板式给料机、鄂式破碎机完成单机试车，圆振筛、皮带机、圆锥破碎机进入单机试车阶段；7 月 6 日，工程联机试车成功，并进入投料试生产阶段；8 月，新增破碎系统每小时破碎能力达到 200 吨的设计能力。雅矿 180 万吨选矿生产线项目于 3 月 19 日破土动工，9 月，土建工程完工，并进入设备安装阶段。10 月 26 日，180 万吨选矿生产线分级设备——陆凯高频细筛单机试机成功。到年底，工程具备投料试生产条件。（杨　萍）

**资源管理**　加强矿山资源管理，修订《地质勘探项目检查验收管理标准》，完善矿山技术管理体系；通过技术攻关，有效降低磁海铁矿矿石贫化率，优化设计雅满苏井下矿采场放矿方式；借鉴青海滩涧山金矿管理模式，加强对外包矿山的管理；对塔特拉克、黑尖山等矿山进行实地踏勘、取样；积极参与帕尔岗、库木塔格铁矿前期开发准备工作；克服铁精粉采购点多、面广、线长及 2009 年原料采购市场低迷等困难，加强市场信息的收集，及时把握市场走势，全年采购铁精粉 103 万吨。（杨　萍）

**资产监管**　加大对红云滩矿业公司的监管，派驻管理、采购、财务、司磅、检化验等工作人员，规范合同，按市场价格销售铁矿石；通过召开股东会及董事会，规范红云滩矿业公司运行，逐步扭转长期由单方股东掌控红云滩矿业公司运作的局面。（杨　萍）

2010
YEARBOOK
BAOSTEEL

# 广东钢铁


1 专　记 ZHUANJI
13 专　文 ZHUANWEN
33 大事记 DASHIJI
41 概　述 GAISHU
63 规划发展 GUIHUAFAZHAN
67 管理创新 GUANLICHUANGXIN
79 科　研 KEYAN
97 基建与技改 JIJIANYUJIGAI
109 环境经营 HUANJINGJINGYING
123 人力资源管理 RENLIZIYUANGUANLI
135 财务、资产与审计 CAIWUZICHANYUSHENJI
141 宝钢股份 BAOGANGGUFEN
217 八一钢铁 BAYIGANGTIE
233 广东钢铁 GUANGDONGGANGTIE
239 宁波钢铁 NINGBOGANGTIE
245 多元产业 DUOYUANCHANYE
305 海外公司 HAIWAIGONGSI
313 综合管理 ZONGHEGUANLI
325 党群工作 DANGQUNGONGZUO
353 企业文化 QIYEWENHUA
365 人物与表彰 RENWUYUBIAOZHANG
377 附　录 FULU
401 索　引 SUOYIN

# 广东钢铁

## 概 述

宝钢集团广东钢铁集团有限公司(简称“广东钢铁”)是由宝钢集团有限公司、广东省国资委和广州市国资委于2008年6月28日在广州市注册成立的特大型企业集团,注册资本为358.6亿元。宝钢集团以现金出资持股80%,广东省国资委和广州市国资委合并持股20%,两家国资委分别以广东省韶关钢铁集团有限公司、广州钢铁企业集团有限公司的国有净资产出资。

广东省韶关钢铁集团有限公司(简称“韶钢集团”)1966年建厂,是集钢铁制造、物流、工贸为一体的大型国有企业集团。2009年尚未完成实质性重组,仍属广东省国资委管理。

广州钢铁企业集团有限公司(简称“广钢集团”)是一个集资本、实业经营一体化,以钢铁冶金为主,多业并举的国有大型企业集团。该公司由独资、控股或参股的100多家企业组成,其中三大主体企业是:广州钢铁股份有限公司、广州珠江钢铁有限责任公司和广州南方有色金属有限公司。广钢集团2009年尚未完成实质性重组,仍属广州市国资委管理。

广东钢铁是广东省钢铁业发展的行业领导者,负责引导和带动广东省钢铁行业的发展,承担产业规划、决策、指导和协调等职能,并负责建设广东湛江钢铁基地项目。广东钢铁履行以下5项主要职能:负责制定广东省钢铁工业布局和战略规划(报广东省政府主管部门批准后实施);负责审批韶钢集团、广钢集团和广东湛江钢铁基地项目(简称“湛江项目”)的重大投资;负责审批韶钢集团、广钢集团和湛江钢铁基地项目的钢铁年度生产计划,并负责对外发布行业统计数据;负责审批韶钢集团、广钢集团和湛江钢铁基地的重大合作项目;负责提出韶钢集团和广钢集团的重大人事任免建议。广东钢铁建立董事会、监事会,下设综合管理部、财务部、规划部等3个职能部门和湛江钢铁工程指挥部,至2009年底,有员工229人,湛江钢铁工程指挥部员工191人。由宝钢集团委托广东钢铁管理的子公司湛江龙腾物流有限公司有员工342人,韶钢集团员工14 693人,广钢集团员工11 377人。(周 婷)

**企业负责人简介** 何文波,1955年6月生,辽宁人,中共党员,高级工程师,广东钢铁董事长。

赵昆,1955年11月生,安徽定远人,中共党员,教授级高级工程师,广东钢铁总经理。

刘国胜,1951年2月生,浙江定海人,中共党员,高级工程师,广东钢铁党委书记。

**推进广东省钢铁产业重组** 广东钢铁按照“以合促建”的思路,推进广东省钢铁产业重组,定期向广东省、广州市领导汇报广东钢铁产业重组的进展情况,争取广东省的支持。先后完成《关于广东钢铁产业重组重要事项的专题报告》、《关于广钢集团发展规划及重组方案的请示》、《广钢集团主业发展振兴方案》等报告。(周 婷)

**协助韶钢、广钢走出困境** 广东钢

建设中的湛江物流原料和成品堆场

铁领导和各部门先后10多次到韶钢、广钢生产经营一线深入调研，帮助韶钢、广钢分析企业短板，寻求对策。多方协调，支持韶钢、广钢缓解资金周转困难。依托宝钢优势，全面对接、技术移植，协助韶钢、广钢提升管理、技术水平。韶钢、广钢生产经营取得一定成绩，特别是韶钢通过管理创新、调整结构和技术改造，在6月扭亏为盈。

（周　婷）

**推进宝钢集团内部协同**　广东钢铁在尚未实质性控制韶钢、广钢的情况下，努力按照母子公司管控体系要求推进内部协同。按照预定时间节点，顺利完成韶钢、广钢资产评估工作。经多次沟通，在广东省委、省政府的支持下，明确广东钢铁以股东身份行使对韶钢、广钢主要领导人员的任免管理权限；建立广东钢铁各专业领域的对口联系机制，定期召开专业工作会议，编制专业报表和分析报告，并报送宝钢集团公司。

（周　婷）

**编制2010—2015年发展规划**　完成广东钢铁2010—2015年发展规划的编制工作。该规划分为战略纲要、钢铁主业规划、非钢产业规划和职能规划等四部分。在规划期内，广东钢铁将高起点建设湛江钢铁基地，实施韶钢技术改造、广钢白鹤洞生产基地环保搬迁，全面推行清洁生产，基本完成广东地区钢铁产业的布局优化。实行低成本战略，在品种、规模、质量、服务等方面协同发展，全方位满足广东省及周边地区的用钢需求，为用户创造价值。

（周　婷）

**球团项目热负荷联动试车成功**　9月27日，湛江龙腾物流有限公司球团项目举行热负荷联动试车仪式，球团项目是湛江钢铁项目的起步工程，也是宝钢在湛江的首个建设项目，总投资约32亿元，主要包括一条年产500万吨链篦机—回转窑氧化球团生产线及其配套工程。这是中国拥有完全自主知识产权、自行研发的单线生产能力最大的球团生产线。

（周　婷）

湛江钢铁项目基地围堰吹砂

**东海岛村民安置房全部完工**　湛江钢铁项目东海岛村民搬迁临时过渡安置房工程共分两期，第一期1月18日开工，3月15日完工，实际工期仅用了42天。总建筑面积3 941平方米，建成村民住宅用房160套，公共用房26间。第二期4月2日开工，5月15日完工，实际工期仅用了38天。总建筑面积约3 100平方米，建成村民住宅用房120套，公共用房38间。

（周　婷）

**湛江工程可行性研究收口**　为确保湛江钢铁基地项目的高竞争力，湛江工程指挥部在“产品大纲不变、环保水平不降”的基础上，通过“方案优化、单价下调、管理突破”等措施，继续开展可研优化工作，实现了可研总投资由819亿元优化至509亿元的目标。各单元工程可研编制工作均已收口，方案基本稳定，各项指标达到要求并保持国际先进、国内领先。

（周　婷）

**推进广钢环保迁建湛江项目**　12月31日，第十一届四十七次广东省政府常务会议听取了广东省发改委《关于广钢环保搬迁方案有关问题的汇报》，同意继续实施广钢环保建湛江项目，尽快完成广钢、韶钢实质性重组工作。

（周　婷）

## 广东钢铁大事纪要

1月14日，召开第一届董事会第三次会议。

1月14日，召开党委常委会，决定成立党委党群工作部、湛江钢铁工程指挥部党总支和广东钢铁机关党支部。

1月22日，根据广东钢铁一届

湛江钢铁基地重要外围配套基础设施——东海岛跨海大桥施工现场

三次董事会决议，赵昆代表广东钢铁公司与湛江市政府签署《湛江钢铁基地项目用地预存款》等协议。

2月9日，广东省发展和改革委员会《关于湛江钢铁基地项目有关问题的复函》，同意湛江市政府、广东钢铁集团有限公司开展项目"三通一平"等先期工程。

2月23日，机关党支部组织召开成立后的第一次专题组织生活会，与会党员干部开展批评与自我批评。

3月18日，向湛江市政府支付土地预存款2.375亿元。

3月18日，湛江龙腾物流110千伏变电所建成投运。

4月11日，对"两钢"的财务审计和资产评估形成初步结果。

4月16日，湛江龙腾物流球团项目回转窑最后一节筒体吊装就位，标志着该项目主体安装完成。

4月18日，中共广东省委组织部《关于广东省韶钢集团有限公司和广州钢铁企业集团有限公司主要领导人员任免程序有关事项的通知》明确韶钢和广钢主要领导人员的任免，并由广东钢铁正式发文。

5月11—16日，湛江龙腾有限公司卸船系统首次负荷试车，卸船3艘，卸煤量1.1万多吨，卸船作业历时6天。

5月12日，国家海洋局《关于湛江钢铁基地项目开展前期工作用海事宜的意见》，同意湛江钢铁基地项目将港池疏浚泥吹填到拟申请围堰填海的海域。

5月25日，徐乐江拜会中共中央政治局委员、中共广东省委书记汪洋，省委常委、常务副省长黄龙云等广东省委领导，双方就湛江钢铁基地项目推进等事宜进行交流和探讨。

6月1日，湛江龙腾物流球团厂成功联动试车。

9月15日，广州钢铁企业集团有限公司召开干部大会。赵昆代表广东钢铁宣布了广州钢铁企业集团有限公司主要领导人员任免事项，张若生任广州钢铁企业集团有限公司董事长、党委书记，孔宪鸣任广州钢铁企业集团有限公司总经理、党委副书记。

9月27日，湛江龙腾物流有限公司举行球团项目热负荷联动试车仪式，中共中央政治局委员、广东省委书记汪洋，广东省委副书记、省长黄华华，广东省委常委、常务副省长黄龙云和宝钢集团徐乐江、赵昆出席了试车仪式。

10月，广东钢铁与广钢集团双方共同组成联合工作小组，联合编制完成《广州钢铁集团主业发展振兴方案》。

12月12日，广东钢铁技术与管理移植交流会在韶钢召开。

12月31日，第十一届四十七

5月11日，湛江物流码头迎来第一艘靠泊船只

湛江物流码头工程

次广东省政府常务会议听取并同意广东省发改委《关于广钢环保搬迁方案有关问题的汇报》。

12月底，完成广东钢铁2010—2015发展规划初稿并上报宝钢集团。（周 婷）

## 湛江龙腾物流有限公司

湛江龙腾物流有限公司（简称“湛江物流”）是由宝钢集团有限公司、广东省韶关钢铁集团有限公司和湛江港（集团）股份有限公司共同投资组建的合资企业，股比为宝钢72%、韶钢20%、湛江港8%，为宝钢集团控股子公司。2007年1月27日湛江物流召开首次股东大会及一届一次董事会、监事会；2月12日三方股东注册资本金到位，2月13日完成登记注册；3月5日首批三方股东派驻骨干19人进驻湛江市，湛江物流正式开始运作。在宝钢对湛江钢铁项目统一规划的前提下，12月3日，湛江物流工程项目打桩，标志着湛江钢铁基地项目的起步项目正式开工建设，2008年，湛江物流全面进入工程项目建设、生产准备、设备安装调试、试车、投产等工作。2008年11月5日，宝钢集团委托广东钢铁管理湛江物流。

2009年7月9日，湛江物流实现球团低温烘炉目标，9月27日，球团项目高温烘炉、热负荷联动试车成功，标志着球团项目实现了从设备调试进入生产阶段的重要转变。

湛江物流按照规划中的湛江钢铁项目总图进行布置，并充分考虑了与湛江钢铁项目的衔接。建设项目主要包括1套年产500万吨球团的链蓖机—回转窑，其配套设施有2个5 000吨级专用卸船泊位（原料码头）；1个5万吨级散货装船泊位（产品码头）；1个面积为16.1万平方米的原料场（有4条料条，4台堆取料机）；1座球团变电所和1座水处理装置等公辅设施。整个工程项目占地面积1 961.6亩，总投资32.69亿元。球团产品主要供宝钢集团使用。至2009年底，湛江物流在册员工342人。

2009年，湛江物流在物流、设备、采购、财务、安全、信息化、人力资源以及后勤保障等各方面加强管理，不断健全、完善、夯实基础，形成了适应正式生产需要的一整套管理体系。（马海瑛）

**球团工程建设** 2009年，球团项目建设进入高峰期，公辅单元主体基本完成，码头、料场单元进入土建收尾及安装调试高峰期。码头单元工程实物工作量3月基本完成，4月中旬无负荷试车，5月11日开始负荷试车；料场单元工程实物工作量4

湛江工程指挥部工管部现场突击队的成员在研究工作

为湛江钢铁项目配套兴建的大型跨流域调水工程——湛江市鉴江供水枢纽工程施工现场

月中旬基本完成,4 月下旬无负荷试车,5 月 11 日开始负荷试车。7 月 9 日球团开始低温烘炉;9 月 27 日球团回转窑主烧嘴成功点火,球团开始高温烘炉。 (马海瑛)

**物流管理实现有序高效低损目标** 以"抓基础、抓细节、抓管理"为重点,理顺内部业务流程,规范各项业务操作细则和工作界面,明确各岗位责任,促进基础管理工作水平的提高。物流管理完成了原燃料进厂的各项工作,满足了试车要求,实现了物料进厂有序,理货管理高效率、低损耗的目标。 (马海瑛)

**建立设备管理体系** 年内,按照宝钢的设备管理模式初步建立设备管理体系。制定详细的设备检修管理制度、设备检修外协管理和检修挂牌管理等制度,初步建立检修管理体系;促进检修业务社会化协作,设备常规检修业务和备修业务、码头生产作业实现社会化委托,保证检修工作顺利开展。另外,制定了资材备件采购计划申购、审核及采购的管理流程;制定仓库管理制度及资材备件收、发、存的流程,建立了资材备件采购仓储信息共享平台。 (马海瑛)

**安全管理事故为零** 按照"安全第一、事故为零、污染为零"的管理理念,根据球团项目设备安装、试车、检修等各阶段安全环保管理的各项要求,落实安全目标责任,辨识各业务流程的危险源因素,逐步建立健全湛江物流安全管理网络和各项安全环保管理制度;加强现场违章查处和事故隐患整改力度,加强外协施工的安全管理。实现事故为零的目标。 (马海瑛)

**人力资源管理和培训** 先后修订《岗薪工资管理办法》、《劳动合同管理办法》等管理制度。从 4 月起进行工资模式的调整,并顺利实施岗薪工资制。此外,完成了技术业务人员取证培训、操作岗员工特种作业证的取证及复审、操作岗员工操作能力的提高等培训工作。培训地点以湛江市和广东省内为主,部分送宝钢人才开发院培训,操作岗员工操作能力提高的培训主要在宝钢股份公司进行。按时完成了开工投产前相关岗位的持证工作。 (马海瑛)

**湛江物流大事纪要**

5 月 11 日,原料场、码头、公辅单元开始负荷试车。

7 月 9 日,球团开始低温烘炉。

9 月 27 日,球团回转窑主烧嘴成功点火,球团开始高温烘炉,按照系统中间切入的方式开始负荷试车。 (马海瑛)

2010 YEARBOOK BAOSTEEL

# 宁波钢铁


1 专　记 ZHUANJI
13 专　文 ZHUANWEN
33 大事记 DASHIJI
41 概　述 GAISHU
63 规划发展 GUIHUAFAZHAN
67 管理创新 GUANLICHUANGXIN
79 科　研 KEYAN
97 基建与技改 JIJIANYUJIGAI
109 环境经营 HUANJINGJINGYING
123 人力资源管理 RENLIZIYUANGUANLI
135 财务、资产与审计 CAIWUZICHANYUSHENJI
141 宝钢股份 BAOGANGGUFEN
217 八一钢铁 BAYIGANGTIE
233 广东钢铁 GUANGDONGGANGTIE
239 宁波钢铁 NINGBOGANGTIE
245 多元产业 DUOYUANCHANYE
305 海外公司 HAIWAIGONGSI
313 综合管理 ZONGHEGUANLI
325 党群工作 DANGQUNGONGZUO
353 企业文化 QIYEWENHUA
365 人物与表彰 RENWUYUBIAOZHANG
377 附　录 FULU
401 索　引 SUOYIN

# 宁波钢铁

## 概述

宝钢集团宁波钢铁有限公司(简称“宁波钢铁”)前身为宁波建龙钢铁有限公司,坐落于浙江省宁波市北仑区,占地2.33平方公里,距市区约38公里。西面与北仑港毗邻,地理位置优越。2003年1月14日成立。2004年5月至2006年3月按国家宏观调控政策停工。2006年3月16日,国家发展和改革委员会下发了《国家发展改革委关于结合杭钢结构调整对宁波钢铁项目重建及项目核准的批复》,7月7日宁波钢铁成立,8月1日开始全面恢复建设。2007年6月8日,宁波钢铁一期的焦炉、烧结、高炉、转炉、连铸机等项目相继顺利投产。1 780毫米热轧工程于12月26日进行热负荷试车,并成功轧出热轧钢卷。2008年5月25日,二号高炉顺利点火,并一次性开炉成功。

2008年下半年,受金融危机影响,宁波钢铁生产经营和工程建设陷入困境。按照国家《钢铁产业调整和振兴规划》,2009年3月1日,宝钢集团与杭钢集团重组宁波钢铁,并增资扩股,具体股份比例为:宝钢集团56.15%,杭钢集团34%,宁波开发投资集团公司7%,宁波经济技术开发区控股有限公司2.85%。

宁波钢铁项目总投资为170亿元。国家发改委核准的建设规模为年产铁400万吨、钢421万吨、商品板带385万吨。主要品种有:热轧薄板、冷轧薄板、机械与建筑用钢板、焊管用钢板、汽车钢板、家电用钢板、变压器和电机用硅钢板、热镀锌板、彩色涂层钢板等。

2009年3月重组后,宁波钢铁新经营班子围绕“百日整合”“全面增效”两个阶段扎实开展各项工作,6月实现扭亏为盈,产量稳步攀升,效益逐步增加,员工信心增强。3—12月热轧卷平均单位成本较2月下降1 113元/吨,经营总成本降低26.08亿元,其中价格因素下降11.47亿元,占44%;内部经营贡献下降14.61亿元,占56%。3—12月,实现利润4亿元。月净资产收益率由3月的-3.08%提高到12月的3.11%,3—12月累计达12.24%,超过了银行贷款利率水平。资产负债率持续下降,由3月的97.13%下降到12月的84.3%。圆满完成当年重组时提出的“责任年度扭亏,400万吨产能形成,600万吨规划编制”三大目标。

宁波钢铁注册资本56亿元,至年底在册员工3 373人,总资产177亿元,净资产36.03亿元。全年生产全焦59万吨、生铁281万吨、连铸坯288万吨、热轧钢卷265万吨,实现主营收入87亿元,利润-12.51亿元。 (琚　华)

**企业负责人简介**　崔健,1960年1月生,上海崇明人,中共党员,教授级高级工程师,宁波钢铁董事长、党委书记。

刘安,1961年9月生,浙江衢州人,中共党员,教授级高级工程师,宁波钢铁总经理。

## 经营管理

**稳定干部员工队伍**　3月3日,在重组后的第三天,宁波钢铁新经营班子召开大会,提出“依靠员工谋

宁波钢铁办公大楼

求发展的基础不会变，员工收入一定会随着企业的发展水涨船高"理念；倡导"五湖四海，海纳百川"的企业文化；强调不论员工来自何方，"绩效加能力"是评价员工的唯一标准；强调既要尊重过去，更关注现在和未来。通过一系列的举措，重组之后没有减员一人。 （琚 华）

**深入基层调研** 宁波钢铁领导分组分批进入基层各单位先后召开现场座谈会、专题调研、问卷调查等17次，通过领导与员工交流，沟通信息。针对青年工人人数多的实际情况，团委开展青工思想问卷调查活动，听取青年工人意见，凝聚人心。 （琚 华）

**整合组织机构** 3—4月，宁波钢铁按"精干、高效、压缩"的原则，整合组织机构。一级职能部门由19个精简到15个，精简比例达21%；二级职能处室由72个精简为59个，精简比例达18%，通过整合，宁波钢铁组织架构得到优化。 （琚 华）

**干部人事调整** 4月，在确立组织架构的基础上，对一、二级主管进行调整。一级主管由54人减为46人，精简幅度为14.8%；二级主管由118人减为111人，精简幅度为6%。同时提任一级副主管2人、二级主管3人。 （琚 华）

**梳理流程制度** 根据组织机构与职责，以采购、制造、销售系统为重点，对185个业务流程进行梳理，其中关键业务流程16个；在此基础上制定和修订各类制度230个。 （琚 华）

**改善员工待遇** 自3月16日起，开通职工倒班通勤车；6月1日开通免费晚间厂区循环车。第一次调薪从3月1日开始，840多名员工得到实惠。在6月实现月度扭亏后，终止了实行近一年的扣除20%绩效奖金的非常措施。自8月开始，将员工倒班补贴由原来的每月平均75元提升到每月平均225元；全年员工薪资比上年增长11.04%。 （琚 华）

宁波钢铁热轧车间

**减少利息支出2.1亿元** 3月底，宁波钢铁财务部通过贷款置换的方式，将长、短期借款由原来的基准（或上浮）利率全部置换为下浮基准利率10%。8月，又通过两次信托置换，将长、短期借款利率在原基准下浮10%的基础上再分别下降18%和13%，两项合计全年累计减少利息支出2.1亿元。 （琚 华）

**组织单线生产** 3月27日，宁波钢铁对一号高炉进行单线生产，同时对生产组织方式、能源平衡及保障等方面进行具体部署。经过实践，每吨钢坯的电耗、水耗、煤气消耗等均明显降低，铁、钢生产衔接，炼钢生产节奏掌控等得到提高。 （琚 华）

**推进热装直装** 从4月开始，宁波钢铁建立跨部门直装推进团队，实行围绕热轧轧制计划倒排炼钢日作业计划的炼钢—热轧作业计划一体化的生产组织模式，有效提高了生产效率。热装率由3月的53.3%提升到9月最高的79.9%，并逐步稳定在接近80%的水平；直装率从零开始至10月提升到最高的59.9%，并逐步稳定在接近50%的水平。 （琚 华）

**调整配煤配矿** 通过转变操作理念、优化工艺操作模式、挤出过剩的焦炭质量指标、用低价煤替代高价煤等措施，优化配煤结构，降低入炉焦炭成本。通过在烧结配矿中多配价格较低的澳洲褐铁矿，提高低价矿的比例，提高炉料中生矿比例等一系列措施，降低了入炉矿石的成本。铁水成本由2月的2 784元降低到7月最低的1 808元，并逐步稳定在2 000元左右。 （琚 华）

**开展固废回收配用** 配用OG泥(炼钢废弃物)钢渣、脱硫渣铁,减少采购资金投入。全年共配用OG泥4.12万吨、钢渣4.78万吨、氧化铁皮4.83万吨、高炉瓦斯灰、厂内除尘灰3万吨,节约采购资金2.30亿元。

(琚 华)

**降低协力费用** 通过梳理生产外协合同,重新修订合同,降低费用。按新合同结算,4—12月压缩生产外协费用3 600万元。 (琚 华)

**降低维修费用** 通过推进点检的标准化和规范化、优化定修模型、规范检修协力管理、开展设备消缺、开展专项管理等一系列措施,主作业线综合设备故障率降到6.48‰,较标准指标降低3.13‰,较2008年的综合设备故障率13.6‰降低了7.12‰,全年降低维修费用1.11亿元。 (琚 华)

**设备功能考核** 结合生产及工艺情况,对7 524台(套)设备功能考核进行总体评价。围绕影响生产正常运行和设备功能精度的设备缺陷,开展全面梳理和有序整治,共核查并制定消缺计划63项,整改23项。

(琚 华)

**控制备件库存资金** 通过对备件采购资金、库存资金、消耗资金的预算和控制,加强备件的计划管理;通过倡导库存交叉领用、采取新品领用和备件修复相结合、建立机旁库管理规范等措施,加强备件库存管理,盘活了备件库存资金,使12月的备件库存资金由4.27亿元降低到有控制措施实际的3.21亿元。

(琚 华)

**高度重视环保工作** 以改变环保形象为重点,加强环保基础管理和设备管理,完成包括炼钢新增钢包维修区除尘、原料场北侧新增防尘网等"811项目"在内的环保项目整改,加强环保隐患的排查与整改。全年11个常规环保指标与宝钢股份本部相比,除大气降尘指标存在较大差距外,吨钢尘、吨钢二氧化硫、吨钢新水、工业水重复利用率4个指标达到宝钢股份本部水平,其余指标均已接近宝钢股份本部的水平。 (琚 华)

宁波钢铁高炉雄姿

**开展清欠工作** 从5月开始制定对外付款的控制原则,启动偿还欠款工作,5—12月累计支付欠款13.395亿元;鼓励供应商以折扣方式清欠。至12月底该项工作为宁波钢铁带来收益704.02万元。 (琚 华)

**开展技能培训** 紧紧依托宝钢集团的人力资源优势,通过宁波钢铁领导带头授课、宝钢专家传经送宝、到对标钢铁企业实习等形式,全年组织各类培训共1 728期,受训人数达到2.73万人次。 (琚 华)

**稳步提升产品质量** 依照宝钢标准重新修订工艺操作规程、工艺技术规程,组织针对制约质量提高的一系列质量攻关工作,使板坯和钢卷的合格率显著提高。质量异议万元赔偿额由年初月平均的18.1元/万元下降到年底的0.60元/万元。

(琚 华)

**获得授权专利2项** 3月16日,《无平衡阀高炉炉前泥炮液压系统》和《并联式高炉炉前泥炮液压系统》两项科技创新成果获得国家知识产权局颁发的专利证书。 (琚 华)

**提高直销比率** 2009年度浙江省内共7家冷轧厂中已有6家与宁波钢铁建立长期合作关系,省外有5家冷轧厂和宁波钢铁签订长期合作协议,至12月底,SPHC(热轧低碳钢)直销比例达到80%以上。

(琚 华)

**推进敏捷交货** 充分利用宁波钢铁客户相对稳定、工序简单、流程较短的特点,通过提高制造能力,推行以产定销的产销模式,实现了平均15天的交货周期,推进特殊合同3天

3月1日，举行宝钢集团、杭钢集团重组宁波钢铁协议签署仪式

交货、重点客户5天交货、一般合同7天交货的敏捷交货模式。 （琚 华）

**调整采购策略** 建立采购管理制度，优化采购管理流程，加强供应商管理，完善采购基础管理工作。利用宝钢集团的采购平台，主动调整采购策略；通过加强市场分析，上半年以市场现货采购方式为主，下半年以长期协议采购为主、现货采购补充的方法。全年共降低采购成本1.55亿元。 （琚 华）

**五丰塘焦化项目投产** 11月23日和12月28日五丰塘焦化厂成功投产。该项目2007年6月28日开工建设，其间历经开工停工。宝钢重组后复工。 （琚 华）

**宁波钢铁大事纪要**

2月20日，炼铁厂烧结作业区作业长金春荣获“全国钢铁工业劳动模范”称号。

3月1日，宝钢集团、杭钢集团重组宁波钢铁。

3月6日，浙江省常务副省长陈敏尔前往郭巨现场考察。

4月7日，召开深入学习实践科学发展观活动动员大会。

4月9日，原冶金工业部副部长、原宝钢集团董事长黎明一行到宁波钢铁视察。

4月上旬，宁波钢铁荣获“2008年度中国企业信息化500强”称号，同时还获得“最佳ERP应用奖”和“最佳协同办公应用奖”两个单项奖。

4月22日，在宁波北仑举行第二次临时股东会和二届三次董事会。经增资扩股，股权比例宝钢集团保持56.15%，杭钢集团降至34%，宁波开发投资集团公司为7%，宁波经济技术开发区控股有限公司为2.85%。

4月25日，2008年宁波创业创新风云榜颁奖典礼在南苑饭店举行。宁波钢铁有限公司荣获“纳税50强”称号。

7月8日，浙江省副省长陈加元到宁波钢铁调研指导“811”项目。

7月28日，宁波钢铁取得CCS（中国船级社）一般船体结构用钢（A、B）连铸板坯、热轧钢卷批量生产资质。

7月，宁波钢铁测量管理体系通过浙江省计量协会审核组专家AAA级认证审核。

8月27日，自2008年12月开始停炉检修的一号高炉顺利复产，宁波钢铁开始双线生产。

6月17日，宝钢集团有限公司董事长徐乐江等在宁波钢铁焦化项目建设现场调研

6 月 26 日，宝钢集团有限公司党委书记刘国胜在宁波钢铁生产现场慰问战高温员工

宁波钢铁设计效果图

8 月 31 日，五丰塘焦化项目一号焦炉点火烘炉。

9 月 3 日，举行开展深入学习实践科学发展观活动总结大会。

10 月 16 日，由宁波钢铁承办的“中国金属学会 2009 低合金钢工作会议”在北仑举行。

10 月 25—26 日，国家发改委顾问石启荣，宝钢老领导黎明、谢企华等一行到宁波钢铁调研。

11 月 12 日，炼钢厂三号转炉正式投产，有效缓解了铁钢冶炼对接矛盾。

11 月 19 日，2010 年度热轧卷板用户座谈会在杭州西子宾馆召开。

12 月中旬，首批研制的 510 MPa 级汽车大梁钢板 510 L 获得成功。

11 月 24 日，五丰塘焦化厂一号焦炉正式出焦。

12 月 29 日，五丰塘焦化厂二号焦炉出焦，标志着五丰塘焦化厂正式投产。

12 月 29 日，中国首条完全自主集成的 1 780 毫米热轧带钢提前两天完成 34.5 万吨产量，标志着宁波钢铁形成 400 万吨钢产能。

（琚　华）

## 宁波钢铁及子公司、分公司一览表

| 公司名称 | 注册资金（单位：元） | 主要经营业务 | 注册地址 |
|---|---|---|---|
| 宁波钢铁有限公司 | 56 亿 | 钢铁冶炼及其压延产品、焦炭的生产；自营和代理货物及技术的进出口；矿产品、建材的批发、零售；货物装卸；冶金、焦化的技术开发、咨询。许可经营项目：危险化学品的生产（按批准证书核定经营） | 浙江宁波北仑 |
| 宁波宁钢国际国贸有限公司 | 2 亿 | 自营和代理货物及技术的进出口 | 浙江宁波北仑 |
| 宁波宁钢房地产开发有限公司 | 1 000 万 | 房地产开发，建筑材料的批发、零售 | 浙江宁波北仑 |
| 宁波钢铁有限公司上海分公司 | 0 | 冶金、焦化的技术开发、咨询 | 上海宝山 |

（琚　华）

# 2010 YEARBOOK BAOSTEEL

# 多元产业

1 专　记 ZHUANJI
13 专　文 ZHUANWEN
33 大事记 DASHIJI
41 概　述 GAISHU
63 规划发展 GUIHUAFAZHAN
67 管理创新 GUANLICHUANGXIN
79 科　研 KEYAN
97 基建与技改 JIJIANYUJIGAI
109 环境经营 HUANJINGJINGYING
123 人力资源管理 RENLIZIYUANGUANLI
135 财务、资产与审计 CAIWUZICHANYUSHENJI
141 宝钢股份 BAOGANGGUFEN
217 八一钢铁 BAYIGANGTIE
233 广东钢铁 GUANGDONGGANGTIE
239 宁波钢铁 NINGBOGANGTIE
245 多元产业 DUOYUANCHANYE
305 海外公司 HAIWAIGONGSI
313 综合管理 ZONGHEGUANLI
325 党群工作 DANGQUNGONGZUO
353 企业文化 QIYEWENHUA
365 人物与表彰 RENWUYUBIAOZHANG
377 附　录 FULU
401 索　引 SUOYIN

# 多 元 产 业

宝钢实行“一业特强，相关多元产业协同发展”战略，在突出钢铁主业发展的同时，围绕钢铁供应链、技术链和资源利用链，适度发展相关多元产业。宝钢集团涉及的产业有：资源开发及物流业、钢材延伸加工业、工程技术服务业、生产服务业、煤化工业、金融投资业等六大板块。（史 志）

## 资源开发及物流业

资源开发及物流业是钢铁主业供应链的上游产业，主要从事铁矿、煤炭等资源的开发经营，确保钢铁生产的资源供应。（史 志）

### 宝钢资源有限公司

宝钢资源有限公司是宝钢集团的全资子公司，其前身是宝钢贸易有限公司。2008 年 4 月 8 日经集团公司批准，更名为宝钢资源有限公司（简称“宝钢资源”）。宝钢资源主要从事矿产资源的投资开发、贸易及物流服务等业务。宝钢资源着眼于矿产资源开发的全球化布局，追求国际化合作共赢，致力于为客户提供优质产品和增值服务，努力实现矿石、煤炭、合金、金属再生资源和航运物流等业务的跨越式发展，成为世界一流的矿产资源综合供应商。致力于清洁生产和合理利用资源，努力创建环境友好型和资源节约型企业。

宝钢资源设资源规划发展部、矿石开发贸易部、煤炭开发贸易部等部门，拥有上海宝钢航运有限公司等子公司（详见“宝钢资源下属子公司一览表”）。年底，在岗员工 866 人。

2009 年，面临国际金融危机的严峻考验，宝钢资源推进管理变革，创新经营模式，构建面向市场的高效管理架构，在铁矿石、煤炭、合金等核心资源开拓方面获得重要突破，独立经营能力明显提升，全年实现销售收入 189.23 亿元，利润总额 8.73 亿元。（金芳英）

**企业负责人简介** 戴志浩，1963 年 6 月生，江苏人，中共党员，高级工程师，宝钢资源董事长。

李庆予，1963 年 3 月生，河南人，中共党员，教授级高级工程师，宝钢资源总经理。

宋彬，1971 年 5 月生，山东人，中共党员，工程师，宝钢资源党委副书记。

**完善战略规划** 结合市场竞争环境变化以及对原规划执行效果评估，滚动编制 2010—2015 年发展规划。为进一步挖掘各业务板块的发展潜力，还制定铁矿石、煤炭、合金、金属再生资源及物流等 5 个业务板块的商业计划书，从业务定位和发展目标、行业分析和市场竞争、内部条件和商业模式、实施路径和发展策略、支撑条件和风险应对、财务预测和结论意见等六个方面进行全面策划，使各项业务发展蓝图更清晰、发展路径更明确、战略举措更具体。（金芳英）

**开拓新的资源市场** 2009 年开拓了新的资源控制渠道，铁矿石采购自行开拓寻源取得重要突破；合金新增战略供应商 5 家，在铬、锰矿石与合金销售上取得实质性突破；进口煤实现零的突破。（金芳英）

**构建以客户为中心的经营体系** 宝钢资源从客户开发方面寻求突破，细化市场分析，明确目标客户群，使资源贸易业务得到迅速发展。2009 年开发新用户 160 家，增强了市场销售能力，全年实现集团外销售收入 62.05 亿元（不含海外托管公司），占全部销售收入的 45%。（金芳英）

**加强资源基础性研究** 强化资源市场基础性研究，提升对资源市场中长期走势的研判能力，全年完成《矿产资源投资决策模型研究》等 6 篇市场研究报告和《国外铁矿资源开发现状及重点项目跟踪研究》等 5 篇资源研究报告。加强对全球范围内的重点优质资源项目跟踪研究，进行后备研究项目 23 个，推进宝钢资源公司级立项项目 13 个。抓住国内外矿产资源产业重组和结构调整的契机，加大潜在并购目标的跟踪研究、水平估值以及投资项目评估。8 月，配合集团公司完成澳大利亚综合矿业公司 Aquila 15% 股份收购；12 月，签订收购江西永盛矿冶公司 10% 股权项目协议，合金项目取得突破。（金芳英）

**上海宝钢航运公司成立** 为适度发展自有运力，为主业、资源产业获取安全、高效、低成本的沿海运输服务提供保障,宝钢资源稳步推进沿海船队项目建设。9月1日,上海宝钢航运公司注册成立。加上2008年与中海合资组建的香港海宝航运公司,宝钢资源远洋和沿海物流航运服务平台建设已初具雏形。

(金芳英)

**重组资源开发业务** 为构建面向市场的高效管理架构,7月对矿产资源开发业务的管理模式进行了重组和优化,组建3个大类"品种单元",设立一个"项目支持"单元,重组后各品种单元的总经理直接对公司主管副总负责。同时,打破资产关系,调整废钢板块业务模式,建立了7个快速响应市场变化的经营单元,并赋予各经营单元独立经营自主权,精简废钢板块本部机构,强化各基地子公司客户开发、市场开拓的能力,建立面向市场的废钢基地运作机制。年底,完成物流业务重组和切换;宝钢航运公司、宝江公司、宝洋公司、宝捷公司由宝钢资源本部直接管理,实现物流板块业务扁平化。对内部远洋航运业务予以集中管理和运作,形成内部原料远洋航运的统一平台。 (金芳英)

**建立市场快速响应机制** 在集团公司内首推"信用评级制度",量化确定授信额度的标准;推出"自主授信额度"政策,在风险可控基础上给予业务单元一定的自主决定权,加快市场响应速度。各业务板块以市场为导向,努力建立快速响应机制:矿石业务板块针对剧烈波动的市场行情,制定"315"策略响应机制,有效控制毁约风险;煤炭做好大客户服务、加快新客户开发,适时开发进口资源等,逐步实现了由"保障供应型"向"社会贸易型"的转变;合金业务板块实施策略采购,把机会转化为效益,实现镍、铬、锰系业务的均衡发展;金属再生资源业务板块加大与产废企业合作力度,从源头获取资源,实现双赢。 (金芳英)

**优化工作方式** 出台《关于优化公司领导人员工作方式的意见》,就会议管理、文件管理、接待管理等三个方面对宝钢资源领导人员的工作方式提出优化意见,并形成制度。通过协同办公平台组织召开网上虚拟会议等措施切实减少会议、提高效率;通过积极推行"公文短流程"、优化文件审批等措施,加快公文流转,提高办公效率;强化接待工作归口管理,进一步规范操作。 (金芳英)

**推进阳光采购** 以项目化管理为抓手,推进集团公司管理费用清理与改善、"阳光采购"等重点项目的落实。探索优化费用管控模式,重点对职务消费、公务用车、手机及私车公用费补贴标准进行了梳理与调整。积极推进"阳光采购"项目,分类制订阳光采购方案,落实具体操作流程。通过扩大废钢基地加工作业外协等6项采购的招标采购范围,扩大办公用品集中采购范围,进一步规范相关采购行为,使采购行为更加规范、更加透明,并实现降本增效。 (金芳英)

**推进基础管理信息化建设** 把信息化建设与管理相结合,夯实基础管理。3月,一体化财务管理系统上线,成为宝钢集团内第一家完成与统一会计系统集成并上线运作的公司。11月2日,一体化多组织经营管理系统上线,并在年内覆盖宝晟公司、宝顶公司和宝邯公司,实现合同模块化、标准化,实现财务和业务的无缝集成,对合同、贸易、库存、发货等业务流程实现全程的规范化、透明化、定制化管理。 (金芳英)

**制定重大风险管控计划** 完善风险管理和内部控制体系建设,制定重大风险管控计划,按季度跟踪管理;建立子公司三会议案审核的网络化沟通平台,优化审核机制;落实惩防体系建设,加强效能监察,促进整个公司高效运作和良性发展。

(金芳英)

**人力资源建设** 建成完整的管理后备、技术业务后备和种子后备3支后备人才队伍建设体系,保障未来发展对人才的需求。同时,根据国际化业务发展趋势和各板块业务经营和发展需求,推进国际化能力培训和员工专业化培训工作,全年实施员工教育培训项目135个,参加培训2 315人次,后备培养计划实施率达75%。推进实施薪酬体系改革方案,顺利完成了"宽带薪资制"薪资模式切换,实现专有人才薪资水平与外部市场接轨,通用人才与内部市场接轨,完善薪酬分配与绩效结果挂钩机制,强化薪酬激励的绩效导向。 (金芳英)

**降本增效4 000万元** 针对资源开发、市场开拓、项目推进、客户服务、成本费用以及管理业务效能效率提升等方面对标挖潜,通过合理化建议、自主管理和职工经济技术创新小组活动等,开展降本增效活动,全年完成降本增效项目80个,实现降本增效4 132万元,完成年度指标的231%。 (金芳英)

**首次编制可持续发展报告** 首次编制完成《2006—2008 宝钢资源

可持续发展报告》,从“我们与客户、我们与环境、我们与员工、我们与社会”四个方面梳理在可持续发展和履行社会责任方面的具体举措和做法,提升企业形象。

(金芳英)

## 宝钢资源大事纪要

2月12日,宝钢江苏宝浦鑫业钢铁资源有限公司废钢加工项目举行开工庆典。

2月,《布局 摆棋 备子——战略性后备人才发展体系》荣获宝钢集团有限公司2008年度人力资源管理最佳实践奖。

3月23日,与贵州水矿集团在贵州省六盘水市举行签约仪式,成立合资公司——贵州玉马矿业有限公司。

4月2日,一届一次职工代表大会召开。

5月20日,集团公司党委发文,任命宋彬为宝钢资源党委副书记。

6月25日,召开宝钢资源第一次团代会。

7月8日,召开矿产资源开发业务模式调整会议以及废钢板块管理优化推进会,实施核心业务管理体制优化。

7月22日,召开第一届职代会联席会议,夏江当选为宝钢资源职工代表董事。

7月31日,与陕煤集团韩城矿务局在西安市举行王峰煤矿项目合作框架协议签字仪式。

8月7日,召开二届一次董事会,调整宝钢资源董事会、监事会成员,委派宋彬、陈东彤为宝钢资源董事;委派李学纲为宝钢资源监事,并任监事会主席。

9月1日,宝钢航运公司注册成立,注册资本3 000万元。

10月9日,宝钢资源审计部成立。

11月2日,多组织经营管理系统(一期)上线。

11月4日,与印度FACOR集团在宝钢大厦签订长期铬铁购销协议,为首次与国外铬铁供应商签订长期协议。

11月20日,举办首届“资源杯”员工业务知识竞赛。

11月26日,与澳大利亚PMI在西澳大利亚首府PERTH签订2010—2011年度锰矿购销协议,为首次与国外锰矿供应商签订长期协议。

12月,宝钢资源工会荣获上海市模范职工之家荣誉称号。

12月21日,参与烟台港集团股份制改制,与集团公司共同出资持有该公司20%股份,其中宝钢资源持有5%股权。 (金芳英)

**宝钢资源下属子公司(含托管)一览表**

| 名称 | 地址 | 注册资本金(万元) | 主要经营范围 | 在岗职工数 | 控股情况 |
|---|---|---|---|---|---|
| 青岛宝邯运输贸易有限公司 | 山东省青岛市市南区东海西路15号英德隆大厦 | 600 | 公路、铁路货运代理,货物运输信息咨询服务,货物物资代储、批发零售;煤炭批发、船舶代理、货物运输代理 | 13 | 控股 |
| 上海宝晟能源有限公司 | 上海市浦东新区张扬路188号汤臣中心B座 | 1 000 | 煤炭、焦炭、化工产品及原料 | 8 | 控股 |
| 上海宝顶能源有限公司 | 上海市浦东新区浦建路145号 | 1 000 | 煤炭、焦炭、钢材、化工产品(除危险品外)、建筑材料、矿产品、机械设备、货物和技术的进出口 | 8 | 控股 |
| 安徽皖宝矿业股份有限公司 | 安徽省池州市秋浦中路11号 | 5 000 | 非金属矿采选业(石灰石、石膏开采) | 166 | 控股 |
| 日照宝鑫矿业资源有限公司 | 山东省日照市泰安路179号国际大厦B座 | 1 265 | 开采和销售蛇纹石、蛇纹石板材、白云石及其他冶金辅料 | 52 | 控股 |
| 上海宝钢钢铁资源有限公司 | 上海市宝山区铁山路6号 | 3 600 | 生产性废旧金属收购、储运、加工、销售 | 42 | 控股 |
| 江苏宝锡炉料加工有限公司 | 江苏省无锡市锡山区锡北镇工业园泾瑞路3号 | 2 000 | 废旧金属回收、加工、储运、销售;金属材料销售 | 13 | 控股 |

（续表）

| 名　　称 | 地　　址 | 注册资本金（万元） | 主要经营范围 | 在岗职工数 | 控股情况 |
|---|---|---|---|---|---|
| 上海新华钢铁有限公司 | 上海市崇明县新河镇塔南村 | 2 839 | 废旧船舶拆解业务及对拆解后的材料进行加工、修理和销售；生产性废旧金属收购、加工、销售 | 49 | 控股 |
| 江苏宝浦鑫业钢铁资源有限公司 | 江苏省江都市大桥镇 | 6 000 | 废旧金属回收、加工、储运、销售；金属材料、冶金原料购销 | 4 | 控股 |
| 浙江宝嘉炉料加工有限公司 | 浙江省嘉善县陶庄镇工业园区 | 1 000 | 炉料加工、钢板卷板开平、剪割、冷却；五金配件制造加工；销售金属材料 | 10 | 控股 |
| 上海宝钢航运有限公司 | 上海市浦东新区浦电路370号11楼 | 3 000 | 航运业务咨询、仓储服务 | 28 | 控股 |
| 宝澳矿业有限公司 | 澳大利亚珀斯市圣乔治大街艾伦多广场20号 | 1 996（澳元） | 矿业投资 | 6 | 托管 |
| 宝岛贸易有限公司 | 香港湾仔港湾道1号会展广场办公大厦29楼 | 800（美元） | 与钢铁生产相关的原燃料进口贸易及技术服务 | 7 | 托管 |

（全芳英）

## 钢材延伸加工业

钢材延伸加工业是钢铁主业供应链的下游产业，主要是利用宝钢的钢铁生产优势，发展钢材延伸加工产业。　（史　志）

### 宝钢金属有限公司

宝钢金属有限公司（简称“宝钢金属”）是宝钢集团公司的全资子公司，其主业（钢材延伸加工业）是宝钢重点发展的六大多元产业之一。2007年12月，宝钢集团将原产业公司、钢制品事业部、汽贸和线材制品等机构和业务整合组建成宝钢金属，使之成为宝钢钢材延伸加工产业的发展平台。宝钢金属核心业务包括金属包装、钢结构、工业气体等，宝钢金属拥有22家子公司（详见“宝钢金属下属子公司一览表”），总资产规模62.30亿元。2009年实现营业收入70.9亿元，同比增长5%；实现利润1.03亿元，同比增长21%。宝钢金属在岗员工2 313人。　（郭　凯）

**企业负责人简介**　贾砚林，1962年10月生，河北人，中共党员，高级会计师，高级工程师，宝钢金属总经理。

王金旋，1958年9月生，山东人，中共党员，高级政工师，宝钢金属党委书记。

**金属包装经营业绩**　全年制罐产销量同比上升20%，宝印产销量同比上升40%。其中，两片罐覆盖可口可乐在中国地区全部灌装线（包括香港地区），占全国总用量的35%；两片罐成为国际百事第一大金属包装供应商，在上海百事的市场份额增至78%，成为天津百事、济南百事、成都百事、重庆百事最大金属包装供应商。两片罐还进入了品牌啤酒市场。印铁公司成功开发食品罐、奶粉罐等国内高端用户，海外用户从1家增至5家。　（郭　凯）

**钢结构经营业绩**　中标深圳京基金融中心大厦、上海虹桥交通枢纽、深圳湾体育中心、大连裕景中心、南京南站站房等重大项目。出口额占全年销售总额的43%。通过协同营销，宝钢金属型钢厂型钢制品进入虹桥交通枢纽项目，与大通钢构签订了为深圳世界大运会场馆供货1 300吨合同，为年度单项工程最大的订单。　（郭　凯）

**工业气体经营业绩**　充分利用宝钢空分资源，扩大液体销售量，形成宝钢气体的影响力。宝普公司通过深入市场调研、调整产品价格、优化客户现场服务等措施，努力提高市场份额，2009年新增液体客户20家，新增瓶装气客户15家。　（郭　凯）

宝钢金属钢构公司为上海国金大厦提供钢结构件

**汽车零部件经营业绩** 宝钢车轮公司成功开发长安福特、比亚迪等4家新客户，热冲压、液压成形赢得上海大众和上海汽车的市场订单。与钢铁主业营销体系协同开发大客户，借助研究院试验线，实现样件试制和批量供货，促进技术成果产业化。 (郭 凯)

**汽车贸易经营业绩** 加强各汽车贸易4S店之间的沟通协作，总结工作经验并组织开展横向交流；深化专业管理，推出服务质量规范。2009年新车销量7 570台，同比增长43.4%，超过全国、上海的平均增幅。明确盈利重点，紧抓维修业务，2009年维修收入9 258万元，同比增长13.5%。 (郭 凯)

**金属贸易经营业绩** 推进产销研一体化，协同宝钢股份成功开拓高强钢市场，实现稳定向GM汽车GF－6自动变速箱供应数千吨高强摩擦片钢，开发深海石油钻井平台系泊链用钢市场。在海外市场低迷的情况下，协同宝印公司出口近1万吨产品，型钢出口1.3万吨，创历史最好水平。 (郭 凯)

**加强现场和设备管理** 现场管理全面实施标准化、定置化、图示化，初步形成自查自改和星级评价机制，创建三星级区域2个，四星级区域2个。建立教育区，加强现场教育培训的便捷性、实用性和有效性，促进员工自主改善行为养成。推进设备管理，通过设备消缺和不断挖潜，提高运行效率。注重基础数据收集和积累，初步建立关键指标评价体系。宝钢车轮公司通过技改突破设备瓶颈，设备综合效率显著提高，其中油漆线的设备效率从89.7%最高升至133.6%。11月产量突破30万只，产能远超设计水平，2009年车轮产量达249万只，创历史新高。宝翼公司通过5S活动和现场改善，机组效率从改善前的85.14%提高至89.41%；成品率从96.53%最高升至97.97%。河北制罐公司通过对钢卷、涂料实施精益化管理，优化主要能耗设备停机模式等，进一步降低消耗。 (郭 凯)

**全面推进集中采购** 年内，钢材采购深化集中供应管理，库存管控能力大幅提升。全面实施劳防用品、办公用品及后勤服务集中采购，分板块实施辅料、资材、备件、物流等集中采购。此外，推进工程统一招标，废旧物资网上竞价销售。集中采购有利于规范流程，规避风险，提升供应能力，实现阳光采购。2009年各类辅料和服务集中采购2.6亿元，产生效益3 000余万元。 (郭 凯)

**重视科技发展** 年内R&D(研究与开发)投入率达到0.61%，同比增长了29.8%；新产品销售率达21.6%，专利申请数21件，其中发明专利7件，技术秘密31项，科技政策利用451万元，均较2008年有较大增长。宝翼制罐、宝钢印铁、宝钢钢构3家公司成为高新技术企业；申报高新技术成果转化项目5项，其中3项已被认定；开发应用30多项新产品，新产品销售率保持在25%以上；DI材持续减薄，厚度从0.235毫米减薄到0.225毫米；组建钢结构产业研究所，推广应用钢结构住宅，先后承揽武汉黄金口岸钢结构住宅示范工程、都江堰幸福家园等项目。宝翼公司的《两片易拉罐用镀锡钢板的开发与应用》获冶金行业科学技术一等奖；宝钢钢构的《模型重用在钢结构深化设计中的应用》被评为中国钢结构协会科学技术奖二等奖；宝钢钢构的《XSTEEL三维钢结构设计软件二次开发》获上海市企业管理现代化创新成果三等奖；宝钢金属设计院的《轨道车辆用精密方矩形管的研发与生产》获上海市科技进步三等奖。 (郭 凯)

**强化项目管控** 完成钢结构商业计划书；重新审视各类规划项目，规避风险，降低成本；完善项目管控体系，强化项目管理和设计评审能力；

加强项目后评估，完成3年内竣工项目运行情况审计评价。（郭　凯）

**施工项目进展顺利**　佛山制罐项目5月投产；北京宝印项目7月投产，并且3个月实现达产；宝日钢丝三期项目9月投产；热冲压项目年底完成热负荷试车；液压成形项目正常推进中；车轮项目11月开工；宝通线材项目同步建立公司管理构架；中海气体项目正式启动；长兴岛气体项目公司成立，准备2010年码头先期投入运营；易开盖项目已获宝钢金属公司董事会批准；武汉制罐项目已获宝钢金属董事会批准；南非制罐项目在推进准备中；临水钢构项目可行性研究报告根据集团公司要求推进完善；金属包装组建独立公司方案获集团公司批复。（郭　凯）

**完善管理体系**　完善营运中心管控模式，在总部设立板块财务总监、人事专员，向板块提供更贴近的服务；总部职能部门部长兼职子公司高层管理，提升子公司经营决策能力；精简优化子公司组织机构，提高决策和管控效率；贯标体系扩展到各营运中心；风险管理和内控体系融入贯标管理，并深入到各子公司；全面实施项目化管理，梳理管理类项目五大类25项；针对型钢公司、大通公司等薄弱企业成立系统优化小组，推进子公司改善经营管理，成效显著。（郭　凯）

**推进价值管理**　根据各板块业务特点设定KPI（关键绩效）指标，通过行业分析与自身纵向比较，强化风险指标预警分析，实施分类指导。根据经营形势，紧盯产销量、成材率、单耗、新客户开发、营运周期等技术经济指标。2009年宝钢金属管理费用共2.47亿元，完成年度预算的94%；管理销售费用率为6.62%，比年度预算下降0.2个百分点。19家子公司加入集团公司资金平台，压缩银行融资约6.25亿元，累计节约财务费用1 680万元。搭建统一保险平台，总体保险费率同比下降69%，有14家公司通过统一保险平台购买保险。（郭　凯）

**深化内部审计监督**　年内完成子公司财务收支审计16项，子公司领导人员经济责任审计11项，提出经营管理建议近200项。强化管理诊断、咨询等服务职能建设，形成存货管理、工程建设、合同管理、信用管理等多项专题报告，促进各单元对管理的深入思考，并以内部审计为渠道促进优秀管理实践的传播与分享。（郭　凯）

**加强资产经营与管理**　宝钢金属全力推进股权交易及子公司清理工作。宝翼公司、大通公司、金艺公司等股权收购项目有序推进；江西二手车完成股权对外转让；丹东人造板公司股权实现部分对外转让；清理关闭宝钢钢构下属3家子公司；汽贸广州仁汇公司已基本具备关闭条件；科宝公司进入破产清理阶段；完成尼亚加拉公司资产拍卖；设计院实现业务划转和人员分流，保持平稳过渡。全面清查资产，开展效率评估；处置闲置资产，加快资金回笼；利用出租、整合、共用等方式，提高资产效率；建立资产使用效率评估体系，形成提高资产使用效率的长效机制。（郭　凯）

**提升信息化水平**　宝钢金属公司与各业务单位充分沟通，明确信息化发展路径；集中财务信息系统项目结题，商务智能分析（BI）上线试运行；e－HR系统功能进一步改进和提高；协同办公平台实现与宝钢集团协同平台集成和内部功能深化，绩效管理模块、信息中心和财务报支上线；安全网络视频系统陆续上线，使用效果良好；金属包装MES项目（制造执行管理系统）结题；宝印ERP（企业资源规划管理）二期生产及成本管理模块完成，在北京分公司上线；贸易平台完成集中供应功能改造；协同运维全面推进。（郭　凯）

宝钢金属宝印公司员工正在进行波型剪切马口铁的加工作业

**都江堰幸福家园开工建设** 2月13日，宝钢金属承担的成都灾后重建工程——幸福家园·逸苑项目开工建设，该项目是四川省首批启动的灾后重建重点项目，是都江堰在建的唯一一个采用钢结构建筑技术的小区，当地群众对该小区寄予厚望。该项目于10月31日完成钢结构施工。 （郭 凯）

**宝钢印铁(北京)分公司开业** 7月20日，宝钢印铁(北京)分公司在北京市怀柔区雁栖工业园区顺利开业。投产后，将形成年印刷能力6 000万张次、8万吨马口铁的加工能力，是国内规模最大、技术最先进的专业印铁公司。开业不到3个月该公司即提前达到设计产能，实现了快速达产的目标。 （郭 凯）

**安全管理和节能环保工作** 2009年宝钢金属各项安全指标均实现年度目标。组织各类安全培训11大类、19次，培训123人次；组织各类安全检查184次，查出隐患529项，并严令整改；发挥安全网络视频系统作用；完善安全管理体系，实施安全评价制度。加强日常管理、项目实施、现场检测等措施，节能环保指标全面受控。年度万元产值能耗为0.106吨标煤，各子公司均达标排放，无居民投诉事件发生。

（郭 凯）

**人才队伍建设** 宝钢金属全面实施“企业教练计划”，15名公司领导、资深管理者组成企业教练团队，带教培养25名学员。加大培训投入，提高员工素质。全年培训8 743人次，总学时达9万多小时，培训费210万元。分析典型人才成长路径及个性需求，形成宝钢金属特色的人才发展双通道，为员工发展提供双重成长路径导向。“VC(创业投资)绩效银行”不断完善，并以制度化形式加以落实。该项目荣获上海市企业管理现代化创新成果一等奖。 （郭 凯）

**开展形势任务教育** 围绕宝钢金属战略规划和2009年生产经营中心，组织党委中心组学习、开展党员形势任务教育。通过班组学习、读书活动、编制简讯等方式，在员工中开展形势任务教育。通过宝钢金属网站和《境界》内刊及媒体，宣传发展规划、企业精神、经营生产管理和思想政治工作等多方面成功经验和先进事迹。深入开展“感动员工、感动用户”故事评选和主题实践活动，向集团公司上报宝钢轻房公司南极工程、宝钢印铁女职工、宝钢钢构公司世博团队和成都制罐公司刘高峰等的最佳实践者故事，其中南极故事获得第一名。制定《宝钢金属保护环境、节约资源行为规范》和持续推进“行为养成”活动的实施计划，成立工作小组定期跟踪、评价和交流。

（郭 凯）

**稳定工作** 建立预警机制，针对业务发展较快的特点，完善修订《关于妥善处置信访突出问题和群体性事件的实施办法》，从源头上防止不稳定事件的发生。重点抓好企业业务调整中员工队伍的稳定工作，平稳完成科宝公司停产人员安排等收尾工作，同时还做好宝通线材制品项目启动、研究院一分院业务调整的人员分流安置、宝钢工程设计研究院信访接待等工作。 （郭 凯）

**推进最佳实践者活动** 制定《宝钢金属有限公司最佳实践者评审办法》，评出9名最有影响力的最佳实践者，并在此基础上推荐“金牛”候选人2名，“银牛”候选人3名。2009年，宝翼制罐工厂部C班、宝钢印铁范冬梅分别作为宝钢金属最佳实践者参加了宝钢集团的交流发言，范冬梅还在11月底市总工会的最佳实践者现场交流会上发言，并接受了《人民日报》、新华社等中央媒体记者的采访。 （郭 凯）

**职工参与民主管理** 宝钢金属年内发布并实施《宝钢金属职工参与民主管理座谈会(对话)制度》，通过5次座谈会，收集整理职工提出的各类意见建议79条。做好职工“三最”(员工最关心、最直接、最现实的利益)问题管理，加强职工参政议政的意识，确保职工参政议政的权利。

（郭 凯）

**宝钢金属大事纪要**

1月27日，由宝钢轻房公司承建的中国首个南极内陆科考站——昆仑站在南极内陆最高点冰穹A地区海拔4 087米处建成，中共中央总书记、国家主席胡锦涛致电，代表党中央、国务院，对中国南极昆仑站的建成表示祝贺。

2月5日，宝钢金属启动“企业教练计划”，首批15名公司领导及资深管理者任教练，签约带教25位后备管理干部。

4月10日，宝钢钢构(原冠达尔钢构)世博项目部被上海世博会工程建设指挥部授予2008年度中国2010年上海世博会建设“优秀集体”荣誉称号，被上海市总工会授予“工人先锋号”荣誉称号。

5月14日，宝钢轻房公司承建的首批“迎世博新式公交站房”亮相普安路公交枢纽站。

5月23日，佛山宝钢制罐有限公司投产。

6月25日，宝钢集团南通线材制品有限公司举行奠基仪式。

7月29日，宝钢金属与沈阳市铁西区人民政府签署“建设东北钢结构产业化生产基地”协议，合作开发钢结构住宅。

8月18日，宝钢金属与中冶南方工程技术有限公司（武钢院）在武汉签订战略合作伙伴协议。

10月26日，宝钢金属总经理助理范松林入选2009年全国企业类会计领军人物。

12月7日，《实施VC绩效银行创建长效激励机制》获2009年上海市企业管理现代化创新成果一等奖。

12月21日，宝钢金属获“2009年上海市模范职工之家”荣誉称号。

（郭 凯）

**宝钢金属下属子公司（含参股公司）一览表**

| 公司名称 | 公司地址 | 注册资金（万元） | 经营范围 | 股权情况 |
|---|---|---|---|---|
| 宝钢钢构有限公司 | 上海市宝山区宝杨路2001号 | 12 000 | 设计、制造、安装各种钢结构，销售自产产品；机电产品制造、销售；承包境外钢结构工程和境内国际招标工程（以上涉及行政许可的凭许可证经营） | 100% |
| 上海大通钢结构有限公司 | 上海市宝山区宝杨路2056号 | 4 003.3 | 生产焊接成型的型钢、延伸产品，销售、制作自产产品及提供自产产品的安装服务，钢结构工程专业承包，提供相关技术咨询和售后服务 | 85.10% |
| 上海宝产轻型房屋有限公司 | 上海市宝山区蕰川路3938号 | 300 | 轻型房屋（含彩板房），轻钢（单层钢架、排架、多层框架）的设计、制造、销售、安装，建筑装饰装修工程施工（三级），彩板建材、钢家具的生产、销售，机电产品的制造、销售、维修，建材、百货、汽配、化工原料（不含危险品）、办公用品、金属材料的销售（涉及许可经营的凭许可证经营） | 100% |
| 上海宝产三和门业有限公司 | 上海市宝山区月罗路988号 | 7 572.7 | 除住宅用门以外的工业门、高级建筑五金件及其相关产品的开发、设计、制造、销售、配送、施工、安装、维护及货物与技术的进口和出口（以工商登记为准） | 50% |
| 上海宝钢建筑工程设计研究院 | 上海市长宁区定西路1118号200050 | 4 665 | 钢铁工艺、技术、装备的研制，冷弯型钢、冷轧带肋钢筋、特殊钢材、钢铁、机电、建筑钢材应用领域技术开发、技术转让、技术服务，产品经营；自有房屋出租；冶金工艺设备、环保设备、电气土建设计咨询，钢铁工程咨询，建筑工程设计、咨询，环保工程、市政工程设计咨询，建筑、冶金工程设计范围内的工程总承包；从事货物进出口及技术进出口业务 | 100% |
| 上海宝成钢构建筑有限公司 | 上海市宝山区蕰川路3962号 | 4 337.7 | 生产和销售各种钢结构和其他相关的钢结构产品并提供售后服务；从事货物及技术的进出口业务；物业管理；钢材销售 | 100% |
| 上海宝钢普莱克斯实用气体有限公司 | 上海市宝山区蕰川路3888号 | 1 672 | 生产氧、氮、氩、氢、氦气体及特种气体、混合气体，销售自产产品和售后服务 | 47.50% |
| 上海宝翼制罐有限公司 | 上海市宝山区月罗路1888号 | 2 000 | 公司生产、销售钢制两片式易拉罐及其他相关产品，销售自产产品 | 70.50% |
| 上海宝印金属彩涂有限公司 | 上海市宝山区罗新路419号 | 13 642 | 金属彩涂产品设计、制造、加工、销售；包装装潢印刷；货物及技术的进出口业务（以上涉及行政许可的凭许可证经营） | 100% |

（续表）

| 公司名称 | 公司地址 | 注册资金（万元） | 经营范围 | 股权情况 |
|---|---|---|---|---|
| 成都宝钢制罐有限公司 | 四川省成都市新都区工业东区龙虎大道1118号 | 16 600 | 制造、销售钢制两片罐、盖及相关产品的制造、销售和科技研发；提供相应的技术服务；货物进出口、技术进出口（法律、行政法规禁止的项目除外，法律、行政法规限制的项目取得许可后方可经营）；包装装潢印刷品印刷；销售钢材、涂料（不含危险化学品） | 100% |
| 佛山宝钢制罐有限公司 | 广东省佛山市顺德区容桂丰宁路28号 | 16 600 | 制造和销售钢制两片罐、钢制冲杯件、金属定型罐、钢制两片优化罐、金属精整坯、金属防锈坯、金属彩涂产品、盖及相关产品；提供相应的技术服务：货物进出口、技术进出口；包装装潢印刷品、其他印刷品印刷。（国家限定经营或禁止进出口的商品及技术除外，涉及许可证的必须凭有效许可证经营） | 100% |
| 河北宝钢制罐北方有限公司 | 河北省遵化市通华西街 | 14 000 | 制造和销售钢制两片罐、盖及相关产品，提供相应的技术服务 | 60% |
| 上海宝钢金属贸易有限公司 | 上海市宝山区宝杨路855号 | 2 450 | 冶金炉料、旧设备收购拆解、分选、加工、销售、储存；金属材料、五金销售；从事货物及技术的进出口业务（机械设备、钢材的进出口业务）；经营进料加工和“三来一补”业务（以上涉及行政许可的凭许可证经营） | 100% |
| 上海宝钢车轮有限公司 | 上海市闸北区和田路121号 | 18 800 | 汽车钢制车轮的生产、销售及维护；汽车部件的精密锻压、多工位压力成型及模具设计与制造 | 100% |
| 上海宝钢热冲压零部件有限公司 | 上海市宝山区罗春路168号 | 11 000 | 汽车部件的精密锻压、多工位压力成型及模具设计、制造；汽车高强度精密热冲压零部件的生产、销售及系统设计与开发、技术服务 | 100% |
| 上海宝钢液压成形零部件有限公司 | 上海市宝山区罗春路188号 | 11 000 | 汽车重要部件的精密锻压、多工位压力成型；从事液压成形零部件、相关模具、夹具及配套部件的设计开发、生产制造；销售自产产品，并提供相关技术及服务；研究和开发液压成形用管技术；从事货物及技术的进出口业务 | 100% |
| 南京宝日钢丝制品有限公司 | 江苏省南京新港开发区兴文路9号 | 20 459.598 | 生产冷镦钢丝、弹簧钢丝等各种此线材类二次和三次加工制品，销售自产产品以及相关服务和技术开发 | 51.403% |
| 宝钢集团南通线材制品有限公司 | 江苏省南通市港闸区陈桥街道宝钢路8号 | 25 000 | 金属材料、电线、电缆的生产、加工、销售；国内贸易（国家禁止或限制经营的项目除外；国家有专项规定许可经营的项目除外）；四技服务；经营本企业自产品及技术的出口业务和本企业所需的机械设备、零配件、原辅材料及技术的进口业务（国家限定公司经营或禁止进出口的商品及技术除外） | 100% |
| 上海宝钢住商汽车贸易有限公司 | 上海市宝山区宝杨路1943号 | 16 000 | 汽车销售，汽摩配件、机械产品、电气机械及器材、汽车用品的批发及零售，物业管理，汽车租赁，经济信息咨询服务，技术的进出口 | 51% |
| 丹东宝钢人造板有限公司 | 黑龙江省丹东市宽甸县灌水镇二道河子村 | 8 000 | 研究、生产、销售人造板产品及其深加工产品 | 27.8238% |

（续表）

| 公司名称 | 公司地址 | 注册资金（万元） | 经营范围 | 股权情况 |
|---|---|---|---|---|
| 深圳市大西洋焊接材料有限公司 | 广东省深圳市龙岗区平湖辅城坳工业区工业大道99号 | 2 100 | 电焊条、焊接材料的生产、购销 | 38.1% |
| 广州万宝井汽车部件有限公司 | 广东省广州市花都区新华镇汽车城东风大道5号 | 18 989.500 8 | 设计、开发、生产、销售、加工汽车关键零部件；驱动桥总成及相关部件和汽车模具、夹具，销售本企业产品，并提供技术咨询及售后服务 | 25% |

（郭　凯）

## 南京宝日钢丝制品有限公司

南京宝日钢丝制品有限公司（简称“宝日钢丝”）是由宝钢集团公司、日本美达王株式会社和株式会社神户制钢所、南京新港开发总公司于1999年9月1日合资组建的线材二次加工企业。宝日钢丝一期工程于2001年7月投产，总投资为1.133亿元，生产规模为2.5万吨/年，占地面积4万平方米。二期工程于2005年12月启动，新征土地2万平方米，2006年10月建成，总投资为4 076万元，累计生产规模达到3.6万吨/年。三期工程于2008年5月开工建设，2009年9月16日竣工，总投资1.786 433亿元。建成后宝日钢丝生产规模达到8.04万吨/年，投资总额为3.327 033亿元。资本比例为：宝钢集团公司为51.403%；美达王株式会社为35%；株式会社神户制钢所为1.384%；南京新港开发总公司为12.213%。宝日钢丝拥有从德国引进的拉丝设备和自动酸洗线、从日本和韩国引进的STC热处理炉（辊底式短周期热处理退火炉），采用日本先进的酸洗、磷化、热处理等工艺技术，主要生产紧固件用冷镦钢丝和高碳钢丝。2008年3月24日，宝日钢丝管理关系由宝钢集团委托宝钢金属管理。至年底，在岗职工139人。

2009年宝日钢丝沉着应对严峻复杂的国内外市场形势，坚持外抓市场一着不让，内抓管理细致入微的工作思路，积极采取应对措施，化解不利因素，全力做好市场开发、技术创新和降本增效等工作，使企业生产经营工作在不利的形势下取得了良好的业绩，2009年实现生产总量47 489吨，销售额23 187万元，利润总额1 119万元，各项经济指标均完成且超过预算水平。　（骆春蕾）

**企业负责人简介**

贾砚林，1962年10月生，河北人，中共党员，高级工程师，宝日钢丝董事长。

王正茂，1973年1月生，江苏江都人，中共党员，工程师，宝日钢丝总经理。

刘萍（女），1956年5月生，安徽蚌埠人，中共党员，高级工程师，宝日钢丝党支部书记、副总经理。

**调整营销策略**　宝日钢丝在需求严重不足的情况下采取全方位营销策略，全力抢占市场，提升高附加值产品的市场比例。新开发浙江九隆等16家新用户，重拾福之来等老用户，从竞争对手中夺取三门铆钉等用户，同时努力提高质量，优化服务，

宝日钢丝生产的轴承钢丝装运出厂

提高现有用户订货比例。（郭　凯）

**加强生产计划管理**　宝日钢丝掌握客户的月需求量及其常规的库存量，以客户的订单及交期驱动生产，以销定产，加强生产计划管理。领导牵头对每天产销计划进行“每日一读”，确保了生产组织顺畅，使9月份三期工程竣工后的产销量节节升高，为三期工程尽快达产奠定了基础。（骆春蕾）

**三期工程竣工**　宝日钢丝三期工程于2008年5月开工建设，项目总投资1.78亿，新增总建筑面积11 274平方米，新建热处理车间、扩建酸洗车间，新建中间库和成品库各一座。新增自动酸洗生产线一条、STC退火炉4套、拉丝机8套。经过一年多的建设，在各方共同努力下，9月16日，在南京宝日钢丝成立十周年之际，三期工程正式竣工投产。三期投产后，宝日钢丝的产能将由3.6万吨/年增至8万吨/年，不仅生产规模扩大，而且改善产品结构，加快企业新一轮发展的步伐。（骆春蕾　郭　凯）

**优化企业标准**　参考日本钢丝标准JIS G 3507，对企标进行修订和完善，细化了一些工艺的性能指标，增加了多个钢种，进一步体现了企标的先进性、代表性。（骆春蕾）

**推进质量三级点检**　以一级操作人员“保证”、二级检验人员“检验”、三级工艺技术人员“预防”的PDCA闭环形式，从模具、原料、设备、操作、工艺等全方位控制影响产品质量的一切因素，提高产品实物质量，增强产品竞争力。（骆春蕾）

**加强队伍建设**　加快人才培养和开发，推动“专业带头人结对带徒”活动，19对师徒完成了带教。秉承“支撑公司发展、助推员工成长”的教育培训理念，结合宝日钢丝管理模式和实践经验，根据员工岗位知识模块和胜任素质要求，以需求为导向，以能力培养为重点，从管理、技能、安全等方面组织开展有效的培训，全年共开展教育培训64项，培训人次达1 052。（骆春蕾）

**降本增效**　年内，宝日钢丝把增收节支、降本增效贯穿到生产经营的全过程，要求全体员工投身到增供扩销、节约支出、降本减损、提升效益的具体行动中，不断提升企业的管理水平，全力打造绩效型、节约型企业。各部门采取有效的措施，取得了一定的成效。2009年实现降本增效345万元，完成全年预算的115%。（骆春蕾）

**推进清洁生产**　2009年宝日钢丝开展清洁生产推进工作，经项目收集和评审，确定实施2个高费项目和15个低费项目，项目总投资7 647万元。通过项目实施，当年节约用电122.95万千瓦时、节约液化石油气175吨、氮气105吨；节约用水21 832立方米、减少盐酸用量168吨，减少污水排放21 832吨、COD排放1.06吨，获得直接经济效益600万元。2009年11月，通过南京市环保局清洁生产审核验收。（骆春蕾）

**宝日钢丝大事纪要**

1月，召开第三届第九次董事会。

7月，召开第三届第十次董事会，通过美达王和新港方董事人选调整，同意Metal One Corporation伊藤三郎和南京新港开发总公司金政权出任宝日钢丝董事。

9月1日，庆祝宝日钢丝建厂十周年。

9月16日，宝日钢丝三期工程竣工投产。（骆春蕾）

9月16日，宝日钢丝举行三期工程竣工投产仪式

## 工程技术服务业

工程技术服务业是支撑钢铁主业工程建设的相关产业。为打造集中、专业的工程技术服务平台，提升宝钢工程自主集成创新能力，支撑钢铁主业的精干高效，2009年8月成立集团公司工程技术委员会。同年12月，原上海宝钢工程技术有限公司更名为宝钢工程技术集团有限公司。工程技术服务业还包括上海宝信软件股份有限公司、上海宝钢设备检修有限公司、上海宝钢工业检测公司、上海宝华国际招标有限公司、宝钢工程设备部、宝钢工程技术部。全年工程技术板块实现汇总营业收入94亿元，利润5.07亿元。

（史 志）

### 宝钢工程技术集团有限公司

宝钢工程技术集团有限公司（简称“宝钢工程”）是宝钢集团公司的全资子公司。1996年7月，原宝钢设备制造公司被改制为具有独立法人资格的“上海宝钢设备技术工程有限公司”；1999年8月5日，宝钢集团在重组整合已有设计、设备制造、工程管理力量的基础上，成立上海宝钢工程技术有限公司；2009年12月底，上海宝钢工程有限公司更名为“宝钢工程技术集团有限公司”。宝钢工程具有工程设计咨询、工程咨询、工程造价咨询、工程监理和工程总承包等国家甲级资质和国（境）外承包工程经营权，设有冶炼、轧钢、建筑工程、环保公用和电气自动化等专业事业部，拥有独具核心装备设计与制造技术的10多家子公司（详见“宝钢工程下属子公司一览表”）。

宝钢工程集“科研开发、设计制造、成套供应、工程总包”于一体，旨在跟踪世界先进技术发展，开拓宝钢新工艺、新装备，向国内外推广钢铁生产新技术。该公司先后承担宁波宝新不锈钢冷轧、上海一钢不锈钢、五钢不锈钢长型材工程等重大工程设计任务，是国内唯一能完整设计现代化不锈钢冷轧板卷工程的工程技术公司。该公司先后完成宝钢股份高炉喷煤工程、300吨转炉炼钢工程、RH精炼工程、高线工程、2050热轧板坯加热炉、热轧板酸洗工程、电工钢、热镀锌、彩涂机组、无缝钢管等一大批具有国际水平的冶金工程设计、技术总成和工程总承包任务，在高炉喷煤、高炉余热回收、顶底复合吹炼、二次精炼、钢渣处理、钢铁厂除尘、冷轧厂废水处理、带钢的连续处理（酸洗、镀锌、彩涂、脱脂、精整）加工线、油井管加工线、轻型钢结构等方面形成了特色技术及核心竞争力。该公司还开拓民用建筑设计市场，相继完成宝钢技术中心、西郊庄园、上海体育馆和国际体操中心等设计任务，已形成钢结构建筑、高级商住楼、别墅、体育场馆等设计技术优势。

宝钢工程培育和提升冶金装备技术的核心能力，成功制造了双机架二次冷轧机等冶金尖端装备及超深淬硬层冷轧辊等设备和备件，产品出口日本、德国、美国、巴西和东南亚等地区。

宝钢工程总部设在上海市宝山区铁力路2510号，注册资本9.20亿元。2009年，原宝钢工程技术公司合并实现销售收入51.1亿元，合并利润总额2.78亿元。净资产收益率达到11.14%。截至年底，在册员工4382人。

（李大伟）

**企业负责人简介** 智西巍，1960年2月生，陕西人，中共党员，高级工程师，宝钢工程总经理。

韩鹏根，1954年1月生，江苏人，中共党员，高级经济师，宝钢工程党委书记。

**市场拓展取得新突破** 宝钢工程坚持以市场为导向，大力推进管理变革，形成集团公司内市场、国内市场、海外市场的格局。全年实现销售收入51.1亿元、利润2.78亿元，新签合同额52亿元，超额完成集团公司下达的年度生产经营目标，并保持了适度的增长态势。尤其是9月新签合同额达4.8亿元，创单月签订合同总额的历史最高纪录。首次将搅拌法铁水预处理等6个自主集成的技术推向市场；自主开发焦炉煤气磷酸法脱氨生产无水氨技术，先后承接了广西柳钢焦炉煤气氨回收综合利用技术改造等项目，实现“无水氨”产品向集团公司外市场的推广；首次完成热轧厚板线的集成和非标设计，冷轧、钢管、热轧、工业炉等领域的自主集成创新；首次将铁水预处理技术推向社会市场，先后承接了莱钢等多家企业近10套140吨搅拌法铁水预处理、喷吹法铁水脱磷项目设计和设备总成；首次实现钢结构总承包零的突破，业务能力得到全方位提升。在国内首创“大规模精萘结晶技术开发与应用”等技术创新项目，还将设备成套及总承包项目延伸到了备件业务，使回转窑，煤调湿等自主集成能力得到有效提升。

（李大伟）

**重点工程取得新进展** 全年下达前期项目399项、实施项目610项，完成施工图成品（折合）105757A1张、高阶段文本55185A4张、附图4674A1张。在项目执行过程中，强化费用、进度和质量的过程管理，53个项目节约控制费3 000万元，其中八一钢铁矿渣微粉项目节约控制费550万元、伯利休斯上海工厂项目节约控制费255万元。梅钢热镀锌机组、宝钢三号机组等多个总包项目完成自主设计、集成和调试，投产后各项技术指标达到设计要求，尤其是宝钢首条自主集成建设的2030新增连退机组，其产品定位于高档汽车板，投产后对宝钢产品的升级换代、替代部分落后产能、降低冷轧工序能耗起到了重要的作用。

（李大伟）

**提升自主集成创新能力** 抓住宝钢二次创业的重要发展机遇，在建筑、环保、焦化和电化冶金特色产品等领域形成特色，并取得成果。研制出横移式副枪系统，不仅实现副枪系统的国产化，而且在探头处理装置、枪体防坠落机构等多项设计上形成自主创新技术。自主研发的装备在节能环保领域有效应用，新开发的适用于倾倒11立方米渣罐的机电液一体化渣罐倾翻装置，使滚筒渣处理技术得到完善，该装置已在印度、韩国以及国内多家大中型钢厂推广。通过建立以宝钢专家和首席工程师为主的外部专家库，已有176人次的外部专家受邀参加项目验收评审等工作，有效提升了宝钢工程技术整体解决方案的能力。自主开发的300吨转炉成套技术装备，已形成具有特色的转炉系统解决方案。研制出国内首创的带摄像功能的RH多功能顶枪，已申请专利。

（李大伟）

**技术创新成果显著** 在已有专家委员会的基础上，增设部门技术委员会和专业委员会，为各个层面的技术创新提供组织保障，使整体解决工程技术方案的能力得到有效提升；通过加大子公司科技管理、档案管理和信息管理服务力度，逐步实现科技培训资源共享。各子公司在新产品开发中取得了丰硕的成果：常州轧辊重点突破热处理、超长件机加工、偏梯形螺纹机加工、限动芯棒表面镀铬等关键技术，首次开发出大规格限动芯棒，产品质量达到国际先进水平；铸造公司实现球墨铸铁O机模具的国产化，各项性能均达到国际先进水平；科德公司自主集成梅山公司磨辊间、鞍山科德公司两条轧辊镀铬生产线，取得显著的社会和经济效益；宝钢监理公司通过承接国家及省市级重大建设工程的监理业务，在工程建设领域的影响力得到提升；宝菱电气公司的“上翻式板面构架支撑装置”等4项专利获得受理，实现了专利申请零的突破。

（李大伟）

宝钢工程常州轧辊员工加工出口美国的产品

**加强员工业务建设** 通过开展科技活动周、学术交流活动、“千人改善行动计划”、“职工创新行动计划”等群众性创新活动，使广大员工在参与中达到了知识共享、经验交流，相互学习、取长补短的目的。组织员工参加宝钢第三届学术年会、第七届中国钢铁年会、第五届国际炼铁科技大会、全国炉外精炼生产技术交流研讨会等学术交流活动，多篇员工论文被录用。精炼事业部组织专家编辑出版了《宝钢洁净钢快速精炼技术》，还加大三维设计推进力度，较好地发挥了三维设计在工程项目中的作用。炼钢事业部通过实施主体业务建设，先后完成了“转炉物料平衡和热平衡计算软件开发”、“连铸机电子化计算书”，为承接新项目做好了技术储备；精炼事业部完成的“精炼EP项目作业指南”、“商务策划书”，为规范业务工作流程、提升对外市场竞争力打下了基础；轧钢事业部完成的“冷轧废水处理技术研究”，为开展冷轧废水处理系统自主集成积累了一定资料；建筑工程事业部完成的“炼钢厂房钢结构设

监理公司技术人员在现场检查世博园高架人行步道施工质量

计总说明”、“冷轧工艺钢结构统一技术规定”等一批业务建设项目，已在工程中得到推广应用；环保及资源利用事业部完成的《环保涉外项目英文速查手册》，收集、整理了除尘、资源利用、脱硫以及环评等各个专业的常用英语单词，对拓展海外市场具有较大意义。

（李大伟）

**营造技术创新氛围** 宝钢工程广泛动员员工参加各项技术创新活动，先后实施创新项目322个，有2个项目分别荣获上海市优秀发明选拔赛优秀发明金奖和海峡两岸职工发明展金奖，有5个项目荣获中国国际发明展金奖。广大中青年技术人员在技术创新中经受锻炼，涌现出“十大项目经理”、“十大总设计师”、“十大创新标兵”和“梅钢冷轧工程自主集成创新”等一大批创新人才和创新成果；通过营造“人人都有创新责任，人人都有创新压力，人人都成为创新主体，人人都自觉投身创新活动”的全员技术创新氛围，逐步形成以技术创新促进工程项目，以工程项目带动技术创新的新格局。

（李大伟）

**子公司稳步发展** 宝菱重工公司已成为世界高端连铸设备生产基地，完成出口合同额逾5亿元；苏冶厂首次成功承接两套1450五机架连轧机组及减速箱项目，为企业在重型机械领域争得了话语权；常州轧辊公司研发制造的冷轧辊占据国内市场七成以上，已成为国内外冶金行业的首选冷轧辊服务商；宝钢监理公司先后承接了中国兵器博物馆、首钢炼钢与制氧等一批重大项目的监理任务，创造了承接社会项目的历史新高；宝钢铸造公司随着全罩式炉对流板技术研发取得实质性突破及成果的相继转化应用，海外高端客户达到20%以上；宝菱电气公司走出了一条从参与调试到自主开发冷轧电气控制系统的创新发展之路；上海科德公司以市场为导向，跟踪世界先进的轧辊表面处理技术，研发出汽车板等高档板材所需的轧辊镀铬工艺技术，并在宝钢股份公司和马钢公司机组上成功应用；江南轧辊公司积极推进特钢冷轧20辊轧机磨辊间工程建设，为后续发展奠定了坚实基础；宝申公司充分利用社会资源，成功获批超限高层审查资质，使企业软实力上了一个台阶；南京、八钢、湛江等分公司有效发挥服务区域市场、开拓区域市场的作用，取得了良好的经济效益和社会效益。

（李大伟）

**提高员工素质** 建立多种形式的培训模式，集中实施外语、项目管理、国际商务知识等应用性较强的综合知识培训，已有89人取得国家建造师、结构师、造价工程师等资格证书，有37人取得技师资格、105人取得高级工证书。尤其是通过国际化人才的专项培养、建立博士后流动工作站，制定重大工程项目配备35

苏州冶金机械厂生产棒线材成套设备

周岁以下青年骨干担任副职以及对新进大学毕业生“双带”培养等硬性措施，既为优秀员工打通了上升发展的有效通道，也为更多员工提供并创造了实现人生价值的机会和平台，年内已有 17 人从后备人才库中脱颖而出，其中 15 人被选聘为首席工程师或副总工程师。完成“全员创新与发展培训”任务，先后有1 540 人接受了培训。（李大伟）

**推进环境经营战略** 宝钢工程提出“设计‘绿色’工程，创造低碳经济”的工作思路，全力支撑钢铁主业相关技术研发成果的工程化、产业化，加快了宝钢废水处理、煤调湿、余热回收以及潮间带风力发电机组等业务走向市场的步伐。体现在：整合水处理业务，为国内外中高端用户提供从设计到供货等的一揽子水处理解决方案，并在成功承接南京钢铁公司水系统规划项目的基础上，争取到工业废水循环再利用等领域的多个项目；为了将余热资源集中回收利用，确定了技术产业化的具体实施方案；凭借国内领先的电炉和 AOD 炉余热利用核心技术优势，通过市场竞标，获得河北邢钢同类项目的总包业务；在宝钢首套煤调湿项目调试获取的技术积累基础上，形成了国内领先的专有技术，向八一钢铁、宁波钢铁公司等输出。教授级高工王永忠领衔发明的《转炉厂房气楼罩收尘装置》专利，获第六届中国国际发明专利金奖。（李大伟）

**优化管理体系** 宝钢工程建立新的采购体系和操作流程，实现了以项目为核心、全方位的成本控制，全年采购成本同比下降 14.3%。宝钢工程与东方钢铁联合成立“阳光采购”小组，初步实现全部采购上线管理，设备采购全流程电子化操作。通过利用集中打包采购、长协供应商、商务谈判等手段，充分利用历史价格数据参考等方式，有效降低合同前的采购成本；年内新建 10 条信息系统，经营管理系统上线运行，实现营销、采购及财务数据的统一和信息共享。档案管理系统上线运行，满足了广大员工信息快速查询的需求；通过不断完善财务预警指标体系，重点加强对预警指标的分析和解决方案的落实，并利用各项政策，累计获得地方财政补贴数千万元；通过完善内控体系，梳理业务及管理流程，管理文件由 193 个精简为 134 个。（李大伟）

**16 名直管干部退出领导岗位** 为使干部人才资源得到优化配置和有序流动，探索“能下”机制。一是建立科学的考评体系，提供制度上的保证；二是建立“双通道”机制，使一部分专业技术能力强而管理能力相对较弱、不太适宜担任领导职务的干部，及时转入技术业务岗位，充分发挥他们的技术专长，保证了干部“能下”的合理性；三是坚持民主的原则，保证了干部“能下”的公正性。宝钢工程先后有 16 名直管干部退出领导岗位，9 名转入专业技术序列，并分别担任副总工程师、首席工程师、主任工程师，3 名干部经过培训，调整到部门主任级别领导岗位。（李大伟）

**开展人文关怀活动** 开展“关爱员工，感动员工”实践活动，从日益增长的生活物质需求出发，积极营造“关爱员工，感动员工”的人文环境。针对员工工作压力大等状况，组织编制《快乐工作法》健康手册，帮助员工提高自我心理调节能力。落实员工健康计划，在办公区走廊设置健身器材，对一些工作场所进行艺术性美化，成立足球协会等 11 个群众性文体协会，并积极开展各项活动，营造了健康活泼和团结向上的文化氛围。通过建立绩效谈话平台和内部局域网专栏，经常开展员工问卷调查，加强与员工之间的交流、沟通。做好困难补助工作，走访慰问在职、待退休职工 380 多人次，帮困 220 人，尤其是宝钢铸造公司、宝菱电气公司等单位员工自发为患病员工捐款，使病员家属非常感激。（李大伟）

**宝钢工程大事纪要**

1 月 15 日，被中国冶金建设协会授予“2007—2008 年度全国冶金建设行业优秀企业”荣誉称号。

1 月 19 日，以宝钢工程为主研制的“110 吨铁水罐喷吹脱磷装置”被上海市认定为“2008 年度首台重大技术装备”。

1 月 20 日，荣获上海市高新技术企业称号。

1 月 25 日，自主设计的《110 吨铁水罐喷吹脱磷装置》、《300 吨 RH 精炼装置》等 3 项自主创新项目入选中国企业新纪录。

1 月 29 日，总承的纳米比亚 OHORONGO 水泥厂项目，在纳米比亚正式破土动工。

2 月 9 日，苏冶厂“变齿高齿轮”获国家知识产权局授予的实用新型专利。

3 月 14 日，由宝钢股份公司、常州轧辊公司研发的“无缝钢管连轧用高抗疲劳大规格限动芯棒制造技术”通过常州市科技局科技成果鉴定。

4 月 3 日，常州轧辊公司获江

苏省常州市“廉洁诚信好企业”称号。

4月28日，苏冶厂荣获苏州市劳动关系和谐企业称号。

4月30日，江苏省副省长何权等领导视察宝菱重工。

5月5日，苏冶厂获江苏省“五一劳动奖状”。

5月19日，宝钢工程“转炉二次除尘新技术研发与应用”项目获第二十二届上海市优秀发明选拔赛优秀发明金奖，“RH钢水真空精炼顶枪预热枪系统”项目获上海市职工创新成果一等奖，“顶枪式RH真空燥离线修砌干燥装置”项目获上海市职工创新成果二等奖。

5月22日，召开干部大会，任命新一届领导班子成员。

6月3日，新疆维吾尔自治区副主席库热西·买合苏提、政协副主任兼经贸委主任王永明一行视察由宝钢工程承建的八钢石灰一期工程。

6月20日，荣获“2007—2008年度上海市文明单位”称号。

6月23日，宝菱重工公司获“江苏省名牌企业”称号。

7月10日，宝钢工程首席专家陈炯的“工业建筑钢结构抗震设计成套技术研究”课题，入选2009年度上海市学科带头人计划。

8月10日，苏冶厂在中华全国总工会、国家安全生产监督管理总局联合组织的“安康杯”竞赛活动中获优胜企业称号。

8月14日，召开二届一次职代会。

8月15日，获“闻泰杯”第四届上海科技企业创新奖。

8月15日，由宝钢工程推荐的5项职工创新发明项目，获第十八届全国发明展览会2个金奖、3个铜奖。

9月5日，由常州轧辊公司主办的“2009年全国轧辊技术交流年会”在湖南长沙举行。

9月22日，苏冶厂召开党委换届选举党员大会，选举产生新一届党委委员和纪委委员。

9月29日，宝钢召开工程技术产业二次创业动员大会，标志着宝钢工程技术产业吹响了二次创业的集结号。

10月12日，江苏省省长罗志军一行在常州市长的陪同下视察宝菱重工公司。

10月22日，召开反腐倡廉工作反思会。

10月24日，宝菱重工公司获“十佳品牌供应商”称号。

11月11日，召开2009年技术创新大会。

11月15日，宝菱重工公司获江苏省质量服务诚信AAA级企业称号。

11月20日，常州轧辊公司被评为江苏省330家规模骨干企业之一。

11月26日，在内蒙古乌海市举办高活性石灰煅烧技术及大型密闭电石炉技术推广会。

12月3日，苏冶厂“变齿高齿轮”技术被授予苏州市“保增长、促发展”优秀合理化建议。

12月4日，与河北旭阳煤化工集团签订大规模焦油加工设计合同。

12月7日，常州轧辊公司举行2009第二届海外销售年会。

12月10日，宝菱重工公司UCM轧机项目获常州市2009年科学技术进步一等奖。

12月15日，江苏省委常委、纪委书记冯敏刚在常州市委书记范燕青的陪同下到宝菱重工公司调研。

12月25日，苏冶厂获江苏省“高新技术企业”称号。

12月28日，宝钢工程承担的涟钢一号RH项目热负荷试车成功。

12月29日，上海宝钢工程技术有限公司更名为“宝钢工程技术集团有限公司”（宝钢字[2009]295号）。

12月30日，宝菱重工公司获江苏省“质量诚信五星级企业”称号。

（李大伟）

宝钢工程常州轧辊公司满足用户特殊需求生产的轧辊

宝钢工程下属子公司一览表

| 公 司 名 称 | 资产总额（万元） | 控股比例 | 主 要 经 营 业 务 | 2009 年营业额（万元） | 在岗职工人数 |
|---|---|---|---|---|---|
| 上海宝钢铸造有限公司 | 15 450 | 100% | 冷却壁、钢锭模、炉口水箱 | 20 078 | 285 |
| 宝钢集团苏州冶金机械厂 | 100 553 | 100% | 机械设备、备件、弹簧等制造 | 65 542 | 803 |
| 宝钢集团常州冶金机械厂 | 18 299 | 100% | 机械制造、技术咨询 | 2 387 | 10 |
| 宝钢集团常州轧辊制造公司 | 82 317 | 100% | 金属轧机轧辊、金属备件制造 | 52 119 | 650 |
| 上海宝菱电气控制设备有限公司 | 7 187 | 51% | 生产工业变频、电气传动控制设备、高低压配电柜等 | 9 280 | 124 |
| 上海科德轧辊表面处理有限公司 | 14 184 | 50% | 金属切削、镀铬、毛化等 | 5 118 | 59 |
| 上海宝钢建设监理有限公司 | 5 962 | 69.18% | 工程建设监理、造价咨询等 | 12 440 | 964 |
| 上海江南轧辊有限公司 | 6 662 | 94.7% | 金属切削、镀铬、毛化等 | 2 427 | 86 |
| 上海宝申建筑工程技术咨询有限公司 | 325 | 100% | 建筑工程施工图设计、审查，建筑工程领域从事四技服务 | 425 | 46 |
| 上海杰出图文制作公司 | 149 | 100% | 打印、复印、轻印刷、晒图等 | 471 | 1 |
| 宝钢工程（纳米比亚）有限公司 | 1 126 | 100% | 建筑安装 | 4 590 | 14 |
| 常州宝菱重工机械有限公司 | 179 733 | 50% | 冶金设备及配件设计、制造 | 161 064 | 2 401 |
| 上海宝菱冶金设备工程技术有限公司 | 4 376 | 50% | 冶金设备综合设计、工程技术服务、安装指导 | 6 519 | 39 |

（李大伟）

## 上海宝钢工业检测公司

上海宝钢工业检测公司（简称“检测公司”）组建于 1994 年 7 月，原名“上海宝钢设备检测公司”，2004 年 7 月 1 日更名为上海宝钢工业检测公司。2009 年 12 月 29 日，宝钢整合相关工程技术业务，委托宝钢工程技术集团有限公司管理检测公司。检测公司注册资金 2 477 万元，截至 2009 年底固定资产原值为 9 126 万元，员工 1 771 人。

检测公司是宝钢集团的全资子公司，是为流程型工业企业生产运行提供保障技术服务的新型专业化企业，是运用多专业、多手段为工业企业的设备与生产运行、环境保护、节能降耗、产品品质检验提供系统解决方案的高新技术服务公司。

（余　军）

**企业负责人简介**　陈卫东，1960 年 5 月生，浙江嵊州人，中共党员，高级工程师，检测公司总经理。

叶纯兴，1957 年 7 月生，安徽霍山人，中共党员，经济师，检测公司党委书记。

**经营业绩**　2009 年，面对全球金融危机给钢铁业带来的严峻挑战，检测公司对内开展降本增效、优化组织流程和提升专业能力，对外发挥重点专业的独特优势拓展社会业务，实现经营收入 6.91 亿元（含分、子公司），经营利润 640 万元，净资产收益率 14.2%，超额完成年度计划目标。战略任务、安全生产、维稳等工作按计划和要求得到了全面推进落实。检测公司还通过专业化服务为钢铁主业提供增值服务，经主业确认的显性经济价值为 1.6 亿元。（余　军）

**降本增效取得积极成果**　受金融危机影响，2009 年检测公司各专业经营收入均不同程度地下降，而工作量未同比下降，有的专业还大幅上升，降本形势严峻。检测公司采取了一系列有效措施：开展形势任务教育，发现培养“降本增效”最佳实践者；围绕年度预算目标，开展全员劳动竞赛；通过技术创新与合理化建议，提高劳动生产率；优化流程，提升作业效率；制定作业标准成本，降低外协与资材消耗、减少劳务费用等，使直接生产成本和劳务成本同口径下降27.6%和30%，降本2 940万元，取得了较好成果。（余　军）

**检化验支撑和服务钢铁主业成效明显**　检化验中心重点项目检验周期缩短10%，作业效率提升10%；在新增五冷轧等2条生产线和硅钢等4条产线达产，工作量大幅上升的情况下，解决各类疑难问题，得到用户的高度评价，直接效益贡献2 620万元，其中检化验专业技术参与宝钢股份公司各单元"固废物资源的全物管控利用"，为主业降本增效1 500万元。（余　军）

**轧辊技术支撑和服务钢铁主业**　轧辊技术本部通过按支撑辊轧制吨位设定最小磨削量、精轧高速钢轧辊预磨削等举措，使1880区域辊耗达到国际先进水平；实施操检合一，综合作业效率提升10%；通过研究开发1580区域国产高速钢轧辊的应用，推进关键生产备件国产化，为1580等区域降低辊耗1 550万元；与宝钢股份公司密切配合，不仅在镶套立辊，而且在国产高速钢辊的使用方面取得突破，提高了产品质量，降低了成本；完成的20支改制辊在轧线大定修后投入正常使用，为钢铁主业降低辊耗成本260万元。（余　军）

**电气技术支撑和服务钢铁主业**　电气技术部供配电系统运行技术和配电系统自动化监控技术全面发展，供配电系统继电保护方案配置及定值管理提升至110千伏，具备提供220千伏及以下供配电系统自动化监控系统设计、微机综合保护装置和智能电表等多种智能化设备通讯接入以及配电网自动化信息管理等系统集成能力，实施了三热轧、五冷轧、二高炉大修等规划项目供配电系统的跨区域集中监控平台，监控供用电主体设备（如变压器、断路器）状态，保障宝钢供配电系统安全、可靠、经济运行。（余　军）

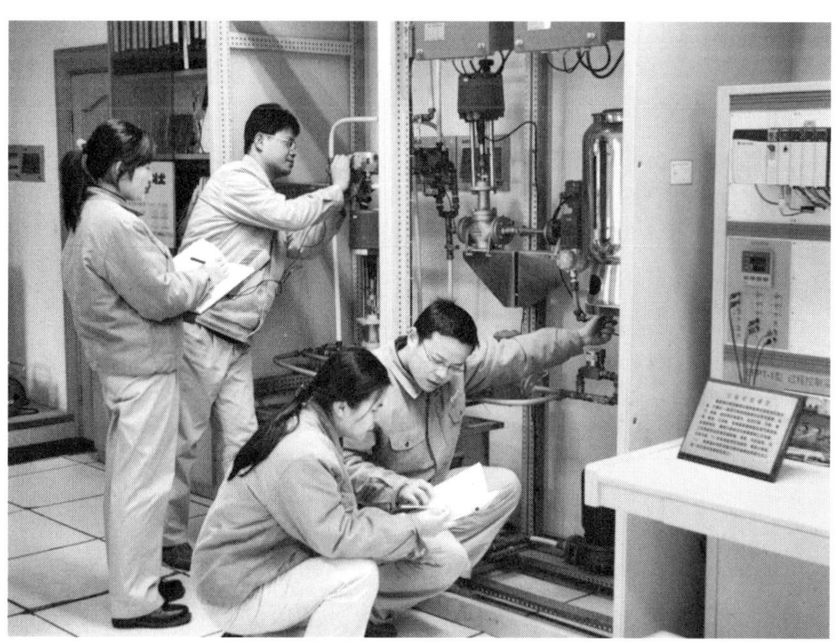

荣获"中央企业学习型红旗班组标杆"的检测公司电气技术部成员正在进行过程控制模拟实验

**诊断技术支撑和服务钢铁主业**　诊断技术部以热轧、钢管、炼钢3个高油耗区域为试点，推进设备用油专业化工作，提出设备用油归并管理方案，并与现场共同开展跑冒滴漏等专项管理与技术攻关。通过设备用油专业化管理，宝钢股份公司油品种类由年初的467种下降到221种，油品库存由年初的3 900万元下降至1 600万元，油耗与预期比降幅达20%，成本下降3 240万元。取得《液压润滑系统中的污染物来源的综合监测分析方法》等5项发明专利。（余　军）

**支撑和服务土炉设备管理**　2009年在维修费用大幅度下降的情况下，检测公司管理范围内的土炉设备实现三级以上设备事故为零、设备故障损失下降50%。对工业建筑实施分级管理后，周期管理项目从原6 516项减少到3 217项，降幅为50.63%，维修投入同比下降了40.2%，在当年汛期降雨量比上年大幅增加的情况下，工业建筑围护结构敏感渗漏点数同比下降了18%。（余　军）

**检测专业支撑和服务钢铁主业**　梅钢冷轧是宝钢自主集成的重大工程，检测专业介入设备安装和调试过程，进行调整指导，使各机组均通过试车并进入生产阶段，其中连退机组试车速度达到800米/分以上，未发生带钢跑偏、振动值超标等问题，超过了宝钢股份公司本部样板机组的运行水平（冷轧薄板样板机

组运行速度为 600 米/分),得到主业的肯定。（余 军）

**为钢铁主业提供环境监测** 通过对宝钢 20 多套污染源在线监测系统的管理,不仅掌控了宝钢污染源监督性监测数据,而且提高了污染源在线监测系统的运行效率,运行效率提高到 90% 以上,为主业环境管理和污染防治及时提供了最直接的量化依据,为宝钢污染源处理设施调整作出了积极的贡献。(余 军)

**宝山分公司支撑钢铁主业降本增效** 2 月成立的宝山分公司完成了技术体系和机制的良好衔接,产品的品质检验能力、质量管理等方面有了较大进步。全面支撑主业降本增效工作,轧辊的吨钢成本比整合前下降 7%,为主业降本增效发挥了作用。作为新成立的分公司,短期内建立了比较完备的基础管理体系。（余 军）

**检测业务拓展到南京** 2 月成立的南京分公司磨辊业务整合后,不仅确保了员工队伍、生产、安全各项工作的平稳顺利,而且检测业务拓展到部分梅钢建设项目中的设备监制、监检业务,为下一步相关业务的开拓作了准备与探索。（余 军）

**专业化整合优势显著** 上半年完成对不锈钢分公司检化验与轧辊、梅钢公司轧辊的专业化整合。通过发挥专业技术优势和“技术纵向到底、管理横向到边”管理理念,确保了专业化整合的平稳顺行,技术能力和服务水平得到较大提升,得到不锈钢分公司有关方面的好评。不锈钢分公司轧辊专业化整合后,轧辊吨钢成本下降 6%,整合成效显著。安大公司年初股权转让给检测公司后,扭转连年亏损局面,实现首次年度赢利,为实现安大公司下一步规划目标打下了良好的基础。（余 军）

**以项目化管理提升技术能力** 检测公司对冷轧连退机组区域监控、2050 热轧三号加热炉改造、风机系统在线诊断等重点项目实行专业协同和多专业的技术集成,确保了项目的技术、质量、进度、成本等管理目标的实现。冷轧连退区域状态管理基本形成一个涵盖 C212 和 C312 机组的区域集中监控系统,为 C212 模式向 C312 等机组产线的覆盖奠定了基础,逐步形成连退机组区域集中监控的格局,并取得《基于 PCA 模型的连续退火机组炉内温度、张力监测及故障追溯方法》等 7 项发明专利。（余 军）

**风机专业化管理提升专业价值** 风机专业化管理通过项目的实施,探索风机系统专业化管理模式,启动一炼钢大型风机专业化管理试点工作,年内构建一炼钢主要风机集中监控系统。运用专业化管理手段准确把握设备状态,取得良好效果,故障停机时间和维修成本累计 13 小时和累计 71 万元,比 2008 年分别下降 10% 和 56%。一炼钢 OG 风机等系统完善优化后,基本达到年节电 1 500余万度、年降本 700 万元的目标。取得《大型轴流通风机的现场流量在线测试方法》等 6 项技术秘密。（余 军）

**对工业炉窑进行优化** 以宝钢股份公司本部 2050 热轧三号加热炉改造为契机,形成大型加热炉持续节能优化能力和状态诊断把握能力,对宝钢股份公司工业炉窑进行运行优化和节能优化,以自主集成技术提供系统解决方案。拥有多项核心自主知识产权的智能化大型板坯加热炉(2050 热轧三号加热炉)研发课题达到预期效果,智能化加热炉综合诊断系统开发完成基本设计审查,成果属国内首创。（余 军）

**能源审计专业化管理取得成效** 2009 年通过上海市节能监测中心的评价与审核,取得上海市能源审计资质,成为宝山区节能减排专业技术服务机构之一。检测公司发挥能源审计和清洁生产审计专业机构优势,为钢铁主业节能降耗、绿色生产提供技术服务支撑,为主业节约标煤近 600 吨/年;支撑宝钢集团内非钢企业节能减排,完成了宝钢铸造、宝翼制罐、宝钢包装带钢等企业能源审计或专项能源测试;积极拓展社会业务,为上海新格、杨行铜材、潜利工业、上海纬仁毛纺织等企业提供技术服务,能源审计工作取得积极成效。（余 军）

**合同能源管理取得成效** 2009 年政府部门推动合同能源管理,检测公司发挥专业技术优势,拓宽业务领域。年内宝钢股份公司生产厂(部)、不锈钢分公司以及上海市、新疆等地的合同能源管理业务模式取得成效,启动、实施和推进多个合作项目,为进一步拓展专业化业务奠定了良好基础。（余 军）

**完善以价值为导向的评价激励体系** 通过优化绩效管理流程,引导员工关注组织绩效、个人绩效和能力的提升;以价值为导向,运用平衡计分卡为绩效管理工具,以岗位竞争为手段,将人才的成长与其创造的价值挂钩,推动人才开发工作向纵深发展;开展“月度之星”评选活动,并成为一项常规工作;制定《2009年降本增效专项奖励办法》,经年末的绩效评价与兑现,增强了员工和部门对检测公司全力推进绩效管理的信心。（余　军）

**检测公司大事纪要**

2月,成立宝钢工业检测公司宝山分公司。

2月,成立宝钢工业检测公司南京分公司。

2月,获“上海设备管理协会诚信企业”称号。

4月,王建强撰写的《某房屋结构振动原因分析与加固处理》论文被美国《工程索引》(The Engineering Index)收录。

4月,杨晓晨撰写的《桥梁缆索用镀锌钢丝(钢绞线)用盘条的研制》获宝钢技术创新重大成果一等奖。

5月,荣获“第十四届上海市文明单位(2007—2008)”称号。

8月,第18届全国发明展览会上,专利《连轧机带钢振动纹监测预警装置》获银奖,专利《滚动轴承故障试验装置》获铜奖。

12月29日,宝钢集团公司发文,检测公司委托宝钢工程负责管理。

12月,成立楼宇建筑节能项目组。（余　军）

## 上海宝钢设备检修有限公司

上海宝钢设备检修有限公司(简称“宝检公司”)组建于1997年1月,是宝钢集团全资子公司,注册资金2.87亿元,固定资产净值2.11亿元,厂房面积17.5万平方米,拥有3 600台(套)冶金制造加工和设备检修专用设备。2009年12月29日,宝钢整合相关工程技术业务,宝检公司委托宝钢工程管理。至2009年底,宝检公司在岗员工2 754人,其中管理人员和专业技术人员674人,占员工总数的24.5%,高级技能人员1 368人,占操作岗位人数比例的66%。宝检公司下设1个分支机构、1个合资公司、9个生产厂(部)以及10个职能部室。

宝检公司提出“以一流的技术和卓越的服务为用户成功创造价值”,努力“成为行业领先的钢铁冶金设备服务企业”,适应钢铁主业“精品+规模”的发展要求,持续提升服务钢铁主业的能力和水平。宝检公司通过了BSI综合管理体系认证,拥有十余项专业资质,专业检修、加工制造和运行维护业务范围覆盖机械、电气、仪器仪表、工业炉窑、运输、电力等设备及其备件,并具备独立完成大型钢铁企业主作业线年定修施工、技改工程、建筑安装施工总包和成套冶金设备加工制造的集成专业服务能力。

2009年,面对严峻的市场挑战,宝检公司坚持“保钢铁主业、保公司发展、保员工利益”的原则,全面落实“资源保卫、成本管理、效率提升、技术进步、队伍优化”的管理措施,深入开展以“成本、安全、服务、质量”为主要内容的自主管理活动,实现销售收入12.77亿元,利润26万元,实现降本增效586.42万元。（郭永强）

**企业负责人简介**　郝荣亮,1971年2月生,陕西人,中共党员,高级工程师,宝检公司执行董事、总经理。

许宏钧,1957年11月生,安徽人,中共党员,高级政工师,宝检公司党委书记。

**企业负责人变更**　5月,孙茂巽调任宝钢集团监察部,许宏钧任宝检公司党委书记。（郭永强）

**编制新一轮发展规划**　年内,编制《宝检公司2010—2015年发展规划》,明确了新的愿景——“成为行业领先的钢铁冶金设备服务企业”,战略目标——“支撑宝钢发展战略,提供一流设备增值服务,形成钢铁冶金设备服务行业知名品牌”,发展战略——“强化核心能力的培育,坚持内生与外延增长协调发展,坚持管理与技术的创新,走专业化、市场化的发展道路”,竞争战略——“聚焦宝钢钢铁产业设备工艺水平提升,为钢铁行业企业提供差异化的增值服务,优化成本结构,以管理和技术的整合优势提升竞争能力”。同时,通过组织架构调整和内部资源整合,宝检公司确立了“4+1”(制造、检修、设备管理服务、物流+特种车辆制造)的战略业务体系。（郭永强）

**服务满意度达99.73分**　宝检公司始终将“保钢铁主业”放在首位,克服检修计划变动大、检修任务急和检修负荷高的困难,圆满完成了各项年修、大定修、抢修、日修以及运行保驾任务,为用户创造边际效益,确保了钢铁主业设备稳定顺行,全年用户满意度达到了99.73分。（郭永强）

**完善服务营销体系**　建立由专业营销、营销协理、客户代表和预决算人员构成的营销组织体系,构建了以月度营销计划为核心、以月度产销平衡会和周营销例会为载体的“日跟踪、周统计、月分析”的营销管控模式,初步实现运营体系的规范化

宝检公司员工在现场检修

运作。推进价格体系建设与业务梳理专项工作,首次发布宝检公司本部核心产品(业务)目录及价格手册,形成以产品目录为基础的计价原则及标准。在宝钢股份本部,通过推进总包管理、提高劳动效率、优化业务结构等手段,检修市场份额从2008年的35.44%提高到2009年的36.17%。在钢铁主业新品制造业务和在线检修业务大幅下降的情况下,通过完善以现场用户需求为导向的备件供应服务体系,备修业务承接量和销售量双双上扬。加强外部市场营销渠道建设,成立了不锈钢冷轧设备技术服务部筹备小组、宁波分公司筹备组,首次授权两家框架车的销售代理。成功实施了首钢冷轧薄板公司的首次年修工作,首次实现了技术和管理的输出。宝钢机械厂开拓宁波钢铁、宝菱重工和马钢、沙钢等外部市场的牌坊在线修复业务,社会市场完成销售额达9 501万元。

(郭永强)

**推出一系列的变革措施** 先后推出一系列的变革措施。一是重新明确了各单元服务定位,对机电检修业务和人员进行集中;二是推进机械加工类资源集中,将本部机修厂和运修厂小机加人员、业务与资产整体划转宝钢机械厂;三是提高内部组织运营效率,强化营销功能和生产组织能力,设立服务经营部、生产计划部;四是划小经营责任单元,起重运输部更名为起重运输事业部,中厚板技服部、起重运输事业部按照利润中心模式运营;五是将抢修保驾业务由运行维护部整体划转至机械设备修造厂,将运输设备修造厂(含框架车组织)委托起重运输事业部管理。 (郭永强)

**推进成本管理改善工作** 实施全员、全面、全过程的成本倒逼,全面推行全口径成本管理。编制完成2009年生产变动成本管理控制方案,建立了生产变动成本跟踪汇报机制。以加强变动成本控制为重点,持续优化成本控制方式,形成与标准工时相匹配的生产作业标准人工成本,构建形成了对生产成本进行分级管理的成本管控模式。加强战略供应链体系建设,强化外协项目的审批流程,扩大了招投标采购的范围,建立了外协计价标准,实施了"阳光采购",外协成本大幅下降,物料和外协费用下降32%,销管费用下降32%。

(郭永强)

**获得一批专项技术推进成果** 继续推进COREX炉关键备件的国产化工作,完成矿布料器和煤螺旋输送机的设计制造。以技术集成为突破口,自主集成制造的2台140吨下置式双向行驶框架车成功下线并交付用户使用,标志着宝检公司具备了框架车批量研发制造的能力。自主设计研制的2 000 kVA节能型变压器通过国家试验认证并成功上线运行,实现了宝钢第一台变压器的自主设计与制造。年内,宝检公司被认定为"上海市高新技术企业",技术中心被认定为"上海市企业技术中心",宝检公司的研发成果在第十八届全国发明展览会上取得1金3银6铜的成绩,宝检公司框架车研发、COREX关键备件国产化等科研项目得到上海市重大项目资助,当年累计达567万元。共申报专利117件(发明专利19项),形成技术秘密136件,专利和技术秘密再次实现双过百。 (郭永强)

**知识创新平台上线** 年内,宝检公司知识创新平台正式上线。PDM(产品数据管理)技术数据管理平台的上线运行,完成了维修作业标准与信息系统之间的有效衔接,基本实现了质量技术工作网络化、信息化、知识化管理的目标。同时,以PDM知识平台为依托,构建基础、通用、专用、典型四类标准工艺体系,共编制各类标准工艺880篇。

(郭永强)

宝检公司研发制造的框架车下线交付使用

**优化管理岗位** 年内,完成了胜任力模型与评价中心构建课题,建立了覆盖核心岗位的胜任力模型及评价中心,编制了直管干部人才地图,管理岗位数量从原有的59个减少到50个。先后对32名直管领导进行了岗位变动,调整率达65%,其中转岗9人、岗位交流11人、提拔优秀人才到领导岗位10人,3位后备人才安排到厂部行政副职见习岗位培养锻炼。 (郭永强)

**推进技能队伍建设** 年内,选拔聘用技术(业务)、技能专家11人,有6名高技能人才被集团公司评为宝钢技能专家,形成了由28名各专业领域领军人物组成的宝检公司专家团队。在员工中开展向吉志勇学习的活动,制定35岁以下操作员工的3年培训、培养计划,实施全员技能竞赛和针对性培训,在宝钢股份本部技能竞赛中获团队总分第一名。

(郭永强)

**开展人力资源盘点工作** 深入推进"岗位梳理、精准定位"工作,全面开展人力资源盘点,共梳理出六大类、22小类不适应岗位要求人员371名,并发放《员工技能等级取证通知书》、《员工岗位基本素质提升通知书》、《岗位基本素质未达标告知书》,实施现场培训、强化培训、转聘操作辅助岗、集中管理、协商解除劳动合同等措施,对31名富余人员进行了分流,对13人解除了劳动合同。全年共办理待退休、退养234人。 (郭永强)

**宝检公司大事纪要**

1月20日,宝钢首台自主集成的140吨框架车下线仪式成功举行,标志着宝检公司已经具备了钢厂运输特种车辆的制造能力和技术水平。

2月,荣获"国家高新技术企业"称号。

3月,荣获上海市2007—2008年厂务公开民主管理工作先进单位称号。

4月,成立"框架车产业化"项目领导小组和项目推进工作组,全面负责推进产业化相关事宜。

5月,吉志勇被授予上海市第七届"十大工人发明家"荣誉称号。

5月,宝钢机械厂表面工程技术中心喷焊作业区喷涂三组被命名为"上海市文明班组"。

6月,成立服务经营部、生产计划部,服务运营部、协同支持室撤销,起重运输部更名为起重运输事业部,起重运输事业部及中厚板技服部按照利润中心模式运营。

7月,"共享阳光"项目首届毕业生座谈会在人才开发院举行,宝检公司吸纳其中21名学员进入协

宝检公司加强员工队伍建设,培养了一批技术、技能专家

力队伍。

7月,2009年技能竞赛各工种比赛先后举行,对提高员工技能水平、激发工作热情起到了积极作用。

10月,框架车自主集成项目被上海市政府有关部门认定为"上海市高新技术成果转化项目"。

10月,荣获"全国设备管理优秀单位"称号,总经理郝荣亮被评为"全国设备管理优秀工作者"。

11月,首钢顺义冷轧年修技术服务输出项目顺利实施,这是宝检公司技术管理输出的成功案例,为走向市场积累了经验。

12月,召开第三届技术创新大会暨用户座谈会。

12月,完成新一轮组织机构调整。原运输设备修造厂与原起重运输事业部合并,成立新的组织机构起重运输事业部;电力技服部、冷薄技服部、运行维护部按照利润中心模式运营。 (郭永强)

## 上海宝信软件股份有限公司

上海宝信软件股份有限公司(简称"宝信软件")前身是上海宝钢信息产业有限公司,以宝钢原有3家从事信息与自动化技术的子公司为基础,于2000年4月18日成立;2001年4月,通过与上海钢管整体资产置换改制上市,并更名;2005年上半年,由宝钢股份公司收购控股。2009年12月29日,宝钢整合相关工程技术业务,宝信软件与宝钢工程协同发展。至2009年底,总股本为26 224.407万股。其中:国有法人持股14 555.607万股,占总股本的55.5%;人民币普通股2 868.8万股,占总股本的10.94%;境内上市的外资股(B股)8 800万股,占总股本的33.56%。

2009年,宝信软件完成营业收入22.73亿元,比上年增长5.89%;实现净利润2.02亿元,比上年增长11.29%;全年实现经营性净现金流2.65亿元,在岗员工2 318人。

(原秀芳)

**企业负责人简介** 王文海,1953年12月生,上海人,中共党员,高级工程师,宝信软件董事长。

陈在根,1966年3月生,浙江人,中共党员,高级工程师,宝信软件总经理。

卞正治,1955年6月生,上海人,中共党员,宝信软件党委书记。

**完成信息化规划咨询类业务** 年内,宝信软件完成宝钢内部《不锈钢分公司规划》、《湛江工程项目规划》等规划咨询项目;为宝钢集团和宝钢股份公司提供《专项信息化建设评估报告》等,协助开展宝钢财务、人力资源、协同办公等重要信息系统的推进工作。完成中国盐业总公司、申通地铁、江西金德铅业、湖北鄂钢、天津荣程等10多项信息化规划咨询项目。咨询业务领域逐步扩大,在深入理解BOO(即投资、建设、运行维护均由宝信软件担当,按周期向用户收取服务费用的全新商业模式)外包服务模式的基础上,完成《中国盐业总公司信息化规划》、《中国盐业总公司信息化项目服务合同(技术附件)》、《国家发改委样板工程资金申请报告》等文档。实现由信息化规划咨询服务向管理咨询服务的发展,完成《上海地铁网络维护及保障系统平台咨询项目》文档,获得用户认可;为攀钢集团提供《企业整体管理模式和管理职能定位》、《企业管理流程设计(细化到三级流程)》、《组织架构设计和绩效考核方向》等方面的咨询服务。

(原秀芳)

**服务钢铁主业综合能力持续攀升** 年内宝信软件集中优势资源,紧紧围绕宝钢股份一体化项目(三期)、宝钢股份采购物流管控系统二期项目等重点工程,扎实推进、稳步实施,确保了钢铁主业一体化战略

12月15日,宝信与中科博微签署合作协议

实施对信息化的需求。宝信软件服务宝钢集团及所属企业的综合能力得到全面优化与提升。

（原秀芳）

**宝钢信息系统项目建设** 年内，宝信软件集中优势资源，推进宝钢信息化项目建设，宝钢集团信息化项目、宝钢股份一体化信息系统二期工程全面上线；宝钢股份公司、不锈钢分公司、特钢分公司、梅钢分公司、八一钢铁等信息化项目按计划完成；宝钢股份一体化经营管理系统（财务、销售与物流、采购供应链系统 PSCS、宝钢科研项目信息系统 Bes）三期适应覆盖、优化提升项目，进展平稳；特殊钢分公司、黄石公司、烟宝公司、宝通公司、宝钢国际等属地一体化配套改造项目也按计划推进或顺利上线。宝钢股份采购物流管控项目二期顺利完工，整合采购、物流、财务三块业务，完善了业务流程；宝钢股份采购电子商务平台二期的顺利上线有效地支持了宝钢集团阳光采购，支持了宝钢股份工程项目管理系统（BPMS）、采购供应链系统（PSCS）、采购物流管控系统（PLMS）的外部供应链管理；宝钢股份客户信息与营销知识管理系统项目成功上线运行，与呼叫中心系统一起，初步构建了宝钢股份统一的 CRM（客户关系管理）平台；完成了宝钢集团统一会计系统实施覆盖的工作；宝钢资源多组织经营管理系统（贸易板块）顺利上线；按照宝钢集团、宝钢股份要求完成 e－HR（人力资源管理电子化）系统、协同办公系统覆盖的实施工作；完成宝钢国际现货交易平台建设。

（原秀芳）

**宝钢自动化工程建设** 年内，宝信软件承担了多个重大、重点工程项目。承担的酸轧机组三电总包的梅钢冷轧工程全面投入运行，获得国家部委和用户的高度评价；承担软件开发的梅钢连退机组和电镀锡机组相继投产；承担三电总包的世界最大高炉——沙钢 5 800 立方米高炉顺利投产出铁。

（原秀芳）

**宝钢系统运行维护服务** 宝信软件分布在梅钢公司、不锈钢分公司、特殊钢分公司、中厚板分公司的系统运维（运行维护）服务中心运转良好，有效支撑了宝钢股份所属各分公司的信息化运维工作。宝信软件还整合运维服务资源，确立宝通钢铁 L1（基础自动化控制系统）、L2（过程和管理控制系统）及 L3（生产控制系统）的宝信整体运维模式，为信息化、自动化运维业务模式创新作积极探索。同时，推广本部—分公司运维服务协同模式，在梅山区域，通过承接梅钢冷轧自动化运维将运维服务从信息化扩展到自动化；将烟宝公司、鲁宝公司及宁波钢铁等分别与山东分公司、宁波分公司形成协同，探索合理的运维资源配置模式。将宝钢国际全国各区域的加工剪切中心信息系统纳入了宝信软件的运维范围。继续承担宝钢集团宝钢财务公司管理系统、华宝信托年金账户系统、宝钢生命人寿保险业务系统等分（子）公司的系统运维工作。为华宝基金建设完成基金公司特定客户资产管理系统；完成华宝信托综合业务信息系统的规划设计。

（原秀芳）

**开发钢铁行业软件市场** 宝信软件发挥在信息化、自动化和机电一体化方面的综合竞争优势，为国内多家中大型钢铁企业提供了产品和服务，培育了湘钢、沙钢、天钢和通钢等大客户和若干潜在的大客户。MES（制造执行系统）产品在宝钢外钢铁企业的应用案例不断丰富。其中沙钢炼钢/轧钢集成 MES 等 10 余套外部 MES 工程项目按计划节点投运；邯宝公司信息化二期、广州 JFE 钢板有限公司冷轧 MES 项目顺利推进。宝信软件还跟踪原有大客户后续新建技改工程项目，承接了邯宝公司冷轧信息化（产销、MES）项目、天铁钢板公司二期项目，同时开拓了大连特钢八条产线 MES 项目，成功带动商务智能统计产品化软件在宝钢外的应用。2009 年，因工信部发文要求，以宝信软件开发的宝钢和马钢 EMS（能源管理系统）系统为样板在钢铁行业内推广。高炉专家系统在重钢实现成功销售，替代了国外同类产品；板坯连铸漏钢预报系统已输出到土耳其 Tosyall 钢厂；RH 钢水精炼控制系统也输出到韩国现代钢厂。持续推进 SaaS 模式（软件即服务），并取得较大突破，WMS（仓储管理系统）的 SaaS 用户接近 100 家，其中签约用户比例达到 25%；TMS（运输管理系统）和 STS（钢铁交易系统）都取了一定的突破，已拥有签约用户。电子交易市场出现突破，现货交易市场研发工作已经完成，并且形成应用案例；中远期现货交易市场完成 DEMO（演示版本）的研发工作，获得用户的一致好评。

（原秀芳）

**拓展有色金属软件市场** 年内，宝信软件在有色金属行业的市场拓展取得佳绩。中金岭南商务系统项目建设内容涵盖深圳市中金岭南有色金属有限公司集中采购、销售、物流和期货风险管控等业务，是宝信软件在有色行业 ERP(企业资源计划系统)合同项目的第一次突破,也是企业供应链解决方案及产品化实施的首个项目。中铝西南铝热连轧 MES(制造执行系统)系统按计划成功投运;西南铝冷连轧 MES 系统、厦门厦顺 MES 系统完成出厂前测试;中标中铝上铜 MES 项目,进一步扩大了有色行业的市场份额。

(原秀芳)

**大交通行业市场份额稳步提升** 宝信软件在交通行业的市场份额稳步提升。路桥隧综合监控板块:完成上海市上中路隧道综合监控系统,该项目为第一个全面采用自主研发的 iCV5(一体化监控平台)自主综合集成平台;完成武汉长江隧道综合监控系统;完成长沙年嘉湖隧道综合监控系统,该项目为湖南省第一条城市隧道的综合监控系统;实施上海长江隧道 LED 灯成套供货项目,拓展了隧道项目新的利润增长点和业务方向;成功延续上海大连路隧道服务外包项目合同,巩固和扩大了在路桥隧监控领域的市场份额。参与与世博会相关的虹桥交通枢纽建设项目,承担了虹桥机场扩建视频监控系统等标志性智能化项目。轨道交通综合监控板块:成都地铁一号线工程进展顺利,通过了综合监控系统出厂检验;中标重庆地铁一号线综合监控系统项目;签约申通地铁集团网络物质采购系统,实现了在轨道交通信息化领域的首次突破;宝信软件机电服务领域加速发展备件修复和国产化代用,为申通地铁和上海磁悬浮公司提供优质维修服务和国产化代用,有效降低用户日常运营成本。

(原秀芳)

**为制造行业用户提供服务** 年内,宝信软件承接的江南造船生产管理系统二阶段顺利上线,基本满足了造船行业生产计划管理的需求。中国第二重型机械集团公司信息化项目进展顺利,还支持该公司建立相应的 IT(信息技术)治理体系,确保为其提供持续稳定长久的信息化服务。宝信软件能源管理系统(EMS)在中国第一重型机械集团公司取得突破性进展。

(原秀芳)

**拓展采掘行业市场** 宝信软件采掘业"核心产品 + 全周期服务"的模式逐步被该行业客户认可,并聚焦区域、聚焦客户,在山西、陕西、山东市场发掘大客户,取得良好的市场业绩,新增陕煤集团等 9 个客户,成为增长速度最快的战略业务市场。其中陕煤化工集团黄陵一号矿是宝信承接的第一个总包工程,宝信软件还在陕煤化工集团红柳林项目试点开展全流程服务。

(原秀芳)

**拓展金融行业市场** 开拓金融外部市场,将宝钢财务公司管理信息系统解决方案推广到华西集团和沙钢集团财务公司;抓住上海建设金融中心的良好机遇,完成央行上海总部金融监管系统建设;中标工商银行上海分行"法人客户评价统计分析系统";中标华宝基金"基金公司特定客户资产管理系统"。

(原秀芳)

**拓展公共服务行业市场** 年内,宝信软件细分并聚焦公共服务行业目标市场,在政府应用、医疗卫生、能环水务等方面取得进展。在上海市质监局、上海市经信委、上海市青浦区等成功推广 4 个案例;中标钢协二期信息化项目;聚焦卫生业务,中标都江堰卫生局信息化项目和申康卫生信息化二期。能环水务业务取得进展,宝信软件顺利完成宝山区环保监测监控系统工程项目,该项目是在非钢铁行业承担的首次大规模集成应用,为拓展环保业务打下基础。成功将一体化监控平台最新版本 ICV5(一体化监控平台)应用于上海市管泵闸专项工程,对市管水闸泵闸站的建设与改造具有示范意义。

(原秀芳)

**软件外包市场稳步增长** 日本市场:坚持与日本电装、三菱电机和富士通 3 家战略大客户的深入合作,与客户形成了长期稳定的双赢合作

宝信软件开发的 LED 节能灯用于上海长江隧道

关系。宝信软件与日本电装的汽车导航和汽车控制软件外包业务出现较大幅度增长;与日本三菱电机的合作逐步扩大到汽车导航、工业控制等领域;从富士通本社独立承接并完成王子制纸项目南通工厂的MES软件开发项目,在流程制造业信息化软件外包方面已经形成较强实力。宝信软件凭借在日本嵌入式软件外包市场上已具有的较高的知名度和影响力,与多家潜在日本客户建立起联系窗口,业务由汽车电子、信息家电、轨道交通等软件外包与现地服务,逐渐拓展到工业控制、工业传感器、造纸MES等多个领域。欧美市场:承接欧美外包项目综合能力逐步提高,同英国TP公司和丹麦DANFOSS公司建立相对稳定的业务合作关系。 (原秀芳)

**行业地位及资质提升** 年内,宝信软件在一系列公开评比中继续保持领先地位,行业地位、资质得到进一步巩固和提升。2月,宝信软件顺利通过国家发改委、工业和信息化部、商务部和国家税务总局等的评审,连续6年被认定为国家规划布局内重点软件企业;4月,宝信软件被评为2008年度信息服务行业(信息技术服务外包领域)上海名牌服务企业,这也是宝信软件首次入选上海名牌服务企业;同月,宝信软件入选上海市文明单位名单;6月,宝信软件跻身"2009年度中国软件业务收入前百家企业"第18位,居"2009年中国自主品牌软件产品前十家企业"第四位;7月,获得中国企业评价协会颁布的"2008中国企业自主创新TOP100企业"荣誉;9月,连续第三年被中国软件行业协会评为"中国十大创新软件企业";11月,在中国软件行业协会举办的"2009(第三届)中国软件生产力风云榜"评比中,宝信软件荣获"软件生产力十三强企业"第一强。 (原秀芳)

**自主研发与技术创新** 集中分布式研发体系不断完善。发布《宝信软件研发投入分担实施细则(试行)》、《关于公司级研发类例会组织形式的通知》等规范性文件,年内共完成55项宝信软件公司级研发项目的立项工作,累计完成研发投入10763.99万元,研发投入比例达5.68%。重大技术创新和自主产品研发扎实推进:工业CT产品研发取得一系列成果并逐步进入工程应用;5个研发项目中的2个子项目具备结题条件,4个工程项目中的1个项目已经结题(宝盈U型管项目),得到了用户肯定。推进"应用软件的技术进步和过程管理进步"项目,完成了信息化应用软件的产品化策划。自动化大功率变频产品研发获得阶段性进展,软件设计进展顺利,主控制回路方案已定。三大平台产品进展顺利,信息平台完成了第一代产品线的升级维护,同时启动第二代产品线4个新产品的开发;ICV5.0(一体化监控平台)成功发布并在上中路隧道等工程项目中实施应用;实时数据库产品完成九方面的核心技术开发,达到国际先进水平。 (原秀芳)

**政府资源协作机制更加成熟** 组织宝信软件专家,参与工业和信息化部等政府相关部委的政策措施咨询和编写;向政府有关部委申报了"大型企业信息化系统运行监控管理平台"(工信部电子基金项目)、"城市轨道交通综合监控系统的产业化开发"(上海市经信委高技术产业化项目)、"宽厚板2号线三电成套自动化系统"等重点项目,累计获取政府资助约3500万元。 (原秀芳)

**取得一批知识资产成果** 年内宝信软件被列入第四批全国企事业知识产权试点单位,成为国家级知识产权试点企业。2009年,共申请发明专利43件,专利授权11件,申请专利173件(其中发明专利163件),已获授权41件(其中发明专利36件)。完成软件著作权登记32件,软件产品登记16件。技术秘密认定17项。参与国家标准制定已立项4项,企业标准制定备案1项。

(原秀芳)

### 宝信软件大事纪要

1月9日,中国制造业信息化新年趋势论坛暨2008MIE(制造业信息化)创新之星年度风云榜颁奖盛典在北京举行,宝信软件获"管理创新"奖。

1月18日,首届上海市青年创业先锋评审表彰会召开,宝信软件开发并提供的IT技术支持获得团市委高度认可。

1月20日,宝信软件参与开发的宝钢首台拥有自主知识产权、自主集成设计与制造的140吨下置双向行驶框架车正式下线。

1月,宝钢一体化销售、物流、财务二期及相关系统集群项目相继上线。

1月,宝信软件开发的海外业务及其职能支持服务顺利通过BSI的ISO/IEC 27001信息安全管理体系国际权威认证。

2月17日,首次被评为2008年度信息服务行业(信息技术服务外包领域)上海名牌服务企业。

2月19日,承接的"国有重点企业共享数据库与业务信息系统"通过专家验收。

3 月 17—19 日，参展 2009 年上海国际信息化博览会。

3 月 23 日，中国软件行业协会在北京召开企业信用评价发布会，宝信软件被列入中国软件服务业 AAA 级信用等级企业名单。

4 月 2 日，召开三届一次职代会、第三次工代会。

4 月 24 日，为上海申通地铁集团公司建设的网络物资供应系统项目正式启动，成功进入申通地铁核心业务。

4 月 28 日，中国招标采购电子化发展论坛在京举行，宝信软件协办并推介 "IT 服务提升信息价值" 服务理念。

5 月 9 日，签约江苏华西集团财务有限公司，建设从应用到机房、系统、网络等全套的信息化系统。

5 月 12 日，东华大学与宝信软件联合成立的"东华—宝信信息资源安全利用实验室"揭牌仪式在东华大学松江校区举行。

5 月 20 日，中英科学桥合作伙伴签约仪式暨"能源与自动化"联合实验室揭牌仪式在上海大学举行，宝信软件成为中英科学桥合作伙伴。

5 月 22 日，中标陕西延长石油集团榆林醋酸工程生产调度指挥系统项目，标志着宝信石化版一体化监控平台已成功进入石化行业核心领域。

5 月 28 日，上海市市长韩正到市商务委调研指导工作，对宝信软件为商务委开发的网上审批系统给予充分肯定。

6 月 5 日，签约广州 JFE 钢板有限公司冷轧全厂行车定位系统项目，拥有自主知识产权的行车无线数传及定位整体解决方案将被首次应用到该公司冷轧全厂区域。

6 月 12 日，跻身"2009 年度中国软件业务收入前百家企业"第 18 位，居"2009 年中国自主品牌软件产品前十家企业"第四位。

6 月 16 日，与上海财经大学金融学院签署战略合作协议。

6 月，召开集团公司外战略客户监督员会议。

7 月 3 日，客户服务中心系统成功升级切换，新的客服中心日均受理电话 206 个，为实现"一站式"服务奠定基础。

6 月 16 日，宝信软件与上海财经大学金融学院签署战略合作协议

7 月 11 日，中国企业自主创新百强评价发布暨首届中国企业自主创新高峰论坛在北京举行，宝信软件跻身"2008 年中国企业自主创新百强"行列。

7 月 23—25 日，2009 年中国国际造船工业装备和船舶设计建造技术展在上海世贸商城举行，宝信软件参展并展示了整体形象及数字化造船技术整体解决方案。

8 月 4—6 日，成都工商金信工程项目终验会在四川川投国际酒店如期召开，西南平台承接的成都工商金信工程项目通过终验。

8 月 21 日，与本溪钢铁（集团）有限责任公司签署战略合作协议。

9 月 3 日，中国软件产业发展暨企业创新高峰会在南京召开，宝信软件连续 3 次被认定为 2009 年度"中国十大创新软件企业"。

9 月 16 日，宝信一体化监控指挥平台（iCentroView5）推出。

9 月 25 日，宝信 CMMI（软件能力成熟度）内部评估组经过一系列的规程预审和为期 3 天的现场评估，认定自动化研究所通过宝信 CMMI3 级的评估。

10 月 13 日，启动中金岭南有色金属股份有限公司商务系统的项目。

10 月 29 日，举办采掘行业用户交流大会，20 多家企业的用户代表共同交流和探讨采掘行业信息化建设的应用成果和发展趋势。

10 月，海外事业本部成功和无锡油泵油嘴研究所签订嵌入式软件过程改进咨询服务合同，这是首单外部过程改进咨询服务合同。

11 月 11 日，以"新时代，新有色"为主题召开有色 MES 研讨会。

11 月 20 日，荣获"2009（第三

届)中国软件生产力风云榜"之"软件生产力十三强企业"第一强,副总经理胡国奋荣获"2009(第三届)中国软件生产力风云榜"之"软件生产力推进风云人物奖"。

11月20—21日,承办由中国钢铁工业协会主办的钢铁行业能效对标及节能重点工作研讨会。

11月26日,系统服务事业本部金融服务事业部承接的中国工商银行上海分行《法人客户评价分析系统》总体方案设计通过专家评审。

12月2日,承接的太湖局电子政务系统(一期)政务内网、外网应用系统开发与集成项目通过验收。

12月3日,应邀参与国家标准《电子招标投标系统基本技术要求》的编写。

12月10日,被列入第四批全国企事业单位知识产权试点单位。

12月12日,承担的福建联合石化有限公司炼油乙烯项目MES系统通过用户评审及功能考核。

(原秀芳)

**宝信软件下属分(子)公司一览表**

| 名　称 | 联　系　地　址 | 联系电话 | 传　真 | 邮编 |
| --- | --- | --- | --- | --- |
| 北京分公司 | 北京市东城区东中街29号中环广场B座4层L室 | 010－64184171 | 010－64182620 | 100027 |
| 深圳分公司 | 广东省深圳市高新区科技南十路深圳航天科技创新研究院A座503室 | 0755－26996918 | 0755－26727660 | 518057 |
| 广州分公司 | 广东省广州市天河软件园建中路58号地铁大厦606室 | 020－28871666 | 020－28871680 | 510665 |
| 成都分公司 | 四川省成都市天府大道南延线高新孵化园软件孵化器南楼318号 | 028－86085822 | 028－86085822 | 610041 |
| 重庆分公司 | 重庆市高新区科园一路科技发展大厦C座24楼 | 023－89099966 | 023－89099974 | 400039 |
| 宁波分公司 | 浙江省宁波市中山东路316号雅戈尔滨江大厦10楼 | 0574－87715829 | 0574－87714757 | 315000 |
| 海盐分公司 | 浙江省海盐县武原镇海丰西路218号 | 0573－86083877 | 0573－86083572 | 314300 |
| 南京分公司 | 江苏省南京市中华门新建上海梅山有限公司上怡新村建行二楼 | 025－86722907 | 025－86722907 | 210039 |
| 厦门分公司 | 福建省厦门市厦门软件园观日路44号2楼 | 0592－5399699 | 0592－5399685 | 361008 |
| 大连分公司 | 辽宁省大连市甘井子区汇贤街19号 | 0411－84798980 | 0411－84798840 | 116023 |
| 西安分公司 | 陕西省西安市高新区科技二路77号西安光电园A403 | 029－88450621 | 029－88450722 | 710075 |
| 山东分公司 | 山东省烟台市香山路88号7楼 | 0535－2161680 | 0535－2161681 | 264000 |
| 上海宝康电子控制工程有限公司 | 上海市宝山区杨行工业园锦富路298号 | 021－51831088 | 021－50800341 | 201901 |
| 上海宝景信息技术发展有限公司 | 上海市宝山区友谊路1016号 | 021－66798899 | 021－66792000 | 201900 |
| 上海宝立自动化工程有限公司 | 上海市虹口区广灵四路24号甲3层 | 021－55382255 | 021－55385522 | 200083 |
| 上海宝希计算机技术有限公司 | 上海市浦东新区张江高科技园区郭守敬路515号 | 021－50801155 | 021－50800952 | 201203 |
| 上海梅山工业民用工程设计研究院有限公司 | 江苏省南京市中华门外新建 | 025－86364438 | 025－86713141 | 210039 |

(原秀芳)

## 上海宝华国际招标有限公司

上海宝华国际招标有限公司（简称“宝华招标”）是宝钢集团有限公司的全资子公司，2005 年 12 月成立，前身为上海宝钢国际经济贸易有限公司招标办公室。注册资本 1 000 万元。在岗员工 49 人。

2009 年宝华招标新型招标业务中标金额达到 5.73 亿元，集团公司内外的新客户中标金额达到 16.04 亿元，分别占总业务量的 17.6% 和 49%。2009 年宝华招标累计完成招标项目 450 个，中标金额达到 32.36 亿元，综合节资率达到 17.12%。

（徐　燕）

**企业负责人简介**　张利江，1976 年 1 月生，浙江绍兴人，中共党员，高级风险管理师，宝华招标执行董事、总经理。

杨建英，1971 年 4 月生，湖北黄石人，中共党员，经济师，宝华招标党支部书记兼副总经理。

**拓展新型招标业务**　宝华招标开拓包括物资、备件、原副料等货物采购和保险、审计、维修等服务采购在内的新型招标业务。全年完成新型招标业务项目合计 123 个，累计中标金额 5.73 亿元，共节约资金 11 850 万元。其中资材备件类招标项目 89 个，涵盖耐材、电缆、灯具、轧制油、空压机、副食品等多个种类，节资率达到 16.82%。为配合新业务拓展，还积极创新招标业务模式，如对物品清单进行年度梳理，实施年度集中招标等。（邵小淳）

**开拓集团外招标市场**　组建单独的外部拓展团队，借助各地区渠道和投标人资源，围绕宝钢上游供应商和下游客户开展招标服务。至年底拜访客户 914 人次，新增社会客户 16 个。全年累计与 17 家社会客户合作完成项目 58 个，中标金额 3.84 亿元，占业务总量的 11.2%。成功开拓比亚迪、韶钢、海尔、奇瑞等在各行业拥有影响力的优质客户，为宝钢工程技术集团工程咨询板块拓展社会业务积累经验，也为其业务延伸打下基础。（邵小淳）

**推进数字化招标**　4 月，网上招标平台二期工程版正式上线，标志着宝华招标网上招标平台基本覆盖所有招标大类。全年运行网上招标项目 402 个，货物和工程类招标项目平台上线率分别达到 90.12% 和 94.4%。累计节约人工投入 23 316 工时，节约招标业务交易成本 1 097 万元。同时还围绕“知识积累”和“客户服务”两方面，对系统进行完善：完成供应商库、价格库和评标专家库的更新改造；完成投标人、招标人满意度网上调查功能，并实现与集团 BPMS（工程项目管理）系统对接。

（邵小淳）

**强化知识管理和共享体系**　强化知识收集和提炼工作，以信息化系统和内部课堂为平台推行快捷、高效的知识传播与分享。制定招标文件和评标标准模板 14 份；针对 10 多个种类的货物或工程开展供应商信息比对；按物品种类完成阶段性分析报告 12 份；实现招标项目 100% 开展总结工作；内部完成培训 1 203 人次。（邵小淳）

**完善宝钢评标专家库**　从制度建设、评标流程、专业库结构、专家库信息系统、专家培训等五个方面开展工作。以宝华招标为主起草宝钢股份《评标专家库管理办法》，并新增权威专家评定、法律法规培训考试等入库条件；全年调整评标专家一级专业 6 个，二级专业 37 个，三级专业 79 个，新增专家 506 人；完成权威专家审核 500 多人，集中培训、组织考试专家 400 多人；实现招标系统专家库与宝钢人力资源系统、科技信息系统的对接，完成专家入库、抽取等系统功能完善改造。

（邵小淳）

**宝华招标大事纪要**

1 月 19 日，与上海科技馆签订招标代理协议。

2 月 2 日，原机械室与通用室合并成货物招标部。原工程室更名为工程和服务招标部。原管理室更名为运营部。

4 月 20 日，工程类网上全流程招标平台正式投运。

4 月 28 日，由中国招标投标协会主办的宝华招标与宝信软件承办的中国首届招标采购电子化发展论坛在北京举行。

5 月 15 日，实施首个网上全流程施工招标项目——沈阳宝钢钢材配送有限公司厂房及辅助设施工程，效率提升显著。

6 月 14 日，荣膺“中国招标代理机构十大顶级品牌”和“冶金行业最具竞争力招标代理机构”第一名。张凌荣获“全国优秀招标项目经理”称号。

8 月 20 日，宝华招标作为唯一企业代表在“首届北部湾廉政论坛”发表“营造阳光采购环境规范招标，以管理技术促进真招标”的主题演讲。

9 月 18 日，与宝钢股份研究院共同举办宝钢首次评标专家培训，首批 47 位专家正式受聘为宝钢评标专家。

10月10日，出席第二届中国招标投标高层论坛并作主题演讲。

10月25日，与上海比亚迪签订招标代理协议。

11月16日，网上招投标资金托管平台正式上线。

11月20日，《360度招标测评体系的创建和应用》论文荣获上海市企业管理现代化创新成果二等奖。

11月23日，与西安陕鼓实业开发有限公司签订招标代理合同。

11月29日，荣获2008年度全国实施用户满意工程（招标、工程咨询专项服务）先进单位（招标行业唯一）。（徐　燕）

## 生产服务业

生产服务业是为钢铁主业提供生产、生活服务的相关产业。宝钢早在1986年就成立了为钢铁主业提供生产、生活服务的企业开发总公司。2008年4月，集团公司成立了生产服务业运营管理委员会，负责对宝钢发展、一钢公司、浦钢公司、五钢公司和梅山公司等主要为钢铁主业提供生产、生活服务的全资子公司履行运营管理职能，致力于打造支撑钢铁主业发展，具有独特优势和市场竞争力的专业化生产服务和冶金综合利用平台。生产服务业主要为钢铁主业提供生产作业协力、工厂物流仓储、再生资源综合利用及废弃物处置、工厂物业管理、产品包装、工业环保和绿化、医疗保健等生产服务性业务，2009年已形成上海和南京两大服务区域。

至2009年底，生产服务业板块合计资产总额273.4亿元，在岗职工27 334人；全年实现合并营业收入161.7亿元，实现利润总额4.28亿元，均超额完成全年预算目标。（艾　青）

### 宝钢发展有限公司

宝钢发展有限公司（简称“宝钢发展”），前身是成立于1981年的宝钢总厂总务处、综合服务公司（1984年更名为宝钢总厂附属企业公司）。1986年9月12日，宝钢把总厂附属企业公司、总务处等7家单位划分出来，统一组建企业开发总公司。1992年开发总公司成为宝钢集团的紧密层单位和全资子公司，并更名为“宝钢集团企业开发总公司”。2007年10月12日，企业开发总公司通过改革重组，更名为宝钢发展有限公司，2008年1月1日起正式运行。宝钢发展总部在上海市宝山区宝杨路889号，注册资本26.84亿元。

整合重组后的宝钢发展有限公司设业务职能部门29个、事业部3个，在事业部层级下设23个一级业务单元。其中，工厂物业事业部下设酒店管理公司、源康物业公司、职业健康公司、餐饮管理公司、工业环保部、维修工程部、通勤部、绿化管理部、人力中心等9家一级业务单元；工厂作业事业部下设工贸公司、新事业公司、工厂物流公司、包装管理部、冷轧管理部、热轧管理部、钢管管理部、工厂维护部、中厚板作业管理部等9家一级业务单元；资源再生事业部下设宝钢天通、材料公司等2家一级业务单元。另外，宝钢发展还有湛江公司、中允公司、置业公司等3家直属子公司。

宝钢发展总共有33个独立法人单位，6个委托法人单位，经营范围包括冶金企业废弃物和副产品综合利用，钢铁产品包装，餐饮、物业、通勤、绿化、卫生服务、生产协力管理，建筑工程承揽，物流及钢材贸易，房地产开发，磁性材料及矿渣微粉制造、销售，模具钢加工、配送，钢材深加工，汽车修理，以及旅游等。

2009年，合并实现销售收入92.68亿元，利润总额2.44亿元。截至年底在册职工12 893人，其中在岗8 742人。（张　凯）

**企业负责人简介**　蔡伟飞，1963年1月生，上海人，中共党员，宝钢发展总裁。

姚殿国，1959年11月生，吉林人，中共党员，宝钢发展党委书记。

**企业负责人变更**　5月20日，姚殿国被任命为宝钢发展党委书记。6月9日，蔡伟飞被聘任宝钢发展总裁。

**完成整合重组体制改革**　宝钢发展体制改革方案于2008年11月正式启动，2009年3月31日基本完成。该项改革工作要求高，牵涉面广，时间跨度长，措施力度大，由于外部形势严峻，改革所承担的压力很大。在宝钢领导和各方面的指导、帮助和关心下，经过努力，改革顺利实施，实现“消除一个风险，建立两个平台，优化三个体系”的要求。消除一个风险：理顺劳动用工关系，消除劳动用工风险；建立两个平台：构建宝钢发展集成化生产性服务管控平台，构建集团公司生产服务业的整合平台；优化三个体系：按照集中一贯和一体化的要求，优化职能管理体系，按照区域化为主、专业化为辅的要求，优化运营管理体系，按照社会化协作、专业化配套的要求，优化作业管理体系。（张　凯）

**提出三项工作要求** 在对前期改革评估的基础上,3 月 31 日召开干部大会,明确提出自 4 月起工作重心从体制改革全面转向生产经营的要求,号召全体员工要切实把“应对危机、降低成本、增加效益”作为主要工作重点,努力做好三项工作:一是切实转变思维方式和行为方式,强化提升执行力,培养“效率第一,用户至上,以利益共享为基础的创新文化”的工作要求,按照“最少、最低、最终”的协调原则开展工作,加强协同,强化沟通,加快宝钢发展核心业务;二是落实“信心、理性、快速、坚决”的要求,确保生产经营和各项工作稳定进行;三是开展发现、培育、宣传最佳实践者活动。建立成本倒逼机制,全方位开展成本改善活动。 (张 凯)

**最佳实践者活动** 年内,“发现、培育、宣传”了 1 401 名最佳实践者。宝钢发展相继下发了《关于开展发现、培养、宣传最佳实践者活动的通知》和《关于深入推进发现、培养、宣传最佳实践者活动的指导意见》两个文件,召开 4 次最佳实践者座谈会,建立《最佳实践者案例信息库》,编写《最佳实践者风采录》,并以最佳实践者名字命名先进操作法、创新工作室。年内通过《宝钢日报》、《宣传材料》、现场看板等渠道,大力宣传 100 多位最佳实践者争创最优业绩、为企业分忧解难的事迹。 (张 凯)

**浦钢整合工作初步完成** 按照集团公司“宝钢生产服务业坚持区域化管理的原则,上海地区生产服务业的业务整合应按计划进行”的工作要求,2009 年宝钢发展启动对浦钢公司的业务整合工作。这是检验宝钢发展生产服务业平台吸纳功能的第一次有效实践,为上海地区生产服务业进一步的整合,在业务、管理、政策等方面积累了经验。年底,浦钢整合工作已初步完成。成立中厚板作业管理部,相关人员、业务、资产切换已经完成,各专项业务整合全面推进,员工劳动合同改签率达到 93.9%。 (张 凯)

**举办“我们的嘉年华”文体活动** 以“庆国庆、迎世博、唱发展”为主题,宝钢发展于 11 月 1 日成功举办“我们的嘉年华”大型文体活动。在“发展力量”表彰会上,为获得“曾乐创新奖”的员工、百日竞赛优胜单位、上海市文明班组、先进操作法和十佳青年岗位明星颁奖;在“记忆中国”红歌会中,有 13 支各单位组成的合唱队演唱了 22 首红歌;同时举办了“动感音符”卡拉 OK 大奖赛、“魅力发展”工装秀、“我型我秀”职工才艺展示等项目以及小游戏活动,1 800 余名职工参加了活动。 (张 凯)

宝钢发展钢管作业管理部服务好宝钢股份本部,收到表扬信

**编制再生资源综合利用产业化商业计划书** 以再生资源利用项目为先导,组织编制《再生资源综合利用产业化商业计划》。专门组建的专业编写团队,自 3 月中旬启动,在借鉴兄弟公司方法基础上,提出符合宝钢发展公司特点及产业特色的商业计划结构模式。9 月底完成编制并上报集团公司,该计划书于 11 月 4 日获审批通过。 (张 凯)

**清理子公司 15 家** 针对子公司清理后存在的股东协调、房产土地、职工安置、意向购买人不确定和历史遗留等问题,宝钢发展的子公司清理领导小组和工作小组根据体制变革后的组织框架,开展大量组织协调和研究策划工作,如对东宝空调公司的减资退出、建筑维修公司的吸收合并、国奥公司的吸收合并、新昕板材公司的股权转让、吴江宝金公司的资产评估、宝江燃气公司的股权转让、国益公司与华昌厂的房产土地等问题的处理,都取得不同程度的进展,并通过产权交易所公开挂牌庆安置业、朱家尖等 7 个项目。全年清理子公司共计 15 家。 (张 凯)

**编制 5 年发展规划** 8 月下旬启动宝钢发展公司 2010—2015 年发展规

11月1日,宝钢发展举行“我们的嘉年华”主题活动

划编制工作。在提前启动部分业务规划(如综合利用、工厂物流等)的基础上,规划编制工作总体进展顺利。通过编制规划,一方面发展战略得以继承和深化;另一方面业务规划得以聚焦重点、细化延伸,更具可操作性,规划举措、职能保障和边界条件等也更加明确到位。

(张　凯)

**投入科技研发2 000万元**　全年研发费用投入金额2 034万元,研发费用占制造业销售收入(10.25亿元)的1.98%,占营业收入(92.6亿元)的0.219 6%。全年科研项目实施77项、结题66项;申请专利73件,其中综合利用专利52件、发明专利6件、实用新型专利67件;获授权实用新型专利12件。(张　凯)

**全面实施新的薪酬制度**　宝钢发展至2009年12月,新的薪酬制度已全面实施。执行宝钢发展薪酬制度的一级业务单元(含总部、事业部)共16家,涉及员工8 055人;自行制定薪酬制度的独立子公司9家,涉及员工1 688人。浦钢公司业务整合进入宝钢发展的员工在完成劳动合同改签工作(应改签劳动合同2 212人,已完成改签2 177人,改签率达到98.4%)后,全部执行宝钢发展的薪酬体系。

(张　凯)

**精简人员提升效率**　2008年末从业人员26 976人,2009年末同口径(不含2009年新增项目人员)从业人员23 783人,同口径比较效率提升11.8%,其中生产作业板块实现效率提升15.87%,全面完成宝钢股份公司提出的效率提升要求。

(张　凯)

**实施培训项目768个**　全年实施培训项目768个,完成计划的106.2%;培训34 386人次,完成计划的102.9%。组织了技师研修班(35人),开办高级电工技能深化班(30人)和高级钳工技能深化班。

(张　凯)

**降本增效2 580万元**　持续推进工程项目前期费用的审核控制(尤其是方案阶段的预算控制),同时推进工程项目实施阶段的变更控制,全年投资节约、降本增效1 077万元。另外,通过重点项目的跟踪、现场走访、数据收集汇总,协同推进物流公司降本增效1 502.72万元。(张　凯)

**由核算型财务向管理型财务转变**　以财会分离为基点,加强全面预算工作的推进和落实;建立新的财务风险预警体系及评价机制;推进降本增效工作,强化成本改善;纳税筹划,优化业务外包结算流程;参与再生资源综合利用管理体系建设、后勤服务费分配与洽谈、浦钢业务整

宝钢发展新型材料模具钢公司自行开发的首套吹塑模具下线

合;制定宝钢发展《内部价格管理办法》和《成本管理办法》。上述措施使财务工作逐步由核算型财务向管理型财务转变,将经济效益的有效提升贯彻到各项日常经营管理中。(张　凯)

**开展固定资产盘点**　年内,对宝钢发展公司的不动产及固定资产进行了全面盘点。据初步调查,宝钢发展不动产(房屋、建构筑物)总面积约为138.9万平方米,原值30.5亿元,净值25.6亿元;宝钢发展固定资产(不包括房屋、建构筑物)账实一致资产20 074台(套),原值12.9亿元,净值5.36亿元。年内还开展资产效率的现状分析和对策研究,在分析下属各单位2008—2010年销售收入增长率和净资产收益率基础上,编制了“销售收入增长率与净资产收益率趋势图”,为进一步研究制定资产运营效率提升措施创造了良好的条件。(张　凯)

**完成内部审计26项**　年内开展了经济责任审计、经营成果审计、财务收支审计、国有产权变动净资产审计复核等各类审计工作,审计面涉及宝钢发展本部及所属全资(含分支机构)、控股90家单位。2009年计划20项,实际完成26项,审计项目完成率130%。其中:经济责任审计实际完成14项,经营成果审计1项,财务收支审计2项,国有产权变动净资产审计复核9项。提出审计意见、建议233条。审计涉及资产总额48.33亿元,查出各类问题233项,涉及问题金额16.01亿元。其中:投资管理方面5.80亿元,占36%;内部控制方面4.16亿元,占26%;资产管理方面2.62亿元,占16%;其他方面3.43亿元,占22%。(张　凯)

**完善基础管理**　建立全新的内控体系,下发《宝钢发展管理规程手册》,整个内部控制手册共汇编了20大管理业务流程,涉及1 430个管理制度,其中宝钢发展总部和事业部共191个管理制度,各一级业务单元共1 239个管理制度。年内,搭建信息化系统管理平台,建立了差旅平台,完成了宝钢协同办公系统的覆盖工作,开展了客户服务(呼叫中心)系统的前期准备工作。全面实施现场基础管理3年提升计划,成立现场基础管理推进的组织体系,制定《现场基础管理推进工作绩效评价管理法》等3个管理文件,修订完善《岗位规程管理办法》等管理文件。开展基层管理人员能力培养工程,全年共培训作业长334人,合计73 480学时,作业长岗位资格证持证率从80.7%提升至92.4%。征集合理化建议46 372项,采纳率83.62%,实施率64.96%。自主管理活动全年共注册登记2 454项,结题2 195项。(张　凯)

**构建客户服务工作绩效评价体系**　以“客户为中心”及“工序服从”为原则,构建客户服务工作绩效评价体系,制定《客户服务绩效评价考核实施细则》。同时,制订《生活后勤满意度评价操作实施方案》,决定每半年开展一次客户满意度测评暨生活后勤服务专项评价活动,并及时将评价的结果向客户及一级业务单元反馈并作信息的沟通。(张　凯)

**安全环保管理**　完善综合安全管理体系,共组织各层级签订安全目标责任书2 849份,组织员工签订安全生产(交通安全)承诺书25 082份;以安全教育体系为抓手,共组织安全、环保各类培训8 737人次,组织开展“5·25”、“安全生产月”、“119”等安全系列活动。参加上海市安全协会主办的“关爱生命、安全发展”征文活动(征文79篇),有5篇论文获奖。突出重点,消除安全隐患,全年组织各类检查1 763次,其中综合检查37次,专项检查24次,各层级共检查了2 597个作业场所,查出了3 057条隐患,发出整改单532张,隐患整改率100%。全年累计实施违章经济考核4 416人次,违章考核52.13万元,责任追究105人次,追究10.26万元。另外,实施环境保护各项管理制度,加大环保投入力度,全年投入1 257.73万元,完成环境整治8项。同时,加强对环境污染源的定期检测工作,全年检测计划实施率100%,污染因子达标率98.86%。(张　凯)

**编制《宝钢发展党建工作体系》**　为了适应管控模式、运营体制的变化,宝钢发展党委从“夯实基础、明确职能、优化流程、完善机制、落实责任”的高度出发,成立专门的项目组,3月启动“党建工作体系建设”课题研究工作。经过近10个月的努力,编制完成《宝钢发展党建工作体系》,进一步明确了宝钢发展总部党委、二级党委、基层党支部和党员教育管理的工作定位、职能、任务,并转化为工作流程和工作制度,使党建工作实现规范化、流程化、制度化和体系化。(张　凯)

**领导人员后备队伍建设**　年内开办宝钢发展第二期经营管理高级研修班,有57人参加学习;开办第三期综合管理研修班,有50人参加学习,该研修班总结提炼的《宝钢发展经营管理高级研修项目》获宝钢“优秀培训项目奖”。年内,从集团公司范围内引进人才15人。(张　凯)

宝钢发展组织新党员进行入党宣誓仪式并参观宝钢历史陈列馆

**编制企业文化建设规划** 宝钢发展加强“理念文化”建设,编制了2010—2015年企业文化规划。确定:宝钢发展公司愿景使命——成为备受社会尊重的生产服务企业;核心价值观——诚信、协同、以人为本;基本经营理念——创造与客户共享的服务价值。同时,将“行为文化”建设落实在员工日常行为规范和岗位操守等方面,完成《宝钢发展员工行为规范》的编制。年内,宝钢发展领导人员深入50余个基层班组,与452名一线职工开展交流。年内,创办内部期刊《宣传材料》,传达上级要求,以满足基层对主渠道的信息需求。 (张 凯)

**效能监察推进“阳光行动”** 年内,重点开展控制企业风险和成本压力等工作的效能监察,效能监察立项共76项,提出监察建议30条,作出监察决定4个,促进整章建制75项,开展对“三重一大”集体决策制度执行情况的监督检查1次。加强对供应商的管控,出台《再生资源竞价销售处置管理办法》等制度;围绕管理费用的使用、财务内控制度等进行专项检查,对发现的17个方面问题协同相关职能部门制定落实11项整改措施,2009年的管理费用(可控费用)同比下降了48.45%。另外,在管理费用专项检查中发现某单位业务管控失职,纪委监察部及时采取措施,挽回损失227.93万元,并对相关责任人进行了问责追究。2009年实施“阳光采购”3.22亿元、“阳光销售”4.77亿元,其中办公用品、劳防用品阳光采购比率达70%,累计节约或增效2 500余万元。

(张 凯)

**信访工作** 全年共受理信访、上访28件/297人次,信访总量同比减少50%。 (张 凯)

**安全稳定工作** 年内,宝钢发展开展矛盾纠纷排查及重点、敏感问题的调研分析,对20个矛盾纠纷问题落实稳控措施。针对有关离岗待退休和退休职工等群体性信访事项和比较突出的矛盾,制定专项处置预案,使“月浦庆安一村居民诉住房质量集访事件”等11项矛盾纠纷得到有效化解。修订宝钢发展《物资出厂证管理实施细则》,规范自备物资出厂的有关要求;推进警企联动建设,形成信息情报、快速反应、技防及物防建设、协力用工审核、治安防范宣传等五个联动机制,成功侦破“工业环保部辊环被盗案”和“物流公司铌铁被盗案”。下半年,宝钢发展公司下属12个一级业务单元与属地友谊警署签订责任书。随时准备处置突发事件,落实应急预案措施,年内共出动应急人员161人次,应急车辆7车次。 (张 凯)

**完善综合治理工作五级责任网络体系** 年内建成综治维稳(综合治理维护稳定)工作五级责任网络体系,形成党委统一领导,各级党政一把手为第一责任人,党政工团齐抓共管,各所属单位各司其职的综治维稳工作格局。该网络体系连接宝钢发展13个党委、6个直属党总支、195个党支部、468个作业区、1 959个班组,作业区编制综治维稳管理台账,形成综治维稳工作的基层常态管理。各班组共落实4 930名骨干与基层一线员工结成对子,班组骨干的主要任务是组织学习、掌握情况、提供帮助、传递信息。年内,在浦钢业务整合工作中,及时了解浦钢公司员工的思想动态,摸清9项不稳定因素和突出矛盾,制定《宝钢发展浦钢业务整合维稳工作预案》,确保业务整合工作平稳有序推进。 (张 凯)

**宝钢发展大事纪要**

1月13日,宝钢发展下发[2009]4号文,开展“现场基础管理3年提升计划”活动。

1月20日,第一期经营管理高级研修班结业。

2月9日,确定并颁发下属50

家单位的中英文名称对照表。

2月13日，清理关闭上海圆易恒实业有限公司、上海宝强塑料制品厂。

3月17日，为规范有序地推进宝龙公司以立磨替代球磨生产工艺技术改造工程项目（简称“宝田四期项目”），成立宝田四期项目组。

3月31日，召开干部大会，提出自4月起工作重心从体制改革全面转向生产经营的工作要求。

4月15日，七届五次职代会正式通过《职工奖惩管理办法》和2009年《宝钢发展有限公司集体合同》文本。

4月17日，上海宝钢小额站更名为“上海宝钢工贸有限公司”。

6月22日，成立宝钢发展再生资源管理委员会和领导小组，推进再生资源综合利用的产业化工作。

8月5日，项目工程部更名为设备工程部，承担设备管理及项目工程管理职责。

8月26日，全面启动2010—2015规划编制工作。

9月17日，成立党支部书记研修会。

10月26日，客户服务（呼叫中心）系统项目启动，该项目自前期准备阶段转入建设开发阶段。

11月1日，举办“我们的嘉年华”大型文体活动。

11月16日，中厚板作业管理部成立，为工厂作业事业部管理的一级业务单元。

11月24日，成立包装工业园区项目组。

12月2日，上海宝钢天通磁业有限公司更名为“上海宝钢磁业有限公司”（简称“宝磁公司”）。

12月18日，第二期经营管理高级研修班结业。

（张　凯）

**宝钢发展下属一级业务单元一览表**

| 名　称 | 地　址 | 业　务　范　围 | 注册资金（万元） | 备　注 |
|---|---|---|---|---|
| 工业环保部 | 上海市宝山区同济路1118号 | 宝钢工业废弃物回收、环保保洁 | | 内设分支机构 |
| 维修工程部 | 上海市宝山区湄浦路360号丙3 | 市政设施、生活性消防空调四项维修 | | 内设分支机构 |
| 汽车公司（通勤部） | 上海市宝山区同济路1592号 | 职工上下班通勤、客运汽修 | | 内设分支机构 |
| 绿化管理部 | 上海市宝山区湄浦路330号乙1 | 厂区绿化、花卉养护 | | 内设分支机构 |
| 人力中心 | 上海市宝山区宝林路46号 | 宝钢发展离岗人员、门卫管理 | | 内设分支机构 |
| 餐饮管理公司 | 上海市宝山区同济路1118号 | 职工工作餐、社会餐饮 | | 委托法人单位 |
| 酒店管理公司 | 上海市宝山区牡丹江路1813号 | 宾馆、酒店业务，酒店物业管理、旅游咨询 | 5 000 | 独立法人单位 |
| 职业健康公司 | 上海市宝山区湄浦路330号乙1 | 门急诊、体检医疗服务 | | 内设分支机构 |
| 源康物业公司 | 上海市宝山区海江路378号 | 住宅物业管理 | 500 | 独立法人单位 |
| 包装管理部 | 上海市宝山区盘古路958号 | 包装材料制作、UOE钢管涂层 | | 内设分支机构 |
| 冷轧作业管理部 | 上海市宝山区盘古路958号 | 宝钢股份公司本部冷轧区域生产协力辅助作业、后勤服务 | | 内设分支机构 |
| 热轧作业管理部 | 上海市宝山区湄浦路360号5号楼 | 宝钢股份公司本部热轧区域生产协力辅助作业、后勤服务 | | 内设分支机构 |
| 钢管作业管理部 | 上海市宝山区宝林路46号 | 宝钢股份公司本部钢管区域生产协力辅助作业、后勤服务 | | 内设分支机构 |
| 中厚板作业管理部 | 上海市北蕰川路云天路480号 | 中厚板分公司的生产作业协力 | | 内设分支机构 |

（续表）

| 名　称 | 地　址 | 业　务　范　围 | 注册资金（万元） | 备　注 |
|---|---|---|---|---|
| 工厂维护部 | 上海市宝山区湄浦路360弄丙一 | 生产厂内空调四项维修、污水处理、管道疏通、设备设施点检维护 | | 内设分支机构 |
| 工厂物流公司 | 上海市宝山区同济路3509号 | 仓储、装卸服务、货运代理 | | 委托法人单位 |
| 工贸公司 | 上海市宝山区宝杨路2498号 | 钢材贸易、加工,仓储、运输、配送 | 2 315.78 | 独立法人单位 |
| 新事业公司 | 上海市宝山区牡丹江路1588号 | 金属制品加工、钢材贸易 | 3 200 | 独立法人单位 |
| 宝磁公司 | 上海市宝山区宝杨路2029号 | 磁性材料、料粉加工销售 | 6 540.22 | 独立法人单位 |
| 材料公司 | 上海市宝山区漠河路301号 | 矿渣微粉、水渣、粉煤灰、脱硫石膏生产销售 | | 委托法人单位 |
| 置业公司 | 上海市宝山区宝林路458号 | 房地产开发、不动产管理 | | 委托法人单位 |
| 湛江公司 | 广东省湛江市人民大道30号别墅7号 | 为湛江钢铁项目提供生活后勤、生产协力、资源再生 | 1 000 | 独立法人单位 |
| 中允公司 | 上海市宝山区宝林路458号 | 会计记账、资金结算、增值、典当 | 500 | 独立法人单位 |
| 北京汇利房地产开发有限公司 | 北京市建国门外大街16号东方瑞景A座902室 | 房地产开发;销售商品房 | 84 919 | 宝钢集团全资子公司 |

（张　凯）

## 宝 山 宾 馆

宝山宾馆是宝钢集团委托宝钢发展公司管理的全资子公司,1980年2月建成开业,主要为宝钢工程建设接待外宾服务;1997年1月,宝山宾馆北楼被国家旅游局评定为四星级涉外饭店;2003年6月25日,宝钢委托开发总公司管理;2008年11月,随着宝钢发展酒店物业管理有限公司的成立,宝山宾馆成为其旗下的独立子公司。宝山宾馆注册资金3 831万元人民币。

宝山宾馆位于宝山区牡丹江路1813号,拥有南北两幢大楼,各类客房760间(套),集食、宿、行、购、娱于一体。北楼有客房430间(套),拥有中、日、西式餐厅、自助餐厅、宴会厅、酒吧以及可容纳10—500人的各类会议室10余间;设有商务中心、美容美发室、商场、咖啡座、健身中心、室内游泳池、棋牌室、出租车队等服务设施。

宝山宾馆有2家子公司:宝钢(常熟)领导力发展中心,2008年12月动工,在原有基础上重建。北京宝钢大酒店,由宝钢出资购买,1997年8月开业,1998年2月资产划归宝山宾馆,因主楼被列入北京市政建设拆迁范围,2006年1月起歇业。

受金融危机的影响,2009年宝山宾馆累计营业收入总额为1.147亿元,同比减少3 034.4万元,减少了21%。累计利润510.8万元,员工750人,其中正式员工337人,协力工413人。　　（宾　馆）

**企业负责人简介**　庞锐,1962年7月生,山东济南人,中共党员,宝山宾馆总经理。

王璐佳(女),1969年8月生,浙江温州人,中共党员,经济师,宝山宾馆党总支书记。

**调整经营策略应对危机**　2009年,面对全球金融风暴、甲型H1N1流感和集团公司管理费用大幅缩减等不利因素,宝山宾馆及时调整客房、会议和餐饮营销策略。利用宝钢股份等公司展开宾馆南楼招租工作和宝钢集团办公资源调整的机会,一个月内完成湛江钢铁工程指挥部等单位迁入,直接创收108万元/年。新增"午时婚宴"、"非周末婚宴"等婚宴新产品,新增婚宴1 000余桌,创出"营收2 304万元、利润322万元"佳绩,并荣膺上海市首批"文明餐厅"称号。利用自身资源优势，按时令开发出特色夜排档和蒙古包，“自由的就餐环境、富有特色的菜肴、时尚的演出服务、平民化的就餐价格”造就了“壹号夜花园”的成功。针对驾驶员少、供车任务多等不利因素，以管理人员顶岗、调整出租汽车经营模式等措施积极应对，保证了宝山宾馆客人用车和宝钢厂区工程用车。（宾　馆）

**成为世博会餐饮服务供应商**　3月，宝山宾馆成为2010中国上海世博会宝山区唯一指定接待单位，10月，成为世博会餐饮服务供应商。位于世博园区浦西段（近鲁班路龙华路）的“宝钢世博餐厅”2010年3月底完成装修，4月中旬试营业，5月1日正式营业。（宾　馆）

**人力资源控制**　控制协力工队伍的扩大，对合同期满终止的，原则上不再续订，不再补充人员；职工离岗待退后，原则上不再补充人员；推行大工种制度，减少人员配置，提高工作效率。各部门按2009年2月底在册协力工人数为基数全年月平均减员5%，或降低相当的人工费用；严格控制加班支出，适时安排职工补休。（宾　馆）

**清理归并子公司**　上海新宝山郁金香物业管理中心于2009年2月注销，普陀朱家尖培训中心于2009年12月被出售。无锡宝钢碧波园饭店、宝钢集团上海国际旅行社、宝钢集团宝山宾馆天津路分部隶属于宝山宾馆管理。普陀朱家尖培训中心嵊泗分部于2008年4月变更为宝钢集团宝山宾馆嵊泗分部，隶属于宝山宾馆管理。（宾　馆）

## 宝钢集团上海第一钢铁有限公司

宝钢集团上海第一钢铁有限公司（简称“一钢公司”）前身是1938年11月日本侵华时期，由日亚制钢株式会社在吴淞建立的炼钢工坊。1949年上海解放后，定名为“上海钢铁公司第一厂”，1957年3月，改名为“上海第一钢铁厂”。1995年12月，由工厂制改为公司制，组建成立“上海第一钢铁（集团）有限公司”，1998年11月，成为宝钢集团的子公司。2004年4月18日，世界上第一条可兼容不锈钢和碳素钢冶炼、轧制联合生产线在一钢公司全面建成投产。2005年5月，钢铁主业被宝钢股份收购（交易价格为92.95亿元），钢铁主业分离后，一钢公司注册资本为15.93亿元。

2009年，一钢公司围绕宝钢新一轮发展战略，按照“科学管理、优质服务、环保节耗、健康安全、持续改进、诚信共赢”的管理方针，积极应对危机，全面完成集团公司下达的预算目标。总资产16.07亿元，净资产11.97亿元。全年实现营业收入10.46亿元，降本增效9 523万元，实现利润369.59万元。年底，一钢公司在册人员6 047人，其中在岗职工2 881人。（胡　敏）

**企业负责人简介**　许俊章，1951年11月生，江苏盐城人，中共党员，高级经济师，一钢公司总经理、党委书记。

**稳步推进改革**　根据集团公司的统一部署，落实好2009年“清理、分流、转让”改革任务。通过把道理说透宣传到位，把情况摸清分析到位，把办法想好执行到位，改革工作做到了稳步推进。年内清理了华南、华轶两家公司，完成歇业清算，一钢公司三级子公司清理画上句号。继2008年分流三冠公司连轧产线人员后，2009年三冠公司又分流了型钢产线人员，共分流在岗人员679人；三冠连轧产线安全顺利拆除；并通过创造性地组织虚拟团队，顺利完成了生产任务，最大限度地降低了三冠公司运营成

一钢公司废钢处理现场

本。通过深入调研，认真研究改革方案，加强宣传引导，规范操作，发挥协同作用，炉窑维修业务转让中冶宝钢顺利完成，实现了集团公司生产服务业检修业务整合的收口。（胡　敏）

**加强风险内控建设**　通过组建内控体系虚拟团队、制度学习、专题培训等方式，梳理内控风险点206项，对需要整改的50项全部完成整改；对重大、重要风险进行辨识和评定，明确预警指标，制定防范措施；同时绘制业务流程图，修订和完善内控手册。开展各类审计项目17项，审计调研2项，出具审计报告14份；全面审核对外签订的合同，全年审核237份。（胡　敏）

**推进宝钢现代化管理体系**　开展管理制度评审、贯标培训和管理体系内审、管理评审等工作，推进宝钢现代化管理。通过推进作业区标准化管理建设试点活动，使基层“五制”配套的宝钢现代化管理模式逐步得到推广，并提升了作业长队伍的整体素质和对作业区的综合管理能力；通过与不锈钢事业部协议结对的方式，开展“管理对标”工作，推进协力管理一体化。（胡　敏）

**推进阳光采购**　规范制度，规定单项合同50万元以上采购业务必须实施招标；开展培训，邀请专家对敏感岗位人员进行招投标培训；对脱岗疗休养项目、部分副食品采购开展了招标工作，采购费用分别下降18.9%和8%；副食品采购招标开了集团公司的历史先河。对2010年采购计划进行了全面梳理，通过招标、网上竞价采购1亿元，通过宝钢发展采购1 700万元，合计占全年采购总额的95%。（胡　敏）

不锈钢卷打包现场

**提高劳动效率**　细化人力资源配置计划，通过加强内部人力资源优化整合，在岗人员减少225人。通过全面梳理协力合同、协力区域、协力人员，加强与协力供应商协调，二次协力人数减少696人，费用降低1 120万元。（胡　敏）

**提高技能素质**　开展各类培训和技能比武活动，全年投入培训费用273.6万元，实施培训项目192个，累计培训14 564人次；1 200余名员工参加了行车驾驶、钢铁产品包装、特种车辆驾驶等工种技能比武活动，全年培养技师及以上人员32人，培养高级工155人，提升技能等级1 101人次，超额完成了原定“30、100、600”目标。（胡　敏）

**落实安全责任**　围绕安全与环境保护管理目标，认真贯彻“安全第一，预防为主、综合治理”的方针，全面开展安全管理工作。加强安全技术措施投入，不断提高设备本质安全度，实施安全技术措施项目25个；加强现场安全监察，开展各类安全大检查及专项检查，及时消除安全隐患；加强特种设备和作业的管理，使其处于良好的受控状态；加强协力单位的安全管理，做到协力安全受控；强化各类安全教育、培训，提高员工安全素质；加强安全三级网络建设，发挥了“群防、监督、基础”作用。全年未发生轻伤以上事故和火灾事故。（胡　敏）

**做好维稳工作**　把改革过程中的维稳工作纳入风险管理体系，着重做好清理、分流、转让过程中的维稳工作。落实维稳工作责任制，在深入调研基础上制定维稳预案；建立维稳工作每月例会制度；坚持日常信访接待和周四一钢公司领导接待来访相结合，全年接待信访105件，其中信47件、访58件。在处理好日常信访问题的同时，及时化解群体性矛盾4起，处理历史遗留问题8件。（胡 敏）

**开展最佳实践者活动** 通过坚持与弘扬宝钢文化，为应对危机和挑战提供精神支撑，强化员工协同理念，推进发现、培养、宣传“最佳实践者”活动，营造人人争当“最佳实践者”的氛围。涌现出一钢公司级最佳实践者431名，最佳实践团队21个。最佳实践者活动实现了员工价值与企业价值、经济效益与企业文化、现实需要与长效管理的三统一。最佳实践的成果还逐步固化到操作流程和管理制度中，融入长效管理。全年员工提出合理化建议7 091条，采纳5 879条、实施3 868条；形成专利8项、技术秘密5项；实现经济效益515.3万元。（胡 敏）

**保障员工利益** 年内尽管企业面临金融危机考验，员工收入好于预期，从10月开始，增加在岗人员交通补贴和中夜班津贴。全年为在册和退休职工支出困难补助464.9万元，补助11 376人次；综合保险理赔577人次，金额539.5万元；特种重病补充医疗理赔26人次，金额26万元；家庭财产保险理赔12人次，金额1.96万元。（胡 敏）

**深入开展“两项活动”** 把“感动员工、感动用户”活动和“保护环境、节约资源行为养成”活动引入常态化运作，编辑《“感动员工、感动用户”宣传册》，2篇故事入围集团公司“双感动”优秀故事，其中1则故事还被评为“最感动你的故事”；通过倡导员工收入与企业效益挂钩、与个人业绩挂钩的原则，引导员工树立正确的收入分配观，正确看待国际金融危机对员工收入的影响，激励员工立足岗位，为企业效益增长多作贡献。（胡 敏）

**加强领导人员队伍建设** 组织中心组学习14次；推进管理人员培训，完成了2008—2009年C层级及以上管理人员培训计划和B层级管理人员培训计划。选送4名青年人才到宝钢发展公司进行为期1个月的挂职锻炼；举办领导力培训班、基层管理者研修班；安排全体B层级管理人员到宝钢人才开发院进行研修。继续安排青年人才挂职学习和后备人才进行见习，对后备人才培养工作进行专题研究，充实完备了后备人才培养工作方案。（胡 敏）

**加强党风建设和反腐倡廉工作** 把党风建设和反腐倡廉制度建设固化为中心组学习的重点内容之一，每次学习1—2项制度，促进了“制”在必行。注重责任制的落实，将党风建设和反腐倡廉项目化管理分解为责任制落实、监督检查、反腐倡廉教育、源头治理、效能监察、案件查处六个方面20个工作项目，项目责任分解落实到每个公司领导、职能部门及业务单元，细化了党群重点工作项目化管理，促进了责任落实。大力推进“阳光采购”，先后实施了员工疗休养项目和副食品采购项目的招投标，取得了管理改进和成本改善的双重效益，起到了保护企业利益和保护个人权力运行安全的“双保护”作用，为全面推进“阳光采购”起到了示范作用。（胡 敏）

**一钢公司大事纪要**

1月22日，二届六次职代会通过《公司第二届职代会第五期集体合同》、《公司女职工权益保护专项集体合同》和《公司二届六次职代会决议》，明确生产经营不亏损，降本增效4 500万元的全年工作目标。

4月10日，“质量、环境、职业健康安全‘三位一体’”管理体系通过北京国金恒信管理体系认证中心的现场审核。

6月14—20日，以“推广使用节能产品，促进扩大消费需求”为主题，发动员工开展“节能宣传周”活动。

8月11日，炉窑维修部首届二次职代会通报了《炉窑维修部整合方案》，通过了《炉窑维修部业务整合职工安置方案》，标志着炉窑维修部进入中冶宝钢的整合工作正式启动。

8月15日，3项发明成果在第十八届全国发明展上获得1个银奖、2个铜奖。

9月17日，为了满足用户需要，从分流员工中借调一批原三冠型钢生产线骨干，开始轧制生产一批用户急需的军用球扁钢。

9月30日，以“为祖国自豪、为世博添彩”为主题，举行庆祝新中国成立60周年歌咏比赛。

10月20日，一钢公司就炉窑维修部业务转让、人员移交等事项与中冶宝钢、上海一钢机电有限公司达成协议，138名员工走上中冶宝钢专业检修平台，此项整合工作画上圆满句号。

12月，新修订的《公司员工文明规范守则》出台。（胡 敏）

**一钢公司下属子公司一览表**

| 公 司 名 称 | 注册资金（万元） | 人员 | 主 要 经 营 范 围 |
|---|---|---|---|
| 上海一钢企业开发有限公司 | 4 000 | 750 | 劳务劳动，本厂废旧物资利用加工，服装加工，食堂餐饮，环卫保洁，厂容绿化，物业管理，非生产维修、维护，客运通勤，劳防用品，工业卫生，宾馆文体，卫生管理等 |
| 上海一钢运输公司 | 5 000 | 525 | 大生产运输，铁路运输，码头装卸，特种汽车运输，废钢回收、加工及配送等 |
| 上海三冠钢铁有限公司 | 20 392 | 3 | 军用球扁钢生产 |
| 上海昌新钢渣有限公司 | 400 | 125 | 碳钢渣处理加工 |
| 上海开拓磁选金属有限公司 | 3 176 | 88 | 不锈钢钢渣处理加工 |

（胡　敏）

## 宝钢集团上海浦东钢铁有限公司

宝钢集团上海浦东钢铁有限公司（简称“浦钢公司”），始建于1913年3月，前身为和兴化铁厂，1922年4月易名为和兴钢铁厂；日本侵略中国后，1938年9月更名为中山钢业浦东制铁厂（简称“中山钢业厂”），1945年抗战胜利之后，仍恢复为和兴钢铁厂；1947年7月改名为上海钢铁股份有限公司第三厂；1957年3月定名为上海第三钢铁厂；1996年5月改制为上海浦东钢铁（集团）有限公司；1998年11月，上海地区钢铁企业实行大联合进入宝钢集团，成为宝钢集团公司全资子公司。

为适应上海世博园区建设，根据上海市城市建设总体规划和宝钢集团公司发展战略的需要，从2005年11月开始，原地处上海浦东世博园区的浦钢公司，搬迁至上海宝山罗泾地区异地建设新厂。2007年10月24日，浦钢搬迁罗泾工程建成投产。2008年4月1日，浦钢公司钢铁主业资产被宝钢股份公司收购，成立宝钢股份中厚板分公司。留下的浦钢公司主营业务成为向宝钢股份中厚板分公司（罗泾新厂）提供生产、专业协力和生活后勤保障服务。主要业务为：炼铁、炼钢、轧钢、能源等生产协力；仓储、行车、司磅、车辆加油、试样加工、消防空调、市政维修、开票办证、废弃物利用等专业协力；餐饮、物业、客车、宾馆服务等生活后勤服务；渣铁、渣钢、煤和焦的筛下废弃物和钢材利用料销售等。

2009年，浦钢公司营业收入1.86亿元，完成年度目标的103.33%；实现利润总额为1.15亿元，完成年度目标的172.55%；实现降本增效总额7 683.91万元，完成年度目标的115.89%。

浦钢公司机关设办公室、人力资源部、财务部、安保部。下属单位设浦钢分公司、三钢工贸公司、浦钢管理中心、苏州园中苑宾馆。浦钢公司在册员工2 284人，其中在岗员工1 423人。

2009年12月31日，浦钢公司完成了生产服务业板块相关业务整合，融入宝钢发展有限公司，留下的浦钢公司仅保留离退休职工、长病假、工伤人员管理等后续职能。

（何奉达）

**企业负责人简介**　杨敏，1961年8月生，浙江人，中共党员，高级工程师，浦钢公司执行董事、副总经理（主持工作）。

朱铧，1955年1月生，江苏南京人，中共党员，高级政工师，浦钢公司党委书记。

**完成钢铁服务业板块相关业务整合**　从7月中旬开始，浦钢公司按照精心把握、精心调研、精心策划、精心操作的工作方针，与宝钢发展有限公司密切协调沟通，并按照有关法律法规和集团公司关于生产服务业板块相关业务整合的具体部署制订了整合方案。12月31日，浦钢公司完成了生产服务业板块相关业务整合，融入宝钢发展有限公司。留下的浦钢公司退出中厚板分公司生产、专业协力和后勤服务运营体系，保留离退休职工、长病假、工伤人员管理和维稳工作等职能。（何奉达）

**形势任务教育**　面对金融危机给企业生产经营带来的冲击和挑战，在员工中开展形势任务教育。针对员工的心态和关心热点，编写了11期形势任务教育的宣讲材料和班组学习专辑，下发到基层班组。浦钢公司领导坚持深入基层一线，通过座谈会等形式，倾听员工的想法，解答员工关心的热点问题，增强了员工战胜困难的信心，也进一步拉近了干部与员工的距离，融洽了感情。（何奉达）

11 月 20 日，宝钢发展与浦钢公司举行相关业务整合首批员工劳动合同签订仪式

**降本增效** 围绕“五个三分之一”目标(即外协费用、管理费用、修理费用、财务费用降低三分之一，经营效益增加三分之一)，加大宣传力度，强势推进指标分解，严格落实项目措施、进度计划、责任人。积极开拓利用料销售市场，扩大经营渠道，降低销售风险。优化融资方案，提高资金利用率，降低资金使用成本。严格管理债权和存货，确保国有资产保值增值，清理、盘活闲置物资，推进修旧利废，做到厉行节约。努力降低协力劳务费用，节约劳动成本，严格控制业务活动、办公费用，激励员工提高工作效率。这些措施使综合运营成本明显改善，全年降本增效累计实现7 683.91万元，完成年度目标6 630.11万元的 115.89%。

(何奉达)

**“最佳实践者”活动** 开展“最佳实践者”竞赛活动，组织员工人人立足岗位立功，争当节能减排、降本增效的最佳实践者。党组织在活动中，发现、收集员工中的好心态、好境界、好典型，并整理和编写了 43 个员工好心态和 36 个“感动员工、感动用户”的小故事，在党员组织生活会、职工班前会上广泛宣传和组织学习，使他们的先进事迹在员工中发扬光大。通过细心发现、用心培育、大力弘扬员工中的闪光点，评选表彰了 130 名最佳实践者，其中 4 位普通员工“最佳实践者”的事迹，在集团公司交流会和刊物上进行了交流和介绍。 (何奉达)

**标化作业和素质养成** 开展“提高标化作业、提高素质养成、争创最佳协力服务”的“两高一创”全员达标活动。在 2008 年“一张纸”(即岗位标准操作提示卡)的基础上，补充增加了“一张纸”(包括安全防范、节能减排、养成工作、劳动纪律)的素质养成要求，把员工的素质养成纳入到岗位标准化操作达标活动中，以标化促素质养成，以素质养成提升标准化操作水平，提高了浦钢公司协力服务水平和员工队伍的整体素质。经过学习动员、达标测评、回头查看，1 441 名操作维护岗位员工参加测评，合格率达 97%。 (何奉达)

**教育培训** 浦钢公司始终坚持为中厚板分公司建设产能扩展培训高素质员工。370 名员工分别进入炼铁厂、炼钢厂、能环部、制造部参加招考培训。宝钢发展调入的 345 名人员通过岗位全面考核全部获得上岗证书，分别进入运行、行车、炼铁、仓储、试样等相关作业区上岗作业。浦钢公司也有 49 人完成内部转岗培训，顺利转岗。 (何奉达)

**风险控制** 制定《公司内部控制缺陷计划进度表》，从八个方面列出 15 项需要整改和完善的项目，明确责任部门、协助部门及时间节点，做好季度自评、半年度评估、年度总评。深化采购销售、安全生产以及重要岗位、敏感岗位、关键岗位的监察力度，达到制度上进一步健全，流程上进一步完善，步骤上进一步透明，操作上进一步规范。编写浦钢公司《全面风险管理手册(2009 年版)》，使风险管理和内部控制水平得到进一步提升。 (何奉达)

**维护稳定工作** 成立党政领导挂帅、各二级单位党政一把手参加的维稳领导班子和应急处置工作小组，建立群体性突发事件应急预案和措施，建立每周一次稳定工作专题分析例会制度。对重点对象落实专人对口，及时化解突出矛盾。实行维稳工作与经营管理责任制挂钩，严格考核，做到奖惩分明，使维稳工作处于受控状态。接待信访件件有着落、事事有回音，一些历史遗留问题得以妥善解决，一些群访问题基本平息无激化，确保了企业的和谐稳定。 (何奉达)

**清理整顿子公司** 按照集团公司生产服务业板块的发展战略要求和浦钢公司发展定位，完成了三钢—梅塞尔气体有限公司的工商注销，实现了集团公司下达的子公司清理整顿目标。 (何奉达)

浦钢公司下属子公司一览表

| 公司名称 | 公司地址 | 注册资金 | 人员 | 经　营　范　围 | 控股情况 |
|---|---|---|---|---|---|
| 三钢工贸公司 | 宝山区月浦工业园区 | 230 万元 | 16 | 金属材料、建筑材料、普通机械、电器机械及器材、金属制品、五金工具、办公用品、劳防用品、消防器材、渣铁、渣钢、煤和焦的筛下废弃物 | 全　资 |
| 苏州光福三钢园中苑宾馆 | 江苏光福 | 30 万元 | 6 | 住宿,餐厅;零售烟酒、冷饮、饮料、糕点、糖果、南北货、干鲜果品、粮食、冶金炉料(除焦炭外)、金属材料 | 全　资 |
| 上海克虏伯不锈钢有限公司 | 浦东雪野西路101 号 | 42 890 万美元 | | 不锈钢生产和销售,以及相关技术咨询和售后服务 | 参　股 |

(何奉达)

**浦钢公司大事纪要**

1 月 1 日,启用集团公司统一的会计软件系统。

1 月 18 日,召开财务专题会议,落实 2009 年度 6 630 万元降本增效目标的分解。

3 月 2 日,召开年度工作会暨一届十二次职代会、党代会,向浦钢公司全体员工发出了“排除艰险,战胜危机,再创辉煌,为完成 2009 年各项目标任务,为中厚板分公司实现‘四达’目标作出积极贡献”的倡议书。

5 月 4 日,消防空调站陈捷荣获 2008 年度全国钢铁行业“青安杯”竞赛最佳青安岗岗长荣誉称号。

6 月 1 日,上海三钢—梅塞尔气体有限公司被工商注销。

7 月 22 日,集团公司发改部在浦钢公司召开浦钢公司、宝钢发展公司相关业务整合工作启动会。

8 月 14 日,浦钢公司、宝钢发展公司含业务划转、资产划转、薪酬福利岗位对接、劳动关系接轨、维稳、损益和 3 年劳动效率提升优化的相关整合方案报集团公司审批。

10 月 19 日,一届十三次职代会审议通过了《宝钢集团浦钢公司相关业务整合方案》、《宝钢集团浦钢公司相关业务整合中关于员工劳动关系处理方案》。

11 月 20 日,首批员工劳动合同签订仪式在浦钢公司指挥中心多功能厅举行。17 名 C 层级以上管理干部,105 名 B 层级干部、作业长以及管理、技术业务人员签订了劳动合同,标志宝钢发展和浦钢公司相关业务整合取得了实质性的进展。

12 月 31 日,宝钢发展、浦钢公司相关业务整合工作顺利完成。浦钢公司将按照新的管控模式进行运作。　(唐盛才)

## 宝钢集团上海五钢有限公司

宝钢集团上海五钢有限公司(简称“五钢公司”)的前身是创建于 1958 年的上海第五钢铁厂,是专业开发、生产、销售特殊钢材的大型国有企业,地处宝山区吴淞口,占地 300 万平方米。1995 年 12 月改名为上海沪昌钢铁有限公司,1996 年吸收上海十钢有限公司、上海冷拉型钢厂组建上海五钢(集团)有限公司,1998 年 11 月加入宝钢集团后,更名为宝钢集团上海五钢有限公司。2003 年 8 月,宝钢集团将上海钢铁研究所委托五钢公司管理,同年 10 月将宝钢集团上海二钢公司委托五钢公司管理,2007 年 8 月,又将宝钢集团上海钢管有限公司委托五钢公司管理。

2005 年 5 月,五钢公司钢铁主业(不包括二钢公司)被宝钢股份收购,另行组建成宝钢股份特殊钢分公司,交易价格为 27.91 亿元。2006 年 7 月,五钢公司注册资本为 7.81 亿元。

五钢公司下设办公室、财务部、运营管理部、人力资源部、安全保卫部、审计监察部、退休职工管理办公室(与就业保障中心合署办公)、维护稳定办公室、房地产开发管理项目组以及特钢协力分公司和物业分公司等。下属子公司及托管单位有:上海五钢物流有限公司、上海五钢物业有限公司、上海十钢有限公司、宝钢集团上海二钢有限公司(托管)、上海钢铁研究所(托管)以及宝钢集团上海钢管有限公司(托管)等(详见“五钢公司下属子公司一览表”)。至 2009 年底,五钢公司(包括子公司及托管单位)在册员工 7 284 人,其中在岗员工 3 202 人,非在岗员工 4 082 人,五钢公司(包括子公司)总资产 12.667 4 亿元,净资产 4.379 8 亿元。

2009 年,五钢公司提出“确保稳定促改革,应对挑战降成本,加

五钢物流公司黑色金属交割库业务大厅

快整合求发展”的经营方针。经营业务主业侧重于服务特殊钢生产，包括运输、仓储、废钢加工、生产后道协力等生产服务体系以及存量房地产的开发和管理。此外，所属子公司还通过市场招租、物业管理等，利用和盘活存量资源。五钢公司（不含托管单位）全年营业收入3.24亿元，利润总额6 788万元。（黄建辉）

**企业负责人简介** 胡达新，1963年6月生，福建人，中共党员，高级工程师，五钢公司执行董事、总经理、党委书记。

**《五钢报》复名出版** 1月22日，为了适应宝钢集团内部体制变化，原由五钢公司、特钢事业部联合承办的《特钢通讯》改由特钢事业部主办。五钢公司以1958年建厂后创办的《五钢报》为企业报名，独立主办新版《五钢报》，该报为半月刊，企业内部发行，年内编辑出版24期。（黄建辉）

**申办期货商品交割库** 3月初，经上海期货交易所审核认定，上海五钢物流有限公司成为其注册商品螺纹钢、线材等期货品种的指定交割仓库，该库跻身上海该期货品种指定交割库三家单位之一，核定库容可存放20余万吨钢材。（黄建辉）

**入选首批文化产业园区** 3月中旬，新十钢公司原厂区入选上海市首批文化产业园区，被正式命名为“长宁新十钢视觉文化产业基地”，成为沪上又一著名文化产业摇篮。（黄建辉）

**吴淞职工体育中心建成投运** 9月29日，由原五钢公司职工俱乐部改建的宝钢吴淞地区职工体育中心开馆运行。体育中心拥有较为齐备的羽毛球、乒乓球、桌球、篮球和健身等项目设施。（黄建辉）

**十钢地块储备签约** 9月30日，就长宁区71街坊旧区改造项目十钢公司部分地块收购储备，十钢公司与长宁区土地资源储备中心签署协议，十钢公司近一半地块被纳入城市旧区改造范围。上海市副市长沈骏和宝钢集团公司董事长徐乐江等出席签约仪式。（黄建辉）

**五钢公司大事纪要**

5月8日，协力分公司丁宝兴勇救邻居煤气中毒一女子，被上海市

9月29日，由原五钢公司职工俱乐部改建的宝钢吴淞地区职工体育中心开馆运行

社会治安综合治理委员会、上海市见义勇为评审委员会授予“上海市见义勇为先进分子”荣誉称号。

5月26日，五钢公司房地产开发管理项目组成立。

5月底，上海钢管公司下属房地产公司清理关闭，完成税务和工商注销。

8月28日，五钢公司、梅山公司、一钢公司党政班子齐聚五钢公司，共同探讨完善和推进生产服务业发展改革稳定工作。

9月9日，一项惠及全体员工身心健康的“五钢职工健康计划实施办法”首次出台。

10月10日，十钢三川出租汽车公司35辆出租车通过上海产权交易所挂牌交易，上海海博出租车公司以1 430万元摘牌并完成产权交割。

12月上旬，以年度治安案件同比下降62%的出色成绩，通过上海市综合治理委员会评审，并被授予年度“平安单位”称号。

12月14日，十钢设备工程公司清理关闭，完成税务和工商注销。

（黄建辉）

**五钢公司下属子公司（含托管单位）一览表**

| 公司名称 | 公司地址 | 注册资金（万元） | 人员 | 经营范围 | 控股情况 |
|---|---|---|---|---|---|
| 上海五钢物流有限责任公司 | 上海市同济路332号 | 5 862 | 671 | 道路普通货物运输、装卸、装卸机械修理，运输装卸机械配件加工销售，货物储存，一类货运代理，联运，省际包车客运 | 全资 |
| 上海五钢物业有限公司 | 上海市同济路251号 | 50 | 9 | 物业管理，劳动服务，室内装潢，房地产咨询服务，物资存贮，家电修理，机电设备修理安装；建筑五金、日用杂品、劳防品、金属材料、建材销售；车辆寄存，绿化养护，洗涤服务，室内保洁服务 | 全资 |
| 上海十钢有限公司 | 上海市淮海西路570号 | 21 520 | 2 047 | 生产销售热轧钢带、冷轧钢带、焊接钢管、镀层板带、钢材和钢坯及其制品，电机产品及其加工、修理，国内贸易（除专项规定外），房屋租赁，物业管理，居室装潢，零售卷烟、雪茄烟，收费停车场，电机产品的技术咨询等 | 全资 |
| 宝钢集团上海二钢有限公司 | 上海市黄兴路221号 | 86 828.11 | 1 415 | 金属材料生产加工及原辅料，实业投资，国内贸易（除专项规定外），四技服务，国家有关部门批准的进出口业务 | 托管 |
| 上海钢铁研究所 | 上海市泰和路1001号 | 7 975 | 422 | 冷轧及热轧型材、金属制品、粉末冶金、元器件制造加工，科技开发咨询 | 托管 |
| 宝钢集团上海钢管有限公司 | 上海市逸仙路3950号 | 20 220 | 298 | 无缝钢管、焊接钢管、镀锌钢管制造、加工、销售、技术咨询，本公司新项目筹措、开办；经营本企业资产钢管及制品和技术的出口业务；经营本企业生产、科研所需原辅材料、机械设备、仪器仪表、零配件及技术的进口业务（国家限定公司经营和国家禁止进出口的商品及技术除外）；经营进料加工及“三来一补”业务；金属制品、五金加工和制造；普通货运；金属材料、日用百货批发、零售、代购代销；为国内企业提供劳务派遣服务（以上涉及行政许可的凭许可证经营） | 托管 |

（黄建辉）

## 宝钢集团上海二钢有限公司

宝钢集团上海二钢有限公司（简称“二钢公司”）始建于1942年2月。1949年新中国成立后，定名为上海第二钢铁厂；1995年8月，更名为上海二钢有限公司；1998年11月，成为宝钢集团下属子公司，并改名为宝钢集团上海二钢有限公司；2003年10月，集团公司决定由五钢公司托管二钢公司。

二钢公司有3个金属制品生产主体：预应力钢丝钢绞线厂（简称“PC厂”）、高性能钢绳厂、特殊钢丝厂；有1个全资公司：申佳金属制品有限公司；有1个中外合资企业：贝卡尔特—二钢有限公司。预应力钢丝钢绞线、油回火弹簧钢丝和钢丝绳是二钢公司三大主力产品，有几十个类别、上百个品种与规格，用途遍及国防、汽车、冶金、建筑、核电、桥梁、港口、矿山、农业、渔业、家电等国民经济和民生领域，部分产品远销美国、澳大利亚、加拿大、意大利、南美、东南亚以及中国香港等国家和地区，在国内外客户中享有较高声誉，特别是PC产品的技术质量、销售量处于国内领先地位，该产品成功用于苏通大桥、西堠门大桥、美国奥克兰大桥等标志性的重特大桥梁上，打响了民族品牌。

至2009年底，二钢公司在册职工1 400人，主体在岗职工681人，总资产13.20亿元，净资产33.26亿元，金属制品年生产能力19万吨，占地面积为27.3万平方米。全年完成工业总产值5.57亿元，销售收入8.57亿元，金属制品商品量16.70万吨，销售量17.71万吨，出口1 210吨，创汇86.86万美元，资产负债率75.38%。

根据上海市环保和节能减排要求，二钢公司线材制品搬迁发展项目年内动工，南通线材制品公司成立。落实节能减排目标，年内特钢厂针布产线、高性能钢绳厂产线平稳关停。 （张　俊）

**企业负责人简介**　张建，1956年12月生，上海人，中共党员，高级经济师，二钢公司总经理。

周宁光，1956年10月生，江苏淮安人，中共党员，高级政工师，二钢公司党委书记。

**平稳实施企业转型**　结构调整，企业转型，职工安置分流是2009年二钢公司一项艰巨而又紧迫的任务。根据结构调整计划安排和有关环保停产承诺，年内先后关停特钢的针布产线和高性能钢绳厂产线。按照民主程序，表决通过《关于收购申佳金属制品公司环保关停职工安置分流实施办法》、《宝钢集团上海二钢有限公司产线关停职工安置分流实施办法》。全年共计减员270人（136名职工协议解除劳动合同，134名职工自然减员）。依法清退243名外协力劳务工。通过集团公司和五钢公司平台推荐，有29名人员被宝钢股份特钢事业部、宝钢发展公司、宝钢工程公司和五钢物业公司、协力公司录用。此外，积极解决离岗职工再就业问题，通过社会职业介绍推荐135人次，应聘录用75人。 （张　俊）

**推进项目建设**　4月7日，宝钢集团公司正式下发“关于新建宝钢线材制品有限公司项目可行性研究报告（调整版）的批复”，二钢公司积极配合宝钢金属公司搞好项目建设前期准备。6月25日，宝通制品项目举行奠基仪式，10月18日，宝通制品项目开工建设，各项生产准备工作全面启动。 （张　俊）

**确保产销衔接**　针对年内外部市场多变和内部产线调整关停的特点，二钢公司坚持以销售为龙头，把握产能与市场的关系、产能与资源的关系、产能与库存的关系、产能与产线关停的关系，合理生产编排，使生产与销售最有效结合，实现资源利用最大化、产品利润最大化。年内完成油回火弹簧钢丝10 019吨，针布钢丝217吨，钢丝绳4 988吨，钢

二钢公司生产首批供美国旧金山奥克兰大桥的预应力镀锌钢丝

绞线 137 296 吨，镀锌钢丝 25 035 吨。其中，批量生产了美国奥克兰海湾大桥用 φ5.0 毫米镀锌钢丝 3 155.31 吨，青岛海湾大桥用 φ5.1 毫米镀锌钢丝 1 350 吨，泰州大桥用 φ5.2 毫米镀锌钢丝 3 266.13 吨，湖北恩施红旗大桥用 φ5.0 毫米镀锌钢丝 339.03 吨。（张 俊）

**实现有效销售** 密切跟踪国家 4 万亿元拉动内需和扩大基本建设投入的动向，年内制品销量 17.71 万吨，销售收入 8.57 亿元，其中销售钢绞线、镀锌钢丝达 161 366 吨，钢丝绳 5 625.83 吨，油回火弹簧钢丝 10 130.96吨，销量和销售收入 100%完成预算目标。积极参与国内重大工程项目招投标，在完成上海闵浦大桥镀锌钢丝和美国海湾大桥 2 600 吨合同后，又在特大悬索桥南京四桥、韩国永进桥、青岛海湾桥、广州绕城两座斜拉桥和涌江大桥等重点项目上中标，镀锌钢丝合同总量达 1.7 万吨，钢绞线中标合同 6 万吨，实现重大工程项目合同量的新突破。同时控制经营风险，抓好应收账款催讨和清欠，保证销售资金到位，年内资金回笼率为 101.19%。（张 俊）

**开展降本增效** 围绕全年降本2 561 万元、增效 6 900 万元目标，从管理的七大块进行指标分解落实。从节约一分钱、一张纸、一度电、一升油等小事入手，全员降本意识与成效不断体现。盘活闲置料 6 436 吨，盘活资金 2 700 万元；挖掘内部仓储潜力，增加产品直发，节约费用 127 万元；比价采购辅料，节约费用 325 万元；调整用水、用电、用气方式，节约费用 13 万元。年内财务费用比预算下降 5 087 万元；销售费用比预算下降 985 万元；动力能源费用比预算下降 1 390 万元；存量资产处置收益 8 880 万元；劳务用工费用按目标减少 260 万元，实现了降本增效目标。（张 俊）

**推进新品开发** 产销研团队围绕重大项目合同要求，围绕重点产品技术攻关。年内，二钢公司获得国家实验室认可及相关证书；完成《斜拉索用国产 φ7.0 毫米1 770 兆帕高性能镀锌钢丝》国家科技支撑项目报告编制，并通过科技部验收，该产品替代进口，达到国际先进水平，并应用在闵浦大桥缆索用镀锌钢丝、世博轴用镀锌钢丝；完成海湾大桥用镀锌钢丝生产技术难题攻关；开展泰州大桥用镀锌钢丝技术研究，形成生产新工艺；参与“十一五”国家科技支撑项目（特大跨径悬索桥主缆索股用高强度镀锌钢丝），研制出镀锌钢丝新品种，重点产品的技术优势进一步扩大。（张 俊）

二钢公司为沪杭高速铁路提供的优质钢绞线

**开展人文关怀活动** 通过厂情通报会，“感动二钢人”宣讲、《形势与任务》通讯报道等各种形式，开展形势任务教育，把工作目标、工作任务、工作要求向党员干部、职工讲清讲透，形成有利于调整转型的思想和工作氛围。开展党建项目化管理，发动党员和群众，争做最佳实践者，促进“降成本、暖人心、保稳定”工作开展，并对工作中涌现出的 13 项最佳实践成果，通过发布会加以表彰和固化。建立关心人的三级网络，配置 144 名网络工作人员，网络覆盖97 个班组，下拨 10 万元专项资金，帮助困难职工，年内二钢公司党政工通过各种方式慰问困难党员干部、职工群众共计 2 095 人次，帮困慰问金达到 36.69 万元，助学帮困 22 人，资助达 2.25 万元。改善职工收入，年内在岗职工人均收入保持去年同期高水平，离岗人员人均收入同比增加 5%。（张 俊）

**处置存量资产** 完成收购香港恒辉世纪有限公司持有的上海申佳公司 25% 股权，并适时进行工商变更和税务变更，使申佳公司成为二钢公司全资公司。推进存量资产处置,全面梳理了使用权房的家底,对条件成熟的存量房及时办理了产权接轨。服从和支持市、区市政工程建设,按程序规范完成长阳路1623号地块动迁,实现资产处置收益2 840万元。与杨浦区政府签订收购河间路733号地块协议,已先期获得收购资金的50%。针对高线资产处置拍卖成交后出现的新情况、新问题,进行妥善应对,保护了资产安全。进行黄兴路221号地块开发利用的战略性思考,并推动实施。 (张 俊)

## 宝钢集团上海梅山有限公司

宝钢集团上海梅山有限公司(简称"梅山公司")地处江苏南京长江三桥附近,是1969年4月上海利用南京梅山铁矿建设的炼铁基地。1970年8月8日首座高炉投产,1971年8月与南京梅山铁矿指挥部合并,改为梅山工程指挥部。1984年12月,定名为上海梅山冶金公司。1994年热轧板厂建成投产,12月30日更名为上海梅山(集团)有限公司。1998年11月进入宝钢集团,成为宝钢集团子公司。1999年4月炼钢连铸建成投产,实现了采矿、炼铁、炼钢和热轧全线贯通。2001年8月23日,梅山公司成立上海梅山钢铁股份有限公司(简称"梅钢公司")。2005年5月1日,梅钢公司被宝钢股份公司收购。2006年2月14日,梅山公司对地处南京的业务进行整合,把上海梅山企业发展有限公司更名为南京梅山冶金发展有限公司(简称"南京梅山公司"),并在南京完成工商注册,与梅山公司实行两块牌子,一套班子运作。

梅山公司主要产品有铁精矿、冷轧板卷、矿渣微粉、不定型耐火制品,主要从事矿山、冶金、建筑工程和设备制造、维修,生产协力服务、现代物流、废钢加工和资源综合利用等。主要生产经营单位有梅山矿业分公司、联合公司、设备分公司、新事业分公司、冷轧板公司、汽运分公司、梅盛公司、梅宝公司、资源分公司和梅利达工业总厂。

截至2009年底,梅山公司的注册资本16亿元,总资产42.23亿元,净资产19.72亿元。在册员工12 152人,其中在岗11 091人。全年生产铁矿石329.49万吨,铁精矿223.52万吨,生产冷轧卷12.27万吨,水渣微粉54.51万吨。实现营业收入41.72亿元。利润 -2 420.78万元,比中期预算目标减少亏损2 248万元,实现公司预期目标。完成降本增效3.6亿元,为年度目标的104%。 (傅伯隆)

**企业负责人简介** 王强民,1970年1月生,江苏淮安人,中共党员,梅山公司总经理。

徐国林,1952年12月生,浙江绍兴人,中共党员,高级经济师,梅山公司党委书记。

**编制5年发展规划** 根据宝钢集团公司的要求,上半年对梅山公司发展规划作了滚动调整,完成2009—2012年发展规划。8月开始编制2010—2015年公司发展规划大纲,11月底完成新一轮的发展规划。同时,完成资源综合利用、物流与仓储和钢铁协力三大重点产业的规划。此外,还编制建设技改规划,完成对2007—2012年6年规划中2007—2008年战略执行情况评估工作,报宝钢集团公司。 (傅伯隆)

**推进12个重点工作项目** 年内,推进12项涵盖成本改善、资源综合利用、市场开拓、改革改制与和谐劳动关系等各方面的重点工作。组织180多人参加各项目管理培训班,制订重点工作项目实施方案标准格式,明确项目责任领导、执行领导、执行部门、配合部门、责任人和联络人,以及各自的责任,确保重点工作项目信息畅通,责任明确,并列入年度绩效考核书进行考核。(傅伯隆)

3月11日,梅山公司新事业分公司成立原料中心

**完善生产组织** 3月,将新事业分公司原综合站炼钢中间包准备和钢包冷修岗位业务划归炼钢站管理,成立炼钢站砌筑作业区。调整铁前原燃料生产供应组织体系,成立原料中心,实行区域化和大车间管理模式。同时,设备分公司成立公辅检修保障部项目施工管理作业区。5月,成立生产管理室司秤作业区,增设汽运分公司车辆辅助服务作业区。6月,矿机电与检修保障部整合,成立矿设备检修制造分公司。

(傅伯隆)

**注册成立矿业分公司** 7月,宝钢集团公司《关于南京梅山冶金发展有限公司吸收合并上海梅山矿业有限公司的批复》,原则同意南京梅山公司设立南京梅山矿业分公司(简称“矿业分公司”)。上海梅山矿业有限公司主要经营铁矿采选、工业硫酸生产销售、地质勘察、爆破工程、机电安装等业务。9月22日,矿业分公司完成工商注册。按照集团公司的要求,组织实施净资产审计和账务等相关工作,11月矿业分公司完成吸收合并。

(傅伯隆)

梅山公司矿业公司磨浮大型化改造项目施工现场

**委托梅钢公司管理冷轧板公司** 2月27日,梅山公司、梅钢公司订立关于南京梅山冷轧板有限公司(简称“冷轧板公司”)委托管理协议。由梅钢公司各部门对冷轧板公司进行管理诊断评估和技术支持,全年加工冷轧板卷12.27万吨,超额完成10万吨的预算目标。利润总额为-2 124万元,减亏897万元。

(傅伯隆)

**修订123个内部管理文件** 5月,组织各职能部门对2007年前制定的255个管理制度开展评审。继续沿用的管理制度36个,需修订完善140个,废止79个。年内,123个管理文件修订后下发。 (傅伯隆)

**推荐创新成果** 根据宝钢集团公司要求,组织完成12个创新成果的完善和申报工作。选矿厂的“打造持续改善三大平台,提升企业精益化管理水平”、采矿场的“构建全员绩效管理体系,提升团队绩效水平”和资源分公司的“落实节能减排,实现废弃资源价值最大化”3项创新成果分别被集团公司推荐参加上海市和冶金行业2009年度企业管理现代化创新成果评审。

(傅伯隆)

**一批科研成果获奖** 年内,完成科技论文103篇,技术秘密20个,专利20项。合理化建议和科研活动产生经济效益1 750万元。在全国第十八届发明展览会上,《一种钢包渣活化剂及其用途》发明专利获得银奖。《一种适应多工况的干油润滑装置》、《高炉炉顶流量调节器》两专利获铜奖。向宝钢集团公司申报的《大间距采矿结构在不同类型矿山的应用研究》重大科技成果,荣获三等奖。 (傅伯隆)

**完成投资2.17亿元** 2009年预算投资2.04亿元,其中技措项目1.54亿元,零固项目4 967万元。2009年累计完成投资2.18亿元,占全年投资计划的106.78%。技术改造项目完成1.56亿元;零购项目完成6 156.01万元。 (傅伯隆)

**实施7个信息系统项目** 2009年,在信息化建设方面总投资达1 063万元,完成投资983万元。通过信息化手段为开展倒逼成本、降本增效和基础数据收集等工作创造有效的载体。1月,协同办公系统全面上线试运行。7月,统一的会计系统正式上线运行。11月,客商管理系统正式上线运行。采购管理平台2009年底已经覆盖到梅山公司各主要单位,实现采购业务“过程可跟踪、结果可查询”的目标。 (傅伯隆)

梅山公司矿山二期延伸工程

**矿山二期延伸工程** 该项目2004年开工,总投资5.40亿元。2009年完成投资7 520.38万元,累计完成投资2.15亿元。工程建设以主井延伸为龙头,以破碎系统、-420米水平穿脉及天溜井等关键线路为重点组织施工。全年累计完成掘进5 737.65米,完成掘进工程量80 859.02立方米。累计完成支护5 237.4米,完成支护工程量13 063.39立方米。(傅伯隆)

**山景尾矿库工程** 项目总投资2.52亿元。2009年完成投资5 339.82万元,累计完成投资1.54亿元。年内完成165亩土地征用手续,后续325亩土地征用正在协调办理相关手续,已不影响库区工程建设。累计安装输送管道22.97公里。

(傅伯隆)

**"宝盛51"轮投入营运** "宝盛51"轮为5 000吨级的江海两用型船舶,总造价2 630万元,7月竣工出厂,10月投入营运。年内顺利运行13个航次。"宝盛51"轮营运,使梅盛公司实现由"控船"到"控船+自有船舶"经营模式的转变,为拓展业务和优化服务打下了基础。

(傅伯隆)

**完成降本增效3.6亿元** 开展"我为降本增效献一计"等合理化建议成果的推广和运用活动,将降低生产成本、降低能耗和提高工效等方面的11个项目列为工会的年度劳动竞赛。同时,推进班组"成本改善课题"活动,确立班组成本改善课题769项。全年实现降本增效3.6亿元。(傅伯隆)

**压缩外委费用3 153万元** 1月,开展"以内顶外",压缩外委费用。4月,实行"倒逼机制",再次压缩外委费用605万元。2009年业务外委年度合同结算1.28亿元,控制在年度预算范围内,与2008年度同口径相比减少了3 153万元,下降20%。同时,严格控制外委业务,共梳理外委业务供应商465家。清退145家资质较差的物资供应商。(傅伯隆)

**减少维修费用5 933.7万元** 将"严格控制维修费用,实现降本增效目标"列为重点工作项目,采用超常规措施大比例压缩维修费用预算。各单位上报的1.91亿元维修费预算压缩至1.32亿元。其中,管理费用同比压缩了近30%。同时,通过加强过程控制、严格控制建构筑物维修和外委维修项目等多项措施,减少维修费用支出。

(傅伯隆)

**节能降耗工作** 与2008年相比,2009年的生产用电消耗减少了426万千瓦小时。生产用水下降了245.7万立方米。城市煤气、转炉煤

6月22日,在安徽芜湖举行宝盛51号轮竣工暨命名仪式

气消耗量下降,其中转炉煤气下降26.9%。煤气综合消耗量同比下降4 488.7 吨标煤。 (傅伯隆)

**节省项目投资 226.7 万元** 2009年固定资产投资项目计划 10 项,往年结转项目 21 项,共实施固定资产投资项目 31 项。2009 年结项的固定资产投资项目共计节省投资 157 万元。实施维修项目 18 项,完成结项 14 项,3 项已完成竣工验收。2009 年结项的维修项目共计节省维修费用 69.7 万元。

(傅伯隆)

**群众性经济技术创新活动** 4 月,创建梅山公司第一个以职工命名的曹国京创新小组活动室。全年,共申报专利 20 项,认定技术秘密 20 项,命名公司级先进操作法 11 项。从职工发明专利中选送 5 个项目参加第十八届全国发明展,获得一银二铜的成绩。 (傅伯隆)

**获首批南京市平安企业称号** 及时修订社会治安综合治理经济责任制考核办法,与各二级单位分别签订平安企业创建工作责任书,建立健全三级治保网络。2009 年抓获偷盗可疑人员 496 人,与 2008 年相比下降 58%。厂区治安形势好转,被授予首批南京市平安企业光荣称号。

(傅伯隆)

**梅山公司大事纪要**

1 月 22 日,作业长研修会成立。

2 月 28 日,60 余名青年志愿者在梅山市民广场开展为民服务活动。

3 月 18 日,矿工贸公司完成改制,南京梅山工贸实业发展有限公司成立揭牌。

4 月 22 日,梅山公司第一个以个人名字命名的曹国京创新小组活动室成立。

4 月 23 日,梅山公司和梅钢公司联合召开建厂 40 周年座谈会。

4 月 28 日,纪委召开 2009 年度长驻梅山外委施工队伍廉洁专题教育会议。

5 月 27 日,梅山公司表彰用户满意文明单位 20 家,优秀用户满意文明单位 4 家,品牌创建优秀项目 15 项。

6 月 3 日,宝钢集团公司聘任王强民为梅山公司总经理。

7 月 9 日,举行党校建校 30 周年座谈会。

9 月 8 日,国内地下矿山首台双臂掘进台车——瑞典进口的 Boomer282S 双臂掘进台车在采矿场投入使用。

9 月 18 日,梅盛公司"宝盛 56"号江海两用船顺利下水。

10 月 16 日,矿业公司启动磨浮大型化改造项目。

10 月 20 日,国家安全监管总局局长、党组书记骆琳和江苏省副省长史和平检查梅山尾矿库安全生产情况。

10 月 25 日,资源分公司 2 万吨预烧料扩建工程通过竣工验收。

10 月 28 日,满载 5 000 余吨矿粉的"宝盛 51"号江海两用船首航抵达梅钢原料码头。

11 月 4 日,南京市安监局矿山救护总队梅山救护分队在矿业公司采矿场成立。

11 月 6 日,首次召开最佳实践者活动推进会,表彰 46 名最佳实践者、10 个最佳实践团队。

12 月 11 日,2009 年铁精矿外销量突破 100 万吨,创历史最高纪录。

12 月 30 日,宝钢集团公司副董事长、党委书记刘国胜到梅山就宝钢领导力进行授课。170 余人参加培训。 (傅伯隆)

3 月 18 日,梅山公司矿工贸公司完成改制,南京梅山工贸实业发展有限公司成立

**梅山公司及子公司、分公司一览表**

| 公司名称 | 简称 | 注册资金 | 经营范围 | 注册地址 |
|---|---|---|---|---|
| 宝钢集团上海梅山有限公司 | 梅山公司 | 16 亿元 | 采矿选矿，黑色冶金冶炼及压延加工，起重机械安装、改造、维修，焦炭、煤气（限南京）、渣料及化工产品（除危险品外）生产，空分产品，冶金及采矿设备，汽配，建材，机电设备，园林绿化，房产租赁，集团公司内部技术培训、技术服务、劳务，磁性材料生产、销售，工程设计，运输、咨询，资源综合利用 | 上海市安远路505号 |
| 南京梅山冶金发展有限公司 | 南京梅山公司 | 9.55 亿元 | 工业废弃物及资源综合利用，化工产品（不含危险品）、空分产品、金属结构、铸件钢丝、橡胶制品、耐火及保温材料、服装、木器、塑料制品的制造、销售，汽车维修，印刷服务，钢材、机械加工，设备检测、安装、维修，内部市政环卫，园林绿化施工，电瓶维修、销售，货物运输，汽车配件、建材、卫生设备、冶金及采矿设备、金属制品、机电设备销售，物业管理、房产租赁，百货零售，室内装饰及房屋维修，渣料生产，职业技术培训，技术服务，提供劳务，工程设计、咨询，磁性材料生产、销售，餐饮、客运、住宿服务 | 南京市中华门外新建 |
| 上海梅山矿业有限公司 | 矿业公司 | 5 亿元 | 铁矿采选，地质勘察测绘，生产销售化工原料及产品，钎具、炸药、选矿药剂，五金交电，机械化工程施工，爆破、公路、隧道、桩基工程及制品的生产销售，电梯维修、保养 | 南京市雨花台区西善桥 |
| 上海梅山联合经济发展有限公司 | 联合公司 | 7 000 万元 | 进出口业务，金属材料及制品，建筑材料，非危险品化工产品，机械电子设备及配件，机电成套设备，工业油脂，五金交电 | 上海市安远路501 弄 2 号1607 室 |
| 上海梅山科技发展有限公司 | 科技公司 | 550 万元 | 计算机软硬件及网络工程、机电、冶金材料、化工、通讯设备、自动化设备的“四技”服务 | 上海市安远路505 号 1006 室 |
| 上海梅盛运贸有限公司 | 梅盛公司 | 2 000 万元 | 货物代理，船舶代理，租船业务，道路运输，仓储，冶金炉料、金属材料、机电设备、建筑材料、旅客运输，长江中下游及支流省际、本市内河普通货船运输 | 上海市金山区枫泾镇潮枫路2556 号 |
| 南京梅宝新型建材有限公司 | 梅宝公司 | 8 000 万元 | 生产符合国家标准的矿渣微粉，经营矿渣及其产品、建筑及装饰材料 | 南京市中华门外新建 |
| 南京梅山冷轧板公司 | 冷轧板公司 | 530 万元 | 钢铁冶炼、钢材加工，金属制品、金属结构件制造、销售，石油制品、五金交电、化工原料销售，公路设备安装、制造、销售 | 南京市中华门外新建 |
| 南京梅山冶金发展有限公司矿业分公司 | 矿业分公司 | | 矿产品销售；地质勘察测绘，工程设计；金属原料及制品、劳防用品、电子产品及通信设备、专用及普通机械、水泥制品、工矿设备及其备品配件、钎具、铸造产品、金属结构、金属线材制品、通讯电缆、电线电缆制造、销售；冷冻设备维修；仓储；土木工程建筑；机械化工程施工；电梯维修、保养；机电设备安装、检修工程；日用化工产品、硫酸铵销售；洗涤服务；劳务服务 | 南京市雨花台区西善桥 |
| 南京梅山冶金发展有限公司设备建筑安装分公司 | 设备分公司 | | 通用及冶金机电设备制造、安装、维修，工矿配件制造，工业与民用建筑施工，工业炉窑砌筑、维修，金属热处理工程，液压装置检测、维修，工业气体充装、销售，无缝气瓶检验、改装、修理 | 南京市中华门外新建 |

（续表）

| 公司名称 | 简称 | 注册资金 | 经营范围 | 注册地址 |
|---|---|---|---|---|
| 南京梅山冶金发展有限公司新事业服务分公司 | 新事业分公司 | | 提供培训、劳务、咨询服务，冶金产品、金属制品（除贵金属外）、五金建材、机电设备、矿产品销售 | 南京市中华门外新建 |
| 南京梅山冶金发展有限公司资源分公司 | 资源分公司 | | 废钢、废次品利用钢材及边角料、废铁及其制品、废有色金属、废油、废橡胶制品、废金属制品、废耐材、废电缆、废设备、钢铁渣料和泥料、工业废弃物销售、加工、综合利用及技术咨询，黑色金属、有色金属、化工产品、冶金炉料、粉煤灰、煤渣销售，磁性材料生产、销售 | 南京市中华门外新建 |
| 南京梅山冶金发展有限公司汽车运输分公司 | 汽运分公司 | | 货物运输，汽车维修，汽车配件销售，商业服务 | 南京市中华门外新建 |
| 南京梅山冶金发展有限公司市政绿化分公司 | 市政分公司 | | 市政环卫，园林绿化，房屋防水工程施工，花卉、苗木种植、销售，普通机械修理，建筑材料销售，物业管理，房屋修缮、租赁、置换，建筑五金材料、建筑门窗加工，金属结构件制作，电气维修、安装，小区环卫工程施工，提供劳务 | 南京市中华门外新建 |
| 上海梅山梅利达工业总厂 | 梅利达 | 100 万元 | 金属制品，橡胶制品，普通机械，化工产品，耐火制品，保温材料，水泥及制品，包装材料加工、销售，设备安装、维修，金属结构件制作、安装，服装及缝纫制品、机械、木器、塑料制品加工、生产、销售，提供劳务 | 南京市中华门外新建 |

注：从 2007 年 5 月起，宝钢集团南京轧钢总厂委托梅山公司管理。（傅伯隆）

## 煤 化 工 业

煤化工业是钢铁主业相关产业，主要从事钢铁企业炼焦后的煤气精制和冶金化工产品的生产、销售。（史 志）

### 上海宝钢化工有限公司

上海宝钢化工有限公司（简称“化工公司”）前身是宝钢总厂化工厂，1990 年 12 月改为化工公司，2005 年 5 月进入宝钢股份，组建成化工分公司，2007 年 9 月宝钢股份恢复上海宝钢化工有限公司，成为宝钢股份子公司，注册资本金为人民币 21.10 亿元。化工公司拥有上海宝山、南京梅山及苏州宝化炭黑三大生产基地和苏州宝化炭黑有限公司、南京宝宁化工有限公司两家控股公司以及参股的山西太化宝源化工有限公司。

2008 年 6 月化工公司组织机构调整，总部搬至上海同济路 3501 号。2009 年 4 月，化工公司作为宝钢多元旗舰公司之一，负责宝钢内煤化工产业发展。主要产品有精制焦炉煤气、苯类、萘类、酚类、喹啉类、油类、古马隆、硫酸铵、咔唑、蒽醌、沥青焦、炭黑系列产品等 50 余种，广泛应用于建筑、医药、农药、塑料、轮胎、染料等领域。宝钢牌精萘被评为全国用户满意产品。至 2009 年底，化工公司在岗员工 1 342 人，实现销售收入 69 亿元，利润 3.71 亿元。完成化产品产量 84.94 万吨，净化煤气 27.79 亿立方米，加工焦油 60.32 万吨、粗苯14.05 万吨，生产炭黑 14.76 万吨。2009 年 3 月，被评为 2007—2008 年度上海市文明单位；4 月，宝山分公司化产品一厂焦油萘甲班被评为中央企业先进集体；10 月，荣获 2009 年度上海市质量管理奖。（周春红）

**企业负责人简介** 王力，1956 年 6 月生，四川人，中共党员，高级工程师，化工公司董事长。

钱建兴，1969 年 5 月生，浙江人，中共党员，化工公司副总经理（主持工作）。

朱宏，1964 年 5 月生，上海人，中共党员，高级工程师，化工公司党委书记。

**安全管理** 年内健全化工公司安全应急管理体系，成立重大突发事件应急管理办公室。建立外部安全专家专项检查机制，加强三地安全督察力度。通过职业危害因素定点检测、粉尘与高毒物品危害治理等专项行动，做好员工职业健康工作，共完成658个检测点的职业危害因素定点检测，粉尘、毒物及噪声合格率均为100%。多种形式加强基层安全管理，安全保卫部在三地推进"二长"安全标准化工作、违章记分，减少现场不安全行为；工会三级安全网络作用效果明显，"100"（安全第一、事故为零、违章为零）班组建设和员工健康安全代表工作有序开展；团委通过制作安全短片、画报、案例汇编等形式开展青安岗宣传、教育活动，提高青年员工的安全意识。加强协力队伍管理，对协力队伍和分包商进行资质审查、施工合同约束及施工安全风险抵押金管理等，增强建设项目的安全管控力度；对协力人员进行安全、操作技能培训，提高了协力人员的安全技能，规范了作业行为。全年未发生各类伤害、火灾、交通事故。 （周春红）

**环保工作** 加大环保管理和技术研究的力度，全年宝山、梅山、苏州宝化污染物综合排放合格率均达标。宝山分公司重点是焦化废水处理工作，从源头治理、过程改善、科研攻关、废水回用四个方面实现达标排放。梅山分公司通过粗苯加工装置的技术改造，杜绝了废酸、酸焦油等难以处置的废弃物；加大固体废物综合利用工作，全年固废综合利用率99.09%，采用高效生物技术处理废水，将COD排放总量降低到124.84吨，同比下降26.47%。苏州宝化公司通过设备改进、操作规范，有效控制降尘量，并逐步将外排水的回用率提高到62.40%。 （周春红）

**市场营销** 根据市场信息，销售部每月拟订多套产销计划方案，经财务部效益对比分析，确定购销计划和生产计划，实现产销结合、以销定产的经营模式。开展"阳光采购（销售）"工作，利用东方钢铁网进行焦油、粗苯网上竞价采购，并扩大到产品销售、资材备件采购等方面。全年网上竞价购销总额约3.66亿元，总量达12.33万吨，降本增效747万元。焦油、粗苯等竞购价成为华东乃至全国的价格风向标。开拓市场，提高直供商比例，强化客户关系管理，建立战略客户高层互访机制，确保原料和产品物流的总体平衡，开拓了赛科等纯苯战略用户。加强经营风险防范，销售部鼓励客户在执行完基本计划供应量外，采用现货及市场价的方式进行交易；在确保原料安全库存的情况下，合理控制采购节奏；财务部利用贴息杠杆，增加承兑支付比例，以降低市场风险。 （周春红）

**实现生产稳定顺行** 三大生产基地采取了优化生产组织、提高计划执行率、严格工艺操作纪律等措施，在低负荷生产、费用紧张的状况下，确保了生产稳定顺行。宝山分公司面对设备老化严重，维修费较2008年下降2 514万元的情况下，优化设备检修模式，增加检查项目和检查频次，提高检修质量；梅山分公司着重抓好生产与项目施工等环节的衔接和管理。摸索新装置的生产操作规律，先后完成了焦油、苯加氢装置的功能考核；还加强技术质量工作，持续提高体系运行的质量和效率，如梅山分公司推进质量成本体系建设，满足用户需求。 （周春红）

**推进管理变革** 建立总部与多基地的分层管控模式。建立档案管理体系、突发事件应急响应管理体系，完善授权体系。完成规章制度平台的搭建和120个制度的编制发布工作。优化组织绩效管理，建立起化工公司及部门年度绩效管理目标体系，制定并实施360度评价流程。完善个人绩效评价体系，采用个人评价与组织评价相结合的方式，增强了绩效评价和绩效考核的有效性。拓展化工协同办公系统的应

化工公司销往中海壳牌石油公司的纯苯产品通过管道装运出厂

用,开通内部虚拟会议功能,提高办公效率。 (周春红)

**优化人力资源** 举办“每月一书”的读书活动、开办领导力系列培训课程,加强管理人员领导力建设。组织作业长资格培训和安全消防、安全伙伴计划等专项培训,进行作业长安全管理研修及交流;组织宝山、梅山两地班组长共111人次,进行形势任务、班组安全基础管理方面的教育培训,提升其基层管理能力。实施轮岗、挂职锻炼,三地相互轮岗交流、外派、挂职锻炼34人次。选送优秀人才到宝钢股份公司学习、挂职锻炼7人次。加强后备人才队伍管理,制定管理、技术、操作等各类人员成长路径,编制新进大学生3年培养计划,以“项目育人”方式,开展项目骨干人员跨地域实习培训、首席师带徒、梅山三大项目“帮教带”等活动,完善后备人才库及后备人才管理体系。 (周春红)

**实施建设规划项目** 集团公司自主集成、科技创新的重点项目——宝山分公司“针状焦工业化生产改造”项目完成示范装置建设。“煤气系统升级改造”项目,完成可研批复和初步设计审批。“苯加氢工艺环保节能综合改造”项目,完成主体装置建设,进入单体试车、试压阶段。梅山分公司焦炉易地大修配套填平补齐项目,进入设备单体试车;煤精二期项目完成初步设计优化方案的审批。湛江化工项目化产部分工程投资完成可行性研究报告的内审和《宝钢化工湛江项目方案》。宝宁改质沥青项目完成初步设计与合资项目审批、公司注册登记等工作。成立了八钢项目组,已进行合资谈判和可行性研究评审工作。(周春红)

**实现降本增效1.15亿元** 健全三级成本管理分析体系,推行标准成本管理。结合化工生产特点,确定标准成本模式,并向梅山分公司、苏州宝化公司推广。以项目化形式推进节能降耗工作,削减和控制各类管理费用。开展以成本改善为主题的劳动竞赛活动和节约一滴水、一张纸、一度电活动。表彰最佳实践者39人,其中4人受到集团公司表彰,其事迹编入《宝钢最佳实践者事迹集》。 (周春红)

化工公司煤精厂张贴最佳实践者的事迹

**技术创新** 成立化工公司创新者协会,推进创新工作,全年实现科研项目经济效益676.63万元,合理化建议效益5 194.65万元。专利受理43件,其中发明专利25件;技术秘密认定33项。 (周春红)

**投资管理** 完成固定资产投资3.61亿元,完成率99.5%。其中建设项目投资2.49亿元,技术改造1.01亿元,零固项目1 104万元。同时加强投资管理,提升投资管控水平。梅山分公司煤精二期项目方案优化,投资额从近5亿元下降为3.99亿元,在集团公司总经理办公会上得到肯定。 (周春红)

**化工公司大事纪要**

1月14日,梅山分公司焦油蒸馏、苯加氢项目消防工程顺利通过南京市消防局验收,并取得验收合格通知书。

2月18日,召开化工公司五届九次“双代会”。

3月31日,梅山分公司煤精项目通过南京市安监局安全设施竣工验收。

3月,梅山分公司苯类产品升级改造工程投产,焦油、苯加氢、一期煤精三大技术改造工程全面建成投产。

3月,荣获2007—2008年度上海市文明单位称号。

4月3日,宝宁筹备组股东双方完成注册资本出资,8日完成验资,10日宝宁公司注册正式营业执照,14日完成税务登记。

4月,宝山分公司化产品一厂焦

油萘甲班荣获“中央企业先进集体”称号。

4 月 29 日，宝钢《关于进一步优化相关子公司管理关系的通知》明确宝钢化工作为宝钢多元旗舰公司之一，负责宝钢内煤化工产业发展。

5 月 20 日，宝钢股份聘请钱建兴任化工公司副总经理（主持工作），解聘方志民化工公司总经理职务，其工作另行安排。

6 月 8 日，成立审计监察部。

6 月，成立“宝钢化工职工创新者协会”。

6 月，成立重大突发事件应急管理办公室。

10 月 19 日，成立八钢项目组。

10 月，荣获 2009 年度上海市质量管理奖。

11 月，苏州宝化炭黑有限公司通过江苏省高新技术企业称号复评，连续 6 年获江苏省高新技术企业称号。

11 月，宝钢牌精萘被中国质量协会、全国用户委员会评为全国用户满意产品。

12 月 7 日，宝钢股份委任王力、钱建兴、朱宏、冯太国、顾柏松、方志民为化工公司董事，王力为董事长。

12 月 7 日，宝钢股份委任冯国成、胡传实为化工公司监事，冯国成为监事会主席。

12 月 16 日，宝钢《关于职工董事、职工监事人选的批复》，同意裴世兵为化工公司职工董事人选，王国伟为化工公司职工监事人选。（周春红）

**化工公司下属子公司一览表**

| 公司名称 | 资产总额（亿元） | 控股比例（%） | 主要经营业务 | 在岗职工人数 |
|---|---|---|---|---|
| 苏州宝化炭黑有限公司 | 6.4 | 60 | 生产销售炭黑 | 286 |
| 南京宝宁化工有限公司（计划 2010 年 4 月开工建设） | | 55 | 改质沥青及相关产品的生产和销售并提供相关配套的销售后服务 | 11 |
| 太原宝源化工有限公司 | 2.05 | 15 | 化工产品的生产、销售 | 90 |

（周春红）

## 金融投资业

金融投资业是与钢铁主业密切相关的行业，实业与金融相结合，能有效促进钢铁主业的发展，提升钢铁业的综合竞争力。宝钢金融投资业包括华宝投资有限公司、华宝信托有限责任公司、华宝兴业基金管理有限公司、华宝证券有限责任公司、宝钢集团财务有限责任公司。

（史　志）

### 华宝投资有限公司

华宝投资有限公司（FORTUNE INVESTMENT CO., LTD.）（简称“华宝投资”）前身为上海五钢浦东国际贸易有限公司，成立于 1994 年 11 月。2007 年 3 月宝钢集团有限公司通过股权受让方式获得其 100% 股权，注册资本由 1 740 万元增资到 30.17 亿元，同时将其更名为“华宝投资有限公司”。2007 年 11 月，宝钢集团有限公司以现金方式增资 38.51 亿元，增资后华宝投资有限公司的注册资本变更为 68.69 亿元。2008 年 12 月，宝钢集团有限公司委托华宝投资对华宝信托有限责任公司进行管理。

华宝投资有限公司作为宝钢金融板块的旗舰公司，主要职责是优化宝钢金融资源，提升股权价值；利用资金优势、宝钢集团的强大背景和上下游资源的协同优势，开展股权投资业务。华宝投资经营范围包括对冶金及相关行业的投资及投资管理、投资咨询、商务咨询服务等。业务定位是：寻求金融产业的投资机会；利用自有资金对金融、钢铁产业上下游、新能源等行业作长期股权投资；对 Pre-IPO（上市前私募）、上市公司定向增发或新发配售等作中期策略投资；通过新股申购、国债回购和银行存款等形式对自有资金作现金管理；开展股权投资业务。

华宝投资奉行“诚信、稳健、规范”的经营理念，致力于国内外投资市场，积极寻求与钢铁主业相关的上下游供应链产业等宝钢较熟悉的领域或合作伙伴所熟悉的领域的投资机会，努力成为业内一流的专业性投资机构。2009 年，实现营业收入 6.53 亿元，实现利润总额 6.31 亿元，管理的资产规模达到 81 亿元。（华　轩）

**企业负责人简介**

王成然,1959 年 4 月生,北京人,中共党员,经济师,华宝投资董事长。

郑安国,1964 年 11 月生,湖北人,民建上海市委委员,上海市政协委员,高级经济师,华宝投资总经理。

**华宝投资大事纪要**

8 月,启动编制宝钢金融服务业发展规划(2010—2015),规划明确了战略目标,确立了挑战性指标体系,提出了战略举措及业务发展定位。

8 月,合资公司——法兴华宝汽车租赁(上海)有限公司注册成立,11 月正式开业。 (华 轩)

## 华宝信托有限责任公司

华宝信托有限责任公司(FORTUNE TRUST CO.,LTD.)(简称“华宝信托”)成立于 1998 年,2007 年 4 月 3 日,经中国银行业监督管理委员会批准,成为首家通过“重新登记”的信托公司,并更名为“华宝信托有限责任公司”,注册资本为人民币 10 亿元(其中美元1 500 万元)。宝钢集团有限公司和浙江省舟山市财政局分别持有 98% 和 2% 的股份。2008 年 12 月,宝钢集团有限公司委托华宝投资对华宝信托实施管理。

华宝信托秉承“受人之托、忠人之事”的信托基本理念,以专业化和差异化发展为基本战略指导思想,重点以资产管理和信托服务作为全力发展的两项主业,强化能力建设、品牌建设和渠道建设,在资产管理、资产证券化、结构化证券投资和私募基金托管、企业年金及员工福利计划等业务上取得规模化发展,居于行业领先地位。自 1998 年成立起,华宝信托连续 12 年盈利,所兑付的信托计划从未低于预期收益率,累计营业收入及利润总额分别为 41.92 亿元和 30.97 亿元,累计实现信托手续费收入 21.52 亿元,累计为各类客户实现收益 149 亿元。

华宝信托 2009 年致力于核心竞争力提升、新业务模式拓展和管理资产规模增长的经营方针,实现利润总额 9.55 亿元,合并收入16.39 亿元,净资产收益率 27.90%,管理资产总规模达 1 156 亿元,总资产利润率为 18.34%,资本利润率为 27.90%,主营业务收益率为 45.69%,稳居行业前列。(华 轩)

**企业负责人简介** 郑安国,1964 年 11 月生,湖北人,民建上海市委委员,上海市政协委员,高级经济师,华宝信托董事长。

占兴华,1972 年 5 月生,江西婺源人,中共党员,会计师,华宝信托总裁。

张建群,1952 年 8 月生,浙江宁海人,中共党员,高级会计师,华宝信托党委书记。

**拓展项目融资业务** 开展有优质抵、质押物的高毛利项目融资业务,并设计出多样化可适性强的业务模式,该项业务从零开始,至年底规模已达 23.38 亿元,实现收入 6 300 多万元。同时,华宝信托在高额收益面前保持高度风险意识,在项目事前、事中、事后各环节严格遵循风险管理制度,根据实务操作经验撰写并完善《股权质押融资业务操作指引》和《房地产融资业务操作指引》。此外,华宝信托的风(险)控(制)部门、财务部门和研发中心亦参与到项目的前、中、后环节进行审核及监督,做到贷审分离,防范市场和经营风险。华宝信托还引入了业务人员职业规范、双项目经理制、廉洁协议等具体措施,防范该类业务中的道德风险。 (华 轩)

**拓展银信合作领域** 华宝信托 2009 年顺利承揽华宝兴业基金管理有限公司对接外资银行的结构性存款、商业银行的铁道部贷款、周周盈、信贷资产转让等大型项目,为完成年度资产规模预算打下坚实基础。年底银信合作业务资产规模 333 亿元,较 2008 年的 91 亿元增长 266%。 (华 轩)

**搭建持续营销环境** 组织设计现金管理产品,在丰富产品线和期限结构的同时,推动了销售与投资环节的互动,为持续营销创造了条件。华宝信托通过多种手段深化“整体营销”理念,加强投研与营销的战略协调和互动,提升投研对产品营销的支撑力度,提高对客户服务水平。

(华 轩)

**拓展大型企业理财业务** 抓住某大型企业对重组后的子公司原有银行债务进行整体优化的契机,通过信托融资这种新型融资方式改善了其资本结构,节省融资成本,为其成功重组提供有力金融支持。2009 年此类业务迅速向各大型企业推广,至年底规模为 77.4 亿元,实现收入 390 余万元。同时,华宝信托在大型企业应收账款融资项目上也获得突破性进展。该项目通过设立资金信托募集资金投资该笔应收账款债权资产,不仅为大型企业盘活账面资产,扩大融资渠道,降低财务成本,也为华宝信托带来可观的收入。

(华 轩)

**受托管理员工福利业务达 15 亿元** 完成宝钢集团年金落户工作，托管资金规模达 12.9 亿元，管理账户超过 10 万户，下属全部投资组合均已开始运作。华宝信托通过加强渠道销售和直接客户拓展两种方式稳步推进该类业务，巩固在员工福利领域中的市场领先地位。至年底，员工福利受托管理规模达 15.66 亿元。华宝信托近年已将众多世界 500 强企业及国内大型企业发展为品牌客户，在提升市场形象的同时积累了丰富而优质的个人客户资源，为未来业务发展打下了潜在基础。（华　轩）

**荣获“诚信托——TOP 大奖”** 在由上海证券报社主办的 2008 年度第三届全国信托行业“诚信托”评选中，华宝信托凭借优异业绩、鲜明业务特色、持续规模化发展和广泛社会影响力，独揽主办方设置的信托公司最高级别综合大奖——“TOP 大奖”。（华　轩）

**华宝兴业基金管理有限公司** 简称“华宝兴业”（FORTUNE SGAM FUND MANAGEMENT CO.，LTD.），为中法合资基金管理公司，于 2003 年 2 月 12 日获准开业，是全国第二家、信托业第一家获准开业的中外合资基金管理公司，注册资金 1.5 亿元，其中华宝信托持股 51%，法兴资产持股 49%。华宝兴业董事长为郑安国，总经理为裴长江。中方股东为华宝信托有限责任公司，其母公司宝钢集团为世界 500 强企业；法方股东法国兴业资产管理有限公司是欧元区第四大资产管理公司，全球排名进入前 20 位。2007 年 8 月，华宝兴业获得 QDII（合格的境内机构投资者）业务资格，2008 年 3 月，获得特定客户资产管理业务资格。至此，华宝兴业已经成为一家向客户提供国内公募基金产品、海外投资基金产品和专户理财服务的综合性资产管理公司。

2009 年，在中国主流媒体理财联盟主办的“2008—2009 年度中国理财总评榜”评选中，华宝兴业被评为“最佳服务基金公司”。华宝兴业多策略增长基金分别在《上海证券报》主办的第六届中国基金业“金基金”奖评选中荣获 2008 年度“金基金——股票型基金奖”，在《中国证券报》主办的“第六届中国基金业金牛奖”评选中被评为“2008 年度开放式股票型持续优胜金牛基金”。2009 年，华宝兴业实现营业收入 7.55 亿元，利润总额 3.68 亿元，管理资产规模 619 亿元。基金管理规模位列全国 60 家基金管理公司第 13 名。（华　轩）

6 月，华宝信托荣获“诚信托 TOP 大奖”

**华宝证券有限责任公司** 简称“华宝证券”（FORTUNE SECURITIES BROKERAGE CO.，LTD.），前身为富成证券经纪有限责任公司，2006 年经中国证监会批准，宝钢集团对富成证券经纪有限责任公司实施重组，于 2007 年 2 月完成了新老股东的股权转让，并更名为华宝证券。华宝证券是宝钢集团唯一一家证券公司，注册地为上海，总部位于上海浦东新区陆家嘴金融贸易区，注册资金 5 亿元，客户规模 706.81 亿元。其股东为华宝信托有限责任公司（持有 99.922% 股权）和宝钢集团有限公司（持有 0.078% 股权）。华宝证券董事长为于业明，总经理为陈林。华宝证券主要经营证券经纪、证券投资咨询、证券自营，具有基金代销资格和上交所固定收益平台资格。在上海、北京、深圳、福州、杭州、舟山设有 7 家证券营业部和 2 家服务部。2009 年 7 月，华宝证券取得证券自营、证券投资咨询两项业务资格，从单一从事证券经纪业务的券商发展为拥有多项业务资格的综合型券商；在中国证券监督管理委员会组织的 2008 年度证券公司分类评审中，较上一年提升了一个级别，达到 BBB 级；在上海证券报社组织的“第二届中国最佳证券经纪商”评选活动中，荣获“2008 年度最快进步证券经纪商"奖。2009年，华宝证券实现营业收入2.63亿元，利润总额1.42亿元。

**华宝信托大事纪要**

3月，正式运作宝钢集团有限公司10万职工的企业年金计划。

6月，在第三届"诚信托"评选中，获得主办方设置的唯一一项级别最高的综合类奖项——"诚信托TOP大奖"。

7—12月，向铁道部、宝钢集团等优质企业提供信托融资业务264亿元，年底管理资产规模462亿元，为历史最高。

10月，与中国银行合作推出"乐逸人生员工福利管理信托计划"产品。

11月，《利润中心激励方案的构建与实施》荣获"2009年上海市企业管理现代化创新成果"评选二等奖。

12月，与工商银行合作发行"精赢"系列证券投资产品，募集信托资金3.54亿元，全年募集主动管理类信托投资资金41.87亿元。

2009年，主动管理高费率信托融资业务取得突破，完成新湖中宝、广汇股份、荣盛发展、上海绿城等多个优质资产抵质押信托融资项目，其中广汇二期的投资者年化收益率达20%。

2009年，与多家知名中介机构一起，依托国内知名地产集团，积极参与推进国内首批REITs产品创新试点工作。（华　轩）

## 宝钢集团财务有限责任公司

宝钢集团财务有限责任公司（简称"财务公司"）是1992年6月经相关监管机构批准成立的全国性非银行金融机构，注册资本金5亿元（其中包含2 000万美元）。财务公司共有5家股东单位，分别是宝钢集团有限公司、宝山钢铁股份有限公司、上海宝冶建设有限公司、宝钢发展有限公司、重庆钢铁设计研究总院有限公司，其中宝钢股份持股62.1%，宝钢集团持股35.18%。2009年7月，宝钢决定财务公司委托华宝投资管理。

财务公司经营范围：对成员单位办理财务和融资顾问、信用鉴证及相关的咨询、代理业务；协助成员单位实现交易款项的收付；经批准的保险代理业务；对成员单位提供担保；办理成员单位之间的委托贷款及委托投资；对成员单位办理票据承兑与贴现；办理成员单位之间的内部转账结算及相应的结算、清算方案设计；吸收成员单位的存款；对成员单位办理贷款及融资租赁；从事同业拆借；经批准发行财务公司债券；承销成员单位的企业债券；对金融机构的股权投资；有价证券投资；成员单位产品的买方信贷及融资租赁。

财务公司下设8个部门：业务管理部、资金运用部、公司金融部、财务结算部、稽核部、风险管理部、办公室（人力资源部）、八钢服务部。至年底，有职工51人，其中45%拥有硕士研究生以上学历。

2009年，财务公司经历了从未有过的主营业务规模大波动，面对流动性风险，财务公司围绕客户服务、产品创新和风险管理三大主题，主动调整资产配置，推行精细化管理，抓住团队建设关键环节，提高反应速度和内部协同效率，取得较好的经营业绩。全年实现税前利润2.55亿元，比2008年增长23.79%；实现主营业务收入4.325亿元，投资收益5 754万元，净资产收益率达到12.97%；年末资产总规模92亿元，自营贷款规模67亿元，自营投资规模10亿元，吸收存款70亿元。主要监控指标执行结果全部符合银监会规定的考核标准，整体风险水平较低。（谢　放）

**企业负责人简介**　陈缨（女），1971年3月生，天津人，中共党员，高级会计师，财务公司董事长。

袁磊（女），1964年12月生，湖北人，中共党员，高级会计师，2009年4月起任财务公司总经理。孔祥清不再担任总经理职务。

**克服信贷业务波动**　2009年，财务公司信贷业务经受巨大考验。宝钢股份是财务公司贷款的重点客户，贷款规模基本保持在50亿—60亿元，但6月宝钢股份采取直接融资方式筹集资金后，信贷需求急剧下降，几乎还罄全部贷款。财务公司积极开拓新客户，发掘新需求，竭力弥补信贷规模缺口。以宁波钢铁、梅钢公司、八一钢铁、宝钢资源板块、宝钢工程板块、宝钢金属板块为重点拓展大批客户，信贷客户结构发生了根本性的变化。至年底，宝钢股份以外的成员单位信贷规模从29.5亿元增长至62.87亿元，增幅113%。票据贴现和外汇贷款规模也在短期内明显扩大。（谢　放）

**加强流动性管理**　财务公司存款资金波动剧烈，尤其是第三季度客户集中提取存款累计达82亿元，占总资产比例71%，使财务公司面临流动性管理难题。为此，财务公司通过信贷资产转让、抛售债券套现或以债券回购、拆入资金等方式从外部市场拆入资金，同时调整资产配置，压缩自有备付金保障流动性。

全年累计融资513亿元,既满足了客户的提款需求,解决了暂时性"资金失血"问题,又有力地支撑了全年2万多亿元的结算流量。为确保流动性安全,财务公司一方面完善多级备付体系,运用现金管理工具进行流动性管理;另一方面,与同业保持稳定的合作关系,维护融资渠道畅通,进一步规范同业授信管理,制定相关管理办法和操作流程,累计取得总额达101亿元的授信额度。

(谢　放)

**自营投资业务稳健发展**　自营投资业务坚持稳健原则,在完成流动性管理任务,并保证安全性的基础之上,兼顾投资收益。2009年自营投资平均规模14.46亿元,其中固定收益投资平均规模12.76亿元,权益投资平均规模1.7亿元;自营投资综合收益率10.62%,其中股票投资收益率达到88%。　(谢　放)

**完善结算网络建设**　在与工商银行、建设银行、交通银行三大银行合作的基础上,与中国银行建立合作关系,进一步完善了结算网络,提高了资金清算效率。2009年结算流量21 622亿元,业务笔数27.1万笔,日均1 084笔。外汇结算形成特色,采用二次开单模式,打通了汇路。财企直连服务通过网络接口方式,把企业的财务系统与财务公司的金融服务系统对接,加快了信息流、资金流的传递,方便了企业进行财务处理。年内,陆续完成宝钢金属、成都宝钢西部公司、天津宝钢北方公司、浦东国贸、武汉宝钢华中公司的系统直连。(谢　放)

**开展结售汇业务**　3月,国家外管局批准财务公司的结售汇业务经营资格;7月,财务公司成为外汇即期市场会员单位。结售汇业务增加了财务公司服务集团公司成员单位的手段,为集团公司企业办理结售汇,不仅可以内部头寸轧差减少交易量,节约成本,而且可以享受市场批发价,让利给成员单位。2009年累计办理结售汇业务15笔,金额4 210万美元。此外,财务公司还积极营销外汇贷款,开展贸易融资,全年累计发放外汇贷款1 677万美元。　(谢　放)

**推进业务创新**　专门成立跨部门的产品创新小组,倡导员工紧贴市场和客户需求,提高市场敏感度,营造创新氛围。2009年,即期结售汇、信托贷款、表外养券和受让银行资产等业务已实质性开展,取得一定成果。如为广东湛江龙腾和宝钢金属发放的9.5亿元信托贷款,比同期贷款基准利率下浮20%。而供应链融资、电子票据、资产证券化、远期结售汇等储备产品增强了财务公司发展的后劲。　(谢　放)

**提高客户服务意识**　在思想观念上,确立"以市场和客户需求为导向"的经营理念,要求员工转变观念,珍惜客户资源;改进工作作风,鼓励走出去,主动营销。在工作机制上,推出大客户代表制度、客户服务工作周例会制度等。年内,客户经理几乎跑遍宝钢集团内所有成员单位,深入了解客户需求,掌握客户现金流特点,为客户制订服务方案,有效地促进了业务发展。

(谢　放)

**财务公司大事纪要**

2月,召开五届三次董事会、第十三次股东会。董事会下设风险监督管理委员会。

3月,国家外汇管理局批准了财务公司的结售汇业务经营资格。

4月,财务公司总经理由原宝钢股份财务部部长袁磊担任。

6月,推出大客户代表制度,建立客户服务机制,提高客户服务意识。

7月,集团公司发文将财务公司委托华宝投资管理,财务公司回归金融板块。

7月,中国外汇交易中心批准财务公司为外汇即期市场会员单位。

8月,成立产品创新小组,培育创新基地,鼓励开展金融创新。

8月,完成工会换届选举,成立第六届工会委员会。

9—12月,财务公司结算大厅装修,以提高窗口服务形象。

10月,出台《合理化建议管理办法》,开展合理化建议活动。

11—12月,开展"宝财通"品牌LOGO征集活动,得到员工的积极响应。

12月,在人行上海分行2009年度中资金融机构金融统计工作评比中,荣获二等奖。

12月,在人行上海分行2009年度中资金融机构会计报表评比中,获综合优胜奖。　(谢　放)

# 2010
# YEARBOOK
# BAOSTEEL

# 海外公司

1 专　记 ZHUANJI
13 专　文 ZHUANWEN
33 大事记 DASHIJI
41 概　述 GAISHU
63 规划发展 GUIHUAFAZHAN
67 管理创新 GUANLICHUANGXIN
79 科　研 KEYAN
97 基建与技改 JIJIANYUJIGAI
109 环境经营 HUANJINGJINGYING
123 人力资源管理 RENLIZIYUANGUANLI
135 财务、资产与审计 CAIWUZICHANYUSHENJI
141 宝钢股份 BAOGANGGUFEN
217 八一钢铁 BAYIGANGTIE
233 广东钢铁 GUANGDONGGANGTIE
239 宁波钢铁 NINGBOGANGTIE
245 多元产业 DUOYUANCHANYE
305 海外公司 HAIWAIGONGSI
313 综合管理 ZONGHEGUANLI
325 党群工作 DANGQUNGONGZUO
353 企业文化 QIYEWENHUA
365 人物与表彰 RENWUYUBIAOZHANG
377 附　录 FULU
401 索　引 SUOYIN

## 海 外 公 司

### 宝和通商株式会社

宝和通商株式会社(简称"宝和通商")成立于1993年8月26日,注册资本8.76亿日元,是宝钢股份全资子公司。位于东京市中心千代田区一番町15番地。宝和通商下设社长室、经理室、钢铁部(包括物流室)、机材部、综合营业部、市场开发部,并设上海事务所、韩国首尔事务所和宝澳公司。至2009年底,宝和通商共有员工54人,其中日本本部32人,上海事务所8人,韩国首尔事务所9人,宝澳公司5人。

2009年,针对肆虐全球的金融危机,宝和通商紧急出台并严格执行应对金融危机的实务操作流程。通过走访用户,与金融机构、咨询机构及大型商社交流,动态跟踪用户资信情况。对部分长期用户适度允许使用远期信用证加无追溯或保兑的支付方式,确保信用证议付单证相符。尽量从战略、重点用户多拿订单,抓住船用厚板市场相对较好的机会,全力推进销售,抓住不锈钢市场略微回暖的机会,开拓具有潜力的新用户。面对资材备件业务量减少、签约后价格重新谈判、交货期延迟、合同取消等复杂情况,坚持满足宝钢股份需求和降本增效,2009年资材备件共降价2.2亿日元(约合人民币1 630万元),取消合同1.08亿日元(约合人民币800万元)。

2009年宝和通商钢材进出口总量为105万吨。其中:向中国国外销售宝钢钢材约65万吨(59万吨碳钢、4.5万吨不锈钢、1.2万吨特殊钢),向中国国内销售钢材38.4万吨,实现贸易总额881.7亿日元。

5月,赵方林就任宝钢集团东北亚及澳洲大区总代表。

9月22—23日,宝钢集团党委书记刘国胜利用访问韩国、日本之际,到宝和通商韩国事务所和东京本社调研,听取宝和通商员工的想法和建议,对海外员工的辛勤工作和家属的大力支持表示慰问,勉励海外员工为宝钢海外事业的发展再立新功。 (严伟良)

**企业负责人简介** 赵方林,1957年11月生,上海人,中共党员,宝和通商社长。

9月,宝钢集团公司党委书记刘国胜、纪委书记刘占英到宝和通商调研

### 宝钢新加坡贸易有限公司

宝钢新加坡贸易有限公司(简称"宝新公司")于1997年2月25日在新加坡成立,是宝钢股份全资子公司,注册资本金150万新加坡元。地址:7 Temasek Boulevard, No. 40 - 02/03 Suntec Tower One, Singapore 038987。

宝新公司主要从事钢铁相关产品贸易活动,主要市场包括新加坡、马来西亚、印度尼西亚、菲律宾、泰国、越南、文莱等东南亚国家和印度、巴基斯坦、孟加拉国等南亚国家。用户包括开利、松下、PT CITRA、马来西亚长荣、印度TATA汽车厂和ONGC石油公司、巴基斯坦SUZUKI汽车厂、泰国松涛和CHAUTO、印尼INKOASKU和ADR汽车零配件厂等。下设钢铁部、财务部、运输部和单证部,以及越南代表处、泰国代表处、印度代表处和上海代表处。

2009年受金融危机冲击影响,宝新公司经营非常困难。通过全体员工的不懈努力,全年销售各类钢材33.35万吨,实现销售收入2.95亿美元。

2009年,宝新公司获新加坡政府授予的环球贸易商计划(简称GTP)下的优惠税率(5%)。宝新公司连续9年入选新加坡1 000强企业,2009年排名第280位。截至年底,宝新公司共有员工35人,其中宝钢员工18人。　(聂志权)

**企业负责人简介**　邱成智,1957年8月生,辽宁沈阳人,中共党员,高级工程师,东南亚大区总代表,宝新公司董事、总经理。

**获5%优惠税率GTP资格**　2月,新加坡国际企业发展局授予宝新公司5%优惠税率的GTP资格,有效期从2009年1月1号开始,为期五年。GTP是新加坡政府为鼓励所有在新加坡注册的公司以新加坡为基地进行全球贸易的一项公司税收优惠计划,优惠税率有10%和5%两档(新加坡通常企业所得税税率为18%),宝新公司2004年开始被授予GTP资格,享受10%的优惠税率。新加坡企发局从2009年1月1号开始,授予宝新公司5%优惠税率的GTP资格(在新加坡注册的15万家公司中,拥有新加坡最低的企业所得税——5%资格的公司只有45家,多数是各行业的巨头在新加坡的子公司),这表明新加坡政府对宝新公司这些年经营业绩的充分肯定。　(聂志权)

**赢得印度国家石油公司ONGC的钻杆竞标**　2月,在宝钢股份钢管品种管理部的指导下,经过激烈的竞争,宝新公司代表宝钢赢取了印度国家石油公司ONGC总量6 000吨的钻杆招标项目中的约4 200吨。该标从发起到截标历时半年,经宝钢股份品种管理部、钢管厂等各方面的努力,宝钢品牌的钻杆接头获得认可,并进一步取得招标项目中所有规格和品种的投标资质。价格竞争则以网上电子竞标方式进行,宝钢主要的竞争对手是法国的VAM DRILLING(SMF FRANCE)和印度本地的OCTL(INDIA),经过近两天的激烈角逐,宝钢赢得该标下绝大部分项目。此次钻杆中标为在东南亚、南亚地区进一步推进宝钢钻杆的市场开拓打下良好的基础。　(聂志权)

宝新公司员工研究工作

**获新加坡松下压缩机最有价值供应商称号**　2月,在新加坡松下压缩机召开的2008年度供应商会议上,宝新公司被授予年度最有价值供应商称号,成为新加坡松下压缩机200多家供应商中获得这一称号的两家供应商之一,这是宝新公司连续第二年获得这一称号。　(聂志权)

**获得宝钢在海外第一单人民币结算业务**　自从国家有关部委在2009年7月颁布跨境贸易人民币结算业务的相关细则后,宝新公司积极与东南亚客户沟通,推进人民币结算工作,9月拿到宝钢在海外的第一张以人民币作为结算货币的订单,至12月31日,宝新公司与宝钢股份公司人民币结算额已达到1.36亿人民币。　(聂志权)

**宝新公司大事纪要**

2月,被新加坡国际企业发展局授予5%优惠税率的GTP资格,有效期5年。

2月,获得印度国家石油公司ONGC总量6 000吨的钻杆招标项目中的约4 200吨。

2月,被新加坡松下压缩机授予2008年度最有价值供应商称号。

3月,召开宝新公司2009年经营管理研讨会。

4月,荣获国务院颁发的央企先进集体称号。

8月,丰田汽车在巴基斯坦的合

资公司 INDUS MOTOR 向宝新公司下正式订单，订购 40 吨牌号为 SPC270D 的冷轧板用于生产卡罗拉车型车顶件。

8 月，宝钢取向电工钢首次实现向东南亚地区出口。

9 月，签订宝钢在海外的第一张以人民币作为结算货币的订单。

（聂志权）

## 宝金企业有限公司

宝金企业有限公司（简称“宝金公司”）由宝钢（原上海宝山钢铁总厂）和香港董氏集团旗下的金山轮船代理有限公司合资（双方各占 50% 股份，宝钢投资额为 1 492.1 万美元），于 1992 年 11 月 3 日在香港注册成立，注册资本为 330 万港币。宝金公司拥有 2 艘 15 万吨级海岬型船舶“宝竞轮”（PACIFIC CHALLENGER）和“宝业轮”（PACIFIC ENTERPRISE），2 艘 16 万吨级海岬型船舶“宝致轮”（PACIFIC VITALITY）和“宝航轮”（PACIFIC NAVIGATOR），并长期租用 3 艘 18 万吨级船舶——“太平洋信心”（PACIFIC CONFIDENCE）、“太平洋探险者”（PACIFIC EXPLORER）和“太平洋和谐”（PACIFIC ACCORD）。

宝金公司利用宝钢集团在钢铁行业的实力、影响力和稳定的货源，利用董氏集团金山轮船代理有限公司在国际干散货运输市场上丰富的经验，共同投资建造船舶，以长期货物包运合同的形式，锁定宝钢的运输成本，规避航运市场的波动风险，从而稳定宝钢集团的矿石物流。

2009 年初受金融危机的冲击，国际航运运费市场急速下跌，宝金公司一方面命令船舶降低航速，减少油耗，节约成本；另一方面将船舶配置在现货市场，积极揽货，合理安排船舶检修时间，尽量减少船舶的空放时间，将损失降低到最低点。2009 年，完成营业收入 9 992.6 万美元，利润总额 2 286.2 万美元，净利润 2 263.7 万美元。（宝　金）

**企业负责人简介**　戴志浩，1963 年 6 月生，江苏人，中共党员，高级工程师，宝金公司董事长。

周斌，1973 年 1 月生，上海人，中共党员，宝金公司董事、副总经理。

**“宝业”、“宝致”和“宝航”轮完成坞修**　3 月、7 月和 10 月，“宝业”、“宝致”和“宝航”轮在友联船厂（蛇口）有限公司顺利完成坞修。（宝　金）

**董事变更**　宝金公司 12 月 11 日召开董事会，确认由李建伟接替陆国清出任宝金公司董事。（宝　金）

## 宝运企业有限公司

宝运企业有限公司（简称“宝运公司”）由宝钢集团和中国外运集团公司共同出资，于 1992 年 1 月 9 日在香港注册成立。1997 年宝钢收购了中国外运集团公司股份，宝运公司成为宝钢的全资子公司。宝运公司主要从事矿砂、煤炭等大宗散货的海上运输，经营揽货、租船、货物拼装等物流优化业务。航线遍及巴西、南非、澳大利亚、印度、秘鲁、智利、新西兰等国家。

宝运公司董事会由董事长及 2 名董事组成，实行董事会领导下的总经理负责制。设置航运部、财务部、总务部、上海办事处。至年底共有职工 11 人，其中宝钢职工 5 人（其中外派香港 3 人），聘请香港当地员工 6 人。

2009 年第一季度，为了抵制矿山公司的涨价要挟，宝钢及其他钢厂进口大幅减少，宝钢剩余大量的 COA（长期运输包运合同）运力，宝运公司与宝钢采购中心保持密切的航运市场交流，协助宝钢采购中心策划有关方案。宝运公司通过市场揽货运作，消化宝钢采购中心剩余 COA 运力，维护了宝钢信誉和形象，减少了损失，同时提升了宝运公司在航运界的地位和信誉度。

2009 年完成货运量 92 载，约合 1 515 万吨。其中：巴西航线 25 载，约合 431 万吨；澳洲航线 26 载，约合 456 万吨；南非航线 3 载，约合 53 万吨；其他船舶或货物操作 29 载，约合 455 万吨；自行租船运输宝钢资源公司矿石 9 载，约合 120 万吨。2009 年度主营业务收入 3.46 亿美元，完成年度预算的 187.91%；利润总额 95.51 万美元，完成年度预算的 119.38%。

（宝　运）

**企业负责人简介**　王利群，1956 年 12 月生，河北人，中共党员，宝运公司董事长。

王华强，1965 年 12 月生，上海人，中共党员，宝运公司总经理。

**董事变更**　3 月，宝钢股份调整董事人选，推荐李建伟、王华强担任宝运企业有限公司董事；吉同祥、李建明不再担任宝运企业有限公司董事。

（宝　运）

**注重风险控制**　2009 年 1 月，航运市场在历史低位徘徊，是干散货航运市场最低迷的一个月，运费的收入不抵船东的运营成本。宝运公司通过对未来市场的判断分析,在实际操作过程中注重风险的控制,认真执行"三重一大"决策制度。采用短平快的方式,通过判断短期的市场变化趋势,选择时机租进船舶、揽取货物,利用租船和揽货的时间差来赚取市场的差价。与宝钢股份采购中心达成一致,坚持市场揽货执行采购中心剩余 COA,年底彻底扭转采购中心 2008 年第四季度和 2009 年第一季度市场低迷时执行剩余 COA 运力的亏损,并且创造了额外的市场效益。 (宝 运)

## 宝岛贸易有限公司

宝岛贸易有限公司(简称"宝岛公司")1995 年 10 月 10 日作为宝钢集团全资子公司在香港注册成立,注册资本金 98 万美元。2001 年 12 月 8 日,注册资本金增至 800 万美元。2005 年,宝钢股份公司完成对海外公司股权收购后,宝岛公司由宝钢股份收购,成为宝钢股份子公司。2007 年 1 月,宝钢集团公司从宝钢股份公司回购宝岛公司全部股权。2008 年,宝钢集团公司明确宝岛公司由宝钢资源进行托管。2008 年 10 月,注册资本金增至 8 168 万美元。

宝岛公司设行政部、财务部、业务部、上海办和印度办,拥有宝信科技(香港)有限公司和幸运 BS(新加坡)有限公司两家全资子公司。有员工 15 人,其中香港 11 人,印度办 3 人,上海办 1 人。

宝岛公司主要从事钢铁原燃料(铁矿石、焦炭、焦煤等)及钢铁冶金相关产品进出口贸易;来料、进料加工;转口贸易及相关海洋运输等业务。宝钢资源对宝岛公司的业务定位是:作为宝钢资源原燃料进出口业务的统一结算平台;配合宝钢资源开展海外资源寻源工作,协助推进有关项目;与宝钢资源一体化运作,开展进出口社会贸易;做好宝钢股份部分进口原料的采购代理工作;为宝钢集团公司有关单位提供部分进出口融资服务;在集团公司资产经营部的指令下开展境外金融投资运作(金融危机爆发后该项业务暂停运作)。

2009 年完成钢铁原燃料贸易 889 万吨,实现销售收入 6.5 亿美元,利润 1 294 万美元,超额完成宝钢集团总部年初下达的经营任务。年内还协助宝钢集团总部开展钢铁原燃料资源寻源、信息收集和调研工作;与供应商沟通协商,争取矿石资源和有竞争力的商务条件;配合宝钢集团总部执行长期合同,维护宝钢信誉;继续发挥宝岛公司融资优势,为宝钢资源代理进口铁矿石等业务提供贸易融资,降低整体融资成本。 (宝 岛)

**企业负责人简介** 李庆予,1963 年 3 月生,河南人,中共党员,教授级高级工程师,宝岛公司董事长。

纪超,1972 年 11 月生,湖北人,中共党员,经济师,宝岛公司董事、总经理。

**宝岛公司大事纪要**

9 月 2 日,在新加坡注册成立全资子公司 Fortune BS,并通过集团公司借款和银行融资等方式筹集资金 2.86 亿澳元,以 Fortune BS 公司名义投资澳大利亚上市资源公司 Aquila 15% 的股权。

11 月 26 日,宝钢集团投资 Aquila 资源有限公司股权交割仪式在中国北京举行,宝岛公司参加交割仪式。

12 月,配合宝钢股份开展人民币跨境贸易结算 2 笔,涉及金额约 1.5 亿元人民币。 (宝 岛)

## 宝钢澳大利亚矿业有限公司

宝钢澳大利亚矿业有限公司(Baosteel Australia Mining Company Pty Ltd. 简称"宝澳矿业")是宝钢集团全资子公司,于 2002 年 5 月 10 日在澳大利亚西澳州首府珀斯市注册成立,注册资本为 1 996 万澳元。

宝澳矿业设立董事会,共有 5 名董事,其中 1 人为外籍董事。实行董事会领导下的总经理负责制。宝澳矿业以钢铁原料资源开发及生产为主业,以稳定宝钢钢铁生产经营所需原料资源供应为经营目标,并逐步发展成为宝钢海外原料资源开发与供应的平台。

2002 年 6 月 22 日,宝钢与澳大利亚哈默斯利铁矿有限公司在珀斯签署合资协议,双方投资 1.24 亿澳元建立非法人合资项目——宝瑞吉合资项目,共同开发位于澳大利亚西北部西澳州皮尔巴拉地区东坡和西坡矿山的高品位铁矿石。宝澳矿业作为宝钢方的投资主体参与合资,拥有宝瑞吉合资项目 46% 的股权。宝瑞吉合资项目合资期限为 20 年,其拥有的东坡和西坡矿山铁矿石储量总计超过 2 亿吨,项目设计年产铁矿石 1 000 万吨,全部销往中国市场,主要供宝钢生产自用。

宝澳矿业于 2002 年 9 月 1 日正式投入运营。2004 年 4 月 19 日合资矿山——东坡矿山建成投产。截至 2009 年 12 月,宝瑞吉合资项目累计向宝钢销售铁矿石 7 893 万吨,为稳定宝钢铁矿石供应发挥了巨大作用。

2007 年 8 月 28 日，宝澳矿业与澳大利亚上市公司 FMG 公司(Fortescue Metals Group Ltd.)签署《冰河谷铁矿项目合资协议》，在澳大利亚设立子公司宝钢 GV 有限公司(Baosteel GV Pty Ltd.)作为出资主体，参与和 FMG 公司冰河谷磁铁矿项目的合作。2008 年，冰河谷磁铁矿项目第一阶段勘探工作全面开展。2009 年 8 月，项目第一阶段勘探工作结束，确定符合 JOC 标准的资源量 12.3 亿吨，宝钢在勘探阶段累计投资 608 万澳元，实质取得该项目 35% 股权。

在宝澳矿业的推荐、参与和推动下，2009 年 10 月 29 日澳大利亚外国投资者审批委员会(FIRB)正式批准宝钢投资澳大利亚上市公司 Aquila 资源有限公司股权，持股比例不超过 19.99%。该项目是宝钢集团迄今为止第一项对海外资源类上市公司投资。

2009 财政年度，宝澳矿业与哈默斯利合资的东坡矿山可销售原矿产量达 932 万吨，为历年最高水平。在铁矿石价格波动和金融市场环境动荡的情况下，全年实现销售收入 1.054 6 亿美元(折合 1.204 2 亿澳元)，销售铁矿石原矿 1 216 万吨(其中东坡矿山自产 932 万吨，借矿 284 万吨)，利润总额 3 408 万澳元。

(宝　澳)

**企业负责人简介**　李庆予，1963 年 3 月生，河南焦作人，中共党员，宝澳矿业董事长。

鲁兆明，1962 年 4 月生，安徽当涂人，中共党员，宝澳矿业总经理。

**宝瑞吉合资项目培训**　在皮尔巴拉铁矿的支持下，1 月，宝钢学员完成在宝瑞吉合资项目的培训(模式 A)，通过培训，学员对哈默斯利的矿山生产作业和西方的工作模式都有了一定的了解。3 月 13 日，宝钢参加宝瑞吉合资项目培训(模式 B)的 4 名学员结束在上海外国语大学的英语培训抵达珀斯，7 月 22 日学成归国。

(宝　澳)

**宝澳矿业大事纪要**

3 月 6 日，召开冰河谷管理委员会第十次会议，总结第一阶段钻探工作，准备估算项目资源量和编写项目范围研究报告。

3 月 31 日，宝澳矿业与 Aquila 资源有限公司签署保密协议并向宝钢集团本部提交项目建议。

4 月，宝钢集团成立 Aquila 投资项目组，开始谈判工作。

5 月 12 日，召开冰河谷管理委员会第十一次会议，介绍样品试验进展和品位数据相关关系。

6 月 22 日，宝澳矿业与印尼国家矿业公司(ATAM)签署保密协议。

7 月 15 日、21 日，冰河谷管理委员会第十二次和十三次会议讨论《GV 第一阶段报告草稿版本 A》(GCMC Stage1 Report Draft RevA)。

7 月 29 日，FMG 单方面在澳大利亚证券交易市场宣布冰河谷磁铁矿项目确定符合 JOC 标准的资源量为 12.3 亿吨。

8 月 4 日，ATAM 开始向宝钢开放 Gag 岛及 Halmahera 镍矿项目资料室，宝澳矿业于 8 月 17 日向国内本部提交镍矿项目建议。

8 月 11 日，宝瑞吉合资项目第二十五次管理委员会会议在新加坡召开，审核通过 2009 年度宝瑞吉合资项目预算和矿山操作成本。

8 月 17 日，宝澳矿业在冰河谷磁铁矿项目第一阶段勘探费用支出累计达 608 万澳元，实质取得该项目 35% 股权。

8 月 26 日，宝钢集团和 Aquila 资源有限公司达成股权收购及战略合作协议，完成宝钢集团第一次在海外对资源类上市公司的股权收购工作，为下一步在煤、铁、锰项目中的合作打下了基础。

11 月 11 日，宝澳矿业向宝钢集团全额返还截至 2008 年底税后利润共计 1.35 亿澳元，为宝钢收购 Aquila 资源有限公司股权提供资金支持。

11 月 26 日，宝钢集团投资 Aquila 资源有限公司股权交割仪式在中国北京举行，宝澳矿业董事、总经理鲁兆明参加了该仪式。

(宝　澳)

## 宝钢欧洲有限公司

宝钢欧洲有限公司(简称“宝欧公司”)是宝钢股份全资子公司，1993 年 10 月 11 日成立，位于德国汉堡，注册资金 50 万马克，实有资本金 400 万马克(204.52 万欧元)，主要经营冶金原料、设备、备品配件、钢铁制品进出口贸易等。公司地址：Nonnenstieg 1, 20149 Hamburg, Germany。

宝欧公司下设财务部、钢铁部、设备备件工程部、新事业发展部、东欧代表处、上海代表处。有 3 家子公司：宝钢意大利钢材集散中心有限公司、宝钢西班牙有限公司和宝钢中东公司。

宝钢意大利钢材集散中心有限公司(以下简称“宝意公司”)是由宝欧公司和意大利卡斯特集团共同出资建立的中意合资企业。宝意公司成立于 2001 年 10 月 1 日，位于意大利最大的港口城市热那亚。注册资金450万欧元,宝欧公司占51%。经营范围:钢铁制品贸易及其仓储、分销、配送业务。

宝钢西班牙有限公司(以下简称"宝西公司")是宝钢欧洲有限公司全资子公司,成立于2007年4月26日,注册资本20万欧元。位于西班牙最重要的经济、金融和港口城市——巴塞罗那。主要经营钢铁产品进出口贸易。

宝钢中东公司是宝钢欧洲有限公司全资子公司,于2009年5月13日成立,位于阿联酋迪拜酋长国的JEBEL ALI自由区内,注册资本160万欧元。负责宝钢在中东及周边地区的市场开拓,主要经营钢铁管材、板材、长材、不锈钢及钢结构等钢铁产品,满足石化、建筑、制造等行业不同客户的各种需求。

宝欧公司汉堡总部是宝钢欧非中东大区的地区总部,主要代表宝钢集团负责宝钢欧非中东大区的海外经营业务发展、钢铁产品、原料、设备和备件在当地市场的销售和采购,协调宝钢集团在该地区的其他业务活动和相关事务。截至2009年底,宝钢欧非中东大区共有员工53人。

2009年是宝钢海外营销工作经受巨大考验的一年,宝欧公司以宝钢新一轮发展战略为导向,以全面规划建设欧非中东大区营销网络为手段,以建设富有激情与能力的营销队伍为基础,以"挖掘潜能、创造价值,幸福人生"为核心价值观,全体中外员工战胜困难、共克时艰,较好地完成了各项经营任务。2009年实现销售总收入2.83亿欧元,实现税前利润612万欧元。其中钢材销售37万吨,钢材销售收入2.36亿欧元,设备备件销售收入4 662万欧元。 (沃文芸)

**企业负责人简介** 邹长征,1963年8月生,福建人,中共党员,高级工程师,宝钢欧非中东地区总代表,宝欧公司总裁。

**明确新一轮发展思路及规划** 面对全球金融危机影响下的全球钢铁行业新形势,宝欧公司提出不同市场特征下各区域的发展思路,并明确宝欧公司的整体发展目标和发展路径,顺利完成了新一轮发展规划的编制工作。 (沃文芸)

**开发非敏感、非发达市场** 2009年,宝欧公司注重开发"双非"(非敏感、非发达)市场。搪瓷钢批量进入埃及市场,电镀锌汽车板也首次批量进入了南非市场,冷轧薄板资源在南欧和西欧销售受阻后全部在尼日利亚市场消化,"双非"市场在数量、品种上都取得突破。 (沃文芸)

**拓展海外工程项目** 宝欧公司先后跟踪中石油的1.8万吨肯尼亚管线管、乍得2.2万吨管线管、科威特6.4万吨抗硫化氢管线钢等大型项目,并在乍得和科威特工程中赢得全部订单。此举不仅在应对危机中增加了订单,而且积累了通过与国内相关单元建立虚拟团队共同参与国际投标的宝贵经验。 (沃文芸)

**成立东欧代表处** 11月17日,宝欧东欧代表处在波兰卡托维茨成立。东欧代表处负责宝钢在东欧地区的市场开拓,主要经营钢铁板材、长材、不锈钢及钢结构等钢铁产品,贴近东欧地区用户,并提供完善的售后服务。 (沃文芸)

**中标肯尼亚管线管2/3订单** 11月25日,宝钢中东公司获中国石油天然气管道局肯尼亚地区公司1.2万吨HFW(中口径高频直缝焊管)管线管订单确认函,至此,宝钢夺得肯尼亚管线管招标项目2/3的订单(总量约1.8万吨)。 (沃文芸)

**宝欧公司大事纪要**

5月13日 宝欧中东代表处升级为宝欧子公司——宝钢中东公司。

6月18日,中石油国际(乍得)公司正式发函,授予宝钢总量约2.2万吨的管线管供货合同。

7月2日,宝钢集团总经理何文波拜访了战略用户丹麦马士基集团总部和奥登塞造船厂。 (沃文芸)

## 宝钢美洲贸易有限公司

宝钢美洲贸易有限公司(简称"宝美公司")是宝钢股份全资子公司,于1996年4月在美国得克萨斯州注册成立。主要经营业务包括钢材、钢铁原料、冶金设备及备品备件的进出口贸易等。总部设在美国新泽西州,下设钢铁部、机电部和财务综合管理部,并在休斯顿、底特律、洛杉矶、加拿大多伦多、巴西里约热内卢以及中国上海设有代表处。2009年有员工40人,其中宝钢员工23人,当地员工17人。

2009年,受全球金融危机影响,美洲钢铁市场大幅萎缩,宝美公司经营受到较大冲击。在艰难的外部形势下,宝美公司通过继续加大中南美市场开拓和培养战略用户等举措,销售钢材18.30万吨,采购废钢35万吨、锰矿3.5万吨,销售收入3亿美元。

2009年,中南美洲市场占宝美公司总销量的44%(较上年增长

12%)，其中巴西钢材合同签约近5万吨，成为美洲市场营销的亮点。战略及潜在战略用户销售比例达到45%。针对美国对中国钢管的"双反"(反倾销、反补贴)调查，探索钢管区域市场的战略接替。梳理废钢供应流程，实现废钢采购近30万吨；利用市场机遇，开拓了炉料、合金矿石新业务。随着长期技术人员的到位，宝美公司在技术服务能力上有了较大的提高，通过提升技术服务，质量异议处理速度大幅度提高。（宝　美）

**企业负责人简介**　黄兴荣　1964年5月生，江苏南通人，中共党员，高级工程师，宝钢美洲总代表，宝美公司总经理。

**制订2010—2015年发展规划**　10月，宝美公司制订了2010—2015年发展规划，规划提出宝钢在美洲区域的出口战略。规划发展目标：2012年销售规模达到50万吨，销售收入5亿美元，2015年销售规模达到62万吨。（宝　美）

**出口北美油井管产品基本停滞**　11月，美国和加拿大两国政府分别对"对华石油管材(OCTG)反倾销和反补贴调查"进行了初裁，裁定中国OTCG倾销及补贴案成立。受此影响，宝钢对北美地区油井管产品出口基本停滞。（宝　美）

**加拿大办事处休眠**　因业务调整和机构压缩需要，2009年3月起，宝美公司加拿大代表处进入休眠。（宝　美）

**中国驻纽约总领事视察宝美公司**　3月11日，中国驻纽约总领事彭克玉大使视察宝美公司，调研经济危机对宝美公司的影响、企业需要的帮助，慰问派驻员工并关心他们的生活和安全。（宝　美）

**启用宝钢股份电话系统**　经宝美公司与宝钢股份系统创新部、宝信软件公司、宝钢股份通信室的共同努力，3月下旬宝钢股份电话系统开通宝美公司26641155电话。（宝　美）

**集团公司派出美洲区域总代表助理**　为加强海外人员力量贮备，12月，集团公司向美洲区域派出执行总部战略任务人员担任地区总代表助理，协助总代表执行宝钢在美洲区域的战略发展任务，寻找、发现宝钢在美洲的发展机会，推动集团公司国际化经营战略的实施。（宝　美）

## 宝华瑞矿山股份有限公司

宝华瑞矿山股份有限公司(简称"宝华瑞")是宝钢第一个海外矿山投资项目。2001年10月18日，宝钢集团和巴西COMPANHIA VALEDO RIO DOCE公司(简称CVRD)在里约热内卢注册成立以铁矿石生产为主业的矿山股份有限公司，宝钢和CVRD各出资1 890万美元，宝钢拥有合资项目50%股权(全部为优先股)，项目合作期为20年。

宝华瑞设立顾问委员会，委员4人(宝钢方由钟永群和张典波担任)。管理人员3人，其中首席执行官和财务执行官由CVRD方担任，商务执行官由宝钢方担任。

宝华瑞矿区主要为Agua Limpa矿区，位于CVRD南部矿区铁四角的西部，在Minas Gerais州的Rio Piracicaba和Santa Barbara城市之间，地理坐标为经度43°13′19″，纬度19°16′29″。矿区距离州政府所在地贝罗约140公里。产品通过铁路运往图巴朗港，矿区距港口547公里。

为满足宝钢和中国市场需要，宝钢和CVRD利用矿石使用技术和矿石资源优势，共同设计开发出适合中国钢铁企业需要的、具有价格竞争力的高铁、低铝矿石。

根据协议，宝钢和CVRD联合开发中国铁矿石市场，共同销售CVRD所有产品。充分利用CVRD强大的矿石资源优势、生产技术优势及宝钢的运输、配送、贸易和矿石使用技术优势，向中国市场提供优质低价的矿石，满足中国市场的需求。

宝巴公司(宝美公司驻巴西代表处)作为宝华瑞合资项目宝钢管理方，监督合资项目的经营与管理，确保稳定的投资回报，每年向集团公司返利不低于280万美元。宝华瑞于2002年3月揭牌成立后，生产经营状况良好。

宝华瑞已经成为中巴合作的典范，接待了许多重要团组和宝钢及国内其他钢铁公司的客人。宝华瑞在矿区设有招待所，用品印有宝钢标识，体现出宝钢企业文化在海外的延伸。

为体现可持续发展的生产和环保理念，宝华瑞对来访的重要客人均安排植树活动。（宝华瑞）

**企业负责人简介**　Roberto Gottschalk，宝华瑞首席执行官，CVRD公司销售部总经理及南美市场部总裁。

赵永红　1968年5月生，江苏兴化人，中共党员，工程师，宝巴公司总经理兼宝华瑞商务执行官。

# 2010 YEARBOOK BAOSTEEL

# 综合管理


1 专　记 ZHUANJI
13 专　文 ZHUANWEN
33 大事记 DASHIJI
41 概　述 GAISHU
63 规划发展 GUIHUAFAZHAN
67 管理创新 GUANLICHUANGXIN
79 科　研 KEYAN
97 基建与技改 JIJIANYUJIGAI
109 环境经营 HUANJINGJINGYING
123 人力资源管理 RENLIZIYUANGUANLI
135 财务、资产与审计 CAIWUZICHANYUSHENJI
141 宝钢股份 BAOGANGGUFEN
217 八一钢铁 BAYIGANGTIE
233 广东钢铁 GUANGDONGGANGTIE
239 宁波钢铁 NINGBOGANGTIE
245 多元产业 DUOYUANCHANYE
305 海外公司 HAIWAIGONGSI
313 综合管理 ZONGHEGUANLI
325 党群工作 DANGQUNGONGZUO
353 企业文化 QIYEWENHUA
365 人物与表彰 RENWUYUBIAOZHANG
377 附　录 FULU
401 索　引 SUOYIN

# 综 合 管 理

## 董事会办公室

集团公司董事会办公室是集团公司董事会常设工作机构,有员工12人。主要职责:为董事会及各专门委员会日常工作提供服务;筹备董事会会议;组织议案材料的制作;保管董事会决议、会议记录等有关文件;董事会决议执行情况的信息反馈;协助董事会做好对派出董事、监事的日常管理工作;负责集团公司派出监事会的运行管理;组织对派出董事、监事的资格和业务素质培训。 (梁 峰)

**全年举行21次会议** 年内,集团公司董事会及各专门委员会共召开会议21次(含书面签署会议文件形式),审议或听取各类报告65项,形成决议33项,专项意见22项。董事会办公室根据《公司章程》、《董事会议事规则》和《董事会各专门委员会议事规则》有关规定,落实各次会议的会务和秘书工作,为集团公司董事会规范运作提供专项服务。 (梁 峰)

**派出监事会工作** 截至2009年末,派出监事会所派驻的单位覆盖了集团公司全部12家全资子公司,并于12月新增了化工公司监事会。派出专职监事共8名,分别担任15家子公司的监事会主席(监事)。派出监事会按照《派出监事会工作管理办法》开展日常工作,以预防为主,注重过程监督,通过列席会议发表质询意见、现场调研了解实地情况、编写报告出具评价结果,认真履行出资人监督职责,促进了集团公司出资资本的保值增值。 (梁 峰)

## 办公室(党委办公室)

集团公司办公室和党委办公室(简称"两办")合署办公,下设文秘、调研、接待3个业务口,信访办、外事办、驻京办挂靠办公室管理。至2009年底,有员工58人。

集团公司办公室是集团公司的综合管理部门,主要负责:集团公司公文管理和印章、介绍信的使用和管理;集团公司领导文秘工作;集团公司内部重大事项调研、重要信息收集,领导批示抄告和协调处理;集团公司总值班工作;集团公司外事外联归口管理;宝钢驻京联系和沟通等。

党委办公室是集团公司党委的综合管理部门。主要职责包括:党委文秘、机要通讯;党委会议的安排组织,重大活动的组织;党委决定事项的跟踪、反馈、落实;重大问题的调研;信访工作、稳定工作;综合治理、国家安全管理、保密及有关事务的处理。 (童 赟)

**文秘管理** 办公室协调各单位组织召开各类集团公司级会议。全年负责或参与组织了2009年度工作会议、职代会、团代会,及有关研讨会、座谈会、专项工作推进会数十个。此外,对"协同办公平台"进行了功能完善,并覆盖到新重组企业。推进集团公司"管理日历"与"协同办公平台"的结合。负责做好集团公司公文(送审文、呈批文、外来文)的登记、初审、拟办、承办、催办等工作。共处理送审文830份,呈批文1 292份,外来文908份,其他文件1 544份。印制各类会议资料上万份。同时定期跟踪集团公司领导批文周期,做好提醒跟踪。文件处理周期从平均10天变为4天,集团公司高管两天内批示完的文件从43%提高到82%。

2009年度共收到党内文件51 697份,分发中未发生遗失、缺少等现象。实际清退文件数为47 700份,清退率达到100%,这已是党内文件清退工作中,连续第四年取得100%的好成绩。 (童 赟)

**信息调研** 协助集团公司董秘室成功组织召开了6次董事会和1次股东大会。组织各类签约、挂牌、奠基、开工、投产、捐赠仪式等重要活动数十项。起草《董事会会议纪要》6期、《总经理办公会(议案审议)会议纪要》32期、《党委常委会纪要》14期、《党委书记办公会纪要》10期。下发会议决定事项抄告单213份。采取动态与定期催办相结合的办法,督办有关工作,文件办结率达到99%。

起草完成多篇集团公司领导在主要会议上的报告、讲话稿以及集团公司向上级部门的汇报材料;由办公室主办的《宝钢内参》发布30期,发布信息材料1 926篇,其中图表581篇,约50万字。年内共收到各单位报送的信息2 263条。 (童 赟)

**信访工作** 全年集团公司信访办共受理信访1 084批次,同比减少13批次,减幅1.2%。到市政府的集访减少43%。去北京上访减少31.6%,初信初化解率提高到88.5%。年初排查出信访积案47件,年内化解有21件,得到缓解12件,在未化解的14件中,有部分属于无理要求或过高要求等特殊原因而不具备化解条件。 (童 赟)

**维稳工作** 集团公司成立了应对危机维稳工作组,每月定期研究分析群体性矛盾和潜在的不稳定因素,提出应对措施并指导基层单位开展防范和化解工作。严格维稳信访工作信息报告制度,随时掌握维稳动态。按照集团公司党委关于"重要节点,重在稳控"的要求,充分发挥体系协同优势,对重点对象和突出矛盾落实了稳控措施。先后两次启动了维稳工作"零报告制度"。年内,协同各单位化解因金融危机引发的群体性和个体突出矛盾,共化解集访20批。维稳工作全程参与生产服务业每一项改革,掌握情况、研究预案,跟踪改革过程中的维稳动态,及时协调指导,将矛盾化解在各单位内部。宝钢发展、五钢和二钢公司有效防止了可能发生的群体性事件。 (童 赟)

**内事接待** 全年共接待国内各类团组417批计8 242人次,其中非参观类团组311批计5 636人次,参观团组106批计2 606人次。承担召开首届宝钢供应商大会、第四届技术创新大会、第五届世界炼铁技术大会、宝钢—Aquila股权交接仪式、宝钢—中钢第11届科技交流大会等重大仪式14个,承担大型会务27个。 (童 赟)

**保密、国家安全** 做好集团公司党委与中组部、上海市委机要局、中国钢铁工业协会的密码传真件的收发、流转、回收等工作,全年共收密码电报62件。认真做好密码机密钥保管、更换及试报工作,确保密码的万无一失。清退2008年度的市委机要局下发的密码电报18份,其中绝密级4份。清退2009年度市委机要局下发的绝密级码电报2份。修订完善了集团公司《保密管理办法》等制度,"保密风险"被列为2009年度集团公司重要风险项目。开展了《保密承诺书》和《保密协议书》的集中签订工作,集团公司范围有1 825人签订了《保密承诺书》,集团公司总部有135人签订了《保密协议书》。开展保密宣传教育,对领导人员、重点涉密人员进行专项培训。会同运营改善部组织开展了集团公司总部和宝钢股份范围计算机等设备的登记备案工作,组织对部分单位保密工作的基础调研和沟通交流。加强对保密管理工作的督促检查,组织开展了计算机信息系统和存储介质等专项检查。加大对保密技术设备和经费的投入,集团公司保密办相继配备了技术防护设备。 (童 赟)

**出境管理与派遣团组384个** 年内,外办共受理460个团组计1 429人次前往54个国家和地区的申报审批工作,其中由宝钢组团邀请外单位人员参加宝钢组团的有17个团组30人次、宝钢参加外单位团组有22批45人次;共否定或取消6个团组31人次(不包括计划内调整减少的团组);实际派遣因公出国(境)团组384批1 123人次。年内,共收集387个团组申办护照、签证的资料;申办护照449本(包含护照389本,港、澳通行证21本,台湾通行证39本);申办各国签证1 090人次,申办出境证明71人次;申办出国(境)用汇、机票166个团组472人次;审核52个出国(境)团组的移动费申请,对4个团组在国(境)外遇突发事件后的航班及时进行调整;起草宝钢集团主要领导出国(境)团组呈报文件5个,并及时分别上报国台办、外交部、国务院审批;联系落实宝钢集团领导出国(境)团组的邀请函、领导出国(境)信息,书面传达给驻外公司28人次;起草书面通知给机场爱立特公司办理VIP通道66批178人次(包括更改信息);宝钢集团领导出国(境)团组机场接送47批137人次。起草文件报国台办审批的赴台团组共12个42人次,妥善办好通行证等手续,并认真做好专题赴台教育,使赴台团组圆满完成任务;根据宝钢集团驻香港公司业务发展的需要,起草报告通过上海市外办向香港入境事务处申报并得到批准的共5人。年内,为宝钢集团驻外公司9人办理换发护照手续;同时,根据《护照管理办法》,进行了旧护照清退工作。对宝钢集团内37个单位的旧护照进行了清理,共清退旧护照851本。完成2009年度团组计划系统申报41家,其中集团公司17家,宝钢股份24家;共上报计划团组552个。年内,根据中央企业外事管理规定的文件精神,首次建立技术服务团队管理与派遣的"绿色通道"。将此类团组作为紧急团组,实行一次审批、一年内有效的管理与派遣流程,妥善解决了此类团组不能按时派遣的问题,并能及时处理质量异议等问题。年内,针对调研过程中反映比较集中的出国任务和出国人员政审脱节的问题,与人力资源部多次沟通并联合下发通知,要求各单位在组团申报出国任务的同时,填报出国人员的政审材料,基本上实现了团组任务与政审同步进行审批,缩短了出国团组办理流程,在一定程度上缓解了因任务与政审脱节造成的团组急件问题。 (秦 健)

**外事联络和接待** 年内,共接待外国团组251批2 184人次(不包括下属各子公司的一般接待)。接待团组来自德国、日本、韩国、澳大利亚、美国、法国等29个国家,其中包括塞拉利昂总统欧内斯特·巴伊·科罗马一行,澳大利亚西澳州州长科林·巴内特,以色列前总统、蒙古前总统等重要党宾国宾。制作高层代表团接待手册3份,整理重要外事会谈纪录98篇。同时,外办也负责审批宝钢国际旅行社申报厂区参观的外国团组,2009年共审批43批。

**接待外国团组统计表(2009年)**

| 项 目 | 1月 | 2月 | 3月 | 4月 | 5月 | 6月 | 7月 | 8月 | 9月 | 10月 | 11月 | 12月 | 合计 |
|---|---|---|---|---|---|---|---|---|---|---|---|---|---|
| 政府部门副部级以上团组 | 0 | 0 | 1 | 0 | 3 | 0 | 2 | 3 | 0 | 1 | 1 | 2 | 13 |
| 大公司常务董事以上团组 | 6 | 7 | 8 | 16 | 9 | 10 | 7 | 7 | 10 | 12 | 14 | 6 | 112 |
| 记者采访 | 0 | 0 | 0 | 0 | 0 | 1 | 0 | 0 | 0 | 0 | 0 | 0 | 1 |
| 一般团组 | 6 | 14 | 18 | 13 | 4 | 13 | 11 | 4 | 11 | 17 | 8 | 6 | 125 |
| 月团组 | 12 | 21 | 27 | 29 | 16 | 24 | 20 | 14 | 21 | 30 | 23 | 14 | 251 |
| 月人数 | 53 | 93 | 248 | 173 | 199 | 133 | 147 | 92 | 131 | 592 | 188 | 135 | 2 184 |

年内,协助联络安排宝钢集团领导出国访问、参会,如:董事长徐乐江出席国际钢铁协会执行理事会、年会、博鳌论坛,总经理何文波出席中德对话论坛,前董事长谢企华出席APEC峰会,宝钢—三井干部交流会等。此外,外办还协助外国公司拜访上海市政府领导1次,受理并批转外文函件百余封。共陪同宝钢集团领导出访6次,参加国内会议5次,制作宝钢集团领导出访手册5份。承担宝钢集团领导往来信函件、各类讲话稿、资料的翻译123篇计11万余字。同时,协助公关部对宝钢集团宣传资料进行翻译、审核10余篇。 (秦 健)

**外国专家管理** 4月,新日铁工程技术公司的专家二宫庆史获2009年白玉兰纪念奖(9月,陪同二宫先生出席了颁奖典礼)。8—11月,外办与宝钢股份公司工程设备部共同组织了第二届宝钢合作贡献奖的评选、颁奖工作,并在《宝钢日报》上对获奖者的事迹进行了宣传,在外国专家中产生了良好的反响。年内,外办到烟台鲁宝公司了解外国专家居住、办公的地点等情况,并走访烟台市出入境管理局,协助烟台鲁宝公司与之建立联系。 (秦 健)

**对外签证邀请** 共受理289批418人次对外签证邀请函的申报审核工作(涉及42个国家);共受理255人次签证延长审核工作(涉及26个国家)。(详见下页统计表) (秦 健)

**外事机构变革** 7月,宝钢集团接待中心撤销,内外事接待业务划归外办。同时,宝钢集团成立了人力资源服务中心,外办将出国派遣业务划归该中心。9月完成人员调动,年内完成业务平稳过渡。 (秦 健)

**配合外交部完成调研任务** 年内,参加外交部主办的2009年中央企业国际形势吹风会,学习、了解国际形势的最新变化和政府对企业外事工作的要求。配合外交部完成了中央企业与外商合资情况的调研任务。 (秦 健)

**编纂《宝钢外事月报》** 根据宝钢外事工作的情况,11月创办供宝钢集团领导参阅的《宝钢外事月报》,内容包括外事接待汇总、会谈记录、外国专家统计信息、出访信息等。(秦 健)

**对甲型H1N1的防控** 年内,根据宝钢集团相关文件和应急预案,及时将所有从甲型H1N1流感高发地区回国的宝钢员工(因公及因私)的有关信息(回国日期、航班)报告宝钢集团公共卫生应急办及办公室,并要求回国人员主动实行居家观察7天,待宝钢集团公共卫生应急办确认无疑后再上班。同时要求各单位加强外国专家的管理工作,对来自甲型H1N1流感高发地区的外国专家,掌握动态,关心到位;每天早上(连续7天)安排专家去宝山宾馆接受医学卫生服务后方可进入厂区。 (秦 健)

受理对外签证邀请函申报审批统计表

| 月份 | 1月 | 2月 | 3月 | 4月 | 5月 | 6月 | 7月 | 8月 | 9月 | 10月 | 11月 | 12月 | 总计 |
|---|---|---|---|---|---|---|---|---|---|---|---|---|---|
| 批数 | 26 | 22 | 29 | 25 | 27 | 31 | 26 | 12 | 37 | 16 | 17 | 21 | 289 |
| 人次 | 35 | 32 | 36 | 33 | 31 | 52 | 41 | 20 | 51 | 25 | 30 | 32 | 418 |

被邀请外国人国籍及人数统计表

| 国　家 | 人　次 | 国　家 | 人　次 | 国　家 | 人　次 |
|---|---|---|---|---|---|
| 阿尔及利亚 | 1 | 奥地利 | 14 | 澳大利亚 | 16 |
| 巴　西 | 5 | 保加利亚 | 2 | 比利时 | 3 |
| 波　兰 | 4 | 丹　麦 | 2 | 德　国 | 90 |
| 俄罗斯 | 1 | 法　国 | 70 | 菲律宾 | 5 |
| 芬　兰 | 9 | 刚　果 | 1 | 韩　国 | 1 |
| 荷　兰 | 6 | 吉尔吉斯斯坦 | 1 | 加拿大 | 2 |
| 捷　克 | 3 | 科威特 | 3 | 卢森堡 | 1 |
| 罗马尼亚 | 2 | 美　国 | 23 | 摩洛哥 | 3 |
| 墨西哥 | 3 | 南　非 | 3 | 尼日利亚 | 1 |
| 葡萄牙 | 3 | 日　本 | 6 | 瑞　典 | 5 |
| 瑞　士 | 2 | 塞尔维亚 | 1 | 沙　特 | 2 |
| 斯洛伐克 | 2 | 土耳其 | 3 | 西班牙 | 3 |
| 新加坡 | 1 | 匈牙利 | 2 | 意大利 | 54 |
| 印　度 | 19 | 印　尼 | 5 | 英　国 | 35 |

延长签证外国人国籍及人数统计表

| 国　家 | 人　次 | 国　家 | 人　次 | 国　家 | 人　次 |
|---|---|---|---|---|---|
| 日　本 | 52 | 德　国 | 77 | 意大利 | 20 |
| 奥地利 | 17 | 法　国 | 33 | 印　度 | 23 |
| 其　他 | 33 | | | | |

**编写外事工作信息**　年内，对2008年编纂的《友情提示》小册子进行重新修改、补充、定稿。全年共编写《外事出国工作信息》15期(19—33期)。完成《宝钢集团有限公司国(境)外突发事件应急处置管理办法(试行)》修订工作。

(秦　健)

## 法 律 事 务

集团公司法律事务部(简称“法务部”)是负责集团公司及子公司重大合同谈判、审核，子公司合同、章程谈判和审查，各类纠纷调解、仲裁或诉讼代理和反倾销等贸易争端处理，以及其他法律事务的归口管理部门。至年底，在岗职工14人。

2009年，法务部处理非诉法律业务共计318件，出具各类法律意见书114份，办理一次性法人授权委托书56件，处理重大投资、并购项目15项，知识产权和工商法律事务17项，涉及金融业投资和理财项目18项，审核工程、招投标、咨询、担保等其他重大合同10余件。受理诉讼案件47件，涉案金额人民币1.36亿元，美元113 230.75元，收回款和挽回经济损失近7 000万元。处理贸易救济应诉、申诉、预警及其他WTO法律事务20项。（陆俊勇）

**重组宁波钢铁** 根据宝钢的钢铁发展战略，集团公司决定按照账面原值通过杭州钢铁集团公司收购宁波钢铁有限公司原3家民营股东持有的宁波钢铁56.15%的股权，并在收购完成后对宁波钢铁进行增资。法务部主要负责该项目法律尽职调查、重组方案确定、重组法律文件起草和谈判、重组过程中遇到的疑难法律问题的解决、工商变更登记，以及后续增资谈判和法律文件的准备等工作，并根据尽职调查的结果，提出对长期采购和物流合同、工程技术合同、土地及长期供气合同等重要合同进行协同优化的建议。在重组后的交接过程中，配合宝钢委派至宁波钢铁的管理层解决接管和过渡期遇到的各种法律问题。

（蔡东辉　陈朔晴　孙婷婷）

**投资澳大利亚Aquila资源公司** 根据宝钢的资源业发展战略，集团公司决定在股权和项目两个层面与澳大利亚Aquila资源公司（简称“Aquila”）进行合作。股权层面上，宝钢以每股6.5澳元的价格认购Aquila新发行的股份4 395万股，股份认购款合计2.85亿澳元。项目层面上，宝钢与Aquila就拥有的相关煤炭、铁矿石和锰矿项目进行尽职调查和排他性谈判，探讨双方合作开发项目的可行性。法务部负责法律尽职调查，澳大利亚投资法律和政策环境调研，股份认购协议和战略合作协议的起草、审核和谈判，并就项目涉及的澳大利亚法律和中国法律问题出具专门法律意见，还组织编写和报送有关材料，完成准备相关法律文件等其他事务。（蔡东辉　孙婷婷）

**退出邯宝公司** 因战略调整，集团公司决定退出与邯钢集团合资设立的邯宝公司。法务部负责退出合资及相关法律文件的谈判工作。由于在合资时已设定了退出机制，根据邯钢集团“控股股东或实际控制人”发生变化这一事实，在与邯钢商谈时充分阐明了宝钢退出的原因。最终与邯钢集团签署了股权退出协议，顺利收回了投资。

（汪纪蔚　王　振）

**依法避免1 000多万元原料损失** 宝钢资源公司采购的不锈钢生产基料在运回上海途中，因某运输公司拖欠承运该业务的河南省孟州市19个村民数百万运费，导致村民们将总重750多吨、总价1 000多万元的宝钢不锈钢基料扣留。法务部于2009年春节前后数次会同法院等有关方面赴河南孟州与村民们沟通，支付300多万元以保证村民安度春节，并成功将不锈钢基料运回上海。之后，法务部通过法院诉讼，将宝钢支付的300多万元款项向某运输公司追偿。最终，宝钢以微小的代价避免了1 000多万元的损失。（严韵辉）

**妥善处理科弘系破产案** 宝钢常州轧辊厂与江苏科弘系企业签订加工合同，为该企业加工制作轧辊，该企业在支付1 800万元预付款后突然破产。该企业破产管理人以常州轧辊厂尚未交付加工物为由提出解除加工合同，并要求退回1 800万元预付款。法务部会同有关单位与该企业破产管理人、法院交换意见，并依法对常州轧辊厂履行加工合同产生的损失进行评估。经反复沟通，双方最终确认损失为1 500万元，并从1 800万元预付款中抵扣。（严韵辉）

**妥善应对国外贸易救济案件** 2009年，国外对中国钢铁产品贸易救济调查频发，全年法务部处理了19项相关案件，先后取得了欧盟冷轧不锈钢板反倾销案、印度热轧反倾销案和保障措施案、印尼热轧板反倾销案、俄罗斯彩涂板反倾销案等案件的胜诉。（陆俊勇　李　怡）

**取向电工钢双反案** 应对俄罗斯、美国取向电工钢在中国市场的不公平竞争，法务部组织宝钢集团相关单位与武钢配合，共同提起了对俄罗斯取向电工钢反倾销、对美国取向电工钢反倾销、反补贴的调查申请。6月1日，商务部正式立案调查。这是中国第一起对外“双反”调查案，宝钢由此成为国内仅有的两家使用过反倾销、反补贴和保障措施法律武器的企业之一。年内，商务部已作出有利于国内产业的初步裁决。（陆俊勇　李　怡）

## 安全生产管理

**工伤事故** 2009年，集团公司发生工伤事故66人，其中工亡1人、重伤13人、轻伤52人。千人工亡率0.009，伤害频率（百万工时伤害人数）0.29，伤害严重率（百万工时损失工作日数）106.94，均在年初制定的控制指标范围之内。（孙有力）

**落实安全管理责任** 集团公司总经理与宝钢股份等子公司的第一责任人签订《安全目标管理责任书》。责任书明确各单位第一责任人安全目标管理的工作职责、安全生产考核指标、考核办法、奖罚方式等内容。各单位也将安全目标责任层层分解，逐级签订安全目标责任书，使安全责任落实横向到边、纵向到底。

（孙有力）

**完善制度** 为适应宝钢组织机构的变化，安全生产管理部门系统梳理、修订完善了《危险源辨识、风险评价及控制管理程序》、《安全事故报告、调查处理管理程序》等10个管理文件和《安全重点部位定义、划分和管理标准》等22个管理标准。

（孙有力）

**完善安全生产评价体系** 安全生产管理部门结合宝钢管理变革，梳理、优化安全管理体系总体要求，强化对各单位安全体系运行有效性的检查和评价，健全体系过程管控方式，促进各单位安全体系运作水平的提升。年内，完善了宝钢安全生产评价体系，从安全绩效、专项重点工作推进、体系运行管理三大方面，系统、客观评价各单位在生产安全、消防安全、交通安全、治安防范等方面的工作管理现状，推进安全生产工作的持续改进，预防和控制各类安全生产事故的发生。（孙有力）

**建立安全管理者研修会** 9月27日，集团公司安全管理者研修会成立，下设秘书处和炼铁、炼钢、热轧、冷轧、能介、检修和建设技改7个分会。研修会是宝钢各级责任者、管理者及推进安全管理工作人员组成的群众组织，在宝钢企业管理协会备案，在安全保卫监督部指导下开展研修活动。研修会以总结、提炼和传播现场安全管理实践，促进各单位互动交流、对标找差，实现共同提高为宗旨，以研修现场安全管理问题，推行安全管理实务，提高现场安全管理实效为任务。（孙有力）

**完善特种设备信息系统** 1月1日，特种设备信息系统与上海市特种设备监察数据库联网实现数据交换，特种设备信息系统已与各系统勾连。（孙有力）

**经验推广** 以宝钢股份直属冷轧厂为试点，开展学习宝日汽车板公司尊重沟通和简单务实的安全管理理念，制定安全看板管理、安全销管理、SST培训、危险源降级和消除、重大危险源管控等5项推进工作计划，明确适用范围、推进团队成员，分阶段完成工作节点，通过发动员工参与、沟通、讨论，根据人的生理、心理特点，研究安全管控措施，真正体现了全员安全管理，而不仅是管理者管安全。（孙有力）

**转变消防管理模式** 安全生产管理部门对集团公司消防安全管理体系从法律法规要求、管理要求等方面进行了系统的梳理，完成了由政府性管理模式向生产区域性管理模式的转变。宝钢工业检测公司取得了消防检测资质。（孙有力）

**建立治安保卫区域责任制** 依据国务院颁布的《企业事业单位内部治安保卫条例》，将治安保卫管理融入大安全体系，确立了全员保卫理念，建立了治安保卫区域责任制，完善治安保卫管理体系，落实专职或兼职保卫人员，切实做到守好自己的门，管好自己的人，看好自己的物。

（孙有力）

## 人民武装

宝钢集团有限公司人武部为集团公司人民武装的军事参谋部门，负责民兵和预备役的组织建设、军事训练、武器装备管理、军事后勤保障、人民防空、征兵、国防教育、军民共建、拥军优属等项工作。2009年组织完成警备区下达民兵军事训练项目12个，参训459人，总参训天数5 230人日；组织完成预备役人员军事训练项目2个，参训54人，总参训天数1 546人日。（钟　平）

**民兵预备役组织整顿** 根据上海警备区要求，完成宝钢民兵和预备役队伍的整组任务。整组后的基干民兵实编850人(多编50人为后备机动人员)，编制为一支防空作战分队(即红缨导弹连)、一支应急分队、七支勤务保障分队。预备役部队实编220名，编制为一营三连、团雷达站、团汽车排、营指挥排。整组后，民兵组织中党团员占60%、复员军人占35%、大专文化以上占68%；预备役人员中党员占90%、复员军人占52%、大专以上文化占60%。

（钟　平）

**民兵预备役人员点验** 整组后的民兵、预备役人员分别接受点验。宝钢预备役连、排、班骨干在指定时间、指定地点集结，接受预备役部队的年度点验，到点率达到99%。民兵应急分队人员接受点验时，准时到达指定地点，到点率达到98%。各基层单位还结合岗位练兵，对所属基干民兵队伍进行点验。

（钟　平）

**完成各项军事训练任务** 4—5 月，选派 16 名民兵防空导弹分队骨干参加导弹集训，在兵器操作、导弹基础理论知识、导弹模拟射击 3 项考核中取得良好成绩，内务卫生评比每天保持流动红旗。5 月，以选派应急分队骨干参加警备区专业集训为基础，分 2 期（每期 5 天）组织 120 名应急分队人员集中训练，完成防暴、警棍、盾牌术和实弹射击等科目，达到警备区考核目标。5—6 月，参加上海防空群高炮实兵实弹综合演练，取得优秀成绩。6—10 月，先后组织完成工程抢修、军需保障、通信抢修、网络保障、紧急运输、化工防化等 7 个民兵专业分队年度训练任务。9—10 月，选派预备役部分骨干参加并圆满完成警备区阅兵训练和阅兵汇报任务。全年组织民兵轻武器实弹射击训练 11 批次，430 位民兵参加了实弹射击。（钟 平）

**高炮实弹演练取得好成绩** 5 月 17 日—6 月 23 日，警备区组织了历年来规模最大的一次上海防空群高炮实兵实弹战术演练，此次战术演练也是为 2010 年上海世博会城市防空安保组织的一次重要军事演练。宝钢预备役三连 49 名官兵奉命参加演练，实弹射击考核取得弹迹全优、击中拖靶一具的成绩，获第一名，受到警备区领导和预备役师嘉奖。宝钢预备役三连严整的军容、严明的纪律、良好的精神面貌、整齐划一的内务也受到警备区和预备役师首长的一致好评，并被预备役部队树为标杆连队。（钟 平）

**武器装备管理** 制定武器库操作规范和管理细则，在武器装备管理方面达到了警备区提出的标准。4 月下旬，警备区领导检查后对宝钢武器装备管理给予高度评价。（钟 平）

**做好部队暂存军用装备管理** 为配合警备区迎国庆 60 周年阅兵活动，对预备役高炮师从训练基地装备库转移暂存到宝钢炮库的军用装备建立了相应的管理制度和防护应急预案，保证军用装备安全无事故。（钟 平）

**落实世博会有关安保准备** 12 月 24 日，人武部、安保部共同组织召开由宝钢股份、宝钢发展等 20 家相关单位参加的宝钢人员疏散应急防护预案编制工作会议。各单位按照要求及时有序开展工作。对警备区为做好 2010 年世博会期间安保工作，到宝钢实地勘察安装远程监控设备工作予以密切配合。（钟 平）

**修订重要经济目标应急防护预案** 组织完成宝钢股份公司本部、化工公司、特殊钢事业部、中厚板分公司、不锈钢事业部、上海克虏伯不锈钢公司等重要经济目标单位战时应急防护预案的修订和充实工作。4 月下旬，宝钢股份领导向总参作战部重要经济目标防护工作考察团汇报了生产经营情况和重要经济目标防护落实情况。（钟 平）

**人防设施维护保养** 组织开展地下人防设施专项检查，发现问题及时督查整改。保证了人防设施通风口、采光窗、集水口、排水管、电器设备、消防器材完好、通道畅通的规定要求。定期进行防空报警器设备和避雷装置的安全测试、维修保养，保证宝钢地区防空报警器设备正常运行。9 月 19 日"全民国防教育日"，按照市、区民防办要求，在规定时间内宝钢地区 5 台防空报警器统一鸣响，受到区民防办的好评。（钟 平）

**国防潜力调查** 按照统一要求，对 2009 年度民兵预备役组织有关数据逐条逐项进行核对，对服一、二类预备役人员、预备役军官按照要求进行登记统计，对宝钢（含双向选择）退伍军人逐一进行了预备役登记。做到各类数据准确并按时上报，得到警备区司令部动员处的表扬。（钟 平）

**11 名适龄青年入伍** 配合各区县征兵办做好年度征兵工作，2009 年，宝钢有 11 名适龄青年（含 8 月份应征士官 1 人）光荣参军。（钟 平）

**开展国防教育** 结合新中国成立 60 周年和第九个全民国防教育日，围绕"赞颂辉煌成就，建设强大国防"主题，组织开展网上国防知识宣传、网络知识竞赛等活动，增强宝钢员工的国防观念。建军节期间，开展"庆八一、颂事迹、促发展"为主题的征文活动，共收到征文 52 篇，在《宝钢日报》上刊登先进事迹 12 篇。组织实业公司、华宝公司、审计部等 10 余个单位、部门计 800 余人参观好八连连史馆、海军博览馆、特警团等，开展"军营一日活动"。配合实业公司组织复退军人建立宝钢废钢供应链"八一"俱乐部，为"废钢无响爆、无事故、保安全"提供支撑。（钟 平）

**拥军优属活动** 春节、八一建军节期间，受集团公司党政委托，人武部组织慰问驻厂武警、消防和预备役等部队官兵。全年走访慰问军、烈属和伤残军人120人次。开展“家乡指导员”活动,向“宝钢兵”寄发慰问信。2009年,6名“宝钢兵”被所在部队授予“优秀士兵”称号。代表集团公司参加驻厂武警、消防部队老兵退伍向军旗告别仪式,致词感谢,并向退伍老兵授予“宝钢卫士”纪念章。 (钟 平)

**军民共建活动** 人武部处理驻月浦单宿武警中队的早操训练与宝钢单宿员工休息问题,通过协调与沟通,化解了矛盾,促进了和谐。由集团公司团委牵头与部队开展军民共建活动。化工公司与宝山消防支队一中队、电厂与武警七支队七中队年内续签军民共建协议。 (钟 平)

## 离退休职工管理

截至2009年底,由老干部一处(集团公司离退休职工管理处,简称“一处”)负责服务管理的离退休职工9 352人。其中,离休干部115人(其中副省部级2人,享受副部级医疗待遇2人,正、副局级44人,享局、参局级21人)。平均年龄80.61岁;退休处级及1993年10月底前评定的高级工程师1 438人,科级及以下退休职工7 787人。退休人员中70—79岁2 503人,80岁及以上人员231人。全年新增退休人员751人,去世人员108人(其中离休干部3人)。

老干部二处(简称“二处”)主要负责原上海冶金控股集团公司部分离退休干部管理。至年底,服务、管理离退休干部662人,其中离休干部359人(平均年龄82岁,其中局级和享受局级待遇35人,参照局级医疗待遇82人),退休干部303人(其中局级干部15人,厂处级干部201人)。 (胡文舞 吴贵春)

**政治上关心老干部** 一处先后组织老领导、老干部300人次分别在主会场、分会场(同步视频)参加集团公司的一些重要会议。9月22日上午,召开“庆祝新中国成立60周年宝钢老同志大型座谈会”,集团公司领导向全体离休干部转颁发了上海市委组织部、市委老干部局制作的纪念章并向离休干部发放了慰问金。举办了庆祝上海解放60周年老干部座谈会,集团公司领导向参加解放上海战役和从事上海地下党工作的离休干部颁发了纪念品。集团公司党政领导还走访慰问老红军、老干部、老战士;集团公司邀请原宝钢老领导参加座谈会,及时通报宝钢的生产经营情况;安排老领导、老干部参加分别由上海市和上海市委老干部局举行的形势报告会。离休干部第二党支部被评为上海市先进离休干部党支部。退休干部第七党支部被评为集团公司先进党支部。老干部阅览室每天开放,全年老干部阅读文件70多人次,阅读报刊8 000多人次。为老干部订阅报刊45种、4 600多份,发放学习资料、书籍、画册1 500多份。集体组织离退休干部参观活动12次。

老干部二处组织离退休干部学习政治理论,组织安排好离退休干部参加集团公司重要会议和重大节庆纪念活动,全年共举办政治理论辅导报告25次。召开“纪念上海解放60周年”大型座谈会,为75位参加过上海战役和曾从事上海地下斗争的老干部颁发了特制的纪念品,普遍走访慰问曾为上海解放作出贡献的老干部和老干部的遗属。将原老干部学习中心组调整为以离退休干部党支部书记为主要成员的老干部政治理论学习小组,为离退休干部党支部书记和学习骨干的学习提供了一个新的平台。 (华信全 吴贵春)

**离退休干部党工委** 中共宝钢集团有限公司离退休干部工作委员会(简称“离退休干部党工委”)有20个党支部(离休干部党支部5个,退休干部党支部15个),1 331名党员(其中一处1 154名,二处177名)。年内,所属各党支部召开学习交流会20多次,写学习心得50多篇,先后邀请上海市委党校教授和国际问题专家作了3场专题辅导报告。5月,围绕纪念上海解放60周年,组织5个党支部240名党员到宝山烈士陵园扫墓;组织8位曾参加过解放上海战役和经历上海地下党斗争的老干部撰写革命回忆录,在《宝钢日报》上刊登;举办纪念上海解放60周年的座谈会,张浩波、寒力等60多位老干部出席。9月,组织13支歌队近千名离退休干部参加“祖国在我心中”主题歌会;组织100多位离退休干部参加“祖国,我为您自豪”主题演讲会;组织离退休干部书画、美术、摄影作品展,200多幅作品参展,同时在4个活动室布置了纪念活动新闻图片展;组织19个党支部1 630人参观上海世博展示中心、宝钢历史陈列馆以及长江隧桥、崇明等新景观;组织近千名离退休干部观看《沂蒙六姐妹》的电影教育专场。以争创“五好”党支部为载体,加强基层党支部建设。4月,党工委围绕创建“五好”党支部主题举办党支部工作研讨班。6月,召开宝钢离退休干部党支部建设经验交流会。在各党支部开展评选和表彰先进党支部和优秀共产党员的活动,党工委表彰和奖励了4个先进党支部和47名好党员，并在宝钢纪念建党88周年暨最佳实践者座谈会上进行表彰和奖励。11月，58位离退休干部党支部骨干参加了在宝钢人才开发院举办的为期3天的培训。在各党支部开展“走健康之路，做健康老人”评选活动，41名离退休干部被评为第四届“健康老人”，并在敬老节前夕受到表彰。党组织全年走访慰问党员536人次，先后为88位特殊困难的党员送去帮困金3万元。

二处老干部开展创建“五好”党支部活动，并在市级机关工委召开的专题会上作经验介绍。离休干部赵振山被评为全国老干部先进个人，离休干部第二党支部被评为上海市离退休干部先进党支部，离休干部第一党支部被评为上海市级机关工委离退休干部先进党支部。

（李　平　吴贵春）

**落实老干部生活待遇**　一处在5月份，完成对离休干部101人护理费调整，6月，完成离休干部117人生活补贴费的调整。完成100位离退休干部的干部保健卡更换新证工作。组织离休、退休（处级、高工）干部健康体检1 480人，为18位离休干部生日集体祝寿。元旦、春节、五一、国庆节为离休干部发放节日生活补贴690人次，金额156.4万元。在关心老干部生活和健康的同时，完善了离休干部医药费保障机制，有130多人次享受了医保外特殊用药，金额41.75万元。生活上建立工作人员和老干部“结对”服务制度，社区老干部工作、离休干部社区高龄养老专项经费交付率达100%。推进社区老干部工作，采取个性化服务，为老干部提供“六助”（助联系医院、助办转诊、助陪同看病、助挂号配药、助办出入院手续、助垫付报销医疗费）服务。出车服务5 100多次，安全行驶33万多公里。

二处全年走访慰问离退休老干部（包括异地安置、遗属）共750人次。走访过程中，了解高龄老干部“安康通”使用情况并作功能宣传。开展为老干部居家养老办实事活动，举办家庭防火知识公益讲座；为66户老干部家庭作煤气安全检测并安装煤气泄漏报警器；以义务劳动的形式为53户老干部142台家用空调室内机作清洗消毒；开展老干部家庭好儿女评选活动，对31位健康老人、23位敬老好儿女进行了表彰。完成2009年度原机关离退休人员补贴费调整工作并全部理顺了这部分补贴费的出资渠道，落实了市财政局的拨款共1 119万元。完成了原行业管理局转制后部分退休人员养老金专项补贴工作。完成原机关离退休人员补贴费2010年预算，经市财政局批准同意2010年度的预算拨款为781.5万元，完成了离退休干部局级干部保健卡的换证审核工作。

（华信全　吴贵春）

**关心、帮助离退休职工**　春节期间和国庆节前，集团公司和宝钢股份党政领导分别专程看望慰问30多位老干部和老劳模及部分生活困难离退休人员，并送上慰问品和慰问金。一处工作人员全年走访慰问重病住院、有困难的离退休人员1 700多人次；完成588位企业退休军转干部档案复查和补贴办理工作。发放高温饮料、中秋节、老年节慰问品22 040份、就餐券10 935人次；办理离休干部护理费补贴195人次、9.5万元；受理上海市退休职工住院理赔申报材料1 100人次，理赔6 215人次，理赔金额526 364元，享受宝钢职工大病医疗救助519人次，救助金额4 169 545元；为离退休人员办理各种困难补助5 377人次；完成了716位退休人员企业住房补贴兑付工作；办理退休军转干补贴588人；办理上海市70岁老人优待证461张。

（胡文彝）

**退休职工管理**　截至2009年12月底，一处科以下退休人员7 787人，较上年净增565人。退休人员居住地分布在13个省市、16个区县，设有块区管理47个。一处召开块长工作研讨会2次；全年服务接待退休人员15 500人次；完成6 211位退休人员健康检查；为1 199位逢五过十生日的退休人员祝寿，敬送祝寿金23.98万元；处理丧事83人；为居住在外省市、郊区的退休人员办理各类费用邮寄600人次；办理退休人员公证查档等165人。

（施蓉男）

**推进“四个就近”**　继续推进“四个就近”（就近学习，就近活动，就近得到关心和照顾，就近发挥作用）工作。一处部分老干部担任社区讲师团报告员，深入社区和学校为青少年作辅导报告受到社区党组织的好评。二处主动与13个区89个街道取得联系，全面推进网络建设，与普陀区委老干部局签订《加强条块联手、推进社区老干部工作的协议》，得到了市委老干部局的高度肯定与支持。

（华信全　吴贵春）

**指导与服务基层工作**　一处加强信访工作。全年处理来信20件，接待来访77批，90余人次。信访工作做到热情接待，耐心细致做好政策解释、思想沟通和矛盾化解工作。二处组织8次基层离退休干部党支部书记工作例会和相关活动，及时沟通有关信息，服务与指导基层离退休干部各项工作。重视信访接待处理工作，全年处理来信7封，接待来访10人次，对一些重要的信访，做到主动上门，在具体处理中，做到情况明、政策明、方法恰当。

（王利亚 吴贵春）

**加强老干部工作者队伍建设** 一处组织党员和职工参加降本增效和行为养成主题活动。管理费用比上年同期降低30%。车辆维修费比上年同期节约41%，节油5 500升。开展做学习型老干部工作者活动。利用《宝钢日报》副刊宣传老干部的先进事迹，并向中组部老干部局和上海市委老干部局报送有关信息。二处响应集团公司号召，做好减支节流、降本增效工作。启动了“增服务、降开支、关注细节”主题活动，针对征集到的六个方面27条意见和建议，拟定了整改措施，减少车辆油耗、茶叶瓶装水消耗、复印纸及其他办公用品消耗，全年实现减少管理费用30%的目标。开展“讲党性、重品行、树形象”主题活动，抓老干部工作者自身素质的提高，全年由老干部二处撰稿或选送的各类稿件和信息共89篇（条），其中有75篇（条）分别被《宝钢日报》、《上海老干部工作》、《上海市老干部大学报》、《上海老干部活动简报》等报刊录用。老干部二处编印《宝钢老干部工作信息》6期，其通讯工作获得2008—2009年度《上海市老干部活动简报》通讯单位优秀组织奖。

（王利亚 吴贵春）

**宝钢淞涛艺术团** 参与集团公司老干部迎春联欢会、党工委迎春团拜会、上海市老干部大学迎春联欢会、纪念黄河大合唱诞生70周年、市级机关庆祝新中国成立60周年歌咏大会、宝钢集团公司庆祝新中国成立60周年活动。8月30日，宝钢淞涛艺术团一行61人前往重庆市，代表上海老年人参加全国合唱节的比赛，宝钢淞涛合唱团被评为金奖第二名，为上海争得了荣誉。

（王惠龙）

**老干部（老年）大学** 2月，被上海市教委、上海市老年教育协会评为“示范性老年大学”，7月，被上海市老干部大学系统评为“示范性老干部大学”。10月，被评为全国先进老年大学。老干部大学设置33个专业，118个班，结业学员3 100人次，在校学员5 201人次。评选优秀学员95人，优秀班干部8人，优秀社员13人。调整开设评弹初级、健康讲座、桥牌初级、老年瑜伽、易经文化、经络穴位养生等新专业课程8个。开展了新一轮“示范课”教学活动，推荐拟示范班11个。在宝山组织写生、采风、参观等教学活动24次。组织学员参加“丽水杯”全国老年大学摄影大赛活动，共获得特等奖1个、三等奖2个、优秀奖1个、入围奖6个，同时宝钢老干部大学荣获“优秀组织奖”。参加上海市老干部大学组织的《祖国，你好》合唱交流，代表上海市老干部大学参加上海市老年教育艺术节合唱比赛，荣获金奖第一名，同时在上海市东方艺术中心的老年教育艺术节闭幕式上登台演出2次。组织全校学员开展新中国成立60周年、迎世博的征文和《班班有歌声，人人颂祖国》爱国歌曲大家唱等活动。举办快乐钢琴暨庆祝宝钢老干部大学钢琴班开班10周年钢琴专业教学交流活动。举办逢五逢十的个人书画作品展5次。

年内，老干部大学撰写了《学委、班长作用发挥的现状问题及对策研究》等文章。《老年大学卫生保健课程教学实践浅谈》在《上海老年教育研究》杂志2009第一期发表；《坚持与时俱进 常办常新的办学方针 努力办好老干部大学》在《上

宝钢离退休职工参加上海市第八届老年运动会手杖操比赛

海老干部大学学报》杂志第13期发表;《老年大学开展示范课教学初探》在《上海老干部大学学报》杂志第14期发表。《宝钢老年教育通讯》第9—10期出版。

二处继续做好与杨浦区老干部大学联手办校工作,为老干部就近学习提供了方便。全年两个学期共举办各类专业班30个。举办了庆祝新中国成立60周年老干部歌会、征文、书画摄影作品展等各类活动,老干部以亲身经历,歌颂60年辉煌成就。开展"走进世博、宣传世博"系列活动。组织世博知识的专题报告会、消防知识讲座、科学预防甲型H1N1流感专题知识讲座、世博知识展板宣传周活动。承办了迎世博市级机关系统老干部中国象棋友谊赛,老干部二处获优秀组织奖。年底,围绕"老干部大学的教学管理"、"活动组织管理"与"后勤服务管理"三个方面在老干部中作满意度测评,测评结果总体满意率都在98%以上。（刘奉玲 吴贵春）

**淞涛诗社** 3月,召开了新中国成立60周年创作诗词社员会,诗社顾问王洪顺作新中国成立60周年钢铁事业发展的报告。9月28日,召开了"庆祝建国60周年诗词歌舞会",80多人出席。年内创作了50多篇作品,编写了《淞涛诗丛》第39辑,部分作品在上海市老干部局枫林诗社、金秋文学社、《宝钢日报》选登。（张 蕴）

**关心下一代协会** 2009年,宝钢关协着重抓4项教育:(1)协同团委开展"党在我心中"教育,引导青年爱党入党。为厚板厂等3个单位团委选定了3位老党员作为"双推优"联络员。20多位老党员与23名青年入党积极分子开展"一对一,对对红,共树理想"活动。现已有3位青年加入了党组织。(2)进行"爱祖国、爱宝钢、爱岗位与实现人生价值"教育,先后为宝钢股份公司冷轧厂等单位团员、青年宣讲交流56次,听众达4 560人次。(3)开展"迎接挑战,应对危机"形势任务教育,与宝钢分公司、发展公司等单位120多位团干部、青年举行形势任务专题座谈。用宝钢建设初期艰苦创业、战胜困难的事例,引导青年要从岗位平凡的小事做起,夯实做大事的基础,激发战胜困难为宝钢"二次创业"作贡献的热情。(4)弘扬宝钢文化,进行宝钢核心价值理念教育。与宝钢股份公司热轧厂等4个单位的团委联合组织新进大学生座谈会。为已工作一年的200多名大学生作"回顾创业历程,传承宝钢精神,立足岗位成才,再铸宝钢辉煌"的讲座。

着重组织5项活动:(1)庆祝新中国成立60周年系列活动;(2)编制《晚霞朝阳共生辉——宝钢关协"老青结对"活动纪实》专题录像片,在2009年12月初上海市关工委召开的"手拉手 心连心"结对活动交流会上作了交流;(3)为新型材料公司80名青年科技人员作了"如何撰写科技论文"的专题讲座,科技组老专家为宝钢股份公司本部、宝钢发展公司团委等单位评审了青年科技论文78篇;(4)老青网上宣传交流活动,博客日记299篇,照片1 260张,评论172篇,点击访问量77 940多次,其中"寄情老虎钩"博客获上海市关工委科技结对"十佳博客奖";(5)与社区联手开展优势互补的帮教关爱活动,应邀为灵石学校、月浦三小等师生讲课。

着重办好3件实事:(1)暑托班为宝钢青年职工解除后顾之忧;(2)为男女青年牵线搭桥140对,已有20对申领结婚证书;(3)为学校作"环保与健康专题讲座"、"生命安全教育讲座"等各种宣讲活动共20余次。（张心志）

**宝钢长寿工业服务公司** 全年完成销售收入20 809.66万元,实现利润1 007.23万元,年末所有者权益为6 365.81万元,资产增值保值率达到4.53%,比5年发展规划年度目标提高了0.40%,净资产收益率为12.98%。全年缴纳国家税金752.20万元,供离退休职工补贴款580.245万元。全年用于宝钢离退休职工管理处各项集体福利费202.28万元,比2008年增加96.81万元,增长91.79%。（沙宝祥）

2010 YEARBOOK BAOSTEEL

# 党群工作


1 专 记 ZHUANJI
13 专 文 ZHUANWEN
33 大事记 DASHIJI
41 概 述 GAISHU
63 规划发展 GUIHUAFAZHAN
67 管理创新 GUANLICHUANGXIN
79 科 研 KEYAN
97 基建与技改 JIJIANYUJIGAI
109 环境经营 HUANJINGJINGYING
123 人力资源管理 RENLIZIYUANGUANLI
135 财务、资产与审计 CAIWUZICHANYUSHENJI
141 宝钢股份 BAOGANGGUFEN
217 八一钢铁 BAYIGANGTIE
233 广东钢铁 GUANGDONGGANGTIE
239 宁波钢铁 NINGBOGANGTIE
245 多元产业 DUOYUANCHANYE
305 海外公司 HAIWAIGONGSI
313 综合管理 ZONGHEGUANLI
325 党群工作 DANGQUNGONGZUO
353 企业文化 QIYEWENHUA
365 人物与表彰 RENWUYUBIAOZHANG
377 附 录 FULU
401 索 引 SUOYIN

# 党群工作

宝钢党群组织在党委领导下开展工作(详见“概述”栏目中“2009年党委工作”)。为减少层次,提高效率,自2005年开始,宝钢集团公司党群组织机构与宝钢股份公司党群组织机构合署,实行“两块牌子,一套班子”运作。 (史 志)

## 共产党组织

中国共产党在宝钢集团有限公司设立委员会。新一届党委和纪委2007年由宝钢第三次党代会选举产生。党委书记为刘国胜,副书记为欧阳英鹏。 (史 志)

## 组织工作

宝钢集团有限公司、宝山钢铁股份有限公司党委组织工作由公司党委组织部推进落实。其主要职责是管理基层党委、纪委领导班子建设;指导基层党支部建设和基层党员队伍建设;公司党费管理、党内年报和各类统计管理;公司总部机关党群机构设置及定岗定编管理;公司党建督察员的管理与服务。

截至2009年12月底,宝钢(包括沪外公司)共有党员37 317名,各级党委182个,党总支142个,党支部1 624个。 (范 玲)

**完成学习实践活动整改工作** 年内落实学习实践科学发展观活动整改“回头看”各项工作,推进《公司整改落实方案及项目库》的完善和落实,对已经完成的102个整改项目的转化、应用以及相关制度的固化等工作做好跟踪检查,并纳入二级单位党组织绩效评价。 (范 玲)

**召开党政领导班子专题民主生活会** 在集团公司和各基层党组织召开了“加强领导干部党性修养、树立和弘扬良好作风”为主题的党政领导班子专题民主生活会。集团公司和基层党政领导班子成员聚焦宝钢二次创业和应对危机、管理变革,结合学习实践活动整改落实“回头看”工作,结合民主测评情况,开展了批评与自我批评,通过进一步对照检查,统一了思想,增强了领导班子整体合力。 (范 玲)

宝钢基层单位给7月1日出生的党员过生日

**基层党组织“两委”换届工作** 组织部深入基层,加强对基层党组织“两委”换届改选、组建、调整等工作的指导和服务。分别落实了宝钢股份本部、不锈钢事业部、特钢事业部、钢管事业部、宁波钢铁的党委、纪委的组建工作;完成了宝钢金属、宝钢资源等12家基层党组织的党委或纪委委员增补、调整工作,进一步健全和完善了基层党委、纪委领导班子结构。 (范 玲)

**加强和改进党支部建设** 一是制定下发《关于进一步加强和改进基层党支部建设的意见(试行)》。明确党支部工作的定位、原则等总体要求;提出党支部要集中精力推进基层领导班子和基层管理者队伍建设、深入开展“党员登高计划”活动、实行员工需求与关注点信息管理、加强党组织生活设计等4项重点工作;坚持务实创新,改进党支部工作方法。二是制定并组织实施《落实加强和改进党支部建设行动方案》,领导带头深入基层授课,分层分类贯彻落实,指导、协助二级单位完成相应的培训研修工作；三是成立集团公司党支部书记研修会，以研修会成员为主体，策划举办了集团公司首期党支部书记研修示范班。（范　玲）

**党建创新成果评比与表彰**　为充分展示基层党建工作创新成果，组织部在各基层单位申报的基础上，从创新性、操作性、实效性、推广性四个方面进行了定量评价，最终从基层申报的52项创新成果中评选出12项优秀创新成果并进行表彰，还通过《宝钢日报》、《宝钢党建网》等媒体，对基层党建工作优秀成果进行广泛宣传。（范　玲）

**"七一"党内先进评选、表彰**　为纪念建党88周年，在集团公司范围内开展了党内先进集体和个人的评选表彰活动。通过基层上报、集团公司党委评选，共评出11个红旗党支部，20个先进党支部，31名优秀党支部书记，104名优秀共产党员，并在"七一"期间进行表彰，在宝钢营造了创先争优、学习先进的良好氛围。（范　玲）

**党群工作者队伍建设**　年内组织部系统盘点党群各专业条线人力资源状况，在完成党支部书记队伍分析的基础上，对纪检监察、工会、文化宣传、团组织等4个专业族群开展人力资本分析，基本理清各族群能力提升的重点，为加强和改进党群工作者队伍建设打下了良好基础。举办组织员研修班，通过培训交流研修，提高了党务工作者的素质和履职能力。（范　玲）

**开展"党员登高"创优活动**　把"党员登高"计划活动与争做"四优"（政治素质优、岗位技能优、工作业绩优、群众评价优）共产党员、开展党员教育培训有机结合起来。聚焦"党员登高"创优，组织对广大基层党员进行教育培训。策划实施主题党课、读书活动和"党员登高"活动3个重点项目，形成宝钢党员教育管理长效工作机制，保持和发展党员队伍的先进性。（范　玲）

宝钢基层党支部对特色工作进行总结，并在橱窗展示

**发展党员工作**　发展党员严格遵循"十六字"（坚持标准、保证质量、改善结构、慎重发展）的方针，把握"一线、一流、青年"的工作重点，进一步规范党员发展工作程序，改善党员队伍结构，确保新党员的质量。全年共举办15期入党积极分子培训班，915人经集中培训后取得合格证书。（范　玲）

**举办"党建创新论坛"**　围绕宝钢党建工作的重点、难点问题，组织部策划了两期"党建创新论坛"。7月，召开了第九次党建创新论坛。重点围绕领导班子建设、党风建设和反腐倡廉工作、党员教育管理、员工队伍建设等方面，立足于解决问题，从提升工作方法的角度开展工作交流。9月，举办了以"加强党建带团建，进一步做好新形势下宝钢青年工作"为主题的第十次党建创新论坛，加强对共青团的领导，坚决支持共青团工作。进一步了解青年员工特点，满足青年员工需求，引导青年员工成长，充分发挥共青团的突击队作用和联系广大青年的桥梁作用。（范　玲）

**电子党务建设**　建立并完善e-HR（人力资源管理信息系统）党务模块，完成了党建网的改版。为基层党务干部和广大党员提供学习和信息交流的平台。同时，认真做好2009年度中组部和市委组织部关于党组织和党员年报的统计工作；对2009年度集团公司和基层党组织党费收支结存的情况进行汇总统计，并对党费的收缴、使用和管理工作加强管理和指导。（范　玲）

**慰问补助困难党员** 春节前夕，集团公司党委对19家单位下拨帮困慰问金27.3万元，“七一”期间，对基层单位下拨27.5万元的帮困慰问款。各级党组织以各种形式开展了困难党员和职工的帮困慰问活动，使困难党员深切感受到宝钢各级党组织的关怀。（范 玲）

**信访接待工作** 重视做好群众信访的接待工作，配合有关部门，对一些“上访老户”做好思想稳定工作，确保了企业和社会的稳定。（范 玲）

## 宣传思想工作

宣传思想工作由集团公司党委宣传部管理，主要负责党委中心组学习、形势与任务宣传教育、政研会等工作。（史 志）

**党委中心组学习** 全年集团公司党委共组织12次中心组学习，重点内容：一是围绕应对危机和二次创业等中心工作，开展“提升领导力和优化领导人员工作方式”、“国内外钢铁企业应对危机的对策与举措”、“应对危机与最佳实践”等专题研讨，并进行《紧迫感——在危机中变革》读书心得交流，增强领导人员危机意识。二是围绕领导人员和领导班子思想政治建设，组织全国“两会”精神、十七届四中全会精神和中央经济工作会议、央企负责人会议精神的传达学习。加强反腐倡廉建设，学习《国有企业领导人员廉洁从业若干规定》等3项法规和《关于开展工程建设领域突出问题专项治理工作的意见》，开展两次专题研讨。三是巩固和发展深入学习实践科学发展观活动的成果，专题研讨职工群众反映强烈的突出问题，提出整改思路和措施。为了扩大学习成果，2009年中心组学习后还对学习成果进行整理，通过《宝钢形势任务教育》下发至基层，为基层开展形势任务教育提供了权威、生动的材料，全年共提供6篇材料。在9月1日召开的全国国有企业宣传负责人工作会议上，宝钢党委专题介绍了中心组学习情况。上海市委宣传部主办的《党委中心组学习》杂志2009年第一期刊登了宝钢党委中心组学习的理论文章。（沈葆君）

**开展形势与任务教育** 全年的形势任务教育主要突出两个重点：一是突出应对危机；二是突出管理变革。主要通过三种形式：一是及时将集团公司面临的内外形势和任务要求，通过编发《宝钢形势任务教育》进行传达；二是通过组织召开各类会议进行宣传教育，确保集团公司的任务要求得到有效贯彻落实；三是广泛开展各层面的座谈交流，领导深入基层单位调查研究和检查指导，推动公司任务和要求在基层的转化落实。（汤平健）

**编发《宝钢形势任务教育》** 《宝钢形势任务教育》电子专刊是宝钢在应对危机中创新的企业内部宣传教育刊物。2008年底创刊，2009年编辑45期。主要内容：一是党中央国务院、国务院国资委、上海市领导关于形势和应对危机的讲话；二是宝钢领导在各类会议上的重要讲话，既原汁原味地整理又进行提炼和概括；三是反映国内外经济形势及钢铁行业形势的专家报告摘要；四是宝钢基层单位应对危机的最佳管理实践。其中第二项为2009年《宝钢形势任务教育》编辑工作的重点，尤其是创造性地以“综述”形式汇总中心组学习研讨提出的重要意见。（汤平健）

**政研会工作** 年内，宝钢政研会获中央企业2007—2008年度课题研究优秀组织奖。完成《中国国有企业的独特优势：党组织的政治核心作用》与《政治核心作用论》两本书的出版任务。宝钢政研会还参与中国冶金政研会每年一次的论文评审工作，对全国各大钢企选送的120多篇论文逐一评审打分。在中国冶金政研会理事会议暨会员大会上就形势任务教育的新探索这一课题作大会交流发言。（倪颂迅）

宝钢召开争当“最佳实践者”座谈会

**《宝钢基层党支部工作调研报告》获奖** 宝钢政研会协同组织部完成《宝钢基层党支部工作调研报告》的结题工作，主要负责课题的立项申报以及按照国资委宣传局的意见对课题报告进行重大修改和充实。该课题报告获中央企业党建政研会2007—2008年度课题研究一等奖。

（倪颂迅）

**宝钢历史陈列馆接待参观** 作为企业政治思想教育基地、对外企业文化传播基地和工业旅游爱国主义教育基地的宝钢历史陈列馆，2009年共计接待参观团队400多批近万人次。参观者包括全国人大副秘书长王万宾、江苏省委常委南京市委书记朱善璐、河南省人大常委会部分委员、青海省政协副主席等国家和部分省市领导；宝钢老领导及原上海冶金系统领导；台湾中华基金会客人、国际钢协专家、新日铁中国总代表等友人；宝钢人才开发院的领导干部培训班、政校培训班学员；宝钢部分子公司和海外公司上海代表处等党员群众；新进宝钢的大学生；部分参与建设的冶建单位员工；由宝钢国旅组织的参加爱国主义教育基地旅游的社会游客等。

（张 铮）

## 纪检、监察工作

年内，集团公司各级纪检监察组织认真学习贯彻党的十七届四中全会精神和十七届中央纪委三次、四次全会精神，坚持“围绕中心、进入管理、融入流程、发挥作用”工作思路，聚焦宝钢二次创业和应对危机，以完善惩防体系为重点，深入推进党风建设和反腐倡廉工作，对各二级单位在应对危机过程中执行集团公司各项决策措施情况进行监督检查，为集团公司完成生产经营和改革发展稳定的各项任务营造了良好环境。

（肖宪京）

**推进惩防体系建设** 深入推进惩防体系5年工作规划，并细化成86项工作任务，促进了反腐倡廉体系化建设。把惩防体系各项任务作为党风建设和反腐倡廉工作责任制的重要内容，层层落实责任，集团公司与各二级单位党政主要负责人、各二级单位与管辖范围内的党政主要负责人签订党风建设和反腐倡廉责任书，形成一级抓一级、层层抓落实的责任体系。集团公司纪委、监察部组织开展了落实惩防体系《实施办法》、党风建设和反腐倡廉责任制等制度执行情况的专项检查，对推进惩防体系建设中存在的问题进行了整改，促进了集团公司2009年反腐倡廉5个方面21项重点工作的有效落实。（肖宪京）

2009年宝钢纪检监察工作会议

**廉洁从业工作** 年内，以各级领导人员和有业务处置权人员为重点，把贯彻落实《国有企业领导人员廉洁从业若干规定》纳入两级党委中心组学习研讨、专题教育之中，自上而下、系统地组织学习贯彻落实。通过组织领导人员廉洁从业专题教育、对新任领导人员廉洁从业集体谈话，实施领导人员的廉洁承诺，开展对倾向性问题点评、剖析典型案例等一系列有针对性的反腐倡廉教育，不断提高领导人员“遵守规则、忠实勤勉、廉洁从业”的自觉性。年内，各单位组织了917场（次）反腐倡廉专题教育，51 000余人次接受了廉洁从业教育，有3 491人作出了廉洁承诺。年内，对审计中发现的问题，追究有关领导人员的责任；组织开展《国有企业领导人员廉洁从业若干规定》等制度执行情况的专项检查；深化厂务公开，发挥民主监督作用；加强倾向性、苗头性问题的分析研究，做到及时发现、及时提醒、及时处理，防范经营管理风险和道德风险。实施信访谈话77人，有197名直管领导人员进行了重大事项报告，1 420人次主动上交礼金、礼品、有价证券等，折合人民币159.5万元。

（肖宪京）

**反腐倡廉制度建设** 年内，集团公司制定或修订了《宝钢集团有限公司关于落实“三重一大”决策制度的实施意见》、《关于印发〈工程建设创“双优”工作实施意见〉的通知》、《国(境)外子公司薪酬管理办法》、《全面风险管理制度》、《废旧物资网上竞价销售规范》、《银行账户管理办法》、《管理费用管理办法》、《职工奖惩管理办法(试行)》、《对违纪违规人员造成经济损失实行经济赔偿的实施细则》、《对违纪违规行为惩处实施细则》等制度,进一步规范了领导人员和有业务处置权人员的用权行为。 (肖宪京)

**开展监督检查工作** 开展了管理费用专项检查。年内集团公司组成5个专项检查组,对各单位业务招待费、差旅费、公务费、广告费、咨询费等相关管理费用进行专项检查。对检查中发现的八个方面问题进行了通报;对15家单位发出82条监察建议;对检查中发现的5起违规违纪案件进行了严肃查处;对管理不善、监督不力的7名领导人员、管理者分别给予政纪处分或组织处理。开展了公务用车情况的专项检查,对有关单位租车随意、排量超标、运营成本偏高和制度不健全等问题进行了督促整改。清退和处理了143辆公务用车,降低了用车数量和费用。各基层单位根据集团公司总体部署,开展了管理费用使用情况的自查自纠,建立完善了业务招待费、会议费、销管费使用等规章制度,管理费用使用更加规范。 (肖宪京)

**效能监察工作** 围绕成本改善、节能降耗、资产处置、安全管理等方面开展了效能监察。通过对高炉渣、钢渣、含铁尘泥等28大类117项小类固废的产生、分类管理、计量及利用情况进行监察,揭示出固废计量方式不完善、品名不统一、归口管理及利用处置途径复杂等五个方面39项问题,提出效能监察建议3项,完善了《废弃物管理办法》等10项管理制度,促进了组织优化、成本改善以及废弃物排放减量化、资源化、无害化目标实现。开展了对紧急采购规范管理的效能监察,形成检查机制,完善了《应急资材备件采购供应管理制度》等10项制度,取得经济效益6 000多万元。围绕备件计划,推进备件计划管理考核机制和定期检查机制,规范了物流代码管理,有效地促进了成本控制。围绕提升机旁备件管理,查找管理薄弱环节,新建和完善《机旁备件管理标准》等10项管理制度,改变了“以领代耗、自报自收、自管自用”状况。年内,效能监察立项511个,形成效能监察报告368份,提出监察建议802条,发出监察建议书117份。 (肖宪京)

**电子采购平台和网上招标平台建设** 通过推进电子采购平台和网上招标平台建设,实现了通用备件、通用物资、通用设备、化工原料、副料、铁合金、废钢、副食品,以及保险、维修等服务项目网上采购、招标采购;实现闲置物资、废旧物资、废次材和化工产品等网上竞价销售。集团公司19个采购业务单元的网上竞价采购总额93.2亿元。网上竞价销售24.1亿元,增效1.53亿元。全年累计招标394个项目,中标金额30.2亿元,节约资金6.45亿元。有8 800多家供应商进入东方钢铁电子采购平台。协同推进差旅平台建设,降低差旅成本802万元。年内还加强了对阳光采购、销售、招标过程的服务和监督,参与三级救助系统、呼叫中心建设,通过开通网上监管账号,跟踪网上交易、分析购销异常信息,实现在线监管。年内纪检监察系统共受理供应商和客户的信访、投诉10余起。配合推进供应商管理工作,对供应商的进入、评价和淘汰等进行审定,公开反馈评审结果。 (肖宪京)

**继续执行禁入制度** 年内公布第五、第六批禁入名单,6批累计有134个单位、698人被禁止与宝钢进行经济业务往来。禁入内容向资源控制、安全、质量、知识产权保护等有不良记录方面延伸,进一步净化了宝钢经营环境。 (肖宪京)

**推进工程“双优”工作** 推进烟宝、宝通、湛江项目等工程“双优”(工程优质、干部优秀)工作,开展了建设工程安全管理和监理工作专项检查,对检查中发现的16个问题提出整改建议;稽查合同90份,对6个不规范问题责令整改;对参建单位进行综合评价和信用等级评定,发布了《合格分包商资源信息库名录》。湛江项目前期准备工作中,基地场平和吹填围堰工程的10个标段通过招标,节约资金1.24亿元。八一钢铁高炉工程、焦煤工程、中厚板热处理线工程等7个项目通过招标,节约资金1.19亿元。 (肖宪京)

**信访举报和案件查处** 年内,受理信访举报282件,立案28件,查处违纪违法人员28人,给予党纪处分8人、政纪处分12人,受党政纪双重处分5人,解除劳动合同4人,追究领导及管理者责任7人。移送司法机关11人。发出监察建议书5份,提出监察建议17条,通过办信查案堵漏建制50余项。落实重要案件“三不放过”(案件发生的原因不查清、责任不查明不放过；案件的责任未追究、整改措施不落实不放过；案件的当事人及其他员工未受到教育不放过）教育制度，坚持“一案两报告”（纪检监察组织所立案调查的案件，调查终结后，在提供案件调查报告的同时，还要提供对案件剖析后的整改报告）制度。加强与审计、财务等部门的协调配合，强化与检察机关的协作办案机制，不断提高办案效率和质量。（肖宪京）

**纪检监察队伍建设** 开展“做党的忠诚卫士、当群众的贴心人”主题实践活动，探索公司治理条件下的纪检监察工作体制机制、分类管理的工作模式和纪检监察工作进入管理、融入流程的有效途径。年内充实了纪检监察队伍，做到设置纪检监察组织和人员配备与各单位机构调整同步。在区域一体化管理的基础上加强分类指导，通过巡视检查和专项检查，有效促进了沪外单位领导人员廉洁自律和经营管理等工作。年内，组织纪检监察人员参加中央纪委、国务院国资委纪委、上海市纪委等举办的纪检监察业务培训班，并举办了基层纪委书记、监察部门负责人研修班和纪检监察业务实务培训班等。出台《宝钢集团有限公司纪检监察组织体系能力建设评价办法（试行）》，按照“四位一体”（基层纪委书记向集团公司纪委常委会报告工作并接受考评、所在单位党政评价、职工民主评议和日常工作综合考评）的方式，对基层纪检监察工作和纪委书记的履职情况进行评价，评价结果与个人年度绩效和基层党组织绩效评价挂钩。

（肖宪京）

## 机 关 党 委

2009 年，集团公司总部机关党委按照集团公司党委的工作要求，顺应总部管理变革，努力改进工作作风，发挥党支部的战斗堡垒作用和党员的先锋模范作用。机关党委下属支部（总支）21 个，党员 338 人。总部员工共 689 人。

（陈　俊）

宝钢召开党风廉正建设监督员座谈会

**推进总部管理变革** 5 月 20 日，集团公司总部干部大会召开，标志着集团总部变革正式启动。机关党委从集团总部的每一个成员既是变革的参与者，又是变革的监督者这个角度，组织召开集团公司领导与总部员工沟通会，参加会议的员工从“我所认识的这次总部变革”、“我对这次变革的期待”、“我会怎样投身这次变革”、“我对这次变革还有哪些疑问和建议”等话题与集团公司领导交流。（陈　俊）

**推进党支部建设** 按照“聚焦、务实、有效”的工作要求，从为各党支部做好服务工作的角度出发，运用党务信息系统平台督促、推进“党员登高计划”活动。每季度对各党支部工作的落实情况进行提示，并下发《党支部工作检查情况通报》，推进了党支部的基础建设。机关党委书记对部分党支部进行党建督查走访，对兼职组织员进行政治思想、党务知识方面的培训，加强对党员领导人员的党风廉政教育。

（陈　俊）

**推进年末民主生活会** 机关党委制定下发《关于召开 2009 年度集团公司机关各党支部（党总支）民主生活会的通知》，要求各部门总监、处长以上领导人员和党支部委员参加会议，并做好开展批评与自我批评的发言准备，机关党委参加了 19 个支部的民主生活会。（陈　俊）

**开展降本增效活动** 年内，总部机关员工立足岗位，从身边事做起，开展“成本改善、从我做起”为主题的降本增效活动，并召开了成果发布会。开展评选“曾乐敬业奖”活动，评选出 31 名员工为总部机关“曾乐

敬业奖”，其中1名员工获集团公司“金牛奖”、2名员工获集团公司“银牛奖”。（周国芬）

## 统一战线工作

集团公司党委统一战线工作由统战部主管，下设宝钢台湾事务办公室、宝钢海外交流协会办公室、宝钢海外联谊会办公室。有宝钢党外中青年知识分子联谊会、宝钢少数民族联合会、宝钢台胞台属联谊会、宝钢归国华侨联谊会等4个统战群众组织。（张惠明）

**贯彻全国、上海市统战部长会议精神** 按照全国统战部长会议提出“把保增长作为统一战线的首要任务，把推动改革作为统一战线的重大使命，把维护稳定作为统一战线的政治责任”要求，统战部整理成传达提纲在“统战人士之家”中刊载供统战系统学习。集团公司党委常委会3月、12月两次听取统战部工作汇报，专题研究统战工作，确定了“外为我用，内部挖潜”的统战工作新思考、新定位、新方向，即：通过实施3 I（Information 信息、Intellect 人才、Innovation 创新），依托政府和社会资源，提高统战工作在人才、技术寻源方面的能力；通过开展献计献策活动、沟通机制建设、重点人物选拔等内部挖潜，提升统战工作服务中心的水平。为更好地开展统战工作，集团公司增设了统战组织专项活动经费。12月25日，统战部赴上海市委统战部对宝钢贯彻落实全国、上海市统战部长会议精神及宝钢统战工作新思考作了汇报，得到市委统战部领导的充分肯定。（张惠明）

**加强与党外人士沟通交流** 贯彻集团公司党委《关于加强与党外人士沟通的工作制度》，通过召开座谈会、情况通报会、举办统战沙龙等活动，加强与党外人士的沟通交流。2月，对二级公司贯彻落实沟通制度情况进行总结，并在党外代表人士和部分子（分）公司统战干部座谈会上进行通报。同月，结合宝钢2009年工作会议精神传达，召开宝钢生产经营形势通报会，邀请宝钢股份公司领导向统战各界党外人士代表通报宝钢的生产经营情况以及严峻的市场形势，并与代表们互动交流。为扩大与党外人士沟通交流的渠道，统战部在宝钢员工“桥”论坛上开通了宝钢“党外人士之家”，内设“信息通报”和“沟通交流”两大模块。“信息通报”向党外人士提供有关学习材料，“沟通交流”为党外人士提供网上交流的平台。全年通报各类信息64次，上网浏览人数达到7 578人次。参与网上交流178人次，4 940人次浏览了沟通交流情况。对党外人士提出的疑难问题予以解答，起到了及时沟通、解疑释惑的作用。（张惠明）

**开展“爱、献、作”主题活动** 面对全球金融危机的严峻形势，持续组织推进“爱企业、献良策、作贡献”主题活动和开展“应对危机，我为宝钢攻坚克难献一计”活动。2月，组织开展中央企业“爱企业、献良策、作贡献”主题活动先进集体、先进个人的评选工作，推荐宝钢股份本部设备部党委（原宝钢分公司设备部党委）、宝钢集团上海宝钢工程技术有限公司党委为中央企业2008年度“爱企业、献良策、作贡献”主题活动先进集体；吴志荣、卢焕朝、徐望华、王新成为先进个人。7月，回顾总结2009年上半年度主题活动开展情况，并对推进下半年度活动提出了要求。经统计，2009年统战人士参与主题活动达到90%，建言献策26 966条，采纳20 548条（其中转化为成果5 369条、纳入管理3 545条），开展自主管理1 760项，技术攻关546项，形成技术秘密731项，申报专利数446项。（张惠明）

**民族宗教工作** 4月，统战部走访宝钢分公司热轧厂清真食堂，看望就餐职工并征求对宝钢民族工作的意见建议。就清真饮食职工提出回民伙食补贴不足的问题，统战部与相关公司统战主管部门沟通，并按相关文件要求予以协调解决；对食堂房顶漏水的问题，协调宝钢发展公司在雨季过后加以修复，得到就餐职工的好评。6月，按照上海市民族联要求，推荐王家宽为从事民族联工作15年荣誉证书获得者。8月，起草《关于开展严格执行党和国家民族政策自查工作的通知》，组织各单位开展自查并于10月形成自查报告报集团公司党委。9月，召开宝钢少数民族代表人士座谈会，通报宝钢近期开展的民族工作，并围绕“迎国庆、颂祖国、展风采、叙发展”主题进行了沟通交流。12月，杜国华当选上海市少数民族联合会第六届理事会理事。（张惠明）

**侨务工作** 4月，完成中国海外交流协会常务理事人选的推荐工作。7月，推荐何慎、斯初阳、孙轶德、顾立群等4人为宝山区侨联第五次代表大会代表，其中何慎当选第五届宝山区侨联常委，斯初阳当选委员。9月，统战部对宝钢早期归侨家庭的生活情况进行调查摸底，先后对早期回国的困难归侨家庭7人次进行了帮困送温暖活动并将其列入上海市侨界助困对象。11月，向宝钢归侨赠阅《文汇报》、《上海侨报》和《宝钢日报》，帮助他们及时了解国际国内形势和宝钢建设发展的进展。 （张惠明）

**民主党派工作** 按照集团公司学习实践科学发展观活动提出着力解决九个方面突出问题的整改方向和集团公司新一轮发展战略的要求，结合应对金融危机，充分发挥民主党派成员合作共事的积极性，发动各民主党派成员认真查找集团公司及所在单位（部门）在生产、经营和管理工作中存在的薄弱环节，提出改进意见、建议。协助民主党派基层组织加强自身建设，协调解决民主党派组织办公用房，根据民主党派组织发展的实际，配合上海市委统战部在无党派人士中开展《民主党派组织发展趋势》的调研。年中组织召开民主党派负责人联席会议，总结交流上半年开展专项活动的情况，并部署下半年工作。 （张惠明）

**对台工作** 贯彻外交部《关于新形势下在两岸均参加国际组织中我与台接触问题的意见》，严格涉台用语的使用，做好台情形势发展变化的跟踪收集工作和宝钢赴台交流考察人员的行前政策教育，全年完成8个赴台团组入台交流的行前教育；8月，统战部获2008—2009年度"上海对台工作"（调研）先进单位称号。 （张惠明）

**统战信访工作** 以人为本，妥善处理群众信访，全年接待信访6人次。针对反映"因工重伤"应享有的合法权益及工作中受到不公待遇等问题，统战部深入相关单位进行调查并根据政府有关文件精神做好说服疏导工作，对确应享受而未享受的工伤权益由相关单位作了补偿。 （张惠明）

**有关人大、政协工作** 2009年，宝钢职工担任各级人大代表48人（特邀代表1人），其中党外代表23人。担任各级政协委员49人，其中党外委员40人。在各级人大、政协会议期间，宝钢党外代表、委员全年共提出各类提案、议案47条，反映社情民意30条。其中3个提案被有关人大、政协评为2009年度优秀提案，1条建议被评为2009年度优秀建议。6月，组织宝钢在浦东的各子公司参加浦东新区第四届人大代表换届选举工作，宝信软件公司董事长王文海、华宝信托公司副总经理王晓薇当选。7月，上海市政协主席冯国勤等市政协领导到宝钢调研，听取在宝钢的市政协十一届委员对贯彻落实市委九届八次会议精神，推进上海确保经济平稳较快发展，确保民生持续得到改善，确保社会和谐稳定，确保世博会筹办工作有序进行和对政协工作的意见和建议。冯国勤希望宝钢的委员们一如既往地支持政协工作，积极履行好职能，并为推动"四个确保"贡献智慧和力量。9月，组织统战人士参与市政协纪念人民政协创立60周年网上竞答活动。12月，经与宝山区委统战部沟通，调整推荐集团公司党委组织统战处处长汪震出任政协宝山区第六届委员会委员。 （张惠明）

民主党派成员开展活动

**落实党外人士工作** 落实中央统战部《关于进一步加强无党派代表人士培养工作的意见》精神，切实抓好有代表性、有影响力的党外代表人物的工作。2月，对C层级以上管理人员和专业技术人员进行调研，充实完善211名宝钢党外人士资料库。其中党外知识分子129人，无党派代表人士47人，民主党派人士35人。4月和8月，分别安排1名无党派人士参加上海市委统战部举办的无党派人士理论研修班和中央统战部举办的第七期中央企业党外干部理论研究班学习。年内还举办宝钢无党派代表

宝钢职工在宝山区政协六届四次大会上发言

人士统战沙龙活动，构建交流沟通的平台。（张惠明）

**接待工作** 3月，接待民盟上海市委直属基层主委、组织委员到宝钢参观学习；6月，接待湛江市民主党派负责人等到宝钢学习考察；8月和9月，配合上海市委统战部两次接待香港专业及资深行政人员协会到宝钢参观并安排现场教学，邀请宝钢党校常务副校长莫臻介绍“中国国有企业运行模式”及宝钢改革发展的情况。

（张惠明）

**留学归国人员工作** 为更好地发挥留学归国人员知识层次高、科研能力强、参政议政意识强、爱国感情深厚和海外联系广泛的优势，最大限度地集其力、汇其智、融其情，10月，统战部启动宝钢留学归国人员情况调查并于11月形成宝钢留学归国人员情况调查报告报集团公司党政决策参考；12月，制订“心系二次创业、共谋发展大计”宝钢留学归国人员座谈会方案。（张惠明）

## 民主党派组织

6个民主党派在宝钢建有25个基层组织，有成员672人。中国致公党和台湾民主自治同盟因成员少未在宝钢建立组织。2009年，宝钢各民主党派组织结合全球金融危机严峻形势，积极建言献策，组织各自成员参与“应对危机，我为宝钢攻坚克难献一计”的最佳实践者活动和“坚持走中国特色政治发展道路”为主题的政治交接学习教育活动，使广大成员的政治意识、合作共事意识进一步增强，在参与统战系统“爱企业、献良策、作贡献”主题活动中发挥了积极的作用。（张惠明）

### 中国国民党革命委员会组织

**民革宝钢支部** 隶属民革宝山区委员会，有党员39人(其中民革梅钢小组挂靠宝钢支部，党员6人)。主任委员：姜良玉；副主任委员：陶慧明、王飞。现有政协宝山区六届委员1人，政协浦东新区三届委员1人，民革宝山区委委员1人、民革宝山区委提案委、祖统委主任各1人。2009年发展新党员3人。年内，面对全球金融危机的严峻形势，结合宝钢管理变革，组织开展形势和任务的学习宣传，召开金融危机下宝钢市场营销策略报告会，邀请宝钢股份销售中心吴晓东作关于《金融危机中的钢铁市场及钢铁市场十年回顾》的报告。组织全体党员参观宝钢历史陈列馆，引导党员弘扬“85·9”精神，开展“应对危机，我为宝钢攻坚克难献一计”活动，取得成效。其中，“宝钢一体化用户服务交互策略”获“2007年首届中央企业青年创新奖”优秀奖。“全流程精益协同生产在硅钢生产中的应用”获全国冶金行业管理创新成果一等奖。“高炉喷煤用英格索兰空压机修复降本”建议为企业创效益74.34万元。“开展利库利旧，实现降本增效”获宝钢分公司建言献策二等奖，并获专利1项，技术秘密2项，2名党员分别被宝钢发展公司和宝钢股份制造管理部评为“最佳实践者”。12月，组织全体党员考察了崇明新农村建设。（姜良玉）

### 中国民主同盟组织

**民盟宝钢总支** 隶属民盟上海市委员会，下辖4个支部。有会员68人。主任委员：张社英；副主任委员：何平显、许健。现有民盟上海市委委员1人，宝山区六届人大代表2人，宝山区政协委员1人。2009年发展新盟员5人。根据民盟上海市委颁布的新的组织工作及基层组织争创先进的管理要求，将2009年总支建设定位为进一步规范组织运行、完善各项组织制度年，梳理完善《民盟宝钢总支组织发展及后备干部培养

宝钢民主党派开展活动

制度》、《民盟宝钢总支会议制度》、《民盟宝钢总支考勤管理制度》、《民盟宝钢总支盟费管理制度》等4项制度。结合新中国成立60周年、人民政协成立60周年和中国共产党领导的多党合作和政治协商制度确立60周年,组织盟员参加民盟市委开展的系列活动,在盟员中深入开展爱国主义教育,引导和激发盟员继续解放思想,坚持改革开放,推动科学发展,促进社会和谐,积极参政履职,收集社情民意。通过人大代表和政协委员向宝山区人大和政协递交提案5项,并均被采纳。面对金融危机对钢铁业的影响,广大盟员积极建言献策,提出合理化建议5条,申请专利6项,技术秘密3项,评为优秀论文1篇。由盟员参与实施的"1880热轧关键工艺及模型技术自主开发与集成"项目获宝钢技术创新重大成果奖一等奖,为宝钢作业流程优化、降本增效作出了贡献。 (张社英)

**民盟五钢特钢支部** 隶属民盟宝山区委员会,有盟员10人,主任委员:蒋勤芳。有民盟宝山区委副秘书长1人,民盟宝山区委青年委员会成员1人,政协宝山区六届委员1人。2009年,通过组织参加形势报告会,加深盟员对当前国家经济、社会形势的深入了解;5月,组织盟员游览上海植物园,参与民盟宝山区委和民盟上海大学委员会联合举办的"青春·世博"联谊活动;"六一"国际儿童节,支部看望杨泰小学助学学生并带去了好易通等学习用品;7月,支部委员参加民盟宝山区委和区社会主义学院联办的"民盟区委骨干盟员暑期学习班";10月,组织部分盟员赴奉贤滨海古园参加民盟市委举行的纪念谈家桢诞辰100周年暨谈家桢铜像揭幕仪式;12月,组织部分盟员参加民盟区委与崇明县委青年盟员友好交流座谈会。在建言献策方面,组织盟员收集反映社情民意、参与企业组织的合理化建议活动,支部中的政协委员通过政协"建言献策"平台上报建议5项,盟员提交合理化建议5项,其中《建造双城路停车场的建议》被评为2009年度政协宝山区优秀提案;6月23日,政协宝山区六届主席到政协委员五钢办公现场慰问,并与五钢公司党委领导交流会谈,对政协委员的工作给予了充分肯定。2009年,盟员在本职岗位上取得硕果:"一种超高强度、高韧性马氏体时效钢及制造方法"获第十八届全国发明展览会铜奖;承接国家课题5项;申报国家专利4项、技术秘密7项;完成国家军用标准编写3项;发表论文1篇。 (蒋勤芳)

## 中国民主建国会组织

**民建宝钢工作委员会** 隶属民建上海市委员会,下辖民建宝钢、梅山、一钢、二钢、五钢、十钢、浦钢、综合、机关申鑫9个支部。有会员200名。主任委员:郑安国;常务副主任委员:郑亚萍,副主任委员:张立红。有民建上海市委委员1人,政协上海市十二届委员2人,区人大代表2人,区政协委员2人,市政行风监督员2人,2009年发展新会员2名。结合改革开放30周年、新中国建立60周年、上海举办2010年世博会等重要大事,及遭遇全球金融危机强烈冲击的严峻考验,民建宝钢工委会组织会员学习中共中央重要会议精神,重温民建章程,提倡爱岗敬业,创新发展,在本职岗位中充分体现民建会员内强素质、外塑形象的良好风范。民建宝钢工委会获2009年宝钢技术创新重大成果三等奖1人,2009年宝钢"讲理想、比贡献"竞赛先进个人突出贡献奖1人。在参政议政、反映社情民意方面建言献策,提交各类提案、议案、建议9篇。 (郑亚萍)

## 中国民主促进会组织

**民进宝钢委员会** 隶属民进上海市委员会,下辖民进宝钢、民进冶金综合、民进梅山和民进梅山退休等4个支部,有会员104人。主任委员:王静;常务副主任委员:曹清;副主任委员:王鼎辉、陆争辉。现有民进上海市委委员1人,民进宝山区委委员1人;第十一届全国政协委员1人,宝山区政协常委1人,宝山区政协委员2人,南京雨花台区人大代表1人,南京雨花台区政协委员1人,浦东新区政协委员1人,区行风监督员2人。2009年发展新会员2名。民进宝钢委员会组织会员深入学习中央统战部《关于各民主党派深化坚持走中国特色社会主义道路学习教育活动的意见》,开展"坚持走中国特色社会主义政治发展道路"为主题的政治交接学习教育活动,以实际行动实践宝钢"应对危机"的工作目标,营造世博氛围。各支部组织会员积极参加新中国成立60周年、全国政协诞生60周年、民进上海市委成立60周年的各项活动,会员申飏繁撰写的《中国的路》入选民进上海市委网站庆祝新中国成立60周年专版。在支部活动中注重发挥年轻人的作用,为2010年的支部换届做组织准备。在参政议政方面,组织会员收集社情民意,通过政协委员带到各级政府,发挥党派作用。民进宝钢委员会会员获得宝钢2009年度"讲理想、比贡献"先进个人1人;"宝钢技术创新重大成果奖"二等奖1人。（冯莲芹）

## 中国农工民主党组织

**农工宝钢支部** 隶属农工宝山区委员会,有成员35人。主任委员:庄祥弟;副主任委员:王克绍。有政协宝山区六届常委1人,宝山区六届人大代表1人,农工宝山区委委员1人,农工上海市科技经济工作委员会委员1人,农工宝山区科技经济工作委员会委员8人,宝山区行风监督员1人。2009年,农工宝钢支部组织党员学习《毛泽东、邓小平、江泽民论科学发展观》、《科学发展观重要论述摘编》和《六个"为什么"——对若干重大问题的解答》并展开讨论,使全体党员对关系国家前途的指导思想、发展道路、政治制度等重大问题的理解进一步深入。面对金融危机的严峻形势,组织党员参观宝钢历史陈列馆,接受宝钢艰苦创业的传统教育,组织开展"应对危机,我为宝钢攻坚克难献一计"和争当最佳实践者等活动,全体党员在本职岗位上发挥聪明才智,积极建言献策。农工宝钢支部以参与世博、宣传世博为宗旨,组织党员参与社会活动,与友谊街道宝钢四村党支部联合举办"迎世博 做表率 树立党员新形象"为民服务活动和"迎世博、讲卫生、美化家园"的小区环境整治活动,取得了良好的社会效果。参政议政方面,征集社情民意20份,在区政协六届四次会议上提出的"整治地区交通秩序的建议"等5个提案和在区十三届人大二次会议上提出的"关于加强骨髓捐献宣传力度的建议"等2个提案被大会采纳,其中"关于加大行政主体违规追责力度,缓解公众社会焦虑感的建议"得到区政府相关部门的肯定。（王克绍）

## 九三学社组织

**九三宝钢支社** 隶属九三学社宝山区委,有社员61人,主任委员:王亚雯;副主任委员:李岩、袁宇明。现有市政协委员1人,区人大代表1人,区政协委员2人,九三学社宝山区委委员1人。2009年发展新社员2人。九三宝钢支社组织社员深入学习全国、上海市和宝山区召开的"两会"精神,学习《六个"为什么"——对若干重大问题的解答》及中共十七届四中全会报告。6月,以迎世博和发展低碳经济为主题,组织社员开展"作为一名九三人、一名社区居民如何为世博和发展低碳经济作贡献"的讨论交流。建立实施了"在职社员与退休社员一对一结对联系"长效制度,从生活和学习上关心退休社员,得到上级组织的肯定。在参政议政方面,组织社员广泛收集社情民意,形成社情民意3条报九三市委,在九三区委组织的征文活动中,提交征文2篇,"两会"期间,提交《加强物业费用管理》和《加强车辆验车管理,确保车辆安全上路》2个提案。全体社员积极参与统战部组织开展的"爱企业、献良策、作贡献"主题活动并取得丰硕成果,获2009年度全国三八红旗手称号1人,中国发明协会主办的第十八届国家发明展铜奖2项;2009年全国冶金行业优秀工程设计一等奖1项;2009年度上海市质量协会质量技术奖三等奖1项;申报国家发明专利2项,实用新型专利1项;获国家发明专利授权1项,实用新型专利1项。（王亚雯）

**九三一钢支社** 隶属九三学社宝山区委员会,有社员17人,主任委员:班东升;副主任委员:陈志洪。现有宝山区第六届人大代表1人,九三学社宝山区委员会委员1人,区委副秘书长1人,宝山区人民法院特邀监督员1人,宝山区人民法院人民陪审员1人,宝山区建交委特邀行风监督员1人,一钢公司党风监督员1人。2009年发展新社员2名。面对全球金融危机的严峻形势,坚持以学习贯彻科学发展观和多党合作历史为主题组织社内生活，定期通报宝钢形势任务，开展建言献策活动，组织社员广泛收集社情民意，在2009年宝山区第六届人大第五次会议期间提交书面建议3件，其中2件书面建议得到解决，1件正在解决之中。通过评审，支社社员获得技术秘密6项，专利授权、专利代理各1项，宝钢股份公司“曾乐敬业奖”1人，不锈钢事业部合理化建议三等奖3项，“最佳管理者示范”1人，“不锈之星”1人。九三一钢支社被评为九三学社宝山区委2008—2009年度先进集体，3人被评为优秀社员。（班东升）

**九三特钢支社** 隶属九三学社宝山区委员会，有社员49人，主任委员：黄钢祥；副主任委员：翁文达、张捷频。现有政协宝山区第六届委员会委员和列席委员各1人，特殊钢事业部党风建设与反腐倡廉监督员1人，九三宝山区委委员2人。2009年，组织社员积极参加“应对危机，我为宝钢献一计”主题活动，围绕生产经营、科研创新、节能降耗等建言献策，成功开发出超级奥氏体不锈钢904L锻制管坯和$\phi500$的321大管坯，《一种锅炉用钢及其制造方法》专利在第22届上海市优秀发明选拔赛上获得金奖。由社员负责或参与完成12项科研技术项目和1项自主管理课题，申请技术秘密4项，发表学术论文8篇。在政协宝山区六届五次会议上提交并立案的提案有14条，《使同济路至同泰北路的水产路上交通保畅》提案被区市政署采纳并实施，缓解了特钢3号门前上下班高峰时段北向南的交通拥堵现象；《建议加强对快速道路附近绿化带的管理》提案被区绿化局采纳。《加强绿化管理力度》被评为优秀提案，《关于为“顾村公园”改名的建议》被评为“我为世博献一计”优秀建议。《关于人行天桥与3号线售票站台连接的建议》等3条提案已转市政府有关部门处理。在九三学社宝山区委召开的64周年社庆暨先进表彰会上，2名社员获得感动九三特别奖，4名社员被评为先进社员。（黄钢祥）

**九三梅山支社** 隶属九三上海市委员会，有社员40人，主任委员：李丽英；副主任委员：张晓平。现有南京市雨花台区十六届人大副主席1人，政协南京市雨花台区七届委员1人。2009年发展新社员2名。年内，支社组织社员学习全国政协十一届二次会议和十一届全国人大二次会议精神，深入学习贯彻科学发展观。6月，组织社员持续开展以“讲形势、讲目标、讲措施、讲责任、讲大局”为主要内容的形势任务教育，了解公司面临的严峻形势，为降本增效贡献力量；8月，结合新中国成立60周年见证南京的发展，组织社员到江宁百家湖开展组织活动。在参政议政方面，梅山支社组织社员广泛收集社情民意，通过支社政协委员向政协雨花台区七届二次会议递交提案4项，其中1项被评为2009年度政协雨花台区优秀提案。全体社员立足本职工作，在推进科学进步及技术创新方面取得优异成绩，由社员负责和参与的“SPHC、SPHD、SPHE热轧卷品质的提升”、“提高热轧产品模型控制精度的研究”、“冷成型用低碳铝镇静钢关键技术研究”分别获得梅钢公司技术创新重大成果一、二、三等奖；“高强度低碳贝氏体复相（细晶铁素体）热轧薄板开发研究及应用”获南京市科学技术进步三等奖；为公司创造直接经济效益大于2 000万元/年。发表科技论文6篇，撰写专业技术报告6篇，取得专利及技术秘密14项，被公司评为“2009年度知识型员工”和“2009年度优秀文明职工”各1人。（穆海玲）

**九三冶金支社** 隶属九三学社上海市委员会，有社员49人。主任委员：胡勇；副主任委员：王琦。2009年发展新社员2名。九三冶金支社组织社员深入学习中共十七届三中和四中全会精神、中共上海市委全会精神以及《六个“为什么”——对若干重大问题的解答》读本等专题材料，提高自身理论水平和思想素质。在参政议政方面，提交反映社情民意信息2条，《关于推进先进制造业之间融合发展的建议》议案获九三市委的高度评价。（胡　勇）

## 工会组织

集团公司工会下属子公司、直属工会32个，会员126 255人。工作机构设办公室、组织民管部、经济工作部、宣教保障部。年内工会围绕三方面开展了工作：（1）应对危机，广泛开展发现、培养、宣传最佳实践者活动。该活动通过组织发动职工管好现场细节，对改善经营管理、调动职工积极性、完成生产经营任务发挥了重要作用。（2）完成《现代企业制度下职工民主管理实现途径》课题研究，起草了《宝钢职工民主管理基本制度》，提交2010年1月15日集团公司二届三次职代会审议。（3）围绕集团公司年度目标，开展“全员、全面、全过程成本改善”劳动竞赛。集团公司共实现成本改善92.76亿元，完成全年目标的126.1%。（钟　群）

**《宝钢职工民主管理基本制度》** 2009年宝钢集团公司董事会决定将得到各界高度评价的职工民主管理制度课题成果，转换成宝钢的管理实践，制定由董事会审定的《宝钢集团公司职工民主管理基本制度（试行）》（以下简称《基本制度》），纳入集团公司基本制度，成为宝钢公司治理的重要组成部分。集团工会会同运营改善部负责《基本制度》的起草工作。经过广泛征求意见、组织专家论证、总经理办公会讨论、职能部门会签、履行民主程序等阶段完成了共5个章节112个条款的《基本制度》。《基本制度》归纳了宝钢基层基础管理和民主管理实践经验，与宝钢现有管理制度体系相衔接，适应宝钢的治理方式和管理特点，对宝钢开展职工民主管理工作的内容、途径、方法、作用，职工依法行使民主决策、民主管理和民主监督的权利和义务等，依照有关法律规定和宝钢的实践经验，作了制度化、规范化的设计，形成了具有宝钢特点的以“职工参与企业管理、参与平等协商和职工自主管理制度、职工代表大会制度、职工董监事制度以及组织领导保证，制度体系保证”为主要内容的职工民主管理制度体系。它标志着在建立现代企业制度和完善企业治理结构条件下，宝钢在全心全意依靠职工办企业方面，从理论和实践的结合上进行了有益探索和创新。（张　帆）

**最佳实践者活动** 年内，面对金融危机，宝钢广泛开展“发现、培养、宣传最佳实践者”活动。中宣部组织主流媒体联合采访报道了宝钢开展最佳实践者活动的情况，全总党组中心组邀请宝钢工会主席汪金德专题介绍宝钢开展“最佳实践者”活动经验，上海市总工会在宝钢召开现场推进会。在宝钢各基层单位到处能听到最佳实践者活动的声音，到处能见到最佳实践者的身影。他们从产品经营、成本改善、管理变革等方面，立足本职、积极探索、各尽所能，从一点一滴做起，以最佳的精神状态、最佳的工作方法创造最佳的工作业绩。不论职工的岗位差异，不论职工创造成果价值的大小，只要职工比昨天、比同行做得好，宝钢就认同职工创造了最佳实践。广大职工积极争当最佳实践者，管理者积极争当最佳实践的发现者、最佳实践的管理者，对激发职工的主人翁意识，提升公司绩效，提高企业管理水平，发挥了巨大作用。（赵关林）

**建立群众性安全体系** 宝钢集团建立了1 896个工会三级网络；在1万多个班组开展安全“100”（安全第一、违章为零、事故为零）班组创建活动，96%的班组达到“100”班组创建标准；逾1万名员工发挥安全员、监督员、信息员作用，基本建立了有效的群防体系。同时，开展对各级管理者履行安全职责的监督评估，促进了安全隐患的整改。三级网络监督检查及时整改率达到97.2%，员工安全代表信息及时处理率达到96.7%。三级网络的建立和完善，减少了事故和违章现象的发生，确保了生产安全顺行、职工的安全和健康。（赵关林　李清泉）

**落实解决职工切身利益问题** 年内，集团公司工会共收集了职工反映的277个“三最”（最关心、最直接、最现实）问题，集团公司工会会同集团公司人力资源部、运营改善部、企业文化部、团委等部门和单位进行了专题研究，将解决241个问题分解落实到各基层单位，由集团公司落实解决的问题36个。将“改进工作餐质量”、“降低单宿收费标准”、“宝钢协同办公网平台覆盖问题”等36个问题归并为12项，分别安排总部各职能部门调查研究，分头落实。明确可以解决的在限定时间内解决；不能解决的要做好宣传解释，向职工说清楚原因。最后有10项问题得到基本解决或解释，有2项报集团公司领导。集团公司主要领导对“三最”调查问题落实情况高度重视，明确批示要克服困难，帮助解决，并要求“持续而有效地开展下去”。职工“三最”利益问题落实情况还要向集团公司职代会作专题报告。（钟　群）

**开展全员、全面、全过程成本改善劳动竞赛** 年内，采用项目管理方法组织开展“全员、全面、全过程成本改善”劳动竞赛。集团公司共确定子公司级项目515项。各单位形成厂（部、车间）级项目2 813项，作业区、班组级项目5 050项。宝钢股份直属厂（部）组织开展“推倒逼、保二争三”（推进倒逼机制，确保降本增效20亿，挑战30亿）劳动竞赛，设计七大类项目，超额完成年度目标。梅钢公司制定了降本增效三台阶目标。不锈钢事业部组织开展全员争当“项目管理、精打细算”最佳实践者活动。特钢事业部建立三级项目体系，努力营造全员“算细账，争最佳”的氛围。八一钢铁确定公司级项目13个，分、子公司级项目198个，提出该公司每月成本改善目标，滚动推进。根据复杂多变的市场形势，各分（子）公司还适时开展了一系列“短平快”竞赛。年内，宝钢股份直属厂（部）开展了29项“短平

快”竞赛项目，其中，冷轧厂开展的“奋战一百天、实现三确保”竞赛，仅7—9月就超额生产汽车板12.2万吨。 （李清泉）

**指导沪外子公司工会工作** 宝钢沪外子公司的职工会员占宝钢集团的25%，产业差异大，地域分布广，职工队伍复杂。年内，针对工会组织隶属地方工会，又接受集团公司工会业务领导的实际状况，本着分类指导的原则，宝钢专门建立了《关于对沪外子公司工会的管理意见（试行）》，定期对沪外子公司工会工作进行专门的研讨和指导。9月4日，“宝钢2009年度沪外子公司工会工作会议”在鲁宝公司召开，各沪外子公司工会交流了生产经营状况，分析了职工队伍情况，研讨了工会工作面临的重点和难点问题。

（张 帆）

**举办2009年度工会主席研修班** 8月28—29日，集团公司工会与人才开发院联合举办了2009年度工会主席研修班，151名工会干部参加了学习和研讨。集团公司党委书记刘国胜就党群组织如何“以市场为导向、以用户为中心”开展工作、如何发挥工会组织独特优势等方面作专题报告。集团公司党委副书记欧阳英鹏在研修班上作动员讲话，对工会工作提了要求。集团公司工会主席汪金德对《工会工作与领导方法》和《宝钢职工民主管理实现途径的研究与实践》进行了系统讲解。培训班还邀请全总民管部民主管理理论专家刘铁章系统讲解了职工民主管理的发展背景及趋势。第四季度还举办了工会主席研修八钢班、梅钢班、梅山班、本部班、宝钢发展班等，参加培训的各级工会干部和党政干部近600名。 （徐 卫）

**宝钢业余合唱团参加上海市歌会** 4月29日，上海市总工会在东方艺术中心音乐厅举办2009年上海市庆祝“五一”国际劳动节歌咏大会。由来自梅山、梅钢、宝钢发展、不锈钢、一钢、五钢、工程、检测等公司的80余名基层职工组成的宝钢业余合唱团应邀参加了活动。合唱团员们以高昂的热情向全市人民展示了钢铁行业职工奋发向上、攻坚克难、拼搏奉献、团结奋进的精神风貌，受到了市有关领导的好评。 （宋 漪）

宝钢业余合唱团参加上海市歌会

**建立职工健康计划文体资源共享平台系统** 此项工作9月开始推进，年内完成共享平台建设，实施职工健康计划的单位职工2010年能凭IC卡在宝钢体育中心、宝钢吴淞地区职工体育中心、一钢文体中心及与宝钢签约的非宝钢健身场馆进行体育健身，实现职工体育健身跨区域一卡通用。已开通的宝钢及非宝钢健身场所共有19家。宝钢集团（在沪）范围内已实施职工健康计划的子公司有23家，覆盖职工39 166人。另有4家子公司正在推进职工健康计划的实施工作。 （宋 漪）

**开展文体活动培训** 为满足广大职工日益增长的文体活动需求，宝钢文体中心于2009年初面向宝钢在职职工开设了声乐、器乐、数码照片处理技法、太极拳、书法、埃及舞等20多个业余培训班，职工们踊跃报名参加，2 000余人参加培训。

（宋 漪）

**宝钢拔河队勇夺冠军** 11月28日，由宝钢发展、特殊钢、一钢、浦钢、五钢、钢管事业部等单位职工组成的宝钢拔河队参加了在黄浦区延福绿地举行的第五届世界著名在华企业健身大赛拔河比赛。宝钢代表队凭借顽强的拼搏精神，经过几轮角逐，以全胜的战绩勇夺冠军。 （宋 漪）

**职工经济技术创新** 继续深化职工素质工程，全年实施合理化建议11.86万条，创经济效益20.2亿元，

宝钢拔河队在第五届世界著名在华企业健身大赛拔河比赛中获得冠军

完成申报专利 1 545 项。

（蒋晓农）

**帮困送温暖工作** 继续推行帮困送温暖制度，全年共有 27 921 余人次得到 1 897 万元的困难救助，使困难职工深切感受到企业的关怀。

（赵关林）

**开展女职工最佳实践者活动** 3 月 5 日下午，宝钢召开纪念三八国际妇女节暨"应对危机、降本增效、巾帼不让须眉"女职工最佳实践者座谈会。宝钢集团、宝钢股份公司领导出席座谈会并讲话。"女四师"（女工程师、女经济师、女会计师、女技师）联谊会代表及先进女职工代表参加了座谈会。座谈会上，宝钢分公司热轧厂操作工费玮等 12 位女职工最佳实践者交流了体会。集团公司党委书记刘国胜指出，12 位女职工最佳实践者的工作虽然平凡，但她们的做法值得深入思考和总结。他强调，降本增效是宝钢应对危机的必然要求，降本增效工作还有很大潜力可挖。（徐　卫）

## 共青团组织

宝钢集团团委与宝钢股份团委合署办公，下设办公室、组织部、青工部、宣教部、信息部，有专职团干部 6 人。直属基层团组织 27 个，其中直属沪外团组织 2 个，直属基层团委 23 个，直属团支部 2 个。宝钢共青团员 13 816 人，35 岁以下职业青年 37 655 人，28 岁以下职业青年 18 710 人。年内，围绕宝钢应对危机、二次创业和实现从"精品战略"到"精品＋规模"战略转变的中心工作目标，努力夯实密切联系青年和团干部队伍建设"两个基础"，建设和管理宝钢员工网络论坛和宝钢青年人才信息管理"两个平台"，强化和明确团组织在团员青年中的思想凝聚、事业凝聚、服务凝聚、组织凝聚等方面重要作用，推进体制机制的不断完善与创新。

（屠佳胤）

**青年思想引导和形势任务教育** 在庆祝新中国成立 60 周年之际举行升旗仪式，宣传中国在应对危机中的出色表现，加强对青年进行爱国主义教育和理想信念的引导。开展了"在应对危机中砥砺，在二次创业中成长"团组织主题实践活动，用青年的语言和生动活泼的形式策划制作了形势任务教育材料，同时依托各级团组织"三会一课"等组织生活渠道，在全集团范围内开展了针对青年的形势任务教育活动，引导广大青年认清形势、增强信心，在宝钢

宝钢员工在交流创新活动体会

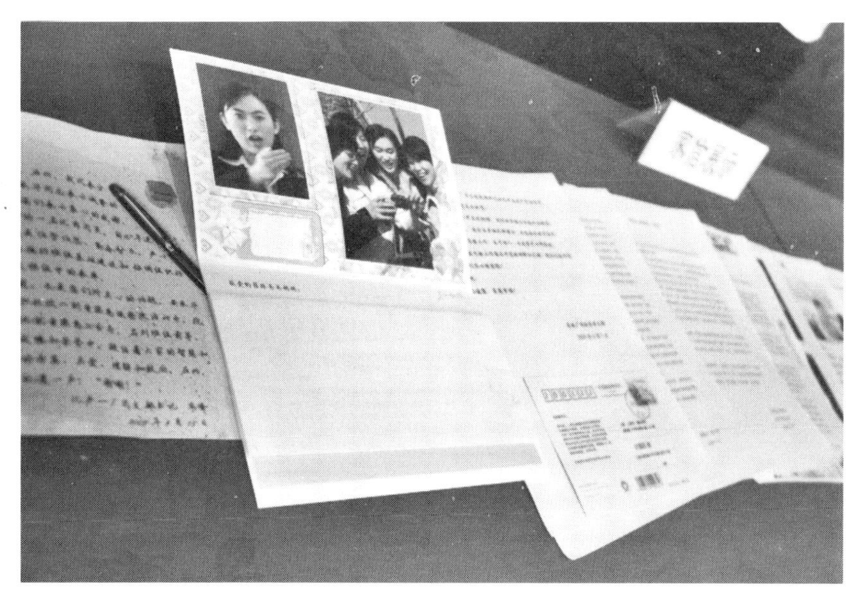

家信暖人心

集团抗击金融危机的各项工作中发挥生力军的作用。（屠佳胤）

**建设宝钢员工网络论坛** 做好宝钢员工网络论坛（即“桥”论坛）功能完善和日常管理工作。牵头制定《宝钢员工网络论坛管理细则》（BSZ01068），协调各单位共同探索和完善“员工热线——问题处理流程”，实现分类互动交流、“鲜花鸡蛋”投票等创意，使宝钢员工的心声、建议能够更好地反映在论坛上，而责任单位亦能够主动及时地给予答复和解决，受到员工的欢迎。落实了“员工热线”板块提问必须7天内给予答复的机制，全年答复问题1 145个，答复率为100%，“桥”论坛服务员工和舆论监督的功能初步得以体现。每月向集团公司领导和有关部门报告“桥”论坛运行情况，使“桥”论坛吸引了许多管理者的关注。该工作项目被选入团中央汇编的《青年思想引导工作基层案例选编》。（屠佳胤）

**召开宝钢第四次团代会** 12月10日，召开“中国共产主义青年团宝钢集团有限公司第四次代表大会”。大会选举产生了共青团宝钢集团有限公司第四届委员会，总结了宝钢第三次团代会后共青团工作，提出了新时期做好宝钢共青团工作的思考和未来5年的工作方向。团代会当天，宝钢集团董事长、党委书记、总经理、党委副书记4位主要领导接见了新一届团委班子成员和部分团代会代表，并发表讲话。（屠佳胤）

**开展引导青年试点工作** 年内承接了团中央“分类引导青年试点工作”任务。作为团中央直接联系的试点单位，通过调研了解宝钢青年的思想现状，分析研究青年思想困惑的本质原因，形成引导青年思想的工作方法。通过系统梳理，创新了“青年心声沟通”、“明辨·思辨”、“青年活力卡”、“团委网络电视台”等一批团组织在青年思想引导工作方面新的载体和活动创意。以试点为契机，加强“党建带团建”，与党委组织部策划召开“加强‘党建带团建’，进一步做好新形势下宝钢青年工作”为主题的党建创新论坛，为进一步提升宝钢青年工作整体水平营造了良好的氛围。（屠佳胤）

**参加社会公益服务** 在宝钢教育基金会的支持下，继续推进“宝钢希望奖学奖教金”用于希望学校的奖励工作，2009年奖励176名教师和学生，奖励金额6.92万元。团委与公共关系部和八一钢铁共同策划推进了新疆地区希望小学体育器材捐赠活动项目，共计捐款30.4万元。在

第四届宝钢团代会

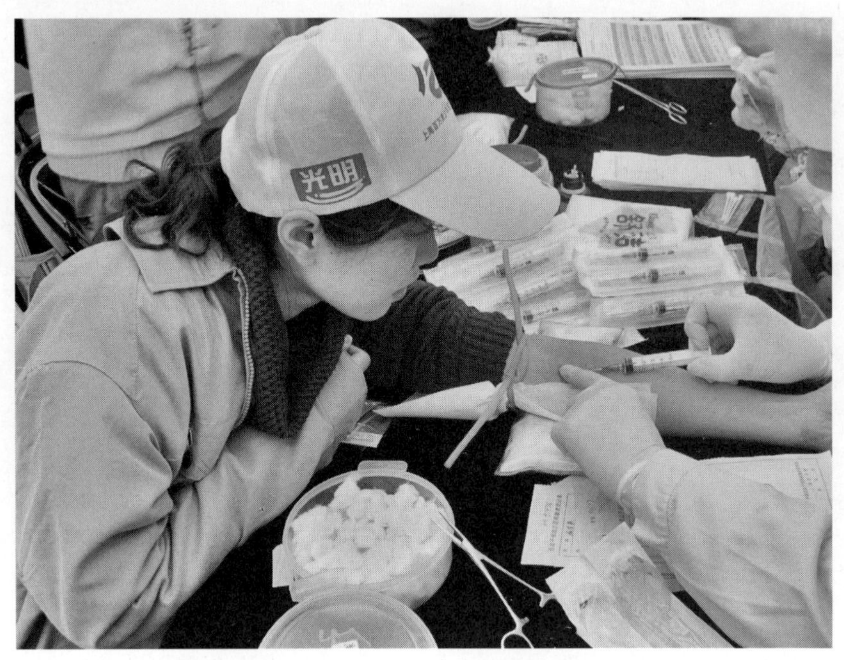

宝钢职工参加上海青年造血干细胞志愿者采血入库活动

“12·5国际志愿者日”组织宝钢青年参加“上海青年造血干细胞志愿者采血入库活动”。组织发动宝钢青年参与上海世博会志愿者报名，发放了1 318张“小志在行动”车身贴，围绕“青春与世博同行”，开展网上宣传讨论活动、主题学习活动、主题沙龙、文明志愿者行动、面对面访谈、英语论坛等6项主题活动，策划启动世博园区志愿者选送工作，在青年中营造出良好的迎接世博、参与世博的氛围。（屠佳胤）

**开展青年职业生涯导航活动** 持续做好新员工职业生涯导航工作，团委策划并实施了2009年新进员工迎新、培训等相关工作。继续完善新员工培训课件，通过团委书记授课交流、“成长日记”、座谈会、迎新晚会等各类活动形式为新员工及时导入正确的工作观、生活观和职业发展理念。总结基层在青年职业生涯导航活动的典型做法和经验，梳理青年职业生涯导航案例，探索形成案例资源库。（屠佳胤）

**探索推进“推优”工作** 团委配合人力资源部大力推进“青苹果”计划（“青苹果”计划是关注青年人才的成长计划，面向高潜质人才族群，培养宝钢未来的高级管理者和技术领军人才的计划。计划的主要内容是通过先进的人才测评技术选拔高潜质人才，纳入宝钢基础人才库进行为期两年的重点培养），参与“青苹果”培训班策划和组织，与人力资源部共同到各基层单位召开“青苹果圆桌会议”，有效推动了基层团组织“推优”工作机制的完善，激活了团组织开展各类“推优”工作的局面。（屠佳胤）

**搭建青年成才的平台** 针对国际金融危机，依托“桥”论坛策划开展了32期“最佳实践·我行我秀”活动，吸引了17 145人次参与投票，通过网上投票和线下专家组评选，共推出24名周冠军、8名月冠军。在评选过程中注重对优秀青年进行宣传报道，并以获奖通知的形式，将评选结果反馈至各优秀青年所在单位，使所推出的优秀青年事迹不仅得到网友的关注，也得到了各单位党政领导的认可与支持，进一步激励青年立足岗位建功立业的积极性。2009年共评选出118名宝钢集团有限公司新长征突击手，17名宝钢青年获得省级先进青年个人荣誉，其中宝钢股份钢管厂赵鹏获第十届“上海市杰出青年岗位能手”称号。评选出宝钢集团有限公司“新长征突击队”、“青年文明号”、“青年文明生产线”共65个，2个青年创新项目获“上海市优秀质量管理小组”称号，12个青年集体获省级以上先进青年集体荣誉，其中宝钢国际上海申井钢材加工有限公司市场部外销组获“全国青年文明号”称号。（屠佳胤）

**青年安全工作** 命名37个集体为第八届宝钢集团有限公司青年安全生产示范岗，在全国大钢杯青年安全竞赛活动中获25项先进个人和集体荣誉。团委配合安全保卫监督部做好2009年“安全生产月”有关工作，开展“安全在我心中”演讲比赛，牵头开展安全文化DV影视作品大赛活动，最终评选出15部作品代表宝钢报送中国安全生产协会参加全国比赛。（屠佳胤）

**落实联系青年工作** 以团支部“家信暖人心”活动为抓手，加强基层一线团干部与青年的密切联系，2009年共有285个支部向3 784名青年寄送了家信(截至9月数据)。从制度上明确联系青年工作的目标要求，提出基层团组织对青年要做到“五情五知道”的工作意见，同时还提出了密切联系青年的“八点要求”，启动“青年快速联系和动员体系”等新机制的建设。落实《宝钢青

年需求和关注点信息管理制度(试行)》,做好每季度青年关注问题的梳理、汇报和反馈。（屠佳胤）

**创新青年交流渠道** 配合团市委打造“益友圈”网络交友平台,为青年解决婚恋问题拓宽了渠道。不断丰富“桥”论坛的内容,形成了“员工热线”、“谈天说地”等八大主题板块,“评评灌灌”、“上班这些事儿”等34个二级栏目,覆盖了员工工作、学习、生活、娱乐、交友等多方面的交流需要,2009年底用户数达22 000人。团委策划集团公司领导“上桥”活动,组织召开了首次集团公司领导与网友线下座谈会,由集团公司领导直接解答网友问题,获得了网友们的积极响应和广泛好评。策划开展“每月主话题”大讨论、热点问题调研问卷、“明星用户”和“优秀版主”评选、汽车团购、上海世博会门票团购、婚博会门票发放等活动,努力营造积极、健康、益趣的交流氛围。（屠佳胤）

**团工作评价体系研究** 在团干部中组建课题小组,完成了《基于平衡计分卡理念的企业共青团工作评价体系研究》课题,认真分析研究企业团组织工作评价的现状和问题,并在学习借鉴平衡计分卡理念的基础上,创造性地提出了导向性更优、普适性更强的企业共青团工作评价体系,为加强企业共青团自身建设,形成科学的评价方法作出了探索和努力。该课题获中央企业共青团和青年工作理论研究二等奖。（屠佳胤）

**为社会青年就业创业服务** 在集团公司领导的大力支持下,推进宝钢加入“中国青年创业就业基金会”的各项事宜,捐资1 000万元。按照团中央《关于建立共青团“青年就业创业见习基地”的实施方案》要求,在16家单位建立了宝钢共青团“青年就业创业见习基地”,每年提供105个见习岗位。加强见习基地的规范管理,制定统一的管理办法和补贴政策,指导和协调各单位妥善做好见习人员的管理和培训工作,并在财务部门支持配合下,落实见习补贴的发放。（屠佳胤）

宝钢领导与网友一起座谈

**团组织自身建设** 团委加大力度进行基层组织调研,深入各单位基层团支部,与基层团干部面对面交流,了解团支部工作的情况,全年共走访70余家团支部,并做好对调研情况的沟通反馈。推广团干部“公推直选”、“竞争上岗”等选拔模式,全年共有12家直属团组织开展了有关工作。继续推动基层团支部“一团一品”创建活动,所推选的不锈钢事业部炼铁厂高炉分厂团总支获得“全国五四红旗团支部”称号。建立团干部信息库,定期分析团干部队伍状况。落实团委书记研修制度,举办2009年度团干部培训班,参与开展“提高‘三个素养’党群干部读书交流活动”,并与宝钢党校联合推进“党团读书会”,引导各级团干部深入学习,提升自身的政治、人文和管理素养。（屠佳胤）

**公开选聘集团公司团委副书记** 在党委组织部支持下,在全集团公开选聘集团公司团委副书记,共吸引了93人报名。经过笔试、面试、现实考察等环节层层筛选,最终从最优秀的青年中产生了集团公司团委副书记,既为集团公司团委补充了新鲜血液,又为带动基层推进团干部公推直选和竞争上岗机制树立了良好的典范。（屠佳胤）

**建立“钢铁流通创新团队”** 落实和完善《宝钢集团有限公司团委会议制度(试行)》,探索网格化工作模式。年内以宝钢业务价值链为脉络联合了上汽集团团委、二十冶团委和多家民营企业青年团队建立了“钢铁流通创新团队”,并举办首届“钢铁流通创新团队”青年创新论坛。（屠佳胤）

**改进基层团组织工作评价办法** 探索改进基层团组织测评和基层团委负责人评价办法。将集团公司范围内比较成熟的团工作流程和方法制度化,编制了《宝钢共青团工作制度汇编(1996—2009)》。推进《关于进一步加强和改进宝钢共青团工作的意见》、《对沪外子公司团组织的管理意见》等工作制度的落实。

(屠佳胤)

## 科学技术协会

宝钢集团有限公司科学技术协会(简称"宝钢科协")是党委领导下的宝钢科技工作者的群众组织,有会员 7 000 余人,下属 11 个学会、2 个研究会、1 个联谊会、4 个分(子)公司科协、10 个科协联络站。年内,宝钢科协及所属各专业学会、各分(子)公司科协开展各类学术、技术交流 300 余次,其中国际交流 50 余次,国内交流 70 余次,集团公司内部技术交流 200 余次,参加交流的科技人员近 4 000 人次。

(宋小禾)

**参加国际钢协和国际不锈钢论坛工作** 年内,宝钢科协配合集团公司行政参与国际钢协活动。全年共有 35 人次参加了 11 次会议。这些活动加强了宝钢在国际钢协的话语权。Living Steel(民用建筑用钢)项目直接催化了宝钢民用建筑技术的进步及市场开发,LCA(产品生命周期)项目给宝钢的环境经营及绿色产品提供了有力支撑。宝钢股份在 worldsteel(国际钢协)国际钢铁大家庭的影响力得到明显提升。主要表现在:副总经理楼定波担任了 ISSF(国际不锈钢论坛)经济与统计委员会主席;总经理助理邹宽担任了"清洁大气"项目负责人;宝钢参加国际钢协项目人员的工作得到充分肯定,在 Worldsteel—43 届年会上,宁波钢铁董事长崔健作了 Livingsteel 项目工作报告,邹宽作了 By-Product(副产品)项目工作报告,这些报告受到与会者的重视;宝钢 Fellow(特派工作人员)工作得到国际钢协赞扬;国际钢协发函表扬 worldsteel—宝钢经济委员会的工作;在年内举行的 worldsteel 钢铁大学网上钢铁大赛中,宝钢参赛团队获冠军。

(宋小禾)

**徐乐江参加国际钢协执行理事会第 33 次会议** 4 月 25 日,集团公司董事长、国际钢协理事、执行理事徐乐江出席在英国伦敦召开的国际钢铁协会执行理事会第 33 次会议。徐乐江介绍了中国钢铁行业的总体情况和面临的市场形势,并对国际钢协发布的《2009 年全球钢铁表观需求量短期展望报告》、《全球钢铁产能预测》等报告表示认同。

(宋小禾)

**派员参加国际钢协经济委员会春季会议** 4 月 1—3 日,国际钢协经济委员会(ECON)春节会议在比利时布鲁塞尔召开。宝钢经研院宋忠敏代表宝钢参会,也是中国的唯一参会人员。宋忠敏在会上作了"2009 年中国经济与钢铁工业"报告。针对部分国家在会议中提出"中国政府新出台的钢铁出口退税政策是一种政府补贴,违背了公平竞争的贸易原则"的说法,宝钢代表在会上进行了反驳,指出出口退税政策不是政府补贴,而是一种为防止双重征税的制度安排,不违背 WTO 原则;中国前几年钢铁出口较多的直接原因是国际市场与中国市场的价格差造成的,符合市场经济原理。

(宋小禾)

**派员参加国际钢协包装委员会会议** 4 月 27—28 日,国际钢协包装委员会会议在法国巴黎举行,宝钢销售中心黄丽萍等参加会议。此次会议重点交流 2008 年全球主要镀锡板包装市场,会议讨论后决定将区域市场从北美和欧洲拓展到包括亚洲和南美的全球市场,包装对象从食品罐拓展到包括饮料罐,这为宝钢以后发展提供了信息来源。

(宋小禾)

**参加国际钢协技术委员会第 41 届会议** 5 月 10—13 日,国际钢协技术委员会第 41 届会议(TECHCO - 41)在德国杜塞尔多夫召开。宁波钢铁董事长崔健及宝钢研究院前沿所所长代表宝钢参会。宝钢能环部、研究院环资所、经管院等部门对国际钢协的技术及环境项目动态进行紧密跟踪,并积极参加了技术委员会的钢铁副产品项目及水管理项目。在参加气候变化等敏感问题的会议上,宝钢参会代表宣传宝钢环保成果,发表宝钢观点,让国际同行了解宝钢。

(宋小禾)

**徐乐江参加国际钢协 43 届年会** 10 月 10—14 日,国际钢协 43 届年会在北京召开。徐乐江率团参加会议并发表讲话,提出希望国际钢协在二氧化碳减排方面开展一些具体减排技术的交流,而不应该像政府一样只是要数据,制定减排目标。

(宋小禾)

**参加国际钢协经济委员会 2009 年秋季会议** 9 月 16—18 日,国际钢协(worldsteel)经济委员会(ECON)

2009年秋季会议在比利时布鲁塞尔举行，会议主要探讨世界经济和钢铁行业发展前景。宝钢经管院丁志强参加会议，并代表宝钢就中国经济和钢铁业发展前景展望发表了演讲。 （宋小禾）

**国际不锈钢论坛召开2009年度理事会** 10月14日，ISSF（国际不锈钢论坛）2009年度理事会在北京召开，宝钢股份副总兼不锈钢事业部总经理楼定波带队参加了会议。经新任ISSF秘书长提议，选举并通过了楼定波担任ISSF经济与统计委员会（E&S）主席职务，任期从2009年10月起到下次重新选举为止（一般任期为2—3年，可以连任）。楼定波用英语作了任职演说。

（宋小禾）

**组团赴美参加2009年钢铁技术会议及展览会** 5月4—7日，由宝钢金属学会组团，参加了在美国圣路易斯召开的“2009年钢铁技术大会”，与会人员分别作了交流发言。在展示宝钢技术的同时，也了解了国际最新钢铁技术发展动态。宝钢代表团回国后，举办了题为“钢铁工艺及装备技术的最新进展——美国钢铁协会2009年钢铁技术会议及展览会交流”的创新沙龙，实现1人参会，多人共享信息。 （宋小禾）

**派员参加2009年亚洲钢铁大会** 5月24—27日，2009年亚洲钢铁大会在韩国釜山市举行。宝钢金属学会组团，研究院博士杨健、李山青代表宝钢参加了会议。杨健发布了题为《Mg蒸汽喷吹对于熔钢Mn、Si和Al复合脱氧过程中夹杂物行为的影响》论文，李山青发布了题为《一种抑制高次浪形的新技术》论文。（宋小禾）

**派员参加第五届欧洲轧钢大会** 6月23—25日，第五届欧洲轧钢大会在英国伦敦举行。宝钢金属学会组团，宝钢研究院及宝钢股份热轧厂派员参会。宝钢代表在会上作了技术交流发言，在展示宝钢技术的同时，也获取了许多国际轧钢技术最新信息。 （宋小禾）

**参加德国第六届先进材料加工制造国际会议** 8月25—29日，组团参加第六届先进材料加工制造国际会议，该会议是全球材料界颇有影响的大型综合性会议之一，由各个主要参与先进材料研究的国家轮流主办。会议围绕先进材料的生产工艺、加工制作、性能评估、应用等四个方面，钢铁、铝合金、镁合金、高温合金等29个主题进行了技术交流，这些主题与宝钢的新品种开发及市场推广均有比较密切的关系。

（宋小禾）

**2009年中国不锈钢行业年会在宝钢召开** 4月23日，2009年中国不锈钢行业年会在宝钢召开。宝钢金属学会牵头组织，不锈钢分会会长、宝钢股份公司副总经理楼定波代表不锈钢分会作了2008年工作总结和2009年工作计划报告。

（宋小禾）

**参加2009年全国炉外精炼生产技术交流研讨会** 8月25—27日，宝钢组团参加“2009年全国炉外精炼生产技术交流研讨会”。宝钢被录用论文12篇，主会场论文交流4篇。

（宋小禾）

**参加2009年全国冷轧板带生产技术交流会** 8月21—23日，组团参加2009年全国冷轧板带生产技术会议，宝钢的《宝钢四号连铸机超低碳钢冷轧成品性能的改善》、《六辊UCC轧机带钢宽度对板凸度的影响》、《纯钛TA3冷轧工艺的探讨》等11篇论文被大会录用。其中安排在主会场交流有3篇。（宋小禾）

**第五届国际炼铁科技大会在宝钢召开** 10月20—21日，第五届国际炼铁科技大会在宝钢研究院召开。鞍钢、武钢等300余位国内各大钢铁

宝钢承办中国不锈钢行业年会

企业领导、专家和学者参加了会议。新日铁、浦项等 20 多个国家的钢铁、矿山企业和有关院校的 130 余位外方企业领导、专家和学者参加了会议和交流。宝钢工程技术人员发布了有关炼铁生产、高炉长寿、节能环保、熔融还原等 10 多个课题的论文,引起与会专家的关注。

（宋小禾）

**第六届中国国际不锈钢大会在上海召开** 9 月 1—3 日,第六届中国国际不锈钢大会和第六届上海国际不锈钢展览会在上海同期举办。不锈钢大会围绕生产投资战略、原材料供应、市场和应用领域拓展、先进技术和设备推广 4 个主题展开研讨。中国国际贸易促进委员会冶金行业分会会长、宝钢集团公司前董事长谢企华致大会开幕词,宝钢股份副总经理、不锈钢事业部总经理楼定波作主题演讲。（宋小禾）

**参加中国金属学会烧结工序节能减排技术研讨会** 10 月 10—12 日,中国金属学会在福建省三明市组织召开了"烧结工序节能减排技术研讨会",应中国金属学会特别邀请,宝钢研究院环境与资源研究所首席沈晓林参加会议,并作了题为《宝钢烧结烟气脱硫技术的研究开发与应用》报告。（宋小禾）

**参加全国第五届腐蚀大会** 9 月 14—16 日,第五届全国腐蚀大会暨中国腐蚀与防护学会成立 30 周年庆典在北京召开。宝钢金属学会组团参加会议。此次大会宝钢承担"汽车工业腐蚀防护"专题的策划与组织,邀请汽车行业、钢厂、大学和科研院所的专家就汽车材料、汽车制造和应用中的腐蚀问题和防护技术进行了深入交流,引起与会者的普遍关注和参与。此次大会共录用宝钢论文 9 篇,其中 6 篇论文在 3 个分会场进行了口头交流,2 篇论文参加了第十一届全国青年腐蚀与防护科技论文讲评会讲评,《13Cr 不锈钢与 Ni 基合金表面擦划伤腐蚀研究》获优秀论文二等奖,《不锈钢点蚀 FeCl3 浸泡方法与电化学方法的对比研究》获优秀奖。此外,在庆祝中国腐蚀与防护学会成立 30 周年庆典大会上,宝钢参与的"钢铁材料及制品的大气腐蚀数据积累及规律"合作项目获得了 2008 年度中国腐蚀与防护科技进步一等奖,其中单位排名第三,个人排名第四。

（宋小禾）

**组团参加 2009 年中国钢铁年会** 11 月 11—13 日,2009 中国钢铁年会在北京召开。年会主题是"实践科学发展观,开创钢铁科技创新新局面"。会议围绕钢铁行业科技创新、节能减排、振兴规划等共同关心的重大问题作大会报告。宝钢董事长徐乐江率代表团 51 人参加了会议。年会共录用 1 013 篇论文(其中国外 36 篇),宝钢金属学会组织并被会议录用论文 121 篇,录用率 84%;分会场论文发布 45 篇。在各技术分会场的论文发布中,宝钢代表的论文引起与会代表们的普遍关注。徐乐江在年会的主会场作了《勇于创新 实现重点产品技术突破》的主题演讲。

（宋小禾）

**宝钢—中钢第 11 次科技交流** 12 月 1—6 日,宝钢—中钢第 11 次科技交流在宝钢举行。台湾地区中钢总经理陈源成率代表团一行 25 人到宝钢参加交流活动,分别在"炼铁、炼钢、设备、能源环保和镀锌技术"等方面进行技术交流。台湾地区中钢的 16 篇技术论文和宝钢的 36 篇技术论文,分别于 12 月 2—3 日在 5 个专题分会场内发布和交流。陈源成作了题为《金融风暴下的中钢》的大会主题报告;宝钢总经理何文波在大会上作了题为《在危机中成长》的主题报告。两个报告都紧密结合各自企业在全球金融危机冲击和钢铁市场剧烈动荡的严峻

宝钢与台湾地区中钢交流

形势下，分别在管理升级、抢占市场、提升技术、产品开发、节能环保等方面，变危机为转机，让挑战成为机遇，有针对性地采取积极对策，积极促进企业的发展和变革等作了阐述。会议期间，台湾中钢参会代表分组对宝钢现场进行了参观和现场研讨。（宋小禾）

**第四届宝钢学术年会准备工作启动** 8月，计划2010年召开的第四届宝钢学术年会准备工作正式启动，年会主题确定为：绿色钢铁，让世界更美好。会议技术范围也已确定：炼铁、炼钢、轧制工艺技术、表面技术、前沿技术、钢铁产品及使用技术、资源与环境、设备与工程技术、自动控制技术、冶金分析与质量控制。12月完成特邀报告人的邀请及向国内外第一轮论文征集通知。各分会场的组织、邀请等各项工作正在积极进行之中。（宋小禾）

**全国转炉炼钢厂协调组会议在沪举行** 12月5日，全国转炉炼钢厂协调组正副组长扩大会议在沪举行。全国转炉炼钢厂协调组组长单位——宝钢股份炼钢厂厂长郑贻裕主持了会议。会议回顾了全国转炉炼钢厂协调组的发展历程，肯定了协调组作为半官方组织在中国钢铁工业发展史上各个阶段所起的作用；会议讨论修改了全国转炉炼钢厂协调组章程，对于作为协调组官方网站的中国转炉网和协调组今后的工作计划及发展方向进行了研讨。（宋小禾）

**宝钢自动化学会参与英国女王大学对口交流** 8月6日，宝钢自动化学会、宝信软件与英国女王大学进行了对口交流。这也是继5月20日上海大学、英国女王大学、宝信软件、自仪股份4家合作伙伴联合成立能源与自动化联合实验室后中英科学桥合作伙伴工作的延续。宝信软件副总经理丛力群介绍了宝信软件近几年在技术创新、成果转化及产学研方面的情况。（宋小禾）

**组织参加第八届MES专题研讨会** 起始于2002年的“MES（制造执行系统）开发和应用研讨会”已历经7载，在长三角和东南沿海构建了一个MES科研、软件系统开发商和工程应用单位科技工作者进行学术交流的平台。宝钢自动化学会副理事长丛力群在第八届MES开发与应用专题研讨会上作《中国制造业MES的发展现状》的主题发言；宝钢自动化学会理事叶珑作《MES在特钢应用效果分析》报告；宝钢3位代表发表了论文。（宋小禾）

**优秀论文评选** 年内，宝钢共征集论文189篇，评出一等奖2篇，二等奖32篇，三等奖39篇。获奖者在2009年集团公司年度人物颁奖大会上受到表彰。（宋小禾）

**召开各专项应用技术交流会** 年内宝钢科协所属各专业学会、协会、研究会，各分（子）公司科协，宝钢金属学会所属各专业委员会相继组织了本专业领域的学术技术应用交流，其中金属学会各专业委员会组织了专题技术交流90余次，自动化学会组织20余次，环保学会组织20余次，机械工程学会组织6次，电机工程学会组织10余次，继教研究会组织5次，钢渣研究学会组织4次，档案学会组织10次，翻译学会、土建学会、化工学会各组织6次；不锈钢科协组织26次，特钢科协组织5次，中厚板分公司科协组织3次，梅钢公司科协组织10次。（宋小禾）

**举办宝钢科技节** 5月中旬，由宝钢科协牵头组织了“2009宝钢科技节”，科技节主题是“携手建设创新型国家”。宝钢集团党委书记刘国胜发表书面讲话。集团公司各单位、各分（子）公司及各分科协、各学会、协会、研究会、各专业委员会共组织宝钢科技节活动48项，有英语竞赛、英语沙龙、科普展览、科普参观，不锈钢分公司“不锈钢论坛”、科普画廊，特殊钢分公司专题技术讲座，梅钢公司科普电视讲座、创新方法讲座，基层各类技术科普等。远离宝钢集团本部的八钢金属学会，联合新疆维吾尔自治区科协科技咨询中心、自治区少数民族科普工作队，在八钢佳域广场举办了内容丰富的科普宣传活动。其中，有针对青少年的13类声光电磁科普展品的动手操作与演示、科普图书展览等，并在现场发放科普宣传资料。（宋小禾）

**开展各类科普活动** 年内科协完成科普宣传活动100余项，科普文章30余篇，其中继续工程教育培训讲座20余次。重点围绕贯彻实施国家《全民科学素质行动计划纲要》，结合宝钢科普工作特点，开展技术科普、外语普及、素质提升为主线的科普活动。继续录制《宝钢专家电视科普讲坛》，年内完成7人录制，共11讲。该栏目继续由宝钢科协、宝钢新闻中心联合举办，旨在宣传新技术、新科学理念，同时树立宝钢专家社会形象和地位。宝钢科协与宝钢继教学会、翻译学会继续联合主编以“绿色宝钢游”为主题的“大家学英语”专栏，

2009 年编写了“宝钢概况”、“宝钢技术管理”、“金融危机”、“宝钢为世博添彩”、“榜样”等系列英语文章，系列连载《大家学英语》129 期，并制光盘 500 张。宝钢科协组织各学会、协会、研究会、各子公司科协撰写科普文章 30 余篇向《宝钢日报》供稿，《宝钢日报》科技节刊登了科普专版。（宋小禾）

**联手推广国际先进理念及技术** 年内，科协与宝钢人才开发院（继教学会）联合举办“创新论坛”、“创新沙龙”共 7 期。分别邀请出国交流人员讲授“钢铁工艺与装备技术的最新进展”、“国际包装技术新发展”、“2009 年亚洲钢铁会议交流”、“节能减排，提高能效”、“先进材料加工制造”等国外最新技术以及出国交流体会，吸引了一大批有专业兴趣的科技人员踊跃参加，使得先进国际理念和最新技术在更大范围得到共享，形成了科协推荐会议信息、人才院（继教学会）组织传播实施的合作机制。（宋小禾）

**2 项成果入选上海科技成果评选** 5 月，为庆祝中华人民共和国成立 60 周年，由上海市科协牵头组织开展了“新中国成立 60 周年上海科技人物和科技成果”系列评选活动。宝钢有“上海最值得纪念的科技人物——曾乐”和“上海支撑、引领发展的科技成果——宝钢一期工程施工新技术（获国家科技进步特等奖）”2 项成果入选。评选活动中，宝钢科协在《宝钢日报》、宝钢网页上发出告示，组织宝钢科技人员参与投票。（宋小禾）

**为上海科技 60 年提供相关资料** 5 月，上海市为庆祝中华人民共和国成立 60 周年，组织出版《图说上海科技 60 年画册》，宝钢科协与企业文化部、科技发展部共同协商，提供了相关照片、影视资料。（宋小禾）

**举办创新方法—TRIZ 理论培训班** 5 月，科技节期间，梅钢科协组织了“创新方法—TRIZ 理论培训班”，这是在钢铁企业举办的第一个 TRIZ 理论（发明问题的解决理论）培训班，使学员通过培训初步掌握 TRIZ 的基本理论、创新原理、基本工具以提高解决实际问题的能力。梅钢、梅山公司 80 余名科技人员参加了培训，考试合格者获得了中国科协继续教育证书。（宋小禾）

宝钢科协开展“讲理想、比贡献”竞赛

**持续开展“讲理想、比贡献”竞赛** 年内，科协系统评出“讲理想、比贡献”竞赛活动先进集体 46 个，先进个人 42 名，并在集团公司年度人物颁奖大会上颁奖。9 月，召开了“讲比”竞赛发布会，共有 9 位获奖代表在发布会上演讲，150 余位科技人员代表参加会议。（宋小禾）

**推荐科研成果获奖** 年内，经宝钢科协推荐，宝钢研究院环境资源研究所首席研究员沈晓林负责的“烧结烟气脱硫项目”获上海市科协系统第十一届科技咨询和技术服务先进集体项目一等奖；宝钢研究院钢管所首席研究员张忠铧获得第十一届中国青年科技奖。（宋小禾）

**宝钢老专家、老科技工作者联谊会成立** 6 月 26 日，宝钢成立宝钢老专家、老科技工作者联谊会，该联谊会取代原宝钢离退休科技工作者协会。李海平担任联谊会主席，陆宪卫任秘书长，陆祖英任副秘书长。（宋小禾）

**科协基层组织联络站建立** 根据 5 月 14 日科协全委会上确立的科协新组织框架，宝钢科协基层组织有专业学会、分科协、科协联络站。2009 年分别建立不锈钢、特钢、中厚板、宝钢工程、宝钢金属、宝钢国际、宝钢发展、鲁宝钢管科协联络站。（宋小禾）

**完成科技工作者心理状况问卷调查** 5月科技节期间，宝钢科协为配合中国科协组织的“全国科技工作者心理状况问卷调查”工作，组织对集团公司范围内的7个单位66名科技人员进行宝钢科技工作者心理状况的问卷调查和分析工作。该项调查在充分肯定宝钢科技工作者队伍是一支心理素质过硬、热爱本职工作、求知欲望强烈的蓬勃向上团队的同时，也指出极少部分人存在心理障碍问题，应引起相关部门和领导的高度重视。（宋小禾）

**参加中国科协问卷调查** 6月中旬，宝钢科协组织集团公司范围内15个单位的100名科技人员参加中国科协关于“中国特色科技评价体系建设研究”问卷调查，共有76人完成网上问卷并提交中国科协。宝钢科协对科技人员的问卷进行了数据汇总，并完成分析报告。集团公司党政领导均对该调查分析报告作出批示意见。（宋小禾）

**科协信息化建设** 年内，科协信息化建设做了3项工作：一是集团公司门户网站上的“科技之家”网页维护更新，通过“科协动态”、“学会快讯”、“学习园地”等板块，动态反映科协工作和宝钢科技工作者的精神风貌；二是完成《科协简讯》6期，并同期网上传播；三是完成《科协简报》7期，反映科技工作者的学术思想或研究成果，供集团公司领导参阅。（宋小禾）

## 企业管理协会

宝钢集团有限公司企业管理协会（简称“宝钢企协”）是由各层次管理工作者组成的学术性群众团体，有专职人员7人，行政挂靠宝钢股份运营改善部。（陈益群）

**《宝钢经济与管理》获特等奖** 4月，由宝钢企协主办的《宝钢经济与管理》杂志在中国企业联合会举办的2008—2009年度全国企业优秀报刊评比中，再次荣获全国企业报刊特等奖。（周　信）

作业长研修会

**4家电炉分厂进行横向对标** 宝钢企协利用宝钢分厂厂长联谊会平台，策划组织了宝钢股份钢管事业部总部、宝通钢铁、特钢事业部、不锈钢事业部4家单位电炉分厂“结对子”，开展横向对标活动，全年共组织3次对标交流和参观现场主辅设备工艺流程活动。4家电炉分厂基本打破技术保守壁垒，通过碳钢吨钢钢铁料消耗（千克/吨）、吨钢钢铁料成本（元/吨）、吨钢电耗（千瓦时/吨）等6项共性指标对标，明确了各自工艺改进方向，找到了比、学、赶、超的目标。（陈益群）

**推进基础管理** 2009年，企协配合宝钢股份行政先后策划组织直属厂（部）、特钢事业部、不锈钢事业部、宝钢国际、宝检公司、宝钢发展等19家宝钢作业长研修会会长单位开展以强化“宝钢五制基础管理、应对金融风暴苦练内功、作业长基础管理横向协作”等为主题的管理活动；先后帮助梅山公司、宝通钢铁成立作业长研修会并开展首次研修活动；策划组织子公司作业长研修分会召开基础管理年会活动。企管协会还组织人员到宁波宝新、黄石公司、特钢事业部、不锈钢事业部等单位开展调研，并撰写《公司基础管理情况》调研报告。（陈益群）

**自主管理成果发布** 企协与宝钢股份运营改善部、宝钢作业长研修会共同举办了2009年度作业长“综合篇”自主管理成果发布会，有8篇成果参加发布。经评选，宝钢股份直属炼铁厂原料分厂混匀作业区白班JK小组的《降低原料三期匀矿入槽量和CFW切出量的偏差》成果获一等奖；宝钢股份直属冷轧厂能介车间1420/1550能介运丁等3个JK小

组获二等奖；宝钢股份公司电厂燃料作业区等4个JK小组获三等奖。（陈益群）

**创新成果评优** 年内，上报上海市管理创新成果17项，上报中国钢铁工业协会管理创新成果11项，上报中国企业联合会国家级管理创新成果项目2项。经上海市、中钢协、中企联创新成果评委会评定，宝钢股份工程技术部的《构建特大企业集团多组织架构工程项目群管理系统（BPMS）》、宝钢金属公司的《实现VC绩效银行 创建长效激励机制》等项目分获上海市企业管理创新成果一等奖2项，二等奖6项，三等奖9项；宝钢股份硅钢部《全流程精益协同管理在硅钢生产中的应用》等项目分获中国钢铁工业协会管理创新成果一等奖1项，二等奖3项，三等奖4项；宝钢股份公司申报的《多组织架构工程项目群管理系统》项目获中国企业联合会评定的国家级创新成果二等奖。（陈益群）

**管理专题论坛** 企协与《宝钢日报》联合举办"学习与理解徐董事长提出建立倒逼机制讲话"的专题论坛，企协先后向宝钢各单位专家、首席、博士约稿16篇在《宝钢日报》上刊登；企协还策划举办了"应对钢铁业同质化竞争"论文征集活动，向研究院的自动化所、前沿所、特钢所、不锈钢所、工程技术公司的会员约稿8篇，在《宝钢日报》"焦点笔谈"专栏上发表；企协人员也撰写了"建立风险预警机制管理"、"通用汽车走向破产的思考"、"事业部组织体制运作模式"、"现代市场营销技术与战略"等15篇专稿，在《宝钢日报》管理专栏上发表，推广传播现代化管理理论。（陈益群）

**组织机构建设** 年内，宝钢质量学会、宝钢中青年学者联谊会进行理事机构换届改选工作，组建新一届理事会领导班子；宝钢技师协会进行了秘书长和常务理事调整与充实。在集团公司和宝钢股份领导关心和支持下，企协积极协助公司行政成立了集团公司"安全管理者研修会"，其主要任务是以研修会为平台，建立安全伙伴关系、开展安全管理研修、改善公司安全工作，企管协会将帮助"安全管理者研修会"开展研修活动。（陈益群）

**成本改善清理** 年内，"完善公司咨询、学会网络费用管控模式"被列为宝钢成本改善项目之一。按照2009年费用总额在2008年基础上降低50%的硬性要求，企管协会对集团公司范围内143家参加各类社会组织交纳的会费、网络费用进行梳理，严格审核把关，该项目至6月底完成结题。（陈益群）

**作业长研修会活动** 年内子公司各家作业长研修分会分别召开理事会，并开展了基层管理研修活动；宝钢股份直属厂（部）作业长研修会参与企管协会组织的公司安全管理课题、基层管理推进工作，开展跨子公司、跨部门、跨工序生产链的作业长横向协作项目；宝钢股份直属厂（部）、检测公司、梅山公司、特钢事业部、宝钢发展等单位作业长研修会分别召开推进基础管理年会活动；梅山公司、宝通钢铁新成立作业长研修会，并开展首次研修活动。宝钢作业长研修会在收集成果、论文、案例的基础上组织召开交流活动，并向《宝钢日报》"作业长管理园地"、宝钢电视台投稿。（陈益群）

**分厂厂长联谊会活动** 年内召开全体理事工作会议，利用联谊会平台，组织钢管事业部、宝通钢铁、特钢事业部、不锈钢事业部等4家单位电炉分厂厂长"结对子"，开展"对标"等基层管理项目活动，宝钢分厂厂长联谊会还开展了"质量攻关、低负荷下设备维护、自主管理"等专题活动。（陈益群）

**质量学会活动** 配合行政到梅钢公司、不锈钢事业部、特钢事业部推进一贯制质量管理工作；发动会员撰写学术论文，参与上海市质量

宝钢股份直属厂、部作业长在开展研修活动

管理协会、中国质量管理协会布置的课题研究工作；配合行政开展了质量月活动；向上海市等有关单位推荐学会各项先进活动材料；组织好“上海市质量金奖”、“技术奖”、“质量卓越模式”先进企业的推荐申报工作。年内理事会进行了换届改选，形成新一届理事会领导班子。 （陈益群）

**技师协会活动** 年内完成了覆盖集团公司范围的分会组织整合，成立30人左右的理事会班子，改选了秘书长、增补了常务理事。发动会员学习技能专家孔利明、王军先进创新事迹，开展了技术革新活动，孔利明、王军、韩明明赴不锈钢事业部、宝通钢铁开展技术指导交流。协会与人才开发院技师培训中心共同举办了“宝钢技师论坛”，协助技师培训中心和鉴定中心做好高技能人才培训、鉴定、编写教材等工作。会员们开展了“高师带徒”活动，编辑了第四册《宝钢技师技术与经验文集》，向《宝钢日报》、市技师协会和有关媒体推荐展示宝钢技师风采的文章。 （陈益群）

**中青年学者联谊会活动** 年内进行了理事会网上民主换届改选，召开新一届理事工作会议。会员们参与企协与《宝钢日报》联合举办的关于董事长徐乐江提出“五个倒逼机制”、“应对钢铁业同质化竞争”的论坛撰稿活动；理事会组织会员召开了“宝钢在钢铁业同质化环境下，加快技术和管理创新，实现差异化竞争优势”的沙龙研讨会；发展了部分青年博士会员入会。 （陈益群）

**设备学会活动** 配合上海设备管理协会，开展以“宝钢杯”命名的设备管理论文比赛活动；配合宝钢股份公司开展建立设备管理评价标准体系，设备功能、精度管理推进工作；对内对外开展技术交流等活动。

（陈益群）

**能源学会活动** 组织会员参加宝钢股份公司节能降耗、降成本工作；组织会员参加了“全国节能周”宣传活动；配合行政推进宝钢股份公司开展的吨钢耗水节约工作；参加市工经联布置的编写《钢铁工业节能减排技术案例汇编》一书工作。

（陈益群）

**安全管理者研修会活动** 9月，选举组成理事会班子，召开“集团安全管理者研修会”成立大会；11月，研修会炼钢分会在人才开发院开展了首次理事研修活动，讨论通过炼钢分会2010年研修计划；12月，研修会冷轧分会在宝钢国际召开以“宝日汽车板管理实务、冷轧清辊作业事故”为主题的安全研修活动；研修会能介分会在宝钢股份能环部召开“冬季煤气安全防护管理”研讨会，不锈钢、中厚板、宝钢股份直属厂（部）等6家分会理事单位出席会议；研修会配合宝钢股份本部团委组织了两期共109名“青安岗长”参加安全研修活动。 （陈益群）

## 文学艺术团体联合会

宝钢文学艺术团体联合会（简称“宝钢文联”）挂靠在集团公司工会，至年底，拥有会员739人。年内，为纪念建国六十周年，举办了一系列的创作和征文活动。

（吴久德）

**举办庆祝新中国成立60周年活动** 2—12月，为纪念新中国成立60周年，宝钢文联与《宝钢日报》联合举办了“我与祖国”征文活动，体裁有报告文学、散文、诗歌等，共收到征文近百篇，评出21篇获奖作品，其中有些作品还被社会媒体刊登。年内，与人才开发院等单位联合举办“从延安到宝山”的主题座谈会，邀请宝钢第一任厂长寒力参加座谈。文联还为宝钢纪念新中国成立60周年举办的大合唱撰写串联词。

（吴久德）

**“文学艺术专版”联展** 为促进企业

《今夜上海静悄悄》（国画），作者 吕梁
全国双拥书画展一等奖

宝钢文体中心书画培训班学员在作品汇报展上和指导老师交流探讨

对文学创作的重视，宣传企业形象，宝钢文联与《宝钢日报》联合举办了“文学艺术专版”联展，得到了各单位的重视，先后有新疆八钢、宝钢国贸公司等单位共16个版面登出。各版面设计新颖，各具特色，很好地宣传了企业的文化和宝钢人的精神面貌。最后，共评出6个优秀版面。（吴久德）

**参与上海职工文学创作基地的组建** 根据上海市总工会的要求，宝钢文联参与了“职工文学创作基地”的组建工作。作为第一批成员单位，宝钢由文联牵头成立了“职工文学创作基地”。（吴久德）

**一批作品获奖** 宝钢职工美术、书法作者参加全国举办的“鱼水情”全国第二届双拥书画艺术展，吕梁创作的国画《今夜上海静悄悄》获一等奖，蒋英坚创作的书法《军民团结一家亲》获入围奖。在宝山区首届“鱼水情”书画艺术展中，吕梁创作的国画获一等奖，周菁创作的国画《鱼水情深》获三等奖，蒋英坚的书法获二等奖，蒋元林的书法获三等奖，郑小云的书法获三等奖。（吴久德）

**“星海”奖评选工作** 3月开始征集，经过初评、终评，共评选出22个单位（或个人）为2007年、2008年度“星海奖”获得者。5月23日召开了“星海”奖的颁奖大会。（吴久德）

**举办采风活动** 年内，宝钢文联与《宝钢日报》联合举办创作采风活动，到北京、天津采访宝钢北方公司，参观新中国成立60周年成就展等，共有38名作者参加。（吴久德）

**收藏宝钢作者作品** 为鼓励宝钢美术作者为歌颂宝钢而创作优秀作品，文联收藏了16幅宝钢作者创作的主题美术作品。（吴久德）

## 红十字会

宝钢红十字会成立于1988年1月22日，日常工作挂靠在宝钢发展有限公司（原宝钢企业开发总公司）卫生管理中心。至年底，拥有会员（不包括梅山、一钢、浦钢、五钢）3.8万余人。年内，宝钢集团有限公司荣获“2008—2009年度中国红十字总会报刊宣传优秀奖”。（余正洁）

**捐赠救助** 开展“帮困助老、人道救助”活动，遵循“来自职工，用之于职工”的原则，组织捐款捐物救助困难职工及其家庭。春节前，组织开展了“千万人帮万家”迎春帮困活动，帮困对象共320人，救助金额为236 900.00元。（余正洁）

**无偿献血** 2月，上海市血库告急，红十字会办公室紧急启动“活血库”，共组织533名员工参加献血；7月，因血库“A”型和“O”型血液紧缺，在高温酷暑下，宝钢红十字会紧急组织了近300名“A”型和“O”型血志愿者参加献血。9月，接市血液中心通知，组织近300名员工参加献血，完成了年度献血工作目标。（余正洁）

# 2010 YEARBOOK BAOSTEEL

# 企业文化

1 专　记 ZHUANJI
13 专　文 ZHUANWEN
33 大事记 DASHIJI
41 概　述 GAISHU
63 规划发展 GUIHUAFAZHAN
67 管理创新 GUANLICHUANGXIN
79 科　研 KEYAN
97 基建与技改 JIJIANYUJIGAI
109 环境经营 HUANJINGJINGYING
123 人力资源管理 RENLIZIYUANGUANLI
135 财务、资产与审计 CAIWUZICHANYUSHENJI
141 宝钢股份 BAOGANGGUFEN
217 八一钢铁 BAYIGANGTIE
233 广东钢铁 GUANGDONGGANGTIE
239 宁波钢铁 NINGBOGANGTIE
245 多元产业 DUOYUANCHANYE
305 海外公司 HAIWAIGONGSI
313 综合管理 ZONGHEGUANLI
325 党群工作 DANGQUNGONGZUO
353 企业文化 QIYEWENHUA
365 人物与表彰 RENWUYUBIAOZHANG
377 附　录 FULU
401 索　引 SUOYIN

## 企业文化建设

宝钢文化主线：严格苛求的精神，学习创新的道路，争创一流的目标；宝钢基本价值观：诚信、协同。宝钢企业文化管理职能主要由企业文化部(公共关系部)负责，挂靠企业文化部的新闻中心、史志办等部门分别负责与企业文化有关的业务。（史志办）

宝钢领导为宝钢工人发明家颁奖

**评选"感动员工、感动用户"故事** 3月底，制定下发《关于开展"感动员工、感动用户"故事评选活动的通知》。围绕故事申报，5月底、6月初，分3批召开专题现场调研会，与二级单位宣传文化部门交流推进方法，分享心得体会；对各单位推荐上报的第一批故事，宣传部内部两次专题讨论，进行初评。7月底、8月初，分3次召开第一批上报故事反馈沟通会，并将《"感动员工、感动用户"第一批上报故事初评目录》和入选理由、修改建议发各单位。各单位对初评故事进行了修改、补充、完善。在9月中旬召开的集团公司第四季度党委书记例会上，讲述、分享了10个感动故事。10月初，制定下发了《关于评选2009年第一批"感动员工、感动用户"优秀故事的通知》，从各单位推荐的229篇故事中，挑选出66个候选故事，参加评选，由各直属单位党委负责人和集团党群部门负责人担任评委。30个故事被评为第一批优秀故事。（徐文红）

6月1日，《宝钢故事》在上海人民广播电台开播

**"保护环境节约资源"行为养成活动** 7月，完成二级单位"保护环境、节约资源"行为公约汇编(电子版)，供各单位分享和学习。要求各单位按照"重在行为、难在养成、贵在坚持"的基本思路，在制度建设、宣传引导、规范履行、日常推进、评价考核等方面形成闭环管理，并做好自查工作；

同时，要求各单位以行为养成为抓手，全员厉行节约、降本增效，过紧日子，使“行为养成”活动从应对市场挑战的阶段性做法转化为长效工作机制。 （徐文红）

**年度人物颁奖典礼** 策划、组织、举行“宝钢年度人物颁奖典礼”。围绕集团公司年度经营管理重点，通过最具代表性的人物、事件，弘扬宝钢文化，展示员工精神风貌。1月24日，“2008宝钢年度人物颁奖典礼”举行。10月份开始，启动、筹划2009宝钢年度人物颁奖典礼相关准备工作。 （徐文红）

**文明单位受表彰** 1月10日，在中国企业联合会、中国企业家协会召开的表彰大会上，宝钢集团有限公司荣获2008年度中国最佳诚信企业。1月20日，在中央文明委召开的全国精神文明建设工作表彰大会上，宝山钢铁股份有限公司被评为2008年度“全国文明单位”。这是宝山钢铁股份有限公司继2005年后，再次获此殊荣。2009年3月27日，上海市委、市府召开上海市精神文明建设大会，宝钢20家单位荣获“第十四届（2007—2008年度）上海市文明单位”荣誉称号。 （徐文红）

## 对社会新闻宣传

**宝钢媒体宣传工作的规范管理** 出台宝钢《对外新闻宣传管理办法》和《突发事件媒体危机应急预案》；建立集团公司内部媒体宣传和应急体系，明确有关部门、责任人、联络员的责任，实现公司内部媒体资源共享，并按需策划实施媒体传播的分层分类培训。全年撰写46期《舆情周报》和6期《舆情月报》，供集团公司高管和有关媒体宣传工作单位参阅；建立并维护媒体采访受理和报道数据库；定期走访有关媒体单位和新闻宣传管理部门，建立互动交流机制。 （张 弛）

**配合多家社会主流媒体做好新中国成立60周年宣传** 为新华社提供宝钢30年历史素材，新华社在此基础上形成宝钢新闻统发稿《宝钢建成世界级钢铁集团》，国庆期间，有30多家主流媒体及网站引用转载此文；为中央电视台新闻联播《新中国档案》栏目组提供宝钢文字及影像素材，以“宝钢的建成与发展”为主题，制作成长新闻（41秒）于10月5日晚在央视《新闻联播》播出；与《人民画报》社共同策划形成第11期《人民画报》“央企风采”大型系列报道专栏关于宝钢的宣传报道方案；《第一财经日报》在宝钢提供文字素材的基础上，于9月30日刊出共和国央企风云录之二《宝钢创新30年》，篇幅长达2/3版面；《北京日报》光辉岁月特刊以“建设宝钢”为主题，用两个版面1万字的篇幅对宝钢的建设进行全景回顾。 （张 弛）

**重大新闻发布** 3月1日，宝钢集团有限公司与杭州钢铁集团公司在宁波举行签约仪式，公关部组织6家媒体（新华社、《人民日报》、《文汇报》、《中国证券报》、《证券时报》、上海电视台）参加签约仪式，同时对未参加现场仪式的中外媒体发送新闻稿。8月，就宝钢收购Aquila股权进行了系统的宣传报道策划，通过与澳大利亚公关公司PPR的合作，为宝钢公关工作的专业化及国际化积累了经验。7—10月，重点开展宝钢应对国际金融危机和国内产能过剩的双重挑战，保持行业最优的宣传报道。11月，围绕取向硅钢策划系列宣传，以自主创新为主线，向境内外40余家主流权威媒体发新闻通稿。围绕宝钢科技创新人物的宣传，联系《解放日报》记者于8月20日、9月2日、10月22日深入运输部孔利明工作室交流采访；10月14日深入厂区王军工作室采访王军、幸利军、费正峰。4月28日，宝华招标公司在北京组织召开“首届中国招标采购电子化发展论坛”，八大部委领导出席会议，公关部邀请15家媒体出席并报道。9月16日，宝信软件为宝信一体化监控指挥平台（iCentroView5）举行产品发布会，公关部邀请12家媒体参加，东方、腾讯、网易、搜狐、新浪等网站作了宣传推广；9月25日，安排上海电视台记者随同国内知名设计师一起参观宝钢援建的都江堰幸福家园·逸苑钢结构住宅小区，当晚东方卫视播出新闻。此外，协助华宝投资有限公司做好合资组建法兴华宝汽车租赁（上海）有限公司的新闻发布及宣传报道工作。 （张 弛）

**围绕世博会相关报道** 6月9日，宝钢大舞台冠名仪式在世博园区举行。宝钢以这个活动平台为载体，首次发布《2008年社会责任报告》，并推出了宝钢不锈钢“抗菌宝”产品，公关部组织15家境内外媒体宣传。7月24日，《第一财经日报》以“更好的钢铁，更好的环境，更好的生活”为主题，在世博专版刊登《钢结构：世博会的隐秘主角》。此外，宝钢作为对外介绍上海市环境保护的新闻采访点之一，为采访提供参观服务和有关背景素材（宝钢1580热轧、二中水等介绍）。配合世博局、市府新闻办和华人摄影学会组成的大型画册《上海》联合制作组以及上海世博会企业联合馆摄制组做好在宝钢的拍摄工作。 （张 弛）

**集团公司领导发表署名文章** 2009年《求是》杂志第二期发表董事长徐乐江署名文章《宝钢,改革开放的成功实践》;《改革》杂志第四期发表董事长徐乐江署名文章《论国有控股上市公司治理之重点》。9月2日《解放日报》新论版发表党委书记刘国胜署名文章《适应完善公司治理结构的要求充分发挥国有企业党组织政治核心作用》;11月10日《文汇报》论苑发表党委书记刘国胜署名文章《支教奖学:薪火相传的崇高事业——宝钢教育基金设立20周年回顾与展望》。（张 弛）

**媒体歪曲报道危机事件处理** 针对社会部分网络媒体的歪曲报道,建立、完善有关媒体涉及宝钢歪曲报道危机事件的应急预案及危机应对体系。2009年通过第一时间掌握基本事实、快速形成统一口径、主动策划传播正面信息、在线舆情监测等手段,在政府有关新闻管理部门和内部应急团队的协同下,妥善处理了“宝钢原党委书记与情人同居16年被讨百万分手费”、“不锈钢分公司冷轧酸洗在建工地发生火灾”、“力拓间谍门升级,传宝钢已有高管协助调查”、“宝钢炒镍亏损”、“央视《新闻1+1》栏目质疑宝钢主导中方铁矿石谈判导致五连败及宝钢高价倒卖铁矿石牟取暴利”、“《商品与质量》周刊焦点访查栏目质疑宝钢生产的钢结构构件存在抗拉强度不合格”、“工信部部长李毅中‘3年之内不要再建新项目’的表态对宝钢湛江项目的影响”、“宝钢撤销标普评级是否与金融危机有关”等10起媒体歪曲报道危机事件。（张 弛）

**接待境外媒体采访** 2009年,上海市对外宣传联络办公室明确把宝钢列为世博会期间对境外媒体宣传介绍环境保护事业的采访点。年内共接待境外媒体记者6批次。（详见“接待境外媒体采访报道情况表”）

**2009年接待境外媒体采访报道情况表**

| 到访媒体 | 记者人数 | 采访日期 | 主要采访内容 | 采访报道情况 |
|---|---|---|---|---|
| 澳大利亚广播公司 | Tom lggulden 等3人 | 2月11日 | 有关中国和澳大利亚贸易往来;参观、拍摄宝钢大厦及厂区 | 在澳大利亚广播公司晚间新闻播出 |
| 台湾《中国时报》 | 魏文秉等2人 | 6月15日 | 宝钢产能发展,与台湾的合作 | |
| 韩国《经济商业周刊》 | Jang, Seung-kyu 等2人 | 7月19日 | 就宝钢在环境保护领域的成果,采访宝钢股份总经理助理邹宽 | 以“宝钢绿色发展战略”为专题进行报道 |
| 韩国首尔电视台 | 金琳等3人 | 10月9日 | 聚焦上海的发展,拍摄宝钢场景,拷贝相关材料 | 11月1日在首尔电视台播出 |
| 英国BBC电视台 | Ashley Gething 等4人 | 12月 | 纪录片《奥巴马的美国》有关中国经济腾飞的章节,参观、拍摄宝钢厂区 | 由9月推迟至12月播出 |

（张 弛）

## 社会责任管理

2009年,通过梳理社会责任的工作流程,明确了各有关职能部门工作职责,并由经济管理研究院负责理论研究,形成了“在线推进和离线研究”这种“前店后厂”的工作新模式。国资委“央企社会责任推进机制课题组”赴宝钢调研时高度评价这一模式。年内还通过对各分(子)公司、各职能部门调研,对照G3标准和经管院的研究成果,梳理出宝钢社会责任管理44个缺项,为下一步深入推进社会责任管理夯实了基础。（谢 璐）

**形成宝钢社会责任指标体系** 2008年11月成立宝钢集团社会责任委员会后,3月召开社会责任委员会第一次会议,会议通过决议,从战略高度在宝钢内部建立社会责任指标体系和管理体系。参照国资委《关于中央企业履行社会责任的指导意见》、GRI(全球报告倡议组织)《可持续发展报告指南》(G3版)、联合国全球契约十项原则和宝钢经济管理研究院的理论研究成果,并结合宝钢的实际情况,形成《宝钢社会责任指标体系》。（谢 璐）

**首次发布《宝钢集团社会责任报告》** 由公关部牵头,环资部、宝钢股份人力资源部、董事会办公室等单位参与,共同编制、发布了第一本《宝钢集团社会责任报告》。在编制报告过程中,充分征询外部专家、用户等利益相关方的意见和建议，收集问卷2 800余份，报告在网上发布后，年内日均下载30份。问卷调查结果显示，对《宝钢集团社会责任报告》正面评价近七成。报告特点：(1) 与利益相关方保持持续互动；(2) 内容有突破，从员工、社区、经济、环境、供应链五个方面客观地反映了宝钢2008年社会责任工作；(3) 展现形式摒弃了大幅照片广告手法，并在每页增加了提示内容，方便读者。 （谢　璐）

**社会捐赠管理**　11月，根据国资委《关于加强中央企业对外捐赠管理有关事项的通知》要求，企业文化部对《集团公司对外捐赠、赞助管理办法》进行修订：(1) 将集团公司对外捐赠、赞助年度支出纳入预算管理，形成专项报告，并随年度财务预算报送国资委并抄送监事会；(2) 救助灾害等超出预算范围的突发捐赠、赞助事项，须经董事会审议决定后，及时向国资委备案并抄送监事会；(3) 单笔超过1 000万元的现金或实物捐赠、赞助，需报国资委批准并抄送监事会；(4) 调整有关部门管理职能，经营财务部负责预算安排、预算资金；企业文化部（公共关系部）负责年度预算报备专项报告编报；经营财务部负责将报告随年度预算一同上报国资委。 （谢　璐）

**2009年对外捐赠8 730万元**　全年上千万的捐赠共5笔，分别为：出资中国青年创业就业基金会、乌鲁木齐民族团结基金、援藏、云南扶贫、与宝山区共建环境自动检测项目。2009年对外捐赠共计8 730.5万元，详细情况如下：

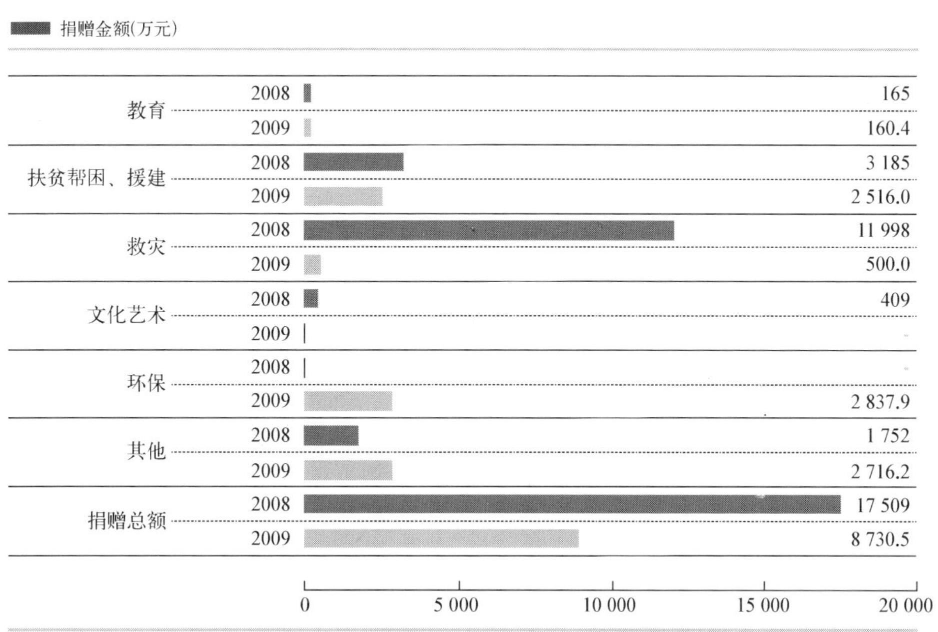


**2008年、2009年宝钢集团公司对外捐赠简表**

单位：万元

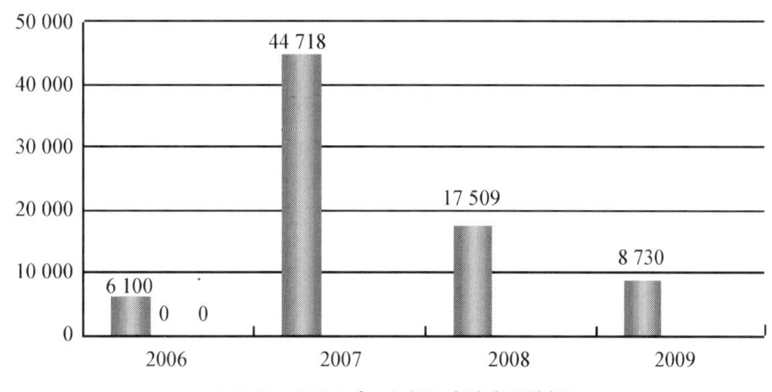


**2006—2009年宝钢对外捐赠额**

注：2007年向世博会赞助4亿元；2008年汶川地震捐款1.17亿元

（谢　璐）

## 品 牌 管 理

5月20日，集团公司总部管理变革新措施出台，品牌形象业务职能单列。品牌形象职责为：品牌形象策划、传播的专业管理；品牌项目的专业管理；集团公司广告、展览的综合管理；集团公司直接参加展览的管理和广告、展览的指导监督；制定展览、广告总体策略，跟踪评价子公司执行情况。（孟海彪）

**形成多元化产业品牌工作要点** 5月25日—6月10日，品牌职能板块对营销体系、宝钢国际、宝钢金属、宝钢工程、广东钢铁、南方公司、佛山剪切配送中心、东风日产汽车公司、宝钢发展等9家单位进行了专题调研。根据各单位品牌工作现状和需求，形成多元化产业品牌工作12项要点，指导各单位完善、提升品牌工作。（孟海彪）

**《宝钢汽车板的故事》入选最佳品牌建设案例** 5月，《21世纪经济报道》与全球最大的综合性品牌咨询公司Interbrand联手举办第五届“中国最佳品牌建设案例评选”活动，宝钢选择《宝钢汽车板的故事》作为案例参加评选。8月13日，第五届中国最佳品牌建设案例复评在上海举行，宝钢参加此次现场案例发布，汽车板的故事打动了在场的听众，并获得评委较高评价。（孟海彪）

**搞“活”宝钢展台** 6月11—13日，借助上海第十五届中国国际冶金工业展览会平台，以“更好的钢铁、更好的环境、更好的生活”为主题，展示宝钢品牌价值形象和推广绿色环保理念，并以动态的表现方式把宝钢展台搞“活”。该展览方式受到参观者的好评。（孟海彪）

**宝钢网站测评整改** 6月15日，根据国务院国资委信息化办公室首次组织中央企业网站绩效评估的通知，按测评指标对宝钢门户网站进行逐项检查和自评，并完成自评报告。6月20日，国资委信息化办公室反馈对宝钢网站的初评报告，评估了7个一级指标、31个二级指标，58个三级指标，宝钢网站有20个指标需要完善，初评分：63分。经整改，8月1日—10月31日，国资委信息中心委托6个专业单位对宝钢等央企网站进行正式测评，宝钢网站获91.3分，为A级。（孟海彪）

**推广不锈钢品牌** 6月23—26日，借助广州中国国际金属工业博览会平台，以“宝钢突围”为主题，邀请《21世纪经济报道》媒体加盟，推广宝钢不锈钢品牌。通过展会现场互动节目，展现了不锈钢与生活的密切关系，产生了良好的效果。（孟海彪）

**制作统一的宝钢简介PPT版** 6—9月，制作了统一的中、英文版本《宝钢集团有限公司介绍》PPT和《宝山钢铁股份有限公司介绍》PPT；制作了中、英、日文版《宝钢集团有限公司》和《宝山钢铁股份有限公司》形象片；制作了《宝钢品牌传播手册》、《宝钢Living steel品牌传播手册》和《宝钢特钢品牌传播手册》。（孟海彪）

**建立宝钢品牌共享平台** 自7月20日始，品牌职能以发布《宝钢品牌工作提示》新的工作方式，在集团公司内外建立宝钢品牌操作执行系统信息互动、业务对接、资源共享的工作平台。（孟海彪）

**建立品牌建设执行网络** 7月20—30日，通过深入各相关单位调研、业务交流，建立了由各子公司及其延续分支、对口业务部门等45名相关人员组成的公司品牌建设执行网络。（孟海彪）

**调研采访宁波钢铁** 7月24日，品牌职能管理人员对宁波钢铁公司进行VI运用、网站建设、广告展览等进行业务调研，并安排《21世纪经济报道》记者采访。7月28日，《21世纪经济报道》刊登《宝钢入主宁钢150天纪实》，截至8月25日，有223家网络转载报道。8月26日，完成《宁钢百日行动品牌案例》。（孟海彪）

**建立品牌建设项目竞技合作团队网络** 通过长期主业产品营销推广、品牌建设项目合作、市场影响力等渠道，截至8月27日，建立了由锐奇、菲运、意通、干坤、希蒙、日晶、加简、新幻慧、中宣国际、奥美、水晶石、睿美、卓越、高越、青辰等30余家广告供应商组成的品牌建设项目竞技合作团队网络。（孟海彪）

**宝钢入选CCTV 60年60品牌** 4月，《新中国成立60周年——“推动中国经济·影响民众生活的60个品牌”调查评选活动》启动，宝钢向组委会提交了宝钢发展历程、宝钢品牌描述、宝钢形象图片、宝钢形象专题片、宝钢产品品牌专题片等参选资料。8月18日，由中央电视台央视网主办的《CCTV 60年60品牌》揭晓仪式在北京大学举行，宝钢

宝钢入选“CCTV 60 年 60 杰出品牌”后接受主持人采访

荣获“新中国 60 周年 60 个杰出品牌”称号。　（孟海彪）

**建立品牌职能管理制度**　9 月 17 日，颁发《宝钢集团有限公司广告管理办法》，9 月 21 日，颁发《宝钢集团有限公司门户网站管理办法》，10 月 14 日，颁发《宝钢集团有限公司展览展示管理办法》。　（孟海彪）

**利用论坛展示宝钢注重环境经营的品牌形象**　10 月 31 日，“生态文明与长三角城市发展论坛”在复旦大学举行，集团公司总经理何文波出席论坛，并作《钢铁，让生活更美好》的主旨发言。利用这个平台，推介、展示了宝钢注重环境经营的品牌形象。　（孟海彪）

**参展 2009 年中国国际工业博览会**　11 月 3—7 日，宝钢参展 2009 年中国国际工业博览会。宝钢展台突出宝钢钢结构住宅建设主题以及宝钢股份特钢事业部参与航空航天配套建设高温合金和钛合金特钢材料的布展。在不锈钢制品展台，宝钢领导还就用宝钢不锈钢产品制造的餐具、厨具和微波炉、洗衣机、电冰箱等的外观与性能与参观者进行现场交流。　（孟海彪）

## 史志工作

2009 年，宝钢史志工作取得丰硕成果，《宝钢志》、《宝钢年鉴》先后在上海市和全国获奖，宝钢史志工作在企业文化建设中发挥了不可缺少的重要作用，并多次在上海市和全国受到表扬。年内，宝钢被推荐为全国地方志年鉴学会理事单位。　（徐宪民）

**《2008 宝钢年鉴》荣获全国特等奖**　2009 年，《2008 宝钢年鉴》参加由中国出版工作者协会组织的“第四届全国年鉴编纂出版质量评比”，荣获“综合特等奖”。该项评比每 5 年举行一次，第三届评比《宝钢年鉴》获“综合一等奖”和“中国年鉴奖”，这次除荣获“综合特等奖”外，还荣获“框架设计”、“条目编写”、“装帧设计”3 个专项优秀奖。此前，《宝钢年鉴》已连续 3 年（2005 年、2006 年、2007 年）荣获“全国年鉴编校质量检查评比特等奖”，全国连续 4 年获“特等奖”的年鉴只有 3 种（《宝钢年鉴》、《张家港年鉴》、《杭州年鉴》）。　（徐宪民）

**召开第 12 次史志专家咨询会**　2 月 10 日，邀请上海地方志专家参加第 12 次史志专家咨询活动。宝钢集团党委副书记欧阳英鹏出面接待，史志办提供《宝钢 2008 年史志工作汇报》，听取史志专家意见。2008 年围绕宝钢三十周年开发利用史志资料并编纂《宝钢三十年》，受到专家的好评。《宝钢三十年》出版后有关专家评论：“整本书设计大气、简洁，内涵丰富，在这么短的时间完成这样的资料性兼学术性的巨著，历史自有评说。”　（徐宪民）

**《宝钢志》、《宝钢年鉴》在上海获奖**　《宝钢志 1993—1998》、《2007 宝钢年鉴》参加上海市志书类年鉴类评选，《宝钢志 1993—1998》获上海市地方志志书类评选二等奖；《2007 宝钢年鉴》获上海市地方志年鉴类评选三等奖，并获奖状和奖金。　（徐宪民）

**《宝钢年鉴》改版**　2 月 4 日，集团公司领导听取史志工作汇报，决定《2008 宝钢年鉴》、《2009 宝钢年鉴》继续出版，从 2009 年开始《宝钢股份史志资料》并入《2009 宝钢年鉴》。作为大型企业的重要工具书，《宝钢年鉴》装帧保持精装，但为了降低成本，从《2008 宝钢年鉴》开始取消原来的全彩印，仅在正文前设置 16 页彩页。为了把更多版面让给文字，取消全彩印后，内页照片也相应减少。《2008 宝钢年鉴》取消全彩印后，不仅费用明显下降，而且经过努力编纂质量进一步提高，年内出版发行后受到读者好评。《宝钢年鉴》不追求豪华的思路和做法得到了中国版协年鉴专家的高度评价，改版后的《2008 宝钢年鉴》参加全国评比，获“装帧设计”专项优秀奖。　（徐宪民）

**完成《2009 宝钢年鉴》编纂工作** 年内，史志办在高质量完成《2008 宝钢年鉴》编纂出版工作后又继续编纂《2009 宝钢年鉴》。因从 2009 年开始《宝钢股份史志资料》并入《2009 宝钢年鉴》，再加上宝钢集团范围的扩大，《2009 宝钢年鉴》内容明显增加。在总结 2008 版年鉴经验的基础上，2009 版年鉴质量又有提高。 （徐宪民）

**宝钢为全市大会提供发言交流材料** 上海市地方志办公室筹备上海市地方志工作会议（2010 年 1 月 8 日召开），史志办应邀撰写的大会发言材料《一流企业要修一流志鉴》被列为大会书面交流文件。市领导在大会总结上海市首轮修志工作的报告中多次提到并表扬宝钢。 （徐宪民）

**在市方志经验交流大会上发言** 11 月 26 日，市方志办召开上海市开发利用地方志资源经验交流会，史志办撰写了《传承宝钢文化，服务宝钢发展》材料并应邀在大会交流发言，得到大会充分肯定。上海市地方志办公室在年度工作总结中肯定"宝钢史志办充分利用宝钢史志资料为企业发展服务"的经验。 （徐宪民）

**史志办参加全国企业年鉴研讨活动** 7 月 21 日，史志办出席第四次全国企业年鉴研讨会，作为副主任单位应邀主持大会，并在会上发表论文"对企业年鉴的几点粗浅认识"，该文在全国《年鉴（信息与研究）》杂志 2009 第 5、6 期刊登。 （徐宪民）

**参与《中国抗震救灾志》编纂工作** 按照统一要求，年内史志办收集、整理一批有关宝钢抗震救灾材料提供给国资委和上海市，参与编纂《中国抗震救灾志》。 （徐宪民）

**参与黄帝陵基金会《年度主祭人》编纂** 史志办应邀出席黄帝陵基金会《年度主祭人》编纂座谈会，撰写、提供"宝钢简介"、"主祭者言"等一批有关宝钢的资料（该书 2010 年 3 月出版）。 （徐宪民）

**为宝钢网站提供材料** 为庆祝新中国成立 60 周年，史志办及时撰写《国庆 60 周年——宝钢 30 年历史回顾》（1.5 万字）在宝钢外网刊载，供读者上宝钢网浏览或下载，效果良好。 （徐宪民）

宝钢领导在记者节前夕看望新闻工作者

**为《中国科学技术专家传略》撰稿** 中国金属协会承担编纂《中国科学技术专家传略——冶金卷》任务，要求宝钢撰写《黎明传略》等材料。史志办及时与中国金属协会沟通，按照要求及时、高质量地完成撰稿任务。 （徐宪民）

**参与编修《宝山区志》** 《上海市宝山区志（1988—2005）》2004 年启动，2009 年完成，宝钢史志办主任应邀参加宝山区史志编纂委员会，撰写并提供一批有关宝钢的史志资料，并参与修改、审查验收工作。《上海市宝山区志（1988—2005）》11 月正式出版。 （徐宪民）

## 新闻工作

宝钢新闻工作由隶属于企业文化部的新闻中心负责。新闻中心管理宝钢日报社、宝钢电视台以及宝钢新闻网站。 （刘元杰）

**宝钢日报社** 《宝钢日报》是宝钢主要新闻传播载体和宣传阵地之一。报社在编 33 人，借聘 7 人。全年实现新闻报道舆论误导为零、失泄密事故为零、重大事件失实为零、有偿新闻投诉为零的目标。版面编校差错率全年平均在万分之零点二五左右，低于国家新闻出版署万分之三的规定范围。2009 年，《宝钢日报》被市新闻工作者协会评为"上海市最佳企业报"；6 人被上海市新闻工作者协会企业报分会、全国冶金记协、中国新闻记者协会企业分会授予优秀新闻工作者称号。全年有 26

件新闻作品，获得包括上海市政府新闻奖在内的上海市及冶金行业新闻奖。其中通讯《转岗工人成焊王》获上海市政府新闻奖二等奖，创历史最好获奖成绩。全年有186篇（幅）稿件被《解放日报》、《文汇报》、《新民晚报》、《中国冶金报》等社会媒体刊登。 （刘元杰）

**重点报道** 全球金融危机爆发，宝钢生产经营面临历史上最严峻的考验。《宝钢日报》及时在一、四版开设专栏，对宝钢决策层的形势任务报告进行宣传和解读，使广大干部、员工尽快形成共识，并在三版刊登国内外同行及产业链的受冲击情况，让读者了解市场的严峻性。根据宝钢决策层“最根本的力量来自基层”的理念，派记者深入生产经营一线，及时反映各单位动态，并在一版开设了“最佳实践者”和“一线班组在行动”专栏，大力挖掘和宣传立足岗位为企业分忧的典型事例和典型人物，全年此类稿件共发了400余篇。 （刘元杰）

**《宝钢日报》改版创新** 年内，《宝钢日报》致力于管理变革，推进改版创新。（1）紧随时代步伐和读者需求创新工作形式和内容。从增强针对性、有效性、贴近性出发，对三、四版的专刊版面进行了从形式到内容的全面改版。淘汰已缺乏生命力和吸引力的版面和栏目，精心策划、设计更能吸引读者的版式，尤其是新设的企业人文版，引起广大读者的关注。宝钢董事长徐乐江评价说，四版办得很成功，很活跃，有吸引力。（2）服务基层工作、凝聚一线员工。始终将关注基层一线、了解基层一线，并服务于基层各项管理工作的推进，作为工作重心之一，注重刊载和总结各方面的好经验、好做法，报道一批普通员工先进典型。（3）以专业化手段助推宝钢各项重点工作。在争做最佳实践者、环境经营、青年推优、“金苹果”计划等各项活动中，报纸全力配合主管部门，用媒体特有的优势为重点工作添彩。（4）揭露问题、针砭时弊的舆论监督作用有所体现。报纸主动策划、刊载特殊钢公司出口产品存在严重质量问题、韩明明“杠杆困惑”等问题的报道，受到有关领导和读者的关注，董事长徐乐江、总经理何文波都对揭露的问题作出批示。此外，针对与企业高速发展不相适应的一些观念和作风问题，报纸在企业人文版上发表《杞人忧天话“腔口”》等一批言论，引起广泛议论和共鸣。 （刘元杰）

**提高通讯员撰稿能力** 全年由各单位通讯员供稿3 756篇，约占全部新闻稿的2/5，按照《宝钢日报通联工作管理细则》，全年共派骨干记者或编辑28人次赴各子公司、各部门讲解新闻业务知识，通过培训、交流，提高通讯员撰稿能力。全年参与培训交流的通讯员达800余人。报社每季度将宣传报道要点送发各单位宣传部门；每月将各单位通讯员的发稿量统计汇总并反馈各单位宣传口，每季度将发稿情况反馈各单位领导，形成互通信息、对标赶超的氛围。 （刘元杰）

**电视新闻报道** （1）配合做好宝钢应对百年不遇金融危机的系列报道。分别制作《应对危机，最根本的力量来自基层》、《化危为机，抢占先机》、《“小细胞”催生“大能量”》、《开启智慧，迈向未来》等20多部专题片，播放88篇相关电视新闻。（2）制作的多部电视专题片，反响热烈。3集电视纪录片《宝钢突击队》生动、立体地反映了宝钢人在极其艰苦恶劣的南极自然条件下，历时15天，建成中国昆仑站的事迹；《乡愿》、《金家父子兵》、《孪生兄弟成“栋梁”》、《爱运动的首席师》、《扬子江上谱华章》等一批专题片播放后，受到观众和上海电视台有关专家的好评。（3）及时报道宝钢生产经营和各项工作。全年完成新闻报道2 412

《宝钢日报》副刊编辑在研讨版面编排

余条,平均每天 8 条,实现“舆论导向错误为零,重大新闻漏报、误报、失实为零,重大新闻报道泄密为零”的目标。(4)打造专题栏目品牌。《宝钢人》、《宝钢视点》栏目将镜头聚焦于宝钢人的高效工作、高尚生活,并注重及时反映宝钢发生的大事和热点,作深层次的报道,成为一大亮点。(5)关注重点和突发事件。除及时做好宝钢党代会、干部大会、政工会议、职代会、预算计划会、宝钢年度人物颁奖大会、宝钢对外兼并重组、宝钢高层遍访战略用户、纪念性活动等报道外,还把镜头聚焦于各子公司产量创新高、新产品研发、管理技术创新、清洁工厂、节能降耗、低碳环保等生产经营过程中的人物和事件。注重动静结合,得到观众的普遍好评。(刘元杰)

**宝钢电视台获奖** 12 月,宝钢电视台被中国电视艺术家协会企业电视分会授予“最佳企业台”称号,两位记者同时被授予先进电视工作者称号。《宝钢突击队》、《牵手世博,回报社会》等多部电视新闻或专题片,分别被中国电视艺术家协会企业分会和上海有线电视协会授予电视新闻和专题片一等奖,另有 9 条电视新闻或专题片,被上述两家单位授予二等或三等奖。全年宝钢电视台共外发新闻 112 件(条),其中有 9 件电视新闻和电视专题片在上海电视台、东方电视台、上海教育电视台等主流媒体播出。(刘元杰)

## 媒体与出版物

**《宝钢日报》** 1978 年 8 月 1 日创刊,由宝钢集团有限公司主办,国内公开发行,是宝钢主要新闻传媒之一。《宝钢日报》全年出版 303 期,定价 150 元,发行量近 7 万份。《宝钢日报》的订阅工作由新闻中心负责,主要发行对象是全体宝钢员工(宝钢驻外单位和员工也可以订阅或上网浏览),宝钢所属单位为全体员工免费订阅到户。社会订户由报社收费并由宝钢集团财务部入账。自 2008 年 1 月 1 日起,报纸全部委托邮局统一发行。(刘元杰)

**《宝钢日报》电子版** 网址 http://news.baosteel.com/news,2005 年 2 月 4 日开始上网。每天 10 时将当天《宝钢日报》内容上网。主要栏目有一版要闻、经济新闻、综合新闻、行业动态、时事评论、报纸版面、专副刊、图片新闻等板块,并能链接宝钢视频新闻。全年新闻总数 38 945 条,图片 2 845 幅,报纸版面 2 588 个。单条新闻最高点击量为 40 312 次。(刘元杰)

**宝钢电视新闻** 宝钢电视新闻由宝钢集团有限公司主办,宝钢新闻中心专题室编辑。每天制作 10 分钟的电视新闻或专题节目,由宝山有线电视台在 1 套、2 套黄金时段播出。宝钢电视新闻覆盖宝山地区,受众面约 30 万户共 100 余万人。宝钢电视新闻还通过每周快递送达江苏南京梅山、浙江马迹山港区、新疆八一钢铁播放。(刘元杰)

**宝钢网站** 宝钢网站(www.baosteel.com)是宝钢重要的对外窗口,由新闻中心管理。宝钢网站的定位是:服务宝钢战略目标、生产经营,展示宝钢企业精神、企业文化和宝钢人的风采;宝钢网站的风格是:明快、简洁、大气,体现宝钢特色和文化。宝钢网站设“宝钢集团”、“宝钢股份”两大板块,均有中文版和英文版。宝钢集团网站包括要闻、概况、可持续发展、企业文化、产品与服务、人力资源、公司出版物 7 个栏目;宝钢股份网站包括公司概貌、公司新闻、产品与服务、投资者关系、可持续发展、企业文化 6 个栏目。2008 年,宝钢集团和宝钢股份网站改版,改版后的网站面向投资者、用户、供应商、员工及社会,为读者提供高效的信息服务。(刘元杰)

**《社会责任报告》** 2008 年创刊,2009 年对外发布第二期。由宝钢集团公共关系部主办,年刊,大 16 开本,76 页。报告以中、英文两种文字出版,以印刷品、电子文档形式发布,其中电子文档可在宝钢集团网站(http://www.baosteel.com)下载阅读。主要描述本年度宝钢在公司运营、环境保护、员工关怀、社区关爱、供应链建设等方面的工作。(谢 璐)

**《宝钢年鉴》** 2001 年创办,宝钢史志编纂委员会主办,是系统记述宝钢集团各方面情况的年度资料性文献。编辑部设在宝钢史志办公室。标准大 16 开本,印 1 100 册,定价 240 元,由上海社会科学院出版社出版,新华书店经销。《2008 宝钢年鉴》设专记,专文,大事记,概述,战略发展,海外事业,管理创新,科研,基建与技改,循环经济,人力资源管理,财务、资产与审计,宝钢股份,八钢公司,其他子公司,综合管理,党群工作,企业文化,人物与表彰,附录,索引等 21 个栏目,2009 年 6 月出版。《2009 宝钢年鉴》设特载、专记,专文,大事记,概述,战略发展,海外事业,管理创新,科研,基建与技改,循环经济，人力资源管理，财务、资产与审计，宝钢股份，八钢公司，广东钢铁，其他子公司，综合管理，党群工作，企业文化，人物与表彰，附录，索引等23个栏目，2009年12月付印（2010年2月出版）。《2005宝钢年鉴》、《2006宝钢年鉴》、《2007宝钢年鉴》连续荣获全国年鉴编校质量检查评比特等奖；《2008宝钢年鉴》获第四届全国年鉴编纂出版质量评比特等奖，并荣获"框架设计"、"条目编写"、"装帧设计"3个专项优秀奖。 （徐宪民）

**《宝钢》月刊** 2008年创刊，大16开本，全年出版7期，由宝钢集团公共关系部编辑发行。《宝钢》为宝钢与投资者、用户、供应商、员工及社会各界之间架起一座相互了解沟通、信息传递的桥梁。

（张 伟）

**《宝钢技术》** 1983年12月创刊，是宝钢集团主管并主办的技术刊物，大16开本，双月刊（逢双出版），全年出刊7期，每期80页，国内外公开发行，并在宝钢主干网刊登。2009年被台湾华艺线上图书馆收录。设置专栏、新技术应用、研究与开发、生产实践和专利信息等栏目。2009年，《宝钢技术》荣获华东地区优秀期刊称号，与《世界钢铁》和《宝钢技术研究》（英）共同编辑出版《宝钢优秀论文汇编》和《宝钢—中钢第十一次科技交流文集》各1册。

（翁国强）

**《世界钢铁》** 1979年创刊，是宝钢集团主管并主办的技术刊物。双月刊（逢单出版），国内外公开发行。设专栏、炼铁、炼钢、冶金自动化、轧钢、综合信息及内容提要等栏目。2009年第一期起被中国学术期刊（光盘版）电子杂志社的《中国期刊全文数据库》和台湾华艺线上图书馆收录。 （翁国强）

**《宝钢技术研究》（英文）** 2002年10月创办，是宝钢集团主管并主办的英文版技术刊物。季刊，国内外公开发行，并在宝钢主干网刊载。主要内容为宝钢科研创新、学术研究、新产品开发、工业设备革新以及前沿技术等。设置专栏、炼铁、炼钢和轧钢等栏目。2007年第一期起被中国学术期刊（光盘版）电子杂志社的《中国期刊全文数据库》、波兰《哥白尼索引》数据库等国内外期刊数据库收录。 （翁国强）

**《宝钢经济与管理》** 1980年创刊，经济类刊物，由宝钢集团企业管理协会主办，双月刊（逢双出版），大16开本，47页，全年出版6期，共刊登各类文章约60万字、图片百余幅。2009年根据宝钢重大发展战略、现场管理、应对国际金融危机等专题，推出了系列相关重点文章，并增设了"管理实务"、"循环经济"、"职场感悟"等栏目。在中国企业联合会举办的2008—2009年度全国企业优秀报刊评比中，《宝钢经济与管理》再次荣获全国企业报刊特等奖。 （周 信）

**《学习与创新》** 1984年6月创刊，政治类刊物，由宝钢集团党委宣传部主办，双月刊，大16开，约72页，企业内部期刊，全年出版12期。2009年围绕企业中心工作、聚焦宝钢二次创业，设置了"改善活动"、"最佳实践"、"'感动员工、感动用户'故事选登"、"企业变革"等栏目，并编印《宝钢2008年度工作会议暨二届一次职代会领导讲话汇编》、《宝钢股份2009年管理研讨会领导讲话汇编》等4期特刊。

（屈 伊）

**《宝钢培训》** 1992年创刊，是宝钢教育培训工作专业性杂志，由宝钢集团主管、宝钢人才开发院主办。季刊，16开，48页，全年出版4期。2009年共刊登文章107篇，《宝钢培训》在宝钢信息门户网站、宝钢人才开发院信息门户网站和"宝钢外部信息资源网"网站上设有网络版。

（周铁强）

**《宝钢文艺》** 1988年创刊（1992年将创刊于1984年的《宝钢人》并入《宝钢文艺》），文艺类刊物，由宝钢集团文联主办。大16开本，72页，全年出版4期。 （吴久德）

## 宝钢教育基金会

宝钢教育基金会始于1990年设立的宝钢奖学金，2005年5月获民政部批准设立，属宝钢独家出资的非公募基金会。原始基金5 000万元，2005年9月增资5 000万元，基金总额1亿元。

（罗建辉）

**第一届理事会第八次会议** 9月5日至9月30日，宝钢教育基金会第一届理事会第八次全体会议以通讯议事和通讯表决方式召开。会议审议并通过了《宝钢教育基金会秘书处工作报告》、《宝钢教育基金会2008年度经费收支决算》和《关于聘请伏中哲为宝钢教育基金会第一届理事会理事并任副理事长，同时免去赵周礼理事、副理事长的决议》。 （罗建辉）

11 月 16 日，举行庆祝宝钢教育基金设立 20 周年暨 2009 年度宝钢教育奖颁奖大会

**第一届理事会第九次会议** 11 月 16 日，宝钢教育基金会第一届理事会召开第九次全体会议。会议听取并通过了秘书长樊纯诗所作的《宝钢教育基金会秘书处工作报告》，审议并通过了《关于批准〈宝钢教育基金会 2010 年度收支预算〉的决议》和《关于批准〈宝恒组合投资资金信托合同补充协议〉的决议》。 （罗建辉）

**宝钢教育奖评审工作会议** 11 月 16 日在上海宝山宾馆召开。会议听取了崔宝璐所作的《2009 年度宝钢教育奖评审工作报告》；在宝钢优秀教师特等奖通讯表决的基础上，通过第二轮投票，产生了 10 名 2009 年度宝钢优秀教师特等奖获奖教师、6 名 2009 年度宝钢优秀教师特等奖提名奖获奖教师；审议并确认了 50 名 2009 年度宝钢优秀学生特等奖获奖学生；同时还有 690 名学生、241 名教师分别被确认荣获 2009 年度宝钢优秀学生奖和宝钢优秀教师奖。997 名宝钢教育奖获奖师生分布在全国 104 所高校及中科院 18 个研究所。 （罗建辉）

**宝钢教育奖颁奖大会** 11 月 16 日，举行庆祝宝钢教育基金设立二十周年暨 2009 年度宝钢教育奖颁奖大会。来自全国各地 71 所高等院校与中科院、上海市教委、中国冶金教育学会的领导和来自全国 104 所高校和中科院 18 个研究所的获奖师生代表近 500 人出席了大会。会上表彰了马宗青等 740 名学生、张斌贤等 257 名教师。基金会领导和宝钢领导向 140 名获奖师生代表颁发证书与证章。 （罗建辉）

# 人物与表彰

1 专 记 ZHUANJI
13 专 文 ZHUANWEN
33 大事记 DASHIJI
41 概 述 GAISHU
63 规划发展 GUIHUAFAZHAN
67 管理创新 GUANLICHUANGXIN
79 科 研 KEYAN
97 基建与技改 JIJIANYUJIGAI
109 环境经营 HUANJINGJINGYING
123 人力资源管理 RENLIZIYUANGUANLI
135 财务、资产与审计 CAIWUZICHANYUSHENJI
141 宝钢股份 BAOGANGGUFEN
217 八一钢铁 BAYIGANGTIE
233 广东钢铁 GUANGDONGGANGTIE
239 宁波钢铁 NINGBOGANGTIE
245 多元产业 DUOYUANCHANYE
305 海外公司 HAIWAIGONGSI
313 综合管理 ZONGHEGUANLI
325 党群工作 DANGQUNGONGZUO
353 企业文化 QIYEWENHUA
365 人物与表彰 RENWUYUBIAOZHANG
377 附 录 FULU
401 索 引 SUOYIN

# 人物与表彰

## 宝钢领导简介

### 徐乐江

中共党员，教授级高级工程师，中共第十七届中央候补委员，中共上海市第九届委员会委员。1998年11月，任上海宝钢集团公司董事、副总经理、党委委员；2001年3月，任上海宝钢集团公司董事、副总经理、党委常委；2004年12月，任上海宝钢集团公司董事、总经理、党委常委；2005年10月，任宝钢集团有限公司董事、总经理、党委常委，2006年5月起兼任宝山钢铁股份有限公司董事长，2006年8月起兼任宝山钢铁股份有限公司董事长、党委常委；2007年1月，任宝钢集团有限公司董事长、党委常委兼宝山钢铁股份有限公司董事长、党委常委（2007年3—11月不兼任宝山钢铁股份有限公司董事长）。

### 罗　汉

中共党员，工学博士，高级经济师，国有重点大型企业监事会主席（副部长级）。2009年9月，任宝钢集团有限公司监事会主席。

### 刘国胜

中共党员，高级政工师，上海市第十三届人大常委。2003年2月，任上海宝钢集团公司副董事长、党委书记；2005年10月，任宝钢集团有限公司副董事长、党委书记，2006年8月起兼任宝山钢铁股份有限公司党委书记。

### 何文波（满族）

中共党员，高级工程师。1998年11月，任上海宝钢集团公司董事、副总经理、党委委员，2000年2月起兼任宝山钢铁股份有限公司董事；2001年3月，任上海宝钢集团公司董事、副总经理、党委常委兼宝山钢铁股份有限公司董事；2005年10月，任宝钢集团有限公司副总经理、党委常委兼宝山钢铁股份有限公司董事；2006年8月，任宝钢集团有限公司副总经理、党委常委兼宝山钢铁股份有限公司董事、党委常委；2008年5月，任宝钢集团有限公司董事、总经理、党委常委兼宝山钢铁股份有限公司董事、党委常委；2009年4月，任宝钢集团有限公司董事、总经理、党委常委兼宝山钢铁股份有限公司副董事长、党委常委。

### 欧阳英鹏

中共党员，高级政工师。1998年11月，任上海宝钢集团公司党委副书记，2000年2月起兼任宝山钢铁股份有限公司副董事长、党委书记；2001年3月，任上海宝钢集团公司党委常委兼宝山钢铁股份有限公司副董事长、党委书记；2003年2月，任上海宝钢集团公司董事、党委副书记兼宝山钢铁股份有限公司副董事长、党委书记；2005年10月，任宝钢集团有限公司党委副书记兼宝山钢铁股份有限公司副董事长、党委书记；2006年8月，任宝钢集团有限公司党委副书记兼宝山钢铁股份有限公司副董事长、党委副书记；2009年4月，任宝钢集团有限公司党委副书记兼宝山钢铁股份有限公司党委副书记。

### 赵　昆

中共党员，教授级高级工程师。2001年3月，任上海宝钢集团公司副总经理；2005年10月，任宝钢集团有限公司副总经理；2006年1月，任宝钢集团有限公司副总经理、党委常委；2006年8月，任宝钢集团有限公司副总经理、党委常委兼宝山钢铁股份有限公司党委常委。

### 马国强（回族）

中共党员，副教授，高级会计师。2001年3月，任上海宝钢集团公司副总经理；2005年10月，任宝钢集团有限公司副总经理；2006年1月，任宝钢集团有限公司副总经理、党委常委；2006年8月，任宝钢集团有限公司副总经理、党委常委、总会计师兼宝山钢铁股份有限公司党委常委；2009年4月，任宝钢集团有限公司党委常委兼宝山钢铁股份有限公司董事、总经理、党委常委。

### 刘占英（女）

中共党员。2005年10月，任宝钢集团有限公司纪委书记、党委常委，2006年6月起兼任宝山钢铁股份有限公司纪委书记；2006年8月，任宝钢集团有限公司纪委书记、党委常委兼宝山钢铁股份有限公司纪委书记、党委常委。

### 伏中哲

中共党员，教授级高级工程师。2007 年 9 月，任宝钢集团有限公司党委常委兼宝山钢铁股份有限公司董事、总经理、党委常委；2009 年 4 月，任宝钢集团有限公司党委常委、副总经理兼宝山钢铁股份有限公司董事、党委常委。

### 戴志浩

中共党员，高级工程师。2007 年 11 月，任宝钢集团有限公司副总经理，2009 年 4 月起兼任宝山钢铁股份有限公司董事。

### 赵　峡

中共党员，教授级高级工程师。2007 年 11 月，任宝钢集团有限公司副总经理兼宝钢集团新疆八一钢铁有限公司董事长、党委书记。

### 周竹平

中共党员，高级会计师。2009 年 1 月，任宝钢集团有限公司副总经理。

### 汪金德

中共党员，高级经济师。2005 年 3 月，任上海宝钢集团公司职工董事、工会主席，2005 年 6 月起兼任宝山钢铁股份有限公司工会主席；2005 年 10 月，任宝钢集团有限公司职工董事、工会主席兼宝山钢铁股份有限公司工会主席。

### 陈德林

中共党员，经济师。2003 年 1 月，任上海宝钢集团公司总法律顾问；2003 年 6 月，任上海宝钢集团公司总法律顾问、董事会秘书；2005 年 10 月，任宝钢集团有限公司总法律顾问、董事会秘书；2009 年 1 月，任宝钢集团有限公司总法律顾问。

### 王　力

中共党员，高级工程师。2009 年 1 月，任宝钢集团有限公司董事会秘书。

### 冯国经

全国政协委员，香港利丰集团董事局主席。2005 年 10 月，任宝钢集团有限公司外部董事。

### 李庆言

新加坡航空公司董事局主席。2005 年 10 月，任宝钢集团有限公司外部董事。

### 吴耀文

中共党员，中国中煤能源集团公司董事长。2005 年 10 月，任宝钢集团有限公司外部董事。2006 年 5 月，再任宝山钢铁股份有限公司董事。

### 夏大慰

中共党员，上海国家会计学院院长、党委书记，教授、博士生导师。2005 年 10 月，任宝钢集团有限公司外部董事。

### 干　勇

中共党员，工程院院士，中国钢研科技集团公司董事长。2009 年 1 月，任宝钢集团有限公司外部董事。

### 经天亮

中共党员，全国政协委员，中国冶金科工集团有限公司董事长。2009 年 1 月，任宝钢集团有限公司外部董事。

## 人物传略

程道智

程道智（1927. 4. 16—2009. 8. 12）

河南邓县人，2009 年 8 月 12 日因病逝世。

1949 年 4 月参加工作，1951 年 2 月加入中国共产党。1949 年 4 月，在开封中原大学学习。1949 年 8 月，在中共九江地委政研室工作，任组长。1952 年 8 月，任中共都昌县县委秘书、重点区区委书记。1954 年 7 月起，先后在江西簜坪钨矿、株洲 603、601 厂任科长、副厂长。1965 年 6 月，任四川江油四冶设备处处长。1966 年 8 月起，任解放军三支队后勤部科长、副部长。1983 年 8 月起，任宝钢工程指挥部接待处副处长。1987 年 10 月离休，享受局级政治、生活待遇。

王学义

王学义(1927.2.23—2009.10.14)

山东莱芜县人,2009年10月14日因病逝世。

1945年8月参加工作,同年加入中国共产党,任山东莱芜陈家庄村村长。1947年3月,任中共山东莱芜县委宣传干事。1949年2月,任中共山东莱芜区委宣传委员。1950年6月起,先后任共青团泗水县委宣传部副部长、团委副书记。1953年2月,任上海新沪钢铁厂团总支书记、上海新沪钢铁厂审干办公室主任,1954年3月,任上海新沪钢铁厂分管人事副厂长。1956年1月起,先后任中共上海第十钢铁厂党支部书记、党总支书记、党委副书记。1960年11月,任赣东北有色金属公司人事处副处长。1962年9月,任中共赣东北有色金属公司德兴铜矿党委副书记。1963年2月,任中共赣东北有色金属公司井巷工程公司党委副书记。1964年5月,兼任赣东北有色金属公司井巷公司政治处主任。1971年7月,调梅山工程指挥部铁矿一大队任组长。1975年2月,任中共梅山工程指挥部铁矿党委副书记。1985年4月,任上海梅山冶金公司上海办事处调研员。1986年12月离休,享受局级待遇。

李仲玉

李仲玉(1922.9—2009.10.31)

陕西清涧县人。2009年10月31日因病逝世。

1935年8月参加中国工农红军,1936年3月加入中国共产党。1935年8月,在陕西清涧县警卫营任战士,1936年任班长,1937—1938年任宣传员,1939—1947年任会计。1948年任陇东军分区供给部副科长,1950年任独立师12团后勤处主任,1952年任建工师后勤处处长。1955年转业任第三工程局财务处处长,三公司经理、党委书记,新疆一公司经理、党委书记。1979年5月—1985年11月,任新疆钢铁公司副总经理。1985年12月离休。享受局级政治、生活待遇,中央国家机关副部长级医疗待遇。

# 荣誉与表彰

## 1. 全国级荣誉

| 获得荣誉 | 颁奖单位 | 获奖者 |
|---|---|---|
| 2009年度全国五一劳动奖章 | 中华全国总工会 | 陈祖东　王康健　阿不都瓦克·阿不力米提　沃海波 |
| 2009年中央企业劳模 | 人力资源和社会保障部<br>国务院国有资产监督管理委员会 | 蒋立诚　王康健　王国清　奚健生　倪建平<br>吴志荣　于建霞　潘智军　张汉谦　张金有　刘百臣 |
| 2009年中央企业先进集体 | 人力资源和社会保障部<br>国务院国有资产监督管理委员会 | 宝钢股份公司宝钢分公司炼钢厂转炉一分厂炉前作业区丁班一号炉班组<br>宝钢股份公司宝钢分公司王军科技创新小组<br>宝钢新加坡贸易有限公司<br>上海宝钢化工有限公司宝山分公司化产一厂焦油萘甲班<br>上海宝印金属彩涂有限公司印铁防伪技术小组<br>宝钢股份公司销售中心营销管理部合同计划室<br>宝钢股份公司原料采购中心煤焦原料室<br>上海浦东钢铁有限公司浦钢搬迁罗泾工程指挥部炼钢项目组 |
| 2009年全国三八红旗手 | 中华全国妇女联合会 | 王　奕 |

（续表）

| 获得荣誉 | 颁奖单位 | 获奖者 |
|---|---|---|
| 2008年度中央企业优秀共青团员 | 中央企业团工委 | 新疆八钢第二炼铁厂电炉作业区　刘　东<br>梅山矿业公司检修保障部　李裕海<br>宝钢金属有限公司　陈品宇 |
| 2008年度中央企业优秀共青团干部 | 中央企业团工委 | 上海宝钢化工有限公司团委副书记　胡　文<br>上海宝钢设备检修有限公司团委书记　司　阳<br>宝钢国际成都宝钢西部公司团总支书记　司海容<br>宝钢国际经济贸易有限公司钢贸公司团委书记　计国忠 |
| 2008年度中央企业青年文明号 | 中央企业团工委 | 化工公司技术中心精细化工研究室<br>梅钢公司炼钢厂浇钢作业区丙班<br>宝钢工业检测公司土炉工程部中厚板分公司工作团队<br>特殊钢分公司能源部电力分厂220千伏总降站<br>宝钢分公司条钢厂线材轧机生产线 |
| 2008年度中央企业杰出青年岗位能手 | 中央企业团工委 | 上海宝钢天通磁业有限公司业务总监　徐辉宇 |
| 2008年度中央企业青年岗位能手 | 中央企业团工委 | 宝钢分公司硅钢部首席工程师　余　伟 |

## 2. 省市级荣誉

| 获得荣誉 | 颁奖单位 | 获奖者 |
|---|---|---|
| 上海市五一劳动奖状 | 上海市总工会 | 上海宝钢国际经济贸易有限公司 |
| 上海市学习型企事业标兵单位 | 上海市总工会 | 上海宝钢国际经济贸易有限公司 |
| 上海市学习型企事业单位 | 上海市总工会 | 宝山钢铁股份有限公司不锈钢事业部<br>上海宝钢工程技术有限公司 |
| 2009年度上海市模范职工之家 | 上海市总工会 | 宝钢金属有限公司工会<br>宝钢化工有限公司工会<br>宝钢股份工程设备部工会<br>宝钢资源有限公司工会<br>宝钢股份不锈钢事业部工会<br>宝钢股份中厚板分公司工会 |
| 2009年度上海市模范职工小家 | 上海市总工会 | 宝钢发展包装管理部冷轧包装一部甲板包一组<br>上海宝钢钢材贸易有限公司<br>上海梅山矿业有限公司选矿厂工会<br>宝钢股份炼钢厂转炉二分厂工会<br>宝钢股份运输部汽车大队工会<br>梅钢公司热轧板厂精整车间工会<br>宝信软件解决方案事业本部商务智能软件事业部BPC实施工会小组<br>宝钢股份特钢事业部条钢厂初轧分厂工会<br>宝钢检修宝钢机械厂工会 |
| 2009年度“安康杯”竞赛优胜单位 | 上海市总工会<br>上海市安全生产监督管理局 | 上海宝钢工程技术有限公司<br>宝山钢铁股份有限公司不锈钢事业部 |

（续表）

| 获得荣誉 | 颁奖单位 | 获　　奖　　者 |
| --- | --- | --- |
| 2009 年度“安康杯”竞赛优秀组织单位 | 上海市总工会<br>上海市安全生产监督管理局 | 上海宝钢化工有限公司 |
| 2009 年度“安康杯”竞赛优秀班组 | 上海市总工会<br>上海市安全生产监督管理局 | 宝山钢铁股份有限公司炼钢厂连铸一分厂精整乙班铸坯管理一组<br>上海梅山钢铁股份有限公司炼铁厂炼焦分厂炉修作业区热修班<br>宝山钢铁股份有限公司特钢事业部特种冶金厂自耗分厂丁班作业区冶炼组<br>宝山钢铁股份有限公司中厚板分公司炼钢厂精整作业区丁班 |
| 2009 年度“安康杯”竞赛先进个人 | 上海市总工会<br>上海市安全生产监督管理局 | 朱振棣 |

| 获得荣誉 | 颁奖单位 | 获　　奖　　者 |
| --- | --- | --- |
| 上海市五四特色团委 | 上海团市委 | 上海宝钢国际经济贸易有限公司团委 |
| 第七届上海市共青团工作“首创奖” | 上海团市委 | 宝钢股份宝钢分公司团委 |
| 第十届上海市杰出青年岗位能手 | 共青团上海市委员会<br>中共上海市经济和信息化工作委员会<br>中共上海市金融工作委员会<br>中共上海市城乡建设和交通工作委员会<br>中共上海市社会工作委员会<br>中共上海市国有资产监督管理委员会<br>上海市人力资源和社会保障局<br>上海市总工会 | 宝钢股份宝钢分公司钢管厂主任工程师　赵　鹏 |
| 第十届上海市青年岗位能手 | 同上 | 上海宝钢工业检测公司轧辊工程师　江金仙 |
| 2008 年度上海市新长征突击手 | 上海团市委<br>上海市人力资源和社会保障局 | 销售中心　陈倩<br>不锈钢分公司炼铁厂高炉分厂团支部书记　方洁靓<br>上海五钢有限公司团委副书记（主持工作）　吴海燕<br>上海宝钢国际经济贸易有限公司团委书记　马开辉<br>宝钢分公司团委青技部部长　廖生行<br>宝钢分公司能源部高级工程师　曹先常<br>宝钢分公司钢管厂首席工程师　赵　鹏<br>不锈钢分公司炼钢厂生产技术室见习主任　郑智耀 |

（续表）

| 获得荣誉 | 颁奖单位 | 获　　奖　　者 |
|---|---|---|
| 2008 年度上海市新长征突击队 | 上海团市委<br>上海市人力资源和社会保障局 | 上海梅山钢铁股份有限公司炼铁厂二号高炉值班室<br>宝钢分公司热轧厂三轧钢分厂技术组青年突击队 |
| 2008 年度上海市青年文明号(共青团)集体 | 上海团市委 | 梅钢公司炼钢厂连铸车间浇钢丙班作业区<br>宝钢分公司运输部汽车大队框架丁班作业区 |
| 2008 年度“上海共青团调研奖” | 上海团市委 | 宝钢集团有限公司团委 |
| 2008 年度上海共青团信息工作先进集体 | 上海团市委 | 宝钢集团有限公司团委 |
| 2008 年度上海青工系统先进团组织 | 上海团市委 | 宝钢集团有限公司团委 |
| 上海优秀青年理论学习组织 | 上海团市委 | 宝钢分公司制造管理部薄板一室“双学”小组<br>不锈钢分公司冷轧厂酸洗分厂团支部“双学”小组 |
| 2009 年度上海共青团优秀调研成果 | 上海团市委 | 《青年员工成长曲线研究》 |
| 2008 年度上海市优秀青年突击队 | 上海团市委 | 宝钢分公司硅钢工程投产青年突击队<br>宝钢梅山矿业公司采矿场运输车间青年突击队 |
| 2008 年度上海市优秀青年突击队员 | 上海团市委 | 上海宝钢化工有限公司区域工程师　陈新<br>特殊钢分公司机械设备点检员　唐志军 |

劳模先进代表孔利明、王康健、于建霞、陈祖东在交谈

### 3. 宝钢集团有限公司奖项

**2008—2009 年度宝钢"金牛奖"**

杨建华　查震鸿　李国保
余相文　王洪兵　钱良丰
朱　炜　何海平　储　滨
唐志军　于科水　张忠铧
高　勇　卢成洲　贾生彦
陈国全　李雪龙　顾　君
吕继民　楼祖良　王　勇
王东红　刘　奕　徐家倬
倪华兴　吴永权　朱发良
钱家璋　袁　毅　孙勤奋
斯特凡诺·戈隆多纳(意大利籍)
阿不都瓦克·阿不力米提

**2008—2009 年度宝钢"银牛奖"**

王　华　丁海绍　张荣康
戴华丰　严古国　陈伟昌
张永忠　班必俊　王爱国
施建青　刘　俊　颜雪立
陆宏鸣　陈　超　刘贵华
陈　波　高　琰　侯才龙
吉明鹏　谢明志　刘小龙
韩俊良　张国河　严金铭
刘义成　王江涛　付　丽
唐　俭　刘剑斌　单　胜
顾　凌　沈志栋　袁意林
刘如全　沈　康　王　鹰
刘　华　朱进兴　邹　堃
吕少波　李云峰　吉　义
张宝林　杨　斌　柴志刚
黄　屹　方　勇　胡德生
李永春　汪爱民　夏　军
周良基　曹修铸　冯　进
颜卫东　周建平　王哲刚
张艳奎　于仙超　杜雪刚
杨　军　刘凌峰　赵秀玲
杨孝永　俞幼雷　高苏平
胡　云　沃春峰　梁宝山
奚国良　严建忠　冯　敏
尤勇明　卢滨昊　丁银生
陈　樑　瞿金法　徐进达
黄建军　王春牛　李光华
尤　彦　张　昂　严　曜
谢立群　马文洁　王爱军
艾尔肯别克·马木尔别克
兰　波　黄国春

**2009 年宝钢"曾乐奖"**

顾华中　朱　超　裴新华
续　维　李学进　朱晓东
石志昌　袁　涛　顾卫伟
穆保安　章文超　王　森
毕　刚　谭煜锋

**2009 年"讲理想、比贡献"竞赛先进集体突出贡献奖**

炼铁厂　一高炉大修国产化自主集成创新团队

炼钢厂　炼钢工序硅钢团队

热轧厂　一热轧分厂技术组

厚板厂　厚板粗轧机攻关团队

宝钢金属公司　上海宝翼制罐有限公司"减薄项目小组"

宝钢研究院　国家石油储备用高强钢研发项目组

硅钢部　取向硅钢一贯制开工投产团队

制造部　低温退火一贯制工艺研究团队

运输部、宝检公司　框架车自主集成项目团队

宝钢工程　转炉副枪系统成套技术设备开发小组

特钢事业部　G3 冶炼班组

宝钢国际　东方钢铁创新工作小组

新疆焦煤集团　大倾角硬顶软底软煤走向长壁综放开采技术研究项目组

**2009 年"讲理想、比贡献"先进个人突出贡献奖**

姜伟忠　马志刚　费正峰
王英睿　黄佩杰　胡德生
秦孝华　王　鼎　王　波
刘自成　黄云飞　石果军
侯峰岩

**2008—2009 年度宝钢红旗党支部**

硅钢部设备管理室党支部

梅钢公司热轧板厂轧钢车间党支部

不锈钢事业部炼铁厂高炉分厂党支部

特钢事业部条钢厂初轧党支部

宝钢工人发明家合影

宝钢国际西部公司党总支

原料采购中心实业公司废钢供应中心党总支

八钢雅矿公司磁海采剥作业区党支部

宝钢工程宝钢监理党总支

宝钢发展公司人力中心劳务分公司党总支

五钢公司二钢公司特钢厂党总支

梅山公司设备分公司机械设备制造部党支部

## 2008—2009 年度宝钢优秀党支部书记

缪蜀光　刘传孝　陈海成
顾德仁　盛华平　王惠民
汪国新　张　平　褚俊威
林国新　姜秉铎　王绍辉
柴鸿魁　李　明　崔登献
刘　明　吴　建　徐昌林
孙绪冬　张建宏　汤志坚
宋海波　马文忠　王敏豹
胡建锋　周志华　潘利民
王敏东　张胜德　高　瞻
黄长致

## 2008—2009 年度宝钢优秀共产党员

田正宏　陈雄生　高伟杰
秦建超　严海钢　游学昌
朱　超　刘　亲　高　展
徐　喆　韩　雨　余相文
蒋　敏　王赞顺　韩旭东
单正年　王长青　石朗国
池松贵　袁　勤　冯智毅
张树鑫　陈　斌　杨　侠
洪　流　卢江海　唐志军
秦超宇　盛华根　吴江枫
傅建国　郑珏琦　张　焰
刘成宇　李永春　张雪珍
李自刚　冯夕杰　李云峰
谢　放　严伟良　周中喜
沃文芸　朱利敏　甘荣火
江　彪　戴鸿志　王　博
杨恒元　高泽民　刘桂江
顾晓琳　张朔峰
木塔力甫·米吉提
高锦富　宗立新　何永新
梁建强　轩玉林　左利锁
尤国俊　侯岩梅　刘承俊
张拥军　孔祥胜　吕　苗
程　炜　庄建军　王锦凌
杨和来　王　勇　曹艳红
陈铁强　吉志勇　董海红
刘　晗　聂荣佳　胡逸民
沈瑞娣　龚洪生　徐光敏
叶元祥　徐　佳　奚国良
奚日昶　蔡红周　姜良习
朱书勤　高国强　夏正军
胡利民　高鸣臣　任国友
侯二国　张开红　姚恭俊
高维玉　黄　俊　许　浩
周维祥　顾士忠　周　钦
顾　群　高玲娜

## 2009 年度宝钢“红旗团委”

宝钢集团上海梅山有限公司团委

宝钢发展有限公司团委

宝山钢铁股份有限公司本部团委

宝钢集团上海第一钢铁有限公司团委

宝钢集团上海五钢有限公司团委

宝钢资源有限公司团委

上海宝钢国际经济贸易有限公司团委

上海宝钢设备检修有限公司团委

上海宝钢工业检测有限公司团委

宝钢集团有限公司人才开发院团委

## 2009 年度宝钢“表扬团委”

宝山钢铁股份有限公司不锈钢事业部团委

宝山钢铁股份有限公司特钢事业部团委

上海宝信软件股份有限公司团委

上海宝钢化工有限公司团委

宝钢金属有限公司团委

为先进人物颁奖

上海宝钢工程技术有限公司团委

宝山钢铁股份有限公司工程设备部团委

## 2009 年度宝钢集团新长征突击手优秀团员

林 枫 陈 思 傅 卫
张慧慧 晏高山 周竞立
刘 莹 朱晓叶 徐 俊
仇冬冬 张欢庆 郭 琰
李之易 张熙霖 林锡栋
郑启军 张 翼 苏 源
夏 晨 黄宠慧 韩为国
杨全武 钱国伟 陈伟军
陈 超 许腾云 常海铭
谢崇津 程用炜 毛鸣婵
孙 洁 王新闻 林 莉
马 克

## 2009 年度宝钢集团新长征突击手优秀团干部

胡 晟 葛文昕 宋小佩
孙 良 司 阳 王毅民
吴 昊 朱家春 张 宁
柳 宁 张 伟 郑 琦
张 波 丁 杰 朱素华
吴海燕 杨承昌 卜 茜
马德勇 王 丽 陆 昊
冯尚勤 张 悦 蔡晓华
刘梦露 严桢博 赵雅兰
何玉庆 赵李平 李建功
鲍俊军 王晓东 彭玉洁
赵 峰 邱敦亮 盛朱宁
计国忠 吴海凤 裴冬冬
王 辉 姚 琪 王友龙
钱浙洋

## 2009 年度宝钢集团新长征突击手优秀青年

付启刚 王崇海 王 钢
杨左勇 王德东 田俊玲
蔡 勇 胡业灏 余 淞
刘 丽 杨怡君 张 晶
王 锐 胡永胜 蔡昌旺
姚 远 林国瑜 石 宙
洪昌君 许中华 张永新
王 伟 翟家建 赵国君
俞 洁 董秋军 童伟强
祝方义 王 鹰 夏 天
王超峰 屈献永 桂光正
王志仁 谭谆礼 张 豪
赵广谙 胡北平 李 燕
朱军进 唐世明

## 2009 年度宝钢集团新长征突击队

工程技术公司炼钢事业部团支部

宝信软件梅钢“十一五”信息化集群项目实施团队

宝检公司机修厂检修 2 区

检测公司宝山分公司竞争信息团队

宝钢资源安徽皖宝矿业股份有限公司茅坦白云石矿

宝钢金属宝钢车轮青年技术开发团队

宝钢发展冷轧作业管理部青年现场改善突击队

宝钢发展热轧作业管理部综合作业部试样加工装备技改工作组

宝钢发展钢管作业管理部精整中间库突击队

化工公司“新一期苯加氢节能环保综合改造项目”开工青年团队

一钢公司生产协力部冷轧辅助青年突击队

五钢公司上海五钢物流有限责任公司总调度期货部

梅山公司矿业分公司检修制造部提运设备检修车间青年突击队

梅山公司设备分公司电气检修保障部团支部

宝钢股份硅钢部取向硅钢一贯制组

宝钢股份热轧厂青年技术创新协会

宝钢股份炼铁厂青年突击队

梅钢公司运输部铁路站新长征突击队

梅钢公司热轧板厂精卷电气青年突击队

不锈钢事业部炼钢厂转炉分厂科技创新突击队

特钢事业部锻造厂径快锻点检作业区

钢管条钢事业部初轧厂技术组

宝钢国际南方公司重大工程团队

宝钢股份研究院“管件液压成形先进制造技术研究与产业化支撑”团队

新疆八钢股份炼钢厂青年安全生产监督示范岗检修中心炼钢维护部

宁波钢铁热轧厂设备检修室加热及热轧电气点检股

## 2009 年度宝钢集团青年文明号

工程技术公司常州宝菱重工机械有限公司第一机加工分厂镗铣二工段

宝信软件世博虹桥机场扩建集群项目团队

宝信软件自动化事业本部能环团队

检测公司检化验中心硅钢检验青年团队

检测公司诊断技术部油液室液压润滑组

工程设备部产品检验与科研工程建设服务团队

宝钢资源宝捷公司船务部

宝钢金属上海宝悦汽车销售服务有限公司销售部总部上图志愿者服务队

宝钢股份运输部铁路站工艺线丁班3、4高炉组

宝钢股份炼铁厂高炉分厂二号高炉

宝钢股份梅钢公司冷轧厂生产技术室共青团号

梅钢公司热轧板厂轧钢车间技术组

宝钢股份中厚板分公司设备部技术室通信组

不锈钢事业部宁波宝新轧钢分厂轧二乙作业区

特钢事业部钢管厂设备管理室点检组

宝钢股份钢管条钢事业部UOE焊管厂技术组

宝钢国际青岛宝井1250小横切机组商贸公司石油管部

上海宝钢实业有限公司“青年服务网”服务小组

新疆八钢检修中心炼钢维护部电气一区

**2009年度宝钢集团青年文明生产线**

宝钢金属宝翼制罐工厂部生产班组A班

宝钢股份热轧厂设备管理室1880产线

宝钢股份硅钢部硅钢二分厂常化酸洗(APL)机组

宝钢股份冷轧薄板厂轧钢分厂冷轧生产线

特钢事业部炼钢厂一炼钢分厂60T精炼丁班班组

钢管条钢事业部无缝钢管厂特殊扣生产线

宝钢国际重庆宝井钢材加工配送有限公司生产部丙班作业区

**第九届宝钢集团有限公司青年安全生产示范岗**

工程公司上海宝钢铸造有限公司青年安全生产监督岗

宝信软件智能化事业本部团总支

宝钢设备检修公司起重运输事业部青年安全监督小组

宝钢设备检修公司冷薄设备技服部青年安全监督小组

宝钢工业检测公司检化验中心原料检验部青安岗

宝钢工业检测公司诊断技术部青安岗

金属公司大通钢构中道青安岗

发展公司汽车通勤公司汽修二厂工程机械作业区青安岗

发展公司维修工程部综合维修部厂内设施作业区青安岗

化工公司宝山分公司化产一厂焦油萘作业区青安岗

化工公司梅山分公司煤精分厂氨苯作业区青安岗

一钢公司生产协力部轧制团支部

五钢公司特钢协力分公司锻钢事业部锻钢团小组青安岗

梅山公司设备分公司冷轧运维保障部镀锡作业区青安岗

梅山公司新事业分公司供水站中心泵房青安岗

宝钢股份炼铁厂炼焦分厂青安岗

宝钢股份运输部汽车大队框架丁班青安岗

宝钢股份能源环保部能源中心青安岗

宝钢股份设备部电气技术室青安岗

宝钢股份热轧厂二热轧分厂青安岗

宝钢股份炼钢厂运转车间青安岗

宝钢股份冷轧厂精整一分厂团支部青安岗

宝钢股份冷轧薄板厂涂镀分厂青安岗

宝钢股份硅钢部设备管理室硅二作业区青安岗

宝钢股份厚板厂质检站青安岗

宝钢股份梅钢公司热轧板厂设备室板粗电气青安岗

宝钢股份梅钢公司炼铁厂二号高炉值班室青安岗

宝钢股份黄石涂镀板有限公司维修分厂团支部青安岗

宝钢股份不锈钢事业部酸洗分厂二丁作业区青安岗

宝钢股份特钢事业部条钢厂设管室青安岗

宝钢股份钢管条钢事业部无缝钢管厂热区青安岗

宝钢国际佛山宝钢不锈钢加工配送有限公司青安岗

新疆八钢炼铁分公司焦化分厂干熄焦青安岗

新疆八钢轧钢厂热轧分厂轧制作业区青安分岗

宁波钢铁能环部煤气防护站

## 科技奖项

**2009年国家科技进步奖(企业创新)二等奖**

宝钢集团公司 《产学研用紧密结合的钢铁精品研发基地建设》

**2009年国家科技进步奖(发明)二等奖**

张忠铧 郭金宝 黄子阳 蔡海燕 王 琍 丁维军 《抗$CO_2$、$H_2S$腐蚀用3Cr系列油套管研制》

**2009年国家科技进步奖(工人农民)二等奖**

王康健 《高速冷轧带钢多功

宝钢领导为"宝钢曾乐奖"获得者颁奖

能在线检测系统》

## 2009 年冶金科学技术奖一等奖

宝钢股份、宝钢金属 负责人张世云 《两片易拉罐用镀锡钢板的开发与应用》

宝钢股份制造部 负责人王国清 《宝钢质量一贯过程控制(BPC)技术研究与应用》

宝钢股份硅钢部 负责人陈 晓 《无取向电工钢退火涂层机组工艺装备技术自主集成与创新》

## 2009 年冶金科学技术奖二等奖

宝钢股份冷轧厂 负责人姜正连 《镀锌板形控制与全硬钢生产技术》

## 2009 年冶金科学技术奖三等奖

梅钢公司 负责人左康林 《梅钢转炉高效复吹技术集成》

## 2009 年宝钢技术创新重大成果一等奖

宝钢股份热轧厂 负责人黄传清 单旭沂 《1880 mm 热轧关键工艺及模型技术自主开发与集成》

宝钢股份能源环保部 负责人高 远 《六万等级大型空分自主集成与国产化技术》

## 2009 年宝钢技术创新重大成果二等奖

宝日汽车板公司 负责人方百友 何建锋 《1800 普冷外板表面质量控制研究》

宝钢研究院 负责人殷光虹 《高抗硫油套管产品系列开发》

宝钢股份硅钢部 负责人王 波 陈 晓 《B50A400 等高性能无取向电工钢产品的开发》

宝钢股份冷轧厂 负责人许健勇 李山青 《冷连轧机板形技术研究与开发》

宝钢研究院 负责人沈晓林 《烧结烟气脱硫技术研究与应用》

宝钢研究院 负责人张健民 《1880 热轧新产品及新设备相关控制模型研究》

宝钢研究院 负责人李自刚 《耐海水腐蚀钢及其配套焊接材料的开发与应用》

梅钢公司 负责人夏小明 谢向群 《梅钢 1422 热轧技改自主技术集成创新》

## 2009 年宝钢技术创新重大成果三等奖

特钢事业部

负责人张立红 《舰船阀门用高强度 Nimonic80A 合金棒材研制及批量化生产》

梅山矿业公司 负责人金 闯 《大间距采矿结构在不同类型矿山的应用研究》

宝钢研究院 负责人孙全社 《搪瓷用热轧高强度薄钢板系列的研制》

炼钢厂、宝钢研究院 负责人马志刚 黄宗泽 《极低碳 IF 钢的生产工艺技术研究》

宝钢研究院 负责人陈家光 《电子背散射衍射分析技术开发、标准化及其应用》

钢管事业部 负责人赖兴涛 李建新 《HFW 生产工艺技术自主集成》

炼铁厂 负责人金 宝 甘菲芳 《宝钢焦炉长寿维护材料与结构优化研究》

宝钢研究院 负责人曹 能 袁建光 《宝钢 5 米宽厚板精轧机机架焊接修复及应用》

不锈钢事业部、宝钢研究院 负责人刘 竑 陈兆平 《超低 C、N 铁素体不锈钢冶炼工艺研究及应用》

宝钢研究院 负责人屈朝霞 《BH550NQ—Ⅱ 高强耐候气体保护焊丝用盘条开发》

特钢事业部 负责人徐松乾 《紧固件用不锈钢的研究开发》

2010

YEARBOOK

BAOSTEEL

# 附　录


1 专　记 ZHUANJI

13 专　文 ZHUANWEN

33 大事记 DASHIJI

41 概　述 GAISHU

63 规划发展 GUIHUAFAZHAN

67 管理创新 GUANLICHUANGXIN

79 科　研 KEYAN

97 基建与技改 JIJIANYUJIGAI

109 环境经营 HUANJINGJINGYING

123 人力资源管理 RENLIZIYUANGUANLI

135 财务、资产与审计 CAIWUZICHANYUSHENJI

141 宝钢股份 BAOGANGGUFEN

217 八一钢铁 BAYIGANGTIE

233 广东钢铁 GUANGDONGGANGTIE

239 宁波钢铁 NINGBOGANGTIE

245 多元产业 DUOYUANCHANYE

305 海外公司 HAIWAIGONGSI

313 综合管理 ZONGHEGUANLI

325 党群工作 DANGQUNGONGZUO

353 企业文化 QIYEWENHUA

365 人物与表彰 RENWUYUBIAOZHANG

377 附　录 FULU

401 索　引 SUOYIN

# 附　　录

## 宝钢集团有限公司章程

（本章程经国务院国有资产监督管理委员会于二〇〇九年六月二日以国资改组[2009]375 号文件批准）

### 第一章　总　　则

第一条　为确定宝钢集团有限公司的法律地位和行为准则，完善公司法人治理结构，保障出资人、公司的合法权益，根据《中华人民共和国公司法》（以下简称《公司法》）、《中华人民共和国企业国有资产法》（以下简称《企业国有资产法》）、《企业国有资产监督管理暂行条例》（以下简称《监管条例》）、《国务院国有资产监督管理委员会关于中央企业建立和完善国有独资公司董事会试点工作的通知》（以下简称《试点通知》）等法律、行政法规、规章和规范性文件，制定本章程。

第二条　公司名称：宝钢集团有限公司。

英文名称：BAOSTEEL GROUP CORPORATION

第三条　公司住所：上海市浦东新区浦电路 370 号。

第四条　公司资产属于国家所有。国务院国有资产监督管理委员会（以下称国资委）代表国务院履行出资人职责。

第五条　公司为国有独资公司，公司依法享有全部法人财产权。

公司依法享有民事权利，承担民事责任，并以其全部资产对公司债务承担责任。

第六条　公司依法自主从事经营活动，遵守国家法律、法规，维护社会经济秩序，加强社会主义精神文明建设，自觉接受政府部门和社会公众的监督。

公司的合法权益受法律保护，不受侵犯。

第七条　在公司中，根据中国共产党章程的规定，设立中国共产党的组织，开展党的活动。公司应当为党组织的活动提供必要条件。

第八条　本章程对出资人、公司、董事、监事、总经理、副总经理及其他高级管理人员均有约束力。

### 第二章　经营宗旨和经营范围

第九条　公司经营宗旨为：实施钢铁精品加规模战略、适度相关多元化战略、资本经营战略、国际化经营战略，立足世界 500 强，坚持科学发展观，成为世界一流的钢铁产品、技术和服务供应商，成为拥有自主知识产权和强大综合竞争力、备受社会尊重的、“一业特强、适度相关多元化”发展的世界一流跨国公司，实现出资人和公司价值最大化。

第十条　公司经营范围为：经营国务院授权范围内的国有资产，开展有关投资业务；钢铁、冶金矿产、煤炭、化工（除危险品）、电力、码头、仓储、运输与钢铁相关的业务以及技术开发、技术转让、技术服务和技术管理咨询业务，商品及技术进出口贸易。

### 第三章　公司与出资人关系

第十一条　经国资委批准，原上海宝钢集团公司按照《公司法》的规定进行组织形式和治理结构的规范，变更为宝钢集团有限公司，承继原上海宝钢集团公司的权利义务，是国家授权投资的机构和国家控股公司，对授权经营范围内的国有资产向国资委承担保值增值责任。

第十二条　公司注册资本为人民币 5 108 262.1 万元。

第十三条　国资委依照《公司法》、《企业国有资产法》、《监管条例》等法律、行政法规、规章对公司行使以下职权：

（一）决定公司的经营方针，批准公司的主业及调整方案，并主要从中央企业布局和结构调整方面审核公司的发展战略和规划；

（二）委派和更换非由职工代表担任的董事，决定董事的报酬，对董事会、董事履职进行评价；

（三）依照有关规定代表国务院派出监事会；

（四）批准董事会的报告；

（五）批准监事会的报告；

（六）批准公司的年度财务决算方案，并对年度财务预算方案进行备案管理；

（七）批准公司的利润分配方案和弥补亏损方案；

（八）对公司增加或者减少注册资本作出决定；

（九）对发行公司债券作出决定；

（十）按照《企业国有资产法》、《监管条例》、《企业国有产权转让管理暂行办法》（国资委、财政部令第3号）、《国有股东转让所持上市公司股份管理暂行办法》（国资委 证监会令第19号）等规定批准有关国有产权转让、国有产权无偿划转、所持上市公司国有股份转让及公司重大资产处置等事项；

（十一）批准公司重大会计政策和会计估计变更；

（十二）按照《公司法》、《中华人民共和国审计法》、《中央企业财务决算报告管理办法》（国资委令第5号）和《中央企业经济责任审计管理暂行办法》（国资委令第7号）等的规定，对企业年度财务决算、重大事项进行抽查审计，组织开展经济责任审计工作；

（十三）按照国务院和国务院有关部门关于国有资产基础管理、股份制改革、主辅分离、辅业改制和企业重大收入分配等行政法规和部门规章的规定，办理需由国资委批准或者出具审核意见的事项；

（十四）对公司合并、分立、变更公司形式、解散和清算等事项作出决定；

（十五）批准公司章程和章程修改方案；

（十六）法律、行政法规规定的其他职权。

第十四条　国资委确保公司依法享有经营自主权，并依照有关规定授权公司董事会行使出资人的部分职权，决定公司的重大事项。

## 第四章　董 事 会

### 第一节　董事会组成

第十五条　公司设董事会。董事会由11名董事组成，其中外部董事7名，非外部董事4名（其中包括1名由公司职工代表大会民主选举产生的职工代表）。

外部董事指由非公司员工的外部人员担任的董事。外部董事不在公司担任除董事和董事会专门委员会有关职务外的其他职务，不负责执行层的事务。

第十六条　公司董事每届任期不超过3年，由国资委委派或更换。董事任期届满，经国资委委派可以连任。

第十七条　公司董事会设董事长1名，副董事长若干名。

第十八条　董事长为公司法定代表人，对外代表公司，行使以下职权：

（一）确定全年董事会定期会议计划；

（二）确定董事会议题；

（三）召集和主持董事会会议；

（四）负责组织拟订公司的利润分配方案和弥补亏损方案，公司增加或者减少注册资本的方案，公司合并、分立、解散或者变更公司形式的方案，以及董事会授权其拟订的其他方案，并提交董事会表决；

（五）负责组织制定、修订公司董事会职责和议事规则、董事会各专门委员会职责和议事规则等董事会运作的规章制度，并提交董事会讨论通过；

（六）提名董事会秘书、提出其薪酬建议；提出各专门委员会的设置方案及人选建议；

（七）负责组织起草董事会年度工作报告，召集并主持董事会讨论通过董事会年度工作报告，代表董事会向国资委报告年度工作；

（八）按照国资委有关要求，负责组织董事会向国资委、监事会及时提供信息，并组织董事会定期评估该信息管控系统的有效性，检查信息的真实性、准确性、完整性，对发现的问题及时要求整改，保证信息内容真实、准确、完整；

（九）检查董事会决议的实施情况；

（十）组织制定董事会运作的各项制度，协调董事会的运作；

（十一）签署董事会重要文件，代表公司对外签署有法律约束力的重要文件；

（十二）听取公司高级管理人员定期或不定期工作报告，对董事会决议的执行提出指导性意见；

（十三）在发生不可抗力或重大危急情形，无法及时召开董事会的紧急状况下，对公司重大事务作出特别决定，并在事后向董事会报告；

（十四）法律、行政法规、公司章程和董事会授予的其他职权。

**第二节　董事会职权**

第十九条　董事会对国资委和公司负责，行使下列职权：

（一）根据国资委的审核意见，决定公司的发展战略和中长期发展规划；

（二）决定公司的经营计划、投融资计划和方案，批准公司的交易性金融资产投资和非主业投资项目；

（三）决定公司的年度经营目标；

（四）批准公司的年度财务预算方案，并报国资委备案；

（五）制订公司的年度财务决算方案，并报国资委批准；

（六）制订公司的利润分配方案和弥补亏损方案；

（七）制订公司增加或者减少注册资本的方案；

（八）拟订公司合并、分立、变更公司形式、解散的方案；

（九）决定公司内部管理机构的设置，决定公司分支机构的设立和撤销；

（十）聘任或解聘公司总经理；听取公司总经理的工作汇报，负责对总经理的考核，决定其报酬；根据总经理的提名，聘任或解聘公司副总经理、财务负责人，并根据总经理的建议决定副总经理、财务负责人的报酬；

（十一）决定公司的基本管理制度；

（十二）决定公司整体薪酬分配策略及制度；

（十三）批准公司重大资产抵押、质押或对外担保；

（十四）批准单项金额超过500万元的对外捐赠或赞助；

（十五）履行对全资、控股企业和参股企业（以下称所出资企业）的资产受益、重大决策和选择董事、监事等股东职权；

（十六）决定公司内部业务重组和改革事项；

（十七）决定公司风险管理体系，包括：审议并向股东提交全面风险管理年度工作报告，批准风险管理策略和重大风险管理解决方案，批准风险管理体系监督评价报告，制订公司重大会计政策和会计估计变更方案。听取审计委员会关于内部审计机构负责人任免的建议，由公司总经理决定聘解。决定聘用或者解聘负责公司财务会计报告审计业务的会计师事务所及其报酬，决定公司的资产负债率上限，对公司风险管理的实施进行总体监控等；

（十八）制订公司章程修改方案；

（十九）建立与监事会联系的工作机制，督导落实监事会要求纠正和改进的问题；

（二十）国资委授予董事会行使的出资人的部分职权；

（二十一）法律、行政法规规定的其他职权。

第二十条　董事会应建立科学、民主、高效的重大事项决策机制，并制定董事会议事规则。

**第三节　董事会义务**

第二十一条　董事会履行下列义务：

（一）执行国资委的有关规定，代表出资人和公司的利益，对出资人和公司利益负责；

（二）向国资委报告年度工作；

（三）向国资委提供董事会的重大投、融资决策信息；

（四）向国资委提供真实、准确、全面的财务和运营信息；

（五）向国资委提供董事和经理人员的实际薪酬以及经理人员的提名、聘任或解聘的程序和方法等信息；

（六）维护公司职工、债权人和用户的合法权益，维护公司形象及商誉；

（七）确保国家法律、行政法规在公司的执行。

**第四节 董事会专门委员会**

第二十二条 董事会下设常务委员会、提名委员会、薪酬与考核委员会、审计委员会、风险管理委员会。董事会也可根据需要设立其他专门委员会。董事会专门委员会是董事会下设专门工作机构,为董事会重大决策提供咨询、建议。专门委员会不得以董事会名义作出任何决议。

根据董事会特别授权,常务委员会可就授权事项行使决策权。

董事会可根据需要聘请公司有关专家或社会专家、学者组成非常设专家咨询机构,为公司制定中长期战略发展规划、重大投资或融资方案提供专业咨询意见。

第二十三条 董事会各专门委员会由公司董事组成,成员由董事会选举产生,对董事会负责。

常务委员会由7名董事组成,由董事长担任主任,成员中外部董事应占多数。常务委员会负责指导和监督董事会决议的执行;根据董事会的特别授权,对公司有关事项作出决策。

提名委员会由5名董事组成,主任由董事长提名,并经董事会审议通过,成员中外部董事应占多数。提名委员会负责研究公司高级管理人员的选择标准、程序及方法,向董事会提出建议;对董事长提出的董事会秘书人选、总经理提出的副总经理、财务负责人等人选进行考察,向董事会提出考察意见;对试用期满的高级管理人员进行考察,向董事会提出考察意见;对派出至占公司资产总额50%以上的钢铁主业重要子公司的董事、监事人选进行考察,向董事会提出考察意见。

薪酬与考核委员会由5名外部董事组成,主任由董事长提名,并经董事会审议通过。薪酬与考核委员会负责拟订公司高级管理人员绩效管理制度和薪酬管理制度、公司总经理任期绩效目标和年度绩效目标,以及公司总经理的薪酬方案、考核与奖惩建议,听取并评审总经理拟订的副总经理、财务负责人的薪酬方案、考核与奖惩建议。研究公司薪酬分配制度并提出建议。

审计委员会由5名外部董事组成,主任由董事长提名,并经董事会审议通过。审计委员会负责指导和监督公司内部审计部门工作,向董事会提出公司内部审计机构负责人任免的建议;向董事会提出聘请或者更换会计师事务所等有关中介机构及其报酬的建议;审核公司的财务报告、审议公司的会计政策及其变动并向董事会提出意见;督导公司内部审计制度的制定及实施;指导公司内部审计机构开展公司同级审计工作;对企业审计体系的完整性和运行的有效性进行评估和督导;与监事会和公司内部、外部审计机构保持良好沟通。

风险管理委员会由7名董事组成,主任由董事长提名,并经董事会审议通过。风险管理委员会负责检查指导公司全面风险管理体系的有效运行,指导公司内部控制机制建设,对风险管理制度进行定期检查和评估,并向董事会报告结果。

第二十四条 董事会专门委员会应建立定期会议制度,就董事会议案提出专项意见,增强董事会议决程序的科学性和民主性。

董事会专门委员会履行职权时各董事应充分表达意见。意见不一致时,应向董事会提交各项不同意见并作说明。

第二十五条 董事会办公室负责对董事会各专门委员会提供专业服务及与有关部门的联络。

第二十六条 董事会专门委员会应制订议事规则,具体规定各专门委员会的组成、职责、工作方式、议事程序等内容,经董事会批准后生效。

**第五节 董事会会议**

第二十七条 董事会会议分为定期董事会会议和临时董事会会议,由董事长召集和主持。董事长因特殊原因不能履行职务时,由董事长指定副董事长或者其他董事召集和主持。

定期董事会会议每年举行4次,每季度召开一次。

有以下情况之一时,董事长应在7个工作日内签发召开临时董事会会议的通知:

(一)三分之一以上董事提议时;

(二)监事会提议时;

(三)董事长认为有必要时;

(四)国资委认为有必要时。

第二十八条 召开董事会会议应在会议召开10日以前通知全体董事。

会议通知的内容应包括时间、地点、会期、议程、议题、通知发出的日期等。

第二十九条 凡须经董事会决策的重大事项,应按本章程规定的时间通知所有董事,并提供相应资料。当3名以上董事或2名以上外部董事认为资料不充分或论证不明确时,可联名提出缓开董事会会议或缓议董事会会议所议议题,董事会应予采纳。

第三十条 董事会会议应由二分之一以上的董事出席方可举行。

出席会议的每名董事有一票表决权。

董事会决议分为普通决议和特别决议。董事会通过普通决议时，应经全体董事过半数同意；通过特别决议时，应经全体董事三分之二以上同意。

董事会审议本章程第十九条第（六）、（七）、（十七）项所列事项时，应以特别决议通过。

董事对董事会拟决议事项有重大利害关系的，应当回避，不得对该决议行使表决权。

第三十一条　董事会一般应以现场会议的形式召开。遇特殊情况，经董事长同意，可采用电话会议或签署书面决议等方式对议案作出决议。

第三十二条　董事应亲自出席董事会。遇特殊情况，董事不能亲自出席董事会时，可提交由该董事签名的授权委托书委托其他董事代为出席并行使表决权。授权委托书应载明授权范围和授权权限。

董事连续 3 次未能亲自出席董事会会议的，视为不能履行董事职责，董事会可提请国资委予以解聘。

第三十三条　董事会会议应对所议事项做成会议记录。会议记录应包括会议召开的日期、地点、主持人姓名、出席董事姓名、会议议程、议题、董事发言要点、决议的表决方式和结果（同意、反对或弃权的票数及投票人姓名）等内容。出席会议的董事和列席会议的董事会秘书应在会议记录上签名。会议记录应妥善保存于公司。

**第六节　董事会办公室**

第三十四条　董事会设立董事会办公室作为董事会常设工作机构，负责筹备董事会会议，组织董事会议案材料，反馈董事会决议的执行情况，与董事沟通信息，为董事工作提供服务。

第三十五条　董事会设董事会秘书一名，负责领导董事会办公室的工作，列席董事会，负责董事会会议记录。

董事会秘书是公司高级管理人员，由董事长提名，董事会决定聘任或解聘。

董事会秘书应当具备企业管理、法律等方面专业知识和经验。

董事会应当制定董事会秘书工作制度，具体规定董事会秘书的职权、义务、责任和有关工作流程等。

**第七节　董事的权利和义务**

第三十六条　在任职期间，董事享有以下权利：

（一）要求了解行使董事权利所需的公司有关信息；

（二）出席董事会会议，在董事会会议上充分发表意见，对表决事项行使表决权；

（三）对提交董事会会议的文件、材料提出补充要求；

（四）根据本章程的规定提出召开临时董事会会议的建议；

（五）可以提出缓开董事会会议和暂缓对所议事项进行表决的建议；

（六）根据履行职责的需要，可以到公司调研、考察，向公司有关人员了解情况；

（七）根据有关规定领取报酬、津贴；

（八）根据有关规定在履行职务时享有出差、办公等方面的待遇；

（九）董事认为有必要，可以书面或者口头向国资委、监事会反映和征询有关情况和意见；

（十）法律、行政法规规定的其他权利。

第三十七条　董事应承担以下义务：

（一）关注公司发展，投入足够的时间和精力，谨慎、勤勉地履行董事职责；

（二）亲自出席董事会会议和其他董事会活动，及时了解和掌握足够的信息，独立审慎的表决；

（三）遵守法律、行政法规和公司章程，忠实履行职责，维护出资人和公司利益；

（四）遵循诚信原则，不得利用在公司的地位和职权，为本人或他人谋取私利；

（五）不得挪用公司资金或者擅自将公司资金借贷给他人；不得将公司资产以其个人名义或者其他个人名义开立账户存储；不得擅自以公司资产为任何个人债务提供担保；

（六）不得自营或者为他人经营与公司同类的业务或者从事损害公司利益的活动；

（七）不得利用职务便利为自己或者他人谋取属于公司的商业机会，不得接受与公司交易的佣金；

（八）保守公司商业秘密；

（九）外部董事与公司不应存在任何可能影响其公正履行外部董事职务的关系。外部董事本人及其直系亲属近两年内未曾在公司和公司的全资、控股子企业任职，未曾从事与公司有关的商业活动，不持有公司所投资企业的股权，不在与公司主营业务有直接竞争或潜在竞争关系的单位兼职；

（十）遵守国资委有关报酬、津贴和福利待遇方面的规定；

（十一）不让公司或者与公司有业务往来的企业承担应由个人负担的费用，不接受与公司有业务往来的企业的馈赠；外部董事不接受公司的馈赠。

## 第五章　董事责任的追究

第三十八条　董事责任指董事在以董事身份履行职务过程中或履行董事义务时，因单独或共同作为或消极不作为而导致公司或第三方遭受损失，按照法律、行政法规或本章程的规定而应承担的法律后果。

第三十九条　有下述行为之一的，董事应当承担董事责任：

（一）董事违反法律、行政法规、本章程规定的董事义务，给公司造成损失的；

（二）董事会决议违反法律、行政法规或者本章程规定，致使公司遭受损失，而参与表决未投反对票的。

第四十条　有下述情形之一的，公司应追究董事的董事责任：

（一）导致董事责任的行为构成犯罪的。指该等行为触犯中华人民共和国刑事法律而受到刑事处罚；

（二）导致董事责任的行为构成欺诈的。指董事履行职务或义务时，故意隐瞒真实情况或提供虚假材料，为本人或他人谋取不当利益；

（三）导致董事责任的行为属董事主观故意所致的。指董事履行职务或义务的行为虽未构成犯罪或欺诈，但董事明知该行为会损害公司或第三方利益，仍希望或放任该行为结果的发生；

（四）公司因对董事承担连带责任而向第三方赔偿的。

第四十一条　董事主要以下述方式承担董事责任：

（一）经济赔偿。该赔偿系因董事责任导致的公司直接经济损失，或公司因承担连带责任而向第三方支付的赔偿金额；

（二）解聘董事职务。依据公司章程规定的程序予以解聘；

（三）消除影响等其他方式。给公司造成名誉损失的，通过新闻媒体等公开方式及时消除负面影响。

## 第六章　总 经 理

第四十二条　公司设总经理1名，由董事会聘任或者解聘；设副总经理若干名，协助总经理工作，经总经理提名由董事会聘任或者解聘。总经理、副总经理、财务负责人是公司高级管理人员。

第四十三条　总经理对董事会负责，行使下列职权：

（一）主持公司的经营管理工作，组织实施董事会决议；

（二）组织实施公司年度经营计划和投资方案；

（三）拟订公司财务预算、决算方案；

（四）拟订公司利润分配和弥补亏损方案；

（五）拟订公司职工收入分配方案；

（六）拟定公司内部管理机构设置方案；

（七）拟定公司的基本管理制度；

（八）拟订公司的改革、重组方案；

（九）拟订公司融资计划；

（十）拟订需董事会及常务委员会批准的公司资产处置方案；

（十一）制定公司的具体规章；

（十二）提请聘任或者解聘公司副总经理、财务负责人；

（十三）聘任或解聘除应由董事会聘任或解聘以外的负责人员；

（十四）统筹并协调子公司的经营管理活动；

（十五）提出关于公司对所出资企业行使资产受益、重大决策和选择管理者等股东权利相关的工作意见；

（十六）董事会授予的其他职权。

第四十四条　总经理、副总经理在行使职权时，不得变更董事会决议或第超越其职权范围。

总经理、副总经理在行使职权时，应当根据法律、行政法规和本章程的规定，履行诚信和勤勉的义务。

## 第七章 监 事 会

第四十五条 公司设监事会。

监事会由国资委向公司派出的监事和职工代表组成。监事会主席由国资委指定。监事会中的职工代表由公司职工民主选举产生。

第四十六条 监事会依照《公司法》、《企业国有资产法》、《国有企业监事会暂行条例》等有关规定履行监督职责。

## 第八章 民 主 管 理

第四十七条 公司依照宪法和有关法律、行政法规的规定，通过职工代表大会和其他形式实行民主管理，职工通过职工代表大会行使民主管理权利。

第四十八条 公司研究有关职工工资、福利、安全生产、劳动保护以及劳动保险等涉及职工切身利益的问题，或公司生产经营的重大问题时，应当听取公司工会和职工的意见和建议。

## 第九章 财务会计制度和审计

第四十九条 公司依照法律、行政法规和国务院财政主管部门制定的中国会计准则的规定，制定公司的财务会计制度和内部审计制度，并依法纳税。

第五十条 公司会计年度采用公历日历年制，即每年公历 1 月 1 日起至 12 月 31 日止为一个会计年度。

公司采取人民币为记账本位币，账目用中文书写。

第五十一条 公司应当在每一会计年度终了后 120 天内制作财务报告。

公司财务报告包括下列财务会计报表及附属明细表：

（一）资产负债表；

（二）利润表；

（三）现金流量表；

（四）所有者权益变动表；

（五）附注。

公司年度财务报告应经注册会计师审查验证，并经公司董事会审议通过。

第五十二条 公司应在当年税后利润中提取 10% 列入公司法定公积金，提取当年税后利润的 10% 列入公司法定公益金。

当法定公积金累计额达到公司注册资本的 50% 时，公司可不再提取法定公积金。

第五十三条 公司在弥补亏损、提取法定公积金、法定公益金后，经国资委批准，可以提取任意公积金。

第五十四条 公司的公积金的用途限于下列各项：

（一）弥补亏损；

（二）扩大公司生产经营；

（三）转增公司注册资本。

公司的法定公益金用于公司职工的集体福利。

第五十五条 公司内部审计部门根据国资委《中央企业内部审计管理暂行办法》的规定，对董事会负责，开展内部审计工作，对公司及所投资企业、分公司、代表处等分支机构的经营管理活动进行审计监督。

公司内部审计部门接受董事会审计委员会的指导和监督。

## 第十章 劳动管理和工会组织

第五十六条 公司根据《中华人民共和国劳动法》、《中华人民共和国劳动合同法》和国家其他有关法律、行政法规的规定，制定适合公司具体情况的劳动用工、工资分配、劳动保险、生活福利、社会保障等劳动人事制度。

第五十七条 公司实行劳动合同制度,与职工签订劳动合同。

第五十八条 根据《中华人民共和国工会法》,公司设立工会,开展工会活动,维护职工的合法权益。

公司根据《中华人民共和国工会法》的规定,向工会拨交经费,由公司工会根据中华全国总工会制定的《工会基金使用办法》使用。

### 第十一章 公司的合并与分立、经营期限、终止和清算

第五十九条 公司合并或者分立,应当由公司董事会提出方案,按本章程规定的程序通过后,报国资委批准。

公司的合并或者分立方案经批准后,应当依法履行有关程序。

第六十条 除非因经营不善或其他原因导致公司无法继续经营,经国资委批准解散,或公司破产外,公司将永久存续。

第六十一条 公司终止,应依法组成清算组,制订清算原则、程序并进行清算。

### 第十二章 附 则

第六十二条 本章程由公司董事会制定,经国资委批准后生效。修改时同。

本章程生效之日起,原《上海宝钢集团公司章程》废止。

第六十三条 本章程所称"以上"、"以下",均包括本数。

经国资委授权,本章程由公司董事会负责解释。

(2009 年 4 月修订)

## 宝钢集团有限公司部分行政文件目录

| 标 题 | 文 号 |
|---|---|
| 组织机构管理制度 | BSZ01062 |
| 生产服务业运营管理委员会管理办法 | BSZ01063 |
| 国(境)外突发事件应急处置管理办法(试行) | BSZ01064 |
| 招标管理办法 | BSZ01065 |
| 组织机构代码和信息维护管理细则 | BSZ01066 |
| 管理信息系统运行管理办法 | BSZ01067 |
| 宝钢员工网络论坛管理细则 | BSZ01068 |
| 宝钢重大突发事件应急管理办法(总预案) | BSZ01069 |
| 子公司清理工作管理办法 | BSZ01070 |
| 经营管理研究项目管理办法 | BSZ01071 |
| 战略规划管理制度 | BSZ01072 |
| 宝钢集团门户网站管理办法 | BSZ01073 |
| 宝钢集团网络与信息安全事件专项应急预案 | BSZ01074 |
| 广告管理办法 | BSZ01075 |
| 固定资产及长期投资计划统计管理办法 | BSZ01076 |
| 展览展示管理办法 | BSZ01077 |
| 固定资产投资项目竣工验收管理办法 | BSZ01078 |
| 技术创新管理办法 | BSZ01079 |
| 固定资产投资项目后评价管理办法 | BSZ01080 |
| 投资项目政策利用管理办法 | BSZ01081 |

| 标　　题 | 文　号 |
| --- | --- |
| 外购电子信息管理办法 | BSZ01082 |
| 技术创新重点支持项目管理办法 | BSZ01083 |
| 配合监事会工作制度 | BSZ01084 |
| 参加各类社会组织管理办法 | BSZ01085 |
| 目标薪资管理办法 | BSZ02029 |
| 宝钢企业年金计划实施细则 | BSZ02030 |
| 职工奖惩管理办法(试行) | BSZ02031 |
| 总部定员管理办法 | BSZ02032 |
| 总部员工工作场所上网行为规范管理办法(试行) | BSZ02033 |
| 国(境)外子公司薪酬管理办法 | BSZ02034 |
| 子公司利润分配管理办法 | BSZ03049 |
| 业务活动费管理细则 | BSZ03050 |
| 会议费管理细则 | BSZ03051 |
| 管理费用管理办法 | BSZ03052 |
| 预算管理制度 | BSZ03053 |
| 办公用品费管理细则 | BSZ03054 |
| 咨询费管理细则 | BSZ03055 |
| 资产运营效率评价管理办法 | BSZ03056 |
| 财务决算审计管理办法 | BSZ03057 |
| 年度预算编制管理办法 | BSZ03058 |
| 月度快报管理办法 | BSZ03059 |
| 闲置资产调配及处置操作规范 | BSZ03060 |
| 汽车专项控制购置管理办法 | BSZ03061 |
| 公务用车管理办法 | BSZ03062 |
| 债权性融资管理办法 | BSZ03063 |
| 总部预算管理办法 | BSZ03064 |
| 资金管理总则 | BSZ03065 |
| 废旧物资网上竞价销售规范 | BSZ04001 |
| 长期投资管理制度 | BSZ06017 |
| 委派出任被投资企业的董事申报重大表决事项管理办法 | BSZ06018 |
| 国有产权转让管理办法 | BSZ06019 |
| 子公司资产损失认定管理办法 | BSZ06020 |
| 国有资产评估管理办法 | BSZ06021 |
| 非股权性资产转让管理办法 | BSZ06022 |
| 固定资产投资管理制度 | BSZ07003 |
| 科技统计管理办法 | BSZ08002 |
| 灾害与事故快报管理办法 | BSZ09024 |
| 环境监测与统计管理办法 | BSZ09025 |
| 对违纪违规行为惩处实施细则 | BSZ10017 |
| 对违纪违规人员造成经济损失实行经济赔偿实施细则 | BSZ10018 |
| 财务收支审计管理办法 | BSZ10019 |
| 信息系统审计管理办法 | BSZ10020 |
| 特约审计专员管理办法 | BSZ10021 |
| 集团公司所属单位领导人员经济责任审计管理办法 | BSZ10022 |

| 标　　题 | 文　号 |
| --- | --- |
| 管理审计信息来源及项目甄别管理办法 | BSZ10023 |
| 管理审计管理办法 | BSZ10024 |
| 管理审计底稿专家评审管理办法 | BSZ10025 |
| 固定资产投资项目工程造价审计管理办法 | BSZ10026 |
| 产权变动净资产审计管理办法 | BSZ10027 |
| 审计业务聘用社会中介机构管理办法 | BSZ10028 |
| 固定资产投资项目竣工财务决算审计办法 | BSZ10029 |
| 固定资产投资项目后评价审计管理办法(试行) | BSZ10030 |
| 关于上报宝钢集团有限公司“高新二期工程”生产能力建设项目初步设计的请示 | 宝钢字[2009]3号 |
| 关于细化明确控股子公司重大事项申报程序的通知 | 宝钢字[2009]4号 |
| 关于报送宝钢集团有限公司2008年12月财务快报的报告 | 宝钢字[2009]5号 |
| 关于申请办理宝山钢铁股份有限公司特殊钢分公司银亮钢厂阀门钢生产线扩容改造项目免税确认书变更的请示 | 宝钢字[2009]6号 |
| 关于下达2009年度预算利润目标的通知 | 宝钢字[2009]7号 |
| 关于八一钢铁参与投资建设矿渣粉生产线项目的批复 | 宝钢字[2009]9号 |
| 关于命名第三届宝钢技能专家的决定 | 宝钢字[2009]8号 |
| 关于大型飞机第二批材料研制与应用研究项目可行性研究的报告 | 宝钢字[2009]11号 |
| 关于组织申报2009年度宝钢集团管理创新成果的通知 | 宝钢字[2009]10号 |
| 关于周竹平任职的通知 | 宝钢字[2009]12号 |
| 突发事件媒体危机应急预案 | 宝钢字[2009]13号 |
| 关于王力、陈德林职务聘解的通知 | 宝钢字[2009]14号 |
| 关于延长上海宝菱冶金设备工程技术有限公司经营期限的申请报告 | 宝钢字[2009]15号 |
| 首届宝钢工人发明家表彰决定 | 宝钢字[2009]16号 |
| 关于上海宝田新型建材有限公司以立磨替代球磨生产工艺技术改造工程项目的批复 | 宝钢字[2009]17号 |
| 关于表彰2008年度宝钢劳动竞赛先进个人的决定 | 宝钢字[2009]19号 |
| 关于报送宝钢集团有限公司2009年1月财务快报的报告 | 宝钢字[2009]21号 |
| 关于宝钢集团上海浦东钢铁有限公司搬迁工程(罗泾地块)第二步实施项目COREX炼铁及相关应用技术装备申请享受进口贴息政策的请示 | 宝钢字[2009]22号 |
| 关于收取股权转让款入账的请示 | 宝钢字[2009]24号 |
| 关于进一步深入开展职工经济技术创新活动的指导意见 | 宝钢字[2009]25号 |
| 关于宝钢协同办公系统二期可研报告的批复 | 宝钢字[2009]26号 |
| 关于开展全员、全面、全过程成本改善活动劳动竞赛的指导意见 | 宝钢字[2009]27号 |
| 关于落实审计署驻上海特派办审计建议的报告 | 宝钢字[2009]28号 |
| 关于申请办理烟台宝钢钢管有限责任公司高等级油(气)管及锅炉管生产线项目引进设备确认书的请示 | 宝钢字[2009]29号 |
| 关于宝钢“海外高层次人才创新创业基地”筹建工作方案的报告 | 宝钢字[2009]31号 |
| 关于直接还原铁块颗粒税则目录归类的请示 | 宝钢字[2009]34号 |
| 关于资源节约和环境保护2009年中央预算内投资备选项目的申请报告 | 宝钢字[2009]32号 |
| 关于上海宝钢液压成形零部件有限公司汽车重要部件多工位压力成型项目初步设计的批复 | 宝钢字[2009]35号 |
| 关于宝钢集团有限公司重组宁波钢铁有限公司的报告 | 宝钢字[2009]36号 |
| 关于宝钢集团有限公司《董事会选聘高级管理人员管理办法》备案的请示 | 宝钢字[2009]37号 |
| 关于同意三川出租对外转让35辆运营车辆的批复 | 宝钢字[2009]38号 |
| 关于推进招标采购规范招标管理的通知 | 宝钢字[2009]39号 |
| 关于官世杰同志取得高级政工师任职资格的通知 | 宝钢字[2009]40号 |

| 标　　题 | 文　号 |
|---|---|
| 关于报送宝钢集团有限公司2009年2月财务快报的报告 | 宝钢字[2009]41号 |
| 宝钢集团有限公司关于2009年度财务预算的报告 | 宝钢字[2009]42号 |
| 关于2008年投资完成情况和2009年投资计划工作的报告 | 宝钢字[2009]43号 |
| 关于2008年集团公司管理创新外部获奖成果的通报 | 宝钢字[2009]45号 |
| 关于原材料工业备选项目的报告 | 宝钢字[2009]46号 |
| 关于以“零基预算”为原则从严控制管理费用的通知 | 宝钢字[2009]44号 |
| 关于开展金融衍生业务自查情况的报告 | 宝钢字[2009]47号 |
| 关于重新组建宝钢第十二工程系列中级职务任职资格评审委员会的批复 | 宝钢字[2009]48号 |
| 关于对上海宝钢工贸实业总公司与上海宝钢小额站进行整合重组的批复 | 宝钢字[2009]49号 |
| 关于下发集团公司2009年度经营管理研究项目计划及进一步明确对外管理咨询统一管理有关规定的通知 | 宝钢字[2009]50号 |
| 关于细化明确控股子公司重大事项预申报决策意见反馈形式的通知 | 宝钢字[2009]52号 |
| 关于申请办理宝钢股份宝钢分公司二炼钢新增铁水包脱硫系统项目引进设备确认书的请示 | 宝钢字[2009]54号 |
| 关于2008年度国有资产评估项目统计分析的报告 | 宝钢字[2009]57号 |
| 关于评选宝钢“金牛奖、银牛奖”活动的通知 | 宝钢字[2009]58号 |
| 关于解聘刘安、周学东职务的通知 | 宝钢字[2009]55号 |
| 关于2009—2010年宝钢集团节能减排工作的报告 | 宝钢字[2009]59号 |
| 关于上海梅山联合经济发展有限公司无偿划转的批复 | 宝钢字[2009]61号 |
| 关于南京梅山冶金发展有限公司股权无偿划转的批复 | 宝钢字[2009]62号 |
| 关于新建宝钢南通线材制品有限公司项目可行性研究报告(调整版)的批复 | 宝钢字[2009]63号 |
| 关于王文海任职的通知 | 宝钢字[2009]65号 |
| 关于确定工程技术委员会(筹)主任、副主任成员的通知 | 宝钢字[2009]66号 |
| 关于解聘吴振刚职务的通知 | 宝钢字[2009]67号 |
| 关于宝钢集团有限公司报送2009年3月份财务快报的报告 | 宝钢字[2009]68号 |
| 关于下发《集团公司总部内控体系自我评估报告》并开展后续改善工作的通知 | 宝钢字[2009]69号 |
| 关于下达各子公司2009年度预算、计划指标的通知 | 宝钢字[2009]70号 |
| 关于举办2009年宝钢科技节的通知 | 宝钢字[2009]71号 |
| 关于组建宝钢第七工程系列、第五政工专业中级职务任职资格评审委员会的批复 | 宝钢字[2009]72号 |
| 关于授权宝钢发展有限公司代行宝山钢铁(集团)公司集体事业办公室职能代行对上海宝钢经营开发总公司管理的通知 | 宝钢字[2009]73号 |
| 2008年工资总额预算完成情况自评报告 | 宝钢字[2009]74号 |
| 关于宝钢集团有限公司领导人员职务消费情况的报告 | 宝钢字[2009]75号 |
| 关于申请办理上海宝钢化工有限公司一期苯加氢工艺环保节能综合改造项目引进设备确认书的请示 | 宝钢字[2009]76号 |
| 关于申请享受重点产业项目政策的请示 | 宝钢字[2009]78号 |
| 关于上海宝菱冶金设备工程技术有限公司股权转让的批复 | 宝钢字[2009]79号 |
| 关于伏中哲、马国强职务聘解的通知 | 宝钢字[2009]80号 |
| 关于上报《宝钢集团有限公司章程(修订)》的请示 | 宝钢字[2009]81号 |
| 关于IC卡系统密码使用情况的报告 | 宝钢字[2009]82号 |
| 关于加强人感染猪流感病毒疫情防控工作的通知 | 宝钢字[2009]83号 |
| 关于宝钢工程报建行政管理事宜的请示 | 宝钢字[2009]84号 |
| 关于进一步优化相关子公司管理关系的通知 | 宝钢字[2009]85号 |
| 关于2008年度产权登记汇总分析的报告 | 宝钢字[2009]86号 |
| 关于解聘周建峰职务的通知 | 宝钢字[2009]87号 |

| 标　题 | 文　号 |
|---|---|
| 关于推进集团公司2009年重大、重要风险管理的通知 | 宝钢字[2009]88号 |
| 关于转让普陀宝钢朱家尖培训中心的批复 | 宝钢字[2009]89号 |
| 关于切实加强2009年防汛防台工作的通知 | 宝钢字[2009]90号 |
| 关于统一使用宝钢差旅预订平台的通知 | 宝钢字[2009]91号 |
| 关于下发《宝钢技术创新体系发展纲要(2009版)》的通知 | 宝钢字[2009]92号 |
| 关于2008年度国有资本收益情况的报告 | 宝钢字[2009]93号 |
| 关于报送宝钢集团有限公司2009年4月财务快报的报告 | 宝钢字[2009]96号 |
| 关于2008年度宝钢高级管理人员经营业绩考核完成情况的报告 | 宝钢字[2009]97号 |
| 关于下发集团公司总部2009版《内部控制手册》的通知 | 宝钢字[2009]98号 |
| 关于人才开发院机房布线及网络增补项目可研报告的批复 | 宝钢字[2009]99号 |
| 关于申报国家重点产业振兴和技术改造项目的请示 | 宝钢字[2009]100号 |
| 关于报送《宝钢集团有限公司2008年度企业财务决算报告》的报告 | 宝钢字[2009]101号 |
| 关于集团公司总部职能部门组织机构调整的通知 | 宝钢字[2009]111号 |
| 关于开展2009年"安全生产月"活动的通知[电子版] | 宝钢字[2009]102号 |
| 关于退出宝钢维多利亚钢铁公司备案的请示 | 宝钢字[2009]112号 |
| 关于切实做好甲型H1N1流感疫情防控工作的紧急通知 | 宝钢字[2009]103号 |
| 关于罗泾基地东区配套项目土地以协议转让方式办理权证的请示 | 宝钢字[2009]104号 |
| 关于叶萌等四十三人任职的通知 | 宝钢字[2009]105号 |
| 关于智西巍等五人职务聘解的通知 | 宝钢字[2009]106号 |
| 关于解聘赵锁林职务的通知 | 宝钢字[2009]107号 |
| 关于赵方林等四人职务聘解的通知 | 宝钢字[2009]108号 |
| 关于王强民任职的通知 | 宝钢字[2009]109号 |
| 关于解建平等四人职务聘解的通知 | 宝钢字[2009]110号 |
| 关于吴淞环境整治项目的报告 | 宝钢字[2009]113号 |
| 关于推进废旧物资网上竞价销售的通知 | 宝钢字[2009]114号 |
| 关于上海宝钢车轮有限公司汽车重要部件多工位压力成型项目可行性研究报告的批复 | 宝钢字[2009]115号 |
| 关于申报2009年节能技术改造财政奖励项目的报告 | 宝钢字[2009]116号 |
| 关于同意将宝氢公司的股权无偿划转至宝钢发展的批复 | 宝钢字[2009]117号 |
| 关于伊犁霍尔果斯正成工贸有限公司股权转让事宜的批复 | 宝钢字[2009]119号 |
| 关于出版《宝钢技术》2009年增刊的请示 | 宝钢字[2009]120号 |
| 关于常州轧辊制造公司芯棒加工中心项目初步设计的批复 | 宝钢字[2009]121号 |
| 关于新疆阿拉山口口岸工贸股份有限公司股权转让事宜的批复 | 宝钢字[2009]122号 |
| 关于新疆口岸工贸国际货运代理有限公司等两家公司股权转让事宜的批复 | 宝钢字[2009]123号 |
| 关于《现代企业制度下职工民主管理实现途径的研究》课题研究结题的报告 | 宝钢字[2009]124号 |
| 关于建立海外营销技术服务工作机制的通知 | 宝钢字[2009]125号 |
| 关于下达宝钢集团有限公司2009年度节能降耗目标分解的通知 | 宝钢字[2009]127号 |
| 关于推荐2009年新世纪百千万人才工程国家级人选情况的报告 | 宝钢字[2009]128号 |
| 关于2009年软件正版化工作计划的报告 | 宝钢字[2009]129号 |
| 关于上海三冠钢铁有限公司转让所持上海新沪钢窗厂股权的批复 | 宝钢字[2009]130号 |
| 关于南通宝钢钢铁有限公司$SO_2$超标排放整改的报告 | 宝钢字[2009]131号 |
| 关于报送宝钢集团有限公司2009年5月财务快报的报告 | 宝钢字[2009]132号 |
| 关于上报《宝钢集团有限公司董事会2008年度工作报告》的报告 | 宝钢字[2009]133号 |
| 关于评选2009年"曾乐创新奖"的通知 | 宝钢字[2009]134号 |
| 宝钢集团有限公司关于2009年度工资总额计划(预算)的请示 | 宝钢字[2009]136号 |

| 标　题 | 文　号 |
|---|---|
| 关于明确能源环保部和安全保卫监督部职责的通知 | 宝钢字[2009]137 号 |
| 关于明确相关职能具体职责的通知 | 宝钢字[2009]140 号 |
| 关于二钢公司收购上海申佳金属制品有限公司股权的批复 | 宝钢字[2009]141 号 |
| 关于 2009—2010 年信息化发展登高计划的报告 | 宝钢字[2009]142 号 |
| 关于部分单位违规使用管理费等问题的情况的通报 | 宝钢字[2009]143 号 |
| 关于明确化工公司管理方式的通知 | 宝钢字[2009]144 号 |
| 关于组织开展 2009 年度重要信息系统等级保护工作总体方案的报告 | 宝钢字[2009]145 号 |
| 关于下达 2009 年度调整预算利润目标的通知 | 宝钢字[2009]146 号 |
| 关于转发《上海市建设工程行政审批管理程序改革试行方案》的通知 | 宝钢字[2009]147 号 |
| 关于南京梅山物业管理有限责任公司股权无偿划转的批复 | 宝钢字[2009]148 号 |
| 关于下发《宝钢深入贯彻落实“质量和安全年”活动方案》的通知 | 宝钢字[2009]150 号 |
| 关于集团公司总部上网行为管理项目可研报告的批复 | 宝钢字[2009]151 号 |
| 关于审计部、监察部列席有关会议、查询相关管理信息的通知 | 宝钢字[2009]152 号 |
| 关于 COREX 非高炉炼铁技术在宝钢的使用情况和相关政策建议的报告 | 宝钢字[2009]153 号 |
| 关于上海溯源实业有限公司股权无偿划转的批复 | 宝钢字[2009]154 号 |
| 关于报送宝钢集团有限公司 2009 年 6 月财务快报的报告 | 宝钢字[2009]149 号 |
| 关于宝钢集团重要信息系统安全等级保护工作自查结果的报告 | 宝钢字[2009]156 号 |
| 关于印发《宝钢病媒生物控制工作实施意见》的通知 | 宝钢字[2009]157 号 |
| 关于宝钢集团信息化建设共享成果的报告 | 宝钢字[2009]158 号 |
| 关于上海二钢有限公司产业结构调整恳请政策扶持的报告 | 宝钢字[2009]159 号 |
| 关于转让上海新昕板材有限公司的批复 | 宝钢字[2009]160 号 |
| 关于宝钢企业年金相关福利制度有关情况的报告 | 宝钢字[2009]161 号 |
| 关于调整宝钢集团有限公司退休职工管理委员会组成人员的通知 | 宝钢字[2009]162 号 |
| 关于规范员工健康计划的意见 | 宝钢字[2009]163 号 |
| 关于南京梅山冶金发展有限公司吸收合并上海梅山矿业有限公司的批复 | 宝钢字[2009]164 号 |
| 关于宝钢 2008 年度对外直接投资统计工作总结的报告 | 宝钢字[2009]165 号 |
| 关于宝钢兼并重组推进情况及相关建议的报告 | 宝钢字[2009]166 号 |
| 关于上海宝钢天通磁业有限公司股权受让的批复 | 宝钢字[2009]167 号 |
| 关于下发《宝钢集团有限公司 2009 年度节能降耗工作评价考核办法》的通知 | 宝钢字[2009]168 号 |
| 关于申请宝钢集团 2008 年度对外经济技术合作专项资金的报告 | 宝钢字[2009]169 号 |
| 关于梅山公司与南京汪海集团拟变更合资公司筹建方式的批复 | 宝钢字[2009]170 号 |
| 关于优化审计体系管理方式的通知 | 宝钢字[2009]171 号 |
| 关于申请 2009 年包装行业高新技术研发资金的请示 | 宝钢字[2009]172 号 |
| 关于王存璘、杨雁任职的通知 | 宝钢字[2009]173 号 |
| 关于明确规划发展部部门职责及其所属职能具体职责的通知 | 宝钢字[2009]174 号 |
| 关于明确办公室下属职能设置和职责的通知 | 宝钢字[2009]175 号 |
| 关于集团公司等相关单位转让所持参股证券公司股份的决定 | 宝钢字[2009]176 号 |
| 关于清理整合所属企业减少管理层次有关情况的报告 | 宝钢字[2009]177 号 |
| 关于八一钢铁控股查岗诺尔铁矿请示的批复 | 宝钢字[2009]178 号 |
| 关于调整宝钢集团有限公司安委会成员的通知 | 宝钢字[2009]182 号 |
| 关于浦钢公司承继上海银行股权请示的批复 | 宝钢字[2009]179 号 |
| 关于宝钢集团有限公司报送 2009 年 7 月财务快报的报告 | 宝钢字[2009]180 号 |
| 关于高温季节发放一次性高温津贴的通知 | 宝钢字[2009]181 号 |
| 关于八一钢铁收购阿拉山口公司股权的批复 | 宝钢字[2009]183 号 |

| 标　题 | 文　号 |
| --- | --- |
| 关于资源公司调整项目投资年度计划的批复 | 宝钢字[2009]184 号 |
| 关于宝钢高级管理人员 2009 年上半年经营业绩考核目标执行情况的报告 | 宝钢字[2009]185 号 |
| 关于转发宝钢股份《建设项目计划管理模板实用指南》及《施工招标文件、施工合同范本》的通知 | 宝钢字[2009]186 号 |
| 关于部分资产无偿划转宝钢发展的批复 | 宝钢字[2009]190 号 |
| 关于上报航空发动机双性能大尺寸整体叶盘等温锻件研制保障条件建设项目建议书的请示 | 宝钢字[2009]192 号 |
| 关于下达上海宝钢化工有限公司酚氰电气系统改造工程目标任务书的通知 | 宝钢字[2009]193 号 |
| 关于下达上海宝钢化工有限公司煤气系统技术升级改造工程目标任务书的通知 | 宝钢字[2009]194 号 |
| 关于成立工程技术委员会的通知 | 宝钢字[2009]196 号 |
| 关于上报 2009 年度调整预算的报告 | 宝钢字[2009]197 号 |
| 关于申请 2008 年进口贴息资金的报告 | 宝钢字[2009]198 号 |
| 关于下发《宝钢集团有限公司发展规划(2010—2015)编制大纲》的通知 | 宝钢字[2009]199 号 |
| 关于同意一钢企业开发有限公司吸收合并下属两家全资子公司的批复 | 宝钢字[2009]201 号 |
| 关于《宝钢集团协同办公平台资源扩充项目(一期)可研报告》的批复 | 宝钢字[2009]202 号 |
| 关于规范宝钢集团领导人员职务消费的指导意见 | 宝钢字[2009]203 号 |
| 关于下发《集团公司 2009 年下半年审计工作要点》的通知 | 宝钢字[2009]204 号 |
| 关于重新组建宝钢第九工程系列中级职务任职资格评审委员会的批复 | 宝钢字[2009]205 号 |
| 关于李 军等 128 位同志取得上海市工程系列冶金专业高级专业技术职务任职资格的通知 | 宝钢字[2009]206 号 |
| 关于蒋晓放等三十四位同志取得高级工程师(教授级)任职资格的通知 | 宝钢字[2009]207 号 |
| 关于转发《上海市自主创新和高新技术产业发展重大项目专项资金管理办法》的通知 | 宝钢字[2009]208 号 |
| 关于审计决定相关问题整改情况的报告 | 宝钢字[2009]209 号 |
| 关于成立规划委员会的通知 | 宝钢字[2009]210 号 |
| 关于报送宝钢集团有限公司 2009 年 8 月财务快报的报告 | 宝钢字[2009]211 号 |
| 关于宝钢集团“两化融合”发展水平评估结果的报告 | 宝钢字[2009]212 号 |
| 关于同意宝华招标设立陕西分公司的批复 | 宝钢字[2009]214 号 |
| 关于调整集团公司 2009 年成本改善、降本增效劳动竞赛指标的通知 | 宝钢字[2009]215 号 |
| 关于宝钢集团一级数据专线优化调整项目可行性研究报告(代初步设计)的批复 | 宝钢字[2009]216 号 |
| 关于宝钢集团企业办社会职能机构有关情况的报告 | 宝钢字[2009]217 号 |
| 关于下发集团公司规划编制责任体系的通知 | 宝钢字[2009]219 号 |
| 关于申请对上海三冠钢铁有限公司型钢生产线 2008 年度财务状况进行审核的请示 | 宝钢字[2009]220 号 |
| 关于上海宝钢新宝工贸实业有限公司吸收合并上海宝矿进出口有限公司的批复 | 宝钢字[2009]222 号 |
| 关于宝钢集团有限公司副总经理任职备案的请示 | 宝钢字[2009]223 号 |
| 关于宝钢集团二钢有限公司申请离休干部医药费补助的请示 | 宝钢字[2009]224 号 |
| 关于邀请国家各部委、上海市领导出席宝钢技术创新大会的请示 | 宝钢字[2009]226 号 |
| 关于开展宝钢集团 2009 年度内部控制自我评估工作的通知 | 宝钢字[2009]227 号 |
| 关于发布《集团总部内部控制手册(第二版)》的通知 | 宝钢字[2009]228 号 |
| 关于上海宝钢设备检修有限公司“8·5”重伤事故处理的通报 | 宝钢字[2009]229 号 |
| 关于收购澳大利亚 Aquila 公司 15% 股权的请示 | 宝钢字[2009]231 号 |
| 关于报送宝钢集团有限公司 2009 年 9 月财务快报的报告 | 宝钢字[2009]232 号 |
| 关于调整宝钢股份制造管理系统安全保护等级的报告 | 宝钢字[2009]233 号 |
| 关于下发 2010 年预算计划编制大纲的通知 | 宝钢字[2009]234 号 |
| 关于邀请国家发展和改革委员会刘铁南副主任视察并听取宝钢自主集成创新项目的请示 | 宝钢字[2009]235 号 |
| 关于宝钢集团有限公司申请 2009 年度重大技术创新及产业化专项资金的请示 | 宝钢字[2009]237 号 |
| 关于 2010 年度因公出国(境)团组计划编制工作的通知 | 宝钢字[2009]238 号 |

| 标　　题 | 文　号 |
|---|---|
| 关于中央财政“特种拨改贷”委托贷款本息余额处理建议的请示 | 宝钢字[2009]239 号 |
| 关于调整集团公司信息化工作领导小组的通知 | 宝钢字[2009]240 号 |
| 关于下发集团公司管控决策执行情况自查及管理审计的通知 | 宝钢字[2009]241 号 |
| 关于规范宝钢集团聘用退休人员有关工作的指导意见 | 宝钢字[2009]242 号 |
| 关于孟祥云任职的通知 | 宝钢字[2009]243 号 |
| 关于中央财政委托贷款本息余额处理建议的请示 | 宝钢字[2009]244 号 |
| 关于二钢公司部分资产转让的批复 | 宝钢字[2009]245 号 |
| 关于 2008 年度中央企业信息化水平评价数据采集结果的报告 | 宝钢字[2009]246 号 |
| 关于命名首批“金苹果”计划核心小组成员的决定 | 宝钢字[2009]248 号 |
| 关于申请 2009 年度节能减排专项资金的请示 | 宝钢字[2009]249 号 |
| 关于加大创新创业基地建设的若干意见 | 宝钢字[2009]250 号 |
| 关于下达宝钢股份炼铁厂焦炉系统升级综合改造工程目标任务书的通知 | 宝钢字[2009]251 号 |
| 关于收购上海大通钢结构有限公司股权的批复 | 宝钢字[2009]252 号 |
| 关于报送宝钢集团有限公司 2009 年 10 月财务快报的报告 | 宝钢字[2009]253 号 |
| 关于申请中央企业信息化示范工程的报告 | 宝钢字[2009]254 号 |
| 关于宝钢金属有限公司金属包装业务重组有关事项的批复 | 宝钢字[2009]255 号 |
| 关于申请办理宝山钢铁股份有限公司宝钢分公司热轧厂 2050 热轧 F4 和 F5 主传动系统数字化改造项目引进设备确认书的请示 | 宝钢字[2009]257 号 |
| 关于宝山钢铁股份有限公司特殊钢分公司钛、镍特种金属板带技术改造工程及烟台鲁宝钢管搬迁项目免税确认书变更的请示 | 宝钢字[2009]258 号 |
| 关于非高炉炼铁和大口径直缝焊管项目情况的报告 | 宝钢字[2009]260 号 |
| 关于《华泽大厦宝钢自用办公区域网络及视频会议系统集成项目》可研报告的批复 | 宝钢字[2009]261 号 |
| 关于申请办理宝山钢铁股份有限公司宝钢分公司钢管厂新增油套管热处理生产线和配套设施项目引进设备确认书的请示 | 宝钢字[2009]262 号 |
| 关于重新组建宝钢第四工程系列、第三政工专业中级职务任职资格评审委员会的批复 | 宝钢字[2009]263 号 |
| 关于下发《宝钢集团有限公司 2010 年审计工作指南》及年度审计计划编制的通知 | 宝钢字[2009]265 号 |
| 关于宝钢股份取向硅钢后续工程等三个项目申请上海市重点技术改造专项资金的请示 | 宝钢字[2009]267 号 |
| 关于上报宝山钢铁股份有限公司不锈钢分公司冷轧不锈带钢工程资金申请报告的请示 | 宝钢字[2009]268 号 |
| 关于上报宝山钢铁股份有限公司中厚板分公司 COREX 炼铁工程煤压块系统项目资金申请报告的请示 | 宝钢字[2009]269 号 |
| 关于上报宝山钢铁股份有限公司中厚板分公司 COREX 炼铁工程喷煤系统项目资金申请报告的请示 | 宝钢字[2009]270 号 |
| 关于《宝钢信息共享平台可研报告》的批复 | 宝钢字[2009]271 号 |
| 关于中石化资产经营管理公司与宝钢集团协议转让新华人寿股权的报告 | 宝钢字[2009]272 号 |
| 关于宁波钢铁有限公司余能余热回收发电装置建设内容补充说明的报告 | 宝钢字[2009]273 号 |
| 关于下达上海梅山钢铁股份有限公司热轧酸洗高强钢生产线工程目标任务书的通知 | 宝钢字[2009]274 号 |
| 关于 2009 年度财务决算备案的报告 | 宝钢字[2009]275 号 |
| 关于报送宝钢集团有限公司 2009 年 11 月财务快报的报告 | 宝钢字[2009]277 号 |
| 关于下达上海梅山钢铁股份有限公司产品结构调整及工艺装备升级改造(第二步)目标任务书的通知 | 宝钢字[2009]278 号 |
| 关于下达上海宝钢化工有限公司梅山分公司煤气净化二期工程投资目标任务书的通知 | 宝钢字[2009]279 号 |
| 关于宝钢资源有限公司收购江西永盛矿冶股份有限公司 10% 股权项目增列计划的批复 | 宝钢字[2009]280 号 |
| 关于中宝滨海镍业有限公司股权转让的批复 | 宝钢字[2009]282 号 |

| 标　题 | 文　号 |
|---|---|
| 关于下发《宝钢集团有限公司关于开展工程建设领域突出问题专项治理工作实施方案》的通知 | 宝钢字[2009]283号 |
| 关于宝钢股份取向硅钢后续工程以及焦炉系统升级综合改造工程申请列入上海市重点产业项目的请示 | 宝钢字[2009]284号 |
| 关于宝钢资源有限公司增列烟台港投资计划的批复 | 宝钢字[2009]285号 |
| 关于宝钢内部审计管理系统集团范围覆盖项目可研报告的批复 | 宝钢字[2009]286号 |
| 关于"高新二期工程"生产能力建设项目申请2010年竣工验收审计的请示 | 宝钢字[2009]288号 |
| 关于发布《审计业务合格社会中介机构名录》(2009—2010年度)的通知 | 宝钢字[2009]289号 |
| 关于下达2010年度预算目标的通知 | 宝钢字[2009]290号 |
| 关于推进集团公司软件安装规范管理的通知 | 宝钢字[2009]291号 |
| 关于朱可炳任职的通知 | 宝钢字[2009]292号 |
| 关于近期宝钢价格调整及市场有关情况的报告 | 宝钢字[2009]293号 |
| 关于贯彻落实国务院国资委中央企业社会责任工作会议精神的报告 | 宝钢字[2009]294号 |
| 关于工程技术业务整合的通知 | 宝钢字[2009]295号 |
| 关于下达宝钢股份宁波宝新新增光亮退火机组和平整机工程目标任务书的通知 | 宝钢字[2009]298号 |

## 中共宝钢集团有限公司委员会部分文件目录

| 标　题 | 文　号 |
|---|---|
| 关于增补肖国栋为宝钢集团新疆八一钢铁有限公司党委常委的通知 | 宝钢委[2009]1号 |
| 关于批转集团公司党委办公室、办公室《关于优化集团公司领导人员工作方式的意见》的通知 | 宝钢委[2009]2号 |
| 关于印发《宝钢集团有限公司党委、宝山钢铁股份有限公司党委2008年工作总结和2009年工作要点》的通知 | 宝钢委[2009]3号 |
| 关于印发《宝钢集团有限公司党代会代表任期制实施办法(试行)》的通知 | 宝钢委[2009]4号 |
| 关于印发《宝钢集团有限公司党委全委会、常委会制度》的通知 | 宝钢委[2009]5号 |
| 关于印发《宝钢集团有限公司基层党委会制度》的通知 | 宝钢委[2009]6号 |
| 关于印发《工程建设创"双优"工作实施意见》的通知 | 宝钢委[2009]7号 |
| 关于印发《2009年宝钢党风建设和反腐倡廉重点工作的责任分解》的通知 | 宝钢委[2009]8号 |
| 关于印发《宝钢职工需求与关注点信息管理办法》的通知 | 宝钢委[2009]9号 |
| 浦钢公司党委委员增免的批复 | 宝钢委[2009]10号 |
| 关于贯彻落实全国维护稳定暨信访工作电视电话会议、全国信访局长会议、中央企业维稳信访工作会议等三个会议精神的情况汇报 | 宝钢委[2009]11号 |
| 关于推荐宝山钢铁股份有限公司第四届董事、监事会主席人选的任职备案请示 | 宝钢委[2009]12号 |
| 关于免去周学东职务的通知 | 宝钢委[2009]13号 |
| 关于免去范永祥职务的通知 | 宝钢委[2009]14号 |
| 关于方才元等三人任职的通知 | 宝钢委[2009]15号 |
| 关于宁波钢铁有限公司党委班子组成人员的通知 | 宝钢委[2009]16号 |
| 关于宝钢集团有限公司副总经理、总会计师调整的请示 | 宝钢委[2009]17号 |
| 关于宝山钢铁股份有限公司总经理、副总经理调整的任职备案请示 | 宝钢委[2009]18号 |
| 关于调整宝钢集团有限公司工会副主席的函 | 宝钢委[2009]19号 |
| 关于免去吴汉忠职务的通知 | 宝钢委[2009]20号 |
| 关于免去朱文彬职务的通知 | 宝钢委[2009]21号 |
| 宝钢集团有限公司关于落实"三重一大"决策制度的实施意见 | 宝钢委[2009]22号 |

| 标　　题 | 文　号 |
|---|---|
| 关于调整相关子公司党组织隶属关系的通知 | 宝钢委[2009]23 号 |
| 关于推荐杨春平为宝钢集团新疆八一钢铁有限公司副总经理人选的函 | 宝钢委[2009]24 号 |
| 关于卞正治任职的通知 | 宝钢委[2009]25 号 |
| 关于许宏钧、孙茂巽职务任免的通知 | 宝钢委[2009]26 号 |
| 关于免去石庆忠职务的通知 | 宝钢委[2009]27 号 |
| 关于傅新宇等十人职务任免的通知 | 宝钢委[2009]28 号 |
| 关于姚殿国、蔡伟飞职务任免的通知 | 宝钢委[2009]29 号 |
| 关于宋彬等四人职务任免的通知 | 宝钢委[2009]30 号 |
| 关于张贺雷任职的通知 | 宝钢委[2009]31 号 |
| 关于邱三龙等三人职务任免的通知 | 宝钢委[2009]32 号 |
| 关于评选、表彰先进党支部、优秀党支部书记和优秀共产党员的通知 | 宝钢委[2009]33 号 |
| 关于朱学勇任职的通知 | 宝钢委[2009]34 号 |
| 关于成立宝钢惩防体系建设领导小组调整宝钢落实党风建设和反腐倡廉责任制领导小组成员的通知 | 宝钢委[2009]35 号 |
| 关于做好宝钢选举浦东新区第四届人大代表工作的通知 | 宝钢委[2009]36 号 |
| 关于工程技术公司党委委员调整的批复 | 宝钢委[2009]37 号 |
| 关于人才开发院党委委员增补的批复 | 宝钢委[2009]38 号 |
| 关于宝检公司党委增补党委委员的批复 | 宝钢委[2009]39 号 |
| 关于宝钢金属党委委员、纪委委员调整的批复 | 宝钢委[2009]40 号 |
| 关于五钢公司党委调整党委委员的批复 | 宝钢委[2009]41 号 |
| 关于化工公司党委增补党委委员的批复 | 宝钢委[2009]42 号 |
| 关于批转集团公司党委办公室《2009 年度宝钢二级单位党组织绩效评价办法》的通知 | 宝钢委[2009]43 号 |
| 关于表彰先进党支部、优秀党支部书记和优秀共产党员的决定 | 宝钢委[2009]44 号 |
| 关于撤销宝钢巴西维多利亚钢铁公司党支部的通知 | 宝钢委[2009]45 号 |
| 关于增补中共宝钢资源有限公司委员会委员的批复 | 宝钢委[2009]46 号 |
| 关于调整五钢公司纪委委员的批复 | 宝钢委[2009]47 号 |
| 关于印发《关于进一步加强和改进党支部建设的意见(试行)》的通知 | 宝钢委[2009]48 号 |
| 关于调整集团公司机关党委会组成人员的批复 | 宝钢委[2009]49 号 |
| 关于成立党支部书记研修会的通知 | 宝钢委[2009]50 号 |
| 关于免去徐楠职务的通知 | 宝钢委[2009]51 号 |
| 关于宝钢集团有限公司李仲玉、寒力等六位离休干部提高享受副省(部)长级医疗待遇的请示 | 宝钢委[2009]52 号 |
| 关于印发《宝钢集团有限公司 2009 年厂务公开民主管理工作要点》的通知 | 宝钢委[2009]53 号 |
| 关于批转集团公司党委办公室《关于适应宝钢二次创业 转变党群工作方式的若干意见》的通知 | 宝钢委[2009]54 号 |
| 关于转发中共中央组织部《关于在党政领导班子后备干部集中调整中加强监督认真治理拉票行为的通知》的通知 | 宝钢委[2009]55 号 |
| 关于对宝钢集团有限公司领导班子副职后备干部考察人选进行公示的通知 | 宝钢委[2009]56 号 |
| 关于陈英颖任职的通知 | 宝钢委[2009]57 号 |
| 关于王语同志任职征求意见的函 | 宝钢委[2009]58 号 |
| 关于宝钢学习实践活动整改落实"回头看"的工作报告 | 宝钢委[2009]59 号 |
| 关于王语任职的通知 | 宝钢委[2009]60 号 |
| 关于召开 2009 年度基层党政领导班子民主生活会的通知 | 宝钢委[2009]61 号 |
| 关于共青团宝钢集团有限公司第四届委员会委员、书记、副书记候选人预备人选的协商函 | 宝钢委[2009]62 号 |
| 关于华宝公司党委委员增补的批复 | 宝钢委[2009]63 号 |

| 标　题 | 文　号 |
| --- | --- |
| 关于共青团宝钢集团有限公司第四届委员会委员候选人预备人选的批复 | 宝钢委[2009]64 号 |
| 关于聚焦“党员登高”创优,开展党员教育培训工作的实施意见 | 宝钢委[2009]65 号 |
| 关于调整集团公司机关纪委组成人员的批复 | 宝钢委[2009]66 号 |
| 关于宝钢资源纪委委员增免的批复 | 宝钢委[2009]67 号 |
| 关于任命盛更红为广东钢铁集团有限公司党委常委的函 | 宝钢委[2009]68 号 |
| 关于工程技术公司党委、纪委更名及相关子公司、直属单位党组织隶属关系调整的通知 | 宝钢委[2009]69 号 |

## 2009 年部分社会媒体对宝钢的报道

### 1 月

宝钢建首个网上招投标平台
——每年可节约纸张近 9 吨
2009 年 1 月 5 日《解放日报》　陈文江

宝钢与中船携手打造战略供应链
2009 年 1 月 6 日《证券时报》　黄　婷

世博·宝钢签约一周年庆典暨宝钢彩涂板品牌节目仪式隆重举行
2009 年 1 月 6 日《世界金属导报》　张　弛

宝钢第 2000 卷自主化取向硅钢下线
2009 年 1 月 7 日《中国工业报》　严伟明

宝钢为世博提供钢材已近 9 万吨
2009 年 1 月 10 日《青年报》　薄继东

不只是股东
——宝钢中铝“签约”大飞机原材料
2009 年 1 月 12 日《第一财经日报》　陈姗姗

宝钢加快 2009 年铁矿石谈判
2009 年 1 月 14 日《上海证券报》　徐虞利

宝钢与中国商飞公司签合作协议
——加快大飞机项目的钢材研发与应用
2009 年 1 月 14 日《中国证券报》　王　进

宝钢上调 3 月份钢价
2009 年 1 月 20 日《第一财经日报》　陈姗姗

宝钢建设者开始昆仑站建设
2009 年 1 月 20 日《中国工业报》　严伟明

宝钢推进湛江基地建设取消海外合资项目
2009 年 1 月 21 日《上海证券报》　徐虞利

以技术优势形成市场优势
——访宝钢董事长徐乐江
2009 年 1 月 21 日《经济日报》　李治国

宝钢集团与中集集团签战略合作协议
2009 年 1 月 23 日《证券时报》　黄　婷

宝钢：改革开放的成功实践
2009 年 1 月 26 日《求是》杂志第二期　徐乐江

### 2 月

宝钢：携手多家名企打造战略产业链
2009 年 2 月 3 日《经济日报》　吴　凯

宝钢第二届董事会成立
2009 年 2 月 3 日《中国工业报》　严伟明

宝钢集团：信息化水平堪比国际同行
2009 年 2 月 5 日《经济日报》　陈　静

国内最厚建筑钢板在宝钢问世
2009 年 2 月 6 日《新闻晚报》　孙财元

复星欲退 宝钢有意吞并宁波钢铁
2009 年 2 月 9 日《第一财经日报》　陈姗姗

宝钢分公司 60 天降本增效逾 11 亿元
2009 年 2 月 11 日《中国工业报》　严伟明

宝钢汽车用超高强钢板销量 3 年增 10 倍
2009 年 2 月 14 日《证券时报》　黄　婷

### 3 月

宝钢集团重组宁波钢铁
2009 年 3 月 2 日《人民日报》　沈文敏

宝钢 20 亿元入主宁钢
2009 年 3 月 2 日《解放日报》　丁　波

20 亿控股宁钢 宝钢掀开新一轮重组大幕
2009 年 3 月 2 日《上海证券报》　杨伟中

宝钢 4 月份涨价可能性“微乎其微”
2009 年 3 月 3 日《第一财经日报》　杨　敏

宝钢 4 月定价姗姗来迟 多种产品奏响“降”大调
2009 年 3 月 4 日《上海证券报》　徐虞利

建行上海分行为宝钢提供 8 亿元并购贷款
2009 年 3 月 5 日《中国证券报》　高改芳

宝钢“撤出”邯宝钢铁河北钢铁有望接手
2009 年 3 月 10 日《第一财经日报》 苏 米
宝钢抄底南钢全景揭秘
2009 年 3 月 12 日《每日经济新闻》 朱秀伟
大飞机国内“海选”供应商
2009 年 3 月 18 日《文汇报》 张晓鸣
缓解“燃煤之急”宝钢实现焦炉煤气零排放
2009 年 3 月 18 日《中国工业报》 严伟明 冯茂芬
宝钢是否退出邯宝将于 6 月底敲定
2009 年 3 月 21 日《上海证券报》 徐虔利
宝钢再度入选“全球最受尊敬企业”
2009 年 3 月 31 日《中国工业报》 严伟明
徐乐江：宝钢暂无整体上市计划 已撤资邯宝项目
2009 年 3 月 31 日《上海证券报》 徐虔利

## 4 月

市场需求疲软 宝钢下调 5 月份钢价
2009 年 4 月 2 日《第一财经日报》 陈姗姗
宝钢全面入主宁钢管理层
2009 年 4 月 3 日《东方早报》 李晓辉
渡难关宝钢挥刀 自砍三成管理费
2009 年 4 月 7 日《每日经济新闻》 夏子航
宝钢取向硅钢核心机组投产
2009 年 4 月 13 日《中国工业报》 严伟明
宝信软件入选 AAA 级企业名单
2009 年 4 月 17 日《证券时报》 黄 婷
宝钢工程：变“外国制造”为“中国制造”
2009 年 4 月 27 日《中国工业报》 严伟明
宝钢连续 3 月下调钢价 二季度或现亏损
2009 年 4 月 28 日《第一财经日报》 杨 敏
宝钢股份总经理易人
2009 年 4 月 29 日《第一财经日报》 陈姗姗
宝华建成网上招标平台
2009 年 4 月 29 日《文汇报》 张晓鸣
三大分公司改为事业部 宝钢内部结构调整“过冬”
2009 年 4 月 30 日《第一财经日报》 苏 米
宝钢一季度环比扭亏集团无增减持计划
2009 年 4 月 30 日《每日经济新闻》 张 奇

## 5 月

宝钢发展充分发挥党组织作用
实践成果《政治核心作用论》等两本书籍出版
2009 年 5 月 8 日《人民日报》 沈文敏
宝钢承建都江堰幸福家园
2009 年 5 月 15 日《解放日报》 张晓鸣
宝钢集团董事长徐乐江陆家嘴论坛演讲实录
2009 年 5 月 16 日东方网 徐乐江
宝钢完成世博三大建筑钢结构加工制造任务
2009 年 5 月 20 日《劳动报》 郁中华
宝钢：打造世界级线材制品精品基地
2009 年 5 月 21 日《中国工业报》 严伟明
宝钢实施总部管理变革提高决策效率
2009 年 5 月 21 日新华社 李 荣
宝钢华南制罐生产线投产
2009 年 5 月 24 日《广州日报》 陈丽莉
宝钢结盟美的、格兰仕有望拉低家电价格
2009 年 5 月 27 日《北京商报》 韩 哲

## 6 月

东风日产与宝钢深化战略合作
2009 年 6 月 3 日《经济参考报》 杨兴国
宝钢“精兵简政”
2009 年 6 月 3 日《21 世纪经济报道》 邓 瑶
宝钢集团公布首份社会责任报告书
2009 年 6 月 10 日《上海证券报》 杨伟中
世博会演出场馆“宝钢大舞台”落成
2009 年 6 月 11 日《证券时报》 黄 婷
宝钢大幅上调 7 月钢价 对市场将形成支撑和推动
2009 年 6 月 12 日《第一财经日报》 陈姗姗
梅山矿业数字化建设达国际先进水平
2009 年 6 月 15 日《南京日报》 王 馨
宝钢 5 个月向“美的”家电供货量超去年全年
2009 年 6 月 15 日《证券时报》 黄 婷
钢铁跨区域重组大势所趋 宝钢模式或成范本
2009 年 6 月 17 日《证券日报》 马红雨
中船宝钢中海联手共建广州造船“航母”
2009 年 6 月 24 日《每日经济新闻》 范 铁
宝钢股份计划到 2015 年实现 5 000 万吨级产能规模
2009 年 6 月 26 日新华社 何欣荣
宝钢集团斥资 4.3 亿元线材制品项目落户南通
2009 年 6 月 26 日《南通日报》 任溢斌
宝钢教育基金会：少说多做，功过让别人评价
2009 年 6 月 30 日《公益时报》 徐 辉

## 7 月

宝钢三十年
2009 年 7 月 4 日《经济观察报》 万晓晓

工会倡导员工在岗位上创造“三个最佳”助宝钢克时艰
2009年7月8日《劳动报》　张　路

宝钢连续第六年进入世界500强 排名比上年上升39位
2009年7月9日《人民日报》　沈文敏

宝钢：培育自主信息产业 推动钢铁产业升级
2009年7月10日《中国电子报》　张学琦

宝钢独创“三次除尘”技术
2009年7月14日《中国工业报》　严伟明

华宝证券获得自营咨询资格
2009年7月14日《上海证券报》　张　雪

引领中国步入合金板带国产化时代 宝钢特钢首块热轧合金板带下线
2009年7月15日《中国工业报》　严伟明

明年宝钢集团环保指标可达世界先进
2009年7月16日新华社　李　荣

宝钢也有危机感 在反思中求变
2009年7月17日《第一财经日报》　陈姗姗

宝钢首届供应商大会：推进长期战略采购方式
2009年7月20日新华社　李　荣

## 8月

宝钢加速整合广东钢企 欲再造一个“宝钢”
2009年8月4日《第一财经日报》　陈姗姗

宝钢从邯宝钢铁全面撤资 因合作条件已发生变化
2009年8月6日《证券时报》　黄　婷

宝钢“南下”变数犹存
2009年8月10日《财经》　张丽华

宝钢研究院建院十周年座谈会举行
2009年8月10日《中国冶金报》　全克胜

宝钢得澳FMG降价35%　三大矿山或“不屑”追从
2009年8月18日《经济参考报》　杨　烨

宝钢从邯宝钢铁全面撤资 因合作条件已发生变化
2009年8月18日中央人民广播电台　吴善阳

华宝证券变身本地综合券商
2009年8月19日《东方早报》　忻尚伦

宝钢拟进军新材料新能源产业
2009年8月21日《中国证券报》　王　进

宝钢“百日维新”提前扭亏宁钢 宁波钢铁已实施第二个“百日计划”力争全年不亏
2009年8月26日《东方早报》　徐益平

宝钢股份6月末存货较年初下降67.4亿
2009年8月31日《证券时报》　黄　婷

Aquila执行总裁：与宝钢合作有助于铁矿石谈判
2009年8月31日《证券日报》　谢　岚　孙洁琳

## 9月

宝钢总经理马国强：钢铁业下半年业绩将明显提升
2009年9月1日《第一财经日报》　陈姗姗

新钢重组洪钢收尾，正与宝钢谈合作；南昌钢铁正在引入战略投资者
2009年9月2日《21世纪经济报道》　王　洁

宝钢在印度打赢反倾销案
2009年9月6日《文汇报》　张晓鸣

2009中国企业500强揭晓
2009年9月6日《文汇报》　万润龙

宝钢下调10月钢产品价格
2009年9月8日《文汇报》　张晓鸣

宝钢牵手特变电工 继续发力取向硅钢市场
2009年9月9日　新华网　何欣荣

宝钢董事长徐乐江：今年铁矿石谈判仍在进行
2009年9月11日《第一财经日报》　陈姗姗

宝钢股份上半年盈利9亿元
2009年9月14日《中国工业报》　严伟明

宝钢打造第四代核电站核心部件
2009年9月15日《文汇报》　张晓鸣

以党建创新促宝钢科学发展
——刘国胜在全国国企党建工作会议上作交流发言
2009年9月15日《企业党委书记报》　鲍　刚　严伟明

宝钢与浦项签订滚筒渣处理装置输出合同
2009年9月16日《中国工业报》　严伟明

宝信软件 发布一体化监控指挥平台
2009年9月17日《证券时报》　黄　婷

“热身”千万吨级项目 宝钢湛江港建国内最大球团厂
2009年9月30日《第一财经日报》　陈姗姗

宝钢创新30年
2009年9月30日《第一财经日报》　陈姗姗

## 10月

宝钢大舞台　舞台会呼吸
——世博演艺活动场馆巡礼之二
2009年10月2日《新民晚报》　夏　琦

宝钢的建成与发展
2009年10月5日中央电视台《新闻联播》

宝钢建成世界级钢铁企业集团 全球排名第三
2009年10月6日《新华每日电讯》　李　荣

宝钢率先调低 11 月钢价
2009 年 10 月 12 日《第一财经日报》 陈姗姗
上钢三厂特钢车间保留历史温情
2009 年 10 月 13 日《解放日报》 刘 颖
宝钢深入推进最佳实践者活动
2009 年 10 月 15 日《企业党委书记报》 严伟明
宝钢打赢印尼热轧板反倾销官司
2009 年 10 月 21 日《第一财经日报》 陈姗姗
宝钢启动"金苹果"人才培养计划
2009 年 10 月 28 日《新民晚报》 叶 薇
一改上半年颓势 宝钢三季报净利增 6.66%
2009 年 10 月 30 日《第一财经日报》 陈姗姗
中澳回暖：宝钢购澳矿终获批
2009 年 10 月 31 日《东方早报》 李晓辉
宝钢收购 Aquila 股权获得澳大利亚政府批准
2009 年 10 月 31 日《证券时报》 郑晓波

## 11 月

宝钢：高磁取向硅钢应用三峡工程
2009 年 11 月 4 日新华社 李 荣
宝钢自创高磁感取向硅钢 通过三峡工程建设评审
2009 年 11 月 4 日《人民日报》 沈文敏
宝钢持续创新持续"领跑"
2009 年 11 月 4 日《文汇报》 张晓鸣
宝钢与法兴银行合建汽车租赁公司
2009 年 11 月 4 日《东方早报》 李晓辉
宝钢高磁感取向硅钢通过国务院三峡委员会评审
2009 年 11 月 5 日《经济日报》 李治国
宝钢：高磁感取向硅钢通过技术评审
2009 年 11 月 5 日《解放日报》 丁 波
宝钢突围产能过剩 进攻武钢腹地 取向硅钢获三峡用钢审批
2009 年 11 月 5 日《第一财经日报》 陈姗姗
致宝钢教育奖历年来获奖师生的公开信
2009 年 11 月 8 日《文汇报》 宝钢教育基金会
支教奖学：薪火相传的崇高事业
——宝钢教育基金设立 20 周年回顾与展望
2009 年 11 月 10 日《文汇报》 刘国胜
宝钢股份与中海油达成战略合作协议
2009 年 11 月 12 日新华社 李 荣
致力高端产品研发 宝钢竞争优势显现
2009 年 11 月 17 日《中国工业报》 严伟明
宝钢获准收购澳矿 15% 股份 交易将在未来 5 个工作日内完成
2009 年 11 月 18 日《文汇报》 张晓鸣

宝钢点名褒奖这样的平凡事：关龙头、回收抹布、捡钢渣……
——10 万"最佳实践者"增效 10 亿元
职工自主立题自愿组队创新课题 5 576 个，提出合理化建议 16 万条
2009 年 11 月 19 日《解放日报》 陈玺撼
"最佳实践"激昂 10 万员工活力
2009 年 11 月 19 日《劳动报》 张 路
宝钢推行"最佳实践者"探源
2009 年 11 月 19 日《工人日报》 张 路
宝钢集团成为澳大利亚 Aquila 公司第二大股东
2009 年 11 月 23 日新华社 李 荣
宝钢完成对澳 Aquila 公司 15% 股权收购
2009 年 11 月 24 日《经济观察报》 林 俐
宝钢将增持 Aquila
2009 年 11 月 24 日《21 世纪经济报道》 杨瑞法
"人人都是最佳实践者，企业就能战胜一切危机！"
2009 年 11 月 29 日新华社 李 荣 王 敏
让每一个劳动者发出光芒
2009 年 11 月 29 日新华社 王 敏
宝钢："最佳实践者"活动推动企业创新发展
2009 年 11 月 29 日中央电视台《新闻联播》 严玮丽
十万职工燃火花 应对危机求创新 宝钢人人都是最佳实践者
2009 年 11 月 30 日《人民日报》 沈文敏
激发活力与智慧
——宝钢集团"最佳实践者"活动纪实
2009 年 11 月 30 日《光明日报》 王燕琦
宝钢：让每一位员工都成为"最佳实践者"
2009 年 11 月 30 日《经济日报》 李治国
激发基层力量于危机中崛起
——记宝钢集团成功迎战金融危机
2009 年 11 月 30 日《科技日报》 钱 炜
让普通人做出不同凡响的业绩
——宝钢开展"最佳实践者"活动纪实
2009 年 11 月 30 日《工人日报》 王娇萍
人人都是企业的主人
——宝钢集团 12 万员工投身"最佳实践者"活动纪实
2009 年 11 月 30 日《中国青年报》 刘 声
宝钢最佳实践者活动成效显著
2009 年 11 月 30 日中工网 张钦徽
人人都做最佳实践者 企业与职工共同成长
——宝钢最佳实践者活动综述
2009 年 11 月 30 日中工网 张钦徽

始于应对危机 不能止于应对危机
——访宝钢集团副董事长、党委书记刘国胜
2009年11月30日中工网　张钦徽

12月

湛江钢铁项目双博弈
2009年12月4日《21世纪经济报道》　邓　瑶
宝钢本周异军突起 或率钢铁板块度"暖冬"
2009年12月5日《每日经济新闻》　张　奇
宝钢交付首批大飞机用棒材
2009年12月8日《中国工业报》　严伟明
宝钢成功抢滩海内外轨交市场
2009年12月9日《文汇报》　张晓鸣
宝钢：钢铁业明年谨慎乐观 铁矿石未必能涨价
2009年12月17日《上海证券报》　朱宇琛
宝钢集团董事长徐乐江：形成宝钢特色的并购之路
2009年12月21日《证券时报》　韦小敏
宝钢实践者活动增效逾10亿元
2009年12月23日《中国工业报》　严伟明
宝钢：调价不会影响铁矿石谈判
2009年12月23日《证券时报》　黄　婷
中钢协副秘书长驳宝钢涨价阻碍谈判
2009年12月23日《每日经济新闻》　周晓芳
宝钢自主集成具有世界一流水平的冷轧生产线投产
2009年12月24日新华社　李　荣
宝钢自主集成冷轧产线在梅钢投产
具有世界一流水平
2009年12月24日《人民日报》　沈文敏
宝钢自主集成世界一流水平的冷轧产线在梅钢投产
2009年12月25日中央人民广播电台　吴善阳
宝钢自主集成冷轧产线在梅钢投产
2009年12月24日东方网　黄丽春
世界级冷轧产线在梅钢投产
2009年12月25日《文汇报》　张晓鸣
"自主"冷轧生产线正式投产　宝钢股份产品链延伸
2009年12月25日《上海证券报》　杨伟中
宝钢合资核电管国产化项目投产
2009年12月26日《证券时报》　黄　婷
国内首个核电用690U型管项目投产
2009年12月27日新华社　李　荣
核电重装关键管材国产化
——宝钢核电蒸发器用690U型管投产
2009年12月27日《人民日报》　沈文敏
中国首个核电蒸发器用690U型管国产化项目投产
2009年12月27日中央人民广播电台　吴善阳
百万千瓦级核电机组国产化关键管材
——宝钢690U型管投产
2009年12月27日《解放日报》　丁　波
宝钢核电用690U型管投产
2009年12月27日《国际金融报》　傅光云
核电蒸发器用690U型管国产化项目投产
2009年12月27日海峡之声　程娟娟
宝钢大舞台：老厂房变身时尚馆
2009年12月29日《东方早报》　刘　樯　杨　明

# 宝钢集团及部分下属公司通讯一览表

| 公司名称 | 网　址 | 联系电话 | 传　真 | 地　址 | 邮编 |
|---|---|---|---|---|---|
| 宝钢集团 | www.baosteel.com | 021－58350000 | 021－68404832 | 上海市浦东新区浦电路370号宝钢大厦 | 200122 |
| 宝钢股份 | www.baosteel.com | 021－26647000 | 021－26646999 | 上海市宝山区富锦路885号 | 201900 |
| 广东钢铁 | — | 020－83606035 | 020－83606095 | 广州市越秀区东风中路509号广东省建设银行大厦24层 | 510045 |
| 八一钢铁 | www.bygt.com.cn | 0991－3893018 | 0991－3891000或0991－3890035 | 新疆乌鲁木齐市头屯河区八一路 | 830022 |

（续表）

| 公司名称 | 网　址 | 联系电话 | 传　真 | 地　址 | 邮编 |
|---|---|---|---|---|---|
| 宁波钢铁 | www. ningbosteel. com | 0574－86859000 | 0574－86859126 | 宁波市北仑区霞浦临港二路168号 | 315807 |
| 宝钢化工 | www. baochem. com | 26648409 | 66789208 | 上海市宝山区同济路3501号 | 201900 |
| 宝钢资源 | www. baosteelresources. com | 68403333 | 68403528 | 上海市浦东新区浦电路370号宝钢大厦17楼 | 200122 |
| 宝钢金属 | www. baosteelmetal. com | 61805678 | 61801188 | 上海市宝山区双城路803弄宝莲城2#楼 | 200940 |
| 宝日钢丝 | www. baosteelwire. com. cn | 025－66989988 | 025－66989918 | 南京市经济技术开发区兴文路9号 | 210038 |
| 华宝投资 | — | 021－50122212 | 021－50122273 | 上海市浦东新区陆家嘴环路166号30楼 | 200120 |
| 华宝信托 | www. huabaotrust. com | 021－38506666 | 021－68403999 | 上海市浦东新区浦电路370号宝钢大厦7楼 | 200122 |
| 财务公司 | — | 021－38671331 | 021－68403608 | 上海市浦东新区浦电路370号宝钢大厦9楼 | 200122 |
| 工程公司 | bsee. baosteel. com | 021－66786678 | 021－56604813 | 上海市宝山区铁力路2510号 | 201900 |
| 宝信软件 | www. baosight. com | 021－50801155 | 021－50800701 | 上海市浦东新区郭守敬路515号 | 201203 |
| 宝钢检修 | — | 26641344 | 26641344 | 上海市宝山区同济路3521号 | 201900 |
| 宝钢检测 | www. bgddd. com | 26645333 | 56787471 | 上海市宝山区湄浦路335号 | 201900 |
| 宝华招标 | training. baosteelbidding. com | 26642577 | 26642584 | 上海市宝山区牡丹江路1813号宝山宾馆南楼1楼 | 201900 |
| 宝钢发展 | — | 56125101 | 56122654 | 上海市宝山区宝杨路889号 | 201900 |
| 一钢公司 | — | 26033235 | 26033237 | 上海市宝山区长江路868号 | 200431 |
| 五钢公司 | — | 26032130 | 56671316 | 上海市宝山区同济路303号 | 200940 |
| 梅山公司 | www. bsmeishan. com | 021－62076233 | 021－62076484 | 上海市安远路505号 | 200040 |

# 2010 YEARBOOK BAOSTEEL

# 索 引


1 专 记 ZHUANJI
13 专 文 ZHUANWEN
33 大事记 DASHIJI
41 概 述 GAISHU
63 规划发展 GUIHUAFAZHAN
67 管理创新 GUANLICHUANGXIN
79 科 研 KEYAN
97 基建与技改 JIJIANYUJIGAI
109 环境经营 HUANJINGJINGYING
123 人力资源管理 RENLIZIYUANGUANLI
135 财务、资产与审计 CAIWUZICHANYUSHENJI
141 宝钢股份 BAOGANGGUFEN
217 八一钢铁 BAYIGANGTIE
233 广东钢铁 GUANGDONGGANGTIE
239 宁波钢铁 NINGBOGANGTIE
245 多元产业 DUOYUANCHANYE
305 海外公司 HAIWAIGONGSI
313 综合管理 ZONGHEGUANLI
325 党群工作 DANGQUNGONGZUO
353 企业文化 QIYEWENHUA
365 人物与表彰 RENWUYUBIAOZHANG
377 附 录 FULU
401 索 引 SUOYIN

# 索　引

## 说　明：

一、本索引采用主题词索引法，按主题词（专用名、人名）首字的汉语拼音顺序排列。

二、主题词（专用名、人名）后面的数字表示内容所在的页码，数字后面的 A、B、C 表示内容所在的栏别。

三、表格、表格内容的索引页码后面注有“表”字；图片索引的页码后面注有“图”字。主题词已写明“表”、“图”的不再加注。

四、为便于读者检索，以“宝钢”打头的机关、企业单位名称一般不冠以“宝钢”两字，易产生歧义者除外。

五、内容有交叉重复的，在本索引中有重复出现的情况。

### A


阿不都瓦克·阿不力米提　368 表，372A
艾尔肯·吐尼亚孜　223A
“爱、献、作”主题活动　332B
安全标准化管理　100A
安全管理者研修会　319A，350B，351B
安全培训教育　100B
安全施工过程控制　106B
安全施工事先控制　106B
安全事故事后控制　106B
澳大利亚 Aquila 公司　48A，138C，139A，391，398B


### B


BM2 冷轧作业计划　94B
BPS 生产经营理念　195C
八钢国际贸易股份有限公司　219 图，230A
八钢金属制品有限公司　219 图，231A
八一钢铁股份有限公司　219 图，227B
八一钢铁有限公司　2，34A，38B
“百项经典暨精品工程”　12，39C
宝巴公司　166A，312C
宝岛贸易有限公司　249 表，309A
宝钢澳大利亚矿业有限公司　309C
宝钢拔河队　339C，340 图
宝钢“表扬团委”　373C
宝钢长寿工业服务公司　324C
宝钢第四次团代会　61B，341A
宝钢第四届技术创新大会　8，80A，86C
宝钢电视台　350C，360C，362A
宝钢电视新闻　362B
宝钢发展平台建设　73B
宝钢发展有限公司　48A，128A，134A，191C，275B，280A，285A，285B，285C，303B，352C，373C，388
宝钢发展战略　29，47A，265C
宝钢工程技术集团有限公司　257A，261C，262A
宝钢股份黄石涂镀板有限公司　145 表，208C，375C
宝钢股份铁区专家委员会　83C
宝钢股份研究院　80A，84C，274C，374C
宝钢国际化经营 5 年规划　66A
宝钢红旗党支部　372C
宝钢“红旗团委”　373B
《宝钢基层党支部工作调研报告》　329A
宝钢集团　2，3，4，5，7，10，19，20，21，27，34A，35B，36A，37A，37B，37C，38A，38B，39A，40A，40B，40C，42A，42B，43A，43B，44A，45 表，45B，46A，65A，66A，72C，74B，75A，77C，80A，80C，81B，83C，98A，99 表，100 表，102B，108B，111A，111B，118A，124A，131，133B，136C，137A，137B，137C，138A，138B，138C，139A，142A，152C，175C，195B，202C，203C，206B，207A，208C，213 表，218A，222 图，222C，223B，223C，225C，229C，230A，234A，234B，235A，236C，237A，237B，237C，240A，242C，243 图，243A，243B，243C，246A，247B，249A，251C，252C，255A，257A，262 表，262A，264C，265A，265C，268B，269A，269B，275B，281 表，281A，281C，282A，282B，285A，287A，287B，287C，288A，288C，289 表，290A，290B，290C，292A，292C，293A，293B，293C，295B，295C，297 表，300B，302A，302B，302C，303A，303B，304B，306B，306C，306 图，308A，308B，309A，309B，309C，310A，310B，310C，311A，311C，312B，315C，316A，316B，316C，318C，323B，326A，332B，338A，338B，339A，339C，340A，340B，340C，341B，346A，347C，356B，357 表，359C，360A，362B，362C，363A，363B，363C，366A，366B，367A，374A，374B，374C，375A，375C，378，385，387，388，390，391，392，395A，395B，396B，397A，398B，399A，399 表
宝钢集团财务有限责任公司　47B，145 表，300A，303A
宝钢集团南通线材制品有限公司　37B，253A，254 表
宝钢集团上海第一钢铁有限公司　128A，282B，373C
宝钢集团上海梅山有限公司　128B，206B，292A，296 表，373B
宝钢集团上海浦东钢铁有限公司　43A，43B，128A，285A，387
宝钢集团上海五钢有限公司　128B，287B，373C
《宝钢集团社会责任报告》　356C，357A
宝钢集团新疆八一钢铁有限公司　2，43B，

127B，218A，219 图，220A，367A，393，394
宝钢集团有限公司 4，11，12，15，17，21，23，25，29，32，34A，34B，35A，37B，37C，38B，39B，42A，42B，44 图，45 图，56 表，58 表，62A，68A，68B，69A，125A，126B，127B，139A，174A，204A，234A，237A，243 图，244 图，248A，274A，300A，300B，301A，302C，303A，303B，317A，319C，321C，326A，329C，331B，341A，341B，342C，343C，344A，349B，352C，355A，355B，358B，359A，362A，362B，366A，366B，367A，367B，371 表，372A，373C，375B，378，385，387，388，389，390，391，392，393，394，395
《宝钢技术》 86C，92A，363A，389A
“宝钢技术创新体系发展纲要” 82A
《宝钢技术研究》(英文) 363B
宝钢简介 PPT 版 358B
“宝钢奖学金” 26
“宝钢教授” 83B
宝钢教育基金 26，27，28，29，40A，356A，364 图，364C，398A
宝钢教育基金会 26，27，29，341C，363C，364A，396B，398A
宝钢教育奖 26，27，28，40A，364 图，364B，364C，398A
宝钢“金牛奖” 372A
宝钢金属有限公司 47B，127C，138C，249A，252B，369 表，373C，392
《宝钢经济与管理》 349B，363B
宝钢科技节 347C，388A
宝钢历史陈列馆 279 图，321C，329A，334C，336B
宝钢美洲贸易有限公司 145 表，166A，311C
宝钢年度人物颁奖典礼 355A
《宝钢年鉴》 359B，359C，362C
宝钢年金计划 126A
宝钢欧洲贸易有限公司 145 表，166A
宝钢欧洲有限公司 310C，311A
《宝钢培训》 363C
宝钢品牌共享平台 358B
宝钢评标专家库 274B
《宝钢汽车板的故事》 358A
宝钢全球性发展研究 78B
宝钢人力资源服务中心 126A
《宝钢日报》 59A，276B，316A，320C，321C，323A，324A，327A，333A，348A，348B，350A，350C，351A，351C，352A，352B，360C，361A，361 图，362A，362C
《宝钢日报》电子版 362B
宝钢日报社 360C
宝钢社会责任指标体系 356B，356C
《宝钢数模知识大全》 133A
宝钢淞涛艺术团 323B
《宝钢外事月报》 316C
宝钢网站 59A，59B，358B，360B，362B
宝钢文学艺术团体联合会 351C
《宝钢文艺》 363C
宝钢新加坡贸易有限公司 145 表，166A，306C，368 表
宝钢新日铁汽车板有限公司 91A，145 表，165C，210A
《宝钢形势任务教育》 59A，328B，328C
宝钢业余合唱团 339 图，339B
宝钢“银牛奖” 372A
宝钢印铁(北京)分公司 252A
宝钢优秀党支部书记 373A
宝钢优秀共产党员 373A
宝钢员工网络论坛 61B，74C，340C，341A，385
《宝钢》月刊 363A
《宝钢职工民主管理基本制度》 337C，338A
《宝钢志》 359B，359C
《宝钢资源可持续发展报告(2006—2008)》 111B
宝钢资源有限公司 47B，127C，246A，369 表，373C，392，393，394
宝钢自动化学会 347A，347B
宝和通商株式会社 145 表，166A，306A
宝华瑞矿山股份有限公司 145 表，312B
宝金企业有限公司 145 表，166B，308A
宝日钢丝三期工程 105B，256A，256C
宝瑞吉合资项目 309C，310A，310B
宝山宾馆 281A，281B，281C，282A，316C，364B，400 表
宝山钢铁股份有限公司 43A，84C，125A，127B，142A，143B，143C，147B，147C，148A，152C，163B，164B，165B，204C，210A，303B，326A，355A，358B，366A，366B，367A，367B，369 表，370 表，373C，374，387，392，393
《宝山区志》 360C
“宝盛51”轮 294A
宝信软件技术中心 80A，94A，94 表
宝运企业有限公司 145 表，166A，308B，308C
“保护环境节约资源”行为 354C
保密和国家安全工作 170A
备件采购国产化 155A
表面纳米化技术研究 87A
表面质量缺陷图谱技术 71B
薄带连铸项目 87A
不锈钢废弃渣钢循环利用 121A
“不锈钢技术研究”项目 87C
不锈钢品牌 358B
不锈钢事业部 9，45 图，46B，70C，71C，72A，82C，83C，87C，88A，100 表，105B，106B，106C，114B，114C，116B，118A，121A，129B，130C，137B，145 表，150B，151A，154B，154C，157A，157B，162C，165B，183C，184A，185A，193C，194A，194B，195A，195B，195C，200A，200B，214B，215A，215B，215C，216A，216B，216C，283B，320B，326C，337A，338C，343C，345A，346A，349C，350C，351A，369 表，372C，373C，374C，375A，375C，376C

## C

CCTV60 年 60 杰出品牌 12，358C
COREX 炉渣再生利用技术 119C
《财富》杂志 11，35B，37C，44B，143A，173 表
财务服务与数据共享中心 44，136，137
财务服务中心 72A，137A，137B，152B，163B，166B，168A，215B
财务核算信息系统 151A
财务信息系统 137C，251C
采购供应链系统 76A，94C，168C，269A
“采购数据仓库” 76A
蔡伟飞 128A，275C，394A
曹国京创新小组活动室 295A，295B
曹先常 215A，370 表
草坪改麦冬 119A
产供研协同攻关 155A

产品事业部　48A，72A，142B，152A
产权经纪　138B
“产学研用”合作高层论坛　80A
产业策划研究　78A
产业链共赢　15
产业重组　14，15，234C，246
长宁新十钢视觉文化产业基地　288B
超高强汽车板　5，47A，82B，150B，151A
陈德林　126B，127B，367A，387A
陈加元　243C
陈炯　261A
陈敏尔　243A
陈品宇　369 表
陈倩　370 表
陈守群　163C
陈万君　166A
陈卫东　128A，262B
陈英颖　127A，164A，394A
陈缨　147A，170B，170C，172A，173 表，215B，303C
陈跃　126C，127A，164A
陈在根　127C，268B
陈忠宽　2，3，127B，218B，222 图，222C
陈祖东　35C，368 表，371 图
成本“倒逼”机制　207B
成本对标管理　167A
成本对标平台　136C
成本改善活动　85A，85B，276A，387A
成本改善专项劳动竞赛　206A
“诚信托——TOP 大奖”　302A
程道智　367 图，367B
惩防体系建设　61B，247C，329B，329C，394
创新方法—TRIZ 理论培训班　348B
崔健　127B，127C

D

大安全体系　50A，50B，319B
大型原油船“新埔洋”号　3，37A
带钢表面检测技术　84A
带钢表面检测系统　86A，90A
戴志浩　4，126B，127C，143B，146A，147A，163A，165C，166B，171B，171C，210B，214C，246B，308B，367A
“当代发明家”荣誉称号　11，35C
“党建创新论坛”　327C
党委中心组学习　24，252B，328A，328B，329C
“党员登高”创优活动　327B
党政领导班子专题民主生活会　326B，326C
德国第六届先进材料加工制造国际会议　345B
第 12 次史志专家咨询会　359B
第八届 MES 专题研讨会　347B
第六届中国国际不锈钢大会　346A
第四代核电最核心部件用钢　177C
第四届宝钢学术年会　347A
“第四届全国年鉴编纂出版质量评比”　359B
第五届国际炼铁科技大会　39C，258C，345C
第五届欧洲轧钢大会　345B
电子党务建设　327C
电子商务　35B，62A，74B，74C，75B，104A，152B，154B，211A，211C，213 表，214B，269A
东华大学　272A
董事会　4，18，19，20，21，23，24，34A，36A，40C，44 图，46A，48A，48B，68A，68B，68C，68 表，69A，69B，69C，69 表，73C，126B，127B，143A，143B，143C，146A，146B，146C，147A，147B，147C，152A，163B，170B，170C，171A，171B，171C，172A，173 表，210B，214C，216C，218B，218C，219 图，220A，220B，220C，232C，234B，235C，236A，237A，243C，248B，251A，256C，304C，308B，309C，314A，314C，338A，356C，357B，367A，378，379，380，381，382，383，384，385，387A，389，395B
都江堰幸福家园　250C，252A，355C，396B
都江堰灾后重建　86B
对外经济技术合作专项资金　168A，390A
多层次竞争力分析　153A
多元产业投资项目　64A
多元产业战略规划　64A

E

《2008 宝钢年鉴》　359B，359C，360A，362C，363A
《2009 宝钢年鉴》　359C，360A，362C
2009 年度上海市学科带头人计划　261A
2009 年度“中国十大创新软件企业”　272C
2009 年钢铁技术会议及展览会　345A，345B
2009 年全国冷轧板带生产技术交流会　345C
2009 年全国炉外精炼生产技术交流研讨会　345C
2009 年全国企业类会计领军人物　253B
“2009 年上海市模范职工之家”　253C
2009 年亚洲钢铁大会　345B
2009 年中国不锈钢行业年会　35B，345C
2009 年中国钢铁年会　346B
2009 年中国国际工业博览会　359A
2009 中国企业社会责任榜　12，39B
2009 中国企业社会责任特别大奖　12，39B
2009 中国资本市场最佳创富 IR　215B
2010—2015 年度人力资源发展规划　125A
《2010—2015 年公司发展规划》　65A
2010—2015 年技术创新规划　82A
2030 新增连退机　106A，216C，258A

F

“发明创业奖”　11，35C，214C
法人治理结构　21，68A，68B，124A，152A，167B，378
法兴华宝汽车租赁(上海)有限公司　40A，301A，355C
反腐倡廉工作　61B，62B，130A，261B，284B，327C，329B
反腐倡廉制度建设　284B，329C
范松林　253B
方洁靓　370 表
非调质石油套管用钢 N80－1　93A
非敏感、非发达市场　311B
废硫酸再生利用　122A
废水处理生物菌种循环再利用　120C，121A
废水“零排放”　113A
分厂厂长联谊会　349C，350C
“分析测试研究”项目　91B
风险导向内部控制　73C

风险信号有效传递　73C
冯敏刚　261C
佛山宝钢制罐有限公司　36B，36 图，253A，254 表
伏中哲　126B，143B，143C，146A，147A，163A，171C，210B，363C，367A，388A
服务满意　265C
符强　223A
副产煤气利用与减排技术　110B
傅新宇　126B，126C，164A，394A

干熄焦余热发电　113B，117B，221C
“感动员工、感动用户”故事　59A，207C，252B，354A
钢材延伸加工业　43B，246A，249A
“钢材一站式服务”　221C，229A
钢管条钢事业部　45 图，72A，98C，100 表，129B，134B，145 表，160C，161B，165B，187C，201B，201C，202A，202B，202C，203A，203C，204A，215A，215C，216A，374C，375A，375C
“钢管条钢研究”项目　88C
钢铁产业政策　5，64A
钢铁单元竞争力　64A，65B，153B
钢铁发展规划　42B，64A，152C
“钢铁联合研究基金”　80B，80C
“钢铁流通创新团队”　343C
钢铁投资项目　64A
钢铁行业软件市场　269B
钢铁主业　4，16，19，25，43A，43B，46A，46B，47A，47B，48A，50B，65A，65C，66A，68A，73C，84A，85A，125C，142A，145 表，148 表，152A，206B，212A，235B，246A，249A，250A，257A，260A，262C，263A，263B，263C，264A，264C，265B，265C，266A，268C，275A，282B，285A，287C，297A，300A，300C，381
高层建筑用钢　159A，183
高钢级大规格高镍基合金油管　6
高炉风口双枪喷煤技术　93B
高强度结构用钢　159B
高效辊式电磁搅拌器　86A
工程安全监督管理　106B
工程技术板块　47B，78A，257A
工程技术服务业　43B，246A，257A
工程设备电子采购平台　75C
工程设备电子商务平台　104A
“工程设计统一技术规定”　102B，103A
工程“双优”工作　330C
工会主席研修班　339A
供应链一体化管理　150A
供应商管理　62A，99B，104A，134B，154B，155B，186A，243A，330C
共享信息系统　74C
“共享阳光”项目　267C
股东大会　19，20，143A，143B，143C，170B，170C，218B，218C，237A，314C
固定资产投资　46A，64B，65 表，66B，66C，98A，147B，220C，224C，228A，295A，299C，385，386，387
固废返生产利用　119B，119C，121A，148 表，148 表，151 表，188B，195B
“固废资源产业化”　65C
关心下一代协会　324B
管理变革　7，24，45B，48A，48B，49A，59A，59B，60A，69B，74A，82A，129A，129B，136A，137A，137C，139A，139B，142B，148C，152A，152B，152C，153B，166B，185A，188A，209C，246B，257C，298C，319A，326C，328B，334C，338B，361A
管理变革百日计划　194A
管理人员主题实战演练　142C，161C，162A
管理者审计实务培训　140C
管线钢　40B，46B，82A，84B，85B，88B，142A，148A，149 表，160A，175C，177A，178A，183A，183B，183C，184A，205A，215A，221A，221 图，223C，226A，227C，311B
广东钢铁集团有限公司　43B，127B，234A，236A，395A
广州 JFE 钢板有限公司　77A，269C，272B
规划发展　1，7，13，33，41，44 图，47B，60B，63，64A，65A，67，79，80A，80B，80C，81 表，97，109，123，126C，135，141，217，233，239，245，246A，305，312A，313，325，353，365，377，390，401
规划管理模式　65A
规划管理体系共享服务平台　65A
轨道交通监控平台　95A
贵州水矿集团　248A
滚筒渣处理装置　38C，120A，397B
郭斌　126C，127A，164A
郭伯雄　2，38B，223B
郭恒明　163C
国防教育　319C，320B，320C
国防潜力调查　320C
国际不锈钢论坛　344A，345A
国际钢协　110B，329A，344A，344B，344
国际化人才培养　60B，125C
国际金融危机　3，7，12，24，25，69B，246B，284B，342B，355B，363B
“国家创新能力建设工作先进个人”　216B
国家发改委　3，4，5，240A，244B，268C，271A
国家技术发明奖　10
国家科技进步奖　10，34A，50A，110B，214A，375C
“国家科学技术发明二等奖”　86C
国家“千人计划”人才　87A
“国家认定企业技术中心成就奖”　86C，216B
国家软件业 AAA 级信用企业　76C
过程控制系统　90C，95B

海内外营销网络　150B
海外钢铁生产　48A
海外高层次人才创新创业基地　39C，60B，80B，125A，125B，387
海外工作会议　66A
海外技术服务快速响应团队　158A
海外三大体系建设　48A，64A
海外营销服务　48A
海外资源保障　48A
海洋平台用齿条钢　88B，159C
邯宝公司　39B，138A，138B，269C，318B
韩鹏根　127C，257C
韩正　39C，272B
焊管防腐涂层项目　104C
“焊接与表面技术研究”项目　89A
郝荣亮　128A，265B，268A
何梅芬　163B
何权　261A

何汝迎 165B, 165C
何文波 3, 7, 8, 29, 32, 34A, 36A, 68 表, 113C, 126B, 127B, 132 图, 143B, 143C, 146B, 146C, 147A, 163A, 234C, 311C, 316A, 346C, 359A, 361B, 366A
核安全一级钢板 82B
核心技术链 82B
黑皮钢 B510LF 93A
胡达新 128B, 288A
胡锦涛 2, 10, 15, 29, 38B, 223A, 252C
胡文 369 表
胡学发 165B
斛丕明 163B, 164B
沪外子公司工会工作 339A
华宝投资有限公司 40A, 47B, 127C, 300A, 300B, 355C
华宝信托有限责任公司 47B, 300A, 300B, 301A, 302B, 302C
华宝兴业基金管理有限公司 48A, 300A, 301C, 302A
华宝证券有限责任公司 300A, 302C
化工公司技术中心 80A, 95C, 96 图, 96 表, 369 表
环保和资源再利用技术 82C
环境经营 1, 7, 8, 13, 31, 33, 39A, 39B, 41, 50A, 63, 66C, 67, 69B, 78A, 79, 82A, 91A, 97, 109, 110A, 123, 135, 136B, 141, 153A, 217, 233, 239, 245, 260A, 305, 313, 325, 344A, 353, 359A, 361B, 365, 377, 401
"环境与资源研究"项目 91A
黄昌元 223A
黄华华 3, 39B, 236C
黄石涂镀板有限公司 166A
黄伟良 164A
黄兴荣 166A, 312A

J

基层党组织"两委"换届工作 326C
吉志勇 267A, 267C, 373B
集团管控系统 74B
计国忠 369 表, 374A
纪超 309B
技师协会 350B, 351A
技术创新机制 50B
技术创新体系 37A, 64B, 64C, 151B, 389
技术创新重大成果奖 64C, 65 表, 80C, 335A, 336A
技术共享平台技术答疑模块 83B, 83C
甲型 H1N1 流感 281C, 316C, 324A, 389A
贾砚林 127C, 249B, 255B
贾怡芸 127A, 164A
监事会 23, 25, 27, 36A, 44 图, 68A, 69B, 69C, 126B, 143A, 143B, 147B, 147C, 167C, 170B, 170C, 171A, 171B, 214C, 218C, 234B, 237A, 248B, 300C, 314A, 357B, 366A, 379, 380, 381, 382, 384, 386A, 393A
建设技改 6 年规划 66C
江金仙 370 表
江苏宝浦鑫业钢铁资源有限公司 248A, 249 表
姜敏 165C
"讲理想、比贡献"竞赛 335C, 348 图, 348C, 372B
蒋立诚 127B, 147A, 163A, 165B, 368 表
蒋为民 126B, 126C
交竣工管理 101C
焦炉荒煤气余热回收技术 93A
焦炉破损机理研究 93B
节能宣传周 113B, 113C, 284C
节能照明方案 117C
"结构钢研究"项目 88A
"金刚钻小组" 215A
"金苹果"计划 8, 32, 39C, 60A, 81B, 86C, 125B, 151C, 361B, 392
"金苹果"研发团队 32, 151C
金融板块 47B, 300B, 304C
金业报废汽车回收(拆解)有限责任公司 230C
金属包装业上市 138C
禁入制度 330C
经济管理研究院 44 图, 49A, 73C, 77C, 92A, 127A, 356C, 356A
精密钢管厂 MES 系统 76B
精密钢管内表面除尘装置 113B
精细化管理 71A, 77B, 119C, 154C, 187A, 303B
九三宝钢支社 336B
九三梅山支社 337B
九三特钢支社 337A
九三冶金支社 337C
九三一钢支社 336C, 337A
聚酯彩涂板 9
捐赠救助 352C
军民共建活动 321A

抗菌不锈钢产品 37A, 112A
科技年度计划及预算 80B
科研资源共享平台 69C
可持续发展报告 111B, 143C, 147B, 247C, 356B
可持续发展课程开发 111A
可视化绩效管理 180C
肯尼亚管线管招标项目 311C
空调系统节能方案 115C
孔利明 11, 35C, 214C, 351A, 355C, 371 图
库存周转速度 46A, 142B, 154C
跨单位轮岗锻炼 162B
"快乐创新"工作法 178A

老干部(老年)大学 323B
冷拔管用钢 BLB280 92C
黎明 26, 243B, 244B
《黎明传略》 360C
李庆予 127C, 246B, 309B, 310A
李荣融 3, 37A
"李维聪创新团队工作室" 214A
李文 126C, 163B
李永祥 127B, 147A, 163A, 165C
李裕海 369 表
锂离子电池负极材料 95C, 96A
"炼铁新技术研究"项目 89C
廖生行 370 表
林希玲 163C
林秀贞 163B
临时董事会 143B, 170C, 381, 382
临时股东会 218C, 220C, 243C
令计划 2, 223B
刘安 127B
刘百臣 368 表
刘代德 165C

刘东　369 表
刘国胜　8, 23, 25, 26, 29, 34A, 38B, 68 表, 126B, 127B, 130A, 143A, 163A, 234C, 244 图, 295C, 306C, 306 图, 326A, 339B, 340A, 347C, 356A, 366A, 397B, 398A, 399A
刘铁男　5
刘玉文　165B, 165C, 166A
刘占英　126B, 127B, 130A, 163A, 164A, 306 图, 366B
六西格玛精益运营　189C, 194B, 202A
龙穴造船有限公司　3, 37A
楼定波　127B, 147A, 163A, 165B, 165C, 214B, 344A, 345A, 345C, 346A
鲁宝工贸有限责任公司　166A
鲁兆明　310A, 310C
陆国清　126C, 308B
陆俊勇　126C, 318A, 318C
陆宪卫　127A, 348C
陆怡梅　163B
路巧玲　126C
绿色宝钢　7, 8, 86B, 110A, 119A, 208B, 347C
绿色采购　7, 110A
绿色产品系列手册　158B
绿色发电　111B
罗汉　126B, 366A
罗泾工程环保项目　110C

M

马国强　5, 36A, 126B, 127B, 143A, 143B, 146A, 146C, 147A, 163A, 171B, 214C, 366B, 388, 397B
马迹山港二期工程　104C, 191B
马开辉　370 表
马苏　164A
毛展宏　165C, 210B
梅钢二号脱硫站　104B
梅钢公司技术中心　80A, 92B, 92 图, 92 表
梅钢冷轧工程　5, 40C, 42B, 47A, 82A, 85C, 86A, 98A, 151A, 259A, 269B
梅钢四号高炉　105A
梅山矿工贸改制　73A
煤精脱苯塔　96C
煤系针状焦工业化示范装置　95C
美国《工程索引》　265A
民兵预备役　319C, 320C
民革宝钢支部　334B
民建宝钢工作委员会　335C
民进宝钢委员会　335C, 336A
民盟宝钢总支　334C, 335A
民盟五钢特钢支部　335A

N

耐候钢板　160A
耐候花纹板 H－Q195　93A
耐硫酸露点用钢 BNS440　92C, 207C
南京宝日钢丝制品有限公司　254 表, 255A
南通宝钢钢铁有限公司　145 表, 165C, 167B, 203C, 389A
内部审计监督　251B
能源学会　351B
能源一体化通廊系统　70C
倪建平　368 表
“年度经营纲要”　65C
年度软件生产力风云榜　77B
年末民主生活会　331C
宁波宝新不锈钢有限公司　145 表, 165C, 193C, 195B
宁波钢铁有限公司　4, 35A, 43B, 127B, 240A, 243C, 244 表, 318A, 387A, 392A, 393A
宁波钢铁重组项目　138A
农工宝钢支部　336A, 336B
努尔·白克力　2, 222B, 223B
努尔兰·阿不都满金　223A

O

OA 行业用钢　156A
欧阳英鹏　12, 126B, 127B, 128A, 143B, 143C, 163A, 214C, 326A, 339B, 359C, 366B

P

PQT 分析模型　211A
潘智军　368 表
庞锐　281B
彭克玉　312A
品牌管理　358A
品牌建设项目竞技合作团队网络　358C
品牌建设执行网络　358C
品牌职能管理制度　359A
平安单位　134C, 289C
浦钢搬迁一步工程环保项目　4, 35A

Q

企业文化建设月　210B
企业智库　77C
“汽车板研究”项目　87A
汽车板营销与服务一体化　70A
汽车结构钢 ZQS500L　93A
“千人计划”　60A, 80B, 87A, 125A
“前沿技术研究”项目　87A
钱建兴　127C, 297C, 300A, 300C
秦长灯　127A
青年职业生涯导航活动　61B, 342A
“青苹果”计划　48B, 60A, 125B, 342B
情报研究　91C, 92A
庆祝新中国成立 60 周年活动　323B, 351C
邱成智　166A, 307A
球罐用钢　160A
球团项目　3, 39B, 39 图, 47B, 99 表, 105C, 235B, 236A, 236C, 237B, 237C, 238B
取向硅钢　6, 39A, 47A, 80A, 82B, 86A, 91C, 114A, 148B, 150B, 150C, 151A, 156A, 176B, 192A, 192B, 192C, 193A, 193C, 214B, 215A, 215C, 216A, 355B, 372B, 374C, 392, 393, 395, 396A, 397B, 398A
全国“安康杯”竞赛优胜单位　225B
全国第五届腐蚀大会　346A
全国企业年鉴研讨活动　360B
全国设备管理优秀单位　185A, 268A
全国设备管理优秀工作者　185A, 268A
全国“优秀质量管理小组”　72C
全流程工程师培养　142C, 152B, 162A
全面风险管理　68C, 73C, 143C, 171B, 286C, 330A, 380
全面风险管理体系　49A, 152B, 171B,

381
全球金融危机　8, 14, 15, 66B, 212A, 262B, 311B, 311C, 332B, 334B, 334C, 335C, 336C, 346C, 361A
“全球最受尊敬企业”排行榜　11, 35C
全员、全面、全过程成本改善劳动竞赛　338C
群众性安全体系　338B

## R

Roberto Gottschalk　312C
RO 反渗透废水回用装置　120A
热连轧机组辊形与板形研究　94A
人力资源保障体系　48A
人文关怀活动　260B, 291C
软件生产力推进风云人物奖　273A
软件外包市场　270C, 271A
软件专利技术　75A

## S

SM570 钢板　159B
3D 培训　104B
“三次除尘”技术　112A, 397A
三大共享服务机制　140A
三烧结脱硫装置　5, 38C, 50A, 111C, 112A, 216A
“三星级交通安全资信企业”　191B
山景尾矿库工程　294A
上海宝钢工程技术有限公司　47B, 127C, 257A, 261C, 332B, 369 表, 374A
上海宝钢工业检测公司　47B, 128A, 257A, 262 表, 370 表
上海宝钢国际经济贸易有限公司　48B, 145 表, 165C, 211A, 274A, 369 表, 370 表, 373C
上海宝钢航运公司成立　246C
上海宝钢化工有限公司　47B, 95C, 127C, 145 表, 297A, 368 表, 369 表, 370 表, 371 表, 373C, 388, 391, 392
上海宝钢设备检修有限公司　47B, 128A, 257A, 265A, 369 表, 373C, 391
上海宝华国际招标有限公司　47B, 257A, 274A
上海宝信软件股份有限公司　47B, 127C, 145 表, 257A, 268A, 373C
上海财经大学金融学院　272 图, 272B
上海第一钢铁有限公司　48A, 282B
上海二钢有限公司　287C, 289 表, 290A, 390A
上海科技馆　274C
上海科技企业创新奖　261A
上海梅山钢铁股份有限公司　145 表, 165C, 206B, 292A, 370 表, 371 表, 392A
上海浦东钢铁有限公司　285A
上海申通地铁集团公司　77A, 272A
上海市第七届“十大工人发明家”　267C
上海市高新技术成果转化项目　268A
上海市工人技术创新能手　215A
上海市共青团工作“首创奖”　214A, 370 表
上海市杰出青年岗位能手　215A, 342C, 370 表
上海市模范职工之家　248C, 369 表
上海市青年岗位能手　370 表
上海市十大工人发明家提名奖　215A
上海市十大职工科技创英才　215B
上海市文明班组　174A, 267C
上海市五四特色团委　216C, 370 表
上海市五一劳动奖状　211A, 211 图, 216B, 369 表
上海市新长征突击手　370 表
上海市学习型企事业标兵单位　211A, 216B, 369 表
上海市优秀质量管理小组　72C, 342C
上海市质量管理小组活动优秀推进者　72C
上海市质量管理小组活动卓越领导者　72C
上海市质量信得过班组　72C
上海五钢有限公司　287B
上海职工文学创作基地　352A
烧结专家系统　95B
设备故障闭环管理　71C
《社会责任报告》　50A, 362C
沈雁　163B
审计成果的闭环管理　152A, 169
审计“结果导向”机制　140A
审计体系支撑服务机制　140B
审计信息来源及项目甄别机制　140B
生产服务业板块　48A, 275A, 285B, 285C, 286C
施工资源管理　102A
石启荣　244C
史志办　44 图, 62B, 124A, 126C, 354A, 359C, 360A, 360B, 360C, 362C
“世博服务明星奖”　10, 34A
世博会餐饮服务供应商　282A
《世界钢铁》　92A, 363A
“世界级钢铁公司”　11, 12, 38A, 43B
市场化选聘　124B
市场快速响应机制　247A
市名牌信息服务企业　76C
适龄青年入伍　320C
首届北部湾廉政论坛　274C
首席师　161C, 162A, 174B, 206A, 208C, 299A, 361C
数字化审计　140A
数字化招标　274B
双相不锈钢　87C, 90C, 199B, 200A
司海容　369 表
司阳　369 表, 374A
淞涛诗社　324A

TMCP 船板　159C, 177A, 177C, 178A, 205A
特钢事业部　6, 45 图, 70A, 72A, 74A, 76A, 98C, 99 表, 100 表, 105A, 108C, 112B, 121A, 134B, 145 表, 150B, 154B, 154C, 162C, 165B, 184C, 185B, 187C, 197A, 197B, 197C, 198A, 198B, 198C, 198 图, 199B, 200B, 200C, 201A, 215A, 216B, 288A, 290C, 326C, 338C, 349C, 350C, 359A, 369 表, 370 表, 372C, 373, 374C, 375A, 375C, 376C
“特钢研究”项目　88A
特厚板离线超声波探伤设备　178B
特种设备信息系统　319B
铁合金无库存管理　154B
统一会计系统　48B, 74B, 136B, 137C, 227A, 247B, 269A
投资目标优化方案　99A
投资者关系　170C, 171C, 172A, 173 表, 362C

## W


5J 生产管理模式　195C
汪金德　34A, 69 表, 126B, 127B, 130A, 163A, 164A, 338A, 339B, 367A
汪洋　3, 37A, 39B, 236B, 236C
王丙光　163B, 164B
王成然　126B, 127C, 301A
王存璘　126C, 390A
王光才　127A
王国清　81 表, 368 表, 376A
王沪宁　2, 223B
王华强　166A, 308C
王继明　163B, 164B
王建强　265A
王金旋　127C, 249B
王静　165C
王康健　10, 35C, 47A, 81 表, 214A, 368 表, 371 图, 375C
王乐泉　2, 3, 34A, 38B, 39A, 218 图, 222B, 223A, 223B
王 力　126B, 126C, 127, 297C, 300C, 367A, 387A
王利群　163B, 163C, 166A, 308C
王璐佳　281C
王强民　128B, 292B, 295B, 389A
王少杰　163B
王文海　127C, 268B, 333C, 388A
王旭午　166A
王奕　368 表
王正茂　255C
网络培训　128C, 128C, 128 图, 132B, 132C
网络培训系统　74C
网上招投标资金托管平台　275A
维护稳定工作　24, 59C, 286C
维稳信访　170A, 315A, 393A
文化产业园区　288B
文明施工管理　100C
“文学艺术专版”联展　351C, 352A
沃海波　368 表
无偿献血　352C
无缝 140 机组　105A
无形资产价值评估　83A
吴东鹰　127A
吴国庆　166A
吴海燕　370 表, 374A
吴军　163B
吴琨宗　163B
吴淞职工体育中心　288B
吴志荣　332B, 368 表
《五钢报》　288A
五冷轧连续退火机　104B, 104C
物流动态管理　157C


## X


奚健生　368 表
系列冷轧搪瓷　156C
消防专项验收　102A
销售及物流管控系统　76A
肖得义　126C
协力成本　162C, 200C
协力管理一体化　70C, 152B, 283B
协力业务回归　162C
谢企华　40B, 244B, 316A, 346A
谢蔚　163B, 165B
新版一体化监控指挥平台　75B
新建、兼并重组钢铁基地产线规划　64A
新一轮技术创新规划　80B
信息安全管理　75A, 271
信息共享　48B, 70B, 74C, 140A, 150A, 158B, 172C, 183C, 238B, 260B, 392
“星海”奖　352B
形势任务教育　59A, 121B, 130B, 252B, 262C, 285C, 291C, 324B, 328B, 328C, 337B, 340C
徐国林　128B, 292B
徐辉宇　369 表
徐匡迪　36C, 215B
徐乐江　3, 5, 7, 8, 14, 15, 17, 21, 23, 34A, 35B, 36A, 39A, 68 表, 126B, 127B, 133B, 143A, 143B, 143C, 146A, 146B, 147A, 163A, 223C, 236B, 236C, 243 图, 288C, 316A, 344B, 344C, 346B, 346C, 351A, 356A, 361A, 361B, 366A, 395A, 395C, 396A, 396B, 396C, 397B, 399A
徐宪民　126C, 359B, 360A, 360B, 360C, 363A
许宏钧　128A, 265C, 394A
许俊章　128A, 282C
学习实践科学发展观活动　48A, 59B, 243B, 244B, 326B, 328A, 333A
《学习与创新》　363B
循环经济规划　78A, 151 表, 151C


## Y


雅满苏矿业有限责任公司　231C
烟台宝钢钢管有限责任公司　145 表, 166A, 203B, 387A
烟台鲁宝钢管有限责任公司　145 表, 165C, 202C
杨建英　274A
杨敏　128A, 285B, 395C, 396B
“氧化铁红水洗提纯技术”　120B
姚殿国　128A, 275C, 394A
“冶金工艺研究”项目　89A
冶金前沿技术　82C
叶纯兴　128A, 262B
一体化销售系统　70A, 71A, 158B, 168C
一体化营销管理系统　70B
“移动钢材超市”　221C
“益友圈”网络交友平台　343A
印度国家石油公司　307B, 307C
营销体系管理扁平化　72B
拥军优属活动　320C
用户感知度调查　158A
优化废钢供应链　154C
优化原料结构　154A
优化子公司融资结构　136C
有色金属软件市场　269C
于建霞　368 表, 371 图
余伟　369 表
员工岗位工作累积制　161B, 161C
袁建光　163C, 376C
袁磊　303C, 304C
月度预算制度　136A


## Z


在建工程“质量月”活动　108B
债权资产证券化　138C
占兴华　301B

"战略设计与决策风险"项目 65C
战略主导型公司治理 20，21
湛江钢铁项目 3，39B，155B，235B，235C，235 图，237A，237B，237C，281 表，399A
湛江工程可行性研究 235C
湛江龙腾物流有限公司 39 图，47B，234B，235B，236C，237A
张汉谦 85A，368 表
张继勋 3，223A
张建 290B
张建群 301B
张金有 368 表
张克南 164A
张利江 274A
张丕军 86C，147C，163A，163C，171C，216B
张士宝 223C
张朔共 163C
张勇 163C
张忠铧 10，81 表，86C，348C，372A，375C
招投标领域网络化建设 76C
赵方林 166A，306B，306C，389A
赵昆 126B，127B，163A，366B
赵鹏 370 表
赵峡 126B，127B，367A
赵永红 166A，312C
赵周礼 127B，127C，147A，163A，185A，363C
郑安国 127C，301A，301B，302B，335C
郑智耀 370 表
政府资源协作机制 271B
支持多语言的软件 94C
知识产权风险防范 83A
知识创新平台 266C
知识管理 269A，274B
职工参与民主管理 252C
职工健康计划文体资源共享平台系统 339C
质量过程控制 101C，204B
质量三级点检 256A
"质量信得过班组" 72C
质量学会 350B，350C
治安保卫区域责任制 319B
智能交通系统 95A
智西巍 127C，257C，389A
中低温余热利用技术 115C
中国 2010 年上海世博会建设"优秀集体" 252C
中国电视艺术家协会企业电视分会 362A
中国建设工程"鲁班奖" 205A，216B
《中国抗震救灾志》 360B
《中国科学技术专家传略》 360C
《中国科学技术专家传略——冶金卷》 360C
中国企业信息化 500 强 35B，74A，243B
中国软件生产力风云榜 40A，77B，77C，271B，273A
中海运集团 3，37A
中厚板分公司 45 图，100 表，137B，148 表，154B，165B，170B，183C，185A，204C，205A，205B，206A，214B，215A，216A，216B，269B，280 表，285A，285C，286B，287A，320B，347C，369 图，370 图，375A，392
中青年学者联谊会 350B，351A
中央企业班组长培训 125B
中央企业杰出青年岗位能手 369 表
中央企业青年岗位能手 192B，369 表
中央企业青年文明号 369 表
"中央企业思想政治工作先进单位" 216A
中央企业优秀共青团干部 369 表
中央企业优秀共青团员 369 表
中冶南方工程技术有限公司 253B
重大项目自主集成支撑体系 103A
周斌 308B
周桂泉 126C，127A，143B，147B，147C，163A，164A，171C
周宁光 290B
周竹平 126B，127C，367A，387A
朱福康 126B
朱汉铭 163B，164B
朱宏 127C，297C，300C
朱铧 285B
朱可炳 126C，143B，147C，163A，171C，393A
朱振棣 126C，165A，370 表
诸骏生 127B，147A，163A，164A
专业族群人力资本分析 60B，125A
转变发展模式 14
资本运营 44 图，126C，137C，138A，138B，138C
资材备件采购成本 154C
资源开发 3，25，43B，65 表，222B，222C，246A，246C，247A，247C，248B，309C
资源综合利用 8，110A，111A，119B，119C，175A，188B，198B，207C，275A，276C，277C，280B，292B，292C，296 表
"自动化研究"项目 90C
自主集成创新 5，8，16，29，40C，47A，66C，80A，82A，83A，85A，86A，89C，98B，102B，149C，192C，215B，216C，257A，257C，258A，259A，372B，391
总部管理变革 7，36A，68A，72A，125C，130C，331B，331C，358A，396B
总体战略规划 7，64A
邹长征 166A，311B
邹宽 126C，163B，165A
"最佳企业台" 362A
最佳实践者活动 8，9，40A，61A，252B，276A，284A，295C，334B，337C，338A，338B，338C，340A，398A，398B
作业长安全伙伴计划培训 131C
作业长虚拟团队管理 71B

# 《宝钢年鉴(2010)》工作人员

**总 编 审:** 徐宪民

**特邀编审:** 周玉琴　沈美新

**栏目编辑:** 金　荣　曹爱红　张　鑫

**特邀编辑:** 程陆平

**总 校 对:** 张广勇

**特邀审稿:** 梅　森　黄晓明　杨军益　肖春燕

**主要摄影人员:** 姜为强　刘　杰　陆非然　王　靖　薛　良

**图片提供单位:** 《宝钢日报》　人才开发院　企协　科协　团委　老干部一处　老干部二处　文体中心　宝钢文联　纪委　规划发展部　宁波钢铁　八一钢铁　广东钢铁　龙腾物流　财务部　审计部　资产部　宝欧公司　宝检公司　一钢公司　二钢公司　浦钢公司　五钢公司　梅山公司　财务公司　宝日钢丝　宝钢资源　华宝信托　梅钢公司　不锈钢事业部　宝钢国际　技术中心

**图书在版编目(CIP)数据**

宝钢年鉴. 2010 / 宝钢史志编纂委员会编. —上海: 上海社会科学院出版社,2010
ISBN 978-7-80745-801-2

Ⅰ. ①宝… Ⅱ. ①宝… Ⅲ. ①钢铁厂—上海市—2010—年鉴 Ⅳ. ①F426.31-54

中国版本图书馆 CIP 数据核字(2010)第 239262 号

**宝钢年鉴(2010)**

作　　者: 宝钢史志编纂委员会
责任编辑: 杨　国
封面设计: 闵　敏
出版发行: 上海社会科学院出版社
上海淮海中路 622 弄 7 号　电话 63875741　邮编 200020
E-mail:sassp@sass.org.cn
经　　销: 新华书店
印　　刷: 上海丽佳制版印刷有限公司
开　　本: 889×1194 毫米　1/16 开
印　　张: 27.25
插　　页: 16
字　　数: 860 千字
版　　次: 2010 年 12 月第 1 版　2010 年 12 月第 1 次印刷
印　　数: 0001—1100

ISBN 978-7-80745-801-2/F·151　定价: 240.00 元